海峡两岸华文出版

——数字化、原创力、人才培养

王彦祥　任文京　　主　编
黄昱凯　蔡玉沛　金　强　副主编

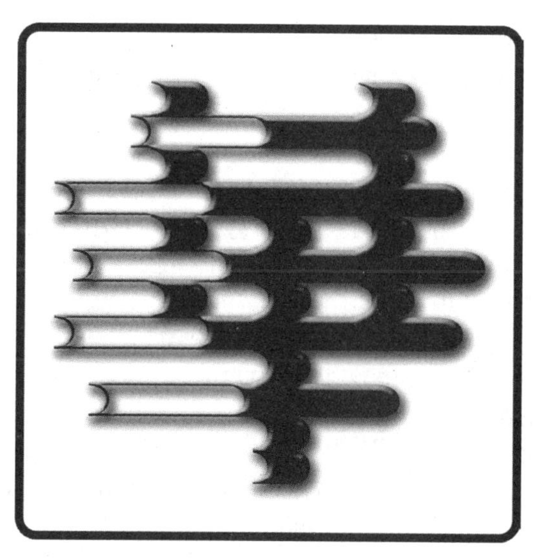

中国书籍出版社
China Book Press

图书在版编目（CIP）数据
海峡两岸华文出版 ：数字化、原创力、人才培养 / 王彦祥， 任文京主编 .
-- 北京 ：中国书籍出版社，2013.8
ISBN 978-7-5068-3666-1
Ⅰ. ①海… Ⅱ. ①王… ②任… Ⅲ. ①出版业－中国－文集 Ⅳ.
①G239.2-53

中国版本图书馆 CIP 数据核字（2013）第 174235 号

海峡两岸华文出版：数字化、原创力、人才培养

王彦祥　任文京 主编

责任编辑　庞　元
责任印制　孙马飞　张智勇
图片摄影　王彦祥　金　强
封面设计　吴凤鸣　赵士渊
版式设计　赵　翾　王若玢
出版发行　中国书籍出版社
地　　址　北京市丰台区三路居路 97 号（邮编：100073）
电　　话　（010）52257143（总编室）　（010）52257153（发行部）
电子邮箱　chinabp@vip.sina.com
经　　销　全国新华书店
印　　刷　世纪千禧印刷（北京）有限公司
开　　本　787 毫米 ×1092 毫米　1/16
字　　数　450 千字
印　　张　25.5
版　　次　2013 年 7 月第 1 版　2013 年 7 月第 1 次印刷
书　　号　ISBN 978-7-5068-3666-1
定　　价　63.00 元

海峡两岸华文出版——原创力、数字化、人才培养
编辑委员会名单

第六届海峡两岸华文出版论坛　剪影

第六届论坛代表合影　2010 年 8 月 23 日

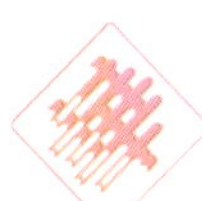

北京大学新闻与传播学院副院长程曼丽教授致欢迎辞

北京大学肖东发教授接受河北省新闻媒体采访

论坛分会场的演讲与讨论

第七届海峡两岸华文出版论坛　剪影

第七届论坛主席台场景

第七届论坛代表合影　2011 年 8 月 14 日

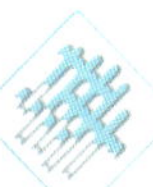
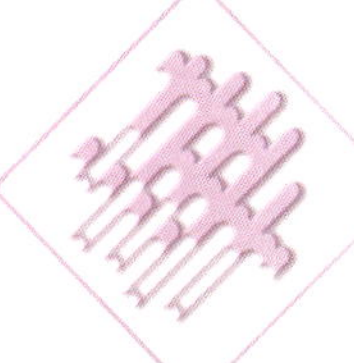

南华大学陈淼胜校长与河北大学新闻传播学院白贵院长互换纪念品

聆听演讲的论坛现场

第八届海峡两岸华文出版论坛　剪影

论坛创办人之一的万荣水先生作大会发言

第八届论坛代表合影　2012 年 8 月 22 日

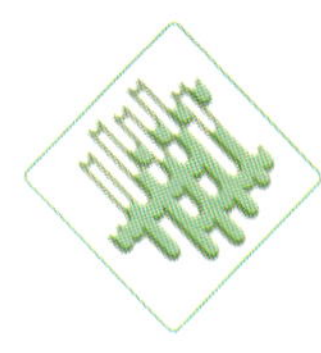

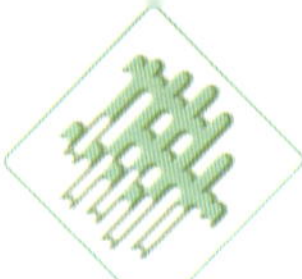

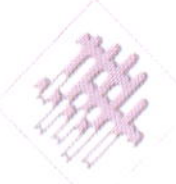

分论坛上的对话与交流

南华大学出版与文化事业管理研究所杨聪仁所长为获奖者颁奖

狼牙山上合张影▶

◀ 狼牙山云曦

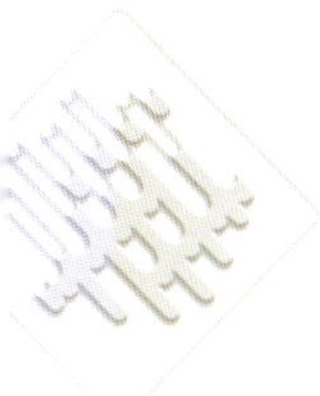

星云大师畅谈人生▶

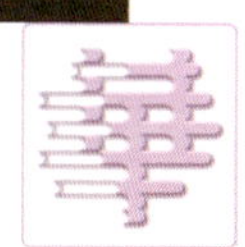

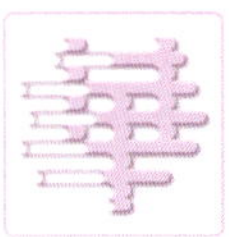

◀ 台湾业者与大陆研究生的友好对话

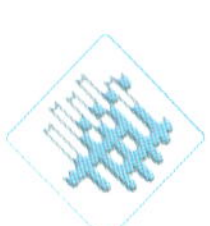

鸟瞰美丽的高雄▶

◀ 论坛之余的学习

序

这本论文集是海峡两岸华文出版论坛发行的第二辑论文集，蕴含着多方面的重要意义。

论坛每年举办一次海峡两岸华文出版论坛（即华文出版趋势学术研讨会），今年迈入第九届。之前已经将第一到第五届的论文选择结集发行过第一辑论文集。随着每次研讨会发表的论文质量的提升，今年则将第六至第八届的论文选集汇编成第二辑论文集。所以，蕴含的第一层意义便是承先启后。

如果把第一辑和第二辑论文集做个比较，前者是先设定主轴然后将前后五届的论文中较有关连者选入，不分届，融为一体，比较接近“剧情片”。相对的，第二本论文集较像“纪录片”。因为，每一届研讨会的主题不同，为了呈现其内涵，各自挑选论文；同时，整理了会议的轨迹与印象，令人得以回味。我们觉得两者各有特色，期待接下来的承继与创新。

其次，论文集纪录了两岸出版学术交流的进展。海峡两岸不仅在研究生教育的重心与方式、学术规范与论文风格方面存在显着差异；同时，在我们所研究及服务的出版产业的结构与特征上，也有相当大的不同，这使得论坛所举办的各种交流饶具意义与功能。一年一度的研讨会让两岸多校的师生互相观摩切磋，渐渐达到相互理解、相互学习而更趋丰富。间接的，由于各自呈现两岸出版实务的课题与思维，带来相互的学习，传播之后，对于海峡两岸华文出版产业的发展也带来正面的影响。

再者，跟论文集面世同样值得称道的是论坛的发展。论坛多年来推动或协助两岸各友校之间交流讲学、研究生交换与台湾学生来大陆攻读博士学位、合作研究等事宜，都取得相当的进展。毫不夸张地说，近十年来论坛在促进两岸华文健康出版，繁荣出版产业与相关学术事业，增进两岸出版教育交流乃至增进互信、友谊，都发挥了有目共睹的历史作用。未来的两岸出版教育交流史，会记下这浓重的一笔。尤其去年我们决定借重河北大学丰沛的人力与资源，在该校成立海峡两岸华文出版论坛秘书处，作为论坛的实质经办机构，使论坛的发展更有了坚实而长远的依托。如今，论坛网站也开始运行。而在第二辑论文集的诞生过程中，北京印刷学院的王彦祥师生出了大力，秘书处的同仁也参与甚深。可以说，秘书处建立、官方网站开通和第二辑论文集的正式出版，都见证与彰显了论坛的发展。

以上综括了论文集、研讨会和论坛的发展轨迹，我们认为从这样的脉络来体会本辑论文集的产生，最能完整解读其意义。无论是研讨会，论文集、网站，还是论坛本身都是从无到有，从有到好。回顾过去，有太多人默默耕耘而今花团锦簇；展望未来，我们希望研讨会、论文集、网站和论坛都能积健为雄，越来越能展现华文出版的风格与影响力。

这本论文集展示了这些方面的意涵，也寄托着大家的瞩望，是为序。

万荣水 白贵 肖东发

2013.7.20.

目　录

第八届：人才培养

第二部分　论坛致辞

第三部分　主题演讲

第四部分　综述撷英

第五部分　论文索引

研究论文

出版原创力的类型化解析

贾玉文*

摘　要：类型化方法是马克思·韦伯提出的社会学研究方法，目前被广泛应用于社会科学研究领域，特别是法学研究领域，并取得了令人瞩目的成果。本文以类型化分析方法及其在法学研究领域的应用为基础，分析出版原创认定与著作权法独创性认定的一致性，认为出版界以类型化方法建构原创的认定、选择、经营管理体系，不仅有益于出版原创力的提升，而且可以补充和完善法律中的原创性认定原则。

关键词：原创力；类型化方法；出版管理

出版原创力，顾名思义，即出版机构出版原创作品的能力。具体而言，可以理解为出版机构在原创作品选题、编辑、生产、营销环节中体现出的经营管理能力。出版原创力的基础在于原创，在于出版机构对于原创的认定及对原创作品的选择。因此，出版原创力之所谓原创这不仅仅是理论性的定义问题，还需要对原创进行切实可行的评价，即建构具有操作意义的原创认定和选择模型。

本文讨论的重点不在于如何建构模型，也无意对现有原创定义进行价值性评判，而是试图通过引入类型化分析方法，对原创应有的法律认定原则，结合出版原创类型化分析例证，讨论类型化分析对出版行业在原创认定、选择中的现实意义。

一

类型化方法是德国著名社会学家马克思·韦伯提出的，用于现代人文与科学的基本方法论范式研究。

归类是我们认识外界事物常用的方法，这里的类即是类型。类型可以说是具有某种共同特征的事物的集合体。通常我们可以通过已有的概念认识客观世界，再根据对概念属性或特征的已有认识形成意识世界。但是人们意识中的世界不是对外部世界或已有概念的“机械的摹写和照相”，而是对已有概念的重新组织与重新建构。这样看来，概念实际上并不能完全反映客观世界全部的具体现实。于是韦伯提出了“理想类型”这一概念来表现客观世界的现实形态。

* 贾玉文，辽宁师范大学管理学院副教授。

根据韦伯的类型化学说，类型化研究的目标就是构建“理想类型”，并通过建立“理想类型”这种基本概念进行社会研究、构建理论体系。韦伯的理想类型方法论是一种建立在发生学基础上的研究方法，因而类型化方法可以得到广泛的推广和应用。当我们考察一种研究对象时首先从众多的现象、事件中抽象出不同的理想类型概念；然后再用这些类型概念重新解释研究对象，并探索理想类型与现象、事件之间的差异；最后再按这种误差去修订理想类型，使之逐渐接近于现实。

韦伯的类型化方法在社会科学领域得到了广泛的应用。特别是在法学研究领域，“在法学研究中引入类型化的研究方法，是概念法学的发展，它立足于概念法学严谨的逻辑和体系，却超越了概念法学非此即彼的片面性。”* 类型化研究为法学注入了类型思维的理念，使得法学在原有的严谨的概念体系之上，建构起开放性的、灵活的类型体系，促进了法律语言、法律规范、立法技术、法律推理等法律创制体系、适用体系的进一步完善。

二

类型的划分及对类型与概念关系的解读是法学引入类型化方法并建构类型体系的基础，也是类型方法应用于法学非常具有启发意义的部分。

从逻辑学或哲学的角度，类型可以划分为经验类型、逻辑的理念类型和规范的理念类型三种主要类型。经验类型指我们通过经验可以证实的类型，现实生活中的各种行为类型、社会关系类型均属于经验类型；逻辑的理念类型又称逻辑类型，来自于对经验类型的抽象与概括；规范的理念类型又称规范类型，是将上述逻辑理念类型赋予价值上的优越性，就成为了规范的理念类型或“模范型”。

这三种类型的关系由经验类型到逻辑类型再到规范类型，三者构成来源关系。经验类型是基础，它直接体现现实生活；逻辑类型是对经验类型的抽象；规范类型是对逻辑类型的价值上的规范，实际上体现了法律对现实生活的规范化、秩序化过程。

类型与概念的关系研究体现了类型化方法对概念方法的扬弃。类型与概念的区别为以下几点：

其一，类型不能定义，只能描述。揭示概念内涵的方法是定义。通常定义要求给出的特性是这些对象的本质属性；类型则以由一连串具有不同归类强度的个别特征来加以限定。例如专家与普通人对一个对象的概念进行定义，普通人虽然不能像专家那样为对象本质属性下定义，却可以对对象特征进行描述。

其二，类型以“相似”的弹性方式归类。传统分类是通过无穷尽地列举其所

* 唐琴．瑕疵意思表示的类型化研究 [D]．南京理工大学硕士学位论文，2007.7：4.

有特征来加以严格地“定义”，分类界线分明，非此即彼；而类型则没有封闭的外延。

其三，类型相对于概念，具有较强的流动性、开放性和层级性。

其四，类型具有意义性，可以理解为评价标准的多样性。

最后，类型具有具体性、直观性和整体性。类型的“意义核心”体现其整体性。

类型与概念的联系：事物本质的客观基础和主观评价观点共同构成类型的“意义核心”，类型失去意义核心就会变成一些经验材料的堆积，无法参与理论建构。韦伯将这个意义核心称作“类型概念”，它恰恰是类型与概念的交集，也是类型稳定的基础。

类型的分类与类型概念关系的研究有助于我们对认识对象做出更为客观的评价。版权法中有关作品独创性（英文 Originality，也译作原创性）认定问题即可以通过类型化方法解决。

在版权法中，具备作品版权的核心要件是作品的独创性，然而对每一个要求版权的作品而言，对独创性的定义直接影响到诉讼结果。美国著名的 Feist 侵权案的判定，“作为版权中使用的术语，创作性不仅意味着这件作品是由作者独立创作的（以将其与其他复制的作品区分开来），而且意味着它至少具有某种最低程度的创造性。当然，必要的创造性的量是相当低的，即使微小的量也可以满足。绝大多数的作品都能够很容易地达到这个程度，因为它们闪烁着某种创造性的火花，而不在于它们是多么不成熟、层次低或显而易见”。这一侵权案的判定颠覆了传统独创性的定义，在法律界引起了巨大的争议。尽管如此，Feist 案判决最终仍然成为各国对汇编作品独创性认定重要的参照原则。

独创性或原创性是作品内容、形式等特征同级次比较的结果，比较的依据就是类型。“创造性的有无似乎不能一体化地要求，对非独立作品似乎应当要求最低限度的创造性；对独立作品而言，该项要件似乎并不需要。”[*] 对出版作品的原创性认定，同样适合类型化分析。

三

实际上，原创性就是独创性，英文独创性的法律用语即 Originality，[**] 指作品是由作者独立构思而成，体现作者的个性特点，这是作品能受法律保护的最重要条件。[***] 按照法律对原创性的定义，我们可以将原创做这样的定义，凡具有原创性特征的作品或行为，即可称为原创。这样我们只要对原创性特征加以解析，便

* 卢海君．原创性与创造性 [J]．电子知识产权，2009（2）：61-62.

** 李伟文．论著作权客体之独创性 [J]．法学评论，2000(1):85.

*** 吕淑琴．知识产权法 [M]．北京大学出版社，2007:67.

不难得出原创的意义。而对原创性特征的描述，即适合用类型化方法加以解决。

我们现在对原创普遍以要素组合的方法进行定义，即原（原始性、首要的、第一的、独一无二的）＋创（创新的、创造的、创意的）＝原创*，对原与创这种有限列举的办法定义原创，看似天衣无缝，但实际上既无法真正反映原创作品或行为的原创性特征，更无法对原创认定进行实质性操作。至于将原创引申为源头创新、自主创新、重大创新、初始创新，则是对创的语义引申，或者说只是些微程度的原创特征。在无法对原创特征进行无限列举的情况下，类型化的分析方法恰恰可以解决这一棘手的问题。

原创是具体的，无论它是一部作品还是一种行为。所以比较对象客观特征的最有效认识方式是对原创进行类型化分析。

以原创作品（非行为）为例，原创是具有原创性的作品，原创性的意义在于它的独创性，即在创作行为上独立完成，在其他特征上体现个性特点，这里的其他特征可以包括作品内容特征、资料组织特征等等。这样我们就不难对行为特征或行为以外的体现个性的特征加以类型化。

以内容特征为例，我们可以按照表现个性特征的鲜明程度为标准，将作品分为艺术类作品、非艺术类作品。在艺术类作品之下，既可以按具有意义性的学科顺序列类，如文学作品、音乐作品，也可以按照作品资料组织特征或其他特征列类，如原著、改编作品。改编作品下，还可以分为剧本、缩写本等。这样我们可以以不同类型作品的法律原则或专业原则对原创做出认定或选择。如对文学类汇编作品的原创性认定，可以借鉴 Feist 案的判定原则，未经过法律判定的原创性，可以以专业化技术认定为原则。

同样，非艺术类作品的原创性也可以通过类型化加以认定，如以论文形式发表的非艺术类科学研究成果，既可以通过研究内容的学科属性列类，如医学、心理学等，也可以从文字组织形式列类，如现在学术界普遍采用的学术不端认定系统，以文字最低重复数量标准衡量，这个标准即作品的一种文字组织特征，这种认定实际上可以看作是对作品文字组合特征的原创性认定。此外，学术领域有关科技原创力评价指标体系的研究**，也可以是具有初步类型化分析的原创性认定尝试，较基于空想的穷举式概念定义至少有一定程度的借鉴价值。

应该说法律对原创性的认定是现实中出版作品认定的标准和规范，与理论的定义相比，这种认定不仅具有效力，也具有可操作性。同样，著作权法对原创性的类型化分析方法，出版行业不仅仅可以使用，甚至需要遵循。

---

* 王亚仑．试论原创——兼谈高原创力问题 [J]．山东大学学报（哲社版），2002（2）

** 王亮等．科技原创力评价指标体系研究 [J]．中国科技论坛，2005((2)

四

出版原创的类型化分析为我们提供了一种新的原创问题思考模式。实际上，出版学术界已有过类似的尝试，比如“论辞书的原创性及其认定原则——兼论《现代汉语词典》的原创性和原创点”*一文，文章以编纂类型特征、背景特征、条件特征认定特定辞书的原创性。虽然未声明其是否采用类型化方法，但实际上符合类型化分析的特点和原则，对认定特定辞书的原创性，甚至对整个辞书原创性类型分析方法的建构，均有参考价值。此外“原创性选题——商务印书馆早期经营管理的灵魂”**、“时尚图书：实战描述与原创性培育”***等，对原创性的分析均或多或少地体现了类型学研究的特征。

总之，出版原创问题的探讨对于我国出版业的发展无疑具有非常重要的意义。出版业需要原创，更需要可以认定原创、选择原创、直至经营管理原创的原创评价体系。建立在类型化方法基础上的原创法律认定原则和方法不仅需要出版界借鉴和利用，也需要通过出版同仁的实践进一步补充和完善。

参考文献

[1] 王亚仑．试论原创——兼谈提高原创力问题 [J]．山东大学学报（哲社版），2002（2）．

[2] 王雅坤，王小艳．从《狼图腾》版权输出谈出版原创力 [J]．出版发行研究，2008（12）．

[3] 王宁．论辞书的原创性及其认定原则——兼论《现代汉语词典》的原创性和原创点 [J]．辞书研究，2008（1）．

[4] 吕淑琴．知识产权法 [M]．北京大学出版社，2007:67.

[5] 周玲．类型思维极其法学方法论意义 [J]．西南政法大学硕士论文，2005（4）．

[6] 顾微微，徐慎莉．从美国 Feist 案看汇编作品的法律保护 [J]．新疆社科论坛，2006（6）．

[7] 唐琴．瑕疵意思表示的类型化研究 [J]．南京理工大学硕士学位论文，2007（7）．

[8] 卢海君．原创性与创造性 [J]．电子知识产权，2009（2）:61-62.

[9] 李伟文．论著作权客体之独创性 [J]．法学评论，2000（1）:85.

* 王宁，《辞书研究》，2008 年第 1 期。

** 史春风，《出版发行研究》，2001 年第 10 期。

*** 杨耘，《编辑之友》，2009 年第 6 期。

论华文出版原创力

田建平 *

摘　要：华文出版之原创力主要针对大陆出版而言，既具有相对意义，又具有比较意义。大陆出版原创力相对薄弱，严重阻碍了其国际化进程。数量的膨胀与原创力薄弱反差显著、低层次重复出版、出版同质化、出版泡沫、原创质量缺失，以及原创之“伪”等突出的出版现象，均是大陆出版原创力缺失之主要表现。大陆华文出版原创力的建设，应从理念、改革、制度与机制、质量、学习与借鉴及科学精神诸方面予以加强。

关键词：华文出版；原创力；案例点评；质量建设

一、原创力概念之辨析

所谓原创力，是指初始意义上的创新力量。原创力具有不可替代的核心价值，即一种具体的原创力具有完全不同于其他任何一种创造力量的独特价值。华文出版之原创力，指的是华文出版初始意义上的创新力量。它既指整个华文出版的创新力量，又指华文出版中任一领域（范围、方面、要素、环节……）中的创新力量。其中，出版选题方面的创新力量是十分重要的。

华文出版原创力问题，就出版地理而言是不能一概而论的。华文世界中，此问题提出的现实意义在于中国大陆与海外华文世界之界别上，亦即问题提出本身的现实价值主要在于大陆之出版。就某种意义上讲，大陆内地对海外华文出版市场了解与认识的有限也是一个不容否认的问题。一般判断不妨认为，大陆出版的原创力问题可能更为突出。虽然此一问题已无法回避世界范围内整个华文出版的现实环境之整一性，但是无论就大陆出版在世界华文出版比重而言，还是原创力问题之显著性而言，大陆出版均构成为研究之主要客体（或对象）。大陆出版的原创力问题，其现实性目前绝对超过其学术性。

大陆出版无论是就大陆范围而言还是整个华文世界乃至全世界而言，其原创力问题显然已经成为了一切问题中的“关键问题”。换言之，比起大陆之外的华文世界，诸如台湾、香港乃至欧美华文社会之出版，可能大陆出版的原创力问题至少在结构的逻辑框架范围内，其问题的负面价值是最大的。

设定原创力是有底线、有层次、有质量规定的。如果这一底线是符合质量原

* 田建平，河北大学新闻传播学院编辑出版系教授。

则的，且设定这一底线是符合一般科学意义的创造（或创新）的，则华文出版原创力问题又平添诸多新的意义。若按照这一底线衡量，则许多大陆出版所谓的“原创”乃是“伪”者，即非真正的“原创”。大至出版体制，小至一个具体选题，是否合于“原创”之本义，均可从“原创”之科学定义予以评判（或审查）。在“漫天风雪”一样的“创造”、“创新”、“第一”、“首个”、“与众不同”、“颇具新意”、“新颖”、“独特”等高频率字眼背后，均隐藏着唯一的“原创”一意之“所指”。

原创的底线究竟是什么？谁来为它设限？笔者认为，华文出版原创力的底线可否设定如下：高于人类已有知识的产自出版主体（创作者主体）的出版智识。这一“底线”之设定其实已属荒谬（乃至可笑），不过置于当下之华文出版（尤其是大陆出版）之整体语境中观之，则又极显其严肃性，乃至严肃得令人不禁为之动容，想笑却怎么都笑不出来了！

原创力是分层次的，乃至有高中下三个层次之分。以是观之，则大陆华文出版之原创力层次结构中，显然呈金字塔形结构，即初中级层次占有绝对比重，而高级层次只占较少之比例。整个层次结构显著表明：高级别原创严重匮乏。初中级原创所占比重越大，则高级别原创在整个层次结构中即越接近初中级层次，而整个层次阶结构的高度也就越低，事实上也是如此。

原创力是分质量的，至少有质量优劣之分别。大陆华文出版原创力本来就相对呈弱势，而在其原创的范围内，质量差者又明显多于质量优者。原创之整体质量不尽如人意，相对较差。

二、华文出版原创力的缺失表现及原因

大陆华文出版原创力严重缺失。尽管每年出版图书早已超过 20 多万种，但是其中具有原创价值的图书所占比例却较小。数量的扩张与原创的增长二者之间出现严重的失衡或反差现象。诚如前述，如果对这种数量扩张进行细致的结构分析，则会发现许多非原创的方面。大陆华文出版原创力严重缺失的主要表现有：

（1）图书出版数量扩张与质量提升严重不成比例，与原创增长亦严重不成比例。

（2）出版界“原创力”意识普遍淡漠，对“原创”普遍缺乏真正的重视，认识上存在对“原创”概念的扭曲现象。

（3）既有原创的总体质量较差，较低层次的所谓“原创”占绝对数量。即：原创的质量较差，品位不高，内涵缺失。

（4）原创力严重贬值。相对于科学意义上真正的“原创”而言，一般性的

所谓“原创”意义上的“原创”，因其数量优势而必然导致一般人印象乃至观念中“原创”的严重贬值，甚至以为“原创”并非难事，从而降低了“原创”的难度系数，客观上造成了滥竽充数的现象，即大量准原创、伪原创、注水原创乃至垃圾原创的产生。

（5）原创人才匮乏。十几年来，真正的原创人才非常稀少，活跃在出版界的所谓原创人才（亦称策划人才），大多是投机取巧的钻营之徒，浪得虚名，再加上大众媒介的喧嚣、浮躁与没有文化的胡吹乱捧，使得这些人一个个腾云驾雾，从而严重误导了出版界的“原创”意识。例如，出版界大名鼎鼎的“金黎组合”，其实不过是跟在“明星”后边吃“明星”饭——并且一再简单克隆其第一、二本书的“明星”另类“粉丝”而已。笔者个人以为，“金黎组合”策划出的“明星”系列，愈往后距离所谓“原创”愈远，而距离所谓“出版垃圾”愈近。如果再仔细分析一下，据云这些所谓“明星”书籍，不少并非“明星”个人亲自写作，而是雇佣所谓的“枪手”炮制出来的。如此讲来，则“原创”一词，夫复何义哉！奇怪的是，至今整个出版界仍沉浸在大梦之中，将所谓的“金黎组合”奉若“神明”，吹为“神话”，津津乐道，不绝于耳，传媒也联篇报道，累牍传颂，而对于高质量的真正有益于社会文明发展与进步的，乃至能够打入国际市场的“原创”拓展，却鲜有冷静客观的思考与导向。

其他各点表现还有：原创环境不健全；原创制度不健全；原创机制没有形成；原创精神缺失；原创遭遇“冰川期”。

大陆华文出版原创力缺失之主要表现又岂只如上所列这区区几项。若从不同的视角研究并考察这一问题，尚可再行一一列举。不过总的来说，可以概括为两点：一是整体原创力缺失；二是原创的质量缺失。大陆华文出版原创力缺失之原因主要有：

（1）出版体制存在问题；

（2）出版改革存在盲区；

（3）社会环境存在负面影响；

（4）社会利益构成不平衡；

（5）社会生产环境之“中国制造”现象的必然影响，或社会生产中之知识自主产权开发普遍较差；

（6）出版“泡沫”（盗版书、注水书、伪书、垃圾书、低级引进书、拼凑书、低水平重复、同质化等）淹没了“原创”；

（7）唯利是图的金钱驱动机制及其观念及行为，使得出版界在某种意义上

呈现为一片“浮躁”，患上了“出版梅毒”，从而严重影响了出版“原创”，使得真正的“原创”委屈于“冰山一角”，遭遇无尽的凄凉与冷漠。

三、华文出版原创力之案例点评

以下简单分析一些案例，以进一步认识华文出版原创力之诸层面。

（1）《狼图腾》。这是一部地地道道的、真正的原创作品，更符合华文出版之意义。西方出版界乃至世界出版界为什么在“数量爆炸”的中国图书中偏偏看中了它，海外版权销售已达26个语种，这是值得深入研究的。在此，一切出版表象的力量是十分苍白的，真正的力量是“原创力”。西方出版界认同者，显然并非《狼图腾》之表象，而是它原创之意义。这种意义，笔者认为，也许从文化学、人类学、民族志及人与自然的现实关注之普世价值方面方能求解。

（2）《读者》、《中国国家地理》、《三联生活周刊》。这三种大名鼎鼎的期刊，走的是同一条“模仿”的道路，而且皆仿自美国，即《读者文摘》、《国家地理》、《时代生活周刊》。这是一种“另类”的极具国际出版视野的“原创”，因为它的内容及意义全是本土的。但是从上述华文出版的意义而言，这三种期刊的海外发行量可能并不太乐观。2005年8月，笔者借开会之机有幸考察了《读者》杂志社，记得当时获得的由《读者》杂志社提供的资料显示，《读者》的海外发行量较之发行总量而言堪比“凤毛麟角”。现在这三种期刊的海外发行量几何，恕资料阙如。即便如此，《读者》模式也不失其“原创”之义，值得深入研究。

（3）《把吃出来的病吃回去》。这本重量级“媒体效应”的图书，可以作为一本“出版原创力”的超级反面教材。若单从书名看，确属原创，因为之前没有同一书名。但是从作者、内容、写作、策划、营销、阅读效果诸方面总起来看，则非“原创”无疑矣！

（4）传统出版如此，新型出版也是“同病相怜”。楼文高先生等在《谈谈我国的动漫教育》一文（载《出版发行研究》2008年第5期）中认为，我国动漫“原创优秀作品太少”。“我国2006年就有6000多家动画创作、制作机构，每年制作8万多分钟的动画片，但具有较高艺术价值和深受观众喜爱的原创优秀动画片实在是太少了。国家广电总局2006年推荐播出的动画片也仅有30余部，总计1万多分钟。也就是说，可以称得上‘优秀’的动画片仅占10%左右（从动画片部数计算，可能还不到5%）。而国家级动画产业基地就有几十家，也就是说，平均每个基地一年还制作不出一部优秀原创动画片，实在令人汗颜。”

(5). 中国之“世界最美的书”。继2003年《梅兰芳（藏）戏曲史料图画集》

获“世界最美的书”金奖之后，又有一批中国出版的图书获得此奖。如2006年之《曹雪芹风筝艺术》。这些书之所以能在莱比锡获此大奖，只在于其对中国文化元素的承载、表现与传播上。只要一望《梅兰芳（藏）戏曲史料图画集》抑或是《曹雪芹风筝艺术》之封面，就能强烈地感受到中国文化符号原生态的冲击力，这就是真正的“文化”原创力。

（6）《书香两岸》。这是近年来由厦门外图集团有限公司主办的一份出版专业期刊，旨在沟通海峡两岸的出版业。在大陆已有的出版类期刊中，它特色显著，具有较强的原创性。该刊的设计与风格大概更接近港台地区的理念，而于大陆读者则是面目一新。例如2010年第1期中，就有一篇笔者喜欢的文章《刘森尧：偏执、自信的读书人》（作者：魏静娜），该文中有不少妙语，如：书缘和人与人之间的缘分一样，缘分到了，一翻就会爱上。世界上最美的画面不是母亲抱着婴儿，而是女孩子抱着一本书。那个叫“电子”的“书”的东西，到底是单纯的e化还是彻底的异化？以后书会慢慢不见了，也就是说，人类的某一段文明曾经有书，后来就没有了。

（7）大陆民营出版业。尽管民营书业从起步至今仍然存在着许多问题，但在出版体制、机制这些方面，在大陆改革开放以来之出版业中，还是有创新的，甚至比国营出版业更具创新意义。民营出版业主要的创新之处，也许正在于对市场的创新上。

（8）《学习的革命》、《哈里·波特》、《时间简史》。大陆市场上十几年来的“超级畅销书”，基本上都是引进版，这反映了大陆出版原创力的孱弱。没有自己的原创，一味依靠别人的原创，这是一件可悲的事情。《学习的革命》当时掀起的关于图书营销的启示意义值得肯定，但是笔者始终认为，这一“昙花一现”的渲染远远大于效果的图书，不失其欺诈之嫌，对大陆图书的“原创力”不仅没有正作用，反而成为了“欺诈”与“投机”的“始作俑者”，而这正是原创力之大忌。《哈里·波特》的第一部是原创，愈往后原创愈弱。《时间简史》则是高质量的原创之作。

四、华文出版原创力的建设

华文出版原创力的建设自然是迫在眉睫的，是十分必要的。原创力建设的战略要点有二：一是全盘建设，二是质量建设。质量建设又有两个要点需要引起注意：一是区分真正的原创与非原创（自然包括伪原创）；二是应建设富含质量的原创，原则上排斥质量不高的所谓“原创”。

（一）“原创”理念建设

出版界应专门开展对“原创力”（或出版创新）问题的科学研究，正本清源，真正从科学意义上研究清楚“出版原创力”的内涵与外延。不仅中国新闻出版研究院应该这么做，其他研究机构及高校编辑出版专业也应去做。不仅学界去做，业界也应去做，从而树立中国出版界高质量高水平的科学的出版原创力理念。高校编辑出版专业应专门开设“出版原创力研究”之课程。出版业界在出版资格考试、业务培训、MP 教育及业绩考核等工作中，亦应特别加入“出版原创力研究”的内容。

（二）出版改革必须注重“原创力建设”

出版改革无论是体制改革，还是机制改革，抑或是其他方面的改革，均必须将“出版原创力”的建设排在战略地位。完全可以这样认为，出版改革的根本目的就是为了培养并提升出版原创力。或者，培养并提升出版原创力为出版改革的题中要义。出版原创力应成为衡量出版改革成效乃至成败的主要标准之一。出版改革大自体制改革，小至一个具体的出版行为之改革，均应贯彻“出版原创力”的观念。例如现在的出版集团改革、出版业转企，是否就是出版界符合“出版原创力”之改革？其实未必尽是。例如出版集团、出版社的主要领导者，基本上仍是党政系统中的厅（处）级干部，仍然隶属于组织部。如此，则改革开放 30 余年改革命题中之“党政分开”一说仍未变为现实，这样的改革显然很难谈得上是所谓的“原创”。再如，一家出版社基本上靠卖书号维持生存，其实是在大量出版“拼凑”书——垃圾书，尽管实现盈利有了明显增长，但这种出版方式究竟符不符合科学意义上之“出版原创力”呢！

（三）制度建设与机制建设

制度建设就是将出版原创力制定为具有执行力的出版制度。特别是在升迁制度、考核制度、奖励制度、培训制度中，尤其应将“出版原创力”明确制度化。机制建设即注重对出版原创力的科学认识，科学运用于出版行为之中。例如对一本书，从市场调研、选题、书名、内容、设计、营销等各个环节，形成一个完整的具有“原创”意义的出版机制。不能有的环节是原创，有的环节是非原创。机制建设中的“原创”要求原创的整一性，要求机制中每一名出版员工之“原创力”的科学整合，而这种“整合”本身即是最有力量的原创力。

（四）质量建设

出版质量管理中，应突出“原创力”管理。“原创力”管理中，应注意对“原创”的质量管理。即使是“原创”，也有质量之分别。例如《狼图腾》与《岁月》，显然前者“原创”之质量高于后者。“原创力”之质量建设中，必须注意识别并区分真假“原创”以及“原创”的程度与等级。

（五）“原创力”之华文出版意义建设

大陆华文出版前缀之现实意义主要在于：大陆出版面向海外，面向整个华文世界，面向世界。因此，是否具有走向世界（开拓乃至占有国际市场）的价值与可能，就成为了衡量华文出版“原创力”的主要标准。换言之，华文出版意义上之大陆出版“原创力”，必须具备“走向世界”的价值。简言之，若一本书确属原创，且在国内属于畅销书，但国外一本都卖不出去，则其“华文出版原创力”可视之为零。

（六）学习与培养

大陆出版在“原创力”方面，实有必要向西方出版界及港台出版界学习，通过学习培养并提升自己的“原创力”。这种学习与培养，应以全面的学习与培养为基础，因为“原创力”问题并不是孤立的，更多情况下是由出版的其他方面造就的。学习与借鉴，这是提升出版原创力的重要途径和方式。一部高质量的原创之作，需要付出相应的必要的辛苦。像袁腾飞之《历史是个什么玩意儿》之类的书籍，不仅是非原创之作，而且是新一波“浮躁”的东西——不过是“原创”的对立物而已。媒介捧他为“史上最牛的历史教师”，显示出了同样级别的“浮躁”。“浮躁”（急功近利）无疑是大陆出版原创力的“大敌”。克服不了出版界之“浮躁”，则真正的出版原创就势必遭遇真正的“大创”。

（七）科学精神的培养与建设

原创力的培养必以科学精神的培养为精神家园，科学精神的培养与建设乃是“原创力培养”之本。大陆出版界十几年来普遍存在的“浮躁之风”——跟风、注水、盗版、垃圾书、伪书、泡沫书、拼凑书——投机取巧，不择手段等等，均是严重对抗并阻碍出版“原创力”的大害。从根本上讲，均是违背科学精神之表现。出版界理应识别、抉择、推出真正的“原创”，对于“炒作”之风必须扼杀之。判别“原创”的主要标准乃是科学，长期以来“伪科学”泛滥于出版界，尤应掌握“科学”之利刃狠狠打击非原创之“伪者”。

制度创新视角下的中国出版原创力提升研究

潘　炜*

摘　要：在制度层面进行微调、修正、改进，弥补局部改革的不足，减少强制性制度变迁对出版原创力的不利影响，这就需通过制度设计上的创新对出版原创力产生积极有利影响，还原出版文化原创先进生产力。

关键词：制度变迁；制度创新；原创力；出版创新

文化产业作为有着显著创意特征的产业，是一种不需要投入较多自然资源就可以换取较大收益的产业，它更加需要激发民族本色的创新来实现嬗变。相应地，出版产业作为文化产业的基础性产业，只有不停歇地通过制度创新还原出版文化的先进性，才能为中国出版产业蓄积势能，才能为中国出版业走特色化发展之路、做大做强之路、“走出去”之路夯实基础。

一、中国出版亟待提升原创力的现实背景

宏观背景：新中国成立60年来，经济发展迅速，经济总量已跃升全球三甲。与物质文明建设作比，新中国精神文化建设也进行着渐进式的可喜变化，但与物质文明的发达程度不能很好地匹配，没有得到并行协调的发展。以代表着国家文化软实力之一的版权输出为例：长期以来，我国在版权贸易领域仍然存在着巨大的文化贸易逆差，与发达国家在文化产品方面的贸易总额还有很大的差距。华夏文明对世界文化的辐射力还很有限，华夏文化对世界的软实力与中国的国际地位还不相称，反映中华民族创造思维的最新精神成果还没能造就有世界影响力的书。

中观背景：我国每年出版图书近30万种，新闻出版业产值超过汽车产业，进入万亿元俱乐部，已成为名副其实的出版大国。出版业作为一个国民经济的亮点，占据着越来越重要的地位。但是，在出版繁荣的背后，存在着一些令人担忧的现状，那就是作为出版业最核心的原创力极其弱小。今天，图书市场尽管书海茫茫一片，但好书不多，尤其能够触及灵魂、影响读者精神层面的好书少之又少。中国出版原创力的严重不足造成了高品位图书研发的严重匮乏，此局面已经不能满足读者日益增长的先进精神文化需求。如果不从提高出版原创力层面入手解决，如果不能够有效阻止出版原创力生态环境的恶化，读者就会逐渐远离书店，国民

*　潘炜，中国传媒大学，接力出版社。

阅读率也会越来越低，那么出版业就会滋生出泡沫，从而会危及整个出版业的健康成长。

微观背景：郑晓红呼吁提高出版原创力，是为社会和读者奉献更多的精品佳作的上上策，这是出版人的责任，也是出版人赖以安身立命的唯一选择*。笔者在工作中对出版原创力也体会颇深：与引进版图书相比，在某种程度上聚合着原创力晶核的原创图书的生成周期更慢，没有经过市场检验的原创书出版上市后面临的风险更大，所以出版企业往往更愿意开发引进版图书，很少愿意费时费力，又可能不讨好地开发原创图书。所以，在图书生产链条的源头——出版单位上，也造成了中国出版原创力的日趋萎缩，这一状况正严重地影响着我国出版企业的做强做大。还有一种情况就是，某些出版单位虽然也在原创图书上煞费苦心，如把中国名著变成注释本、典藏本或插图本等等，但却没有真正挖掘出原创力，不能形成创造出诸如《四库全书》、《永乐大典》等大书的长效机制。

二、中国出版急需提升原创力的意义

理论学界对原创力问题仍然重视不够，探索原创力问题的学术论文少之又少，《辞海》、《汉语大词典》、《中国大百科全书》、甚至是流行最广泛的《现代汉语词典》等权威词典都没有“原创力”的条目，这说明了关于“原创力”理论研究的滞后，理论要走在实践的前面才能起到引领实践的作用。原创力反映着民族的实力，在一定意义上决定了综合国力与国际竞争力，因而也决定了国家在国际事务中的地位与影响，所以研究原创力问题有着重要的理论意义。

随着信息全球化时代的到来，国际间文化交流的规模空前扩大，文化资源成为最为重要的资源，文化在国家战略中的地位迅速提升，它已经成为影响国家兴衰和世界进程的重要力量。全球化背景下我国的文化安全正面临着西方“话语霸权”的严重威胁。同样地，在中国出版业这种“慢传媒”体系中，尤其在少儿出版领域，引进版少儿图书占据了中国图书市场的半壁江山，中国孩子从小通过看国外的书，就有可能潜移默化地接受了西方意识形态领域的文化侵蚀，从而为国家未来的安全与发展埋下了隐患。

中国出版正在实施“走出去”的文化战略，这种文化安全思维是从文化“积极防御”到“自卫性进攻”的战略性转变。鉴于此，中国出版究竟通过什么形式“走出去”、“走进去”，本人认为最根本、最先行的一个步骤就是要解决出版原创力的严重匮乏这一问题。试想，如果没有凝聚着文化影响力晶核的原创出版精品，拿什么资本“走出去”、“走进去”？

* 郑晓红．出版社要警惕原创力的衰退［J］．中国出版，2004（12）

三、影响中国出版原创力提升的主体对象

"原创"一词最早出现在"原创流行歌曲"的词序用法上。在2001年2月28日，解放日报刊发了题为《因为"原创"才辉煌》的文章，报道的是国家最高科学技术奖得主吴文俊的故事，并产生了深远的影响。*2001年6月22日，江泽民在中国科协第六次代表大会上提出"要鼓励原始性创新"的重要指示，从此"原创"见诸报端。为了充分理解原创的涵义，王亚仑将"创新"与"原创"作了形象的解释与比较：原创必须是"人无我有"，而创新则是"人有我优"**。由此看来原创是创新的一个重要命题，是创新的价值尺度和导向。

由原创自然可以引申出原创力，方伟明确指出：当今文艺原创力开启的关键在于创新意识的树立与弘扬，在于实践中具体创意点的实际寻求和明确捕捉***。

关于"出版原创力"的提法尽管在出版产业界司空见惯，但在学术界比较鲜见，这或许与"出版产业没有自主知识产权"等一边倒的观点息息相关。个人认为出版原创力不只是作家的事情，更多是出版者的事情，作家只是在出版产业链条的顶端提供了书稿，经过出版单位若干孵化的过程，才能变成有知识产权的图书产品。这正如同宝石加工企业最初级的加工对象是岩石，岩石只有经过若干产业流水线，最后才能形成有价值的珠宝首饰。王雅坤、王小艳等学者也明确提出：出版原创力包括个体原创力和组织原创力。个体原创力是单个行为和单个作品，表现为作者个体的创新行为；组织原创力是团队的行为，表现为出版社的创新能力。组织原创力的作用与意义更大，因为它是各种资源的优化，是团队力量的最大化****。

通过上述分析，我们可以清晰地认识到，影响原创力提升问题的主体为出版单位。原创力差固然与出版单位本身相关，但政府规制对出版单位的出版行为同样产生了深远影响。从马克思主义理论的角度讲，原创力属于生产力范畴，出版制度属于生产关系的范畴，生产力固然决定生产关系，但生产关系又反作用于生产力，因此从对出版单位产生重要影响的出版制度创新的角度入手，来探索原创力提升的问题具有较深的理论根基。

四、后转制时代政府规制对中国出版业及其原创力的影响

按照国家的统一部署与要求，中国出版业的转制改革正在如火如荼地进行之

* 因为"原创"才辉煌 [N]．解放日报，2001-2-28（5）

** 王亚仑．试论原创：兼谈提高原创力问题 [J]．山东大学学报（人文社会科学版），2002（2）

*** 方伟．当今文学艺术的原创力来自哪里 [N]．人民日报，2007-6-14

**** 王雅坤等．从《狼图腾》版权输出谈出版原创力 [J]．出版发行研究，2008（12）

中，中国出版业已进入后转制时代。中国出版业的转制改革没有现成的经验可以借鉴，是在左手探索改革、右手纠偏校正中进行的，持续、规范、合理、配套的制度创新显然变得非常紧要与关键。所以在这个后转制时代，阻碍出版业先进生产力彻底释放的各种旧制度还没有完全松绑，因时而生的新制度对出版单位还没有产生充分地积极影响，新旧制度更替下的中国出版业处于无所适从的心理纠结之中，主要表现在如下几个方面：

（一）改制后的出版业是否真正还其自由身

企业是从事生产、流通、服务等经济活动，以生产或服务满足社会需要，实行自主经营、独立核算、依法设立的一种盈利性的经济组织。无可否认的是，当前的出版业转制改革就是以出版单位的“事业”身份，变为“企业”身份为目标。但是，转制后的出版企业产权制度是否得以厘清？出版企业新型市场主体地位是否得以发挥？出版企业法人治理结构是否得以实现呢？

1. 后转制时代的出版企业产权制度

后转制时代，首先出版企业产权的归属仍然不够清晰，因此所给予的象征意义上的所有者的激励机制与约束功能不能够产生有效的结合。其次出版企业产权结构过于单一，所有者与经营者的关系不能真正分开。尽管目前国家资本占出版企业的所有资本的比例有下降的趋势，但仍没能改变国有性质产权一枝独大的局面，于是国家作为出资人，实际上对出版企业行使了带有浓重行政味道的全方位管理，处于干扰冗余信号下的出版企业不能充分自由发挥随市场信号而变的及时应对策略，于是造成了参与市场竞争中的劣势地位。再次目前出版企业的产权制度仍不够完善，不能建立有效率的委托代理关系。形同虚设的委托者与代理者之间不是一种责权利相对称的相互制约关系，而是一种严重的责权利不相称的软约束关系，从而导致出版企业产权制度的无约束与低效率。最后出版单位的内部产权关系也没有理顺，于是造成了内部激励制度不健全，内部民主管理和约束功能不能有效行使。

2. 后转制时代的出版企业法人治理结构

后转制时代出版企业在治理结构上可能出现如下的问题：国家股代理人形同虚设。因为国家股代理人没有企业分配的剩余索取权，也不用承担企业经营上的风险，所以没有经营上的积极性，反而有时会阻止其他股份代理人的有效企业行为。国家股还通过多层次委托代理等长长的链条，才能最终到达最底层的所有者，于是长链上信息传递的衰减，造成了所有者与各级代理者的目标不一致，最终导致企业目标的失败。

（二）改制后的出版业是否尊从了其自身的特殊属性？

针对后转制时代的出版企业经营状态，笔者在长期的出版实践工作中体会颇深。从事图书编辑与策划工作以来，笔者一直坚持走原创图书研发之路，原创图书或多或少地凝结了原创力的精神成果，艰辛的坚持与追求最终也换来了可喜的收获、欣慰的馈赠，由本人参与策划的原创图书门类繁多，包括家庭教育、中国文学、生活百科、动漫图书等等，其中有不少品种已经成功向海外输出版权，两个效益（经济效益和社会效益）较为突出、社会影响力也较大。尽管既有小成绩的取得并不轻松，但却远远不能满足企业、产业和国家的发展预期。

在目前的出版单位里，常见的是单位里没有多少人愿意做原创图书。与引进版图书相比，在某种程度上聚合着原创力晶核的原创图书的生成周期更慢，没有经过市场检验的原创图书出版上市后面临的风险更大，所以出版企业往往更愿意开发引进版图书，很少愿意费时费力，而可能不讨好地开发原创图书。所以，在图书生产链条上的最源头——出版单位，也造成了中国出版原创力的日趋萎缩，这一状况正严重地影响着我国出版企业的做强做大。还有一种情况就是，某些出版单位虽然也在原创图书上煞费苦心，如把中国名著变成注释本、典藏本或插图本等等，但却没有真正挖掘出原创力，不能形成创造出诸如《四库全书》、《永乐大典》等大书的长效机制。

李频提到，中国出版改革陷入制度困境：多出好书是衡量出版社改革成效的根本标志，但“多出好书”的产业链发生了断裂，政府要求出版单位追求社会效益与经济效益相统一，企业则在制度变迁中被逼，只得奉行经济效益第一的矛盾困境。* 由于中国出版业的特殊性，即满足读者日益增长的先进精神文化需求。因此，在后转制时代，如果在出版业身上也执行与其他非文化行业完全一样的经济法则，从一定意义上说还不能够有效阻止企业本身生来俱有的逐利性，由此出版媚俗、低俗的现象就很难避免，出版同质化、快餐化的现象也会经常发生。

唐亚明先生是第一个前往日本福音馆工作的中国人。他说，在福音馆有的编辑工作四五年可能也出版不了一本书，为的是精益求精出一本好书。然而在中国，经济利益导向的作用下，没人愿意“十年磨一剑”打造精良品质的传世图书，一名编辑四五个月不出书，甚至就要面临下岗的危险。在如此生存法则的炙烤之下，编辑疲于奔命、贪图求快，怎么可能产生需长时段才能打磨出的传世精品呢？因此，出版原创力非但得不到很好地提升，其处境反而举步维艰、萎缩局促。在这样的状况下，出版业不能有效发挥先进文化生产力可见一斑。

* 李频.1978 年以来中国省域出版体制变迁研究 [C]. 北京：中国传媒大学，2009.

五、原创力提升所需制度创新的路径选择与理想图景

在熊·彼特的创新理论中，创新是经济增长和发展的“主发动机”。创新导致经济增长与发展，由创新的周期性决定了经济增长与发展的周期性循环。熊·彼特的创新概念比较宽泛，虽然他没有明确地将创新划分为技术创新和制度创新，但是在他关于创新的定义中实质上内涵了这层意思。美国管理学家德鲁克是较早重视创新的学者，德鲁克发展了熊·彼特的创新理论，把创新定义为赋予资源以新的创造财富能力的行为。* 由于社会各方面都面临着用新方法来提高效率的任务，从而不同的研究者常从自己所强调的侧面赋予创新不同的涵义。所以，目前便有了制度创新、管理创新、技术创新、市场创新、组织创新等不同的提法。

制度创新是指在人们现有的生产和生活环境条件下，通过创设新的、更能有效激励人们行为的制度、规范体系来实现社会的持续发展和变革的创新。所有创新活动都有赖于制度创新的积淀和持续激励，通过制度创新得以固化，并以制度化的方式持续发挥着自己的作用，这是制度创新的积极意义所在。中国出版业面临着较为迫切的制度创新任务，只有走制度创新之路，才能解放先进文化的生产力，才能提升出版原创力，具体地可以通过以下方式着手进行出版先进生产力，即原创力的建设工作。

（一）建立符合出版产业规律的科学评估体系

处于后改制时代的中国出版业已获得了企业之身份，因此它就像其他企业一样，具有着一般企业所属的产业特征，但是出版企业又履行了意识形态领域的文化功能，它又有着其自身的特殊性。因此，蔡翔教授认为必须尊重出版业的特殊规律与一般规律，认识到出版经营的核心是内容、是文化，它并不是一个能够高增长、高回报的产业。出版业执行和其他行业一样的标准和要求并不符合出版业现实的生产能力。** 由此看来，建立符合出版产业规律的科学评估体系尤为重要。

对出版业所建立的科学评估体系的理想架构就是以出版企业生产的出版物为基准点，测度它的公共属性，通过其对人类产生的有利影响力大小为主要权重来评估出版单位的企业行为，好的出版物在市场失灵的情况下如果不足以弥补企业的运营成本时，政府应通过税收、贴补等给予政策支持，不好的出版物通过事前防范、事后严厉的惩罚机制、甚至吊销营业执照等手段防止危害行业健康发展的行为再次发生。

（二）建立政府合理规制下的良性产业发展环境

中国出版产业规制改革的理想模式是建立关系均衡、规制有据、执行有力、

* ［美］约瑟夫·熊彼特．经济发展理论［M］．北京：商务印书馆，1990.
** 蔡翔．大学出版发展战略研究［M］．北京：中国传媒大学出版社，2008.

行业自律相结合的规制机制和分类定性、管办分开、统分结合为方向的规制体制。

所谓规制均衡即为把出版业推向市场上，政府不能单独依靠市场法则来维护或解决出版者与读者的关系，还应有政府的引导与持续支持。如目前读者将图书大卖场当做公共图书馆，有效销售不能得以实现的行为严重阻碍了出版产业的发展，这就需要政府加强宣传，维护出版生产者与流通者的切实利益等。规制有据包括适度规制与依法规制。适度规制要求政府从文化企业的特殊性出发，不以裁判员兼具运动员的双重角色给出版经营者过多行政干预与冗余信号。依法规制就是在完善现有出版管理条例的基础上，做好出版有法可依的基础工作。执行有力就是在出版法则约束体系下政府应有所为，起到维护出版公平与效率的作用。行业自律即为出版单位本身应充分认清自我，加强自身行业道德风尚建设，以建立或维护良好的行业新秩序为重要准则。

所谓分类定性就是针对当前出版业的事业性与企业性分类现状，将事业性出版单位明确定义为公益性质，并根据不同的发展情况适当适时调整，或增或减公益性出版单位的数量。管办分离就是解决出版单位多头管理、区域性明显的问题，建立跨地区、跨所有者、跨媒体的多元化企业是管办分离整治的方向与目标。统分结合中的“统”就是解决盈利性大型出版传媒集团垂直管理的问题，而“分”解决的则是公益性出版单位服务于各级政府分散管理的现状。

在一个相对稳定的结构体系内，合理的规制就是要减少交易成本，提高运作的效率，这就需要制度创新处于永恒运动之中，后转制时代的中国出版业也概莫能外，只有不停歇地进行出版制度创新，还原出版先进生产力与原创力，才能满足人民对文化日益增长的高品质需要，这是当前出版改革的重头戏。

参考文献

[1] 郑晓红．出版社要警惕原创力的衰退 [J]．中国出版，2004（12）．

[2] 因为“原创”才辉煌 [N]．解放日报，2001-2-28（5）．

[3] 王亚仑．试论原创：兼谈提高原创力问题 [J]．山东大学学报（人文社会科学版），2002（2）．

[4] 方伟．当今文学艺术的原创力来自哪里 [N]．人民日报，2007-6-14．

[5] 王雅坤等．从《狼图腾》版权输出谈出版原创力 [J]．出版发行研究，2008（12）．

[6] 李频．1978 年以来中国省域出版体制变迁研究 [C]．北京：中国传媒大学，2009．

[7] ［美］约瑟夫•熊彼特．经济发展理论 [M]．北京：商务印书馆，1990．

[8] 蔡翔．大学出版发展战略研究 [M]．北京：中国传媒大学出版社，2008．

数字化背景下的传统出版社原创力研究

张 茂*

摘　要：论文通过剖析原创力对出版社的重要性，指出在数字化背景下，传统出版无论采取何种应对策略，都必须紧紧抓住提高原创力这一关键点。同时，出版社的原创力不仅仅是内容方面的原创力，还包括出版物市场营销等方面的原创力；传统出版社在面临与数字技术提供商的竞争时，没必要采取投入大成本开发数字技术平台等方法，而要在提高自己的原创力上下功夫。在此基础上，笔者提出数字化背景下传统出版社提高自己原创力的几点具体策略：积极培养原创意识，避免数字化误区；调动具有创新意识的编辑人才积极性，避免优秀人才流失；利用数字技术整合出版资源，从而提高编辑出版原创力等。

关键词：传统出版社；数字出版；原创力；策略分析

近年来，数字技术与互联网的发展日新月异。在其影响下，出版业产生了巨大的变革，电子书、网络出版、手机出版等新出版形式的出现，大大改变了出版业的面貌。在这一背景下，传统出版社原创力在哪里？又有什么样的表现呢？

一、数字化对传统出版的影响

首先，各种媒介不断融合，出版物内容的表现形式更加多样。传统的报社、杂志社、图书出版社、音像电子出版社等出版单位，基本上都是处于一个互相平行的位置。依据媒介形式的不同，这些出版单位固守在各种出版领域里，很少涉及其他的出版形式。但数字化的迅速发展打破了这一点，数字技术的不断突破，使得文字、声音、图形、图像等信息可以得到综合处理，使得不同媒介之间的鸿沟持续缩小，并能够相互融合，同一内容的表现形式也更加多样，数字化使得我们进入了一个媒介相互融合的时代。某种媒介所能承载的内容元素越丰富，它被用户所接受的可能性就越大，并越有可能发展成为一种被大众所接受的媒体形态。

如今，迅猛发展的互联网媒体、手机媒体就是这种趋势的最好诠释。无论从媒介表现力还是吸引力上来看，图书这种传统的媒介形式远远比不上新兴媒介，在这样的情况下，传统出版社的生存和发展无疑会受到很大的冲击。但是，媒介融合对传统出版业的影响也并非只有坏处。不同媒介对同一信息的交互式处理，使得传统图书可利用的载体也越来越多。最大限度地开发和利用宝贵的出版资源，

* 张茂，北京印刷学院 2009 级研究生。

一书多用、一书多能，增强其再生能力和产品附加值，已成为图书发展的一条重要途径。例如我们可以把一本书制成有声版、数字版和按需印刷（或章节订购）版等，甚至还可以依据图书内容制作电影、电视等，实现真正的跨媒体出版。

其次，数字技术渗透到传统出版的各个环节。无论是选题策划、书稿撰写、编辑校对，还是排版印刷、发行等，我们都能看到数字技术的应用。通过网络，选题策划编辑可以迅速地了解到某一选题在国内外的出版情况。目前在很多出版社内部基本都已建立书稿库、选题库，编辑可方便地检索，了解本社在这一选题的出版、销售等情况。通过了解社内、社外的情况，做到选题时心中有数，从而避免选题的重复。通过网络，编辑可以方便地挑选、联系作者，组织书稿的撰写，而作者在提供书稿时已经极少提供撰写的手稿了，基本上都是数字化的文档。编辑在校对和排版时也是直接作用于数字化的稿件，同时借助于一定的校对和排版软件。至于书稿的印刷环节、发行环节，也都离不开对数据处理系统、数字印刷系统和网络发行系统的应用。数字技术使得传统出版流程中的编、印、发各环节都在发生着变革，加速了传统出版的数字化过程，为传统出版社营造出了一个全新的运作环境和工作环境，引起了传统出版单位在观念、人才等各方面的变化。

再次，数字技术的应用深刻地影响着整个出版媒体的运营模式，改变了传统出版单位的地位。在传统出版中，出版单位或出版商一直是主导者，出版者有选择作者作品并将其转化为出版物的权利，作者对出版者的依赖程度很高。而数字出版的出现从根本上改变了出版单位的中介地位，出版行为的实施已不仅仅是出版者独有的行为。由于网络技术的不断完善，不仅为作者选择出版者提供了技术的支持和可能，而且也为作者提供了多种出版途径和可能。这样，出版社在传统出版过程中面对作者时所占的那种主导地位已经受到了动摇。同时，在资本和市场的大力推动下，一些掌握着技术优势的技术平台商、设备提供商、软件服务商、网络运营商等也纷纷进入出版市场，试图与传统出版单位分一杯羹。譬如在电子图书出版领域，一般是由传统出版单位提供内容，由技术公司提供集成化平台技术，编辑、制作和销售电子图书。经过多年的发展，北大方正、书生、超星、中文在线四大电子图书技术平台商已经形成了较强的图书资源数字化整合能力，使得很多对电子书有需要的客户只认这些技术平台商，而不知道提供了内容的出版社，从而将出版社摆在了一个尴尬的位置上，使传统出版社在与技术提供商的竞争中一开始便处于下风。

二、原创力助传统出版社在数字化背景下生存

在数字技术蓬勃发展的背景下，数字出版已经成为出版业发展的大势所趋，无论数字化对传统出版的影响是利还是弊，我国传统出版业向数字出版的转型已成为一个不得不面对的现实选择。这一点也是大多数出版社的共识。因此，近几年来，无论是大型的出版集团还是中小型出版社，都在积极为转型、为更好地开展数字出版做着战略、组织、产品等各方面的准备，探寻着传统出版单位在数字化环境下持续发展的策略。

然而，虽然出版人几经探索，但是传统出版单位向数字出版转型的诸多迷局依然难以解开，诸如赢利模式、人才培养、资金与技术等问题依然令人困惑。事实上，在数字技术飞速发展的背景下，传统出版社想要一下子从本质上把握数字出版是绝对不可能的。面对不断变化的数字化形势，出版社不从自己入手，而去追逐“数字化潮流”，是不可能站稳脚跟的。目前，传统出版社最应该做的还是苦练“内功”，尤其是在围绕如何增加自己的原创能力上下功夫。

出版社原创力最核心的是对内容的原创。内容是出版过程中的一个最重要的环节，出版产业说到底还是一个内容产业。如果出版物没有很好的内容，那么实现它的媒介平台再好、价格再低、阅读屏幕再大，对消费者来说都是没有太大意义的。无论是买了手持阅读器，还是上网，最终只有内容本身才是消费者所真正需要的，而其他的只是使读者能够看到或者理解内容的一个手段。传统出版社必须将内容的重要性放在首位，这是其在数字出版中的立足生存之本。数字化出版对传统出版社来说，内容的重要性不是降低了，而是进一步加强了。因此在数字化背景下，虽然加速了媒介的融合，新的媒介又不断兴起，但出版社只要抓住内容这个核心，就能以不变应万变，立于不败之地。这正是传统出版业的优势所在，因为最现成、最丰富的内容差不多都在传统的出版物上，都在传统出版社手中。

但是，这并不是说出版社就可以高枕无忧了，对内容重要性的认识也并不只有传统出版社。近几年来，网络文学出版的兴盛就得益于网络运营商对内容的重视和开发。《明朝那些事儿》、《鬼吹灯》、《杜拉拉升职记》等畅销书的背后，都能看到网络运营商的身影。在与技术提供商的竞争中，缺乏技术手段的传统的出版单位已经处于劣势，如果技术提供商再掌握了更优质的内容，传统出版的地位只会更加尴尬。因此，传统出版社的当务之急便是继续加大对内容的开发，巩固住自己的优势。而要做到这些，出版社光靠吃老本或是引进别人的东西是不行的，必须提高自己的原创力。

同时，在数字化背景下，传统出版社要想生存，必须提高各方面的原创能力，

在各方面进行创新。对传统出版而言，数字化不能被简单地看成是内容搬家。内容的创新固然重要，但也不能放弃对新的运作模式和商业模式等方面的探索。目前，传统单位在面对数字化浪潮时还面临着多种问题，习惯了传统出版工作模式的从业人员如何适应数字出版，如何探索成熟的数字出版盈利模式，如何重新构筑自己的产业链和价值链等问题的解决，都得依赖出版社自己的原创能力。因此，在数字化的背景下，传统出版社只有将自己的资源优势和数字出版的技术优势很好地结合起来，将内容的创新与产业的运作管理结合起来，同时发挥自己的原创力，不断探索新的行业模式和盈利模式，才可能进入到一个良性发展的阶段。

三、传统出版社原创力的培养策略

综上所述，在数字化背景下，传统出版社要想生存，就必须提高自己的原创能力。出版社可以从以下方面入手：

第一，提高出版社人员的原创意识，避免对原创力的认识误区。不得不说，目前很多出版社对原创力不够重视，或是对原创力的理解有误区。究其原因，主要有：数字化技术的发展，使得图书出版信息的获取更为方便，一本畅销书的出现，更容易引发大量的跟风之作；同时，信息获取的便利，也使得“攒书”更为方便。如今，市面上的那些经管励志书，大都是大同小异，多数是攒出来的。“攒书”的行为，不光带来了出版物同质化严重的后果，更使得编辑和作者相信抄抄编编，剪剪贴贴便可以轻易地做好一份稿子，极大地降低了编辑和作者的原创能力；另外，有的出版社认为原创力只是体现在内容的创新上，而忽视了对其他方面的创新，如运营模式、管理模式等方面的创新。因此，要想提高出版社的原创能力，首先要正确的认识原创力，培养出版社人员的原创意识，让他们认识到在出版过程中，原创能力对于出版社的发展，对于出版社和图书品牌建立的重要性。

第二，调动具有创新意识的编辑人才的积极性，避免优秀人才流失。出版社原创力的提高，归根到底还是要靠人才，事实上很多编辑都具有原创的能力，关键是出版社要知道如何调动他们的积极性。同时，目前人才的流动速度加快，很多优秀人才都被吸引到网站、民营图书公司等单位，造成了传统出版社人才的流失，影响了出版社原创力的提高。因此，出版社首先要从政策措施上积极鼓励原创能力的发挥，在出版物内容的策划上，多鼓励编辑策划一些创新性强的出版物，甚至可以允许他们策划一些虽然目前经济效益一般甚至亏损，但具有很强独创性的出版物；对与出版社管理、出版物发行等各个环节的创新，出版社也应给予支持。其次，出版社也可以设立类似于企业的研发基金，对确实具有原创性的出版物选题及具有创新性的运作模式等进行社内资助，解除创新人员的后顾之忧，确保出版物能顺利出版，创新模式能顺利实施。再次，出版社在制定评奖办法时，可以着重提出对原创选题和创新模式的奖励，给予原创人才以精神和物质的激励。在此基础上，出版社还应特别重视对优秀原创人才的培养，及时满足他们的合理要求，给他们以发展的空间，避免人才的流失。

第三，利用数字技术整合出版资源，从而提高编辑的出版原创力。原创能力对于编辑来说，不是与生俱来的，而是需要环境的影响和后天的培养。具体而言，编辑的原创能力包括发现原创佳作的能力，较好的判断力、亲和力和文字驾驭力。判断力是对原创选题的策划能力和选择能力；亲和力是指编辑联系组织一流原创作者的能力，这一能力在目前出版社对作者的主导地位已经动摇的情况下尤为重要；文字驾驭力是对原创作品进行加工修改的能力。在数字化背景下，数字技术已经应用到出版的各个环节，因此编辑的原创能力还要符合数字时代的需要，适应数字化的工作环境。出版社可以利用数字技术，整合现有的出版资源，将出版活动中各个环节的资源信息包括现有图书的信息、作者资源的信息、发行渠道的信息等融合到一个数据库中，使得编辑在出版物选题之初便能够对该出版物出版的各个环节有所了解和把握，为编辑创造一个适宜发挥自己原创能力的环境。同时，出版社也可以利用数字技术加强对编辑原创力的培养，譬如出版社可以为编辑提供一个数字化交流平台，对编辑进行集中培训，也方便编辑们互相就原创力的问题进行沟通。

第四，积极对其他优秀的原创成果进行借鉴。原创并不是闭门造车，关起门来自己想。任何原创，都离不开对现有成果的借鉴和吸收，出版社的原创也是如此。目前，很多出版社都注重对出版物版权的引进，当然也有人指出，正是出版社对版权引进的过分重视导致了出版社原创能力的低下。事实上，引进版的出版物，在版权所有者那里也是原创的。如果出版社在引进出版物时，不仅注重对它的经济效益的实现，还注重对它在原创方面的借鉴，研究它们为什么能够取得成功，有哪些成功的经验可以供出版社吸收，在一定程度上可以增强出版社的原创能力。同时，数字化时代多种媒介的融合，也使得出版社不像以前那样，只局限在一种媒介里。利用数字技术，出版社可以将同一内容借助各种媒介途径多次使用，在此过程中，出版社可以借鉴多种媒介的表现形式，提高自己核心出版物的原创力。还有，相对于传统的出版社，在数字化背景下成长起来的技术提供商对数字环境的把握能力明显较强，出版社可以在与他们的合作中，积极吸收他们的成功经验，提高自己在运作模式、盈利模式等方面的原创能力。

参考文献

[1] 孙微巍. 数字化浪潮呼啸而至 [J]. 出版参考，2008（1）.

[2] 王雅坤，王小艳. 从狼图腾版权输出谈出版原创力 [J]. 出版发行研究，2008（12）.

[3] 聂震宁. 数字出版：距离成熟还有长路要走 [J]. 出版科学，2009（1）.

[4] 李莺. 原创力、品牌与服务创新——网络时代的出版业探析 [J]. 苏州大学学报，2001（7）.

从原创力看我国少儿出版的“走出去”

孙梦莹*

摘　要：论文通过剖析相关数据和典型案例，指出了我国少儿出版原创力低下的主要原因，如少儿出版的体制与机制仍不完善；崇洋媚外，唯国外畅销书马首是瞻；跟风出版，同质化现象严重；缺乏优秀的原创作家；编辑业务素养和文化素质不高；盲目追求经济利润；不了解儿童心理等。基于此，笔者提出了具有针对性的相应对策：出版社应把握出版改制的大潮流，树立市场化的运作模式；加强编辑专业素养与文化素质的积累；坚持中国特色，不盲目跟从国外写作热潮；对传统资源充分挖掘，培养自己的原创作者群；摆正原创心态，创作出贴近儿童生活的力作；利用现代媒体造势，依靠原创作品打造文化产业链；找寻共通点，开发外向型选题，使中国少儿出版真正实现“走出去”。

关键词：少儿出版；原创力；走出去；对策分析

在儿童的成长过程中，有三大要素必不可少：健康的饮食、爱与关怀、精神食粮。可见，少儿出版关系着民族未来一代的生命精神与国民素质。鲁迅先生曾经说过，“童年的情况，便是将来的命运。”而本土的少儿作品，对儿童形成民族文化认同感有着极其重要的意义。但是，目前我国少儿出版的版权输出能力，相比我们这样一个文化大国来说是很不相称的。近几年来引进版图书风靡整个少儿出版界，随着《哈利·波特》等一系列经过精心挑选和运作的国外优秀少儿作品的引进，引进版少儿图书在少儿出版物市场上激起了一波又一波的热潮。而与少儿出版版权引进的持续增长相比，少儿出版版权输出的增长速度却并不乐观。

少儿出版的两项核心竞争力可以概括为“内容先行、营销推动”。“内容先行”即强调原创力。原创力在于它的独特性，作品有其不可复制性和排它性，它既是新鲜的、独一无二的，又是反抗平庸、陈旧和重复的，它是一种新的对世界和人生的把握角度，一种新生命形式的艺术显现。** 然而在引进版图书唱了多年的主戏之后，我国少儿图书市场依旧鲜有优秀的少儿图书选题及本土原创作品出现。少儿出版缺乏原创力，这是造成我国少儿出版引进多、输出少的主要原因之一。因此，我国少儿出版的原创力迫切需要拯救。

* 孙梦莹，北京印刷学院 2009 级研究生。

** 雷达．原创力的匮乏、焦虑以及拯救．新浪博客，2008（9）．

一、我国少儿出版的现状

近几年来，我国少儿图书出版业迅速发展。少儿图书的出版主体向多元化格局转变，少儿出版物的品种日渐丰富，数量增多，结构也更加合理。同时，图书版权贸易也变得更加频繁，进入了市场竞争阶段。

从出版主体上看，越来越多的非少儿出版社纷纷进军少儿出版，使得整个少儿出版的格局发生了巨大变化。据国家新闻出版总署图书出版管理司公布的数据显示：2006年我国的专业少儿社有34家，但全国573家出版社中有521家出版少儿图书，并有130多家设立了专门的儿童图书编辑部。10年前，专业少儿出版社出版的图书占全国的2/3，2000年这个份额下降到49.5%，2006年又下降到1/3。浙江少儿出版社社长陈纯跃形象地指出，原来的半壁江山丢掉了三分之一。*

从出版客体上看，国家新闻出版总署财务司公布的《2008年全国新闻出版业基本情况》统计报告（未含港、澳、台地区的相关统计数据）中提到，2008年全国共出版少儿读物4.59亿册、47.91亿元，占销售数量的2.76%、占销售金额的3.29%。与2007年相比册数增长了13.87%，金额增长了19.16%。** 从近几年的统计数据上看，我国少儿图书的出版数量呈现递增趋势。

尽管我国少儿出版正迎着世纪朝阳，大步前进。但同整个中国出版一样，版权输出困难依然是其所面临的一大难题。近几年来，我国少儿出版的版权引进持续增长。2008年我国共引进少儿读物40840种次、58.89万册、414.94万美元，占图书进口种次的6.29%、占图书进口数量的13.46%、占图书进口金额的5.09%。*** 而与我国少儿出版版权引进的持续增长相比，少儿出版在输出上却表现得十分乏力。2008年我国输出的少儿读物仅32594种次、64万册、87.58万美元，占图书出口种次的3.62%、占图书出口数量的9.83%、占图书出口金额的2.8%。**** 从这两组数据中，我们不难看出我国少儿图书版权引进与输出之间的差异。与少儿图书引进的狂热相比，版权贸易的单向化倾向十分严重。

从近几年我国少儿出版版权输出的总体情况上看，少儿出版版权输出的国家数量相对较多，但主体还是集中在以东南亚为核心的华文地区。而输出的内容则多是以中国传统文化为题材的少儿图书和低幼读物为主，青少年题材作品、现当代题材作品很少。据调查，欧美国家的出版社对我国的少儿出版物并不十分关注。

也有一部分专业的少儿出版社在版权贸易中有较好的版权输出表现，如浙江

*　孟昌．基于SWOT分析的我国少儿图书出版的发展战略研究．湖南师范大学硕士学位论文，2008.

**　数据出自《2008年全国新闻出版业基本情况》

***　数据出自《2008年全国新闻出版业基本情况》

****　数据出自《2008年全国新闻出版业基本情况》

少儿出版社、江苏少儿社、辽宁少儿社、未来社等。中国台湾地区的少儿出版版权输出也较有作为，以少儿图书为例，台湾的远流、格林等出版社，近些年曾多次在国际书展上获得图书插画奖，并售出多本少儿图书的版权，出版社也因此名气大增。但相对于我们这样一个文化大国来说，目前我国少儿图书的版权输出能力是很不相称的。* 中国少儿社社长海飞指出，改革开放以来，少儿读物引进多、输出少，贸易逆差达到48：1。而引进的外版书俨然是中国图书市场的“武林盟主”。中国整体版权贸易逆差比例是 10：1，而在少儿出版领域，这一比例无疑更让人震惊。对于中国的少儿出版版权贸易而言，版权贸易的逆差问题既是客观问题，同时也是将要在很长时间内存在的问题。

俗话说，“巧妇难为无米之炊”。目前我国高质量、高水平的原创少儿作品十分贫乏。而想要改变我国少儿出版的贸易逆差，促使我国少儿出版真正“走出去”，归根结底要靠优秀的原创少儿作品来支撑，提升少儿出版的原创力迫在眉睫。

二、我国少儿出版原创力低下的原因

（一）少儿出版的体制与机制仍不完善

由于我国的特殊国情，少儿出版的体制和机制依旧沿袭着计划经济时代的模式。有限的 30 多家少儿出版社依靠着国家体制的保护，生活十分轻松，不愁吃喝。在出版社转企之前，这 30 多家少儿出版社一直都是按照上面的计划照单出书。而我国儿童的数量庞大，对少儿图书的需求量也在逐年上升。尤其是教材教辅，更是不愁销路。在这种供小于求的状况下，少儿出版社却安于现状，严重缺乏危机意识，更谈不上主动了解读者需求积极营销了。

2000 年，教育体系发生了重大变革，政府提出要为孩子“减负”，鼓励学生进行课外阅读，加强学生的素质教育。此方案一出，给长期依赖教材、教辅生存的少儿出版社带来了前所未有的挑战。而 2003 年 6 月，中央文化体制改革领导小组召开会议，正式宣布全国文化体制改革进入试点阶段，并确定了 21 个新闻出版企事业单位为国家文化体制改革的试点单位。这两大变革对曾经轻松度日的少儿出版业产生了巨大冲击。

从 2003 年首次在 21 家新闻出版企事业单位试点到今年的转制全部完成，已有 7 年的时间了，但我国少儿出版的体制和机制仍旧存在着不完善之处。少儿出版社的转制在一定程度上只存留于形式，而转制的核心——思想意识的转变，却并未真正完成。不少出版社对于读者的需求及市场形势的变化依旧缺乏敏感性、缺少创新意识。如果这些出版社无法从根本上转变自身角色，是很难开发出有原

* 辛广伟．版权贸易与华文出版．重庆出版社，2003.

创力的优秀少儿作品的，甚至连生存都会成为问题。因此，形式上转制的完成并非意味着一切具备，少儿出版的体制与机制仍需进一步完善。

（二）崇洋媚外，唯国外畅销书马首是瞻

近年来，国外尤其是英美等西方发达国家及韩国、日本的少儿图书大量涌入我国少儿图书市场，自2000年《哈利·波特》席卷我国后，我国的少儿图书市场几乎成为了引进版图书的天下。据北京开卷图书市场研究所2009年公布的全国少儿类畅销书排行榜显示，上榜的30本少儿类畅销书中有11本为引进版图书。

不可否认，国外的一些少儿图书，确实有很多地方值得我们去学习、借鉴。例如：他们以儿童为中心、贴近儿童心理的编辑理念；图书的版式设计、所用材质、插画等。但若是盲目地崇洋媚外，唯国外畅销书马首是瞻，大量地引入国外的少儿类畅销书，势必会对本土的少儿原创作品造成严重冲击，同时也打击了本土少儿作家原创的积极性。此外，并非所有的国外畅销书都是好的、值得学习与借鉴的。有些不负责任的出版社为了追逐经济利益，不加分辨地引进国外的少儿图书，使一些水平低下的国外图书流入我国少儿图书市场，对儿童的身心造成了一定的消极影响，不利于儿童的成长。

（三）跟风出版、同质化现象严重

笔者曾就市场上的少儿读物对100名小学低年级学生及其家长做过一次调研，在调研中不少孩子评价道，现在市场上的少儿读物大多“重复”、“乏味”、“想象力不够”、“太死板”等等。在走访了几家书店后笔者发现，书店中的少儿图书内容、装帧甚至连书名都大同小异，跟风出版与同质化现象十分严重。尤其是一些热门图书，更是可以见到数十种版本。例如，可爱淘的《那小子真帅》在中国掀起“那小子”旋风，《那小子真酷》、《那小子真坏》、《那女生真笨》等跟风作品一拥而上，书名、版式、装帧几乎一模一样，没有任何的创新，遭到了读者的冷遇。据北京开卷图书市场研究所统计，《安徒生童话》就有不同出版社出版的340个版本，《十万个为什么》也有500多个版本。另据国家新闻出版总署图书司不完全统计，目前全国每年都有库存图书近500亿，其中大多数都是盲目跟风出版之作。*

很多出版社为了减少内容开发的时间、降低开发成本、规避创新的风险，选择了跟风出版之路，这无疑是另一种形式的剽窃，同时也扼杀了少儿出版的原创力。还有一部分出版社属于“被动跟风”。这部分出版社花了大量的金钱与时间来开发原创作品，培养原创作家，可是当图书出版时，其利益却被其他跟风的出

* 彭丽娟，庞博．繁荣发展下的隐忧——对我国少儿图书出版现状的反思．南方传播，2009（6）．

版社“均沾”了。既然不创新也有钱赚，花费大量心血和成本的创新带来的结果是得不偿失，那又何必煞费苦心地创新呢？所以，在我国少儿出版界形成了一个恶性循环，坚持原创的出版社越来越少，而跟风出版、同质化现象日益严重起来。

（四）缺乏优秀的原创作家

中国拥有灿烂的文化和悠久的历史，在我们这样一个大国中，应当有一批可以代表我国少儿出版最高水平的原创作家，并且有一批优秀的少儿原创作品被世界所认可。然而象征着国际童书出版最高文学成就和美术成就的安徒生儿童文学奖和插图奖已经评选了半个世纪，获奖者中却没有中国人。

在北京开卷信息技术有限公司 2010 年 6 月份所发布的《开卷 2009 年少儿类畅销书排行榜 TOP30》中，本土原创作家仅有屈指可数的几位，同一原创作家的作品上榜率高度集中。在榜单的前 30 名中，仅有 19 个本土作品。而在这 19 个本土作品中，仅杨红樱一人的作品就占据了 13 个席位，另有伍美珍的作品占据了 3 个席位，还有一本为罗贯中的《三国演义（青少版）》，可见我国少儿图书原创作家何等匮乏。在这种状况下，我国少儿出版的原创力怎能不低下？

（五）儿童出版物编辑业务素养和文化素质欠缺

我国少儿出版严重缺乏原创力，究其根本，在于少儿编辑的业务素养和文化素质相对低下。很多人认为，少儿图书是“小儿科”，因此非专业出版社及民营图书公司都把目光投向了少儿出版，认为其门槛低。同时在少儿编辑的选择上，即便是专业的少儿出版社也是如此，认为只要年轻并且思维活跃，基本就能胜任。

笔者就曾在一家少儿出版社实习过一段时间，该社的编辑人员鱼龙混杂，许多没有受过专业训练的人员也被纳入其中。在这些少儿编辑中，其业务素养及文化素养大多不过硬，选题策划运作能力、文字规范能力与加工能力等都显得不足，对儿童教育、儿童心理、儿童文化等相关专业领域的知识了解较少。这就严重影响了选题的开发、作者的选择及书稿的优化。好的原创作品大多从优秀的策划开始，如果编辑自身能力不过硬，又怎能策划出具有创新性的选题，选择并培育出优秀的原创作家，并对书稿进行优化呢？

（六）盲目追求经济利润

截至 2009 年年底，出版社的转型基本完成，少儿出版社依靠政策性图书品种舒坦度日的时光将一去不复返。为了摆脱困境、继续生存，许多少儿出版社纷纷提出“销售为王”，完全无视图书不同于其他商品的精神属性。

为了更快地获取利润，不少出版社都放弃了耗费时间、金钱，风险相对较大的原创作品，从而选择了引进周期短、见效快、成本低的国外图书。如今，许多少儿出版社已经多年没有出过一本原创少儿作品了，很多少儿社的文学编辑室也是徒有虚名。不可否认，这种引进行为确实比扶持出版本土原创图书要少花精力、少担风险，但久而久之，这种行为对本土少儿出版的原创力却是大大地扼杀。

（七）不了解儿童心理

一个少儿图书编辑说过：“做少儿书的最大优势就是自己有个孩子，如果能够与孩子近距离接触，没有什么比这个条件更便利的了。”

如今，我国图书市场上之所以缺少优秀的原创少儿作品，其中一个很重要的原因就是我们的编辑和作家对儿童的心理缺乏了解。许多孩子呼吁道，“现在贴近我们的书太少了”。而这正是由于编辑和作家在思想上与孩子之间是相互疏离的，他们并不喜欢孩子，不喜欢看童书与绘本。他们无法与孩子找到精神上的交汇点，从而不知道孩子真正喜欢什么、不喜欢什么。这种“闭门造车”的状态使得我们的原创作品无法贴近孩子的生活，无法激起孩子的阅读兴趣与内心的共鸣。

三、改变少儿出版原创力低下的应对策略

（一）出版社应把握出版改制的大潮流，树立市场化的运作模式

出版社转制的大潮势不可挡，与其继续抱着陈旧的观念固守现状，不如顺应并把握出版改制的大潮，积极建立现代的企业制度，加快向经营性文化企业转制，建立市场化的运作模式。只有抛弃过去的经营模式，真正在思想意识上完成转型，才能够适应市场化的大潮，提升自身的市场竞争力，取得长远的发展。此外，对社内员工也可以适当地采取一定的奖惩措施，对开发出优秀原创作品或创新性选题的员工给予奖励，激发起社内人员对于工作的主动性及创造性。

（二）加强编辑专业素养与文化素质的积累

少儿图书在内容结构上几乎涵盖了一切的知识领域，如：文学、历史、语言、地理、天文、哲学、化学等。因此少儿编辑应当具备宽泛的知识结构和素养，并且具有开阔的文化视野，浓厚的学习兴趣，少儿编辑不仅要精通于某一学科的知识，而应当是一种全才，像一本“百科全书”一样。同时，少儿编辑还应当具有很高的鉴赏能力，熟知少儿的喜好及心理，具有很强的责任心，能够细心地选取稿件，耐心地阅读稿件。最重要的是，作为一名合格的少儿编辑一定要有一颗爱心，这是编辑通往儿童内心的一张通行证，只有对儿童充满关爱之心的编辑，才能够推出好的少儿原创作品，并且真正被儿童所接受。

（三）坚持中国特色，不可盲目跟从国外写作热潮

在少儿原创作品的创作过程中，我们的作家应当秉承中国特色，而不应毫无

原则地随波逐流，盲目地跟从国外的写作热潮。抛开图书领域，就拿一直比较红火的动漫领域为例，许多动漫制作人盲目地追捧国外的动漫作品，却忽略了我们一些具有中国特色的元素。之前在国内外都颇受欢迎的美国动画电影《功夫熊猫》就是一个有力的证明，该片成功运用了大量的中国元素，不得不令我们的传媒工作者及作家感到惭愧。

回到图书领域，我们也有因坚持中国特色而大获成功的作家。这名小作家是大连市西山小学一名六年级的学生，他的名字叫金阳（笔名阳阳），他以奇特的想象力写出了一本《时光魔琴》，经人民日报出版社出版后，被誉为中国的《哈利·波特》、中国第一部少年魔幻小说，并被美国国际财富联合投资公司买走版权，该书之所以成功输往海外，是因为其魔幻、童话的内容与西方有很大不同，纯粹是中国式幻想。*

由此可见，跟从国外的写作热潮，结果只能是永远落后于人，更别提写出优秀的少儿原创作品，走出国门了。因此，我们的少儿作家应当大力挖掘中国元素，开发具有中国特色的原创少儿作品。

（四）对传统资源充分挖掘，培养自己的原创作者群

谈到对传统资源的充分挖掘，其实和上面提到的坚持中国特色有异曲同工之妙。无论是在国内还是国外的少儿图书市场，以中国文化为创作素材的少儿作品始终受到大家的追捧。关键在于我们怎样对传统资源进行充分而合理地开发。目前，我们对传统资源的开发始终停留在低水平的重复状态，《西游记》、《三国演义》、《成语故事》等被反复出版，书与书之间看不出明显的差异，更不要提创新性了。而我们的传统资源，难道就仅限于此吗？我们的作家与出版人应当将眼光放宽，更加深层次地挖掘传统资源，而不是死抱着几本文学名著不放。

此外，培育我们自己的原创作者群也是在提升原创力中至关重要的一步。前文已经提到，我国的少儿原创作家极其贫乏，只靠杨红樱等屈指可数的几位作家支撑。在此状况下，培育我们自己的原创作者群就显得刻不容缓。出版社在选定作者时，应当有意识地培养新人，给新人以发展的空间。只有我们的原创作者队伍壮大起来，我国少儿出版的原创力才有望得到提升。

（五）摆正原创心态，创作出贴近儿童生活的力作

出版家邹韬奋先生曾提出“以读者利益为中心，以社会改造为目的”的出版工作方针，而这种思想也正是我们今天很多编辑与作家所缺少的。少儿出版，面向的读者群自然是儿童，所以我们应当以儿童的利益为先，创作出贴近儿童生活的作品。很多时候，我们的编辑和作家往往喜欢“闭门造车”，想当然地瞎编乱造，

* 贾芳芳．少儿出版版权输出创新的几点思考．科技信息．

没有生活沉淀，这种状态是无法创作出优秀的少儿原创作品的，而且这样的作品孩子不会买账，更别提输出到其他国家了。

真正优秀的少儿作家与编辑，应当深入到孩子当中，切实了解孩子的心理及需要。其实，孩子的世界是很单纯、很美好的。只有真正了解孩子所想，与他们达到心灵相通，才能创作出受孩子们欢迎的优秀原创作品。

（六）利用现代媒体造势，依靠原创作品打造文化产业链

马太效应告诉我们：强者越强，弱者越弱。一根手指的力量十分有限，但是当五根手指攥成一个拳头时，力量就会变得无穷大。此理论推及到少儿图书领域同样适用。其实，我国少儿图书市场也不乏一些优秀的少儿原创作品，但是为什么其对我国少儿图书市场的影响力却不及一些引进版图书呢？其实，这些少儿作品就像一根手指，自身的力量十分有限，也很难造成一定的影响力。而一些引进版图书，例如《哈利·波特》之所以可以在我国少儿出版界产生如此大的影响，其中一个重要的原因就在于他擅用现代媒体造势，依靠其打造出了一条文化产业链，当点变为面时，影响力自然随之形成。

（七）找寻共通点，开发外向型选题

少儿出版的版权输出其实是最有优势的，它不同于其他类别的出版物。不管各国的文化有多大差异，但孩子身上总有一些天性的东西是共通的。这些共通点就是我们原创作品的着眼点，需要作家们好好把握。作家在进行创作时，需要从孩子的视角去看待生活，蹲下身来与孩子交流。此外，作为编辑同样需要抓住这些共通性，在选题阶段就要有意识地开发外向型选题，为版权输出做准备。所创作出来的少儿出版物内容要通俗易懂、形象生动，不要人为地为版权输出制造障碍。同时在语言上也要尽量避免晦涩、难懂，要极力激发孩子的想象力，只有这样的原创少儿作品才能为作品的对外输出提供可操作性。

四、小　结

我国是一个拥有3亿多儿童的国家，如此庞大的读者群体是大多数国家所不及的。而随着素质教育的不断深化，家庭、学校乃至全社会对于儿童的成长问题也越来越关注。因此，面对如此巨大的阅读需求，迫切需要拯救我国少儿出版的原创力。

提到拯救少儿出版的原创力，其实是说起来容易，做起来难。这就需要我们政府、出版工作者及作家全力配合，切不可为了眼前利益而放弃原创。从宏观上来说，政府需要出台相应的政策措施，鼓励原创，支持创新。出版社也应当积极配合转制，从思想上迅速完成角色转换；并要利用多种媒体造势，依靠原创作品打造出自己的文化产业链。原创力的提升落实到我们的编辑身上，就需要大家平时多加强编辑专业素养与文化素质的积累，注意自身水平的提升；注意挖掘传统资源，努力培养出一个自己的原创作者群；在选题的开发过程中要有意识地开发外向型选题，为版权输出做准备。最后要说的是作家，在写作过程中不要盲目地崇拜国外作品，跟从国外的写作热潮，应坚持中国特色，俗话说，“只有民族的，才是世界的”；要摆正创作心态，不要“闭门造车”，应当深入到孩子当中，切实了解孩子的想法；要俯下身来和孩子交流，以平等的心态来进行创作。

21 世纪是经济全球化的世纪，是中国扩大对外开放的世纪，也是中国出版加速融入国际市场的世纪。然而，少儿出版的“走出去”不是一蹴而就的，只有切实地提升我国少儿出版的原创力，才能从根本上解决少儿出版的贸易逆差问题。相信经过我们各界人士的共同努力，我国少儿出版的发展前景定会光辉灿烂！

参考文献

[1] 孟昌．基于 SWOT 分析的我国少儿图书出版的发展战略研究．湖南师范大学硕士学位论文，2008.

[2] 龚瑰．少儿图书出版现状与编辑素养 [J]．山西师大学报研究生论文专刊，2009（11）．

[3] 王泉根．挑战与隐忧——当前我国少儿图书出版的“四多四少”现象．维普资讯．

[4] 朱艳菊．少儿图书编辑现状分析．理论界，2008（8）．

[5] 周艳琴．少儿图书出版问题与对策研究．兰州大学硕士学位论文，2009.

[6] 彭丽娟，庞博．繁荣发展下的隐忧——对我国少儿图书出版现状的反思 [J]．南方传播，2009（6）．

[7] 孙琳园．我国少儿图书出版存在的问题及应对策略 [J]．今传媒（学术版），2009（8）．

[8] 李元君．乘风破浪会有时——成长中的中国少儿图书出版业 [J]．出版广角，2003（7）．

[9] 海飞．中国：正在崛起的儿童读物大国 [M]．出版发行研究，2005（9）．

[10] 王泉根．少儿读物十大现象 [M]．中华读书报，1996（6）．

[11] 安武林．儿童文学：原创力是稀有的花朵 [M]．文艺报，2009（7）．

[12] 姜姗，张潇丁．原创少儿图书吸引力不可替代——少儿图书持续热销，多种因素刺激市场需求 [M]．青岛财经日报，2009（6）．

[13] 刘悠扬．中国当代原创童话缺乏想象力．深圳新闻网，2010（4）．

[14] 文焙．儿童文学走出去任重道远 [J]．出版参考，2009（16）．

[15] 贾芳芳．少儿出版版权输出创新的几点思考．科技信息．

网络环境中的华文出版原创力提升
——运用协同作业平台分析

雷碧秀* 覃崇耀**

摘 要： 当全媒体概念被提出后，即象征着所有媒体出版产制过程将面临严峻的挑战，在信息变化万千的互联网环境下，如何使产制的过程赋以作品的原创？当今社会极端复杂多样，如何提升华文出版原创力，并融合自己民族性的文化元素，皆需要新的生产管理模式来控制原创的质量和持续性产出。本研究以协同作业的案例分析来说明，协同作业对于网络环境中的原创力提升确具实际的成效。

关键词： 原创力；出版产制；协同作业

一、前 言

大陆一位传媒人引用奥地利诗人赖内·马利亚·里尔克的一段诗："风暴是一位伟大的改造者，它穿过树林，穿过时代，万物似乎都没有年龄"。他要陈述的是，当我们在学习传媒时，千万不要忽略对新的信息传播方式的研究和关注，我们现在看到的也许是树的摇摆，但可能预示着暴风雨的来临。

当我们还在讨论数字出版的内涵及预测数字出版的前景时，数字出版已经悄悄来到了我们的身边，渗透到我们的日常生活。1996年美国作家梦丝的小说"LIP SERVICE"被各家纽约传统出版社拒绝出版，作者自行研究并自费设计了一个网站（http://www.mjrose.com）和一页书的封面，结果这本书获得了成功。而其中每10本书中就有一本是售出电子书。梦丝感慨指出：作者变成了出版人，读者变成了评论家。这即是网络出版挑战出版的每一个环节，整个制作流程已悄然发生巨大变化。互联网的社会，新的信息传播方式的产生与媒介技术的发展都改变了我们对媒体和出版的流通和旧思维的制程方式。

以往出版的制程，总是由出版社的编辑团队提案，然后开编辑会议，再召集发行人员和营销人员，共同讨论策划产品书系，至于作者和读者属于制程的前端和末端，甚少参与出版编辑会议，而使得出版的制作端和终端没有双方的流程，是处于单向流程。中国有名的网络写手路金波曾提出所谓出版工业化。比如说作者郭妮后面有一个团队，在这个团队里面分别有人设计情节、市场调研、安排各

* 雷碧秀，北京大学新闻与传播学院博士生。
** 覃崇耀，世新大学传播管理学系副教授。

个人物的发展，作者按照这样一个框架去写。路金波强调说：好莱坞的电影为什么永远是最强大的文化，或者是日本的动画片永远都是最好的，是它的工业体制强。比如说编剧的时候不是一个人，他有一个制片人看到一个故事，有一个故事出来，然后需要有人编故事，有戏剧编辑、语言编辑、专业知识方面的编辑，他最强大的是一个工业化的制程体系。

路金波说，我们最初出来一个3000字的轮廓，或者是2000字，基本上确定了这个故事的类型和走向。郭妮这个时候的才能就会把这2000字变成12万字。如果你换一个人一定不会出现这么好的效果，不会像郭妮的《天使街23号》卖了200万本。这就是网络改写了出版的制程。而本文要提出的是一种“内、外部循环”的协同作业制程，尝试在反馈的制程中加入读者的实时反应，使产品既有原创又能落实与读者的互动。

二、文献探讨

在20世纪大部分时间里，层级管理过程得到了实践和学术上的双重关注。也就是一种从上而下的管理方式，而如今的生产流程管理所面临的挑战，以往的方式显得不够机动和弹性。所以，在21世纪中，藉由计算机中介传播（computer mediated communication，CMC），使得作业流程可以具有双向性、网络化、弹性大，于是协同作业（collaboration）的新式管理和软件产生在互联网的社群下，展开协同制定政策、计划和每一制程都可以让相关的人员参与其中，以达到作品的一种生态循环，不断增进和改善。

协同作业是一个独特的制度形式，它不同于市场自发协作或者等级制度下有意识的管理的诸多过程。我们所要理解的关键是：为什么会出现协作？为什么协作的发生频率与重要性与日俱增？一种主观的观点认为，历史上此时此时刻社会变化的速度和质量是协同作业产生的主要决定因素。社会的变化的论点显见于未来学家（Toffler，1980）、商业顾问（Lipnack and Stamps，1994；Peter，1992）和组织学家（Clegg，1990），对于协同作业都提出了于网络社会所必要的管理模式。正如在工业时期的官僚组织是标志性组织形式一样，新兴的信息或知识时代导致不太固定的、渗透力更强的组织甚至打破地理界线而相互联系。极端复杂与多样化是当今世界的特点（Dunsire，1993；Kooiman，1993），其中权力分散而不集中；任务趋同而不是细分或者分化；社会普遍要求更多的自由和个性化而不是一体化。这都显示协同作业的日趋重要性。

而协同作业比以往更需要参与者之间的相互依赖，每个参与者拥有完成一项

任务所需的不同类型和不同层次的技术和资源。相互依赖包括这些组织之间联系的频率和密度的增加，这反过来促使在某种程度上联合进行决策、集体执行行动（Alter and Hage，1993）。参与者之间（纵向的和横向的）的相互依赖性越强，协调与协作的需要就越大。所以网络管理提供了协作性管理模式这一理论上的考察，而无法投以经验的分类。所以需再加入行动研究（action research），是一种参与干预性的社会研究方法，研究者参与到行动中以规划、实施、监测行动的变化，并利用研究者的理论与经验服务于被研究对象。设计一套计划、行动、观察、反思，这样的循环来改善每一个控制的节点，以利于制程中的“内、外部循环”，达到像生态系统的不断连续循环的制程中。

三、个案传统制程的问题探讨

（一）传统制程问题一

如黄俊彦在《重新面世的原创绘本》一文中提到：“在编辑过中我尽量在整体架构成熟后，就请适当的文字作家和图书作家去完成它！但是在截稿时间过时，就只好一部分自己动手绘画，所以留下了好多本是我自己写、自己画的”。

这便是长久以来，一直在出版的传统制程中，往往作品是依赖作者一个人独自完成，作者完全没有任何的资源和信息去了解市场的需要，只能依自己的想象创作，努力完成一部又一部的作品。

（二）传统制程问题二

黄俊彦陈述他在创作《嘟嘟嘟》时，是以玩一玩、实验看看的态度做的，这本没有文字，大部分是以单色呈现，图像又有点儿抽象的图画书，当年被住在台北天母的一对日籍夫妇欣赏，改编成“布板戏”在几个小学演出。而后来这本书因为没有专门销售图画书的部门，公司也转型，只出版一刷即不再版，非常的可惜。

以往书籍一出版，即完全靠出版社的物流系统来宣传新书信息，完全不了解读者群在哪里，大部分靠作者的个人魅力，或独自在读书会或演讲中，自己大肆宣传作品。现在虽然已有网络书店，但如何将新书作品传达到读者手中，是必须要有更周延的出书前的布局才行。

（三）传统制程问题三

数字出版在改变人们接受信息的方式，对传统的大众传播媒介形成了冲击，电子出版的出现将为出版界带来大震撼。以社会行为的角度来看，因为大家愈来愈忙，想要阅读精简却重要的文章的人，会很自然地考虑选择网络。在新技术的影响下，网络不仅仅是一个数字图书馆的概念，而是一种信息的集成模式。在这样的信息传播模式下，每个人都可以发送、和别人分享信息。

网络环境下每一个读者都需客制化，不再像以往的制程一体化而是个性化的多元产品，全媒体时代即是步入了一次生产，多向渠道，全方位运营。

（四）个案解决方式

以往的出版产品规划路线，是一种线性的制程，如华文天下杨文轩总编辑所言：产品线，指一群相关的产品，可以引发读者持续关注，连续购买的。这些产品直接相互联系，一种新产品的上市，又能推动原有产品的销售，从而发挥规模效应。产品线是出版社规模性增长落地的重要手段，是出版社在进行中长期规划时必须要进行考虑的。

而现今的网络环境下，出版产品的生产过程中，包括企画、产制、营销和发行等阶段。由于产品多是由一群人专业分工完成，在生产过程中会有许多决策须要透过群体互相讨论和沟通。在企画阶段，群体中的成员大都先经过脑力激荡提出各自的想法，接着透由营销及发行部门针对市场信息来改善修订企画案，多次修订后才步入定案。一旦确立企画案后，团队就会产生相同的目标并开始进入产制阶段。而此同时，以后都是各自分工，在规定的时间点上检核进程，所以常常无法实时了解各自的进程和实时改善修正，而读者也是据发行部的经验来臆测市场，尚未使读者也加入制程的参与中。

根据周文修、覃崇耀、李邗等《使用者参与多媒体互动杂志生产过程之个案研究》所提出的产程“内、外循环”概念，协同作业导致产制阶段得以改善，并因读者（使用者）的参与过程，使得制程得以“内、外循环”的修正反馈。所以，若以此网络协同作业应用到出版产制，其效果亦是如此，而依研究生多年的编辑实务经验，亦以行动研究实地测试，以此网络协同平台，加入适合出版产制以强化作者和读者对作品的反馈机制。

1. 创意阶段

在企画及创意阶段，即要根据市场调查，经由和营销部和发行部的几次会议，讨论聚焦原创的元素，依此元素再请作者开始筹备写作方向，当作者完成一部分时，即可以请读者试读，反馈意见。

2. 产制阶段

即是一连串的作者，读者和出版企划编辑，以及营销部门和发行部门的一连串脑力激荡的讨论和修正，以创意的元素不断拆解和再组合的进行整合。

3. 营销和发行阶段

当产品正式上线时，可以依据市场读者的不同分布和属性，依不同的通路，

推出适合于各种不同的阅读载体上读物。

四、小　结

在协同作业中，授权是以信息不是以权威为基础的。其次，协作是几个组织的代表一起形成新体制，通过信息流动来连接整个体制。故言之，成功的协作环境必须要形成一种“群件”*，在群件的形成过程中，信息流是必要条件，构成信息流一个可能的成分是社会资本（Coleman，1990；Fountain，1998；Putnam，1993）。社会资本使不同代表的群体能够为共享个别组织的资源而努力。方丹认为，社会资本的重要元素是信任、规范以及网络的运转。她提出，增强社会资本必须是促进革新和生产力增长的政策的内容之一。因为社会资本与许多产业新增的革新有关，在需要服务产品的政策背景下，在交互作用中形成的社会资本的质和量有可能是协作的关键决定因素。

共同学习也是“群件”另一个潜在的基本成分，所以也是有效协作的基本成分。组织代表中的协作过程可以被看作共同学习体系。如圣吉的学习型组织的思想“在学习型组织中，人们继续扩展其能力来达成真正想要的结果，思维模式的更新和扩展得到培育，集体愿望被释放，人们继续学习共同学习的方法”。基于此，协同作业才能使产品不断的精进、改善，并促成信息流的顺畅，使未来产制的过程能够产制符合市场需求的出版品，并更加多样化和赋有原创的作品产生。

两岸三地的出版各有优劣势，如何将协同作业运用到内地、台湾、香港，还需要社会资本的一种共同的价值文化观的建立。我们知道协同作业的平台构成可以打破环境的隔阂，但人与人之间的彼此信任及共同探讨华文文化中的创意元素，需要更大胆的革新作业，而此正是最佳的方法提供给网络环境成熟下的华文出版圈一个很好的借鉴去运用。

参考文献：

[1] ［美］罗伯特•阿格拉诺夫，李玲玲译．协作性公共管理：地方政府新战略．北京：北京大学出版社，2007.

[2] 周文修，覃崇耀，李邗撰．使用者参与多媒体互动杂志生产过程之个案研究［J］．台北，工作稿，2010.

[3] 黄俊彦．重新面世的原创绘本［J］．台湾全国新书月刊，2010（2）.

* 群件，指groupware，是一种网络软件概念。它又定义为由一群（组）人使用的应用程序。它是基于这样一个设想，因为网络连接用户，这些用户应当通过网络互相操作，作为一个整体而提高组的生产率。

作家经纪人对作家原创力的影响

万丽慧 *

摘　要：盛行于欧美的作家经纪人制度，经纪人的报酬是来自于作者收入的一定比例，其与作者的关系可谓雇佣关系，因此作家经纪人显然是与作者站在同一阵线，负责让作者的收入或表现都更上层楼。但在台海两地却渐渐看到不少出版社或出版商，也开始兼营经纪作家这样的业务专案。出版社兼营作家经纪人，是既赚投资的钱又赚经纪人的佣金，立场并不中立，最终为的还是出版社的利益，而非作者的利益，对作者的创造力经常造成的是一种扼杀而非扶持。因此，慎选作家经纪人对作者是非常重要的。

关键词：作家经纪人；出版经纪人；原创力

一、作家经纪人的定义

《简明出版百科辞典》** 中有如下的文字："literary agent，其起源一般认为是16世纪初的勃克曼充当荷兰作家的中间人，在英国，19世纪的瓦特开始经营这项业务"。亚历山大·坡洛克·瓦特（Alexander Pollock Watt）在伦敦开办第一家经纪人事务所，成为最早向作家要求佣金的机构。后来的欧美文学经纪人基本沿用当年瓦特制定的收费标准，收取作家书籍发行后收益的10%作为佣金。今天，作家经纪人已经成为欧美出版业的重要角色，90%的书籍的出版都有作家经纪人的参与。在欧美出版市场作家经纪人的出现不仅改变了作家与出版社的关系，更直接或间接地改变了出版生态。本文在讨论作家经纪人与作家原创力的关系时，显然要先清楚作家经纪人的定义是什么？

按《辞海》的说法，经纪人是给买卖双方介绍交易并获取佣金的中间商人。北京弘文馆出版策划有限公司总编辑杨文轩在"书业观察论坛"第25期，为作家经纪人下了一个通俗的定义，就是以佣金为目的，促进交易，从事代理行为的人。

他认为作家经纪人有三大特点：（1）接受作者的委托，为作者服务，维护作者的权益。（2）他的收益是从作者的收益里面获得佣金。（3）他是一个代理行为，而不是一个贸易行为 ***。而从法律上来说，《中国图书商报》的法律顾问

*　万丽慧，北京大学新闻传播学院博士研究生。

**　简明出版百科辞典，北京：中国书籍出版社，1990.

***　书业观察论坛第25期：作家经纪人的秘密，http://book.sohu.com/20071210/n253909190.shtml，2007-12-10.

于永超则表示，作家经纪人无非就是符合以下几个特点：第一点就是我们作为经纪人是受作家的委托，受委托人的委托，在这个关系上是一个委托代理关系，我们要服从或者是尊重委托人的意见，替他处理相关的事情。第二个特点叫做经纪行为，就是经纪人往往会以自己的名义为作家做事情，就是以经纪人或公司的名义和出版社签一个合同，但是做的事情是关于作家出版的事情。另外一个就是居间的特点，经纪人受作家的委托，去撮合作家的作品和出版社进行成交，形成一种交易关系，这个时候就有一个居间的特点*。

由以上业界和法律界人事说法的一致，我们可以确定：作家经纪人是受作家委托，替作家从事相关代理行为，并于作家的收入中抽取一定比例的报酬为佣金的一种职业。

经纪人和作家之间的关系还有些特别。于永超提到，作家经纪人虽然在某种程度上是为作家打工，因为他要完成作家委托他的工作。但反过来讲，作家又在为经纪人打工。因为经纪人的创意和策划当中凝聚了很多智慧，有时也有经纪人的很多投资，因此在这个过程当中，作家也要尽力去完成双方经过谈判所确定的工作。事实上，在很多情况下，作家和经纪人之间更多的还是一种合作的关系。

二、作家经纪人的功用

目前在欧美图书出版市场，超过 90% 的图书是通过出版经纪人包装推出的，大部分作家不会与出版商直接接触。究竟作家经纪人对作家的服务有哪些专案，会让作家愿意从自己的收益中抽出一部分作为作家经纪人的酬庸？此处将厘清一个称职的作家经纪人应有的业务项目。

杨文轩以为，作家经纪人的工作有如下几个专案：（1）对作者的写作能力进行评估，并定期给作者一些写作的素材。（2）编辑策划。（3）选择最合适的出版机构。（4）出版合约的谈判。（5）销售其他的附属权利。（6）参与市场的推广活动。（7）代收代管版税。（8）做市场调查，能够掌握整个图书的销售实际资料，来保证作者的权益**。

郭光宇也提到，文稿经纪人除了卖稿之外，也可能身兼编审、律师、军师，乃至于防火墙等多重角色***。茅盾文学奖获得主阿来因为有海外出版经纪人，其作品《尘埃落定》的海外版权 10 年间已卖到 30 多个国家。阿来表示，对于一本

* 书业观察论坛第 25 期：作家经纪人的秘密，http://book.sohu.com/20071210/n253909190.shtml，2007-12-10.

** 书业观察论坛第 25 期：作家经纪人的秘密，http://book.sohu.com/20071210/n253909190.shtml，2007-12-10.

*** 郭光宇．作家经纪没明天？中国时报，2010 年 1 月 31 日．

即将推出的作品，国外的出版代理人会为出版社做出最新的受众调查，计算出最合理的版税，提供最详细、最全面的行销计划，找到最有能力的翻译家……这些细致的工作，是任何一个出版社或出版人无法完全做到的。他还表示，他的海外出版代理人和作家签了约，就等于投资了一个作者的成长。

但以上这些论述皆较为偏向经纪人的业务专案，对作家经纪人可以达成的效果描述较少。陈明莉的《作家经纪人之研究》除上述功能还特别提到，作家经纪人可以“提供稳定感”和“让作者专心写作”。[*] 作家安意如就提到，《人生若只如初见》刚开始并没有一下子被媒体关注，这时候经纪人杨文轩就告诉她：“你不要泄气，我相信你是一个很有才华的女青年，只要你写的东西，我都很有信心帮你出。”安意如表示，其实这样的看似不经意的一个鼓励，对当时的她来说是非常有帮助的。

此外，更让一些作家为难的是，许多出版社的编辑都是多年的朋友，新作品给了这家出版社就会得罪那家出版社，最后只能采取“平衡”供稿的方式，有时要客观地为作品找到一家真正适合的出版社变得很不容易，这时就很希望有作家经纪人居间协调。[**] 在实务上作家经纪人也已成为作家与出版公司之间的“润滑剂”与“缓冲器”。[***]

由上可以整理出一个作家经纪人的工作有四大部分：

（1）具备出版方面的专业知识：包括图书的编辑策划、出版社的选择、附属权利的销售、市场推广活动的参与以及销售市场调查的能力等。

（2）具备法律方面的专业知识：随着数位时代的来临，出版的授权形式变得愈来愈多样化。

（3）具备服务作者处理创作以外工作的能力：这包括写作资料和讯息的提供，稳定作者的情绪，处理版税等相关行政事物，让作者专心写作等这类的服务。

（4）具备谈判和协调的能力：具有在出版社与作家间居间协调的能力。

三、出版市场上谁在执行作家经纪的工作

虽然作家经纪人制度在欧美出版市场上行之有年，但在亚洲却一直没有出现。这并不表示没有人在从事与作家经纪相关的工作，亚洲出版市场上一直有很多机关或是个人在从事类似作家经纪人的工作，只是多半是采用兼职的方式。以下将分析这些人的身份，与这些人和真正的作家经纪人间的异同：

* 陈明莉．作家经纪人之研究，南华大学出版学研究所，1989 年．

** 邓永标．中国作家经纪人能否呼之欲出？中国学术期刊网，2008 年 1 月 6 日．

*** 众多作家稿费曾被拖欠，呼唤作家经纪制度．广州日报，2010 年 5 月 23 日．

（一）出版社

出版社主要的利润原本是来自于图书的销售，出版社找作者出书，这是投资行为、买卖行为。但因为出版社累积了一些社会资源，有时作品出版后，也会有机会把中文繁体或者是欧美的版权出售出去，现在也会代理一些数位版权，改编等的一些权利，所以他实际上也在做一些经纪方面的业务，想透过版权交易，让作者也让出版社自己的收益最大化。此时出版社的收入是抽取作者收入的一定百分比作为报酬，服务的物件是作家。但其在从事图书销售工作时，最终的目的却是从图书的投资中获取利益，此时他和作家的利益又是相冲突的。

杨文轩表示，出版社和作家经纪人的不同从本质上来看就非常清楚，出版社从事的是一个以出版编印发为一体的生产行为、投资行为，他收入的主要来源是投资收益，其他的一些比如说销售附属权利，实际上并不是出版社的本职工作。所以他跟作家经纪人之间的区别是，出版社从事经纪工作是兼职的，并不是专业的来做经纪工作。另外一个，他所有的市场和推广行为主要目的还是在于他自己投资的产品，而非作者本身。*

（二）版权代理商

版权代理公司性质跟经纪人销售版权的这部分业务很接近，是一种经纪和代理关系，也是一种委托关系，从事的是作品的版权代理工作。在大陆地区的北京版代、中华版代，或是台湾的博达、大苹果、佳西都是这样的版权代理公司，还有很多海外出版机构，也会在他们想要销售版权的国家设办事处，来推销他们出版的一些版权。但无论如何他们整个的特点是以作品为中心的，都是围绕着图书来谈版税条件。因此，这本书的作者后续在国内的影响力，以及这个作品本身的市场推广，版权代理商都是不介入的，只是在某一个环节里面做一个代理的关系。

万丽慧在《台湾地区出版业线上国际著作权交易之研究》指出，著作权代理或被称为子代理（subagent）或是区域代理（local agent），他们和作家经纪人不同的是，作家经纪人服务的是作者，主要是在负责作家和出版社间的协调工作，区域著作代理服务的是出版社或是作家经纪人，主要的任务是为他们销售出更多的附属权利，因此他们只是把书籍当作商品一样在贩卖，对于内容的用心程度远远不及作家经纪人。版权代理公司跟作者之间不是一对一的关系，他们不会专门打造某一个作者，大部分版权公司要考虑到成本和收益的问题，所以会以规模化、批量化的方式来处理这些版权问题。虽然有些版权公司可能也会有一些作者系列化的作品，以及同一个作品很多版权也都拿在手里面，但是他们整个的特

* 书业观察论坛第25期：作家经纪人的秘密，http://book.sohu.com/20071210/n253909190.shtml，2007年12月10日。

点和区别，还在于一个经营的是作者，一个经营的是作品。

（三）策划人

在大陆地区和台湾，现在有很多文化公司只是做内容，主要负责策划和市场推广的工作，他们把这个作者签下来以后，再把他转让出去，很多情况下是一个中间商的角色。虽然他也发掘作者，培育作者，做的工作有时确实跟经纪人的工作很贴近，但在本质上这些策划人其实是以一个中间商的角色介入作者与出版社之间。有些书商看好一本书稿，他会自己以低价买下，再向出版社高价售出，赚取中间的价差。亦或者有些出版社也会主动请这些民间策划人帮忙寻找某类文稿。

中间商和经纪人之间主要的差异是，一个是赚差价，一个是赚佣金。这就好比 IT 产业里面经常会有代理公司和经销商，他们的概念也是不一样的，经销商实现了产权转移，而代理实际上是一个信托关系。因此，中间商是自负盈亏的，他其实跟上游、下游，买方、卖方之间的关系从本质上利益都是冲突的[*]。目前这类只做内容策划工作的图书策划人，更多的可能是由一些熟悉出版界的媒体人员或是资深编辑在兼营。

严格意义上的作家经纪人，是受作家的委托，就会以委托方的利益最大化为目标。但上面说的居间型的经纪人，就可能两头都抽。杨文轩表示，他曾与北京版代合作，委托他们签一些作品，这时北京版代会和他要立项费，可以说是一种业务服务费用，因为是出版社委托北京版代去找某一个作家，但作者的那一部分费用北京版代还可能另外抽，所以是两头都吃。但作家经纪人不可能两头都抽，那样就违反了职业道德，他必须是谁委托他就为谁服务，如果两头都抽，就可能会出现不诚信的行为。

（四）出版商和文化公司

由于出版行业的限制，大陆的出版市场上出现了很多书商或文化公司，但这些书商或文化公司除少数仅负责内容策划工作，更多的时候他们会参与图书后期的出版与发行工作。他们签订作者、策划内容，向出版社买下书号，从事图书制作和发行的出版工作，此时他们的身份其实是和出版社一样的，想要赚取的是投资的钱，而不仅是经纪作者的佣金[**]。

签下作者主要目的是为从源头垄断资源，确保图书的大部分利润能掌握在自己手里。比如韩寒的经纪人路金波，现在差不多就是这样的角色，路金波和辽宁一家出版社合作，不仅给韩寒的作品提供书号，还参与出版发行。当经纪人变成

---

* 书业观察论坛第 25 期：作家经纪人的秘密，http://book.sohu.com/20071210/n253909190.shtml，2007 年 12 月 10 日．

** 作家经纪人“吃不饱饭”补“信任学分”或改当书商，2010 年 4 月 14 日．

老板，经纪人便名不副实了。此时，书商只会想到能从这个作者身上赚到最多的钱，却不会再想着如何给作家找一家最适合的出版社了。

杨文轩表示，他最初做安意如的作品，一开始的时候是准备建立一种长期的合作关系，所以整个企划案都是围绕著作者来推，因此更多的活动安排会是作者专访，可能包括她个人的一些生平，或者她个人的一些写作理念和思想等等。如果是一个经纪关系，活动的安排可能会更多地围绕作者去挖掘，但如果是出版商通常更多地会去围绕着作品宣传。所以当安意如离开公司后，公司的整个行销策略就开始转成以作品宣传为主。他对一个有长期合约的作者和一个仅有单本书合约的作者经营策略是不一样的。杨文轩也公开说过，当初因为安意如只是一个新手作家，他们给她的版税很低，但如果那时她有作家经纪人，就能谈到一个合理的版税，合作也才能长久。

从安意如的例子可以了解，出版商在本质上和作者之间的利益是冲突的，虽然从形式上面书卖得越好，作者也拿得很多，但这个是对市场而言的，是说大家在市场上是共赢的。但是放在一个体系里面来看问题的时候，他们的利益却是对立的，出版商之间和作者之间的利益冲突迟早会破裂的。但是经纪人不一样，因为经纪人收入来源是通过作者的佣金里面获得的，所以他会维护作者的利益最大化。

（五）原创文学网站

现在有很多原创文学网站也做起版权经纪人的工作。《诛仙》最早是在幻剑书盟网站首发，在网络上掀起阅读热潮，随着中文简体字版权的出版，《诛仙》热进一步蔓延，目前《诛仙》的累计销量已超过 100 万册，电视剧版权也已被买下，《诛仙》也被改编成网络游戏*。这算是网络作品商业化操作成功的范例，影视公司和游戏公司目前也将目光投向了网络文学。《诛仙》这一系列版权的出售确实是借力网络媒体，以网络作为平台，而登陆各传播媒体，串起了产业链，并促成多点获利，而诸如幻剑书盟这类的网站目前还有起点中文网、中文线上、盛大文学等。

利用现有的发布平台，发现好的作者，然后把作者的代理权全部签到自己手里，再通过读者阅读下载流量计费，以四六分成或三七分成，靠着这样的方式网站确实也卖掉了一些中文简体版权，以及改编权。因此，从某种意义上来说，这些网站确实也是在行使一些作家经纪人的部分职能。这些网站就是这些网上作品的推手，他们努力吸引作者发表作品、包装网站、推出优秀作者，并在作者获得知名度后，让该作品以计费阅读或出版的形式获益。但是他们在本质上还是一个

* 中国作家经纪人会在哪里出现？中国图书商，2007 年 7 月 6 日.

发布工作，虽然在发布过程中通过销售抽取一定比例的报酬，这看起来和佣金很像，但实际上网站更多考虑的是利益最大化问题。通常一个网站里面可能会签一大堆作家，因此他们对经纪工作做的很不专注，不会特别考虑单一作者的发展问题，所以从严格意义上来讲，他们和作家经纪人也并不相同。

四、作家经纪人对作者原创力的影响

不同类型的作家经纪人，站在各自的立场上，对于作者利益的维护显然不同，对于作者原创力的影响也势必有所差异，此处可以透过以下几个实际案例加以了解。

（一）杨文轩旗下的安意如

由出版商杨文轩一手策划出版的女作家安意如的“漫漫古典情”系列丛书，一直被市场上认为是经纪人式包装成功的案例。当初安意如只是一个名叫张莉、活跃在新浪金庸客栈的普通网络写手，在与杨文轩确定合作关系后，杨文轩根据安意如本人古典的面貌、婉约的气质以及细腻的文风，为其量身定做了“漫漫古典情”系列，推出的《人生若只如初见》、《当时只道是寻常》和《思无邪》等书，迅速被市场认可，而安意如本人也成为一名具有明星气质的作家，拥有众多粉丝。*

安意如曾经提到和杨文轩合作的一些细节。当时 2005 年是张爱玲逝世 10 周年，杨文轩就建议写一个关于张爱玲的评传，并灌输她一个概念，就是市场出版不由经纪人去控制，更多的是在作品投入市场之前做好品质的保证，这让她有个很好的写作心态。安意如表示《人生若只如初见》契机也是来自于杨老师，当时刚写完《看张》，杨文轩建议她休息一阵，但是希望她可以随时记一些笔记，说这些笔记可能对她将来的写作是有好处的，之后由于在那段期间读了一些关于古诗词的东西，于是就写出了《人生若只如初见》的第一篇文章。她表示，写第一篇文章时几乎每天跟杨文轩在 MSN 上聊天，期间受到很多鼓励，杨文轩还一直不间断地给她一些很好的意见，这点是她认为非常重要的。“漫漫古典情”系列也是杨文轩主动为她经营规划的。显然从观念的建立，到书系的策划，乃至于文稿的修改建议和对作者精神和经济上的支持，是杨文轩能成功经营安意如的关键。

但曾经成立文化公司希望从事作家经纪工作的知名作家魏明伦却表示，作家经纪制也有一些负面效果，比如过于注重作家的外部包装而忽略作品本身、对作家的包装太过娱乐化等弊病。部分业内人士表示，作家经纪人包装作家，是将作家的个人魅力、市场前景放在首位的，但却往往忽略了作品本身的文学价值。以安意如为例，她的“漫漫古典情”系列推出后，也屡屡被读者质疑，书中很多段

* 像明星那样包装作家“作家经纪人”浮出水面，西安人民网，2007 年 12 月 10 日。

落都涉嫌抄袭。*

（二）郭敬明旗下青春文学作家

虽然市场对郭敬明的评价总是毁誉掺半，但靠着广大粉丝们的支持，郭敬明的新书总是每每能冲上畅销书榜单。了解自己对青春文学品味的精准和自身明星光环的效益，郭敬明在2006年10月与长江文艺出版社策划青春杂志《最小说》，从中发现许多有潜力的新作家，并与这些作家签下经纪约，希望藉由自己的资源带动新人，果然其旗下的签约作者各各冒出头来。

在2010年前半年图书累积销售量排行榜上，郭敬明旗下的签约作者，笛安的《西决》、《告别天堂》分别进入排行榜的25名、30名，卢丽莉《直到最后一句》排行17名，安东尼的《这些都是你给我的爱》排行15名。笛安曾表示，很感动郭敬明对其作品的用心，常常看到郭敬明深夜还在为她的作品提意见。但在这些佳绩的背后，郭敬明自己却早已经因为一场打输的抄袭官司，而被打上了“抄袭作家”的标签。

（三）张曼娟“紫石作坊”下的文坛新秀

台湾“紫石作坊”是由台湾知名女作家张曼娟创办的作家经纪人公司，业务主要在于创作新人的发掘与培养，旗下有订经纪合约的作者，也有签单书合约的作者。对想签订经纪约的作者，“紫石作坊”通常会花费较长的时间对作家做全面的了解，判断彼此是否有合作的可能，是否能给予作者专业的建议，并为其做出较长远的规划，才与作者签订经纪合约，通常签约一次以五年为期。

“紫石作坊”曾与大田出版社合作一系列的主题爱情故事，《捷运爱情》、《泡沫爱情》等短篇小说合集，以知名作家带新人或是以推出“本书主打星”的方式推介新人。当作者写作能力渐趋成熟后，“紫石作坊”会开始为作者规划写作路线，并寻找适合的出版社合作。如1999年与麦田出版社联合企划“麦田新世代”系列，就分别为文学奖常客张维中与孙梓评推出了个人首部短篇小说集《501红标男孩》、《星星游乐场》。基于对作者性格和生活的了解，为谷淑娟规划出生动谐趣的爱情私生活杂文，于商周出版社的“城市生活”系列中，推出《恐龙周记》。陈庆佑《礼拜三的糕饼课》则是从作者学做糕饼与擅长说故事的特质发想，企划出的一本集糕饼食谱、小说创作与精美插画于一册的新类型出版品。该书从落版单的设定、插画家的找寻与沟通，直到美编人员的一再试稿，都由“紫石作坊”负责完成。

此外，与“紫石作坊”签订经纪合约的作者，一旦作品出版，就会由“紫石作坊”安排一系列媒体宣传活动，如学校社团与社会团体的讲座及演讲活动，广

* 众多作家稿费曾被拖欠，呼唤作家经纪制度．广州日报，2010年05月23日．

播、电视、报纸、杂志的采访通告。曾办过环岛连续四场“夏日糕饼会”的座谈签名会，经由“紫石作坊”的推介，谷淑娟《恐龙周记》也在马来西亚最大的中文报纸《星洲日报》上连载，并与陈庆佑共赴新加坡、马来西亚巡回演讲。

曾是“紫石作坊”签约作家也是张曼娟学生的詹雅兰表示，在和张曼娟的合作过程中，大家一直都是以一种亦师亦友的态度在工作。确实，身为大学中文系教授的张曼娟经营紫石作坊有一定程度的理想性，但几年下来，限于市场的狭小，要持续维持稳定的收益并不容易。现在真正让张曼娟赚到大钱的还是教小学生作文的“小学堂”。

（四）路金波旗下的类型化作家

目前在市场上不少出版人或书商在一定程度上都扮演着经纪人角色。但书商在经营作家时，考虑的并不是作家的发展，而是如何快速的帮他赚钱，有些作家俨然就像是书商雇用的作文枪手一样。榕树下文化资讯咨询有限公司总经理路金波就说，“流水线定制作品”是他经营上的重要策略。路金波说到：“一个作者，他多么的才华横溢，他什么时候能写出作品也不确定。比如七八九三个月，我们签约前 10 位重要作家都没有新作出来，那这三月我们对管道就没法控制。沿用传统思路，依靠作家创作计划来经营出版公司肯定不稳定，且产能要提高也有问题。比如，我想明年把公司出版产量翻一番，我的畅销书作家们能自动批量生产他们的作品吗？”[*] 因此，路金波现在的产品更多是类型化小说。

其所经营的类型作家中，目前最成功的就是郭妮，由她署名出版的 14 本热卖小说如《麻雀要革命》、《壁花小姐奇遇记》、《天使街 23 号》等是针对 12～16 岁、“恋爱前期女生”市场流水线定制生产的，其中《天使街 23 号》卖了 140 多万册，最差的《恶魔的法则》也有 19 万册，全部产品退货率只有 1%，在业内销售榜单上几乎本本有名。

细看一下这条流水线制造过程，理论上将一本书设定为可拆卸的 3 大情节、12 个小故事。任何一个故事都可以替换，每个章节都是流水线上的零件。他们分三道工序来操作：一组是编故事，采访、筛选、小组讨论，编出一个 1000 字的故事梗概，人物及情节基本定型，这是核心环节；二是将故事梗概交给郭妮，由她演绎成一本 10 万字的小说；三是图画包装组，看适合附送便签、拼图等衍生礼品，还是打造一首主题歌做成光盘。[**] 又每个类别在写作上还有更具体的要求，言情类一定要以悲剧结尾，前 3 页主人公必须出场，第一页不能有太多的形容词，

* 路金波：如何成为畅销作家和经纪人，http://www.mellnet.com，2009 年 06 月 23 日。

** 路金波：如何成为畅销作家和经纪人，http://www.mellnet.com，2009 年 06 月 23 日。

前三分之二的内容里男女主人公不能上床等。*

除了郭妮这条女生流水线外，他们还有另外三条：16岁～22岁，女生浪漫文学；12岁～18岁，少男幻想文学；16岁～22岁，男生幽默文学。饶雪漫是针对青春期女生，专门写作青春疼痛小说，比如《十七岁的雨季》。韩寒是针对男孩18岁左右叛逆期的，他们看什么都不顺眼，看见经典就想解构，看到好人就想怀疑。依托流水线盈利模式，路金波还帮聚星国际包装灵希、朵朵等青春畅销作家，还从海外引来1200万美元的投资。

类型化小说的经营，确实为作家也为作者在某种程度上颠覆了我们对作家的想象。席云舒的“北京博学近思书院”以策划学术类书籍为主，她表示如今有某些经纪人性质的机构也如包装艺人一样的包装作家，对作家的创作给出标准化的要求，甚至具体到每一页如何写，他认为这样的做法是值得商榷的。席云舒认为，出版产业首先是内容产业，形式的包装具有辅助功能，作家、学者的传世著作主要不是靠包装出来的，有些学者若干年才写一本书，见功力的学术著作都不可能是急就章，这类书多数都是长销书，市场的需求是长时间的，而这个现实却和出版经纪人的赢利方式相左。因此他认为这类书籍的作者权益，可能不太适合以经纪人的行为来保障。**

但就像路金波说的，“如果说纯文学是艺术，类型小说就是快餐”，*** 现在是我们必须面对市场上有所谓专业作家和职业作家分别的年代了，过去的专业作家除了写作，事实上他会有某种自己特别支持的意识形态，但职业作家的写作就是为了赚钱，这点在本质上有很大程度的差异。但我们也不禁想到，也许这些类型化作家原本有机会成为真正的作家，但却被急功近利的书商所误导。安意如就表示，跟杨文轩合作结束后，自己也面临着转型的问题，就像一个演员一样，不能够因为一个角色或者一部戏的成功而被人永久地定型。**** 因此她开始考虑写小说，她认为小说是更接近于原创的东西，于是就选择和磨铁文化的沈浩波合作，她表示主要是看中沈浩波的原创力。

（五）知名作家贾平凹与麦家的心声

贾平凹在完成长篇新作《病相报告》后，全国多家出版社闻讯赶赴西安抢稿。贾平凹亲自与各个出版社组稿编辑展开一轮又一轮的出版条件谈判，最后，《病

---

* 中国作家经纪人生存现状：利润不足　无法糊口，http://www.eduww.com，2007年12月11日。

** 中国作家经纪人成出版博弈中未落之子．科学时代，2008年01月24日．

*** 路金波：如何成为畅销作家和经纪人，http://www.mellnet.com，2009年6月23日．

**** 书业观察论坛第25期：作家经纪人的秘密，http://book.sohu.com/20071210/n253909190.shtml，2007年12月10日．

相报告》确定由上海文艺出版社出版。当各个出版社的组稿编辑离开西安后，贾平凹连连说累，休息了好几天才恢复过来。* 此时，如果有个专业的出版经纪人为作者打理这些难缠且费时、费力的事情的话，对于作者来说，无疑是件令人高兴的事。

作家麦家原本合作的出版商是磨铁图书公司，但在《风语》写作期间，杀出了另一家出版商，且不但是印量翻了一翻，版税也给得更高，这不禁让麦加觉得十分纠结，心想“我这就是在赌”，此时如果有经纪人，可能就不会有这么焦灼的过程。**

综观上述案例，不难发现。作家经纪人对于作家原创力的影响确实不小，没有经纪人的策划和市场推动，以及对作者心里和经济上的支持，很多有才华的年轻作家是很难以短时间在市场上冒出头来，资深的作家也会因为诸多外界的干扰而无法专心写作。

五、作家如何选择经纪人

由上我们可以知道，作家经纪人对作者的原创力确实有着直接或间接的影响，但如果选错了经纪人，则不但白给作家经纪人的酬佣，有时还要反过来安抚经纪人的情绪，甚至对于自己写作生涯的发展都有影响。因此，作家在选择经纪人时确实不可不慎。但究竟要如何选择一位作家经纪人呢？在此提出几个原则：

（一）慎重授权

资讯技术的发达，已经把整个传媒业融合在一起，未来的赢家要么掌握内容资源，要么掌握平台，也就是内容商和技术服务商两个角色。现在很多原创文学的作者，在某一个网站里面把自己的作品放上去，同时也把著作权签了出去，这实际上对未来是一个很大的隐患，因为当你发现很好的经纪人，再来解决这个版权和代理问题时，会变得比较麻烦，所以要尽可能的把权利留在自己手里面，除非遇到合适的代理人。

但即便是遇到了合适的代理人，对于授权的范围也要十分清楚。授权的范围，就是作家要把哪些权利授权给经纪人去行使？于永超表示，著作权一共界定了大概 16 项著作权的内容，其中有五项是特定的由作者本人享有的，比如署名权，比如保护作品完整性的权利，作品的发表权，以及作品的修改权等等。这些权利都是特定的属于作者所有的，是不可以由其他人来享有的。剩下的权利，比如说

---

* 闫坤，出版经纪人离我们多远，内蒙古科技与经纪，http://www.nmgkjyjj.com/Article_Show.asp?ArticleID=2423,2009 年 4 月 15 日.

** 左岸文化网,http://www.eduww.com/.

复制权、发行权、作品的表演权、资讯网络传播权、翻译权、汇编权等等，这些都是可以转让的，这些权利本身是经济权利，是能够获得利益回报的，所以这样的权利，到底哪些应该界定为由经纪公司享有，哪些应该由作者享有，尽管法律有明确规定，仍然需要双方明确约定。

权利约定的越具体，双方履行起来越容易，争议解决起来也越容易。作者的作品在出版市场上会因涉及的载体、使用方式、使用范围和使用年限不同而存在不同的权益转让，又在各个国家精装书版权、平装书版权、报刊转载权、俱乐部复制权、改编权等交易活动也都非常活跃，特别是数字时代的来临，社会上呈现多种媒体共存的现况，所以授权一定需要特别明确，一定要非常详细。*

（二）认真考察作家经纪人的信用问题

国际上一直都存在信用的问题，不仅仅是图书这个行业。经纪人作为一个连接人与人之间的角色，可变因素则会更多一些。信任包括几个方面，主要的一个是对能力的信任，再一个是对道德的信任。能力的信任确实很难衡量，因为它不是一个结果为导向的问题，而可能是一个过程问题，且结果又不可以实验。比如有书商认为自己做得很好了，将某个作者已经推到很好的程度了，但是作者还是会认为他们做得不够。更有不少人表示，大陆的信用环境整体较差，包括作者和出版商之间的信用、作者和经纪人之间的信用、经纪人和出版商之间的信用，这种信任关系一直没有确立起来，且在很多方面也缺乏一套评估的指标。在道德信任这方面，由于作家经纪人是受作家委托行使作家权利的人，对于作者的服务又近乎量身打造，因此必须能达到取得作家百分之百信任的标准，才有可能持续合作。

（三）认真考察作家经纪人的各方面专业能力

可以参考前文作家经纪人的功用，逐一去检核一位作家经纪人的专业。

大体而言，作家经纪人的专业表现在出版相关的专业能力，如选题策划、编辑、市场行销和市场讯息回馈等。其次是法律专业，包括合约的订定和监督执行等。再次，就是居间谈判的协调和谈判能力。

（四）不同阶段有各自适合的作家经纪人

杨文轩对作家经纪人做了一个分类，分别是法律型经纪人、服务型经纪人、策划型经纪人。他认为，新作家或刚刚成名的作家需要包装，有整体规划的需要，所以这个时候会比较适合策划型经纪人。比如说安意如现在一个上升阶段，就应该有很好的人去规划她的产品。而知名作家多半是有人主动找上门来，处于一种

---

* 书业观察论坛第 25 期：作家经纪人的秘密，http://book.sohu.com/20071210/n253909190.shtml，2007 年 12 月 10 日。

强势地位，且事务会愈来愈多，开始会需要有人打理他的一些日常和处理行政事务，此时就比较适合服务型经纪人。而如果作品属性授权较为繁杂的作家，就适合法律知识较为丰富的作家经纪人。当然，也有各方面能力都不错的综合型作家经纪人。

理论上虽然如此，但杨文轩却认为，作家在发展的不同阶段更应该选择的是不同的出版商而非经纪人，因为每个出版商的包装和策划能力不一样，对每个作家在不同的阶段，他的写作方向和写作的影响力也是不一样的。* 也许可以这样比喻，作家经纪人更像是作家的家庭医生，因为对作家的长期了解，会知道作家需要什么？适合或不适合什么？但各出版社就像不同的专业医生，当他们通过作家经纪人被选择和作家合作时，才能执行自己的专业。因此，作家应该选择一个稳定的经纪人，在由这位作家经纪人依作家的特性，为他选择最好的出版社。

（五）选择能与自己相处融洽的作家经纪人

人和人之间的相处其实非常微妙，并不是一个样样都好的人我们就会喜欢，不然就不会有“臭味相投”一说了。由于作家经纪人和作家间的关系紧密，因此除了以上从专业的考虑，最终要选择的可能还是一位和自己的生活和工作观念上都能搭配的人合作，这样才能得到相辅相成的效果。否则对方空有专业，却连和作家内部都无法达成共识，又如何对外去和出版社谈判呢？

六、结　论

台湾漫画家朱德庸近年在大陆的发展非常成功，很多人认为一定程度上得益于北京点形文化传播有限公司的包装和推广能力。但更有业内人士指出，大陆像朱德庸的作品一样能够书、剧、影视全方位包装的大牌作家毕竟数量有限，一些新人更需要经纪人和经纪公司的慧眼发掘。原本默默无名的台湾天后弯弯，被自转星球黄正隆培养的过程就是最好的范例。

杨文轩也认为，中国缺乏作家经纪人的最大弊端就是导致原创动力不足，但日本和韩国每年都有很多新作家冒出来，这些都应归因于那些“星探”一样的经纪人敢于冒险。正如美国著名畅销书作家罗伯特·鲁德拉姆所说：“任何一个作家当然都有一个原始的起点。这个起点通常取决于出版界的某个人对一个名不见经传的作者的充分信任和赏识 ——扮演着重要角色的经纪人，开启了我的写作之门”。**

---

* 书业观察论坛第25期：作家经纪人的秘密，http://book.sohu.com/20071210/n253909190.shtml，2007年12月10日。

** 约瑟夫著，谢识，盖博译，英美畅销书内幕，海天出版社，1999年9月1日，357页。

平心而论，中国作家的创作在绝对数量上是惊人的，但真正享有国际声誉的作品却和这庞大的创作队伍比例很不相称。如果藉由完善作家经纪人制度的引进，可以让作家更致力于写作，也让作家的作品知名度提高并产生相应的收入，这确实对出版社和作者的发展都有好处。

参考文献

[1] 李岩松．概述 2009 年台湾地区出版业 [J]．出版参考，2010（4）．

[2] 刘昶．中国书业“经纪人”缘何缺席 [N]．中国图书商报，2001-04-05.

[3] 许欢．欧美出版经纪业的特点与经纪人 [J]．出版发行研究，2003（5）．

[4] 续鸿明．作家经纪人的元年？ [OL]http://culture.gansudaily.com.cn/system/2007/12/20/010553748.shtml.

[5] 郭光宇．作家经纪没明天？ [N]．中国时报，2010-01-31.

[6] 陈明莉．作家经纪人之研究 [N]．南华大学出版学研究所，1989.

[7] 任志茜．中国作家经纪人会在哪里出现？ [N]．中国图书商报，2007-7-6.

[8] 邓永标．中国作家经纪人能否呼之欲出？ [OL]．中国学术期刊网，2008-1-6.

[9] 闫坤．出版经纪人离我们多远 [OL]． 内蒙古科技与经济，2009-4-15 http://www.nmgkjyjj.com/Article_Show.asp?ArticleID=2423.

[10] 约瑟夫·谢识，盖博译．英美畅销书内幕 [M]．北京：海天出版社，1999 年．

[11] 路金波．如何成为畅销作家和经纪人 [OL]． 2009-06-23.http://fywl.mellnet.com/mellnet/252/blog/news20100628162618.html.

从知识产权出版社看我国出版企业的产业升级

陶　丹*

摘　要：本文分析了知识产权出版社的产业升级之路，按需出版、数字出版、数字印刷、数据库业务、网络信息服务，均已成为该社发展成熟的业务领域，成为经济增长点，并走在同行的前列。通过新技术的应用，知识产权出版社顺利实现了出版产业的升级与转换，取得了市场优势。他们的经验值得同行借鉴，也是出版业转型时代的典型案例。

关键词：出版业；中国出版；产业升级

一、知识产权出版社实施产业升级的过程

知识产权出版社的前身是专利文献出版社。它成立于1980年，是中国专利文献的法定出版单位，率先于2004年在国内启动了图书按需出版工程。在国家新闻出版管理部门首次经营性出版单位等级评估中，知识产权出版社被评为一级出版社，荣获“全国百佳图书出版单位”荣誉称号。** 近年来经过技术改造，出版社通过产业升级依靠核心竞争力，走上了繁荣壮大的快速发展轨道。

知识产权出版社最初是出版专利公告的。出版书刊不用做选题，都是申请人发来申请专利说明书，编辑把这些说明书融入到公告里，出版社做最后文字的终审、印刷、装订、发行。纸媒介的书刊发行量有限，出版物使用效率也低，20世纪80年代出版社90%以上的收入来自于纸媒体，经营维艰。

从20世纪90年代初，该出版社开始走上了数字化出版的征途，1992年我国第一批专利文献CD-ROM光盘在该社开发成功，标志着中国专利文献的出版进入了电子时代。

1999年，该社“中国知识产权网站”开通。1999年以来，该社花了200多万元，成功开发OCR*** 生产流水线。该技术能使扫描后的图像文件迅速转化为代码，整个生产流程内识别、编码、校对工作都在一个上百台计算机组成的局域网内实现无

* 陶丹，河北大学新闻传播学院编辑出版系教授。

** 蓝有林．知识产权出版社：引领出版新业态 [N]．中国图书商报，2009年11月24日第04版．

*** OCR技术是光学字符识别的缩写（Optical Character Recognition），是通过扫描等光学输入方式将各种票据、报刊、书籍、文稿及其他印刷品的文字转化为图像信息，再利用文字识别技术将图像信息转化为可以使用的文字编码的计算机输入技术。

纸化操作。2000 年 1 月，该社将已出版的 500 多张光盘，近一千万页的内容全部登载在网站上。

2002年专利信息服务平台建设完成，在知识产权出版社的网站 www.cnipr.com 上向公众提供中外专利文献的在线查询服务。该数据库收录自 1985 年以来的全部中国专利数据 2398765 条，按其类型分为发明公开、发明授权、实用新型和外专设计四类，既可独立检索也可联合检索，并可即时查询每件专利的法律状态。至此，知识产权出版社顺利实现了出版产业的升级与转换。

二、知识产权出版社产业升级涉及的经营领域

（一）按需出版

前任社长董铁鹰介绍，“按需出版”是在有了确定的需求之后再组织生产图书，有效地避免了出版物生产的盲目性，它使各出版发行机构的职能发生了根本性变化。按需出版是一种全新的出版方式，其通过采用先进的数据处理技术、数字印刷和网络系统，突破了传统模式的印数限制，重新组合出版流程中编、印、发各个环节，特别适合于断版图书、短版图书和具有较强个性化特点的图书出版发行。

例如，该社与高校图书馆联合会合作，从国内一些著名高校图书馆馆藏的十几万种民国（1911 年～ 1949 年）书中，选取一万种左右，由知识产权出版社以数字印刷的方式为图书馆制作副本，用于弥补各图书馆由于藏书的损坏、副本量少等原因而无法借阅的不足，目前已经有近 800 种图书进入生产流程。由于图书馆联合会有 80 家高校图书馆，所以每种书计划只制作 80 册副本。这样，经过几年的努力，就可以把具有历史价值的民国时期出版的已经断版的优秀作品，以数字化的方式永久地流传下来。

又如，协助中国图书馆协会做好协会筛选出来的建国后出版的、具有馆藏价值的断版图书复制工作。据统计，1949 年之后我国出版的图书约在 500 万种左右，中国图书馆协会根据借阅率、引用率、专家推荐等参数，推荐出 5 万～ 7 万种图书，由各图书馆进行馆藏。然而，对于出版社而言，由于版本出版年代久远、印量有限等原因，原版重印很难实现，这时按需出版就派上用场了。

还有，该社与中国图书进出口总公司的合作，把解放后国内出版的外版图书数字化并建立外宣图书资源数据库。中图公司出费用，知识产权出版社负责将约 1 万种纸质图书的内容及封面等信息全部数字化，并为其建立数据库，双方协议用一到两年完成，著作权的问题由中图公司解决。目前，该社每周能够完成数字化图书约 100 种。

目前“该社按需出版业务 60% ~ 70% 是通过市场业务实现的，现已完成近万种民国时期断版书、百种“近代史资料”项目、数十种“中国社会科学院文学研究所学术汇刊”、十种《清儒学案》等项目的按需出版。“高校馆藏书系按需出版”、人民出版社的“马列文献数据库按需出版”等项目正在推进，并与中国社会科学院、情报研究所等多家单位建立了按需出版业务联系。*

（二）数字出版

董铁鹰讲：“我们四分之三都是数字出版，四分之一是传统出版。我们的投入、人数、利润方面数字出版也占四分之三。我们社的传统图书出版编辑部只有五六十人，而整个出版社不算工人也有 300 多人，加上工人有 1000 多人。我们数字出版还是从传统出版中延伸出来的，是主业升级。现在的整体影响力已经远远大于以前的图书出版了，全国的专利信息服务规划都有我们参与建设。我们现在做的是把世界上主要发达国家的专利都整合在一起，进行数字化处理，然后再进行配套的研发软件，世界专利出版也有我们的影子。我们还有配套的分析系统，把这些海量的信息捡出有用的东西，进一步分析，为自己的产业发展和科研研发提供数据支撑，这样就越做越宽，数字出版的范畴也相应扩大。”

例如，专利光盘出版物有：中国专利公开（公告）检索数据库、中国发明授权专利检索数据库、中国专利法律状态数据库、中国专利公开（公告）检索数据库（英文版）、中国发明专利公开说明书、中国发明专利授权说明书、中国实用新型公告说明书、中国外观设计图形、中国发明专利公报、中国实用新型公报、中国外观设计公报、中国失效专利光盘、中国专利分类数据库等。

又如图书数字化，构成了该社收入的主要来源，这是对原来出版行业的拓展，为知识产权局、为主管单位服务能力大大提升。因为出版社做数据处理，因此承担了局里很多信息处理的软件开发。比如，局里要给各省的专利统计局配备专利统计系统，局里就交给出版社来做。该社建立的专利数据检索统计系统，既有数据加工、数据检索，又有软件开发交织在一起。

知识产权出版社为实现专利文献电子化、专利文献网上查询与检索等，提出解决海量专利文献录入问题的迫切要求。汉王科技公司为之研发了“汉王 OCR 录入工厂软件系统”，并精心制定了一整套解决方案。知识产权出版社运用该系统将文献扫描后识别成编码方式的文字，每人每班次处理量可达到 8 万字以上，录入质量和效率同步大幅度提高。

（三）数据库业务

知识产权出版社产生很大收益是在数据库这方面。现在申请人的说明书都是

* 蓝有林．知识产权出版社：引领出版新业态 [N]. 中国图书商报，2009.11.24（43）

以电子形式传过来，要以电子方式出版，编辑就把这些内容重新提炼、加工，比如说提炼同义词、主题词、内涵等形成专利数据库，并且还翻译成英文，这是对内容的加工。以前要想检索名称非常复杂，比如，搜索自行车就会把脚踏车等漏掉，很多名词都表示一个含义，编辑们要提炼同义词，方便检索。目前，编辑利用计算机的数据库重新提炼、组合而不是纠正文字的对错，从而形成了更有价值的东西。

过去知识产权出版社销售纸载体的专利公告，后来开发光盘，现在该社利用互联网，销售的是一种技术。2007 年出版社做了个项目，把中国黄河、长江等水利专利文献进行数字化，现在已形成一个数据库，信息资源虽然是别人提供的，但是出版社把它们加工、扫描，最终电子化，形成数据库。再如，该社给山东和海南做一个关于海洋的专利，他们把中外关于海洋的专利都做成了一个数据库，提供技术服务，并且不断更新，等于说出版产业现在变成了信息咨询产业。

又如，该社曾给伊利、蒙牛这些奶制品企业做过一个奶业数据库，现在该出版社是根据客户需求给客户开发高科技的数据资源数据库，这也是出版社的收入主要来源。专利数据经过编辑们的加工整合，形成了出版社自己的知识产权。这一做法节省了印刷费、纸张钱，因此利润很高，出版社的销售理念也由销售平面出版物变成了销售服务。

（四）网络信息服务

为了让读者能够更方便、迅速地利用专利文献信息，从 1996 起，出版社大力开发了互联网出版。1999年“中国知识产权网站”开通，2000年 1 月，该社已出版 500 多张光盘，近一千万页的内容全部登载在该网站上。该网站在每周三的“专利法定公开日”后，迅速将文献公布出来，实现了网上出版。网上出版的内容一部分采取免费阅读的形式，一部分采取会员付费下载阅读形式。互联网出版使该社的专利文献出版得到更大范围的推广，目前已拥有 1000 多名会员。

收费阅读部分采取会员制模式。该社制作带有账号密码的阅读卡，跟图书批发一样给予折扣，既可邮购，还指定各地专利机构、情报所、图书馆等网点销售。几年的发展也锻炼出一支技术队伍，遇到问题都依靠自己的技术力量得以解决。1999 年以来，社里花 200 多万元成功开发了 OCR 生产流水线。该技术能使扫描后的图像文件迅速转化为代码，整个生产流程内识别、编码、校对工作都在一个上百台计算机组成的局域网内实现了无纸化操作。目前，该社使用这项技术，平均每人每天能完成 8 万字的工作量，差错率在万分之三以下，大大节约了生产成本。

2002 年专利信息服务平台建设完成，在知识产权出版社的网站 www.cnipr.com 上向公众提供中外专利文献的在线查询服务。用户可以方便快捷地查询、浏览、下载、打印中国专利权利要求书、全文说明书、外观设计图形、专利法律状态等信息。为适应不同检索需求，该平台设计了基本检索、高级检索、IPC分类检索和行业分类导航等查询模式。该平台的中国专利数据可在每周出版日当天及时更新，有效保证了数据的准确性和即时性。该社目前正在尝试开发机器翻译技术，将网上大量中国专利文献直接转换为英文，以便于专利文献的国际交流。

（五）数字印刷

中献拓方电子制印公司围绕知识产权这个核心，在全国较早地展开了即印即得的信息数字化处理和数码印刷业务。该公司位于北京经济技术开发区，拥有员工300余人，厂房面积7000平方米。

董铁鹰这样介绍，以前该公司有一个印刷厂，数字化后没用了，其员工大部分是从事印刷装订的，他们不能不管，因此决定转变管理机制，适逢三中全会，他们决定实行股份制，成立了一个股份公司叫中献拓方电子制印公司，这个公司使用了新的印刷机制来承担印刷任务。

2004年社里开始数字出版，之后逐渐发展，中献拓方电子制印公司成为了数字处理和数字录入的中心。目前在数据处理和数字印刷方面，公司在国内是领先的，2008年的收入大概是2亿元人民币。公司确立了“为出版社服务，支持短版、断版图书的印制与发行”的经营理念。作为印刷服务方，通过专业的数据处理过程实现图书的电子化，利用先进的数字印刷设备完成即时的、个性化的图书制作，将经典著作完整再现，满足不同的印刷需求。

公司整体生产流程的规模化，降低了生产成本，保证了图书的可购买性，管理系统的专业化可使高品质、个性化图书的制作得以实现。这样的生产模式为我国出版社向按需出版以及印刷业向数字印刷方向发展，提供了有利的参考。

三、启示——产业升级是出版企业可持续发展的唯一出路

一个行业在产品市场萎缩的冲击下，企业一般有着三种出路：转移市场，产业升级，倒闭。中国的出版企业虽有垄断体制的保护，但随着出版市场开放程度的逐渐加大，企业之间的竞争会越演越烈。维持传统的出版企业生产经营模式，留恋落后的生产方式，失掉了维系生命的市场，必将被市场所淘汰或被优势出版企业兼并。

加快出版产业升级顺应外界环境的变化，是多数中国出版企业的当务之急。知识产权出版社捷足先登，率先实现了产业升级，取得了市场优势，他们的经验值得同行借鉴。

参考文献

[1] 蓝有林．知识产权出版社：引领出版新业态 [N]. 中国图书商报，2009-11-24.

[2] 吴明．从一台数码印刷机到数码出版工厂——知识产权出版社的按需印刷发展历程 [J]. 科技与出版，2007（7）.

[3] 知识产权出版社不断进取 数码大赛出版物类拔得头筹——知识产权出版社与 NIPSON 在按需出版之路上携手共进 [J]. 今日印刷，2007（12）.

[4 李星星．知识产权出版社启动按需印刷工程 [J]. 出版参考，2004（6下）.

[5] 晓晨．颠覆传统模式 打破出版限制——记知识产权出版社在国内率先启动按需出版工程 [J]. 数码印刷，2004（6）.

[6] 章红雨．按需出版：我们走向市场的重要一步 [N]. 中国新闻出版报，2002-12-20.

出版产业与读者的竞合关系：以 Creative Commons 为基础

刘耀仁 *

摘　要： 知识共享（Creative Commons，台湾翻译为：创用 CC）逐渐发展成为全球重要的议题。有别于传统著作权“保留全部权利”的逻辑，创用 CC 以“保留部分权利”为基础，由著作权利人自行决定保留权利范围，同时释放部分权利供社会共享，以促进社会进步，增进整体的社会价值。本论文提出“著作权利人与著作使用人为伙伴关系”论述，以竞合理论（Co-opetition）为基础，讨论著作权利人透过创用 CC 授权机制，对社会大众释放权利，能建立新的创意行销策略，以拓展出版市场之营运策略。

关键词： 出版业营运策略；创用 CC；竞合策略；知识共享；著作权保护

一、导　论

出版业近年来因为数位科技快速发展，不论从内容创意的面相或从经营策略的层面，一直到读者选择的阅读喜好，都产生巨大的质变。出版产业除了必须思考新的创意内容来源外，经营、行销策略必须重新定义，与读者的互动关系更必须以全新的思维逻辑重新定位，如此才能吸引读者面对多样的娱乐选择时能吸引读者，满足读者的阅读偏好。

华文世界的电子出版经历多年发展，80 年代中期以桌上出版系统改变出版的编辑、印制流程，彻底提升出版业的编辑效率。90 年代末期开始发展的数位印刷科技，导引出全新的经营思想：“依须出版，或称依须印刷（Publish on Demand，Print on Demand）”，此观念的变革颠覆了传统上把出版品全数印刷再配销到书局由读者选购的逻辑，转变成读者下单再依据读者的偏好与选择将出版品列印出来，以满足读者的个别喜好。虽然“依须出版”在出版产业经营上并未能真正的产生风潮，但所带起的经营思想变化，却对出版产业产生深远的影响。

华人世界将传统的“纸张阅读”转变成现代化的“电子阅读器阅读”，首推发明仓颉输入法的朱邦复先生。他发明的电子书阅读器于 2003 年 6 月由台湾歌林公司首度商品化量产，命名为 i － library**，比亚马逊公司的 Kindle 至少早

* 刘耀仁，台湾台北世新大学图文传播暨数位出版学系副教授。

** 朱邦复电子书新闻，详参：http://www.nownews.com/2003/06/25/339 - 1474008.htm，检视日期：26/07/2010

5年推出，虽然并未能在市场上站稳脚，但却开启华文电子书阅读器的变革。除了电子阅读器外，在电脑上、手机上、个人PAD上阅读，自90年代后期已经是全球的风潮。

面对电脑上的数位阅读或是电子阅读器、智慧型手机上的数位阅读，出版业界一直寻找如何顺应读者阅读喜好的快速变化，同时面对来自不同媒体的强力竞争，出版业界必须建立新的思维逻辑。本文从“与读者建立伙伴关系”，替代传统的“供需竞争关系”，尝试建立新的出版业经营策略，以迎向数位出版的未来。本文从竞争的逻辑出发，讨论传统的出版经营，并以创用CC（Creative Commons）为基础，讨论出版业与读者建立伙伴关系的营运思想。

二、出版业与读者间的供需与竞争关系

传统上出版业的获利模式，乃是透过销售出版品，读者就由支付出版品的价金，换取“读取出版物所承载内容”的权利，以满足阅读的乐趣与期望。出版物销售量大，则出版公司获利大，若出版物销量萎缩，则该出版物所投资的成本将难以回收而亏本，出版业的获利与出版品的销售量形成正比关系。

当读者于出版市场寻觅适合自己阅读偏好的出版物时，同时面对数家出版公司出版的相近内容的出版物，出版公司与出版公司之间则形成竞争的局面。出版公司为了争取读者认同，不论是明星作者培养、书籍编排设计、内容市场偏好分析、书籍定价策略、作者签名会、新书发表会等等，一切努力乃是“投读者所好”，以吸引读者的目光。

现代的出版公司于每年的出版规划时，必须考虑读者的阅读偏好趋势，选择市场上主流的出版趋势，方能满足读者的喜好，以获取利润。然而在出版业与读者的供需关系上，出版业与读者实际上是处于“竞争的关系”之上。读者期望出版公司能尽全力满足自己的阅读喜好，又期望不需支付太高的价金，而出版公司期望读者能有极高的品牌忠诚度，乐于随时支付价金于购买出版品上。当数位环境来临，出版品以电子版本形式于市场销售时，读者甚至乐意支付价金而选择于朋友之间交换，或是于盗版网站上下载未经授权的电子出版物，出版商与读者间形成更为紧张的“竞争关系”。

出版公司除了面临出版业内其他出版公司的同业竞争外，同时必须面临来自于供应商的议价竞争、新进入者的竞争，以及来自读者购买选择的竞争，再者来自数位出版的替代产业竞争尤其剧烈，致使出版公司必须面临严峻的生存挑战。

当出版公司与读者处于竞争的关系时，出版公司所制定的策略主要集中于“如何促使读者扩大购买数量”的着眼点，以获取企业利润，读者则是面对许多出版

内容选择，从自己获得阅读效益最大面着手，若未经授权即能下载数位版本，则存在为数可观的读者会采取侵权下载的方式，不必支付购买费用而能阅读该出版内容。当出版公司与读者处于纯粹的供需关系，而且出版公司的获利主要取决于读者购买数量多寡时，则彼此间的竞争力量会越显剧烈，出版公司必须精诚适应读者的偏好转变，堆高营运风险。

三、竞合关系

有别于出版公司与读者间的竞争关系，本文提出竞合关系思维，以建构新的出版公司的经营策略思维。竞合策略首次由美国哈佛大学商学院 Brandenburger 教授与耶鲁大学管理学院 Nalebuff 教授共同合作的研究成果，于 1996 年出版而在管理学界引起一番新的策略思维。

竞合策略的基本逻辑乃是以赛局理论（Game Theory）为基础，建构的基本概念为：市场竞争可以不必到割喉竞争的局面，这是双输（lose － lose）的局面，取而代之的是可以达到某种程度的合作，例如联合采购原物料，但仍保有自己的商品研发优势，进而可以创造双赢（win － win）的局面（Brandenburger & Nalebuff，1996）。

让自己好，不必一定要牺牲对方，例如出版社为了扩大销售量，会有许多不同的促销方法，常见的方法为“预付价金，获得折扣”，短期内出版公司可以进帐大笔收入，然而长时间累积之下，后期的营运反倒缺少资金流入而产生资金调度窘迫，甚至面临破产危机，致使已经预付分歧价金的读者于后期无法继续收到已订购的出版品而产生损失，形成双输局面。若出版公司维持高品质的编辑水准，并透过良好的读者沟通，读者愿意支付较高的价金以购买高品质的出版品，则双方能维持良好的长远互动，形成双赢的局面。

竞合策略的基本模型为：每个经营赛局包含参赛者（Players）、附加价值（Added Value）、规则（Rules）、战术（Tactics）、范围（Scope）共五大元素，合称 PARTS（Brandenburger & Nalebuff， 1996）。以五大竞合元素为基础，企业与竞争者、客户之间的互动关系就可以形成价值网络。

传统的出版业经营，出版公司与读者植基于竞争的供需关系。若出版业从改变赛局的策略切入，将读者定义成“营运伙伴”而非“销售对象”，则整体赛局将产生质变，读者与出版公司能彼此提供更多的附加价值，彼此间的参赛者定位亦将重新定义。赛局规则将重新建立，形成新的赛局，产生新的营运成果。下一段将论述把读者定义成“伙伴关系”的经营思考，以创用 CC 为基础将部分著作权放给读者，读者能自由、便利地阅读该出版著作，从而创造新的营运模式。

四、以创用CC为基础对读者授权

（一）创用CC的定义

传统上著作权保护的基本前提，是以保留全部权利（All rights reserved）的思想为基础所发展的法律思维，除了著作权法所定义的合理使用范围，以及不被著作权法赋予专属著作权的公文书外，皆属于著作权法所定义的权利范围，任何要使用的著作内容皆需经过著作权所有人授权方能实施该著作权。

相对于保留全部权利的思考逻辑，美国Stanford大学法学院教授Lawrance Lessig在“保留部分权利”的思考逻辑下，于2001年在美国麻州成立“Creative Commons”非营利组织，并获得不同领域人士的响应。设立的目标是在目前的制度上，建立一个合理的著作权授权机制，以利于社会的文化累积与创作共享。

Creative Commons透过三种表达方式，分别为：合法授权、一般人可理解的描述与机器可辨读的标签，组成创用共享的授权许可，目的在提供一套简单、弹性的著作权授权条款，无论是实体的出版品、音乐商品、动画，或网站上的资源皆可以采用创用CC授权条款。Creative Commons认为，透过CC授权条款的运作，可在渐趋严格的著作权法规定下，建立一个合理且具弹性的著作权保护机制，并让著作得以更自由地流通使用。

台湾的Creative Commons计划正式翻译名称为“创用CC”，乃是由中央研究院资讯科学研究所引进，并与国际上的iCommons计划签约成立在台湾的Creative Commons Taiwan合作机构。* 2003年11月正式成为Creative Commons的合作机构，进行Creative Commons授权条款华语（台湾）翻译及公开讨论。中国内地的正式翻译名称为“知识共享”，** 自2003年开始介绍进入中国大陆，并于2004年春天由中国人民大学法学院副教授、哈佛大学法学院访问学者王春燕开始翻译工作，2006年3月29日，经CCi（Creative Commons international）批准的中国大陆版2.5版CC系列许可协议在北京发布，并由中国人民大学法学院负责推动。***

* iCommons 计划由各司法管管辖领域中的机构自愿性地与Creative Commons 合作，提供创用CC授权条款的翻译初稿，并协助进行公开讨论，在公开讨论之后决定此一初稿是否需要再修正，最后则由Creative Commons 对创用CC授权条款的译稿加以认证，正式成为创用CC授权条款在某一司法管辖区域内的标准译本，并将此标准译本提供于创用CC授权条款的选择页面上。此翻译与在本地化的过程所确认的只是创用CC授权条款的正式翻译版本，这个过程完成之后，iCommons 的工作则是必须藉由各种推广活动来让创用CC授权条款在此一司法管辖领域内能更为众人所熟悉与接受。（详参：“创用CC—Creative Commons Taiwan”网站，http://creativecommons.org.tw/blog/ ）

** 中国内地知识共享网站，详参阅：http://cn.creativecommons.org/

*** 关于中国内地推动CC的历史与宗旨，详参：http://cn.creativecommons.org/about/history/

创用 CC 的基本精神类似自由软体的概念，著作权人于“保有自己著作物著作权”的条件下采取“预授权”的方式于著作物标示创用 CC 授权条款，对于社会的大众进行“公众授权”，使用人依循该授权条款的授权方式进行著作物之使用。这样著作权人既保有自己的著作权，此用人也能在被授权的范围与方式下，自由地使用该著作物。借着创用 CC，著作物能以较为有效的方式授权他人使用，并能衍生许多新的创作，对于累积知识、文化创意的社会价值能有极大的影响，对于降低因为寻求合法授权而产生的社会交易成本，亦大有助益。

创用 CC 以“四种授权要素”与“三种表达方式”构成完整的授权架构。创用 CC 的核心授权要素，标示出著作权利人所以保留的部分权利范围，以及授权使用的范围，四大核心授权要素如下表所示：

表 1　创用 CC2.5 台湾版的四种核心授权要素

名　称	标章图示	说　明
姓名标示 (Attribution)		著作人允许他人对其受著作权保护的著作及衍生著作进行重制、散布、展示及演出等利用行为，但必须按照作者或授权人所指定的方式，保留其姓名标示。
禁止改作 (No Derivatives)		著作人允许他人对其著作原封不动地进行重制、散布、展示及演出等利用行为，但不得改变、转变或改作本著作。
非商业性 (Noncommercial)		著作人允许他人对其著作及衍生著作进行重制、散布、展示及演出等利用行为，但仅限于非商业性的目的。
相同方式分享 (Share Alike)		只有当他人将衍生著作采用与著作人的原著作相同之授权条款时，著作人方允许他人散布衍生著作。

（资料来源：台湾创用 CC 官方网站。详見：http://creativecommons.org.tw/static/license ）

这四大核心要素共能组合成六种授权条款，如下表：

表 2　创用 CC2.5 台湾版六种核心授权条款一览表

条款名称	标章图示	说　明
姓名标示（Attribution）	cc BY	著作人选择此授权条款时，利用人只要依照著作人指定的方式标示姓名，就可以自由利用、分享著作。利用人可以将著作用于商业性或非商业性用途，也可以自由依据自己的需求修改、变动著作。如果利用人基于原著作，创作另一衍生著作，利用人身为该衍生著作的著作人，可以任意选用其他的创用 CC 授权条款，甚至可以不采取创用 CC 授权条款。对利用人而言，这是最自由的授权条款。
姓名标示——非商业性（Attribution — Noncommercial）	cc BY NC	著作人选择此授权条款时，利用人只要依著作人指定的方式标示姓名，且在非商业性用途下，就能自由使用、分享或改作原著作。著作人仍然保留商业性用途的权利，因此利用人若将该著作用于商业性用途，必须另外取得授权。
姓名标示——非商业性——相同方式分享（Attribution — Noncommercial — Share Alike）	cc BY NC SA	著作人选择此种授权条款时，利用人只要依著作人指定的方式标示姓名，且在非商业性用途的情况下，就能自由利用、分享与改作。因为“相同方式分享”的限制，改作后的衍生著作也必须采用与原著作相同的创用 CC 授权条款，即“姓名标示——非商业性——相同方式分享”，才能对衍生著作进行散布；著作人仍然保留商业性使用的权利，因此利用人若欲将该著作用于商业性用途，必须另外取得授权。
姓名标示——禁止改作（Attribution — No Derivative Works）	cc BY ND	著作人选择此种授权条款时，利用人只要依照著作人指定的方式标示姓名，就可以自由利用、分享该著作，不限于商业性或非商业性的使用。但是利用人不可以改作原著作，使之成为另一衍生著作。

姓名标示——非商业性——禁止改作（Attribution － Noncommercial － No Derivative Works）	CC BY NC ND	著作人选择此授权条款时，利用人只要依照其指定的方式标示姓名，且在非商业性用途的情况下，就能自由使用、分享著作，但不可以改作。著作人仍然保留授权商业使用的权利，因此利用人若将该著作用于商业性用途，或想改作原著作，必须另外取得著作人授权。
姓名标示——相同方式分享（Attribution － Share Alike）	CC BY SA	著作人选择此授权条款时，利用人只要依照著作人指定的方式标示姓名，就可以自由利用并且和人分享该著作，不拘商业性或非商业性目的，前提是必须采用与原著作相同的创用 CC 授权条款，或采用 Creative Commons 组织认可相容的授权方式，始得散布该衍生著作。

（资料来源：台湾创用 CC 官方网站。详见：http://creativecommons.org.tw/static/license，说明引自廖怡茜，2009）

（二）创用 CC 的社会意义与商业意义

创用 CC 最主要的核心，是在于有效地促进著作权产品之“合理使用”，以促进资讯的可互通性。社会的进步力量，是倚赖公领域的知识累积以及扩散，创用 CC 能在社会的公领域有效地达成知识扩散的效果。公领域资讯的开放流动是社会转型力量的环境要件，参与社会进步的行动者（例如创作者）本身的能力与行动者之间的沟通与知识共享则是知识创新、为知识产生加值效用的重要机制。

采用资讯共享作法，由社会的大众共同参与创作与分享知识的最佳例子首推“美国麻省理工学院（MIT）的开放课程计划”与“网络维基百科全书（Wikipedia）”。此外，各国的公共图书馆亦投入相当多的资源进行研究，于公共图书馆推动创用 CC，以促进社会的知识共享，例如波兰推动图书馆的数位资料库开放检索计划，德国柏林的 Humboldt 大学推动图书馆数位出版计划，亦是良好的例子。

整体而言，创用 CC 对于社会的资讯共享而言，效用正逐渐浮现。归纳创用 CC 的社会意义有如下几点：

（1）让著作权的授权使用更有弹性，在“保留全部权利（allrights reserved）”与“不保留任何权利（no rights reserved）”之间，有更多授权组合可被运用。

（2）CC 授权条款让大众从“取得授权”与“合理使用”的困境中找出适当

的途径，可帮助知识与创作透过合法预授权的方式更易流通，资源能为大众共享。

（3）创作者能不必经过高额的行销费用，即可获得展示才华与创作成果的机会，市场曝光机会大增，能有助于获得商业利用报酬。

（4）使用者能合理使用更多创作，刺激创意的发想，又能降低搜寻素材的成本。

（5）经由著作公众授权，以正向循环促进资源分享的社会。

除了社会意义外，创用CC在商业应用上同时具备与传统商业模式不同的商业价值潜力。以创用CC授权规范为基础之商业线上音乐销售模式，成为近年来数位音乐销售的一股新兴市场力量。例如美国的Magnatune网站（http://www.magnatune.com/）与在卢森堡注册的法国线上音乐网站Jamendo（http://www.jamendo.com/en/），这两家公司即为采用Creative Commons创作共用授权的典型代表。这种不禁止一般使用者下载、交换，却又能够创造利润的新商业模式，让Magnatune创业三年后即有获利，挑战大型唱片公司以有损利益为由反对开放数位音乐的立场。

台湾目前已有许多数位内容的网络平台（如部落格或音乐创作平台），已采用创用CC授权条款供创作人选用，如蕃薯藤数位科技的乐多日志（http://blog.yam.com）、中华电信的Xuite（http://www.xuite.net）、网络相簿Pixnet（http://www.pixnet.net）。而政府单位如经济部智慧财产局，也以创用CC授权方式释出许多数位化的出版品于网站上。* 教育部建置的教材交流平台（数位内容分享及交换计划）亦将创用CC授权纳入考量。国立台湾美术馆的“数位艺术知识与创作流通平台”的艺术家数位作品资料库也采用创用CC授权宣告。

将创用CC授权的数位标签复制于著作的网页，便能方便搜寻引擎以“授权要素”为条件进行检索，以利创用CC授权著作的利用分享，能有效的帮助著作权利人在商业市场上增加曝光的机会，例如以下的三大搜寻引擎，都支援以创用CC的“授权要素”为条件，进行检索：台湾创用CC计划网站提供的搜寻服务，** 搜寻引擎Google的搜寻服务，*** Yahoo的搜寻服务。****

虽说创用CC授权是应数位时代而产生的授权体系，依然能使用于实体出版品。例如：政府出版品如欲采用创用CC授权条款“姓名标示—非商业性—相同方式分享台湾2.5版”的方式释出，可以在此实体出版著作的末页，标示其相对

* 详参著作权书房：http://www.tipo.gov.tw/copyright/copyright_book/copyright_book.asp

** http://creativecommons.org.tw/?GetContent

*** Google的进阶搜寻/使用权：http://www.google.com.tw/advanced_search?

**** Yahoo: Advanced Web Search: http://search.yahoo.com/search/options?

应的授权标章。

除政府出版品外，目前台湾已有部分实体出版发行的音乐与书籍，采用创用CC授权方式，例如由网络作家九把刀于2005年10月出版贩售的《杀手：风华绝代的正义》，为台湾第一本创用CC授权之实体出版书籍。《摇滚主耶稣》为歌手朱约信发行的市售CD，为第一张CC授权之实体发行CD。《秋天的孩子》为一张纪念性的CD专辑，乃是为纪念作词人李坤城因故过世的儿子，由许多音乐人共同创作，并采用创用CC授权释出。《河》这张专辑是以赖和文学创作为主轴的音乐专辑，由风潮唱片发行贩售，亦采用创用CC授权。这些著作采用创用CC授权方式释出供公众使用，并不妨碍其著作权人同时以商业方式销售该著作。

（三）创用CC的著作权商品行销个案

目前以创用CC为基础的著作权商品，相较于主流的出版业商品仍属少数，从各国的创用CC网站可以检索参考*，采用创用CC的作品正逐渐增加中。分析国际上的例子可以归纳创用CC发展至今适宜引进的商业模式与行销策略：

英国Beatpick公司**与Magnatune 标贴***音乐授权商业模式****：

这个商业模式是以“姓名标示—非商业性—相同方式分享”为基础的创用CC授权条款，独立音乐人或是个人的音乐创作可以上传的 Magnature 独立音乐分享平台上，音乐爱好者可以到此音乐平台寻找、下载音乐聆听，当寻求商业使用的授权时，则此音乐平台与独立音乐人平分商业授权收入各半，吸引更多的独立音乐人将自己的音乐作品上传，以增加自己的曝光机会。这个平台的核心意义为：

（1）独立音乐人的资源有限，难以和主流音乐公司相抗衡，透过这一平台可以帮助独立创作人增加市场曝光的机会。

（2）音乐授权的收入不是以“个人聆听”为对象，而是透过商业运用的授权收入为主，借着个人聆听数量的增加，形成广告公司、影片公司、电话公司等，外部公司为了吸引这些广大的个人消费者，寻求使用这些独立音乐授权以吸引消费大众。

（3）这一平台的主要思考逻辑为：消费大众不是销售的主要对象，而是独立音乐创作人的“创业营运伙伴”，当消费大众聆听人数扩大，消费商品公司为了维持这些消费者，必须寻求这些独立音乐人的授权。这样的思考逻辑和主流音乐公司以消费对象为销售对象相反。

* 请参阅创用CC台湾官网，可以搜寻使用创用CC授权的公司，详参：http://creativecommons.org.tw/static/search

** Beatpick公司，详参：http://www.beatpick.com/

*** 详参：http://magnatune.com/

**** Linksvayer M. （2006）， Beatpick flatters Magnatune business model

主流音乐乐团的创用CC授权商业模式：

美国主流音乐乐团里九寸钉（Nine Inch Nails）于2008年3月3日将全新专辑Ghost Ⅰ－Ⅳ标注“姓名标示—非商业性—相同方式分享”创用CC授权条款，上传到网站上，提供音乐爱好者可以点对点下载。* 单单第一周因为网络下载所促成的专辑销售，依据美国告示牌（Billboard.biz）统计，包含下载与购买共达80万笔交易，贡献160万美元的销售总额。**

透过创用CC授权的商业模式，九寸钉乐团成为第一个把音乐专辑上传网络供下载的乐团，也创造巨大的商业利益，并成功推动“分版销售”的著作权商品商业模式。九寸钉乐团把相同的专辑内容分拆成不同的内容版本，提供音乐消费者依据自己的需求采购，包括5美元高解析度下载版、10美元双CD盒装版，75美元DVD盒装版，以及300美元的限量签名纪念版。*** 九寸钉乐团的成功商业模式的核心意义为：

（1）消费者聆听、接取著作权商品，会依自己的需求，选择不同的版本。有些消费者只要听到即可，不要求解析度，然而期待能拥有、收藏的消费者依然大有人在，“分版销售”成为满足不同消费者需求的成功商业模式。

（2）传统的思维逻辑为音乐销售需要透过CD等实质载体才能销售，面对数位网络浪潮，消费者能更容易接取著作权商品，销售著作权商品的思维逻辑应跳脱实体商品的概念，以数位版本搭配实体版本销售的模式，可以扩大商业机会。

五、以创用CC为基础建立出版公司与读者间的伙伴关系：代结论

近年来网际网络应用与云端应用快速发展，WEB2.0与WEB3.0对于经营者而言产生完全的质变，原本是单纯的“资讯供应商 vs 资讯消费者”的供需关系，产生了“资讯消费者同时成了资讯供应者”的角色转变，消费者使用著作权产品与资讯的价值期望因而改变，市场供需结构与资讯使用习惯彻底产生质变，出版业的经营思想亦需随之重新定义经营策略，以迎向全新的经营挑战。

传统的出版商与读者的互动关系是纯粹的供需关系，其间存在竞争的力量，然而透过释放部分著作权利给读者，读者因为能便利的阅读被授权的出版内容，将能与出版公司形成巨大的联结力量，逐渐形成良好的伙伴关系，发展出新的获

* 关于九寸钉乐团的网络创用CC授权实验，参阅 Daily SWARM新闻网：http://www.thedailyswarm.com/headlines/nine-inch-nails-go-online-new-ighosts-i-ivi-album/

** 关于九寸钉乐团首周销售额，参阅Daily SWARM新闻网：http://www.thedaily-swarm.com/headlines/no-soundscan-nine-inch-nailss-ghosts-first-week-nets-trent-reznor-16-million/

*** 九寸钉的Ghost 专辑订购网页：http://ghosts.nin.com/main/order_options

利模式。

从竞合策略为基础思考，当出版公司释放部分出版物的著作权给读者非商业利用时，公司与顾客间的供需竞争结构变弱，读者成了出版公司的经营伙伴，面对出版同业竞争，读者的忠诚度将提高，读者也将成为出版公司的互补者，会因为口耳相传而吸引更多的读者加入伙伴社群，则读者群将日益庞大。

出版公司与读者形成群组，则其他行业若要发展新的客户结构，透过出版公司的读者社群，将能有效地寻找新的销售机会。例如出版公司释放健身养生的出版内容而形成的读者社群，则健身器材公司将能有效地揪由该读者社群而获得有效的客户群组资料，出版公司亦能有效地获取广告收益，形成新的商业获利模式。

以创用 CC 为基础发展的商业模式，目前还只是开始阶段，著作权商品产业逐渐投入研究，摸索新的获利模式。归纳以创用 CC 为基础，出版公司与读者建立伙伴关系，其经营上的竞合策略意义，作为本文的结论：

（1）创用 CC 绝非“放弃”著作权利人的著作权，著作权利人仍然保有自己的著作权，可以在商业应用授权以及对公众预授权之间同时进行之。

（2）创用 CC 是平衡社会大众公益分享的优良途径，经济地位低的社会公众选择免费分享版本，经济地位高的消费者能选择高解析度、高品质包装的收藏版本，如此能平衡公众分享与商业利益的关系。

（3）著作权利人能借着采用不同的授权条款，以区分不同的授权策略。例如部分入门的内容，采用“姓名标示——相同方式分享授权”，可以开启公众的连结，扩大曝光率，提高市场知名度，进阶内容则采取传统的“全部权利保留的”的著作权保护，著作权利人能有效的采行“分版授权行销”策略。

（4）消费者传统上被视为是“销售对象”，然而面对网络的浪潮，应该定义消费者成为“创业经营伙伴”的伙伴关系，以联系消费者、满足消费者为核心的策略思考，则广大的消费者能成为著作权商品寻求商业授权收入的谈判基础，吸引其他产业来群求商业授权。

（5）透过创 CC 以吸引消费者的目光，扩大市场曝光率以提高知名度，是极为有效的作法。Google 与 Yahoo 两大网络资讯搜寻服务提供商已经以“授权要素”作为搜寻商品的指标，透过创用 CC 的授权条款，能有效的为著作物提高市场知名度。

（6）创用 CC 是独立音乐商、小型音乐商、个人音乐工作者、小型出版公司新兴的市场曝光与竞争的利器。大型出版公司拥有较多资源，透过大型的连锁书店所做的“畅销排行榜”常能有效的吸引读者购买出版产品。然而小型公司或个人出版工作室的资源极为有限，难以和大型公司相抗衡，透过创用 CC 可有效的扩大出版品流通率，能在竞争激烈的市场获得曝光机会。

（7）透过创用CC授权条款，著作权商品能自由在网络、读者之间自由流通，利用网络效应理论（Network effects）于短时间汇集大量的读者（Clarke，2007），形成网络经济学所论述的“临界爆炸量”。

（8）创用CC能成为出版品“口碑行销”的有效途径。口碑行销是WEB2.0世代消费者彼此相互影响的有效呈现，一家原本默默无名的小店可能因为某个网友在部落格发表购买的观感，而吸引其他人因为一人的“口碑报导”而产生快速的“口耳相传”效果，短期内快速累积大量的客户。创用CC同时具备口碑行销的特点，透过公开授权，多数人能很快累积该著作权内容的使用体验，透过口耳相传能于短期内对于该著作的作者产生相当程度的认识，进而提高该作者的创作物寻求商业授权的可能机会。

（9）创用CC能在著作权保护私有财与公众分享知识累积的效益间取得平衡，有利于提高整体的社会的价值。

（10）著作权利人应深切了解各创用CC授权条款的授权范围，以利于授权条件调配。例如“姓名标示”授权最广，包含商业使用的权利亦授权出去，然而“姓名标示—非商业性”则保留商业授权的权利，对于行销的策略运用，成效不同。

（11）创用CC仍然在起头阶段，出版业界此时开始思考、研究创用CC的市场机会，以及适当的运用方式，将能有效地累积市场可能，提升自身的竞争优势。

参考文献：

[1] 林懿萱，庄庭瑞．现行著作权体制下的弹性授权模式：谈Creative Commons[J]．智慧财产权月刊[J]，2005（76）：28 - 45.

[2] 吴齐殷，陈怡茜，黄心怡．释放台湾的社会力：公共领域、资讯取得与知识共享[J]．图书馆学与资讯科学，（2007）33卷1期：17 - 29.

[3] 周文茵，庄庭瑞．政府出版品与著作公众授权[J]．研考双月刊，2006（30卷3期），3 - 15.

[4] 杨佳蓉（2007），创意共享授权机制应用于商业行为之初探，贝立德——广告与新媒体时代学术研讨会，五月，中国文化大学．

[5] 廖怡茜（2009），创用CC用于解决广播电台歌曲使用授权争议之探讨，中华传播学会2009年会学术研讨会．

[6] 廖汉腾．开放式教科书——维基百科的启示[J]，教科书研究，2008（1卷2期）：129 - 135.

[7] 刘耀仁（2008），台湾音乐著作盗版防治政策工具之系统动能研究，国立交通大学科技管理研究所博士论文．

创新服务营销开拓华文网络书店新蓝海

黄昱凯 [*]　黄凤金 [**]

摘　要： 网络书店的兴起可说是华文出版业一项服务创新，透过组织原创力，将网络资源加以优化，提供消费者在网络上随时随地购买“看不见的书”。本研究透过文献回顾及个案，研究台湾两大网络购书平台博客来、金石堂网络书店购物之流程及常见的服务疏失类型（物流、金流、信息流），并具体提出网购疏失实例及服务补救措施（心理补偿、实质补偿）的方式。盼此研究能作为购书平台了解疏失发生时，如何透过服务补救措施，让消费者满意，并产生再购意愿。

关键词： 服务创新；网络书店；服务疏失；服务补救

一、前　言

网络书店的兴起可说是华文出版业一项服务创新，透过组织原创力，将网络资源加以优化，提供消费者在网络上随时随地购买“看不见的书”。网络书店提供 24 小时服务，又具有“书架可无限扩张”之优势，加上方便的网络搜寻功能，让消费者可以以较低的价格购置自己需求的书，并提供多元方便的配送和付款机制，如此客制化、个人化的服务为忙碌的现代人提供最佳的服务。在出版业一向蓬勃发展的台湾，在深耕本土市场之余，亦期盼传递华文书市场能扩及世界各角落。如果不是藉由网络科技创新服务营销，这样的梦想恐怕很难达成，所以网络书店可说是提供华文出版业有效率的服务平台之一 。

Holloway & Beatty 调查网络购物消费经验者，发现其经历过运送问题（没有收到商品、延迟递送、寄错商品、运送过程造成之商品损害）、安全问题（信用卡盗刷、将电子邮件贩卖给其他网络搜集情报者）、顾客服务问题（售后服务差、不公平之退款政策、不清楚之退款政策及网站设计问题、网站导航问题、错误的商品链接、提供不足之信息）等问题，皆考验网络书店经营平台的管理者，如何将服务的疏失降至最低，当疏失发生时又如何进行有效的补救，找出网络书店最佳的营销模式，创造消费者高度的满意。此外，物流管理是影响企业供应链体系成败的关键因素，在激烈竞争的环境下，物流业者思考如何降低成本、提升效率以及服务质量之际，创新服务是企业能否永续经营的一个重要项目之一。

* 黄昱凯，南华大学出版与文化事业管理研究所助理教授。
** 黄凤金，南华大学出版与文化事业管理研究硕士研究生。

服务补救对一个企业体而言非常重要，而近几年因服务业的重要性提升，有关服务疏失服务补救的研究非常多，但针对网络书店做此观点研究却非常少，在网络书店蓬勃发展的台湾，此问题相对来说非常重要。本研究首先说明台湾网络书店的购物流程，并进一步针对台湾两大网络书店（博客来、金石堂），分析消费者常遇到的服务疏失类型（物流、金流、信息流），并藉由“心理补偿”与“实质补偿”的理论基础，发展网络书店发生服务疏失时的服务补救方案。

二、文献探讨

（一）创新理论

在激烈竞争的环境下，创新服务是企业能否永续经营的一个重要项目之一。随着经济体系运作走向全球化，服务创新扮演着越来越重要的角色。创新的观念最早由经济学者Schumpeter提出，创新的目的不外乎提升企业经营绩效与利润。熊彼得（J. Schumpeter）是最早将企业创新的行为，作为分析景气会发生循环的经济学宗师，其“创新”学说指出，经济成长的核心是创新。而创新的形式除了新产品的引进，原料的取得外，尚涵括组织的改革，也就是经营管理上的创新与提升。

创新的目的是提升企业的获利能力，以及增进员工的报酬。但并非每一次创新都能达到预期的目的，因此如何“掌握契机”，“适时的进行创新变革”，是企业界持续成长的不二法门。服务创新除了新产品新服务开发外，也包括改善和修正现有的产品、服务和传递的系统之所有创新活动。服务创新是企业组织因改善服务，以及因应顾客不同的多样化需求，进而提高企业之产品化服务的价值。透过组织需要来提供不一样的行为服务，赋予创新产品新的价值，也就是说改变企业的管理行为也可以产生创新。

亚马逊网络书店开创了虚拟书店的概念，迄今全球已有成千上万的网络书店，正所谓“蓝海利基难寻，云海商机浩瀚！”*。各传统书店为抢食这块经济大饼，莫不频频出招。例如，美国连锁龙头邦诺书店成立“虚实整合”的网络书店，获取更多的经济利益。而在台湾相同的服务创新模式——博客来网络书店的兴起，紧接着台湾传统连锁书店也成立“虚实整合”的网络书店——金石堂网络书店。可见“云端服务”是提升企业创新与竞争力的一帖良药。

就消费者而言，网络书店能快速成长让消费者易于接受，除了方便、价格优惠、易于取得信息、提供更多的选择机会外，最重要的是二十四小时服务及快速

* 天下杂志：云端策略一书，全球的IT巨擘纷纷抢进，群起“造云”，在科技界与投资市场掀起巨大风暴。科技大老说：“我不去蓝海，我上云端。”

的递送服务，对于忙碌的消费者尤具吸引力。而台湾的网络书店市场如何能在密集的传统书店中占一席之地，除本身之优势外，最重要的是“服务创新”观念深植在消费者中。而此服务业的创新模式可来自市场的区隔方式、品牌形象的建立、定价或交易的形态、组织流程的设计，以及人员的培训。克里斯·史托瑞（Christ Storey）和克里斯多福·伊辛伍德（Christopher Easingwood）指出：成功的基础在于市场知识：“若不了解市场、消费者和竞争者，那么新产品很难获得成功。”

（二）服务疏失

不同的企业结构下会产生不同的服务疏失，实体服务业与网络购物的疏失所造成的疏失亦不相同。有学者将服务疏失分为结果型（顾客所获得的商品或服务有疏失）和程序型（服务人员的态度或系统设计的疏失）。有些将失误归因配送失误、网站设计、顾客服务、付款问题、安全问题及其他混合性问题。因此在“留住既有顾客比赢得新顾客重要”的观念下，以及服务导向、消费者意识抬头的今日，如何有效处理服务疏失问题，其重要性自然不可忽视。

消费者对于网络购物最关切的项目仍是明确的产品定价及店家的信用度。另外，网络商家亦不能忽略消费者对于交易的满意度，消费者虽然会在网络社群分享交易心得，同样也会透过此管道分享交易失败的经验与不满。根据网络性能监控公司 Gomez 于 2009 年的报道所示，仅仅一两个不好的网络交易纪录，就足以拖累整个网络商家的商誉。根据资策会在 2010 年 7 月针对网络消费者对于购物网站的期望进行调查数据发现，消费者在网络购物上最重视的项目为：购物的便利性、明确的定价、详实的商品运送信息。另外，商家的信誉与诚信亦是消费者所重视。再来才是对于网站视觉上的吸引，及其他附加功能，如计算功能、商品搜寻功能。

由于网路服务在特性与本质上不同于传统服务业，Hoffman & Novak 认为，一般的传统服务业是以服务提供商设立服务据点或服务人员来接触顾客，着重面对面的服务。但是，网购所提供的服务主要是人机互动，与传统服务环境有很大的不同。

郑绍成认为，服务失误是指“当顾客认为企业所提供之服务或产品，不能符合其标准，由消费者认定为不满意之企业服务行为”。服务失误的发生是在顾客与服务员工之任何一个接触点，包括从第一次接触至最后一次接触。而消费者在服务传递过程中，发生失误产生不愉快的感觉，这种情形即为服务失误。

Cho，Im，& Hiltz 归纳出网络购物服务疏失有八项：（1）服务失误（service failure）：对顾客寻求协助的请求不以响应、超过平均等待时间、售后服务不佳、服务人员不友善；（2）运送问题（delivery problems）：过长的运送时间、过多的运送成本；（3）不满意产品质量或产品性能；（4）价格（price）：过于昂贵；（5）安全与信任议题（security and trust issues）：网络购物公司常有欺骗之事；（6）不正确的信息（incorrect information）。网站无法提供正确的产品讯息有：（7）追踪（tracking and tracing）：网站无法提供订单状态；（8）促销（Promotion）：提出顾客会对服务失误产生负面感觉，并依不同的失误型态而有不同的情绪反应。

Holloway & Beatty 提出有关网购服务失误的型态项目包括：（1）运送失误（Delivery problems）：比承诺更久交货、没收到货、收到错的项目、货品规格不符、传递过程损害产品；（2）网站设计失误（Web site design problems）：网站导览问题、产品呈现不足、无提供充分信息、产品展示不正确、网站提供不正确信息；（3）顾客服务失误（Customer Service problems）：无支持顾客服务、与公司沟通困难、不公平补偿政策、清楚补偿政策；（4）付款失误（Payment problems）：额外索取信用卡费、购买过程不清楚、付款困难、顾客不满意产品质量；（5）安全失误（Security problems）：信用卡诈骗、夸大的产品、以电子邮件传递；（6）其它失误：没有立即回复失误、收取额外的费用、缺乏个人化信息。

总而言之，服务疏失在各行业中出现机率频繁，尤其服务业更无法摆脱其存在。如何有效解决，是考验经营者的智慧。本研究以网络购书服务疏失为主，探讨网络购书过程中消费者经常遇到的物流、金流、信息流等服务疏失，并以消费者最关注的“物流配送”为主要的网络购书服务疏失探讨之。

（三）服务补救

研究显示，平均只有 5% ～ 10% 的顾客会对不满意的服务提出抱怨。Stephen Tax & Stephen Brown 发现：85% 的顾客会对服务补救措施感到满意，更矛盾之处是经历过服务失误且获得满意补偿的消费者，更有可能在未来再度向业者购买商品。因此服务补救对一个企业而言，巩固旧客户比开发新客户更重要。

当发生服务失误时顾客都会希望获得适当的公平补偿，虽然服务疏失会造成消费者对企业有负面的影响，但许多研究显示当企业经营者在疏失发生时，能提供适当的服务补救措施可以降低消费者不满的情绪，进而产生正面效应。有效的服务补救不仅能继续维系消费者对公司的信赖、承诺与满意关系，消费者对公司的忠诚度也会提高，增加再购意愿。因此企业如果能正确看待服务补救措施的态度，就是留住重要消费者的机会。当消费者提出抱怨时，其实就是给业者机会弥补过错，修复顾客间的关系。

研究指出：一个不满意的顾客平均会向 11 个人抱怨产生负面口碑。而网购时代负面声音的传递之快速更是千百倍，影响甚巨。吸引一个新顾客所花的成本是留住一个旧顾客的五倍。研究也指出：服务补救可以加强顾客满意，建立并强化顾客关系，而且防止顾客对品牌的背叛。所以服务补救关系着企业的生存和成长，有效的服务补救措施会让顾客满意并产生再购意愿。若企业对服务疏失的响应能造成第二次满意，即能帮助公司建立与顾客更长远的利益关系。

郑绍成认为："服务补救为当服务疏失发生后，企业采取任何挽回顾客之弥补疏失行动"。因此在网络购书行为发生时，企业主如何针对服务疏失加以补救，让消费者在面临疏失行为发生时，产生不愉快的情绪下（不耐烦、愤怒、生气）。采用哪些补救行为，会让抱怨变成正面口碑，并愿意再回购消费。林怡秀指出：许多研究发现服务失误与顾客更换商家行为有直接关系。顾客对于不满意事件发生后所做的反应方式，除了和顾客本身特性有关之外，服务提供商如何进行服务失误的补救显得格外重要。

若能有效的补救时，顾客对于服务接触会有更正面的响应，当对于失误处理结果满意时，顾客除了该次接受服务后有正面响应外，更可能对厂商或该产品产生进一步正向口碑或再购的忠诚行为。相较于交易时第一次服务正确表现，对于问题有效的补救策略，将可导致顾客更高的赞赏，并对企业更具向心力。

Christopher Lovelock & Jochen Wirtz 指出：有效补救有三大准则：提供顾客简便的意见回馈管道、建立有效的服务补救系统、决定适当的补偿水平。服务人员应该以专业不带私人情感处理疏失，而所谓服务补救是业者在服务失误后，有系统的按照步骤修正问题。不论在何种组织都可能发生错误，进而影响组织与顾客关系，业者对服务质量的承诺不在广告保证，而在于业者响应服务失误的方式。从财务观点来计算，若企业能经由服务补救降低顾客流失率 5%，则其利润将可提高 25% ～ 85% 不等，因此，顾客保留率对企业利润来说是非常关键的，故当服务产业中失误发生为不可避免的状况时，有效服务补救对于一个企业长期经营有相当的影响。

Forbes，Kelley and Hoffman（2005）指出：网络商店与实体商店在服务补救的型态上虽有所不同，但有其共同脉络可循。实体商店因面对面接触，所以提供的服务补救较多元化，补救方式包括折扣、更正错误、由主管或员工介入解决、额外补偿、道歉、退款、免费、赠送优待券等。而当失误发生时给予折扣则是零售业补救效果最好的方式。

网络商店在执行媒介或补救内容与实体商店有许多地方存在着根本的差异，例如，网络商店的折扣是以未来购物礼券当抵用券，道歉的方式是以电子邮件发信道歉。但无论是传统购物或网络购物，服务提供商在确认服务疏失发生时，首要补救步骤皆必须道歉，表示对消费者感到歉意之外，也让消费者感觉公平和满意。至于要如何的补救才能让消费者觉得公平呢？Stephen et.al 认为主要可从三个面向探讨，分别是（1）程序公平：顾客期待业者能提供方便、响应快速且具弹性的服务补救措施；（2）互动公平：顾客希望能获得业者诚实的解释、真诚的回应，以及礼貌且公平的对待；（3）结果公平：顾客希望获得足以弥补其损失和不便的补偿。

许多研究服务补救的学者皆依照Stephen的研究分类方式加以区分。而其中“程序公平”概念是探讨企业处理抱怨的过程和程序及涉入程度，因此有些研究将此程序公平概念忽略，并以道歉、关怀为主的“心理补偿”对应互动公平；以提供实际物质以及金钱补偿为主的“实质补偿”对应结果公平。近来，台湾学术研究网络购物服务补偿之研究多数以心理补偿和实质补偿为分类之方法。

服务补救方式可分为两种常见的类型，一种是“心理补救”，此种补救是指在服务补救过程中，卖方以礼貌、同理心与关心的态度向买方解释服务疏失、承认错误与道歉。另一种是“实值补偿”，此种是指买方受卖方的疏失造成伤害时，补救买卖信任关系的策略，如折扣、免费、退回、折价券等。

一般而言，在网络商店的服务补救方式和实体商店有所不同，一般实体商店的补救方式较多元。例如Kelley、Hoffman & Davis调查600多位零售业者，整理出12种不同的服务补救策略：立即折扣、修正、管理者或员工斡旋、修正加补偿、替换、道歉、退款、顾客最初修正、商店折扣券、不满意之修正、错误扩大、什么都不做。而网络商店因人机互动，服务补救较单纯，但若不谨慎处理，影响层面之大、速度之快、损失之具皆非实体商店所及，网络业者不得不谨慎妥善处理。

“96%不满意的顾客根本不会提出抱怨，因为他们会直接停止交易，将生意转给别人做。剩下的4%会提出抱怨的那些顾客，才是你最忠实的顾客！”这句话是华盛顿特区政府的“技术支持研究计划（Technical Assistance Research Program，简称TARP*）”的研究数字。

所以“会抱怨的顾客，才是最忠实的顾客”。TARP的调查更指出，那96%从不提出任何抱怨或意见的顾客，反而会把经验跟亲朋好友分享！根据人际传播的原理，这96%的顾客会传播的人数难以估算。所以抱怨是顾客给我们最好的礼物，因为一位满意的顾客会将他美好的消费经验告诉6个人，但一个不满意的顾客，会把他的经验告诉至少15个人。至于应如何补救才能达到消费者的满意呢？考验着经营业者的高度智慧。

* TARP（Technical Assistance Research Program）：美国华盛顿特区政府的一项“技术支持研究计划”。

TARP另一有趣的研究发现，其一当服务过程中消费者遇到重大问题且未向业者抱怨的顾客，只有9%愿意再回购。其二当消费者向业者抱怨，业者有诚意倾听但未能成功解决问题者愿意再回购的顾客占19%。其三当遇到服务疏失的消费者获得满意答复时回购率提升至54%。其四当业者能当下迅速解决问题，并令消费者满意时顾客保留率是82%。良好的服务补救不但保留原先不满的顾客，还能增强顾客对企业形象的认知。

既有的顾客对每一个业者而言皆是重要的资产，因此管理人员需要发展有效的服务补救程序，让消费者在不满时能及时采取补救措施，防止顾客更换厂商。不管何种组织都会发生疏失情况，进而影响组织与顾客的关系，所以业者对服务的真正承诺不在于广告的保证，而在于他们对消费者响应的服务疏失时补救的方式。因此可见服务补救对于一个企业之重要。

三、网络购书疏失类型

（一）网路书店购书流程

目前台湾网络书店的递送服务有邮寄、宅配及店配三型态。目前物流服务可说是台湾一项创新服务功能，由于各网络书店商业模式和政策考虑，两大网络书店博客来与统一超商合作取货服务（博客来网络书店引进统一资金而成为统一集团子公司），而金石堂合作的店配通路为全家、莱尔富及OK便利商店。

如此密集的物流递送系统架构，将台湾整个网络书店的服务通路建构完成。冯正民、黄昱凯指出：由于便利商店具有24小时营运、全年无休、高度信息化且物流具有高效率、低成本等特性，因此便利商店将其店配系统应用在电子商务的物流服务时，不但将其店配取货服务迅速成为台湾电子商务最重要的金物流机制之一，同时也让网络购物的取货服务也能享有7×24（全年无休、每天营运24小时）的便利性。以博客来网络书店为例，台湾网络书店购书的流程为：商品搜寻、结账程序、选择金物流方式、7-11取货付现、完成结账。

（二）网络书店疏失类型

因特网的普及化，让网购可以藉由人机互动的过程与顾客进行服务接触。但消费者无法从网络中实质感受到商品，加上缺乏与第一线服务人员互动沟通，此时服务疏失即会发生。当网购发生服务疏失时，可能让消费者对此网络书店产生负面评价，甚至转换至其他网络书店。因此网络书店平台如何有效解决服务疏失的问题，正确并及时响应消费者的报怨，提供顾客所需的补偿，就相当重要。

有别于一般的传统书店，网络书店主要以网络营销为主，因此当疏失发生时，无法如同传统书店直接找服务人员解决。为了了解网络书店有哪些常见的服务疏

失情形，就必须对网络营销有所认识。刘文良指出：网络营销 4P 的趋势包括：

（1）产品客制化：网络消费者整体特征为：高学历，有一定的网络知识，以中青年为主，有一定的消费能力，对产品求新、求美、求奇，注重个性化服务周到，提供相应的产品和服务，采取一对一营销，争取顾客忠诚度；

（2）价格弹性化：电子商务环境下企业无法像传统商店一样采取价格垄断，消费者的购物趋于理智，网络提供讯息让网民透过网络科技进行综合搜寻比较；

（3）广告互动化：网络广告的优势是可以透过网页页面，将图案声音文件影像都表达出来，使消费者的参与性与主动性加强。并具有灵活性可以 24 小时与消费者保持联系，回答消费者疑惑；

（4）配销社会化：进行网络营销时要保证在最短的时间内，由最近的分销网站将商品送到消费者手中。这一切皆须仰赖现代化的物流配送系统，目前网络体系最流行的物流配送系统模式为“第三方物流”，是指由与商品有关的发货人与收货人之外的第三个专业企业，来承担物流企业活动的一种物流型态。

物流、金流、信息流三者构成网络商店电子商务的重要的流程，当消费者进行网络购书行为时，与三者之间必须密切链接，才能完成交易活动。万事达卡国际组织 2010 年 3 月公布台湾网络购物行为调查报告，结果指出 78% 的台湾受访者希望台湾网络购物的支付安全获得保障，为 14 个受访市场中最重视网络安全的地区。可见当网络支付安全趋于稳定后，会让更多台湾消费者在悠游网络时能放心上网购买所需物品，尽享网络便利性与安全性的双重好处。

购买行为因为只透过人机互动，当问题出现时常无法立即获得迅速处理，而消费者不满的情绪常在第一时间产生。网络服务人员无法当面观察到消费者的情绪、感觉，并第一时间立即处理，而造成的负面结果常是消费者将负面新闻告知周遭的朋友，其严重性必造成网络书店客源的流失。因此，如何针对不同的疏失情况提出补救措施，让消费者感受企业的诚信并愿意选择原谅业者，就相形重要。

综合以上了解到网络购书服务疏失的发生行为常在网络购物过程中，亦即当网络营销 4P 活动下，消费者与网络购书平台即容易出现疏失情形。再将网络营销观念加以归纳，可以发现在网络购书中最容易发生疏失的环节是在信息流、物流、金流的商业交易过程中。资策会（MIC）2009 网络购物现况分析数据显示：台湾网购市场消费者最重视三大主题是：改良在线交易速度（信息流）与安全性（金流），以及缩短网友购物取货时间（物流），各企业为能在网购市场上竭尽所能，试图分一杯羹，就不得不对服务疏失的原因加以探讨。

网络书店的经营模式与一般网络商店仍有所区别，因此发生疏失的情况也不尽相同。本研究将网络书店在线购物容易发生的服务疏失加以归纳为三大部份，分别是：

（1）物流疏失：网络书店卖方可能因为寄错商品、产品递延、运费太高、书籍毁损、配送时资料外泄、点选配送地点交易不安全等原因，而造成消费者的损失；

（2）金流疏失：网络书店卖方可能因黑客入侵，使消费者信用卡遭盗刷、付款遭到诈骗、个人资料外泄、转账金额发生错误等原因，而造成消费者损失；

（3）信息流疏失：网络书店卖方可能因为网站设计问题造成网站无法连结、导览问题造成信息提供错误、信息不足、网站的广告不实、消费者数据外泄发生金钱转账错误等原因，造成消费者损失。下本表为网络书店常见的服务疏失类型及原因。

表 1　网络书店常见的服务疏失

	物流	金流	咨询流
	运送疏失	付款安全疏失	网站设计疏失
寄错商品	√		
产品递延	√		
运费太高	√		
书籍损毁	√		
信用卡诈骗		√	
付款诈骗		√	
个资外泄	√	√	√
转账错误		√	√
交易不安全	√	√	√
网站导览问题			√
产品呈现不足			√
信息不充足			√
提供信息错误			√
网站无法连结			√
夸大不实广告			√

四、网络购物服务补救案例分析

2008 年 2 月博客来网络书店从 15 日开始，外文书从原本的 7 折错标成 0.7 折。优惠价 499 元的书籍，只要 35 元就能买到，造成网友疯狂下单，还有人一口气订了 30 套。“折数标错是博客来内部问题，将会依照过去惯例，以下标时订单上的金额出货，请已经下标的顾客不用担心。”博客来营销部表示，虽然损失估计高达 200 多万元，但博客来仍照常出货。博客来之前也发生过商品标错价的情形，但博客来网络书店能承认过失并出货，因此能获得消费者正面的评价与肯定。

反之，台湾戴尔网站在 2009 年 6 月和 7 月连续发生网络报价疏失，而戴尔只愿意提供在这段期间下单的消费者合理折扣。* 在第一时间发生疏失时，戴尔公司不仅不愿意立即承认疏失，服务补救措施也不完善，让一向强调效率的戴尔，竟然拖到事件发生后 7 天，台湾戴尔总经理廖仁祥才出面善后。显然，他们“轻忽了消费者可能的反应。”因而当网购消费者不满情绪扩大到无法收拾时，不满的负面声音随即在网络中迅速传开，也验证了 TARP 的调查及专家学者的研究：一位满意的顾客会将他美好的消费经验告诉 6 个人，但一个不满意的顾客，会把他的经验告诉至少 15 个人。

戴尔无法在第一时间提出补救措施，让消费者不满情绪扩大，其关键在戴尔仍以经营企业顾客的思维在做消费者生意。错失补救时机的戴尔，最后虽由亚太区的最高主管和美国总公司出面灭火，仍遏止不了消费者不满的情绪。一场疏失的错误补救措施，赔掉消费者对戴尔品牌的信任，作为“认识消费者”这堂课的入门学费，这代价对戴尔而言确实太过昂贵。

无独有偶，2010年 7 月国际知名的苹果计算机公司在线商店标错价，该公司 6 月上市的最新款 Mac mini 桌上型麦金塔计算机加 8GB 内存原价 47710 元，发现竟标价为 19900 元，引发网友疯狂抢订 4 万多台。苹果计算机公司最后在行政院消费者保护委员会要求下，于 7 月 27 日提出在线商店产品标错价事件的解决方案：同意以给予学生及教师价格优惠，以新台币 19900 元，出货 1 台。以“逐件审核”方式减少因疏失造成的损失。此网购疏失事件，苹果计算机能快速解决服务疏失纠纷，虽不致圆满但展现补救的诚意，快速平息消费者不满，避免损及业者声誉及形象。

网络书店在台湾每年的销售业绩一直持续成长，相对的服务疏失问题就层出不穷。而从台湾最近的网购疏失观察，当业者面临不管是金流、物流或信息流疏失时，在第一时间“道歉”是最佳的方式，因为“道歉是对消费者承诺，而不是示弱”。而此道歉就是“心理补偿”。但网购疏失事件情况严重性并不相同，企业如果在第一时间未能有效阻止负面声音，失败的补救措施常影响到一个企业的声誉，所以服务补救是疏失发生后的最后一道防线，如果补救能得到消费者满意，顾客关系就能良好维系。而如何补救考验着经营者的智慧。

当网购发生疏失时，消费者与企业的观点常不一致，因此所认定的补偿措施

* 戴尔公司在第一次（6/25）人为疏失时提供的服务补救为一千元及三千元折价券。在第二次（7/5） 系统疏失时，提供的服务补救为两万元的购物折价券。

亦不相同。如上述案例，博客来网络书店站在消费者立场，承认疏失并予以道歉和补偿（实质补偿），自然获得消费者正面评价，造成“二次满意”。相反的，戴尔公司发生疏失时，因网购疏失金额庞大（数亿元），影响公司甚巨，加上公司再发生疏失后推托卸责，已造成消费者负面声音的传递，后续的补救措施和高级主管的道歉似乎无法浇熄消费者不满的情绪（实质补偿）。因此，业者主动发现缺失并予以补救，比顾客抱怨后才补救还受到肯定。这意味着企业必须设计并执行一套发觉缺失的流程或方法。

归纳而言，顾客遭遇服务失误后，服务提供商提供补偿、响应速度与道歉等，补救策略对补救后行为意愿（口碑、再购意愿）有正相关。而且响应速度愈快，又有道歉情况下，顾客对服务补救满意度最高。总之，当面临不同服务疏失时，提供折扣、免费、退款、折价券等实质补救措施，会较单纯道歉或认错更符合消费者对补救之期望。

五、结论与建议

网络书店是提供华文出版业扩展版图的最佳平台。透过电子商务创新服务营销的新观念，加入组织创新的原创力，不仅能让华文出版业活络起来，进而开拓华文网络书店新蓝海。

本文根据台湾两大网络书店个案观察及文献的整理，描述网络书店购书几个流程（商品搜寻→结账程序→选择金物流方式→超商取货付现→完成结账→购书完成），并整理出各个流程中常遇的疏失类型（物流、金流、信息流）。因为网络购书平台的服务销售包含多个部分，而各销售环节并非网络书店经营者全部能掌握，须委外处理。因此疏失情况就容易层出不穷。

本研究利用公平理论：程序公平、互动公平、结果公平的观点，提出心理补偿和实质补偿措施。并举博客来网络书店、戴尔计算机、苹果计算机网购疏失案例，企业经营者处理服务补救的态度不同，消费者的接受与反映情况也不同。值得关注的是当疏失发生时，道歉、道歉加红利或透过高层的道歉等心理与实质补偿的进行，仍需把握最佳时机，才能让企业声誉损失伤害降低。希望能将服务疏失、服务补救、消费者满意度之间的关系做更精辟的分析研究，同时导入“服务金三角”的观念，形成一个“客制化服务”的服务网络，让疏失降至最低，服务补偿获得消费者最满意。

参考文献：

[1] 汤玲郎，蔡玮真，王盈超．物流服务业导入服务创新对营运绩效之影响 [J]．管理评

论第 28 卷，第 2 期， 5 - 50.

[2] 冯正民，黄昱凯．转移成本与服务质量对在线购物店配取货点选择行为之影响 [J]．运输计划季刊第 35 卷，第 4 期，507 - 542.

[3] 郑绍成．服务业服务失误、挽回服务与顾客反应之研究 [D]．台北：中国文化大学国际企业管理研究所，1997.

[4] 王道行，王肇德．网络购物延迟交货之服务补救策略研究 [J]，2009服务业营销研讨会论文集，不定期，653 - 667.

[5] 林怡秀．不同服务失误与补救策略对于消费者之影响 [D]．桃园：国立中央大学企管所，2006.

[6] 罗雅嫔．网购服务失误、服务补救与顾客满意度——知觉公平与期望不一致之观点 [D] 嘉义：国立嘉义大学管理研究所，2006.

[7] 柯怡君．网络购物服务失误后服务补救之有效性研究——以服务补救满意度为中介变量 [D]．台北：国立台北大学企业管理系，2007.

[8] 萧鋐鑫．服务补救与信任重建研究：以在线交易为例 [D]．云林：国立云林科技大学企业管理系，2009.

[9] 范荣靖．亚马逊的创新从网络书店变身信息服务中心 [J]．远见杂志，9 月号．

[10] 司徒达贤．不要用制造业创造思维看服务业的创新 [J]．天下杂志，438 期，186 页．

社交网络媒体阅听人使用行为与网站体验

何慧仪 *

摘　要：本研究尝试从Facebook阅听人的角度，来探讨社交网络媒体阅听人线上交友行为模式。并以“体验行销”为理论基础，针对“感官”、“情感”、“思考”、“行动”及“关联”等体验模组，比较Facebook阅听人的社交网络媒体使用行为与网站体验间的关联性。研究结果显示在体验行销模组中，Facebook阅听人之人口变项及社交网络媒体使用行为中，的确有部分因素对网站体验呈现显著的差异。本研究根据研究结果提供社交网络平台相关经营建议，希望对网站经营者未来在拟定网站策略甚至行销活动上提供参考。

关键词：社交网络媒体；体验行销；Facebook；虚拟社群

一、研究背景

网络正改变着人们的生活方式，透过网网相连的全球网际网络，个人即可在家中搜集资料、工作、购物甚至进行商业交易。当原本各自独立的电脑，因某种秩序或某种共通性被逐一串连，此时，一个网络上的新世界——虚拟社群(Virtual Communities)便被建构出来了。在网际空间里，人人都以代号相称，彼此不知对方的姓名、年龄、性别、职业等相关资料。人们可以匿名选择扮演与现实完全不同的角色，在匿名的环境中，许多人比较能够畅所欲言，每个人都可以透过自己所构建出来的虚拟人物，描述自己的兴趣与梦想，同时也和网友分享个人经验及使用产品的心得。“虚拟社群”的出现，为原本混沌的网络世界带来了社会化的现象，也为企业带来了新商机。

近年，虚拟社群在网络上发展蓬勃，阅听人可以利用网络社交网络媒体结交共同兴趣的朋友、张贴讯息或是互相评论彼此的观点。另外，阅听人也可跨越国界，进一步寻找全世界拥有共同兴趣的朋友。网络人口的成长不仅对研究者有意义，就企业而言，这些社交网络媒体的阅听人更是商机的代表，在某个社群中的成员往往具有某些相同的特质，而这些共同特质的人所形成的群体，让企业更容易接触到特定的目标市场。

例如一个讨论绘本图书的社群，势必成为绘本出版商投放广告时的最爱，因为厂商能更有效的将广告讯息传播给特定顾客，也能从社群中得到消费者对市面

* 中国文化大学国际企业管理学系业任助理教授。

上产品的意见与回馈，甚至可以直接对此一社群提供网络订购的服务。尤其当此一社群的成员人数突破一个临界点时，所带给厂商的经济价值更是庞大。

目前全球几个知名的社交网络媒体平台，如Facebook、Twitter、MySpace以及Friendster在过去几年已有快速成长的趋势。知名网站Hitwis截至2010年8月7日的统计，目前全球排名前三名的社交网络媒体平台分别是Facebook（58.13%）、Youtube（16.80%）以及Myspace（9.06%），结果显示Facebook在当前的使用率上，远远超过其他的社交网络媒体平台。Facebook的创始人Mark Zuckerberg也在2010年7月正式宣布，Facebook在全球已有超过5亿阅听人。这一数字也代表了Facebook已俨然成为另类的世界第三大国（人口数仅次于中国和印度）。

Facebook创立伊始，只有拥有.edu邮件信箱的阅听人可以申请账号，然而现在Facebook不再是仅限于大学生使用的社交网络媒体平台。2006年9月，Facebook开始大众化，并且逐渐成为一个热门的社交网络媒体平台。Lesa（2010）根据网络研究机构Facebakers.com最新的统计显示，目前台湾使用Facebook的人口约有6，746，040人，约占台湾总人口的29.43%，几乎平均每三个人中就有一位是Facebook的阅听人。统计也显示从2010年6月到2010年8月过去三个月当中，Facebook阅听人从约6，509，204人攀升至约6，746，040人，短短三个月即增加了236，836个阅听人。其中男女比例约各占一半，年龄层以25岁到34岁居多（占41%），显示Facebook在台湾的普及率以及成长率是相当可观的。

Facebook丰富的互连功能也促使阅听人将其他平台的讯息连结至Facebook上，让社群间的连结性更为强大。例如微网志Plurk，即为结合即时短文讯息至Facebook上作讯息的一种连结。Nyland提到，现今逐渐成长的高阶层网络社群模式其所凭借的讯息互动行为，比起娱乐性要来得高，因此，社会需要这些线上社群来强化社会连结，并且增强传播的便捷性以达到利用网络连结整个群体社会的目的。Facebook在当前网络世界中存在着高度的连结性，不论是有相同兴趣而聚集的社团功能，或是加入各种品牌的粉丝团功能，皆可透过好友的动向，追踪并且跟进。Facebook也凭借着此种高度的社群连结性，将内部社团以及外部的网络社群集结在一起，而达到整合群体网络社会的目的。

另一方面，现今社会是一个庞大的体验环境，存在于生活当中的每样物品均存在着体验的元素，消费者购买这些物品的过程，也是一种体验的行为。Schimitt解释“体验”为其发生于对某些刺激回应的个别事件，经由一种特定的媒介创造，不是自发而是一种诱发的现象。Schmitt也提出策略体验的模组

（Strategic Experimental Modules），说明体验行销分别是由“感官体验”（Sense Experience）、“情感体验”（Feel Experience）、“思考体验”（Think Experience）、“行动体验”（Action Experience）以及“关联体验”（Relate Experience）所组成。这些元素构成了体验行销的一种核心观念，并且为顾客创造出不同的体验形式。

近年逐渐在线上成长的网络零售业，即利用网络虚拟世界的种种特性，影响消费者在网络购物的消费环境及时间限制等面向。Facebook虽然是一种并没有牵涉太多交易的网络社交网络媒体，但是透过内部许多应用程式以及互动功能，诸如聊天室、网志、小游戏以及相簿，可以与现实世界或是虚拟世界的朋友连结互动，而产生出不同的行为和想法。这些五花八门的互动功能，却也可能衍生出不同的影响。由于Facebook的方便浏览性，找到老朋友或是浏览男女朋友的动态形成一股特别的现象。阅听人透过各种小游戏在线上与朋友进行虚拟交易，也蔚为一股风潮。例如曾经在台湾社会红极一时的“偷菜”行为，即是因为网络社群过度沉浸在Facebook中的开心农场游戏，衍生出的一种虚拟偷窃行为，而这些在Facebook中所产生的种种沉浸式的网站体验，也是造成Facebook快速窜起的重要原因。

因此，本研究的目的在于了解社交网络媒体Facebook的体验策略模组对于阅听人的行为是否具有一定的影响。藉由探讨阅听人于Facebook的使用经验，分别检测Schmitt提出的五种网站体验对于社交网络媒体阅听人使用行为是否产生影响。本研究的研究问题如下：

（1）阅听人的社交网络媒体使用行为为何？

（2）阅听人的人口变项对于社交网络媒体网站体验是否产生差异？

（3）阅听人使用行为对社交网络媒体网站体验是否产生差异？

二、文献探讨

（一）社交网络媒体

虚拟社群是将真实世界中的社群置入网络虚拟空间而来。起源于2004年2月的Facebook，是现今最热门的社交网络媒体网站之一，由前哈佛大学的学生Mark Zuckerberg创立，原先只是想建立宿舍学生线上名录，后发展为以社交网络功能为主要取向的服务。起初，Facebook只允许哈佛大学生注册，并且只能透过MySpace的推荐者才能够加入使用。人数逐渐增加后，Facebook开放至美国其他大学，后期甚至开放让一般阅听人不需要透过推荐就能够使用。Facebook阅听人可以透过Facebook建立包含照片、兴趣等个人资料，交流私密式或开放式的讯息，以及参加朋友的社团。在搜寻广大阅听人个人资料的同时，Facebook 阅听人可以张贴生日、电子邮寄地址、居住位址、家乡、学校资讯、兴趣、性别、交往状态、行事历、最爱的电影、音乐、书籍、线上社团以及照片等选择性讯息与其他阅听人交流。

除了基本资料的功能外，Facebook 还具有社团（club）、粉丝团（fans group）、涂鸦墙（the wall）、戳（pokes）、状态（Status）、礼物（Gift）、市场（Marketplace）、活动（Events）等功能，增进与朋友间的互动。此外，2007 年 5 月 24 日开始的 Facebook 开放平台（http://developers.Facebook.com/），可让协力厂商软体发展者透过创立心理测验、游戏及互动功能，增加互联性和趣味性。随着开放"Facebook 应用程式平台"，如今占软体最大宗的小游戏，使得 Facebook 阅听人从学生、传统族群，扩大吸引至忙碌的社会白领人士。透过应用程式，Facebook 阅听人又连结更多共同兴趣的朋友，显示 Facebook 从最初单纯的名单统整取向，发展至交友功能取向，如今更进一步凭借应用程式衍生出互动的功能模式，其中蕴含的异业结盟型态，使 Facebook 未来实质发展空间更具有可观性。

（二）体验行销

Holbrook 和 Hirschman 定义“体验”为一种因为产品或品牌所带来的刺激，而引发个人情绪表现的行为。Schmitt 认为“体验”不是自发而是诱发的行为，其包含整个生活本质，不论事件是真实的或虚拟的，通常是由事件的直接观察或是参与造成。因此，体验伴随着刺激来源，而这些刺激涵盖日常生活间许多诱发的因素，无论是有形或无形，个体因为诱因衍生出体验行为。

Schmitt 曾经对于体验行为设计出一组“体验行销策略模组”。其包含以五种感官的诉求刺激，提供美学愉悦或满足的“感官行销”；藉由提供体验，使个体对公司品牌产生情感的“情感行销”；经由较费心与具创意的思考，促使个体对企业与产品进行评估的“思考行销”；包含与他人互动所发生的结果或是创造与生活型态相关行为模式体验的“行动行销”；以及藉由将个人反射于一个品牌中较广的社会与文化环境面向而产生的“关联行销”。而“体验行销”与“传统行销”最大的差异，在于由产品功能效益上的狭隘观点，延伸至整体的消费情境与品牌体验。伴随着网络化进步，全球线上零售业的成长，正以计划性成长对于未来商业提供很大的机会，线上化的体验行为已经成为现代人在行销新时代中的一种发展趋势。

三、研究设计

本研究采取问卷调查法，参考过去文献结论，提出相应的研究架构，主要探讨阅听人人口变项及社交网络媒体使用行为对社交网络媒体五项网站体验的差异性。研究问卷共分为七大部分，第一部分至第五部分根据Schmitt提出的“体验行销策略模组”，依“感官体验”、“情感体验”、“思考体验”、“行动体验”以及“关联体验”五个面向各设计5个问题，共计25个题项。此部分根据何慧仪策略体验模组问卷整理比较，并配合李克特五点量尺，区分为“非常不同意”、“不同意”、“没意见”、“同意”及“非常同意”等五种尺度，并分别标定1分至5分。第六部分为人口变项，包含阅听人的性别、年龄、教育程度、职业以及月收入。第七部分为社交网络媒体使用行为，包括每日使用时间、允许浏览族群种类、使用动机以及朋友邀请频率，共设计4道问题。

问卷发放形式分为前测与正式实测，主要采取便利抽样方式进行样本的抽取，并藉由前测的施测，决定问卷内容修改与否。前测依照Facebook实际阅听人，于某大学某科系三年级发放两班共计81份问卷。并且统计施测量表具有信度后（Cronbach’s α >0.7），开始进行正式实测。实测时间为2010年5月7日至2010年5月17日，发放对象为台湾地区Facebook阅听人，回收问卷共计590份，删除填写规则性无效问卷后，得有效问卷578份，有效回收率达98%。

四、结果与讨论

问卷回收后，针对有效样本进行统计分析。首先透过叙述统计了解社交网络媒体阅听人的基本人口变项分布状况，及社交网络媒体使用行为，而后遂针对各项研究假设进行统计检定，主要希望得知阅听人之人口变项与社交网络媒体使用行为对社交网络媒体网站体验的差异情形。正式问卷回收后，经由信度分析得出Cronbach’s α 值为0.885，证明本研究量表具有可靠信度。

（一）人口统计变项与社交网络媒体使用行为之叙述统计

在有效样本中，女性略多于男性，其中女性占59%，男性占41%。年龄以19岁～22岁占58.7%最多，其次为23岁～30岁的23.9%。教育程度以大学院校的79.2%为最高。职业以学生（73%）占阅听人大多数。月平均收入以20000元以下（69.7%）最高，20001元～40000元（21.1%）其次。显示目前社交网络媒体的阅听人多为学生或年轻的上班族，教育水准高，但平均月收入不高。

在社交网络媒体使用状况中，阅听人平均花在Facebook上的时间以60分钟以下（50.9%）占最多，其次是61分钟～120分钟（31.8%），181分钟以上（8.8%）和121分钟～180分钟（8.5%）。在允许浏览个人动态的族群中，以允许每个人浏览占最多（42.6%），只允许我的朋友观看其次（39.6%）。以上结果显示社交网络媒体的普及率及使用率虽高，但单一阅听人对社交网络媒体的黏度仍不高。但大部分的阅听人对其他阅听人仍采取开放的交友态度，允许其他人浏览其个人动态。

在使用Facebook的动机中，前五名分别是与老朋友联系（13.86%）、玩游戏（11.98%）、打发时间（11.92%）、浏览朋友照片（11.88%）与认识朋友（10.5%）。发现大部分阅听人利用Facebook平台进行可以打发时间如玩游戏和浏览照片等活动，并且使用Facebook与老朋友联系比起认识新朋友的比例要来得高。

（二）人口统计变项与社交网络媒体网站体验之差异分析

为了解不同的人口统计变项以及社交网络媒体使用状况，是否与不同网站体验产生差异，本节将针对上列变数进行差异性分析（Analysis of Variance）。结果显示，社交网络媒体成员的职业、教育程度、月收入、封锁频率、负面频率与不同网站体验间均无显著差异。以下遂针对有显著差异之结果进行讨论与说明。

结果显示，不同性别社交网络媒体阅听人对情感体验和行动体验有显著性差异，而在感官、思考及关联体验并无显著差异。研究结果发现，男性（M＝3.48）与女性（M＝3.67）在社交网络媒体情感体验上有显著差异（p<.05）；比较平均数后，得知女性的社交网络媒体情感体验高于男性。男性与女性在网站行动体验上亦有显著差异（p<.01），且女性社交网络媒体k行动体验平均数（M＝3.73）大于男性网站关联体验平均数（M＝3.63），因此得知女性社交网络媒体行动体验亦高于男性。

研究发现在五项网站体验中，感官体验在年龄间产生显著差异。由于结果显示在18岁以下之族群所占比例偏低，故将18岁以下的年龄间项合并为一组。结果显示感官体验在年龄间有显著差异（p<.05）。进一步采用Scheffe多重检定法加以检定，显示19岁～22岁与23岁～30岁两组有显著差异，且19岁～22岁（M＝3.19）感官体验高于23岁～30岁（M＝2.98）。

（三）社交网络媒体使用行为与社交网络媒体网站体验之差异分析

研究发现，社交网络媒体阅听人会依其允许浏览族群的不同，在网站体验间产生显著差异。允许浏览族群对情感体验具显著差异（p<.01）。Scheffe法显示“不知道谁浏览我”和“允许每个人浏览我”两组间有显著差异。从平均数可发现“允许每个人浏览我”（M＝3.68）的情感体验高于“不知道谁浏览我”（M＝3.29）。允许浏览族群对思考体验亦产生显著差异（p<.01）。Scheffe法结果显示“允许每个人浏览我”和“不知道谁浏览我”间有显著差异。并从平均数可发现“允许每个人浏览我”（M＝3.81）的思考体验高于“不知道谁浏览我”（M

＝3.42）。允许浏览族群对行动体验产生显著差异（P<.001）。Scheffe多重检定法显示“不知道谁浏览我”对于“允许每个人浏览我”和“允许朋友的朋友浏览我”三组间有显著差异。最后发现“允许每个人浏览我”（M＝3.77）的行动体验高于“允许朋友的朋友浏览我”（M＝3.71）和“不知道谁浏览我”（M＝3.35）。以上结果可得知，阅听人如果开放他人浏览的范围愈广，在Facebook上的社交连结次数也愈多，其对网站的涉入程度愈深，对网站的体验程度也愈高。

研究还发现，除了关联体验外，使用社交网络媒体时间对于其余四项网站体验均产生显著差异。感官体验对社交网络媒体使用时间产生显著差异（P<.05）。但进一步采用 Scheffe多重检定法加以检定后，结果显示并无任两组间达到显著差异。情感体验对社交网络媒体使用时间具显著差异（显著性为P<.001）。采用 Scheffe 多重检定法加以检定发现181分钟以上（M＝3.83）的情感体验高于60分钟以下、61分钟～120分钟与121分钟～180分钟这三组。思考体验对社交网络媒体使用时间产生显著差异（P<.01）。采用 Scheffe 多重检定法显示仅61分钟～120分钟（M＝3.84）的思考体验高于60分钟以下（M＝3.64）。行动体验对社交网络媒体使用时间产生显著差异（P<.001）。Scheffe法显示61分钟～120分钟（M＝3.82）的行动体验高于60分钟以下（M＝3.57）。各项结果显示使用社交网络媒体的时间越久（超过1小时），阅听人在社交网络媒体上的互动愈频繁，也会影响其对网站的各项体验。

另外，研究发现除了关联体验外，其余四项网站体验对于非现实友人的邀请频率均产生显著差异。感官体验对非现实友人的邀请频率具显著差异（P<.001）。采用 Scheffe 法加以检定发现三天以上一次（M＝3.91）的感官体验高于一周以上一次（M＝2.98）。情感体验对非现实朋友的邀请具显著差异（P<.05），但Scheffe法显示并无任两组间达到显著差异。思考体验对非现实朋友的邀请产生显著差异（P<.05）。Scheffe法发现一天数次（M＝3.89）的思考体验从未高于（M＝3.54）。行动体验对非现实朋友的邀请产生显著差异（P<.001）。事后检定显示五天一次（M＝3.80）的行动体验高于其余组别。

五、结　论

根据研究结果，社交网络媒体阅听人会依不同性别和年龄对于网站体验产生差异性。女性对社交网络媒体的情感及行动体验均高于男性。显示社交网络媒体经营者对于女性阅听人的个人情绪抒发以及交友聊天的功能，应可着重发展。

感官和行动体验亦会受阅听人的年龄所影响，其中年轻阅听族群在感官和行动体验上均比年长的阅听族群高。显示社交网络媒体经营者未来可针对不同年龄层的阅听人，设计不同风格的个人化版面及相关网站功能。对年轻族群可尽量加强他们的感官刺激，使用颜色鲜明或是多媒体的登入页面。而对年纪较长的阅听人，版面应以简洁为主，功能也不宜太过复杂。

在社交网络媒体的使用状况中，研究结果发现允许浏览族群、社交网络媒体使用时间及非现实友人邀请频率也对网站体验产生差异。社交网络媒体阅听人的网站体验会受其使用社交网络媒体的时间影响，其中使用时间越久，其体验影响越大。因此经营者可以发展重视交友情感交流以及注重创意思考的内容，让阅听人感觉内容多元，因而增加使用时间，提高网站黏度（Stick）。而允许每个人观看自己资讯的阅听人其情感、思考和关联体验均高于只允许部分族群浏览自己资讯的阅听人，此结果显示阅听人如果愈对社交网络媒体的使用采取开放性的态度，其会经由这个平台结交到更多朋友，提高对社交网络媒体的涉入程度。因此，社交网络媒体未来应注重在微网志及心理测验上的经营，增加阅听人接收到朋友或朋友的朋友在社交网络媒体上的使用动态，如此可增加阅听人开放对其他人浏览权限的设定，提高阅听人的网站体验。

最后，本研究主要探讨体验行销在Facebook社交网络媒体上的研究应用，未来如需应用在其他社交网络媒体平台或其他类型产业仍需进一步讨论，因为不同的体验环境具有不同的元素。另外，Facebook近年来不断开发出新的功能，后续研究者可针对细项的功能及Facebook社群在不同功能中的体验行为加以探讨，例如可以针对Facebook粉丝团（Fans Group）或是游戏的体验现象进行研究。

从译介到原创
——20 世纪 80 年代我国几套重要思想性丛书出版轨迹的探析

张文彦 [*]　李建红 [**]

摘　要： 20 世纪 80 年代，我国出版界出现了规模宏大、席卷全国的“丛书热”，其中，以“汉译世界学术名著”、“走向世界丛书”、“走向未来丛书”、“文化：中国与世界丛书”为代表的几套思想类丛书，在思想文化界引起了广泛而重要的影响。这些丛书的出版活动，促进了“文化大革命”结束后出版文化功能的恢复，锻炼出一批优秀的中青年学者，同时为荒芜的中国文化引入了内容多元的西方新思想、新知识，为改革开放的推进和发展提供了一个磅礴的思想库。在以西译为主的丛书出版活动中，我国的知识分子和出版界的原创能力得以滋养和恢复，使得 1980 年代成为改革开放后二十年文化大发展与多元化的基石所在。

关键词： 丛书出版；思想启蒙；文化热

20 世纪 80 年代，我国出版界迎来了“文化大革命”结束后的繁荣时期，期间最引人瞩目的现象莫过于一场规模宏大、席卷全国的“丛书热”。丛书热的出现，是我国改革开放初期政治气候、文化传统、经济制度改革等多方面原因共同促成的一种必然的文化现象。这些丛书数量巨大、种类繁多。据不完全统计，仅 1984 年至 1987 年我国出版的各类丛书就达到 1500 多种。[***] 包括知识性丛书、西方译丛、古籍整理、教育丛书、新创作丛书等多种类型，在 1978 年以来的思想解放运动中扮演了重要的角色，推动了改革开放和思想启蒙的发展。本文择取其中引起社会思想界重要反响的几套丛书，来检视我国知识分子如何试图通过丛书出版积极介入现实，渴望重建社会文化的出版思想。

一、20 世纪 80 年代丛书出版扫描

“文化大革命”造成了我国文化的种种断裂，80 年代初期刚刚复苏的出版界，在一片四顾苍茫的文化废墟之上，数量有限的一些著作、译作的出版，很快就掀起了社会的阅读热潮。1978 年之后，丛书出版数量明显增多，这些汇集群书、集

*　张文彦，北京大学新闻与传播学院博士生。

**　李建红，中国书籍出版社编辑，武汉大学信息管理学院博士生。

***　中国出版工作者协会．中国出版年鉴 1988[G]．北京：中国书籍出版社，1989：266—268.

合力量的出版模式，为改革开放引入了大量新观念、新知识。在思想解放的氛围和语境中，这些文化思潮类丛书纷纷面世，也使得丛书出版成为改革开放初期一种令人瞩目的文化现象。

其中，具有较大影响力的丛书有：上海古籍出版社出版的“海外汉学丛书”（王元化主编，1978年开始）、商务印书馆在1981年推出的“汉译世界学术名著丛书”、四川人民出版社的“走向未来丛书”（包遵信、金观涛主编，1984年开始）、三联出版社的“文化：中国与世界”丛书（甘阳主编，1985年开始）、华夏出版社出版的“二十世纪文库”（李盛平等主编，1985年开始）、江苏人民出版社出版的“海外中国研究丛书”（刘东主编，1988年开始）等等。这些丛书的内容大多涉及美国、德国等发达国家思想学术领域，大量引入了现代西方社会的新知识、新思想，引发了中西文化的再度剧烈碰撞交汇，从某种意义而言，八十年代丛书出版是对“五四”时期丛书出版事业的延续，代表着出版者试图以当代西方科学文化和人文文化改造中国文化，推进改革，实现现代化。

具有影响力的丛书中大部分是西译丛书，虽然其中一些书籍早在民国时期或者建国十七年间就已传入我国，并因其蕴藏的思想财富和学术价值而为学术界所熟知，但经过“文化大革命”中的焚书禁书运动，不再以公开出版物的形式传播于众。* 经过80年代知识分子的加工创造，以汇编成丛书的形式成系列、成规模的出现，使得书中所承载的国外新思想、新智慧相得益彰，蔚为大观，既便于研读查阅，又利于文化积累，为改革开放的思想库作了积累贡献。

二、几套主要思想性丛书的出版情况

包括本文讨论的丛书在内的一批80年代著名丛书的出版，对当时的知识分子起到了重要的观念启蒙作用，进而促成了整个80年代的社会文化批判思潮。思想学术类丛书更多地蕴含着出版者们对推动社会思想发展、改革开放深入的责任意义。以本文所重点分析的几套丛书为代表的思想学术类丛书中，大多有积极的现实意义，在读书界和学术界引起深刻的思想反响，也呼应了80年代的文化热和改革进展中所出现的问题。研究这些丛书，有助于更好地了解我国出版业在80年代由复苏逐步走向成熟的进程，了解出版者们的出版理念以及80年代文化发展的特点。

（一）“汉译世界学术名著丛书”为我国学术发展打下坚实基础

1979年，陈原开始主持商务印书馆的出版工作之后指出，汉译学术名著是商

* 许多名家译著，在“文化大革命”中遭到焚烧、封存，还有一些划入“内部出版物”之列，限制发行范围。

务印书馆压倒一切的、无可争议的任务。*1982年，商务印书馆举行建馆85周年的纪念活动，以“汉译世界学术名著”丛书形式，有选择地重印商务印书馆二十世纪五十至六十年代出版的世界学术著作，重印严复译作八种和林纾译作十种、整理出版张元济的日记和书札，整理商务印书馆自创建以来的图书总目。这种旧籍重印的方式，不仅让历经“文化大革命”而“大病初愈”的商务印书馆能在短短两年内出齐一套代表一定学术水平和质量保证的丛书，也使学术界、读书界和社会重拾记忆——严复和林纾译书的社会启蒙意义、杰出出版家张元济的出版理念和思想，重新衔接了商务印书馆的历史和现实，也衔接了20世纪初期与80年代对思想启蒙的共同诉求。重印民国时代的重要丛书，表达了商务印书馆振兴文化的决心，扩大了当代商务印书馆的海外知名度。

这套“汉译世界学术名著丛书”，集合了世界各国学术名著、特别是介绍马克思主义诞生以前的名著及各流派的代表作品。1981年至1982年期间，这套丛书出版了哲学类77种、历史·地理类32种、政治·法律·社会类65种、经济类54种。从翻译古希腊、古罗马时代的经典著作开始，为中国读者与世界最重要的先哲们如柏拉图、亚里士多德、黑格尔、罗素等之间架起了一座座桥梁。这些译丛来源分别是：英国60种，法国44种，德国34种，美国21种，古希腊11种，古罗马10种，意大利7种，奥地利6种，日本6种，俄国6种，瑞士4种，瑞典、荷兰、土耳其各3种，法兰克、土耳其各2种，阿拉伯、爱尔兰、苏联、波兰各1种。

丛书第一辑面世，印刷发行量远远满足不了市场需求，各地新华书店纷纷告急，仅各单位报订数字就远远超过征订数字，往往是书到店就被抢购一空。编辑部时常接到读者询问图书出版进度的电话，“你们出一本，我就买一本”——这是编辑们经常听到的话语。原计划第一批出版的图书要预留库存500套，但最终因编辑们实在无法拒绝读者热情而一套也没有留下来。萨缪尔森的《经济学》第一次印13500册，第二次印7000册，每次都是销售一空。在北大、复旦等高校图书馆里，这套书一到书架就被借阅，很多学生只能在无奈中排队轮读或抄书。**

（二）“走向世界丛书”启发读者再次“开眼”看世界

“走向世界丛书”也是一套富有时代意义的代表性丛书。1979年，湖南人民出版社开始策划出版“走向世界丛书”，其策划编辑是著名出版家、历史学家钟叔河。他在“文革”中被打成“右派”而身陷牢狱，在监狱的时候，他就曾经与

* 陈原．关于编制长期出书规划的几点意见 [C]//陈原．陈原出版文集．北京：中国书籍出版社，1995：342—344.

** 璩静，曲志红．永远的经典，不变的担当 [EB/OL].
http://news.xinhuanet.com/society/2009-11/06/content_12400615.html

狱友讨论，认为“文革”使中国脱离了世界文明的正常轨道。* 狱中的思考使他在1979年出狱后去做的第一件事就是广泛搜览前人的出国记述，包括日记、游记、考察记、报告书等。在很多朋友的帮助下，他搜集到300余种，包括不少难得一见的手稿和抄本，如张德彝的《随使法国记》、周作人藏黄遵宪最后定本《日本杂事诗》、钱单士厘《归潜记》家刻毛本等。“浏览过这三百余种书，等于对我们民族从封闭社会走向现代世界的历史，做了一番纵横观察。”** 最后，他决定精选其中的100种编辑出版。

1980年8月，“走向世界丛书”的第一种《环游地球新录》（李圭著）出版，至1983年共出版了20册（有的是合集）。书目包括《欧洲十一国游记》（康有为著）、《航海述奇》（张德彝著）、《新大陆游记》（梁启超著）、《出使四国日记》（薛福成著）、《西学东渐记》（容闳著）、《漫游随录 / 扶桑游记》（王韬著）、《李鸿章历聘欧美记》（蔡尔康著）等。岳麓书社出版的书目包括《伦敦与巴黎日记》（郭嵩焘著）、《出使英法俄国日记》（曾纪泽著）等等。1984年钟叔河调至岳麓书社，丛书随他转到该社，至1986年又印行了36种（含湖南人民出版社前出版各种），合订成10册。

这套丛书是晚清时期中国知识分子走向世界所经历的一个缩影，每本书中都有钟叔河针对人物和游记内容，参考大量中英文文献所撰写的“叙论”，包括游记背景及对人物的中西方文化观念做的叙述和评价，精彩而深刻。也正因如此，钱钟书才主动要求为“走向世界丛书”的叙论集写序言。二十年后，杨绛给钟叔河的信中提到此事，“他（钱钟书）生平主动愿为作序者，唯先生一人耳。”*** 这套800万字36种的丛书，在当时印数并不多，最少的印了7100册，最多的印了2.13万册，但却在此后的岁月中展现出长久的、潜移默化的影响。在天涯网络社区的“闲闲书话”版块、“孔夫子旧书网”上，总能看到书友们在谈论这部书的相关信息，一本书拍卖价从十几元到上百元不等。

钟叔河以其出色的编辑思想，给若干学人的读书记忆里打下了深刻的烙印，对于中西文化仍在不断交流碰撞的今天，仍然具有强烈的现实意义。剑桥博士、社科院研究员陆建德以张德彝所述伦敦一车夫因鞭打马匹过甚被罚款并监禁一个月为例说：“丛书所收著作，在十九世纪末二十世纪初开了国人的眼界，同时又

* 徐攀亚．《走向世界》丛书：古老文明嬗变的序幕 [N/OL]．中国青年报，http://book.ifeng.com/special/dushuwujinqu/200908/0821_7799_1313614_3.shtml

** 武云溥．1980年-1986年，走向世界丛书 [N/OL]．新京报．http://www.thebeijingnews.com/culture/spzk/2008/05-24/021@104550.html

*** 武云溥．1980年-1986年，走向世界丛书 [N/OL]．新京报．http://www.thebeijingnews.com/culture/spzk/2008/05-24/021@104550.html

让读者意识到，身边很多习以为常的小事，其实都是值得关注和检讨的。时至今日，读起这套丛书依然具有让人不安的力量。”加拿大多伦多大学教授、台湾中研院近代史研究员王尔敏在2007年称赞这套丛书：“深感其启我茫昧，导以明灯”。*

（三）“走向未来丛书”试图以西方学科方法改造中国文化

“走向未来丛书”自1984年登上文化舞台以来，便成为中国内地最早一套介绍西方新思潮新文化的丛书。它引领了译丛出版风气之先，在当时引起广泛轰动，并长久地停驻于无数人的阅读记忆中。该套丛书是由“走向未来丛书”编委会策划、四川人民出版社逐年分批出版印行。该丛书涉及社会科学和自然科学等多个方面，包括外文译作和原创著作，主编先后由包遵信和金观涛担任，王岐山、刘青峰、董秀玉等20余位中青年知识分子担任编委。1984年至1988年，丛书每年推出一辑，共出书74种。

丛书出版奉行了编者献辞中“特别注重于科学的思想方法和新兴的边缘学科的介绍和应用”的出版理念。许多学派、思想和方法是中国读者此前闻所未闻的，比如“未来学派”**的译作《增长的极限——罗马俱乐部关于人类困境的研究报告》、“人工智能”专家道格拉斯·霍夫施塔特获美国普利策大奖的畅销书《GEB——一条永恒的金带》、探索物理学与东方神秘主义关联编译之作《现代物理学与东方神秘主义》，对中国改革具有针对性的经济类著作，包括《经济控制论》、《看不见的手》、《现实与选择——现代中国工业的结构与体制》等，以及与“人道主义”、“人学”等社会讨论热点相关主题的著作《人的发现——马丁路德与宗教改革》等，还有介绍现代科学的著作《激动人心的年代——世纪之交物理学革命的历史考察的哲学探讨》、《探险与世界》、《语言学与现代科学》等等。

这套丛书不仅仅是介绍新思想、新知识的西学译丛，也是编委会通过出版这种方式表达自己对历史演进和改革开放的观点和建议，为青年学者开启了一扇发表自己创造性研究成果的窗口。主编金观涛在每一批丛书中都出版了自己的著作，比如《在历史的表象背后》、《兴盛与危机》等，他大胆地将系统论、信息论、控制论及数学方法引入历史学研究领域，这本著作成为丛书之中引起的反响和争论最强烈的书籍之一。其他编者也在著述、编译的过程中表达了自己对社会经济、文化等问题的观点，例如《经济控制论》结合我国的实际情况，对如何运用经济

---

* 钟叔河．“走向世界丛书”重印前言［EB/OL］．（2008-6-13）［2008-6-17］．http://www.douban.com/group/topic/3464821/?from=mb-40993563.

** 罗马俱乐部成立于1968年4月，总部设在意大利罗马。它是一个关于未来学研究的国际性民间学术团体，其宗旨是研究未来科学技术革命对人类发展的影响，阐明人类面临的主要困难以引起政策制订者和舆论的注意。由于其观点和主张带有浓厚的消极和悲观色彩，被称为“未来学悲观派”的代表。

控制论方法来解决经济学的某些问题提出了设想。又如《增长的极限——罗马俱乐部关于人类困境的研究报告》，谈到人类无止境发展的危害，其后果是引起能源和资源的危机，中国人那时才第一次知道发展并不是无止境的，甚至在一定情况下还是有害的。还有一本是谈人口问题的《没有极限的增长》，对 80 年代计划生育政策的实施，起了宣传和推动作用。*

在 1984 年的文化出版环境中，这样包罗各种西方新知识、新思想的大型综合性丛书尚属罕见，它的出现展现了知识分子试图全方位引进西方学术知识、以西方学科方法改造中国文化的努力和信心，在社会上引起巨大反响。与今天严谨厚重的学术译丛相比，这套丛书有其粗糙不足之处，但还原到那个文化仍然荒芜的年代，中国与世界长期脱节之后，知识分子与西方文化之间有着很深的隔阂，文化禁区仍未完全消失。之前出版界所推出的丛书，大多是西方古典学术思想或文学译著，而这套丛书则介绍了西方现代的最新思想与方法，确实表现了出版者“敢为天下先”的勇气和胆识，对 80 年代出版界与文化界挣脱思想罗网、主动向世界寻求良方，起到了重要的激励与示范作用。

（四）“文化：中国与世界”系列丛书

1985 年，“文化：中国与世界”系列丛书出版，其下包括三联书店出版的“现代西方学术文库”、“新知文库”丛书，上海人民出版社出版的“人文研究丛书”，这几套丛书在出版界和学术界引起巨大反响，尤其是“现代西方学术文库”，是代表着 80 年代学术出版最高水平的力作之一。

“文化：中国与世界”系列丛书为刚刚恢复建制的三联书店奠定了良好的学术出版基础，与编委会合作，系列丛书分别出版了以翻译西方学术著作为题材的“西方学术文库”和“新知文库”。就定位而言，前者为经典作品，后者是分量轻一些的著作。在此期间，负责主要出版工作的编委会成员，大多是刚刚毕业或仍然就读于北京大学，中国社会科学院哲学、历史、中文等专业的研究生。

编委会的主要力量以西学为主，这决定了编委会的主要工作是译介西学。如苏国勋研究韦伯的社会学思想，曹天宇研究科学哲学，周国平研究尼采，赵越胜研究马尔库塞，陈维刚研究马丁·布伯，陈嘉映研究海德格尔……编委成员也都有着较好的外语水平，他们熟悉英语、德语或俄语，比如，刘小枫本科毕业于四川外语学院德语专业，陈嘉映则是北京大学德语专业毕业，周国平本科的公共外语是俄语，读研究生后学习了德语，于晓则是北京大学英语系的研究生。在 80 年代初期，这些研究生们就已经开始做翻译等学术研究工作，这为后来丛书的出

* 周兴茂. 中国改革开放以来各种社会思潮的交织与变迁 [EB/OL]. [20108-3-2]. http://blog.gmw.cn/u/30294/archives/2010/118770.html

版做出了最初的积累。

编委会也有一部分“做中国学问”的成员，如陈来、阎步克、陈平原等人。陈平原回忆在丛书工作一开始的时候，他们“只能充当配角”，在译介西学方面，陈平原唯一做的一件事情就是推荐美国学者伊恩·P·瓦特的文学研究著作《小说的兴起》*，以及一些审读译稿工作。但到了编辑《文化：中国与世界》丛刊（1986年开始）以及出版“人文研究丛书”（上海人民出版社出版）时，“我们这些做中国学问的，可就有了用武之地了。比如，我的《中国小说叙事模式的转变》，便是放在编委会主持的‘人文研究丛书’第一辑。”**

1986年12月10日，当时在知识界很有影响力的《光明日报》，用半个多版面免费刊登了三联书店的新书广告，广告介绍了《文化：中国与世界》集刊与“现代西方学术文库”、“新知文库”。“现代西方学术文库”第一批准备翻译出版49本，***包括德国哲学家著作16本，法国哲学家著作10本，美国哲学家著作12本，英国哲学家著作5本，瑞士心里学家著作2本，奥地利、意大利、俄国和日本思想家著作各1本。收录都是萨特、弗洛伊德、荣格、韦伯、海德格尔、哈贝马斯这样著名学者的代表著作。“新知文库”准备翻译出版60本，包括美国学者著作26本，德国学者著作10本，英国学者著作10本，日本学者著作5本，法国学者著作4本，苏联学者著作3本，瑞典、奥地利学者著作各1本。著作涉及尼采、胡塞尔、弗洛伊德、海德格尔、阿多尔诺、弗洛姆、马尔库塞、哈贝马斯、波伏娃……这一串名单及其著作，都是建国几十年间不曾以书籍的形式公开面世过。

广告登出之后，几乎是同一个时期，“现代西方学术文库”推出了第一本书：周国平翻译的《悲剧的诞生——尼采美学文选》。这本387页32开的译作，在一年之内竟销出15万册，**** 尼采的文字向来以深奥闻名，但在八十年代的特殊环境中竟然畅销如斯，不得不说这是学术出版史乃至当代出版史上的一个“奇异”的案例。这种“奇异”在之后的丛书中都有所体现，1987年推出的语言思想更为晦涩的两本著作一样取得了良好的销售业绩，陈宣良所译、萨特的《存在与虚无》印了10万册，陈嘉映、王庆节所译、海德格尔的《存在与时间》印了7万册。*****

其他一些书籍陆续上市，编委会还与上海人民出版社合作出版了“人文研究论丛”。这部丛书以节选或介绍性的译著为主，也包括编委会自己的著述性书籍，

---

* 该书在1992年由三联书店出版，虽然也属于“现代西方学术文库”，但已不再是“文化：中国与世界”编委会的出版品。

** 查建英．八十年代访谈录 [M]．北京：三联书店，2006：136．

*** 在八十年代，“现代西方学术文库”实际共出版了16种图书。

**** 周国平．岁月与性情 [DB/OL]．武汉：长江文艺出版社．

***** 邹凯．守望家园：生活·读书·新知三联书店 [C]．北京：三联书店．2008：94．

是以编委会成员自己的研究成果为主。1990年之前所出书目包括：俞建章和叶舒宪合著的《符号、语言与艺术》、苏国勋的《理性化及其限制——韦伯思想引论》、杜小真的《萨特引论：一个绝望者的希望》、刘小枫的《拯救与逍遥：中西方诗人对世界的不同态度》、赖永海的《中国佛性论》、陈平原的《中国小说叙事模式的转变》。这套丛书在80年代所出无几，却给予了编委会更高层次上的学术期望——这部丛书代表着编委会期待在翻译西方作品的基础上而建立自己的学术研究成果，正如徐友渔对这部丛书出版意图的阐释：

“说起来第三种最重要，但是实际上我们最重视的是第一种。我们知道学术建设不是几年的工夫，根本看不起当时其他人发表的研究成果，觉得在沙滩上建大楼是立不住的。我们下的决心是：翻译他二十年再说。因为我们是真正打算放眼世界之后再潜心研究中国，特别重视西方学术思想的引介。”*

三、丛书出版的特点与意义

上文所提到的几套大型综合类丛书为代表，他们大多承载了外来知识和观念，使得封闭多年的中国在短短十几年间，迎来了为数众多的、来自世界尤其是西方国家几个世纪以来的经典思想文化的冲击。虽然这些丛书内容存在着种种的不足，但瑕不掩瑜，它们对我国文化发展和社会进步起到了不容小觑的积极作用。分析80年代丛书出版情况，可以总结出如下几个特点：

第一，学术思想类丛书引领丛书风潮。在精神世界和知识系统的长久与世隔绝之后，出版者介绍国外思潮的书籍很快能够引起读者的兴趣和重视，早期知名丛书有“走向世界丛书”、“汉译世界学术名著”，尤其是“走向未来丛书”通过对西方最新观念和知识的介绍，及在读书界引起的轰动，在一定程度上对此后的丛书出版影响很大，促使更多出版者将目光投向西方思潮领域，以此彻底突破思想禁锢，重拾出版业启蒙大众的功能。

第二，西译丛书在思想类丛书出版中占据极大版块，以介绍哲学、历史、文艺理论等人文科学为主。其原因在于80年代的知识界有着强烈的入世情怀、精英意识和自觉的思想启蒙意识，知识分子们积极介入现实，渴望重建社会的文化秩序。随着国门的再次开启，中国文化逐步回归世界文化怀抱，相对先进发达的西方国家再度成为我国现代化建设的参照系，成为反思传统文化的参照系，中国知识分子在学习和反思中重新审视自我的社会角色，积极参与出版等各种文化活动，希望能够建立一个推动中国现代化的、崭新的社会主义文化新体系。

第三，不同年龄阶段、不同领域的知识分子成为80年代西译思想类丛书出

* 徐友渔．相互纠错以求真——徐友渔回复陈子明[J]．领导者．2009．6(28)

版工作的重要力量。他们参与到丛书著述翻译到编辑出版的整个流程中来，他们的学术素养和出版理念在一定程度上引领了 80 年代丛书出版的潮流，为出版业的恢复和积累做出了重要贡献。丛书出版也成为促进学术界、出版界、翻译界、读书界之间联系和互动的特殊媒介，深刻影响着 80 年代及以后中国社会的文化与思想变迁。

第四，80 年代思想类丛书的出版经历了从西译为主，到本土学者原创逐渐增多的一个渐进过程。在大量引介西方思想、知识的基础上，中国知识分子展开思考、扩大视野，不断思考中国文化与西方文化的关系，传统与现代的关系，尝试发现、解决本土问题，并利用丛书出版这种传播方式，扩大自己思想理念的影响，以求积极参与到改革开放进程中来。

第五，思想类丛书出版从以综合性、大型丛书的形式向专业性、小规模丛书的形式转变，丛书生产形式、类型、样貌日益增多，满足了不同领域、不同层次的阅读需要。

80 年代末期，由于各种原因，“走向未来丛书”、“文化：中国与世界”等聚集学术青年精英的丛书编委会走向解体，丛书出版活动也告一段落，有些丛书如“汉译世界学术名著”则不断前进发展直至今天。

归纳这一阶段思想类丛书的出版活动，可以看出 80 年代丛书出版是社会主义新文化建设脉络上所结出的累累硕果。虽然这些丛书出版活动还很稚嫩，但在 80 年代愈来愈汹涌的文化热潮中，无论是出版社还是编委会，都未能理性、客观地审视丛书出版的问题和倾向，这对过于激进的全盘西化论和反传统论起到了一定的推波助澜作用，这些观点完全抹杀了中国传统文化中的精华部分，而李泽厚、庞朴等中国文化书院的知识分子强调温和缓慢渐进的呼声，却完全被大规模的西化热潮所淹没了。

张静庐先生的创新型出版家素养刍议
——读《在出版界二十年》有感

杨　虎 *

摘　要： 张静庐是我国近现代出版史上一名杰出的出版家，他具有作为一名创新型出版家的众多优秀素养。本文从兴趣、理念、情怀、毅力、商道、研究等六个方面，分析了张静庐之所以成为一代出版名家的原因。

关键词： 张静庐；创新型出版家；《在出版界二十年》

近代以来，中国出版史发生了深刻的“古今之变”，通过近代化的变革与转型，出版事业形成了全新的整体格局与发展态势，一切都与古代出版形成了鲜明的对比。在这一大背景下，涌现出了一大批优秀的现代出版群体。他们以传统士人和现代商人的双重身份，秉持全新的出版理念，承担起现代出版人的社会责任，共同开创出了中国现代出版业的繁荣局面。在他们的身上，无不闪耀着现代出版人善于“守正创新”的职业素养。其中的张静庐先生就是这样一位杰出的代表。

张静庐（1898 年～ 1969 年），浙江镇海人，中国民主同盟盟员，现代著名的出版家和出版史家，被施蛰存誉为 20 世纪 30 年代上海出版界的一位“霸才”。他以小学毕业的文化水平，依靠自己的勤奋与努力，在出版界打拼 50 多年，最终成长为一代出版家和出版史家。提到张静庐，著名的文学史家阿英说“要编纂一部比较详尽的中国新文化运动史，不应忘记他”。

张静庐从 1914 年起，即编印《小上海》、《小说林》、《滑稽林》等小型报刊。后来历任《公民日报》、《救国日报》、《新的小说》等杂志的编辑。1925 年，与人合作创办光华书局，任经理。1927 年与洪雪帆合资创办现代书局，出版《萌芽》、《拓荒者》等刊物，以及郭沫若、郁达夫、茅盾等人的著作。1934 年独资创办上海杂志公司，专做杂志发行业务，这是中国第一家以代订代办、代理杂志发行业务为专业的新型书店。后来为配合抗日宣传，出版了上千种战时新书，为宣传抗日、传播新思想和新文化做出了重大贡献。1943 年，在重庆以生活、读书、新知三家书店为核心，结合 28 家出版机构组成联营书店，任总经理。1950 年，调入中央人民政府出版总署，历任计划处副处长、私营企业处处长和总署专员。1954 年后，历任古籍出版社编审、中华书局编审、中国近代史编辑组组长等职。

* 杨虎，北京大学新闻与传播学院博士生。

张静庐从事出版事业50余年，著有《单恋集》、《中国新闻纸》、《中国的新闻记者与新闻纸》、《在出版界二十年》，编有《中国文学珍本丛书》（第一辑）、《中国近代出版史料》七编八册等。其中，《在出版界二十年》一书是张静庐在阿英的建议下撰写的一部优秀的回忆录，真实地反映了这位出版家前半生从事出版活动的心路历程，从中可以看出张静庐具有很多优秀的创新型出版家素养，值得今天的出版人去学习和深思。而这些素养也是张静庐之所以能够成为一代出版家的重要原因。

一、兴趣：痴迷图书的“怪癖”

张静庐少年时即对图书具有一种近乎痴迷的感情。他少年时曾在上海的酒行和纸行做过学徒，但他并不安于本业，而是想着在商务印书馆当一名练习生，他说自己有爱书的嗜好，有看小说的兴趣，还有做出版家（甚至于做作家）的欲望。因此，“每天晚上当酒行打烊之后，总得从天潼路走到棋盘街（那时大小书店都集中在河南路上），在每一家书店的玻璃柜窗外，独自个儿站立片刻，老是瞧着这五光十色的小说封面发怔。”* 由于他经常去棋盘街逛书店，因此被同事戏称为“棋盘街巡阅使”。张静庐由痴爱图书而及于痴爱出版业，日后投身出版业也是理所当然之事。他也认为，自己从事出版业的初衷是因为“爱书”的“怪癖”在作祟。他说“如其说我有着想做个出版家的企图，毋宁说是我有着爱书的嗜好。从少年时代起，我就喜欢书，到现在为止，这个怪癖还没有改进。……在出版界已整整度过二十年了，究根探源，还不是都为着 这“怪癖”的作祟吗？ ——我爱书。”** 这一“怪癖”一直支配着他此后的出版生涯。因此，他从事出版业，从来都是“日夜工作，乐此不疲”。在泰东书局做编辑时，因为有爱书的怪癖，“所以将一本书从付排到装订出版，都由自己亲手照料，真有说不出的快乐”，在这一“怪癖”和责任的驱使下，无论是下雨还是落雪，都要去公司走一遭***。可以说，如果缺少了这种对书和出版事业的痴爱之情，张静庐是否能从一个普通行业的学徒成长为一代“出版霸才”，就需要打上一个很大的问号。

二、理念：出版商别样的文化追求

有无高尚的文化理念和强烈的文化承担感，是优秀的出版人和平庸的书商之间的根本区别。在中国近现代出版史上，张元济、邹韬奋、陆费逵等人之所以被

* 张静庐：《在出版界二十年》，台湾龙文出版社股份有限公司 1994 年版，第 22 页．

** 张静庐：《在出版界二十年》，台湾龙文出版社股份有限公司 1994 年版，第 64 页．

*** 张静庐：《在出版界二十年》，台湾龙文出版社股份有限公司 1994 年版，第 69 页．

誉为一代出版大家，根本原因就在于他们都有一种服务国家、惠泽社会、启迪民智的文化追求。张静庐的成就和影响力虽然不及这些出版大家，但在文化理念方面，却可与他们并肩而论。

张静庐一直强调，自己是个“出版商”，而非“书商”。出版商除了赚钱以外，更重要的是有着一定的文化理念。接着，他写下了这段在文化界和出版界被广为征引的名言：“钱”是一切商业行为的总目标。然而，出版商人似乎还有比钱更重要的意义在这上面。以出版为手段而达到赚钱的目的；和以出版为手段，而图实现其信念为目标而获得相当报酬者，其演出的方式相同，而其出发的动机完全两样。我们——一切的出版商人——都应该从这上面去体会，去领悟。*

张静庐始终都有一种崇高的文化理念和自觉的文化承担感，他在总结二十年的出版生涯时，认为自己所做的工作对整个民族和社会有重大和深远的影响。他说：“我有我的目标，我有我的信念，二十年生活在出版界里，弯弯曲曲朝着这目标而前进，千辛万苦为实现这信念而工作。并不因环境险恶而躲避；也不受生活艰难而动摇。我明白，我所负的责任的艰重，文化工作影响于民族社会的重大和深远！”**

正因为如此，张静庐才能自觉承担出版业的社会责任，注重提高出版业的精神境界，给予读者以无尽的人文关怀。在谈到创办上海杂志公司的原因时，张静庐回忆说：“讲到钱，杂志这一项买卖，当然不是生意经，也许还要亏本；但是为事业前途的发展，为文化运动的普及，杂志倒是可为而不可为的出版事业。”*** 上海杂志公司的经营进入正轨后，开始刊行两本文艺类杂志：《译文》和《作家》。在当时的上海出版界，这类杂志并不能大赚其钱，但为什么又要出版呢？张静庐解释说：“这二大文艺读物的出版，根本就不曾打算过想靠它赚钱的算盘。（谁都晓得这不是会赚钱的生意经。）那么为什么要出它呢？为自己，也为别人；更含有一重大的意义，想在畸形发展中的杂志界，凭我们小小的努力，将出版物的水准提高起来。——出版家的精神堕落，这趋势比纯以赚钱为目的的更可怕，更可忧虑！”****

抗战爆发以后，张静庐又勇敢地承担起了出版家的历史责任，他认为，在抗日战争时期，贤明的出版家的责任就是出版一切可以服务于抗战救国事业的图书，并以此寄希望于整个中国的出版界。他说：“在抗战建国时代，我们需要有建设性的学术图书，国防性的专门典籍，也能够同平时一般源源的印出来。同时更从

* 张静庐：《在出版界二十年》，台湾龙文出版社股份有限公司 1994 年版，第 147 页．

** 张静庐：《在出版界二十年》，台湾龙文出版社股份有限公司 1994 年版，第 146 页．

*** 张静庐：《在出版界二十年》，台湾龙文出版社股份有限公司 1994 年版，第 116 页．

**** 张静庐：《在出版界二十年》，台湾龙文出版社股份有限公司 1994 年版，第 133 页．

第一期抗战经验与教训中，建起新的理论来；从参加前线抗战工作，实际生活的体验中，产生伟大的文学作品来；为要唤起全国民众的抗战情绪，发动民众自卫武力，编制通俗的大众读物来！这些都是有智慧的作家们的责任，也是贤明的出版家的责任。”*

作为一名具有文化理念的出版商，张静庐赢得了很多知名人士的称赞。范用先生回忆说，抗战时期的出版工作：不仅仅是我们三家书店（指生活书店、读书生活出版社、新知书店）在搞，还有许多人在搞。其中，也有些人是起了进步作用的。张静庐办了上海杂志公司，是出版界的老前辈了。他始终跟左翼作家、跟进步文化人保持了很好的合作关系。他经营得很好，出版了很多书。**

三、情怀：对读者深入的人文关怀

作为一位著名的出版人，张静庐的读者情怀十分浓厚，可以说，想读者之所想，急读者之所急，一切都为读者着想的办事原则贯穿于他的整个出版生涯。在他身上，体现着一种“推己而及人”的仁者气象。他在回忆录中写道：“我是个十足的读者出身，读者所尝的痛苦我都明白。所以到我独创一格，开办上海杂志公司时，竭力要克服种种困难，弥补种种遗憾。”*** 他在经营上海杂志公司时，处处为读者着想，提出了“快、齐、廉”的经营准则，向读者承诺“退定、改定、绝对自由”，这种看似不可思议的经营手段不仅使公司的营业额逐年增长，而且在赢得了越来越多的忠实读者，并“从信誉上得到了几十万订户的好感”。

在张静庐创办上海杂志公司之前，上海所有的书店都将图书和杂志放在玻璃柜中，读者不可任意翻看。张静庐少年时，即深受不能自由浏览图书之苦，“深切的感觉到没有钱买书而要想‘揩油’看书的困难”，因而在创设上海杂志公司以后，一改行业旧规，率先实行开架售书的制度，“一切新书杂志都摊放起来，绝对的并且很欢迎没有钱买书的读者自由自在地翻看他所需要的书籍和杂志”****，以满足无钱购书的读者阅览图书杂志的需求。此举实行后，颇受读者之欢迎。一时之间，上海杂志公司声名鹊起，营业额也不断攀升。此后不久，上海所有的书局都纷纷仿效上海杂志公司，全部改为开架售书。所有这些举措的实施，皆因张静庐时时处处能由己及人、设身处地为读者着想，对读者有一种出版人特有的人文关怀。

---

* 张静庐:《在出版界二十年》，台湾龙文出版社股份有限公司 1994 年版，第 143—144 页.

** 范用：琐忆抗战时期党领导的出版事业，中华读书报“文史天地”版，2002 年 3 月 20 日.

*** 张静庐：《在出版界二十年》，台湾龙文出版社股份有限公司 1994 年版，第 124 页.

**** 张静庐：《在出版界二十年》，台湾龙文出版社股份有限公司 1994 年版，第 30 页.

四、毅力："愈战愈勇"的举鼎雄心

张静庐自1916年任《救国日报》编辑以后，直至1969年病逝，一直就未曾脱离出版行业。但是，在他的出版生涯中，并非一帆风顺，商业上的风波、人事上的瓜葛，常常使他的事业出现危机。但他从来都没有打过退堂鼓，从来就没有产生过洗手不干的念头。相反，他往往是愈败而愈战，愈战而愈勇，最终在逆境中成就了一番事业。

光华书店就是张静庐和沈松泉、卢芳以25元的资本创办的。就是这个在艰难中创办的出版社，却成为旧上海第一家纯粹的新书店。在与人合作创办现代书局后，正当事业蒸蒸日上时，张静庐却被排挤出局，境况分外落魄。正在此时，张振宇聘请他担任时代图书公司的华南五省总经理。不料又遭人反对，反对的理由是："这只马不是我们所能控制的！" 就任总经理之事随即泡汤。事后，张静庐便有这样的豪情壮语："是的，我虽没有缚鸡的腕力，而却有举鼎的雄心。老实说，在当时上海的同业中，值得我钦仰，或使我感到可爱的出版家，真是寥寥无几！"* 这既是张静庐身处逆境时的愤慨之辞，也是他借以自励的宣言。

今天看来，这段话说的似乎有些狂傲之气，但正是依靠这种"举鼎的雄心"，张静庐才能迅速摆脱失败的逆境，重新创造事业上的奇迹。张静庐在连遭失败后，审时度势，又以20元的资本创办了上海杂志公司，与另外两个职员，"不畏辛劳，不讲报酬，实行埋头苦干，硬干，实干！"** 不久，上海杂志公司蒸蒸日上，成为现代上海乃至整个中国著名的杂志出版发行机构。张静庐自己认为这是比光华书局诞生时还要罕有的"奇迹"。张静庐这种"举鼎的雄心"既是出版人应有的豪情与气概，更是出版人不可缺少的勇气与韧性。

五、商道：精明的"出版生意经"

张静庐之所以能够成为一代出版"霸才"，除了上述原因之外，还与他善于与时俱进，把握时势，不断总结经验，长于结交知名作家，精于出版经营的出版商素养有极大的关系。张静庐的经营才干，在当时的出版界就相当有声名。张静庐的朋友沈松泉在追忆他的文章中，多次提到张静庐在书业经营中的开拓精神。1943年，生活、读书、新知等28家出版社，在重庆组织了新出版业联合总处，总经理就是张静庐。大家公推张静庐任总经理，正说明当时的书业同行对他经营能力的信任。

张静庐的生意经，集中反映在他的杂志经营之道上。他在出版界打拼二三十

* 张静庐：《在出版界二十年》，台湾龙文出版社股份有限公司1994年版，第116页.
** 张静庐：《在出版界二十年》，台湾龙文出版社股份有限公司1994年版，第117页.

年，编杂志，卖杂志，在杂志的出版和经营方面积累了丰富的经验，深得其中三昧。

在《杂志发行经验谈》一文中，他认为办一份畅销杂志的根本要诀在于“内容充实”。而要做到这一点，最重要的是明确自己的目标和读者对象，然后针对着目标努力做事。用今天的话来说，便是杂志的准确定位。“无论谁，要想办一种杂志，绝不是为给自己玩儿的，而自有它的目标和读者对象的。这样，只要你朝向你的目标迈进，对着你的读者对象而努力，出版愈久，读者对于你的了解愈深切，出版的期数愈多，销路愈广远，而销数也愈益增高了！”* 在宣传工具尚不发达的二三十年代，张静庐还特别强调杂志在普通读者中的口碑。就是这种“口耳相传”式的宣传，往往会影响一份杂志的市场份额，“因为从最初少数的基本读者方面，自然而然的替你口头的宣传和事实上的介绍，一变二，二变四地逐渐增加增高起来了”。**

张静庐还认为，要使杂志销售出去，应该解决以下三个问题：“第一，要使各地的读者都晓得有这样一本东西（买与不买是另一问题）；第二，要是它能达到每一家贩卖书店（卖得掉与卖不掉是另一问题）；第三，要使读者怎样会拿出钱来买你的杂志（满意与不满意是另一问题）”。*** 话虽简单，却大有深意。所谈问题与今日所谈的宣传、渠道和营销都大有关系。

张静庐还重视杂志的创新精神，认为杂志要从实际情况出发，办出自己的特色来。而不可跟在别人的背后，重复别人的套路。他说，“办杂志也绝不可以太空想了。现实的环境和社会的需要也得面面顾到。第一件事要避免的不可跟在别人的背后，踏着别人已经走过（无论是成功还是失败了）的脚痕。必需要看清楚环境，估准足需要，再别创一格的创办你理想的读物。换一句话说，戏法人人会变，各有巧妙不同，不同的巧妙，就是成功的锁钥。”**** 无独有偶，同时代的出版家邹韬奋也认为，办刊物“最重要的是要有创造的精神，而尾巴主义是成功的仇敌。刊物的内容如果只是‘人云亦云’，格式如果只是‘亦步亦趋’，那是刊物的尾巴主义。这种尾巴主义的刊物便无所谓个性或特色；没有个性或特色的刊物，生存已成问题，发展更没有希望了”。要克服“尾巴主义”的毛病，造成刊物的个性或特色，就“非有创造的精神不可”。***** 可见，在创新这一点上，两位出版家真是“英雄所见略同”。

---

* 张静庐：《在出版界二十年》，台湾龙文出版社股份有限公司 1994 年版，第 154 页。
** 张静庐：《在出版界二十年》，台湾龙文出版社股份有限公司 1994 年版，第 154 页。
*** 张静庐：《在出版界二十年》，台湾龙文出版社股份有限公司 1994 年版，第 150 页。
**** 张静庐：《在出版界二十年》，台湾龙文出版社股份有限公司 1994 年版，第 154 页。
***** 《韬奋文集》第 3 卷，三联书店 1955 年版，第 332 页。

六、研究：近现代出版史料整理的第一人

特别值得一提的是，张静庐还是我国近现代出版史料整理的第一人，也是中国近现代出版史研究的重要奠基人。在一定程度上，他是一位少见的“学者型出版商”。如今提到张静庐，人们首先想到的，肯定是他历时20年，苦心收集，精心整理和辑注的《中国近现代出版史料》。这部史料集共七编八册，在1953年至1959年间陆续出版。其中近代部分分为二编二册（初编，上杂出版社1953年出版；二编，群联出版社1954年出版），现代部分分为四编五册（甲、乙、丙、丁四编，中华书局1954至1959年出版），外加补编一册（中华书局1957年出版）。全书约250万字，收录了自1862年京师同文馆创立至1949年中华人民共和国成立87年间出版事业的重要资料，包括图书期刊、教科书、印刷装订技术、出版法令、图片、年表、书影等，保存了大量丰富的第一手出版史料，有的辑录于当时的图书期刊，有的是未经公开发表的，还有的资料是特约编写和专门调查的，极为难得，对于中国近现代出版史的研究具有重要参考价值。随着出版史研究的不断发展和深入，这部收罗广博、体例明晰、辑注详实的史料集的价值已越来越为人们所重视。对于张静庐在出版史研究方面的贡献，王益、王仿子、方厚枢等出版界老前辈的评价是中肯的。

出版史研究，往往为实际工作者所忽视。说老实话，在张先生编辑出版这些史料的当年，我们对他的工作的重要意义，也并没有深刻的认识。张先生是有远见卓识的，他是建国后我国出版史研究的开创者，他带了个好头，我们现在还应该感谢他。*2003年，上海书店出版社将《中国近现代出版史料》陆续重印出版，随着这套史料集的广泛流传，这位“出版霸才”将为更多的世人所认识和铭记。

* 王益、王仿子、方厚枢，《谈我国出版史著作和史料出版》，载《中国出版》2000年第3期。

日本的出版流通体制创新

诸葛蔚东 *

摘　要：自 1997 年以后，日本出版业的销售额在连年减少，退货率已超过了 40%。传统出版模式的“崩溃”也导致了日本出版流通体制变局和新体制的形成。日本出版业界接连出现了责任销售制和印刷、出版与书店一体化等一系列“地壳变动”式的变革。在网络时代，以往的产业经营模式正逐渐失去其有效性，新闻出版产业正普遍处于转型时期。只有开拓出版业的创新路径、进一步建立新的运营机制才能促进出版产业的尽快转型。

关键词：出版；流通；创新；日本

日本是亚洲最早实现出版产业化的国家。“出版”、“版权”和“著作权”等现代出版用语都产生于日本。20 世纪初，日本确立了委托销售、指定价格销售和大中盘流通等有别于欧美的书业体制。

日本有 4000 多家出版社，其中大多集中在东京，约占总数的 75%。应予指出的是，日本的出版社虽多，但由于大多数的出版社的规模都比较小，实际上控制日本 80% 的图书销售额的是 100 多家出版社，而且这 100 多家中，其中的三家出版社又占有绝大部分的份额。它们分别是讲谈社、小学馆和角川书店。

由于日本出版社在地理上相对集中，对于出版业来说，物流具有十分重要的意义。因为如果没有一个良好的流通机制，出版业则难以运转起来，因此，日本出版业界一直在致力于解决物流问题，从而形成了一整套相对完善的体系。

近年来市场和读者阅读习惯的变化以及互联网和手机的普及，已从根本上触动了传统的出版经营模式。近年的金融危机对出版业来说更是雪上加霜。自 1997 年以后，日本出版业的销售额在连年减少，退货率已超过 40%。传统出版模式的“崩溃”导致了日本出版流通体制的变局和新体制的形成。

一、大中盘体制

在很长的一个历史时期内，日本的图书全部由日本出版配给统制株式会社（简称日配）来统配。在战后改革中，1949 年日配因其垄断性被关闭，日本图书的流通开始变得多元化起来，东贩、日贩、中央社、大阪屋等中盘公司得以组成。图

* 诸葛蔚东，北京大学出版社资深编辑，日本社会学博士。

书流通业的垄断局面虽在一定程度上被打破，但总的来说，日本图书流通体制可说是没有太大的变化。日本图书流通业仍是集中在几家大社，图书的流通还要经过中盘公司，出版社介入流通领域的力度不大。

东贩、日贩和大阪屋是日本主要的中盘公司，它们几乎垄断了日本70%以上的图书流通市场。东贩创建于1949年9月，公司的全称是东京出版贩卖株式会社，创建时员工仅有331人，注册资金是3000万日元。在战后初期，东贩一直领先于日贩，但到1995年日贩终于在营业额上超过了东贩，成为日本最大的中盘公司。

当时曾一直处于领先地位的东贩在竞争上面临着很大的压力，也正是因为如此，东贩的改革意识也就愈为强烈。到目前为止，东贩的规模也在不断扩大。东贩与4200家出版社和27000多家书店建立了业务关系。此外，东贩还拥有20多家分公司，其中较大的公司有东贩电脑服务、东贩商事和东贩远东股份公司等。

为疏通与客户之间的信息交流，自1984年开始，东贩开始启用联机情报网络“Tonets”，随后又开发了“Super—Tonets”和“New—Tonets”，这是一个利用自动化和半自动化技术，将出版社、物流公司和书店联结在一起的系统，在改革日本图书物流渠道方面，取得了良好的效果。

2001年4月，东贩创立了东贩特急便（Book liner），其目的在于缩短订货与发送的周期，“快速、准确和便利”是其目标。一般说来，从订货到配送只需要3日，配送成本由书店、物流公司、出版社和读者共同负担，其成本大约是每册书50日元，就便捷性而言，这一附加费用也是极低的。这一业务的开通既满足了读者的订购需求，又解决了书店配货的困难，对于扩大图书的销售有着极大的推进作用。

东贩的东京TLC物流中心（Tokyo Logistics Center）在现代化技术方面不仅是最先进的，其规模也是最大的，TLC每天都要处理150万册，配送范围也是全国性的，由于该系统采用计算机管理，可以及时地将各种图书信息反馈给出版社，根据需求出版社可调整出版计划，信息的传递在一天之内便可完成，从而大大减少了退货率。过去处理退货的作业大都是由手工来完成的，TLC的投入使用，使得这一作业实现了完全自动化，在流水线上，对于哪些图书应退回出版社或是化浆，电脑都可予以分拣。

TLC实现了进货、配送、退货的快捷化，而且与银行的结算也是同步进行的。东贩计算机控制室的计算机都是精确度极高的机器，是日本的银行使用的机种，其安全性极高，并且有纠错功能；在工作间里，传送带把不同楼层连接起来，机器可以自动地加以识别和包装，当然这样做的前提条件是包装箱上都有条形码，这种分拣业务要求包装技术和包装手段的现代化。此外，发达的高速公路也加快了物资流通的速度。也就是说，这一整套物流系统是集信息功能、销售功能、金融功能和配送功能为一体的，这要求高度的现代化信息技术和发达的社会基础设施。因为只有具备了这种条件，才能处理好物流和信息流的关系，配送才能准确、及时、到位和低成本。

二、由委托销售制到责任销售制

责任销售制是2009年日本出版业中的热门话题。在日本新刊图书的销售主要有“订货包销”和“委托代销”这样两种方式。所谓“订货包销”指的是经销商或书店直接向出版社订购图书，原则上不能退货。目前，采用这种销售方式的出版社不多，只有岩波书店等少数出版社。就岩波书店来说，出书品种以人文社科类为主，在读者心目中有一定的地位，有较好的品牌形象，出版社的历史和品牌可以说是其采用“订货包销制”的资本。而对于一般出版社来说，似乎不具备采取这种营销策略的优势。

指定价格销售制和委托销售是日本出版业的传统流通模式。指定价格销售制规定必须按照表明的价格销售图书，书店无权打折扣出售。指定价格销售制规定必须按照表明的价格销售图书，书店无权打折扣出售。这一制度形成于1919年2月，当初主要是用于杂志，由于实施后收到了良好的效果，同年12月，这一制度又被推广到图书的流通和销售。定价销售制度的初衷在于扼制图书销售过程中的恶性竞争，因为当时确实有经销商迫于市场压力，将图书和杂志过于廉价地出售，以至于无力支付中盘公司及出版社的费用而倒闭。在这种意义上，定价销售制度也是对图书出版和流通及销售业界的一种保护政策。

日本有专门监督实施出版物定价制度的组织，如东京杂志贩卖工会、东京书籍商工会和大阪杂志贩卖工会等。岩波书店是最早实行这一制度的出版社，而且其在1914年就已开始实施定价销售制度了。战后的混乱时期，出版界仍在沿袭定价销售制度。然而，由于市场的发展和变化，定价销售制度已显然不适应出版和流通业的现实。在指定定价销售制度下，书店无权打折扣出售图书，这直接造成了大量的图书滞压和退货，影响了图书的流通系统。

一度为人们广泛关注的现象是，日本公正交易委员会委员长桥口收基于市场的需求和变化，于1978年提出了废除定价制度的建议，然而由于阻力太大，最终也没能形成一致的意见。这种论争一直持续到2001年3月。当时的结论是，从市场的竞争原理出发，出版物的定价制度应予以废除。但由于在废除定价制度的问题上尚未能形成共识，尤其是图书是一种特殊的产品，定价销售制度的取消有可能导致恶性竞争和出版质量的下降，因而还是维持目前的定价制度为妥。

尽管定价销售制度被保留了下来，作为一种妥协，公正交易委员会也认为出版界应实行富有弹性的部分定价制和时段定价制。出版社和图书的经销商开始采用部分自由定价制，这种趋势有可能改变滞销图书不能打折扣出售，只好被化为纸浆的现状，为出版业的发展打开另一条生路。为了放宽限制，促进书业的发展，美国和英国分别于1975和1997年取消了指定价格销售制度，放松管制是一个世界性的潮流。2006年，日本政府曾督促取消这一制约出版业发展的制度，但由于来自业界的阻力，新的流通体制一直难以建立。

由于近年来书业一直未能走出低谷，有观点认为，高比例的退货率与日本的流通体制有关。书店无权打折扣出售图书，直接造成了大量的出版物滞压和退货。如在20世纪70年代，退货率为30%，到1998年，则上升到40%，2000年高达44.17%。

委托销售指的是出版社委托经销商和书店来销售图书。一般的做法是经销商与出版社商定代销新书的数量，然后经销商再把这些书籍分发到书店。其中书店的提成为20%左右，如果陈列在书店里的书卖不出去，书店可在6个月或协商的期间内把滞销的图书退给出版社，并可获得与进货价相同的退款。

对这种做法持批判态度者认为，委托销售制把出版风险全部让出版社来负担，经销商和书店则不怎么承担责任。这种制度虽然可以让书店大量展示新出的图书，但对出版社来说却成了巨大的负担。在这种制度下，出版市场全然成了投机的渠道，出版是一个连最基本的义务都没有的行业。然而，也有观点认为日本的出版业今天如此活跃，与这项销售制度有极大关系。图书的交易是由购买者在书店里直接与图书接触，经过品味其内容，认为有阅读的价值，决定购买，才得以完成的。因此，书店店堂为读者创造更多的机会与图书直接接触，才是根本的促销之道。

早在2005年，东贩就开始着手解决出版流通体制问题，首当其冲的就是委托销售体制。东贩在桶川市建立了桶川SCM物流中心，该物流中心的主要职能是解决由供求失衡所造成的销售机会损失，并以此减少退货率、寻求扩大销售渠道的途径。SCM物流中心拥有图书库存管理、发货和退货管理等职能，在技术上配置了最新的IT技术，与出版社、书店共同建成了关于库存管理、需求预测等信息数据库，通过与物流中心的连动，能够在第一时间把具有市场潜力的图书配送到销售终端。

SCM物流中心通过配送图书的合理化来减少退货，在一定意义上开启了责任销售制的先河。该中心尽量把退货控制在 20% 以下，超过部分由书店负责相关费用，出版社也根据销售业绩予以提成。实际上这也是后来的责任销售制的运作模式。到 2009 年 3 月为止，通过责任销售制销售的图书已超过了 90%。2009 年 6 月，东贩又将这一销售方式进一步推广到漫画和杂志的销售上。由于中小书店的利润主要来自漫画和杂志，通过合理化的配货，实际上受益的则是中小书店。

小学馆在推出《家庭医学大事典》时，让书店在委托销售和责任销售制之间进行选择，结果有 7500 家书店选择责任销售制，订购了 56000 册，实际上销售了 70%。而选择委托销售制的书店则只销售了约 7000 册。此后，小学馆又采用责任销售制方式将三种图书推向了市场。其中，《比较图鉴》一书所制定的销售目标是 6 万册，实际上的发货是 7 万册，采用责任销售制的图书为 5.6 万册，委托销售制为 1.4 万册。

责任销售制由此引起了社会的普遍关注，这种新的销售方式由此获得成功。2009 年，讲谈社和筑摩书房等八家出版社也纷纷跟进。其普遍的做法是，将书店的利润由现行委托销售制的 22% ～ 23% 提升到 35%，退货则由书店支付出版物定价的 40% 的费用。目前，责任销售制大有推广开来的趋势，传统的委托销售制也许正在成为历史。

三、编、印、销走向整合

2009 年 5 月，大日本印刷和小学馆、讲谈社和集英社三家出版社收购了日本最大的二手书店 BOOKOFF 的 28.9% 的股份。在这场以大日本印刷为主导的收购运作中，为了进一步整合出版产业，大日本印刷还把主妇之友、淳久堂书店也收归到了集团之中。引发这一企业调整的起因，是由于 BOOKOFF 在日本书店中所占有的交易比例不断增大，作为日本书店业十强的 BOOK OFF，年销售额超过 220 亿日元，大致占日本图书市场份额的 20%。

大日本印刷对这场收购所做的说明是：为了“建构包括二手书流通市场在内的整个出版业的协作和共存关系，以实现业界的可持续发展”。三家出版社对参与收购的解释是，“尊重作者、著作权者的创作基础、考虑相关方面的立场，以期建立更有效、有机的市场机制”。

BOOKOFF 对此所感到的也许是一种无奈，因为在收购之前“虽参加过商谈，但我们是被动的”。原因是在这之前，由于经营上陷入了困境，该书店接受了一个基金的融资，而后来这家基金又把股份出售给了大日本印刷和小学馆、讲谈社和集英社。

大日本印刷之所以要主导这场收购，主要的原因是试图控制二手书市场。引发这一企业调整的起因是由于BOOKOFF在日本书店中所占有的交易比例不断增大。与市场份额相比，对于既有的日本书业来说，BOOKOFF所带来的最大挑战是，其经营模式颠覆了日本图书产业从出版社到批发商、零售书店的传统经营模式，使日本传统书业的流通环节发生了断裂。

BOOKOFF的经营方式冲击了传统图书流通市场。BOOKOFF被称为“出版界的暴君”，其经营模式招致很多读者把读过的新书旋即出售给BOOKOFF，而图书又以新书的半价被再次出售。由于受到这种经营方式的挤压，许多中小书店纷纷破产，而书店的减少又导致了新书销量的直线下降。

在该书店流通的书籍中，有80%以上的图书是客户主动转手给BOOKOFF的。BOOKOFF的经营方式虽然增加了图书有效利用以及廉价和循环流通，但却减少了图书重印的次数，直接危及作者和出版商的利益。BOOKOFF所占有的市场份额越大，给作者和出版商等企业所带来的损失也就越重。讲谈社、集英社、小学馆与大日本印刷收购BOOKOFF的股份表明了他们重整日本出版业流通环节的决心。最重要的是，对于这三家出版社来说，他们获取BOOKOFF股份的初衷在于掌控旧书的流通，因为在这三家出版社出版的漫画销售额约占整个漫画市场的60%。2008年的漫画单行本的销售金额约为2372亿日元，而BOOKOFF的漫画销售额则超过90亿日元，如果换算成新书价格的话，该书店的漫画销售额则达数百亿日元。

出版界对于大日本印刷的收购能否改变BOOKOFF的经营模式，从而缓解新书退货率居高不下的难题仍持怀疑态度。为了重建图书的流通秩序，大日本印刷还设想在图书上贴电子标签，这样可以较准确地把握图书的流通状况，并依此为基本数据来寻求降低退货率的途径。

大日本印刷和小学馆、讲谈社和集英社的收购也是一种媒介整合。但这种对产品的不同环节都试图予以掌控的运转模式，在数字出版时代是否有效，还是令人值得怀疑。

四、结　语

2009年6月，日本修改了《著作权法》，允许国家图书馆将所有馆藏图书进行数字化。由此，读者可以通过网络直接订购其所需要的出版物的电子版。一个旨在促进图书馆、作家和出版社三者合作，从而形成新的图书流通渠道的“电子出版物流中心”的建设也已纳入了议事日程。

在网络时代，以往的产业经营模式正逐渐失去其有效性，新闻出版产业正普遍处于转型时期，只有开拓出版业的创新路径，进一步建立新的运营机制才能促进出版产业的尽快转型。实际上，网络改变了不同产业领域的物流形态，图书出版似乎也不能成为例外。如果说网络和数字出版技术将要颠覆传统的出版流通体制的话，这场变局的序幕业已在日本拉开。

参考文献

[1] 日本出版教育研究所编．出版界的未来 [M]．东京：日本编辑学校出版部，2002.
[2] 诸葛蔚东．战后日本出版文化研究 [M]．北京：昆仑出版社，2009.
[3] 佐滕卓己．现代传媒史 [M]．北京：北京大学出版社，2005.

数字出版产业运作基本特点探析

张新华[*]

摘　要：数字出版从兴起到发展，其产业运作特点逐渐凸显。从形成条件、生产对象、经营方式等维度看，数字出版产业运作特点主要表现在五个方面：以信息和知识为生产对象、创意为核心资源、以获得受众注意力为赢利途径、具有双边市场特性、以版权保护和管理为运行基础。

关键词：数字出版；产业特质；双边市场

一、数字出版业以信息和知识为生产对象

从本质上讲，出版活动的对象是信息和知识。信息是物质存在和运动的表现形式，知识则是人的大脑通过思维重新组合的系统化信息。1996年世界经济合作与发展组织发表了题为《以知识为基础的经济》报告，认为知识经济是建立在知识和信息的生产、分配和使用（消费）之上的经济。它是相对于农业经济、工业经济而言的新的经济形态。知识经济把知识作为最重要的资源，并把人创造知识和运用知识的能力看作是最重要的经济发展因素。数字出版产业正符合知识经济的这一本质特征，数字出版的生产、流通和消费都围绕一定的数字内容展开。

数字内容是由人类创造出来的符号化信息、知识和文化构成，且与传统出版必须借助物质化的载体手段不同，它可以脱离载体而纯粹以信息的方式存在。相对于传统出版及传媒产业所经营的内容来说，数字出版内容具有更长、更鲜活的生命力。这是由数字出版内容的两个显著特征决定的。

其一，具有多重生命。"内容具有多重生命"的概念是美国学者 Joan · Van · Tassel[**] 在《数字权益管理》一书中提出的，它"首先是一个初始的产品，其次是一种可以被赋予新的形式的财产——可以被重新包装、重新发布和重新设计；然后通过几乎没有数量限制的播放器和设备分销、购买；并且通过种类繁多、相互结合的形式来获得体验"。传统出版商的内容制作和销售包括开发、生产、作品发布、分销等流程；数字环境下，如果最终产品被重新制作、重新分销，并且被一个新的用户群体所使用的话，出版商必须对内容重新赋值（包括重新包装、重新表达、重新定位等）。

---

* 张新华，北京印刷学院新闻出版学院副教授，北京大学新闻与传播学院博士后。

** Joan Van Tassel. 数字权益管理 [M]. 北京：人民邮电出版社，2009：55.

其二是交互性。信息和知识在消费的过程中不仅不会被消耗掉，而且还遵循着边际效益递增的规律，但传统出版的内容完全由它的创造者和传播者决定，一旦出版就确定不疑，不容更改；而在数字化环境下，数字出版的内容在生产、传播和接受的过程中，可以不断地被修改、增减，甚至消费者也可拥有和作者、传播者同等处理内容的权利（版权保护的权利除外）。

二、数字出版业以信息和知识为生产对象

以信息和知识为内容的数字内容是大脑的创造物，其源头是人类的创意。所以，数字出版业无疑是创意产业的重要组成部分。创意是数字出版业的根本源泉。激发、保护并开发创意，进而培养、聚集有创意能力的人就成为数字出版产业获取资源的主要手段。

虽然传统出版业也以知识和文化为生产对象，但在信息技术及数字环境下，数字出版摆脱了传统出版业精英化的创作模式、工业化的生产手段和物质化的载体及传播管道，为创意从创作到消费开辟了无限的发展空间。借用有的学者对创意经济的论述，这一变化“将关注重点从信息、知识等具体方面转向抽象的个人创造性思维层面，从最初依靠科技、网络等人类创造性思维的劳动成果，进而转向具备创造性的个体——人，直至重视培养与追逐具备创新精神的人才”。

以创意为源泉的数字出版产业改变了内容创造的传统模式，实现了从精英向大众的转变。《创意经济》* 作者约翰•霍金斯认为，创意经济依赖于个人的创意、想法，不会被艺术家等特定人群所垄断，任何人都可以有创意，都可进行创意。国内著名学者厉无畏也指出创意不是大师的权利。这在数字出版业就表现为内容创作者、生产者和消费者之间的界限模糊，进而带来一种用户创造内容、获得资源的新模式。

三、数字出版业以吸引受众注意力为赢利途径

从产业运营的角度看，数字出版产业是注意力经济，以获取受众的注意力进而获得商业利益为经济形式。人们对数字出版物的消费需要支出货币和时间上的双重成本，在物质越来越丰富的背景下，时间对于消费者来说越来越宝贵。为了节约时间成本，消费者需要从海量的信息中选择最重要、最有意义的信息，这种选择机制就是注意。心理学认为，注意是认识（包括感知、记忆、思维等）选择性的高度表现，其注意对象有高度的专一性。

---

* 黄扬，吕庆华．创业经济：以人为本的经济发现观 [J]．理论探索．2010. 03.

按照托马斯·达文波特和约翰·贝克在《注意力经济》*一书中的定义，“注意力”是对于某条特定信息的精神集中。当各种信息进入我们的意识范围，我们关注其中特定的一条，然后决定是否采取行动。数字出版从有限的物质化信息生产桎梏中解放出来，在全新的数字化信息环境中运行，泛滥的信息给消费者的信息消费活动带来严重干扰，也消耗着消费者宝贵的注意力资源。如果内容不能成为消费者注意力所关注的对象，就会成为干扰消费者正常信息消费的“噪音”，其存在的价值就变为负值。所以，从根本上说，数字出版的价值实现方式和运营目标就是吸引并获得消费者的注意力。

最早提出注意力问题的是诺贝尔经济学奖获得者赫伯特·西蒙：“信息需要消耗什么是非常显而易见的，它会消耗资讯接受者的注意力。因此，过量的信息会导致注意力的贫乏。”这种观点被 IT 业和管理界形象地描述为“注意力经济”（the economy of attention）。最早正式提出“注意力经济”概念的是美国的迈克尔·戈德海伯（Michael H. Goldhaber），他于 1997 年在美国发表了一篇题为《注意力购买者》的文章，认为当今社会是一个信息极大丰富甚至泛滥的社会，而互联网的出现加快了这一进程。相对于过剩的信息，人们的注意力成为一种稀缺资源。Web2.0 技术出现后，中国学者姜奇平**提出了“基于意义的注意力经济”，认为注意力不是一种被动的信息接受，而是一种主动的信息选择；用户根据自身框架所依据的意义进行信息选择对于厂商来说，不再意味着用广告式推销来消解消费者的选择，相反意味着要通过对话中的意义挖掘接近用户，使用户将注意力真正集中在自己的需求上。

作为一种注意力经济，能否获得受众的注意力资源就成为数字出版产业运营成败的关键。根据姜奇平“注意力形成与对话循环”和“注意力取决于意义挖掘”的观点，数字出版在获取消费者注意力上可以从三个方面努力：一是利用网络加强数字出版企业与用户之间的互动，跟踪、收集、分析用户的消费意图；二是从加工的观点来看待意义选择过程，用编码、译码的方法，进行语形、语义和语用之间的转换，发掘用户潜意识领域、情感领域等的深层需求；三是利用符号传播、网络互动等方法，实现数字内容的交换，最终实现注意力从眼球到精神价值的转换。

四、数字出版业的双边市场特征

相对于传统出版业来说，兴起于数字、网络技术基础上的数字出版产业的一

* 唐朝华．注意力的特点与商业行销策略 [J]．湖南科技学院学报．2005.02.

** 姜奇平．基于意义的注意力经济 [J]．互联网周刊．2006.06.27.

个独特之处还在于它具有双边市场的特征。

对于双边市场，经济学家各有不同的说法。阿姆斯特朗（Armstrong）认为："两组参与者需要通过中间层（intermediary）或平台（platform）进行交易，而且一组参与者（最终用户）加入平台的收益取决于加入该平台的另一组参与者（最终用户）的数量，这样的市场称为双边市场。"* 这一说法抓住了双边市场的三个基本要素（平台、买家、卖家）及他们之间的基本关系。双边市场一般具有三个特征：（1）有两个不同的消费者群，如互联网上交易平台的买方和卖方。（2）两个消费者群之间有外部性。（3）存在一个中介平台，能够将两个用户群之间的外部性内部化：由于信息不畅、比较高的交易成本以及根本无法交易等问题，用户群依靠自己来内部化其外部性的困难往往比较大。** 由于大众传媒业一般同时在广告和受众两个市场上运行，大众媒介在两个市场中起到了桥梁或平台的作用，所以大众传媒业被认为是具有双边市场特征的产业之一。数字出版产业则除了一般传媒业在广告和受众两个市场上同时运行的模式外，还有一种更典型的双边市场模式，即在内容提供商、内容购买者两个市场上同时运行，如施普林格集团开展的在线优先出版业务。

数字出版产业双边市场具有两个独特属性：

其一，数字出版企业连结着多种消费群体，包括内容提供方、受众、广告商等。数字出版企业开展经营活动，必须通过一定的网络平台向消费者提供产品和服务。消费者包括三个群体：一是内容提供方，包括作者、媒体或内容产品提供商。数字出版企业通过网络平台高效优质的服务和数量众多的受众，可以吸引大量的内容提供方参与进来。二是受众。数字出版平台上的内容产品质量越高，内容越丰富，受众越愿意到该平台上消费，获得的效用就越大。三是广告商。目前只有部分数字出版商开展广告经营业务，但对于采用免费阅读模式的平台来说，广告是其主要的收入来源。所以从内容平台的结构特征看，数字出版产业是一种典型的双边或多边市场型的平台经济。

其二，数字出版产业的双边市场存在着多边交互性。在数字出版产业中，由于存在三个不同的消费群体，这三个群体之间都存在交互性，所以数字出版产业的双边市场体现了"多边市场"的结构。受众对平台的需求主要体现在内容产品上，内容提供方在一定程度上决定了平台上的内容产品的数量和质量。内容产品的数量和质量不仅影响受众，还会直接影响广告商对广告的投放量，而广告量的多寡一方面会影响内容产品的定价水平，另一方面会影响内容提供方和受众的消

---

* 郭秀兰．基于双边市场定价理论的媒体市场研究综述 [J]，《财经界》．2010.03.

** 纪汉霖．双边市场定价策略研究 [D]，上海：复旦大学，2006.10：21.

费意愿。所以，对于数字出版产业的经营者来说，一个重要的任务就是调节好三个消费群体的利益关系。

五、数字出版业以版权保护和管理为运行基础

“知识产权和版权是贸易信息时代的原料和基石。”* 对于数字出版产业的运行来说，版权保护和管理是重要前提和基础。经济学意义上的版权是一种财产权，是对知识、信息及技术成果进行排他性使用、支配的一种权利，其客体是财产权这一无形资产，而不是知识、信息及技术成果本身。信息和知识产品具有公共品属性，在消费上具有非竞争性和非排斥性的特点。相对于其他的信息和知识产品来说，以数字化、信息化存在和传输的数字出版内容，具有更强的公共品属性；同时，数字出版内容的复制和传播成本都接近零，这就决定了数字出版产业的运行对版权保护和管理的要求更高。

对数字出版产业的内容进行版权保护，其价值和意义在于它能激励社会有效率地配置和使用知识、信息资源。但在现实实践中，数字版权的保护面临着严峻的挑战。目前，从发展中国家到发达国家，数字出版产业的各个环节，从作家创作到作品的加工、传播直至最终的消费等，侵犯版权的现象经常发生。其部分原因是在该产业运行的各个环节上，针对数字版权的盗版更加容易。此外，至少还有四个可能更重要的原因：第一，传统采用的利用法律手段保护版权的方法远远不够，数字版权的保护同时需要技术手段（通常称为 DRM）才能得以实现，但在信息技术飞速发展的背景下，通过技术手段筑起的版权壁垒很易于失效。第二，自网络诞生以来，普通消费者已经习惯了免费获取网络信息的方式，对数字出版内容缺乏版权意识。第三，更深层的因素在于，在学术研究甚至立法层面还存在版权保护所涉及的版权利益人与公众利益之间的平衡问题的争论。第四，数字版权问题已经超出了传统以国家为单位进行立法保护的问题，成为全球性问题。

或许，保护数字版权的技术和法律手段都不会臻于完美，甚至关于版权保护所引发的公共权益问题的争论仍将继续进行，但数字出版内容的创造者、生产者及其他版权利益相关方，必须通过版权保护和管理才能达到赢利的目的，否则，数字出版产业也行之不远。

从以上的论述可以看出，作为脱胎于传统出版业又与其他大众传媒业日益融合的数字出版，在产业运作上虽仍打着传统出版业和传媒业的烙印，但其自身的独特属性却越来越清晰地凸显出来。随着这些运作特点的彰显，数字出版产业的发展前景和方向将会越来越明朗。

---

* Joan · Van · Tassel. 数字权益管理 [M]. 北京：人民邮电出版社，2009: 17.

数字出版时代的纷扰与隐忧
——基于对传播内容、传播技术、职业道德、使用行为的思考

金　强*

摘　要：数字领域因“安全系数”不高，屡现险情。数字领域商家壁垒四矗，各立门户，技术封锁如铜墙铁壁，技术盗制和黑客攻击屡禁不止。一方面是加密和解密的暗斗，一方面是侵权与维权的明争，其问题的破坏性和严重性远超传统出版。数字出版的革新几乎不含有宗教诉求，也没有特定的传播内容和传播领域，因此道德和法律约束尤为重要。技术的革故鼎新，企业间“效仿”增多，最终的价值指向和实际使用效果堪忧。数字出版“以人为本”才是正途，以符合人本的法律和道德来促进行为归位。展会和研讨会，应该充分考虑隐忧的蔓延和纷扰的变种，并发挥更强有力的提示、规劝与纠错功能。

关键词：数字出版；时代；纷扰；隐忧

2012年8月21日，苹果成为全世界市值第一的上市公司。这是乔布斯的奇迹，是网络和数字媒体的奇迹，也是出版界的奇迹。对于数字出版，其高速发展一直令传统出版既羡慕又惊讶，羡慕其产值后来居上，却惊讶于技术原来可以“如此给力”，不管是否情愿，任何一个传统出版商都在慨叹中被簇拥着奔涌向前。比如，大陆的南都推出 iPad 版全媒体电子报纸“南都 DAILY”，北青传媒集团也自主开发北青 pad，此外还有《人民日报》、《潇湘晨报》、《广州日报》也都已尝试 iPad 报，一时间各种 Pad 如雨后春笋，国内外数十个品牌令人眼花缭乱。如，苹果、联想、三星、HTC、汉王、海信、原道、蓝魔、台电、Colorfly、影驰、微软、E 人 E 本、杰拓、酷比、魔方、五元素、HKC、普耐尔、驰为、索立信、华硕、品铂、本易、多丽通、智器、爱立顺、Newsmy 纽曼、乐凡、蓝晨、神舟、昂达等。具体名称亦有不同，如华为叫 MediaPad，联想叫 ThinkPad，汉王叫 TouchPad，大陆的数字出版硬体商战已经处于一个全面启动状态，内容开发与争夺战也如期展开，与生俱来与随之出现的多方面的纷扰与隐忧须提上纸面。

* 金强，河北大学新闻传播学院编辑出版系讲师。

一、内容的灾难与隐忧：自诩的安全与难测的养分

不同于传统出版，“数字出版”的诞生一开始就是基于巨大的经济利益驱动。在这样的驱动下，商家更关注的是数量和利润，是高覆盖率、高回报率甚至是高更新换代率，因此该行业的挑战性强、稳定性差、风险性高。到目前为止，数字出版在新内容开发和旧内容集成方面较传统出版来说贡献力偏弱，但其中包罗进来的各种内容安全问题却令人无法回避。

（一）一扫而光的飓风式灾难：账号、密码、隐私

账号、密码是现代人的基本生存数据表征，这些数据虽不是数字出版的内容对象，却是辅助其实现内容传递的“身份证”和“通行证”。

2011 年 4 月，一名黑客攻击了向索尼 PS3 游戏机和 PSP 掌上游戏机提供网络支持的 PSN 平台，其全球 7700 万注册用户的个人信息很可能被盗取，其中 1000 万个人信用卡账户信息存在被遭窃的可能。涉嫌窃取数据的黑客开始网上讨论出售个人信息，并声称获取了 220 万份信用卡信息。2011 年 5 月，索尼宣布，该公司的另外一款服务也有近 2500 万用户被黑客窃取了姓名、地址和密码，此时距离索尼信息泄露事件道歉还不到一天。黑客对“索尼在线娱乐”PC 游戏网络的入侵导致奥地利、德国、荷兰和西班牙的 1.07 万张借记卡记录以及 1.27 万张非美国信用卡或借记卡号码被盗。

这样的大规模泄露远非个案，360 安全中心 2011 年 2 月 5 日发布橙色安全预警称，微软公司证实 Windows 操作系统 MHTML 协议中存在一个高危 0day 漏洞，可能导致用户计算机中的常用密码、电子邮件等重要信息泄露，此问题将影响全球 9 亿 IE 浏览器用户。2011 年 6 月，美国团购网站 Groupon 之印度子公司 SoSasta 因工作疏忽，无意中在网上公布了部分用户密码等信息，Groupon 在全球 43 个国家和地区中的 5.7 万个本地市场开展业务，注册用户量达 831 万。

2011 年 1 月，手机应用 Trapster 的开发团队向用户发出警告称，他们的账户信息可能已经泄露，他们建议用户立即修改登录密码。如果同样的密码被用于电子邮件或 PayPal 等其他服务，使用者也应当立即对其进行修改，这款应用的用户数量已达 1000 万。

密码、信用卡和在线交易是支撑数字时代的支柱。动辄数千万的资料泄露，使这几根支柱摇摇晃晃。私人信息是数字出版运营的基础性保障，面对日益高发的黑客攻击事件和疏忽泄露事件，在线游戏业、软件业、网购业将面对一场比盗版本身更为令人头疼的“战争”。

2013 年 6 月 6 日英国《卫报》和美国《华盛顿邮报》报道，美国国家安全局

和联邦调查局于2007年启动了一个代号为“棱镜”的秘密监控项目，直接进入美国网际网路公司的中心服务器里挖掘数据、收集情报，包括微软、雅虎、谷歌、苹果等在内的9家国际网络巨头皆参与其中。据美国中情局前职员爱德华·斯诺登爆料：“棱镜”窃听计划，始于2007年的小布什时期，美国情报机构从音视频、图片、邮件、文档以及连接信息中分析个人的联系方式与行动。监控的类型有10类：信息电邮、即时消息、视频、照片、存储数据、语音聊天、文件传输、视频会议、登录时间、社交网络资料的细节，其中包括两个秘密监视项目：一是监视、监听民众电话的通话记录；二是监视民众的网络活动。目前，此事已经引起了全球性的关注、恐慌和思考。

内容很有可能成为权力的附庸，而权力是打开所有内容的钥匙，而得到权力的手段以及获取权力后的利益诉求是难以公开化也是难以掌控的。这其实是一种异化，是一种本末倒置，但却是最不容忽视的，没有用户愿意因小失大，一旦它出现问题，带来的灾难无疑是飓风似的。

（二）暴雨滂沱的漂移式灾难：恣意传取与恶意共享

如果内容的来源不具权威性，或者内容的传播未经许可，这种传播不仅是不合法的，而且内容本身的质量也难以保障。“好货不便宜，便宜没好货”，这种免费的、共享的内容“盛宴”，其中的营养几何？

截至2013年7月1日21时，百度文库的文档数已经达到了74531070份，每天的下载量达数百万份。《3·15中国作家讨百度书》中说：“百度文库收录了我们几乎全部的作品，并对用户免费开放，任何人都可以下载阅读，但它却没有取得我们任何人的授权。不告而取谓之偷，百度已经彻底堕落成了一个窃贼公司，它偷走了我们的作品，偷走了我们的权利，偷走了我们的财物，把百度文库变成了一个贼赃市场”，“如果所有的书都可以免费阅读，那么长久下去，必将无书可读”。*参与发表《3·15中国作家讨百度书》的多位作家都指出，“百度文库”侵权，第一是著作权人及其作品被任意宰割，第二是给公众造成了可以随意在网上免费阅读的错觉，第三是公然践踏国际通行的著作权法，使中国蒙上“侵权国家”的恶名，第四是挤走或挤垮了合法运营的网站。**

大量的恶意上传，无目的的共享，大量的免费资源，带来了版权赢利分配的漂移式灾难。如同大洋里漂浮的冰山，游走到低纬度时一定会发生融化，也就消

* 参见中国作家联名发表讨百度书：这是我们的权利
http://tech.16 3.com/11/0315/11/6V6DCGJ9000915BF.html 2011-03-15
** 参见围攻百度
http://legal.scol.com.cn/2011/03/31/20110331608553909121.html 2011-03-31

解了知识的和信息的尊严，而在“融化”前所发生的实际效用几乎无法测定。网友中声讨百度和支持百度的力量都很强大，但如不对上传内容进行严格审查把关，其必如暴雨滂沱，刺激、狂欢、盛宴，而后是寂静、黯淡与萧条。如不具有比传统出版更加强大的编辑和把关团队，则势必难以应付这种漂移。“假恶丑缺偏”的观点、知识和信息被混杂其中，必将对用户的欣赏口味、欣赏水平、欣赏效果产生重大的负面影响，尤其是以此作为学术参考和学术成果时。

（三）乐此不疲的温水煮蛙式灾难：浸泡、反复、上瘾

农民工、低收入者、大学生是手机阅读的主要受众群体。网络流行小说是“手阅族”的最大消耗品。手机中的小说可以通过蓝牙来互相传输，而用手机看小说很容易上瘾。手机阅读的主要问题在于内容，每天的空余时间和最容易形成思考的时间被此类阅读占据，如同温水煮青蛙。

在使用过程中频繁出现重复内容，这将带来视觉疲惫、阅读倦怠和理解障碍，带来的空间感和方位感错乱，即内容之间的区分度越来越差，层次感越来越低，难以自然形成新旧阅读效果对比，无法在头脑中形成类似于纸本阅读的立体感和行进感。这样的文档接受和阅读方式，起初看起来不具破坏性，却隐藏着温水煮青蛙式的隐忧。

多数网民习惯每天用大量时间重复浅层次工作，即每天浏览相似的内容，并力求寻找刺激和新鲜点。再加上网络搜索的功利性，使得某些具有刺激功效的引导词汇不断牵引受众神经。这种目不暇接和乐此不疲，不是深刻思考的土壤。此外，内容的生产也遭遇了市场的拷问，点击率、回复率、下载量成了指挥棒，人们的兴趣点和兴奋点在趋同的情况下又充满了猎奇。这使得娱乐和工作难以分开，越来越多的人习惯于“浅阅读”和“软写作”，实实在在的冷板凳式阅读、思考和写作难以复现。

对于网民，每天都要花不必要的时间来浏览或者掠过早已熟知的内容，缺乏智能记忆支持的网络信息，其呈现和读取方式导致即使拥有良好思考习惯的人，一旦触网，如同掉进了不断加温的水里，在一个蹦床上弹跳，一直跳到心力交瘁。

二、技术的纷扰与隐忧：难补的漏洞与蹩脚的藩篱

相对于经济的高速发展与信息的急速膨胀，人类自身的生存安全和彼此信任问题已迫在眉睫。技术进步自身也人为增加了灾难的品种，甚至成为波及面更大和破坏力更持久更难以有效控制的灾难。

（一）文稿管理与信息安全：攻击、骚扰、盗取

黑客一词，源于英文 Hacker，原指热心于计算机技术、专门寻找系统的漏洞并找出修补方法的计算机技术痴迷者，还有一部分人是喜欢攻击系统入侵系统破坏系统和盗窃系统中有用数据的人。

英国作家罗琳的《哈里·波特》系列小说，2007年7月21日推出大结局。就在全世界的波特粉丝对哈里·波特的命运翘首以待之时，一名黑客2007年6月19日声称，他成功地闯入了出版商的网站，盗走了《哈里·波特》第七部的文稿，并且将部分内容贴上了网。负责该出版社计算机系统安全的公司表示，这名黑客贴出的信息是一个骗局，这名黑客是为了提高自己在黑客界的名声，才谎称自己拿到了结局。*

这个虽未成行的事件提醒出版社，技术高超的黑客们极有可能侵入到文稿管理系统，进行他想要的内容挪移。尽管大陆的出版社不必为丢失密稿而烦忧，但一旦拿到炙手可热的稿子后，这种担心还是会有的。目前，绝大多数出版社编辑是通过网络与作者联系稿件的，使用的主要通讯工具是 E-mail、QQ、MSN、飞信、微博等，从理论上来讲，只要联网，编辑计算机里的文稿感染病毒或者受到黑客入侵的可能性都是有的，“斯诺登”事件恰恰印证了这一点。再比如文稿处理量同样很大的民营文化传播公司，因一些人上网习惯都比较随意，此风险就更大。另外，文稿通过作者的计算机外泄也是有可能的，如上文提到的“棱镜风波”，互联网时代有目的的文件盗取和设备监控并不处于臆想状态，而是实实在在发生着。当然，编辑和作者也并不能因为自己的图书不太具备市场价值和大量传播潜质而忽视了对文稿的保护。

（二）选择随意与技术制约：智慧、权限、分层

“功利化”阅读与“猎奇式”搜索正是数字出版技术所能够满足的。只取有用的部分阅读，是建立在“海量式”存储的基础上的，即使没有垃圾清理习惯，人们也能轻松地通过键盘来搜到想要的文件夹。因此，大量的内容信息，在用户的头脑记忆和使用过程中缺乏位置感和实体感，这也给用户选择提出了更高的“智慧”要求。

传统印刷时代，阅读本身是脑指挥手，而数字出版时代，手脑实现了并用。手的基本功能是翻阅，而在数字出版时代，手还具有与按键和刷屏相匹配的多种功能，因此在整个阅读过程中手会更加忙碌，以至忙中出错，进而降低阅读的纯粹性，阅读中的机械味道十足。技术和程序被设置得层层叠叠，文字尽管有油墨

* 参见黑客自称盗走《哈里·波特》大结局
http://news.sina.com.cn/w/2007-06-22/080612071211s.shtml 2007-06-22

的表征，但失去了其质感和味道。这样的阅读技术并不适合所有的文本内容。

技术的繁简在一定程度上把读者进行了分层，技术好的人可能得到更多的共享，也因其具有更熟练准确的搜索技巧及下载技术，而占有更多的优质信息。年轻人不断地通过各种方式探知更为先进的技术并更新自己的设备。相比之下，那些一开始就没有跟上技术发展步伐的中老年人，被越落越远。技术差距导致的社会分层出现，且如水晕般泛得很远。

宅男宅女的出现很大程度上是因为网络阅读和数字阅读，考虑到时间、成本和风险。在数字阅读过程中，阅读目标趋于简单化，阅读效果中的副产品减少；阅读趋于浅表化，平淡的内容更容易被忽视，陈旧的内容更容易被略过。不断的技术操作和快速的价值判定使数字阅读中读者的疲惫感陡增。

突破技术重围的新阅读，使得人们更加重目标、重过程而轻状态、轻结果，由翻书变成了按键，电波和脉冲与阅读者的脑电波相互刺激形成了更多的躁动与不安。

（三）繁简失当与深浅难控：“诡秘”的硬盘与“遗失”的书架

芯片是数字技术的核心之一，大容量存储器汇聚各种知识与信息于无形。密码时代和硬盘时代，造成了大量的繁简和深浅假象。浩繁的具象型书籍，变成了“诡秘”的硬盘和阅读终端，人们不知道那里面存着什么。各种隐私和数据被大量的密码和指令阻拦着，但大量的密码和指令让人产生记忆的混乱感和防盗的戒备感。

使用者的心理关卡被技术关卡层层规范着，于是深深浅浅的知识总是无法在清晰合理的坐标系里浮现，受众在获取它们的同时，难以判断它们的真假和优劣。知识财富拥有的标志，再也不是一个大大的书房和肆意翻阅的众多书籍，而是变成了一系列的网络通行码和大容量数据硬盘，甚至是更小的移动阅读终端。表面上看，后者做到了环保和节约，但是由此带来的心灵虚空感和焦躁感也大大提升。林林总总的断章和碎片存储于硬盘，绝大多数人没有清理的习惯，久而久之，各种有用的信息和数据也淹没其中。

还要考虑的是徘徊不前的国民阅读率与高居不下的出版退货率，是不是能够通过数字出版来解决。数字出版解决的似乎是实实在在的产品积压问题，而积压问题主要是来自于传统出版自身的弱点，并不来源于传统出版物的形式本身。家庭需要书架，男人需要书房，人人都需要制定读书计划，社会需要和谐的环境，这是从国家层面上的美好愿景。而这个环境显然不是靠数字出版自身就能复原的，也是难以营造的。综观历史上的数次文化厄运，主要是由人祸引起的，而数字化带来的知识文化信息的难控与易毁，如果果断丢掉传统出版和传统出版物，则不亚于又一次文化厄难。

三、道德与价值的隐忧：商业的博弈与道德的激荡

数字出版几乎不含有宗教推动因素，因此它一开始就要经受巨大的道德考验。技术的革故鼎新，在各出版企业间形成了越来越多的“效仿”和“浪费”，最终的价值指向和实际效果堪忧。一方面是加密和解密的暗斗，一方面是侵权与维权的明争。

（一）商业牵引与价格伸缩：同行相轻与恶性竞争

比如《四库全书》、《四部丛刊》的数字版和网络版，以及一直稳步推进的古籍数字化工程，开发者的开发目的与传统出版商不同，最终的价值诉求也不同。但技术发展到一定程度时，技术之间就发生了不可避免的对抗；于是技术迅速将内容物质化、世俗化，也进而导致出现一批“玩物丧志”的用户。

由于多数人希望通过拥有高新技术来获得宽视野和深思考，技术封锁势必导致自立门户，相互模仿带来品牌林立，其中起关键作用的是商业利益，起决定作用的是市场选择。

技术的进步，推动了硬件和软件都在朝着一种更适合赢利的方向发展，而不仅仅是实用和耐用。绝大多数电子产品用户其产品 75% 的功能都是闲置的，而其中的部分闲置功能却常常成为商家广告和用户炫耀的“资本”。硬件的拼装和软件的盗版都是利益驱使下的最容易理解和最难治理的。

比如拿阅读器的价格对抗来说，2011 年 6 月 28 日，盛大旗下果壳电子宣布，推出已近一年的盛大电子书 Bambook（锦书），产品价格由 999 元下调至 499 元。而此之前一个月，汉王率先宣布降价，最低拉至 599 元。电子书的疲软市场开打价格战。2010 年盛大 Bambook 以低价杀入市场，其 999 元定价也与当时动辄 2000 元的电子书价格体系差距甚大，因此频遭竞争对手指责。*

价格战无疑是危险的，电商竞价幅度无疑让传统出版业大跌眼镜。价格战中不会有完全的胜利方，包括消费者，恶性价格战中内容档次和服务质量往往被甩在脑后，而产品和市场起步阶段的恶性竞争更具杀伤力。

（二）法治松散与道德缺失：无良科技与无序竞争

如不基于崇高的目的，而只是不断在自己的科技地盘上构筑碉堡，那么科技与道德就极其容易发生混合“爆炸”。

俗语说，“学术日盛而道德日下”。学术代表了智力和思考的发达程度，而

* 参见盛大电子书 Bambook 降至 499 元，汉王遭围城. http://www.1testing.net/ceshi/news/itdongtai/2011/0629/202811.html 2011-06-29.

与道德在不同的途径上发挥作用。在大陆，为数众多的优秀头脑都热衷于去搞科技，不管是正路子还是“野路子”，甚至一些在“黑灰色地带”发挥作用的科技，几乎都是民间走“野路子”的高手们发明出来的。没有了道德和法律的规劝和约束，科技本身极容易“走火入魔”。

近年来有关数字出版的研讨会和展会，多集中于技术展示和前景展望，专门针对数字出版道德拷问的则少之又少。然而，这方面的争端却频频出现。2010年10月25日，广州金蟾软件研发中心有限公司（易博士品牌母体公司）在北京市第一中级人民法院起诉汉王科技股份有限公司，称其在首次公开发行股票并上市的有关重要文件中进行虚假宣传，涉嫌侵权和不正当竞争。*

数字出版的出现没有传播宗教、弘扬道德的客观要求，而且从目前来看在这两方面也涉猎很少，因此它天生活泼、无拘无束，且试图迅速夺取地盘、颠覆传统。而这其中涌现出的几家主营厂商显然还没有底气来接管如此一个庞大的内容编码输入输出体系，他们之间的竞争处在可怕的无序状态，暂时胜利者极容易沉浸在一种自我陶醉中，丢失掉本应有的敬畏与持重，此种状态堪忧。

（三）资源价值与工作操守：争夺“奶酪”与制造“垃圾”

数字资源更容易外泄，而且是无形的外泄。而与之相对应的是优质内容资源欠缺，高质量图书的数字化率还普遍不高。技术的先机被一些能迅速赚钱的快餐文化产品占据，真正有价值的资源因为市场的原因而被漠视和搁置。

出版发行最终取胜的法宝是内容质量。从差错率来看，数字出版要高于传统出版物。如，由外语教学与研究出版社协助完成的一项始于2009年底并历时10个月的《电子词典内容质量及版权状况检测报告》结果显示，大多数电子词典产品的内容质量及电子版权授权情况堪忧，电子词典内置辞书的内容质量普遍存在问题，集中体现在差错率高，如标点符号使用错误、单词拼写错误、音标错误等；体例和格式缺乏规范，如释义编排混乱、段落没有缩进等；部分电子词典对辞书内容做了删减或增加，造成了内容的“缩水”和“注水”现象，缺乏严谨性。在版权状况方面，检测结果显示，14款受检产品共内置了271本词典，声明拥有正规出版单位授权的词典为86本，而经核实，实际拥有正规出版单位授权的为61本，占总数的22.51%。8款产品存在厂家声明与实际状况不符的现象，其中，共涉及24本词典，占全部被核实的86本词典的27.91%。** 在数字出版领域，还没有形成绝对统一的权威、标准和规矩，似乎谁的奶酪都是可以被拿来用的，此种状态堪忧。

* 参见汉王、易博士对簿公堂 电子书产业面临标准之痛
http://news.16 三、com/11/0222/02/6TFAL2H500014AEE.html 2011-02-22

** 参见电子词典内容质量及版权状况检测报告发布
http://www.chinaxwcb.com/2011-06/24/content_223388.htm 2011-06-24

数字出版物的产供销所耗费的资源比同等的传统出版物只是在耗能形式和耗能比例上发生了变化，究竟节能多少还有待详细测算。每年淘汰的大量的电子垃圾不像旧书废纸那样可方便回收，且他们如不被科学分解，很容易形成更大更长久的污染，因此它的“环保”标签是伪的。

除了看不见重量的移动硬盘式“保存”，数字出版物的陈列价值也单一而乏味。虚无的图书馆、博物馆、书店在人们心目中恍若“海市蜃楼”，其文化地标意义远不及实体馆舍。对于数字出版工作者来说，他们工作的操守也往往因为价值不明或价值奢望而容易发生出轨。

四、行为的纷扰与隐忧：受伤的身体与蜕变的消费

（一）身体隐忧与青少年隐忧：恣意、炫耀、伤害

青少年是最离不开网络和数字出版的一群人，与之形成差异的是，绝大多数中老年人并不因为不接触数字出版物而感觉有所损失。对于部分年轻人来说，对数字出版的了解和应用使他们获得了优越感。

2011 年 4 月 28 日卖肾中介用 2 万元做诱饵，带 17 岁的安徽高中生小郑到湖南春州一家毫无资质的医院进行了肾摘除手术。而他卖肾的初衷是筹到钱后买一台 iPad2。卖肾后，小郑买了笔记本电脑、苹果手机等。* 这样一个极端事例虽然有点耸人听闻，然而网络上还有用更为丧失人道的手段去筹钱购买 iPad2 的报道。

数字时代，人的全面发展似乎可以寻找到更多的助推器，但对于身体的伤害却是不可避免的和挥之不去的。尤其是一些城市小学生，利用各种屏幕阅读自己喜欢的小说，玩自己喜欢的游戏，近视率上升，由此导致的性格问题逐渐凸显。

据统计，人们使用计算机时，眨眼频率从平时的 1 分钟 20 次左右降至 1 分钟 7 次，这会导致眼睛的睫状肌持续处于紧张状态。计算机荧光屏的电磁波、紫外线等也会刺激双眼，引起眼睛干涩、疲劳、重影、视力模糊、灼热、畏光、异物感甚至头颈疼痛等，严重的还会诱发一些其他疾病。除对视力的影响外，计算机辐射对皮肤也有很大的伤害。尽管每天的辐射量很小，但日积月累仍会损伤皮肤，容易产生脸部色斑，皮肤会变得粗糙干燥。计算机辐射还会直接影响到人体内分泌系统，从而影响细胞代谢、加速细胞氧化。网络阅读还可能使人患上鼠标手、计算机脖等有形的疾病。

另外，由于绝大多数人的信息录入是需要键盘和鼠标的，这其中需要很大的精确度，而键盘的打字速度一般是比手写快的，但它的出错率却比手写要高，而

* 参见 17 岁高中生 2 万元卖肾买 iPad http://news.qq.com/a/20110603/000229.htm 2011-06-03

且面临着诸如存储风险、病毒风险、打印复印风险等，对于一般写作者创作思路的锻炼也是不利的。过高的出错率对使用者的信心和耐心提出了考验，人们总是在一种无可奈何又尴尬的状态下确认自己无意中出现的错误，这对于人的内耗和损伤也是不容忽视的。

（二）速度隐忧与过程隐忧：求快、物化、浪费

快速搜索、快速定位、快速复制粘贴、快速分享、快速评价，知识信息的获取和使用过程变得越来越简单，于是人们做事情的目标性越来越强，也越来越快，越来越难以做到反复斟酌和细心品味。尤其是一些优美的文字和音像，浏览和阅读的美感往往是在一种极其朴素而原始的状态下达到的。数字时代，人们获取信息的载体变得不再单一纯粹，更倾向于立体交叉式获取，但在探求信息时，也无意中碰触到了冗余信息，这里面还可能夹杂着虚假和广告信息，这些都要花时间和精力去检验和排除，欲速则不达，整个过程因此而消失了原始简单而纯粹的美。

此外，数字阅读过程变得更加猎奇，人们通常因为需要一个信息而去开始，而终结到另一个信息上，其中可能得到冗杂信息，而整个使用过程基本是来不及摘选的，接受与否都对目标信息产生了影响，结束使用时，可能视野已经停留到了与初衷完全不搭界的另外一个信息上，而这部分时间基本上属于“必要浪费”，或许是否浪费了时间连使用者自己无意判断。使用者越来越难以对一个专题给予长久深入关注，也越来越在乎使用过程是否顺畅及自己在冲浪时是否得到快感，而减少了对于内容本身的深思熟虑与全面把握。

（三）情感隐忧与消费隐忧：自我、麻木、异化

80、90后的生活习惯、工作方式、人际交往与社会责任等，都体现出了鲜明的时代性。有了数字出版的助力，他们之间的任何话题都变得不那么隐晦，因为传播管道本身具有隐蔽性，他们习惯于表达自己的感情，习惯于使用简单快速的方式传递讯息，也快速而便捷地收发。因此，信息总量扩大的同时也就开始信息贬值，尤其有关感情的信息。

把过多的时间和精力用在如网游、聊天、看电影和玩手机上，已经造成了部分人的身心扭曲。一个有网的年轻人，只要没有必须要一心一意面对的事情时，其多数是在同时做几件事情。是否能够上网和使用 wifi 是他们选择居处的一个重要参考。维持这样一个现状，需要花费大量的金钱。

当一些重大事件发生时，年轻人们最多使用的是分享和转发而不是评论，且评论中缺乏理性判断和全面审视的也比较常见，这对于锻炼年轻人的思维有诸多不利。

网络信息的把关和过滤仍然不尽如人意，网络谣言和有害信息肆意传播，使得年轻人极容易患上“信息麻木”和“见怪不怪”症，“耸人听闻”的信息看多了，极容易形成“无所谓”和“悲观厌世”的情绪，甚至有些是“一切顺其自然”的不干预心理。

因此，年轻人中的“自顾自”的想法和做法较常见，现实中的号召力和影响力也多是非常小众化的，大众化的影响主要被明星大腕所占据。网络生态映射到现实中，“行动上的矮子”越来越多。

此外，购买阅读终端以及网上支付的支出也日益增多，近些年来因为付不起相关费用，而使用极端方式“挣钱”的报导也屡见不鲜，由此而产生的社会问题、家庭问题也不容忽视。更值得思考的是，普通民生话题和严肃沉重话题并不是数字出版的宠儿，也不是主流受众的主流观照。

在对于数字出版来说，内容的隐忧和技术的隐忧，道德的隐忧与行为的隐忧总是交织在一起出现。纷扰和隐忧并不会自行退去，创新内容、革新技术、提升道德、引导行为，数字出版需要在自己的运作体系和价值追求中，不断地对自己提出更高的要求，成为传统出版的有益补充，甚至成为一种值得信赖和依靠的健康出版方式。当然，数字时代最难能可贵的是对信仰的确认和对知识的敬畏。

以扎根理论探讨两岸数字出版产业发展

洪林伯*　王念祖**　赵惠端***

摘　要：本研究以“治理理论”为基础，以“扎根理论”为研究方法，针对两岸政府与数字出版产业的三大构面（数字出版、电子书载具、数字出版流通）进行分析，除归纳出两岸的数字出版产业未来面临“成本”、“华文到全球市场”，以及“数字阅读习惯”三大挑战外，并分别从思维与实际建设的角度的提出相关建议。

关键词：数字出版；治理理论；扎根理论；产业政策

一、前　言

为了因应数字时代来临，台湾行政院乃于2009年5月通过为期5年（2009年～2013年）的《数字内容产业发展旗舰计划》，期望透过补助，在政府与产业的合作分工下，有效地发展台湾的数字出版产业。而对大陆官方而言，数字出版更是发展的重点；除了将“国家数字复合出版工程”、“国家知识资源数据出版工程”、“中华字库工程”与“国家数字版权保护工程”列入《“十一五”文化发展规划纲要》外，国家新闻总署更于2010年的10月11日颁布了《关于发展电子书产业的意见》。加上甫出台的《十二五规划》强调“绿能”与环保意识，这预示了大陆政府在未来的五年内，势必会对数字出版的发展给予更多的关注。

正当两岸如火如荼地展开“数字出版大作战”的同时，却有不少出版人对此表示了忧心。台湾猫头鹰出版社社长陈颖青忧心地指出：“数字出版时代，台湾以中小型公司为主的出版业者，面临的不再是五倍规模书店通路的宰制，而是一百倍甚至千倍规模龙头企业的强势入主。”中国出版集团总裁聂震宁更直言：“数字出版：距离成熟还有长路要走。”究竟两岸数字出版产业发展遇到了何种问题？又将面临什么样的挑战？本研究拟以“治理理论”为基础，以“扎根理论”为研究方法，针对两岸政府与数字出版产业三大构面进行分析，期能对两岸数字出版产业的发展，提出相关的建议。

*　南华大学出版与文化事业管理研究所，助理教授。
**　南华大学出版与文化事业管理研究所，研究生。
***　南华大学出版与文化事业管理研究所，研究生。

二、治理理论与价值链模式

（一）治理理论

根据孙本初的分析，美国在1993年所制定的绩效与成果法（Government Performance and Results Act，GPRA），与英国当代的文官体制改革，促成政府机构的改革典范从“官僚驱力”（bureaucracy driven）朝“公民驱力”（citizen driven）方向发展，而使得行政模式能与当代的治理结构（governance structure）结合，产生了治理理论。相较于旧的公共管理，孙本初和钟京佑不但区隔出“政府”与“治理功能的不同”，更指出近年来行政改革趋势的演化，试图把原有政府的“统治”功能推向内涵更广泛的“治理”（governance）。

承上所述，当政府自“治理”概念既出以降，遂从重视政府的内部管理，转向重视政府组织与内外部环境关系——政府与其他组织或团体经由资源的相互依赖，一起承担工作与责任，达成共同治理的效果。而这样的转变也直接导致政策执行与评估的角度也产生了相对应的质变。

（二）价值链模式

Porter 将企业组织视为一个“价值链”（Value Chain），并定义价值链是指企业创造有价值的产品与劳务给顾客的一连串“价值创造活动”。所谓“价值”，指的是顾客针对企业提供给消费者的产品与劳务所愿意支付的金额。而企业活动可区分为两大类：主要活动与支持活动。价值链的概念不断被各大企业或产业所引用，强调的就是活动整合与整体价值的提升，共同创造出具有“价值”的产品与劳务，以获得消费者的认同，获得高额利润。

根据资策会的定义，数字出版产业为传统化出版，数字化流通、电子化出版等产业，运用因特网、信息科技、硬设备等技术及版权管理机制，让传统出版在经营上产生改变，创造新的营运模式及所衍生之新市场，带动数字知识的生产、流通及服务链。据此，本文整理出数字出版产业之主要活动与支持活动，与二者相互依存所产生的价值活动。

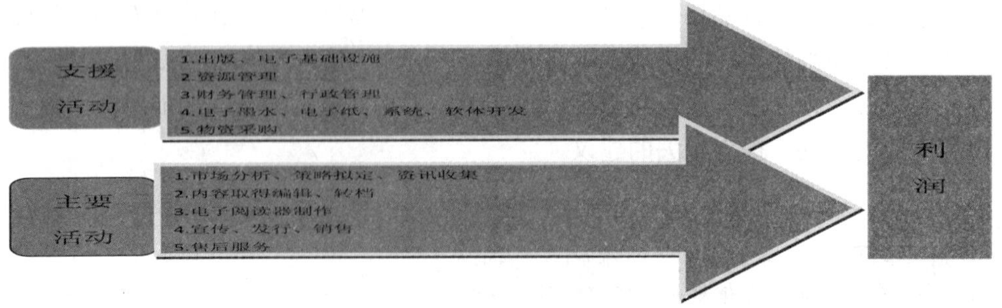

图1　企业活动分类表（数据源：本研究自制）

然而，以目前两岸产业界实情观之，创作者主要还是将内容（文稿）以买断或收取版税方式，将实体与电子版权授予出版社，再由出版社编辑成纸本书，同时将档案转成符合电子书交易平台需求的格式（ePub、PDF、TXT、HTML、CIIM），由平台商予以发布。因此，内容提供商与数字内容出版者应以“数字出版”构面视之。而交易平台、通讯则应以“数字出版流通”构面视之；加上电子书阅读器与平板计算机的制造厂商，应以“电子书载具”视之，最后形成的数字出版产业价值链应如图2所示。本文以“扎根理论”为方法，从政府与数字出版、数字出版流通与电子书载具此三大构面，进行两岸数字出版产业发展的分析。

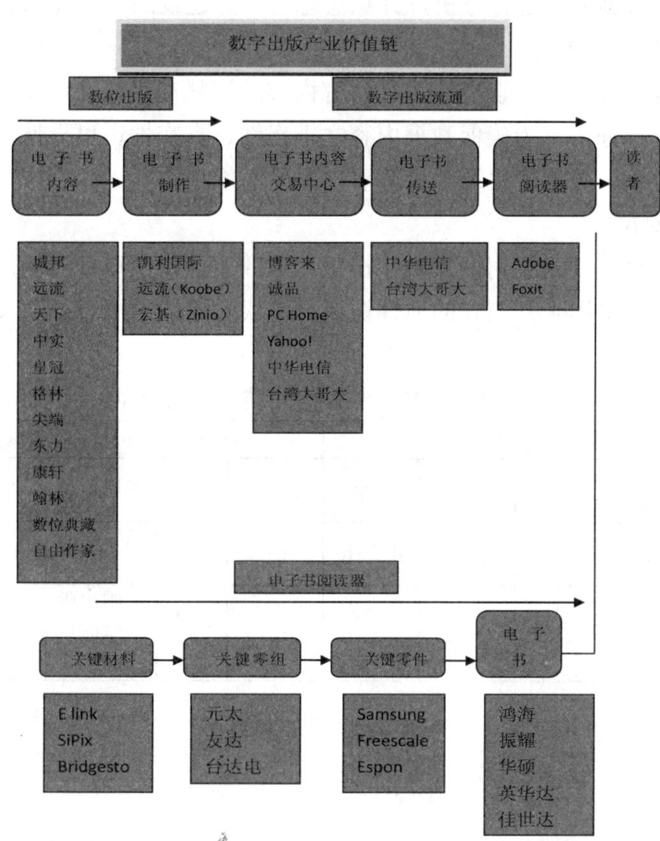

图2 数字出版产业价值链（数据源：经济部）

三、研究方法

（一）扎根理论

Strauss与Corbin认为，扎根理论是用归纳的方式对现象加以分析整理所得出的结果，换句话说，扎根理论是经由系统化的资料搜集与分析，而发掘、发展并已暂时验证过的理论，因此资料的搜集和分析与理论的发展是彼此相关、彼此影响的。发展扎根理论的人，不是先有一个理论然后去证实它，而是先有一个待研究的领域，然后自此领域中萌生出概念和理论。

本文透过深度访谈，利用扎根理论，将庞大的访谈稿逐字由“开放性编码”（open coding）解析，挖掘概念、经过命名之译码（code），其次，将发掘之译码复制、移动及整并，找寻“主轴编码”（axial coding），最后，汇集统计后找出核心范畴“选择性编码”（selective coding），以作为表征两岸数字出版产业发展之关键要素进行分析，并从思想与实际建设的角度提出相关建议。

（二）研究设计

本研究以半开放式访谈方法进行研究内容的资料搜集，并以扎根理论的研究方法对资料进行分析，为确保数据内容之丰富性、真实性、可靠性及有效性，以下针对访谈对象、数据搜集及分析等事项做严谨规划。

1. 研究对象

由于本研究主要是探讨两岸数字出版产业的发展，所以针对两岸数字出版相关构面的人员，采用半开放式的质性访谈，访谈对象请见下表：

表 1　两岸数字出版构面访谈对象数据

台湾数字出版构面访谈对象数据					台湾数字出版构面访谈对象数据				
编号	所属构面	所属单位	职称	姓名	编号	所属构面	所属单位	职称	姓名
T1	政府构面	资策会	副主任	H 先生	C1	政府构面	国家出版总署	司长	F 先生
T2		考验会	科员	C 先生	C2		中国出版科学研究院	专员	C 小姐

T3	数字出版构面	时报文化	协助	C 先生	C3	数字出版构面	上海迪斯尼	编辑经理	M 小姐
T4		猫头鹰出版社	社长	C 先生	C4		北京电子工业出版社	总经理特勤	W 先生
T5	数字出版流通构面	义美联电	副社长	Z 先生	C5		北京科学教育出版社	主编	Z 先生
T6		UND	企划总监	C 小姐	C6		广西接力出版社	主编	Y 先生
T7		硕亚数码	经理	H 先生	C7		上海昂立教育出版社	执行主编	H 小姐
T8		长晋数字	总编辑	S 小姐	C8		厦门外文图书集团	专员	Z 小姐
T9	电子书载具构面	远通科技	经理	L 先生	C9	数字出版流通构面	上海浦东电子出版社	总经理	H 先生
T10		工研院	组长	I 先生	C10	电子书载具构面	北京汉王集团	战略部总监	Z 先生
					C11		上海盛大文化	电子部	Z 先生

（数据源：本研究自制）

2. 研究架构

本研究共分为三个步骤，第一步骤为文献考察，第二步骤采用半开放性的质性访谈，第三步骤以“扎根理论”为方法对两岸数字出版产业进行分析，并提出相关建议。

四、研究分析与发现

（一）研究分析

1. 开放式译码

在对台湾与大陆的访谈稿进行开放式译码过程中，共分别产生 336 个与 217 个与研究主题相关的编码，如表 2 所示：

表 2 两岸数字出版开放编码范例

编号	台湾数字出版开放编码范例	编号	大陆数字出版开放编码范例
1	性价比	1	集团化
2	转档格式	2	二重性
3	竞争力	3	DRM
4	DRM	4	IT 挂帅
5	消费者需求	5	市场规模
6	阅读体验	6	政府主导
7	数字编辑	7	雷声大雨点小
8	沟通	8	报喜不报忧
9	经费申请	9	多头马车
10	讯息	10	朝阳产业
11	交易平台		市场不完全
……	……	……	……

（数据源：本研究自制）

2. 主轴式译码

（1）台湾方面

在针对台湾访谈稿所做的主轴式译码过程中，将上阶段开放式编码所产生的 336 个编码，依照其性质，归纳成 35 个主要类别，如下表所示：

表 3 台湾数字出版主要类别表

编号	群组类别	编号	群组类别	编号	群组类别
1	C 基础利基	13	C 忽视阅读体验	25	C 专家
2	C 产业转型	14	C 减免	26	C 政府心态错误
3	C 华文诠释权	15	C 硬件思维	27	C 出版产业过于零散
4	C 没有阅读习惯	16	C 电子载具思维	28	C 数字加值
5	C 公共支出	17	C 拆账方式	29	C 传统出版市场萎缩
6	C 奖励	18	C 缺乏数字编辑	30	C 执行过于被动
7	C 转档格式未统一	19	C 价值观歧视	31	C 缺乏阅读美感
8	C 成本过高	20	CDRM 争议	32	C 资源分配不均
9	C 市场规模小	21	C 政府角色混乱	33	C 获利模式未建立
10	C 异业结盟不力	22	C 缺乏好的内容	34	C 没有付费习惯
11	C 认知落差	23	C 外行领导内行	35	C 无外版书电子版权
12	C 多头从马	24	C 课征税收		

（数据源：本研究自制）

再将此35个主要类别分别归属到6个群组类别（Category Family），分别为“政策工具”、“互动障碍”、“政策制订动机”、“消费者导向”、“市场”、“数字编辑”，以下就这6个群组类别分别说明如下：

①政策工具：又称为治理工具（governing instruments）或政府工具（tools of government），政策工具包括有命令、要求、禁止、组织、经费等手段，此处以政府对现有数字出版产业所采取之补助类型、措施、办法及成效为考虑因素。

②互动障碍：以政府所制订的数字出版政策、对数字出版产业进行的补助与执行成效是否有认知错误，抑或不符合数字出版相关构面之期待为考虑因素。

③政策制订动机：以政府制订数字出版政策前对产业界真实情形的认知，与制订政策时的愿景为考虑因素。

④消费者导向：从消费者的立场出发，以思考数字出版产业相关构面与消费者观点的落差为考虑因素。

⑤市场：以数字出版产业相关构面在实际市场上遇到的问题为考虑因素。

⑥数字编辑：针对如何增加数字出版品的适读性、降低数字编辑与转文件成本以掌握未来发展契机面为考虑因素。

（2）大陆方面

在针对大陆访谈稿所做的主轴式译码中，将上阶段开放式编码所产生的217个编码，依照其性质，归纳成24个主要类别，如下表所示：

表4　大陆数字出版主要类别表

编号	群组类别	编号	群组类别	编号	群组类别
1	市场未饱和	9	重视意识形态管理	17	企业各搞各的
2	山寨版阅读器猖獗	10	没有做好规划先做了再说	18	雷声大雨点小
3	出版内容良莠不齐	11	缺乏数字编辑人才	19	流于口号
4	IT产业高姿态主导	12	业界不关注与政府的沟通	20	中国走出去
5	传统出版持观望态度	13	主导出版产业集团化	21	传统出版转型
6	政府缺乏护板专业	14	中国市场的需求是多样性的	22	加强管理
7	出版架构的二重性	15	账面上可以完成预期目标	23	获利模式不确定
8	不方便说明	16	不清楚	24	政策过于宏观

（数据源：本研究自制）

再将此 24 个主要类别分别归属到 5 个群组类别（Category Family），分别为“政策执行”、“互动障碍”、“政策制订动机”、“市场现况”、“相关构面互动状态”。

3. 选择式译码

（1）台湾方面

经由故事线的撰写，将上述 6 个类别群组，重新依照其对应的原始访谈与文献资料内容整理后，发现“数字编辑”乃为提供一个让消费者愿意付费下载的数字出版品，因此与“消费者导向”相类似，故将此类别合并于“消费者导向”中。而“市场”主要为与当前数字出版市场所遇到的问题，而政府却不甚明了之处，因此将市场并入“互动障碍”类别中。其余类别群组“政策工具”、“政策制订动机”，经再次检视后，无进一步调整，故维持原类别归属方式。

（2）大陆方面

经由上述故事线的撰写，将上述 5 个类别群组，重新依照其对应之原始访谈与文献资料内容整理，再经与访谈者分析讨论过后，发现以政策执行角度观之，政府在执行政策时，实应考虑到政策执行标的——数字出版相关构面对政府执行政策的想法与感受，并适切地分配各项资源以满足各政策标准的需求。据此，此类别实与“互动障碍”此类别群组的组成与面向相类似且多有重叠，故将此类别合并于“互动障碍”之类别中。其余类别群组经再次检视后，无进一步调整，故维持原类别归属方式。

（二）研究发现

1. 台湾方面

（1）政策制订动机

①代工厂商进入微利时代

信息硬件工业在台湾一直占有相当高的分量，近年来，信息硬件产业为保持竞争力，逐渐移至大陆生产，加上国际信息产业的竞争持续激烈，台湾代工已进入“微利化”时代。因此，访谈对象就直言：

“……大家也听过保三保四保五……在他们整个运作模式内，他们发现附加价值太低，所以想回去提高附加价值，于是看到内容这块，所以又想回头和内容业者结合……”（T1）

②传统出版产业产值锐减

由于自 2002 年起，台湾的经济实力衰退，加上出生人口与阅读人口减少，造成传统出版产业的产值年年下降，政策制订单位希冀藉由数字出版，在五年达成数字出版产值超过 1000 亿的政策目标。受访者指出：

“……从政策的核心价值来看，政府就是想要拯救台湾的传统出版，因为台湾传统出版产业的产值从 410 一路掉到 251……”（T3）

（2）政策工具

①补 助

补助又可细分为项目、减免、奖励。工业局对于数字出版产业相关构面之补助，多属项目补助，主要集中于对数字出版流通构面之平台商，期能藉由对平台商的补助，让其肩负起带领传统出版产业转型成数字出版产业的责任。受访者即指出：

“……新闻局的点火计划是让我们这样的平台商成为领头羊，辅导十几家出版社去协助他们怎样把他们资源变成电子化……也就是说我们把数据从你的资源中升为电子书放到平台去卖，以后制作流程是怎样，要如何合作看你要 B2L 还是 B2C 你自己决定……” （T7）

减免则可谓是间接式的补助。政府近年对于文化创意产业设有减免办法，如文化艺术事业减免营业税及娱乐税即为显例。奖助办法或条例通常也是政府予以数字出版产业相关构面的补助类项，如数字金鼎奖即是奖助形态的彰显。

②公共支出

台湾政府的公共支出项目主要是以公家图书馆购买电子书的形式呈现的，如受访者表示：

“……我们有不少 B2L 案子，都是向经济部和新闻局申请的，刚好这部分政府这几年在这方面有力道进来；对公司来讲最主要有机会发声，政府补助资源多，公司知名度也能提升……”（T7）

（3）消费者导向

①电子书价格太高

由于台湾数字出版产业链的自给自足，最终其实必须要依靠消费者端愿意付费购买数字内容。然而本研究从访谈过程中发现，目前的数字出版产业链要能够完备，仍存有许多的问题，首先便是电子书的售价太高，受访者表示：

“……一般来说，如果 EP 同时发行，我电子书的售价会是纸本书的七折。如果说纸本书已经上市有三个月，我电子书才准备要上电子书平台，这时候大概会把订价抓到 6 折左右。然而，博客来书店纸本书通常只有七九折，这对电子书的推广来说，非常不利……” （T3）

②缺乏好的数字内容

与此同时，更令台湾数字出版产业雪上加霜的是，台湾虽然每年出版约 4 万种新书，却只有 6000 种书卖出超过 1000 本。也就是说，从“质”的角度而言，台湾缺乏“能被阅听者接受的数字内容”。受访者即表示：

“……这几年图书馆的效应评估有长进，他们会比借阅率……但是条件一开下来，知道的人都不敢去标，因为畅销书都是外版书，国内出版社根本没有电子版权……”（T8）

换言之，对消费者而言，有好的“质量”才能有好的阅读体验，有好的阅读体验才能建立数字阅读的习惯，有了数字阅读的习惯，才有付费下载的意愿。受访者即表示：

“……我觉得电子书能不能被接受，关键点在质量，为何纸本书挂远流、联经我就去买，没挂的我就看看，主要就是质量上的保障……”（T1）

（4）互动障碍

①政策制定与推动者并非专业

首先，受访者皆肯定台湾政府公部门对于数字出版政策推动的态度，但对于此政策的推展效果保持悲观态度，如受访者即分别表示：

“……我其实不是那么看好说，我觉得他这个计划不管怎么说是方向上是稍微正确了一点，但是你说如果政府能够改善的话我看是很难……”（T6）

②硬件思维主导产生弊病

政策在制定当初，就是着重于硬件 IT 厂商的需求，受访者便坦言：

“……坦白说数字出版或者数字内容，新闻局的预算有限，真正的预算在工业局，工业局不太关切这件事情，因为对他来讲，硬件反而比较重要……”（T4）

换句话说，正是由于政府政策制订者的的视野不足，导致政策工具分配失衡，产生了资源分配不均的流弊，如受访者所说：

“……数字内容产值很大，然后我们去进一步了解这个产值就知道他是算硬件的钱，我们现在有跟工业局有一个计划在走……那如果你要的是国际市场，那当然就是硬件上你只能补助那一些人。以现在情况来看，每年办的数字金鼎奖，能够得奖的真是有数字能力好的，所以通常完全没帮助……”（T6）

③一窝蜂的仿效未能建立自己的营运模式

由于政府在推动相关政策时，非常重视绩效，立竿必须马上见影，导致政策在执行时，易流于一窝蜂的仿效，如受访者所言：

“……台湾很容易一窝蜂，连政府也变成这个样子……觉得很笨的理由是说因为我们有面板厂，有 e-paper，有硬件，所以我们没有道理电子书不会成功，这是哪门子的理论……” （T6）

台湾的数字出版产业其实应该设法发展一个拥有台湾特色的营运模式，而非照搬美国 Kindle 的营运模式，受访者指出：

“……台湾不要只想学Amazion,应该要有自己的模式。你经营好，Amaziom东西给你用，将来你掌握到关键几个标准、重要ip，将来很多国际大厂东西都需要透过你这出去，你还是可以变成国际市场平台。但你连国内都无法搞定，要靠远流搞出国际平台吗……”（T1）

而透过与仿效Kindle，便是想要快速的建构出台湾数字出版自给自足的产业链，却没注意到，台湾的阅听大众，其实并没有数字阅读的习惯，受访者即语重心长地指出：

“……政策方向是错的，我们再看这种电子阅读，就是一种阅读习惯改变，跨时代的改变，怎么样跨时代改变呢，跟现在的电子书包有关系，所以政府推行电子书包，那很简单，推行之后的15年，那整个都是电子消费的时代，因为小学生毕业了，中学生有电子书包了，到了高中，大学更不用说了，现在其实并没有数字阅读的习惯……”（T3）

有识者遂大声疾呼，必须重新审视政府部门的角色，并思考台湾数字出版产业真正的需求是什么？

2. 大陆方面

（1）政策制订动机

①随着大陆经济实力的提升，如何国际化成为重要的问题。受访者表示：近年来，中国的国际地位上升很快，但是国际传播力与大国地位尤其是在世界的经济地位极不相称。促进数字出版产业快速增长，缩短与西方发达国家在出版传播方面的距离，对国家在全球传播力量的布局，对中华文化“走出去”是必要的(C5)。

②传统出版产业发展所需

大陆传统出版产业积累了大量信息与知识资源，但苦于缺乏好的信息技术，以至于没有充分利用。政府想要利用“数字出版”一举解决以上问题。受访者就坦言：数字技术的发展势必对传统出版带来巨大冲击，传统出版的式微将是必然趋势。因此，提出数字出版支持政策，力主产业升级，转变发展方式，谋求新的出版产业发展的空间（C4）。

（2）市场现况

①强调意识形态，国家主导凌驾一切

大陆政府采用“由上而下”的统治途径，强制或片面的对标群体采取直接管制及干预行动，同时非常强调意识形态的贯彻，受访者即分别指出：大陆政府没有对出版真正了解的人，政府并不是专业的人士，而且中国的出版体制本身就是一个管制性，是一个国有……口头上的意思是鼓励，但追根究底政策制定的目的还是在于管制，而不是协助（C10）。

②产业高度集中，政府重点补助数字出版业务的前期投入巨大，因此大陆数字出版相关产业呈现出高度集中，以产生产业群聚（Industrial Cluster）效应，政府主导并成立数个“国家数字出版基地”，以进行重点补助，受访者就指出：政府的资源分配，明确倾向于大型骨干企业和集团，这样做也是有道理的。做数字出版，内容、平台和终端是三个重要要素，其中平台服务是最花钱的，需要有个宏大建构。对于中小出版企业来说，不太可能做平台服务商……（C5）

③有温水煮青蛙的隐忧

大陆拥有庞大的市场规模，庞大客群因好奇而产生的“尝鲜经济”，基本上便给予了数字出版成长所需要的养分。然另一方面，这也导致许多问题不会在发展初期显现，不但导致资源的浪费，更可能产生温水煮青蛙的隐忧，受访者便坦言：iPad对于大陆的电子书市场而言，虽有感受，但尚不足产生威胁，因为大陆的市场太大，本来就还没有饱和……也许靠着一开始的市场规模可以养活，但这是温水煮青蛙 （C10）。

（3）相关构面互动状态

①技术挂帅，内容提供商态度消极

大陆当前的问题在于不像国外数字出版产业由传统出版主导，而是由技术提供商处于领先和主导地位，而传统出版社基本处于被动和劣势，且态度消极。受访者就坦言：中国自古有句话说，文无第一、武无第二，做传统出版就像搞文字的，大家都很保守，做技术的就像是练武的，谁也不服谁，加上技术厂商这么大，要他们弯下腰去跟传统出版社合作很难。另外一部分是技术人其实根本就不懂出版人的思维，所以说合作起来难度应该比较大一点（C10）。

②各构面间扮演角色错位

数字出版产业的特色之一，就是在于跨科技整合，以产生完整紧密的产业价值链。可是在大陆，大家都想要做大，都想要自己独立完成，结果既不专业，同时也产生了所扮演角色发生错位的问题，受访者就坦言：数字出版他不是面临了瓶颈，而是瓶盖，瓶颈虽然是涓涓细流，但是可以突破的，瓶盖则是根本不能流动的，这个瓶盖就是各个机构之间互相跑错位置。新闻出版机构、平台机构都跑错位置了，比如说经典的例子，中国很多出版社像上海世纪集团，明明他的核心竞争力就在内容，但他们上来的第一件事情是要搞硬件，这其实根本没必要(C10)。

③国有企业色彩浓厚，独占补助资源

大陆的出版社正处于转型的过程阶段，国有企业的色彩仍浓，一般民营企业想要取得政府资源都不是那么容易。受访者就指出：我们出版社的优势……我们的两个主要股东都是国有，这一背景对于出版业务与资源的取得有很多帮助(C9)。

（4）互动障碍

①出版二重性架构戕害出版原创力

大陆政府因为国家安全的理由，所以对于新闻出版相关的产业进行了“书号管制”，但却因此造成了出版二重性的架构，导致作者的智慧产权无法得到有效的保护，伤害原创力甚深，受访者便明白指出：因为中国的出版是二重架构，只有政府审核通过的600间左右的出版社拥有书号，可以出版发行书籍，这造成什么样的情况呢？一方面保护了出版社，出版社就算不出书，也不会倒。一个出版社他几年大概五百个书号的话，一个书号两万多块钱，就是一千多万，所以出版社根本没有压力……根本没有切身之痛（C10）。

大陆的畅销书，扣掉外版书，60%以上都是民营出版社规划选题出版的，跟民营出版社比较，国营出版社是比较没有竞争力的，原因就在于出版二重架构的保护（C5）。

②忽视相关互动

在大陆，政府所扮演的角色仍是主导性极强的“治理型”政府，相当强调上下从属而较忽略上下互动的关系。受访者便分别指出：沟通不够充分。现在的数字出版更多的仍是纸质图书的电子化，而数字出版需要出版形态的变化（C4）。

从政府层面来说，主要是搭建交流平台……业界似乎不太关注这个沟通问题，因为政府主要在宏观政策层面做一些鼓励工作，主要的事情还是企业本身要做的（C5）。

③管理单位多头马车

大陆在政策执行单位上显现出一种“多头马车”的现象。受访者即指出：数字出版产业相比较传统出版的外延更大，网络游戏、手机出版、动漫等都纳入了出版范畴。实际上，美国叫“数字内容管理”，不局限于出版业，国内叫“数字出版”，为的就是看起来跟出版关系更近一些。但这样一来，涉及相关审批权、管理权，就复杂多了，除了国家新闻总署之外，广电总局、文化部等都是管理单位，虽然名义上由国家新闻总署作为主管部门，但实际上牵涉甚广，因此产生了多头马车的情形（C6）。

五、结论与建议

（一）结　论

以现今情势观之，除了Apple的iPad来势汹汹外，各硬件厂商莫不把平板计算机视为未来创造营收与市场的利器。台湾所握有的E-Ink电子纸技术或将会失去作为阅读器的主流地位，而两岸又没有足够的原创作品，因此数字出版产业未来的发展着实堪虑，其所面临的挑战可归纳为以下三点：

1. 成 本

数字出版的未来有赖产业价值链的自给自足，而阅听者又是价格敏感者，因此如何降低成本是第一要务。降低成本可朝下列三个方向努力：首先在电子载体上，不但要发展出成熟的机种，最重要的是还要提高优良率；其次，传统出版产业的编辑应该要有数字的视野与能力，在一开始编辑书籍时，就要事先评估这样的纸本书内容该如何数字化，在书籍规划的一开始，就将数字化所需耗费的资源评量进去，毕其功于一役，有效降低编辑成本；第三，由于电子书的特性与纸本书不同，因此，应该试着跟作者达成共识，可以尝试降低版权费用，甚至免费；将电子书视为是营销必须花费的成本，并且有限度开放 DRM。

2. 华文到全球市场

两岸拥有全球最大的华文市场与作者，要面对未来的挑战，就得取决于两岸市场是否能顺利整合。近年来，两岸政府在数字出版方面都积极制定推广政策，唯有透过双方政府探讨制定出“国际版的华文电子书标准”，并以使用者的方便性为最大考虑。如此才能使传统出版业者在数字出版产业价值链中不被边缘化，相关业者不必仰赖政府预算而可以创造追求自我利润，促使科技厂商跳脱代工思维，转向原创自有品牌的内容经营。

3. 数字阅读习惯

要养成数字阅读习惯，首先要解决的就是数字编辑人才缺乏与原创力不足的问题，这需要靠两岸政府的努力。除了短期间调整以电子书的数“量”作为评断依据，而改以电子书的销售率、被借阅率……这些“质”的考虑作为评断标准，更应从基础方面着手，利用政策加强科技整合，调整文科理科分工的教育情况，进一步将数字技术落实于教育中，让转档技术与阅读美感可以合而为一。而在文创人才的培养方面，也要持续的努力，毕竟要有好的数字内容，才能引发阅听者的阅读兴趣，进而养成习惯。最后，应该扬弃“硬件思维”与“生产者导向”，从消费者导向出发，除了利用政策工具，在短期方面扩大利用图书馆采购等方式，扩大电子书的需求。长期扎根方面，则应从电子书包、电子绘本的教学方式着手，从小养成消费者对电子书的阅读习惯。

（二）建 议

1. 从思想的角度：打破迷思，改变思维

从台湾政府对数字出版关注的历程来看，由于一开始的政策核心目标乃在于带领台湾创造经济奇迹的信息工业迈入微利化时期，因此想借着结合台湾在技术上的优势，以发展数字出版为契机，将赚取代工财转型为智慧财，乃至于造成了独厚IT硬件产业的“硬件思维”。与此相较，大陆政府的政策核心在带领中华文化“走出去”，因此政府关注的焦点在于能迅速提供产值，在世界市场上抢占一定份额的部分——因此关注的焦点也在于动漫、游戏与IT产业，而忽略了以书报刊为主的传统出版产业。

然而，随着硬件发展的逐渐完备，电子书载具研发几近完成，交易平台的建构日趋完善，这时候发现问题来了——空有载具却缺乏数字内容！于是开始关注起内容拥有者，这样一来让传统出版产业由不知所措到开始极度珍视手上的内容资源，于是“内容为王”的口号甚嚣尘上。然而这种从“IT独大”过渡到“内容为王”的思维模式，事实上也造成了些许流弊，造成了许多迷思，因此本研究提出的第一个建议便是要改变思维。

（1）扬弃“内容为王”的思维模式

首先，我们从方法论的角度做检视，可以发现“内容”是对比于“形式”而相互证成的，强调“内容为王”易落入于“本质主义”的窠臼，忽略了这两者间也没有明显不变的界限！二方面，“内容为王”的说法也简化了“形式”（或媒体），使我们忽略了只有在“形式”（媒体）成熟时，内容的精致度才成为决定成功的条件，但仍未成熟的“新型式”，规格决定成败与大小——现在购买iPad的阅听大众，动机不是因为它的内容，而是因为它的规格形式。换句话说，根本就是阅听大众决定了内容与形式中间的那条界限。因此，我们应该以“社群为王”的思考模式来取代“内容为王”的思考模式，而这样的取代所指出的正是“内容为王”的背后，其实根本就“生产者导向”的思维模式。数字出版时代，消费者要的其实是“服务”而非“内容”，所以我们才应该用“消费者导向”（社群为王）来取代。

（2）打破“数大便是美”的迷思

正因为我们都从生产者导向做思考，认为“内容为王”，所以在数字内容的取得上，我们不断的标榜“海量”，而未曾关注“质”的提升——无论是中国台湾，还是中国大陆政策所标榜、用来评估政策的指针，以及数字出版相关构面都只重视“量”的指标，而不是“质”的指标，导致我们忽略了再多的电子书，如果没有人想要阅读，那就只是“数据库”而非“电子书”。同样的道理，中国内地政府在努力推动中华文化“走出去”的同时，也应该注意切勿只是片面追求市场规模的扩张而忽略了产品效益的提升，导致拥有世界的市场，但却生产不出国际的产品——所以成为世界大厂是因为自己的内需市场够大，而不是靠着产品的外销，这样的大国最终只是“世界大国”并不是“国际大国”，中华文化依然没有“走出去”。

（3）超越电子书是“书”的局限

从现今两岸数字出版发展的情况观之，主要着力的皆属电子书1.0的范畴。从政府政策的角度来看，此举有利于传统出版产业转型成数字出版产业因此无可厚非，但却或多或少导致电子书的认知受限于所谓的“书”，就是传统纸本书的固定看法。一方面忽略了书的本质，其实是一种能够满足社群需求的信息，其所提供的是一种服务，而不是本质化了的“书”。另一个方面，正因为这样的发展，说穿了只能说是纸本书的数字化，谈不上是数字出版，因此也将面临着数字内容提供商与阅听大众需求之间的落差——数字内容者拥有的是“内容”，但消费者需要的是“服务”，但服务收不到钱，内容才收得到钱。

（4）对DRM的再思考

所谓的DRM，就是指数字版权管理机制（Digital Rights Management），简单地说就是透过限制复制下载阅读的次数，只能在我的机器上读，不能在别人的机器上读；只能在我的平台上下载，并且限定只能用某种特定规格开启等手段，达到版权保护的目的。但这其实是纸本书的逻辑，基本上跟数字出版的逻辑在本质上是冲突的。数字环境的特色就是复制几乎零成本，可是DRM的精神却是限制复制与传布，这基本上与数字环境的特色背道而驰，因此，这其实是很诡秘的一件事。

当然，一定有人会担心，如果放弃DRM的话，是不是就是放弃数字版权保护。这里要强调的是，不支持DRM并不等于支持盗版，因为数字版权既然是一种权利，那拥有者至少可以选择“要”或“不要”。换句话说，如果我今天是一个新人作家，我可以利用放弃DRM作为达到大量传布我之作品的目的，如果我的作品真的有竞争力，那将来第二本书时使用DRM时，阅听大众应该还是会愿意付费下载。可是现在的台湾DRM机制是一律死锁的，版权拥有者并没有选择“要”或“不要”的权利，同时也扼杀了数字出版发展的生机。

2. 从实际建设的角度：长远规划、两岸合作

（1）应用政策工具解决内部问题

经过数字出版产业价值链的讨论，我们发现在“内部问题”中，数字产业链的中游（交易平台、通讯传输、电子书载具）的问题其实并不大，真正的问题出自上游（作者、出版社）与下游（阅听大众），因此，这必须透过长远的政策规划与适当政策工具来解决。

①打造数字出版产业界的“台积电”，做出有效整合

台湾的数字出版产业想要发展，需要的不是补助，而是整合！目前很多小出版社是没有能力去做数字化，也无暇去投政府政策的补助案的，利用补助的方式

看似公平，但其实并不公平。最好的方式应该是仿效中国大陆，找一个大公司出来整，共同成立一个台湾出版产业的台积电，帮大家建立平台承担风险，出版社只要负责把内容接口做好，送到这个平台内，所有东西就能出版，上传到云端去做相关应用——只要做出一套产品，用很便宜的价格卖给出版社，也是把需要花大钱的部分先作开放，对于所有出版社都能够共享，标准就出来了。

②推行电子书包以及相关配套的教学教法，从小养成阅读习惯

数字出版产业的发展与数字阅读习惯的养成息息相关，而习惯的养成绝非一朝一夕之间就可以改变的。因此，政府的政策规划不应该只是要求立竿见影，其实应该就是从小开始，推行电子书包。那 15 年后，那整个都是电子消费的时代，因为小学生毕业了，中学生有电子书包了，到了高中，大学更不用说了。然而，推行电子书包最大的问题可能不在学生，而在授课的老师，因此一定要有完整的配套措施，包含适合电子书包推广的教学教法与电子白板等，都要一并实施。

③重新思考文理分科的教育，将数字编辑技能落实于大学（本科）教育之中

传统的出版产业为一单纯同质化的群体，其工作者的背景以文科为主。然而到了在数字出版产业时代，产业内容涵括三大构面，其工作者的背景其实需要受过文科、理科、工科甚至是艺术学门等整合教育的人。然以台湾的教育观之，在高中二年级即开始分科训练，其思想模式也开始产生歧异。因此，应该从教育的角度重新思考是否应该调整“分科专业化”的教育方式，同时利用科技整合，进一步将数字编辑与转文件格式等技术落实于教育之中，让转档技术与阅读美感可以合而为一，让大学毕业生在踏入社会时，就拥有数字编辑的能力，以利未来数字编辑人才的养成。

（2）打造两岸共同市场以解决外部问题

台湾数字出版产业所必须面对的外部问题，即是市场规模过小，大陆则是对于市场情况的掌握不够、反应过慢。想要解决这个问题，靠的就是精准的产品定位与打造两岸共同市场：

①精准产品定位

在竞争日趋激烈的今天，市场信息已经成为与产品、资金和人力资源并驾齐驱且不可或缺的企业四大管理要素之一。在数字出版时代，除了客层的需求之外，电子书载具在形式上也拥有不同的特性与功能，因此在做书籍产品定位时，也应该比纸本书更精准的区分出不同的电子书种类，满足不同阅听大众对于不同电子书阅读器或数字内容的需求，取得阅听大众的认同。

②打造两岸共同市场

1998 年时，台湾的传统出版产业还如日中天，那时远流出版社董事长王荣

文先生曾撰文分析指出：1998年之后的主流应该是实际运作“策略联盟”的观念（寻找互利共生的伙伴）的时候。因为有两个大因素在催化着这件事：一个因素是大陆庞大出版市场引发的规模经济的考虑；另一个因素是二十一世纪3C数字科技革命所带来的跨时空或零时空差的整合力量……台湾和香港现阶段拥有的是，在大陆的阅读产业从青涩到成熟进程中，“有过渡时期的竞争优势”，因为这两个地区的市场机制都已经完全开放成熟，对出版品产、销创意的实践经验丰富，产业的机能完备，几乎与世界先进国家同步，这些经验用来满足未来大陆读书社群的需求，应该可以使得上力。

此番见解，由今日看来仍是真知灼见，唯12年已经过去，“策略联盟”仍处于观念阶段，“有过渡时期的竞争优势”却已经不再！两岸各自闭门发展的局面是，中国台湾的数字出版产业的重要构面已然形成，但却是呈现“断链”状态，各构面之间无法有效链结成自给自足的价值链；大陆则是在政府刻意忽视知识产权的运作下，牺牲了软实力（创意与品牌），放任硬件（阅读器）独强，创造出虚有其表的数字出版发展荣景。

从两岸数字出版相关构面的性格来看，台湾因为是浅碟市场，所以遇到困难之后，马上就会产生问题，因此善于透视问题症结所在。但很多问题往往是肇因于市场规模太小等很难解决之结构性原因，导致产业的发展受到局限，同时也造成了易裹足不前的弊病。中国大陆因为市场规模大，加上竞争激烈，你犹豫了，别人就做了，因此养成了先做了再想的习惯，阿里巴巴的CEO马云便曾指出：西方人的智慧在于看到别人看不到的问题，中国人的智慧则在于看到了问题当作没看到。

所以与台湾相较，中国大陆的数字出版相关构面的实际建设上拥有更多的积极性，加上政府政策的全力支持，与广大市场所提供的试验机会，因此政策目标的达标率往往比台湾高。然而市场规模大，导致反应速度过慢，很多问题往往是在投入相当大资源后才发现必须改弦易辙，产生资源过度浪费的流弊。若能结合两岸的长处，必定能增加数字出版产业发展的胜算！

在实际现况方面，台湾除了已建构出数字出版产业的相关构面外，还拥有编辑制作能力、创造品牌的经验与掌握了电子纸的技术，中国内地则拥有广大的市场与消费人口，以及两岸共同拥有的中华五千年历史素材，可作为原创力的运用。如果能完成华文电子书标准制定，修筑好电子书产业起飞前的跑道，成立国家级的著作权结算中心，启动电子书内容版权交易的高速引擎，实施“推动台湾电子书产业发展五年租税奖励计划”，刺激民众购买电子书出版品，并培养领航华文电子书与电子出版产业的多元人才，相信在不远的将来，中国台湾的电子书将如鹰般展翅上腾。

参考文献

[1] 王荣文．营运管理与决策分析，收录于出版高阶经营管理硕士学分班专题演讲数据，台北：国立政治大学公共行政及企业管理教育中心．

[2] 李沿儒、洪朝富、王台平、邱钰雯．智能型电子书刊——适性阅读的电子书雏形．中华管理学报，第二卷，第一期，19-25.

[3] 田胜立．数字复合出版催生出版新业态．出版科学，第 2 期，第 16 卷，页 5-13.

[4] 胡鞍钢、鄢一龙．红色中国绿色钱潮：十二五规划的大翻转．台北：天下杂志股份有限公司．

[5] 孙本初、钟京佑．治理理论之初探：政府、市场与社会治理架构．公共行政学报，第 16 期，页 107-111.

[6] 黄武元、王锦裕．在线阅读的学习时间形态与其学习行为及学习成就相关性之研究．科学教育学刊 2002 年，第四期，第十卷，页 389-405.

[7] 陈颖青．老猫学数字．台北：猫头鹰出版社．

[8] 郑呈皇．电子书大商机．商业周刊，1135 期，页 95-123.

[9] 郑美华．华文地区数字出版产业发展之探讨：以台湾和大陆为例．教育数据与图书馆学，46:2，页 267-292.

中国大陆数字出版的现状及其思考
——以电子书产业为例

张志强 *

摘　要：大陆目前的电子书产值远远低于纸质书的产值，大陆目前介入电子书行业的单位较多，既有出版社等内容提供商、网络运营商，也有信息平台服务商和终端阅读器制造商。电子书产业链较为混乱，同时在版权、价格、内容质量监管、电子书格式等方面存在着较多问题。建议在高度重视电子书产业对出版业影响的同时，加大政府部门的引导，重视市场的导向作用，以推动电子书产业的发展。

关键词：电子书；数字出版；现状分析

数字出版（台湾称数位出版）、网络出版（台湾称网路出版）、电子出版等概念，在大陆中文语境中具有不同的含义。为避免不必要的混淆，本文采用电子书产业这一概念。

作为数字技术与出版业相结合产物的电子书，在经历了数年的沉寂后，随着2007年亚马逊公司推出的kindle终于爆发出了活力，成为近年来的热门话题。可以说，随着电子书阅读器的成熟，出版业第一次开始严肃认真地考虑出版的未来。

一、电子书的界定

电子书出现以来，概念界定比较混乱，有广义和狭义两个方面不同的含义。广义的电子书是指运用数字技术制成的图书，如早期将图书内容数字化后，存储在软盘或光盘上，通过计算机设备进行阅读。1991年，武汉大学陈光祚教授在全文数据库研究的基础上，制作成《国共两党关系通史》（150万字），并在武汉大学出版社正式发行，被认为是大陆第一部电子图书。** 随着网络的发展，电子书逐渐演变成将内容制作成电子文本后利用网络进行在线阅读或下载后阅读的图书。狭义的电子书是指一种专门用来阅读电子文本的阅读器，即电子书阅读器。

目前，电子书的界定仍没有明确的概念。新闻出版总署对电子书的界定是：

* 张志强，南京大学出版科学研究所所长、南京大学信息管理系教授。

** 百度百科：陈光祚 .http://baike.baidu.com/view/4594013.html?fromTaglist.

将文字、图片、声音、影像等信息内容数字化的出版物，本意见具体所指的是植入或下载数字化文字、图片、声音、影像等信息内容的集存储介质和显示终端于一体的手持阅读器。* 本人认为不太合理。正如电视与电视机一样，电子书是电子图书的简称，应指内容，电子书阅读器指的是硬件，不能软硬不分。

联合国教科文组织对图书的定义是：凡由出版社（商）出版的不包括封面和封底在内 49 页以上的印刷品，具有特定的书名和著者名，编有国际标准书号，并有定价并取得版权保护的出版物称为图书。** 根据这一定义，或许我们可以给电子书一个界定：由出版社（商）出版的不包括封面和封底在内 49 页以上、有特定的书名和著者名、编有国际标准书号、并有定价并取得版权保护、采用数字技术制作的出版物。

通过这样的定义，可以将电子书与手机短信、手机铃声下载等区分开来，把后者排除在电子书产业之外。电子书可以通过专门的电子书阅读器阅读，也可以通过计算机设备、手机设备等阅读。出版格局开始面临重大调整。

二、大陆电子书产业的现状

由于大陆数字出版概念比较混乱，本文以狭义上的电子书产业为例来进行分析。

（一）大陆电子书的产值

2010 年 7 月，新闻出版总署出版产业发展司发布了《2009 年新闻出版产业分析报告》***。在这个报告中大陆的数字出版总产出达到了 799.4 亿元。2011 年 7 月，新闻出版总署发布了《2010 年新闻出版产业分析报告》，2010 年数字出版实现总产出 1051.8 亿元。报告指出，2010 年，大陆出版、印刷和发行服务业实现总产出 12698.1 亿元，较 2009 年增加 2028.8 亿元，增长 19%。2010 年图书、期刊、报纸、音像制品、电子出版物和数字出版合计占新闻出版业总产出的 20%。

*　新闻出版总署：关于发展电子书产业的意见，2010 年 10 月 9 日。

**　图书：http://zh.wikipedia.org/wiki/图书.

***　数据源：新闻出版总署官方网站：www.gapp.gov.cn.

表1　2009年、2010年大陆数字出版总量规模

类　别	总产出		增加值		营业收入		利润（结余）总额	
	2009	2010	2009	2010	2009	2010	2009	2010
手机出版	314.00	349.8	92.16	96.51	314.0	349.8	25.10	29.64
手机音乐		286.42		79.02		286.42		24.27
手机阅读		32.90		9.08		32.90		2.79
手机游戏		30.48		8.41		30.48		2.58
网络游戏	256.20	323.7	75.19	89.31	256.2	323.7	20.48	27.43
数字期刊	6.00	7.49	1.76	2.07	6.0	7.49	0.48	0.63
电子书	14.00	24.8	4.11	6.84	14.0	24.8	1.12	2.10
数字报纸（网络版）	3.10	6.00	0.91	1.66	3.10	6.00	0.25	0.51
网络广告	206.10	321.2	60.49	88.62	206.1	321.2	16.48	27.22
网络动漫		6.00		1.66		6.00		0.51
在线音乐		2.80		0.77		2.80		0.24
博客		10.00		2.76		10.00		0.85
合　计	799.40	1051.79	234.62	290.19	799.4	1051.79	63.91	89.12

单位：亿元

在表格中，如果仅仅看电子书产值的话，2009年只有14亿，2010年为24.8亿，这与传统出版根本无法相比，可见大陆的电子书出版仍然处于起步期。

（二）大陆电子书市场的参与者

1. 内容提供商

内容提供商包括传统的纸质版图书出版社和新兴的网络出版商。传统的出版单位积极将纸质图书、期刊数字化，积极参与电子出版。这中间，出版社还积极介入硬件电子书阅读器的研制。

2010年3月，上海世纪出版集团正式推出了全球首款由出版机构出品的电子书阅读器“辞海悦读器”，内置《辞海》，并宣称“天天有5本新书上市”。辞海悦读器采用了最新的手写触摸屏、无线上网和诸多领先于市场上其他阅读器的技术指标，完整内置了《辞海》（第六版），读者通过辞海搜索引擎，可以轻松体验查找《辞海》的乐趣。此外还随机预装了101卷的《中华文化通志》、10种世博图书、300种精品力作，以及10多种报刊。

与国内大多数电子阅读器的排版格式不同，辞海悦读器采用了国际领先的EPUB格式，特点是图文并茂，分章分节，还原了纸质图书的效果。除了闻不到书香，读者能从中感受到和纸质图书一样的阅读体验。

2010年4月，中国出版集团也推出了自己的第一款电子书阅读器“大佳”，内置108部畅销书。2010年5月，甘肃的读者集团推出专属阅读器，社会大众可以用该阅读器读阅读最新一期的《读者》杂志和创刊近30年来的精选文章，

并通过专属格式下载各类数字图书。*9月，《读者》杂志在深圳发布了首款按人类阅读习惯设计的电子书DZ60B，这款电子书采用平面大圆角的设计、EPUB档格式，并实现了触摸翻页功能。

一些网络出版单位，如在大陆颇具影响的盛大文学，2010年8月发布公告，称其电子书硬件产品Bambook正式发售的零售价格为999元，并于同日开启上市发售的排队预定系统。“锦书”可以阅读盛大拥有的“起点中文网”、“晋江文学城”、“红袖添香”、“榕树下”、“小说阅读网”、“潇湘书院”等内容资源。2011年，盛大文学运营平台云中书城从盛大电子书官方网站中独立出来。云中书城不仅仅是买卖数字版权的平台，更将是一个数字出版行业的淘宝网。盛大文学希望通过云中书城这一运营平台，将内容提供商、内容运营平台、管道、终端应用平台、消费者整个链条连接起来，打通数字出版的全产业链。

出版社应提供内容等资源。出版社舍弃内容资源去做终端产品，其实力无法与硬件生产商竞争。如果每家出版社都推出自己的阅读器，将会极大地增加读者的负担；而以自己的资源去建设内容平台，资源也会有限。

2. 移动网络运营商

依托强大的运营网络，移动运营商也积极介入电子书产业。2009年5月7日，中国移动在北京宣布“手机阅读”业务正式上市，并表示已经做好手机阅读业务“三年不挣钱”的打算，将为用户补贴相关的数据流量费用。作为大陆最大的网络运营商，中国移动利用自己的渠道优势来推动手机阅读电子书。中国移动的高层还表示，中国移动不仅要引入iPhone手机，还要在下一代的iPhone装入TD-SCDMA 3G模块，同时还要引入iPad平板计算机。中国联通、中国电信等移动运营商也在开展手机阅读服务。

由于手机的功能越来越强大，加上网络运营商的渠道优势，它们的介入推动了电子书产业的发展。但由于其定价往往较低，且不易阅读长篇作品，未来发展仍受到制约。

3. 信息平台服务商

从事信息服务的大型信息服务商也介入了电子书出版。如方正集团旗下的子公司方正飞阅与中国移动旗下卓望信息，于2009年10月联合推出可提供图书、新闻、股票等综合信息服务的掌控电子阅读器文房（WeFound）。方正早期的阿帕比公司，也开始从事电子书业务。2009年7月，方正打造了番薯网平台，号

* 仵树大.《读者》电纸书即将量产上市. http://finance.sina.com.cn/roll/20100414/09237746650.shtml.

称“全球最大的数字出版门户”*，采用下载、包月、租阅等形式。2010年3月，番薯网推出针对数字图书专业领域的云阅读平台，它提供了以全文搜索引擎、电子商务平台、全媒体发布系统为组成的综合性云服务。目前，电子商务平台提供60万册正版可试读或购买的电子书。**

但由于方正缺少内容资源，所有的内容资源都需要出版社提供。一些电子书终端硬件生产商，如汉王等介入内容平台服务，致使目前电子书的平台服务变得较为分散，要形成巨大的平台，难度很大。

4. 阅读终端器生产商

电子书的阅读终端有计算机、手机和专用手持阅读器。随着kindle的成功，大陆的电子书专用阅读终端器也开始畅销。

做手写输入起家的汉王，瞄准了手持电子书阅读器终端，推出了专门的电子书阅读设备“汉王”电子书，并有5寸、6寸、8寸等多种电子书规格。汉王构建了自己的电子书平台（http://www.hwebook.cn），用户可以下载自己中意的图书。汉王还跟复旦大学出版社、四川文艺出版社等建立了合作关系，一些畅销书可以在线下载。汉王N800内置了6000本电子书，包含社会、政治、经济、文学、小说、传记、教育、古典文学等，可谓包罗万象，并且该机拥有WiFi无线上网模块，便于用户网上冲浪，了解相关信息。

广州金蟾软件研发中心有限公司推出的易博士电子书阅读器，除与一些报刊合作外，主要收录一些公版的图书。同时推出的围棋伴侣等电子书阅读器，标志着电子书阅读器市场的细化。此外，纽曼电子书、台电电子书、爱国者电子书等电子书阅读器也在市场上具有一定的影响。

目前，市场上的电子书阅读器约有四五十个品种，但随着电子书阅读器价格的不断下降，一些低端阅读器将逐步退出市场。电子书的终端制造商拥有技术及较强的实力，但他们缺少内容资源，所建设的内容平台需要与内容拥有者逐步去谈判，难度较大。

（三）大陆电子书产业存在的主要问题

1. 产业链问题

大陆电子书产业较为混乱，恰当的社会分工尚未形成。一个完整的电子书产业链应该由内容提供商、网络运营商、平台提供商、终端提供商构成。但目前，每个环节都希望自己能独揽整个产业链，导致电子书产业链较为混乱。正如电视台只提供内容资源，不会去建光纤网络、建立电视厂一样，经过若干年的市场竞

* 番薯网首页，http://www.fanshu.com.

** 公司简介，http://www.fanshu.com/html/201006/100623112338l093.shtml.

争，将来的电子书产业将会逐渐形成一个较为合理的产业链。

2. 版权问题

对出版而言，内容是最重要的资源，如果内容不能得到保护，产业就不能得到发展，电子书的版权同样如此。由于知识产权保护意识不够，大陆的网站上随处可以下载电子书，一些出版社刚出版不久的书籍也被人立即发布到网络上。很明显，电子书的盗版得不到遏制的话，电子书产业就得不到发展，在百度文库、verycd网、sina网共享数据等处，可以得到许多的免费电子版。根据本人的调查，使用者购买盗版制品的一个很重要的原因是便宜与便利，*如果用户可以方便获得免费的电子版本，根本不可能去购买电子书。同时，一些电子书厂家以免费资源来诱惑买家，导致出现版权问题，2010年，中华书局诉“汉王”侵权案便是一个典型，中华书局认为，汉王电子书收录了中华书局享有著作权的点校本《二十四史》和《清史稿》，汉王科技未经许可，擅自在其制作发行的作品中收录中华书局享有著作权的作品的行为侵犯了其对作品享有的署名权、复制权、发行权、获取报酬权等权利，因此，汉王科技应当停止制作发行含有原告点校本内容的《汉王电子书D20国学版》；在《中国新闻出版报》上就涉案侵权行为刊登向原告赔礼道歉的声明；赔偿原告经济损失912000元及诉讼合理支出13780元。但汉王科技辩称，他们是从中国国学网以正版版权购买了《国学宝典》。虽然该案判决汉王胜诉，但中华书局将再次上诉。这一案件既有助于传统出版社的维权，也为电子书出版商们敲响了警钟。

3. 价格问题

电子书的价格也是一个争论较大的问题，电子书的定价模式同样要遵循一定的规律。目前，许多出版社认为，电子书属于附带销售的产品，目前主要通过纸本书获利，随着电子书的逐渐普及，这一思路将导致将来电子书无法获得较高的定价。以易中天的《帝国的终结》为例，该书的印刷版由复旦大学出版社出版，每本定价28元，但汉王商城卖8元，是前者价格的28.6%，还不到3折。陕西师范大学出版社2011年3月刚出版的《大风歌——王立群讲高祖刘邦》，纸本定价为26元，京东网上书店六五折约定，为16.90元，番薯网上这本书的电子版，不但可以试读，而且可以购买，价格是1元，等于白送。

4. 内容质量监管问题

图书内容差错严重，是大陆出版近年比较突出的问题，为了应对出版物质量滑坡，新闻出版总署于2004年12月颁布了新的《图书质量管理规定》，对国家

* 张志强：《城镇居民与盗版制品的接触程度分析》，《中国版权》2005年第3期，第52-54页。

批准设立出版社的图书质量提出了要求。电子书作为新兴的产业，编校质量差是最大的问题，因为大多数电子书是通过光学识别的扫描技术转变为电子书的，编校质量无法保证，如果不纳入图书质量监管体系，是坑害读者的行为。

5. 电子书格式问题

毫无疑问，目前各种电子书阅读器采用了各自不同的格式，导致电子书市场较为混乱，有人评价2010年汉王与易博士的官司，其本质就是电子书格式之争。2010年10月，广州的金蟾公司在发现竞争对手汉王在招股说明书中宣称其电子书支持易博士未授权的EBA专用格式后，在与对方沟通未果的情况下，将汉王告上法庭，认为其在首次公开发行股票并上市的有关重要文件中做出虚假宣传，涉嫌侵权和不正当竞争，要求汉王赔偿700万元并公开赔礼道歉。EBA格式是金蟾软件独立开发的自主知识产权的阅读格式，具有自动排版、5级缩放、图文混排、版权保护等多项功能与特点。这一官司目前尚未结案，但毫无疑问将对大陆电子书产业产生影响，如果大陆的电子书阅读器格式太多的话，很明显不利于产业的发展。

三、未来的思考

2000年方正集团曾有这样的预言：2001年国内将有更多出版社涉足e-book的出版；2002年电子书包、课本被接受；2005年少数出版社的e-book销售超过5%；2006年手持阅读器成为时尚；2008年随处可买e-book；2015年图书馆新增图书50%是e-book；2020年e-book占据市场50%以上的份额；2030年虽然纸质图书与e-book同时存在，但e-book超过纸质图书……很明显，方正的预言至少到2011年前并不准确，但未来是否如预计仍有待检验。电子书产业的成熟，将极大地改变人类的出版历史，但现在电子书产业仍处于黎明前的阶段。

（一）高度重视电子书产业对出版业的影响

毫无疑问，电子书将改变传统的出版形态。随着电子书的出现，出版社将从出版有形的图书转向无形的图书，将从物质生产机构变成信息传播机构，使近千年以来的出版形态得以彻底改变。随之改变的还有出版方式，电子书的出现，免除了印刷、发行等多个环节，缩短了出版时间，同时全球任何一个地方的读者都可以同时获得该书内容，克服了时空的障碍，加快了知识的传播。随着电子书的发展，印刷或复制、发行行业将受到极大的冲击，其规模将逐渐萎缩。出版业将与网络运营商、平台提供商与终端制造商一道，构成新的出版方式。同时，出版管理的难度将加大，尤其是网络上超越国界的内容传播，以及侵权盗版等行为，使出版管理的任务难度加大，工作更繁重，这些问题均需要加以认真地研究。

（二）加大政府部门的引导

政府部门的合理引导，有助于产业的健康发展。2010年10月9日，新闻出版总署发布了《关于发展电子书产业的意见》，将丰富电子书内容资源、优化传统出版资源数字化转换质量、搭建电子书内容资源投送平台、提高电子书生产技术水准、加快电子书标准制订等列入了议程，并提出建立电子书行业准入制度。同时，政府在电子书产业发展规划的制定、电子书行业法规体系建设、电子书产业发展环境的优化、电子书行业自律等方面发挥积极的作用。此外，在政府的带动下，开展电子书相关理论研究、加强电子书专业人才队伍建设等，也将有利于电子书行业的健康发展。目前，政府应建立电子书标准、电子书监管体系和打击盗版电子书作为工作重点，确保电子书产业的健康发展。

（三）重视市场的导向作用

电子书阅读器从上世纪末开始出现，经历了10年多时间的市场酝酿，终于引起市场的重视，因此，要重视市场的导向作用。在合理的政策引导下，电子书产业易于形成良好的市场，同时，随着市场的竞争，产业链各环节的合作，也有助于内容资源的整合，在市场的引导下，电子书技术的不断研发，有助于推动技术的进步和产业的升级。目前，政府既要对市场加以引导，更要规范市场，这样才能使电子书产业得到健康发展，尤其是在目前电子书还不够成熟的情况下，更要注意通过市场的引导，通过纸质版书籍与电子版书籍的双重发展，推动出版业的整体发展。

大陆数字出版盈利模式探究

尚亚鹏*

摘　要：本文从数字出版盈利模式的基本定义出发，分析大陆数字出版产业链的组成，在概括现有盈利模式的基础上，提出整合数字出版产业链、建设合理定价策略及格式标准等建议。

关键词：数字出版；盈利模式；发展策略

一、数字出版盈利模式概述

（一）盈利模式定义

盈利一般人都能理解，但是何为模式？街边卖水果的小贩和消费者交易过后也可以获得利润，但这种盈利的方式不能称之为模式，只能说这是一种谋生的方式、手段、方法。模式是一个具有规模性的词语，模式其实就是解决某一类问题的方法论。把解决某类问题的方法总结归纳到理论高度，那就是模式。模式是一种指导，在一个良好的指导下，有助于你完成任务，有助于你作出一个优良的设计方案，达到事半功倍的效果，而且会得到解决问题的最佳办法。由此推之，数字出版盈利模式应该是解决数字出版盈利问题的方法论，能够指导数字出版企业赢得利润的优良方案。

（二）大陆数字出版盈利模式现状

数字出版是新技术的产物，我国出版业历经手抄、雕版、活字印刷、光电印刷，终于在数字技术突飞猛进的浪潮下开始了数字出版的新历程。数字出版在不到20年的时间里就取得了辉煌的成就，产值逐年上升。据统计，大陆2006年数字出版产值达213亿元，2007年是362.42亿元，2008年为530.64亿元，到了2009年产值达到了799.4亿元，已是2006年的3.75倍。

国家对于数字出版也越来越重视，在2010年一年之内新闻出版总署就发布了三份相关文件，为建立正常规范的数字出版市场竞争秩序提供了政策保障。1月颁布《关于进一步推动新闻出版产业发展的指导意见》，9月颁布《关于加快我国数字出版产业发展的若干意见》，10月下发《关于发展电子书产业的意见》，11月公布了首批电子书牌照。虽然数字出版产业发展如火如荼，但在学界和业界都没有一个得到普遍认可的盈利模式，这就极大阻碍了数字出版发展的步伐，

* 尚亚鹏，河北大学新闻传播学院编辑出版系研究生。

盈利模式的模糊导致投资的盲目，继而导致市场的混乱，这对于出版产业的发展是极其不利的。

二、大陆数字出版盈利模式面临的困境

（一）理论上的困境：盈利模式不成熟

盈利模式的问题是任何一个产业都要解决的重大问题，在现今高度市场化的竞争环境中，能否生存下去唯一的标准就是盈利，大陆数字出版在近几年发展可谓风生水起，各大出版企业纷纷下海试水，想从数字出版这块新鲜的蛋糕中抢夺一块，但试水的结果并不尽人意，搁浅者不在少数，致使一些出版单位对数字出版又爱又恨，只能在岸上持观望的态度。

导致这种状况的原因就是盈利模式的模糊，从而导致投资的盲目。大陆数字出版发展至今，内容与技术也逐渐趋于完备，然而如何整合这些内容与技术，使之逐步形成持续有效的盈利模式，这是关键性的问题。任何企业缺乏了成熟持续的盈利模式都是不可能成功的，所以在全球数字化飞速发展的大环境下，尽快的摸索出一条适合大陆数字出版的系统成熟的盈利模式是至关重要的。

（二）实践上的困境

1. 数字出版产业链利益分配不平衡

产业链的概念有广义和狭义之分。“广义的产业链包括满足特定需求或进行特定产品生产（及提供服务）的所有企业集合，涉及相关产业之间的关系；狭义的产业链则重点考虑直接满足特定需求或进行特定产品生产（及提供服务）的企业集合部分，主要关注产业内各环节之间的关系”*。数字出版产业链主要分两大部分，一是内容，二是技术，而从现今大陆数字出版的发展现状来看这两者之间存在很大矛盾。

大陆数字出版产业链受国家政策及资金技术等条件限制，利益分配存在很大缺陷，首先产业链各环节缺乏相应的沟通与交流，制约着数字出版的发展，传统出版单位手握内容却缺乏相应的资金及技术，而技术提供商无法介入内容领域，缺乏最重要的出版资源；其次在具体的内容提供与技术提供之间，利益分配比例极不协调，出版业归根结底还是以内容为主导的产业，内容为王不只是一个口号，它应该是整个产业的命脉所在，然而现在内容提供商在整个数字出版产业链条中处于弱势地位。大陆数字出版物的价格是非常低廉的，其定价通常只有纸质出版物的 30% 左右，而分配是按照 5：5 的比例，这是不公平的比例。技术提供商只通过无成本的海量复制，就可以赚取大量利润，而在专门卖电子阅读器或者平板

* 刘贵富．生态产业研究：产业线基本理论 [M]．长春：吉林科学技术出版社．

计算机的商人眼中数字内容往往只是白搭着送出去的，或者通过增值业务从内容上来赚取更多的利润，他们在阅读器上面的收益比只卖内容要多得多。内容提供商卖的是版权，说白了就是“吃老本”，卖完了版权再卖什么呢？所以大陆数字出版价值链急需整合，应把整个产业引向正常的轨道。

2. 缺少数字出版专业人才

在传统出版中编辑的角色是至关重要的，编辑要具有很深的文字功底和很宽的知识面，还要有很强的逻辑思维能力和创新能力。而在数字出版领域，编辑不仅要具备上述条件，更重要的是要懂技术，技术是困扰大陆数字出版专业人才培养的一个难题。而现在大陆有些出版从业人员观念比较滞后，或者说是已经习惯了传统出版的流程与模式，不愿进行改变与革新。

目前一些人认为：将传统出版物进行二进制转换输入网络就是数字出版；数字出版是未来的事情，与目前传统出版无关；数字出版只是数字出版部门自己的事等等，这些想法实际上都是对数字出版工作非常狭隘的理解。所以大力培养复合型编辑人才是发展大陆数字出版的必由之路，这是学界、业界以及政府方面都要重视的重大课题。

3. 数字出版版权保护困难

版权保护不仅是令传统出版头疼的事情，在数字出版领域版权保护更是一个非常棘手的问题。数字出版版权保护有两个关键性问题，一是技术性的问题，另一个是权利归属问题。数字出版一个非常重要的特性就是可以大量复制，其传播速度超乎想象，它的传播载体是网络和其他数字化介质，在消费习惯上，大陆的消费者似乎已经习惯了网络上的免费信息，人们可以随意廉价的复制并加以传播，这就加大了版权保护的难度，而现今的数字版权保护技术明显跟不上盗版的速度，所以导致知识产权的流失，对整个数字出版行业的发展极其不利。

数字版权的另一个难点是权利归属问题，作者、出版社、技术提供商，这三者之间到底谁是权利主体，利益的分配是否合理等等，这些也是困扰版权权益的问题。只有解决好这些问题数字出版才能正常有序的发展下去。

三、大陆数字出版现有盈利模式探究

（一）以中国汉王为代表的电子书销售平台模式

汉王是目前国内最大的阅读终端设备制造商，2011 年汉王科技以 65.38% 的份额占据一季度中国电子阅读器市场份额第一。之前的汉王只是依靠出售电子书阅读器来实现盈利，然而随着亚马逊 kindle，苹果 iPad 以及华硕、华为等终端阅读器厂商涌入市场，汉王阅读器的利润空间明显被压缩了，依靠卖阅读器只是一次性销售，并不能形成持续的盈利空间。所以汉王必须转变盈利模式才有可能在竞争激烈的市场中站稳站牢。

汉王科技董事长刘迎建表示："我们未来的商业模式不是靠终端，而是靠平台的，这个平台就是汉王书城。"据了解，汉王书城在2010年10月拥有13万本畅销图书，2011年会增加到30万本以上，汉王书城将推出第六版，新版将增加图书预读、书评、听书、报纸等功能。汉王书城运营部门、汉王资源运营部总经理陈少强表示，汉王2010年投入3000万人民币进行书城的搭建和内容的购买，目前已有4万册的数量，这一数字将在8月份超过10万，而年底将达到20万册。书城将作为汉王阅读器硬件服务体系长期存在，成为增强阅读器竞争力的手段。去年发布的《文化蓝皮书：2010年中国文化产业发展报告》中称，"汉王电纸书通过将80%数字图书发行利润让渡给出版社的方式，短时间内就吸引了100多家出版社加盟。"对二八分成模式，出版社非常赞同，认为如果坚持这样的分配模式和定价机制，整个行业就会进入良性循环。*

事实证明在电子书阅读器市场上，只依靠销售阅读器是不可取的，必须联合内容提供商、网络提供商等共同搭建"终端+平台"的盈利模式，并且形成合理公平的分配模式，这样才能使盈利变得持续有力，汉王的转变不仅是其企业的战略调整，更是大陆相同企业应当借鉴和学习的范例。

（二）以清华知网为代表的在线数据库模式

清华知网（中国知网CNKI）由国家教育部主管，清华大学主办，中国学术期刊电子杂志社编辑出版，清华同方光盘有限公司制作，清华同方知网技术公司发行并提供技术支持与服务。通过与期刊界、出版界及各内容提供商达成合作，清华知网已经发展成为集期刊杂志、博士论文、硕士论文、会议论文、报纸、工具书、年鉴、专利、标准、国学、海外文献资源为一体的，具体国际领先水平的网络出版平台。中心网站的日更新文献量达5篇以上。基于海量内容资源的增值服务平台，任何人、任何机构都可以在清华知网建立自己个人数字图书馆，订制自己需要的内容。越来越多的读者将清华知网作为日常工作和学习的平台。

分析清华知网的运营模式大致为四个方面：一是大规模集成整合知识信息资源，整体提高资源的综合和增值利用价值；二是建设知识资源互联网传播扩散与增值服务平台，为全社会提供资源共享、数字化学习、知识创新信息化条件；三是建设知识资源的深度开发利用平台，为社会各方面提供知识管理与知识服务的信息化手段；四是为知识资源生产出版部门创造互联网出版发行的市场环境与商

* 汉王投3000万建网上书城，中国版Kindle模式有别于亚马逊，通信资讯报，2010年7月8日。

业机制，大力促进文化出版事业、产业的现代化建设与跨越式发展。* 目前清华知网服务的读者超过 4000 万人，中心网站及镜像点年文献下载量突破 30 亿次，这是非常庞大的数字用户群。清华知网拥有非常简便快捷的检索，加之海量的数字库内容，使得清华知网在线数据库赢得了广大消费者的认同。

知网的盈利主要依靠学术科研机构、高校等团体订购，每年交付给知网版权使用费用；其次就是下载收费的模式，下载费用一页 0.5 元。这两种方式构成了知网盈利的主体。清华知网经过十几年的发展，无论其发展道路还是盈利模式都是值得研究与借鉴的。

（三）以中国移动、联通为代表的手机出版模式

随着通信技术的不断发展，手机已不单单是单纯的通话工具，尤其是 3G 时代的来临更是让手机成为功能多样、方便快捷的多媒体工具。据统计，大陆手机用户已突破 7 亿，手机上网速度以及性能的上升使得使用手机阅读的人数持续增加。手机出版的利益链条延展很长，手机制造商、网络运营商、内容提供商、软件开发商等等，手机出版可以带动一整条产业链的发展。而中国移动、中国联通两家电信运营商垄断了大陆的通讯市场，中国移动更是拥有了大陆 6 亿手机用户，在开展手机出版方面拥有得天独厚的优势，中国移动与联通开展的手机出版主要业务有手机电子书阅读、手机报、手机音乐、手机游戏、手机彩铃等等，而手机阅读更是带动了电子书出版的发展，“手机阅读人数的大幅增长演化为电子书销售收入的爆发性增长：手机阅读产值从 2002 年不足 20 万，发展到 2008 年的 3030 万，增长了 150 倍。尤其是 2008 年增长最快，比 2007 年的 650 万翻了近 5 倍。”**

电信运营商手机阅读平台直接面向用户，在手机出版的大商机中占据了优势，据中国移动通信世界网（CWW）7 月 6 日消息，中国移动手机阅读业务自 2010 年 5 月全国使用，仅短短一年多时间，每月联网用户数现已突破 4500 万人，每月平均收入超过 1 亿元。手机阅读推动了读者、作者和平台之间的互动创作和分享的模式，手机阅读通过短信、彩信、移动互联网等复合传播手段，一方面可以扩大数字出版业的收益，另一方面可以带动纸质图书的出版发行。据相关数据显示，中国移动手机阅读用户向平台回复了 48 万条书评、52 万条留言，点击量最高的图书书评超过 5.5 万。***

中国移动、联通的手机出版模式是建立合理的利益分配模式，电信运营商

* 中国知网简介，百度百科。

** 姜海峰，马莹．电子书步入产业发展春天 [N]，中国图书商报．

*** 赵宇．中国移动手机阅读月均收入破亿元．通信世界网．

和作者、出版社、软件开发商等的利益分配要确定，以日本为例，手机图书出版的收益，作者与出版社能拿到50%，而电信运营商、软件开发商等再分配另外50%。这样稳定的利益分配模式有益于手机出版的持续发展。

四、大陆数字出版盈利模式发展策略

（一）整合产业链，加强合作与联系

产业链整合是对产业链进行调整和协同的过程。大陆数字出版产业链中内容提供商具有版权优势、技术提供商具有技术优势、网络服务提供商具有渠道优势，但产业链上下游环节却各守堡垒，缺乏必要的沟通与合作；另外产业链没有合理的利益分配模式，各环节为了追求自身利益而充当多重角色。产业链整合是现今大陆数字出版业迫切需要实行的。将传统内容资源与网络资源进行整合，将传统出版和技术提供进行整合，各出版企业通过合作或竞争整合市场资源。通过整合，达到建立和谐共赢的产业链。

（二）加强版权保护

对数字出版版权的保护，应着手从以下方面进行。首先，政府部门应完善数字版权保护的相关法律法规，让数字出版业得到法律的有效保护。其次，科研机构应加大力度攻克数字版权保护的技术难题，促使市场有效运作。最后，成立以数字出版为核心的著作权委托代理组织，以协调数字版权的归属问题，形成归属明确，流转清晰的版权制度。

（三）建设统一的格式标准

现在市场上的电子书有各种各样的格式，txt、umd等等，一本电子书就有好几种格式，不同的终端阅读器也有不同的格式要求，这就极大的浪费了资源，导致出版的总体成本增加，不利于数字出版的可持续发展。政府部门应首先加以引导，出台硬性规定或者合理化的建议；其次各出版企业之间也需要沟通或合作，制定合理的行业标准，把格式统一起来，更有利于企业的发展。

（四）实行合理的定价策略

价格策略是出版企业经常采用的一种策略，合理的价格策略能够帮助企业打开市场，在大陆，消费者对于价格很敏感，所以以合理的价格来打动消费者，这是数字出版企业必须要重视的一种策略。出版企业可以根据自身具体情况，研究市场需求，在保证自身盈利的基础上制定多种价格策略，比如低价策略、歧视定价策略、捆绑销售策略等等。

五、结　语

虽然大陆数字出版的盈利模式尚不清晰，但也不得不看到政府部门、出版集团以及技术提供商、网络运营商等等都在共同努力，推动数字出版的建设发展。可以预见大陆数字出版的前景是很广阔的，通过多方努力，大陆数字出版一定会找到适合自身发展的道路，形成成熟系统的盈利模式。

参考文献

[1] 聂震宁．数字时代：今天我们怎样“走出去”[J]．出版广角，2010（9）．

[2] 聂震宁．数字出版：呼唤开启竞合时代 [N]．中国图书商报，2010（12）．

[3] 郝振省．中国手机出版产业的现状及未来发展趋势 [J]．科技与出版，2008（7）．

数字出版与华文出版内容的整合

衣彩天 *

摘　要： 数字出版技术与电子出版媒介为华文出版的整合与发展带来巨大的机遇，它正在成为撬动出版业转型、出版产业链整合与结构优化升级、构建和谐数字出版产业链的杠杆。传统华文出版产业面对新出现的手机出版、网络出版、按需印刷等产业新形态的严峻挑战，必须要整合产业内部资源、整合传统出版与新技术资源、整合全球华文出版资源，构建形成全球华文数字出版产业链。本文剖析了数字时代出版产业链的新特点，构建未来数字出版与华文出版整合后的产业链模式——未来模式，重点围绕“内容源头整合”进行特点和优势分析论证。

关键词： 数字出版；华文出版；内容整合；产业链模式

近五年来，中国大陆数字出版产业发展一路高歌。数据显示 **，2006 年数字出版产业达 213 亿元，2007 年达 362.42 亿元，2008 年达 530.64 亿元，2009 年的产值是 799.4 亿，2010年已超过 1000亿元，年均增长率高达 40%～50%，大大高于其他行业增长率，为国民经济的增长做出了重大贡献，数字出版行业发展日新月异，实现了跨越式发展。广义的“出版产业则由‘大出版’概念衍生而来，即传媒机构或企业通过媒介融合形成规模化、多元化、多媒体互动运作的大出版行业。”数字出版正是在此基础上展开的，是以“全球化”与“全媒体”的背景、以“大文化”和“大出版”的视野、以广义的角度来研究当今的数字出版与华文出版内容的整合。

数字出版产业链的模式改变了原有出版产业单一、线性为主的模式特点。数字技术渗透到出版产业链的各个环节，细化了产业链的环节、延长了产业链的对象、模糊了产业链各环节之间的界限；呈现出产业链源头生产者与终端消费者之间的互动性、出版产品生产与消费的时间瞬时性和空间一元性等新的模式特点。数字出版在快速发展的同时，也引发内容数字化出版整合时出现新的问题。

---

* 衣彩天，北京大学新闻与传播学院 2011 级硕士研究生。

** 中国新闻出版研究院 . 2010 年中国数字出版年会年度报告 [C]. 中国数字出版年会 , 2010. 7. 19.

一、数字出版内容整合的现存问题分析

当前数字出版存在着内容原创不足、版权保护不力、盈利模式单一、技术标准纷杂、个人消费市场开发不足等种种问题。在数字出版产业中，技术提供商因为启动早，占据了产业链条中的强势环节；出版业本来是内容产业，内容提供商却成为弱势环节；内容提供商们每一个创新版权都需要付出巨大劳动和代价，最后却所得甚微，原创积极性严重受挫。现行多数技术提供商在产业链中除了承担技术研发以外，并承担原本属于产业链上游内容制作、加工的环节。这种身兼数职、分散了人力、物力、财力，结果却是事倍功半。

数字技术提供商以其多种身份，延伸到产业链上游进行蚕食，之所以发生这种情况的原因，余敏认为是“由于企业间缺少沟通与合作，技术资源无法得到有效整合，版权制度的发展并没有与数字技术的发展保持同步，导致某些技术厂商成为多种角色的承担者，既是数据制作商、技术开发商，同时也是内容整合商及销售商，这样既增加了企业各项成本，也不利于企业自身保持技术上专业、领先的优势，更不利于数字出版产业整体的协调发展”。*

引人注意的是，来自技术提供商的代表方正阿帕比的赫思佳在北京国际出版论坛中坦言到“电子书、电子杂志、数字报和互联网的发展，的确给新闻出版机构带来了挑战”，但作为技术平台商，赫思佳仍然是“内容为王”观点的支持者，依然强调“新出版仍内容为王”，具体而言“在数字出版的这个产业链条上，最根本的核心还是内容本身，新闻出版机构仍然也必然是数字出版的主体”。**

这表明：一方面，作为数字出版产业链中重要环节的技术提供商依然认为“内容为王”，坚持内容创新的理念，与传统出版机构在对新产业链中上游环节达成一致；另一方面，数字技术商向出版机构示好，愿意与出版机构展开合作，而不是非要一方吃掉另一方。在数字出版产业链中，渠道商和阅读终端商目前处于强势，他们在产业链中地位呈上升趋势。工信部发布最新统计数据，截至2011年5月，全国手机用户已超过9亿，其中，中国移动的3G用户数增长最多，中国联通和中国电信每个月新增3G手机用户也达到100万人以上。关于他们的定位、诉求，他们与传统的出版社、印刷、发行在新的数字出版产业链中的利益分配、生产协作、稳定机制都成为迫在眉睫需要研究解决的问题。

---

* 余敏．首届中国数字出版博览会举办的背景与意义 [C]．2006．09．29．http://tech.sina.com.cn/other/2006-09-29/16001166756.shtml

** 赫思佳．共建数字出版产业链（北京国际出版论坛发言稿）[N]．中国新闻出版报，2007.8.30(008).

二、华文出版内容数字化整合的建议

（一）内容整合的基础：产业链的未来模式

在数字出版时代，传统产业链中原先各个环节间清晰的功能分割逐渐消弭，呈现融合态势，消费者可以同时成为内容的发布者与创造者，技术供应商也向产业链上游挺进，内容、技术、服务等更紧密结合，出版行业构造流程因此改变，提供有价值的内容和个性化的服务成为竞争的关键所在。

在广义的数字出版领域，全球有不少成功的企业盈利模式，例如，亚马逊通过手持阅读器Kindle进行的数字出版生产和销售，苹果通过itunes成功实现数字音乐及数字软件的销售，以及中国知网的数据库销售模式等。这些企业的盈利模式对产业是一个成功借鉴，但并不完全等同于出版产业链模式。理想的数字出版模式，应当是跳出载体的限制，将内容视为“源”，将平台、渠道视为“流”，无论是通过网络、阅读器，还是手机进行最终的出版展示，都可以看作是一种出版形态，最终展示在全球读者面前。

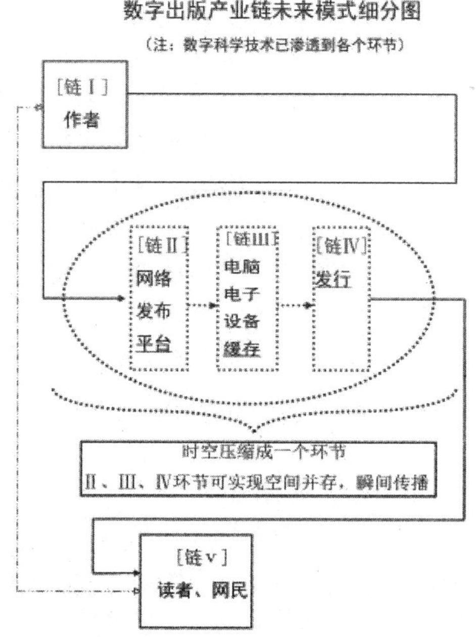

图1　数字出版产业链未来模式细分图

上图展示出数字出版产业链未来模式的主要特点为如下几方面：①数字出版产业链以“内容生产”为源头，包括传统出版社在内的产业链上游的出版机构，未来趋势是不断整合内容，将原有版权内容数字化处理，建立内容数据库，形成同版权内容不同的数字格式，来提供给不同的平台、终端设备，支持多元的出版形态。内容提供商需要不断的整合与壮大，来抗衡渠道或终端占据产业链垄断地位。②渠道或平台是数字出版产业链的“流”，担负着将版权内容这一“活水”从生产到终端传递的路径，未来的平台商因其拥有较高的资本，会不断整合，形成集成门户平台。③多元出版物藉由数字技术的发展，将会缤纷呈现。多媒体、跨媒体、全媒体出版会极大的丰富出版物产品种类，满足人们不同的需求。④时空压缩和技术的突破，将全球的读者呈现在出版机构面前，出版产业的全球市场争夺将成为未来出版产业竞争的方向。

关于“源”与“流”所代表的产业链各环节的具体含义，“源流”之间所代表各环节的新的关系特点，从“源”到“流”的“活水”所表示的产业链的生产产品等等涉及未来模式具体特点和如何有助解决现行数字出版产业链所存在的问题，本文将重点围绕“源”——华文出版内容的数字化生产而展开分析。

（二）数字出版整合的核心：内容为王

以生产精神文化产品为主，既要追求经济价值、也要注重社会效益的华文出版产业，必须以“内容为王”，提高原创补偿力，提高作者、编辑加工群体的集体收入，加大出版机构产业利益分配，构建和谐数字出版产业链，才能大幅提高华文出版的原创出版，使得华文出版在全球数字出版时代占据主要地位。

传统出版机构作为内容提供商，其经济性表现的资本逐利性首先也会追逐利益，在合理利益得到保证之后，才会在数字出版产业建设中发挥更多的主观能动性。随着数字出版迅速发展，风险投资对见效快的IT技术更加青睐，技术人员薪金持续走高，而出版业核心价值所在的内容创造者的价值，因见效缓慢未得到应有重视，如电影电视的编剧、图书作者和编辑、动漫创作者等从业群体的收入，在未成名前被压得很低，甚至难以为继，长此以往，势必影响华文出版内容产业的良性发展。

（三）华文出版整合的关键：版权为要

随着数字出版产业链延伸，出版物的衍生产品会越来越丰富，而版权是产业链进行再生产，创造价值增值的根本，是“源”经过“流”再到终端的“活水”，因此必须重视版权保护。

加大对知识产权的保护力度，打击侵权盗版行为。最近百度文库在网上炒得很厉害，实际上有两种声音，一种声音是作者的声音，作者包括我们官方的管理机构认为它是侵权的，应该制止的。但是，我最近看了新闻出版报发了头版，它发了另外一个部门的态度，认为应该注意作者权益和互联网行业发展之间的结合。

实际上，这反映了另外一种声音，因为我们互联网前期盗版成风，很多人认为没有之前的盗版，我们的互联网也发展不到今天，所以，怎么认识这个问题，保护作者权益，保护互联网行业的发展之间的平衡点，我想这是一个重要方面，所以，我觉得目前新闻出版业应该把资本、内容和技术三股力量有机结合起来，形成合力。迎头赶上世界数字出版发展的潮流，否则我们就会逐渐拉大与西方国家在数字出版发展方面的距离。

三、结　语

综上所述：数字出版与华文出版内容整合的关键是坚持内容为王，打造精品品牌，建立多媒体平台和产业链，开展版权贸易，扩展内容衍生品销售。理想的数字出版模式，应当是跳出载体的限制，将内容视为“源”，将平台、渠道视为“流”，无论是通过网络、阅读器，还是手机进行最终的出版展示，都可以看作是一种出版形态，最终展示在全球读者面前。以“内容生产”为源头，包括传统出版社在内的产业链上游的出版机构，未来趋势是不断整合内容，将原有版权内容数字化处理。

数字出版产业链以“内容生产”为源头，包括传统出版社在内的产业链上游的出版机构，未来趋势是不断整合内容，将原有版权内容数字化处理。在坚持“内容为王”的基础上，应着力打造产业链核心：加强研发，重视原创。多媒体、跨媒体、全媒体出版会极大的丰富出版物产品种类，多元出版物藉由数字技术的发展，将会缤纷呈现，满足人们不同的需求。因此必须重视版权保护，在此基础上加大华文出版的数字化内容整合，提高华文出版在世界出版业中的地位和影响。

参考文献

[1] 衣彩天．出版产业链模式构建初探 [J]．编辑学刊，2010(3)，84-88.

[2] 曹胜玫．当前数字出版产业链的相关问题及思考 [J]．编辑之友，2009，(3)，15-17.

[3] 聂震宁．数字出版：距离成熟还有长路要走 [J]．出版科学，2009(1)，5-9.

[4] 刘灿姣，黄立雄．论数字出版产业链的整合 [J]．中国出版，2009(1).

[5] 陈雪华，林维萱．华文地区数字出版产业发展之探讨：以台湾和大陆为例 [J]．教育数据与图书馆学，2008(2)，267-292.

[6] 杨斌．出版产业链在数字时代的变化 [N]．中华读书报，2009.7.15.（005）.

[7] 徐丹．技术与内容：打造数字出版产业链的关键 [N]．中国经济导报，2009.07.04.

数字时代的知识生产与出版信息反省批判
（节选）*

欧崇敬 **

摘　要：本文透过知识分子在21世纪数字时代的存在角色变革探究，论述数字出版信息与当代知识生产的多元复合关系。论文分为以下九大部分（节选六部分）：第一，信息精英取代知识分子；第二，知识分子角色的彻底死亡；第三，一切行为与智能都可以数字档案化的时代来了；第四，软件共和国与人的接口式存在；第五，围墙边是春天还是冬雪？数字文化的便利或者摧残？第六，全球化浪潮的文化批判；第七，燃烧的地图与数字网络的疏离症；第八，消失的密室；第九，没有知识的知识经济时代。

关键词：数字信息；知识分子；信息出版

一、知识分子角色的彻底死亡

我们并不想重复法国哲学家李欧塔（Lyotard）在1978年所说的知识分子死亡并且被终端机取代的言论。在这里，我们把知识分子角色的彻底死亡看作时代的革命。换言之，关于伏尔、泰鲁索、康德、黑格尔、亚当史密斯、牛顿、达尔文等伟大的知识分子，都还没有办法获得充分的言论自由，而伴随着工业革命的兴起和启蒙运动浪潮的发展，标示着一个时代的开始。

这个时代被思想家们广泛地讨论是一个现代性的开始，而李欧塔恰恰代表后现代性的发展。1978年或者以后的欧美先进资本主义国家，其实只是在代表着这个时代的最后反省与终止式，然而李欧塔并没有看见人类文明的第七波革命正迅速的到来，如果我们将新石器作为人类的第一波革命，而农业和陶器则是第二波革命，那么火药、罗盘、造纸、印刷术则是第三波革命，煤矿、货币的使用则是第四波革命，资本主义、蒸汽机、工业革命是第五波革命，终端机、生物科技、全球化是第六波革命，而第七波革命，是在知识分子的角色彻底消失以后，基础学科彻底数字化之后，法国左岸咖啡彻底观光化，连巴黎学圈也被搜索引擎裂解之后，这个时代才真的到来。

第七波革命人类准备迈向何地呢？这是一个准备星际移民、复制人、面对末

* 因本文字数超长，达到26000多字，故节选其中的主要内容登载。

** 欧崇敬，环球科技大学全球趋势与创意产业研究中心主任、南京大学客座教授。

世的挑战、挽救大灭绝的磁极对调时代。谁有时间凭吊大师的缺位，谁有时间为知识分子的角色死亡掉一滴眼泪。正因为没有了眼泪，我们才要提醒读者注意，这个世界第七波革命已经完全环绕着我们身上的每一个细胞和基因。所以，所有的知识与信息都老实不客气的反映在市场需求与如何拯救人类的绝续存亡上面，如果阅听大众还把注意力集中在知识分子社群的存在与否上面，那终究只会有宋徽宗的下场。关于知识分子的角色存在问题，其实只是宋徽宗的瘦金体与青花瓷，对于挽救人类文明，不是在艺文中心可以解决的。把当今的生态学家、环境学家、物理学家、生物科技学家、水资源学者、能源学家全部集合在一起，都还不能解决问题，他们的力量，可能还远远比不上向上天祈祷的有效。

面对这种局面，我们竟然没有发现第七波革命的到来，而各个饱学之士，只忙着在各大学和各文职机构之间投递履历表。我们不由得觉得，末世论之所以可能，关键点就在于大家在心灵中对于知识分子角色的死亡，其实是“百足之虫、尸而不僵”，其实是惯用大麻的毒瘾者戒不掉，梦幻闲散、如痴如醉的恶习。换句话说，这种知识人的弊病，正是使时代停滞不前、难以转型和知识力量无法透显的关键原因。

当每个人都可以轻易地使用鼠标和搜索引擎去欣赏任何一个思想家、艺术家的声音文字和影像作品之际，知识已经成为档案学的一部分。那么，我们就应该转身看出知识的花瓶作用，与哪些知识具有未来性的区别。这句话的意思是指，学习知识的人，不应该企求花瓶作用可以在社会分工体系之下轻易的谋得永久饭票，甚至应该完全的消除这种欲望，这使得我们的时代，的确进入了一个新实用主义的时代，什么知识才对整个生态系统和环境的永续有效、有用，他并没有今古之分，也没有中外之别，但是，他却极容易被检证。

文明转型的工程，绝非儿戏，更不是文人的曲水流觞，也不是王维的文人画作，更不是王羲之的兰亭集序。你可以不知道谁是四大名旦，但是没有人告诉你你可以不会使用 google 搜寻信息，于是知识的形态转变了、知识的典范转变了；知识的接口也转变了。过去那两百年左右的知识分子时代，当然已经彻底地烟消云散了。

我们现在站在哪里？我们站在一个一分钟之内，可以在一个不到五坪大的办公室，透过工作人员，寄出 1 亿份以上的信件、email，这是一个与上帝同在的时代，它不是一个八百里快马传书、或者飞鸽传书、或者坐着新干线、坐着波音 747 所可以追上的时代。这些举例都在告诉我们，旧有的传递典范与知识品味典范失效了，那个嘲笑上帝已死的尼采倒是真的死了，知识的阅读和有效必须要重新转型，进入一个像太阳系和银河系远征的雄心壮志。关于秦始皇统一六国的现代版，Microsoft和Apple已经为我们示范了，关于白银帝国的瞬间瓦解，美国的印钞机也为我们展现了现代版本，不觉悟的人并不限于大陆人、台湾人、黄种人、白种人。

请把你的眼睛转向宇宙大爆炸之前的世界，以及大爆炸之后一切都由原子构成重复组合的时代，请你转向基因改造和月球有水的事实，请你把眼光转到灵魂不灭和一根针上到底可以站几个天使的讨论，同时结合若干科学理论：超弦理论、碎型理论、复杂理论、混沌理论，重新构思人体的百分之七十的水，以及每秒钟有十亿个微小粒子会穿越肉体的世界是什么？你还真的打算靠着背诵三万个单字在市场上获得永恒的薪水吗？你还真的准备以指导大家阅读两千五百年的艺术发展，作为生活交易的唯一手段吗？你还准备以说明一个过去历史阶段的任何档案作为生活支柱吗？

时代确实斗转星移，我们间接地知道，可能有上百组不同的外星人造访过地球，世界上拥有不同的空间穿越技术，可能超越了光速所行驶在太空中的技术存在，并且世界的物理学家告诉我们，目前地球文明所拥有的知识，只能解释这个宇宙百分之四的现象而已。那么，依靠着档案学而生存的知识分子，又是这百分之四的兆亿分之一而已吧！可想而知，上帝虽然慈悲，但是也不会希望人类一直站在愚蠢的国度之中，至少不会赞成反复地讨论我们要不要看苹果、要不要吃苹果、还是要不要使用苹果。如果用一个苹果作为一个时代的侧身典范和圣经中的苹果启示，人类和伊甸园之间应该有一个新的诠释。如果我们把伊甸园当作是idea的国度，那么离开了理念之国，从罗马式的肉欲到资本主义的贪婪时代，应该告一段落了。人类应该离开苹果的吞噬，而成为上帝身旁的精英，进入一个纯粹追寻理念的浩瀚工程中。知识分子正是尝试了苹果之毒，而第七波革命是离开苹果之毒的时代。一个重新面对宇宙与上帝的时代，一个重新面对生态、环境、能源、食物、肉体、灵魂的时代到来了。

二、一切行为与智能都可以数字档案化的时代来临

你一定觉得《黑客任务》只是个电影吧？你一定觉得它里面的学习模式荒诞不稽吧？不然，它的准确度还相当高，就拿里面的主角学习格斗的场面来说吧，在虚拟现实的实验里，科学家已经为我们证明了这一切。科学家甚至告诉我们，以虚拟的方式在脑部中，对于肉体的锻炼效果而言，也会有百分之五十的实质收益。

举个例子，你在虚拟现实中跑步了两小时，实质上你在现实的三度空间里面，你的肉体可能完全没有运动，而你只是大脑参与了这两小时的跑步行动，但实质上在肉体的层面作用而言，确有实质跑步一小时的作用。换言之，你有一小时的排汗量，也有一小时的肌肉运动量，当然也有一小时的劳累感，只不过你花的钟表时间是两小时而已。如果这个精神彻底贯彻，那么一切的运动，一切的身体锻炼，不也都可以数字化吗？那么，或许有一天妓女的行业，或者牛郎的行业也会从地球消失。也许用不着三十年，就不需要人类的肉体来从事色情行业了，这一点应该让所有读者大感惊讶吧？依此类推，所有的登徒子或者好色女性都可以透过虚拟现实而满足他们的饥渴，但是又不用冒着艾滋病的风险，或者违反道德，抑或是背上社会不伦理的眼光和批判的骂名，进而解决了所谓的欲望需求。如此一来，几乎所有干坏事勾当的娱乐，都可以在虚拟世界里面被完成，所以《黑客任务》这部片子，就像是提前四十年到来的预言了。

一切的不道德事物的确都可以在虚拟现实中被完成，而在现实的三度空间中，人们可以闻风不动地保持着一个所谓正常合法的规矩生活。如果你不是真的想赢钱，而只是想娱乐，那么赌场和发牌员基本都会失业，如果不是为了让观众看到你的运动雄风，那么各种运动场和健身房也一样会关闭，甚至各地方的温泉，也都可以停办歇业。上述案例只要是现在稍微有点段数的数字工作者，都会承认这样的生活不久就会到来。我们不过提前告诉你，原来这一切即便是日常生活的小事或者是阴暗面，即便我们以为必须身体力行，非得以肉体接触，才能一饱感官之福的活动，竟然都可以数字化，竟然都可以由虚拟现实的软件包提供服务。不过至少确定有个行业在三十年内不会失业，那就是对上述一切案例可以进行设计的软件工程师，只要他们尽其所能的发挥创意，找出人类所可能从事的任何活动，并且在虚拟世界中完成对等的满足，那么，软件工程师就可以将之生产出来，

如果只是说明上述的这一切，那么本文就称不上是什么高明的趋势未来学洞见了，上述只不过是本章节的前言部分而已，。原来每个时代人类会从事的行为或者所需要运用的智能，都可以数字档案化，这就使得人类被迫进化到新的阶段。在这个起点上，人类真的离开了启蒙时代，进入到一个新纪元，也就是无所不在档案中，以及无所不可数字档案化的时代。

在运用《黑客任务》那先知般的影片片段给读者们一点理解的媒介。《黑客任务》中的男女主角曾经有一段对话，男主角问女主角是否会驾驶直升机，女主角说现在不会，不过马上会了。于是女主角拿起手机，和主机房联机后，透过传输功能进入大脑，不用几秒钟，她的大脑已经有了完整的驾驶直升机的能力。

你也许觉得《黑客任务》只用几秒钟就传输完毕驾驶直升机的技能太过夸张，不过这一段传输学习能力的表演，确实传神而且精准。只不过以我们目前的科学技术和大脑能耐，所需要的时间不是五秒钟，而可能是五百万秒，可是传输的形态却可以十分接近，那么我们就可以问一下，如果撇开欲望的需求、消费和娱乐，仅从人类必要使用的能力和所需学习的档案量来说，我们可以量化地整理出每一个当时代的人类生活世界里，应该有多少套的学习档案，或者更高层次的说，可以归结出有多少类别的学习档案，每一个类别的学习档案，又可分为多少个具体的细项学习档案；每一个细项学习档案中，究竟需要花多少个小时，才可以完成有效的学习，或者说有效的大脑传输？这样一来，数字网络大学的范围和锻炼，就超越了实体有围墙的大学了。

这会使得人类极有意愿到数字网络大学来学习，而舍弃即便是常春藤名校，或者是要花大笔银子才可以进入的世界百大名校的校园中学习。常春藤名校也好，世界百大名校也好，都是伴随着石油世纪，以及资本主义的扩张和全球化的进行而产生的一种消费行为。这一种大学名牌偶像化的消费行为，将随着石油世纪的终结而终结，也将随着全球化的泛滥而衰竭，真正给有围墙的名校重重一击的则是数字档案与虚拟现实的完备。

这意味着，抛去旧时代的名校、校园、明星概念，正是人类下一波文明的起点特色之一，在数字网络大学的世界里，终究是八大语言的天下，我们并不认为任何一个语言区，还能够有数以百计千计甚至万计的数字网络大学存在，因为这和网络的链接度，以及数字特性完全不符合。每一个语言区里面，所需要拥有的数字大学数量，绝对不需要一百个，这如同我们在任何语言区里面的主要搜寻网站都不会有一百个一样。八大语言区里面，为数不到百个的数字网络大学，它的健全度和创意力以及竞争力、研发力、开发度如何？都是针对人类的智力成长以及新时代人类面对新时代结构的需求，所必须完成的、新的学习组织，非实体化的数字网络大学。

当然我们更可以为人类在一生的可行动可思考时间里，规划出究竟需要学习多少套数字档案知识，才足以满足他在三度空间的社会结构里，所需要扮演的生产角色或者意义角色以及价值角色。人类社会到了这一步，应该说离天国近了。如果来得及的话，正好可以躲过大毁灭的时代，而且可以如英国物理学家霍金博士所说的，去星际移民。带着这一套新的学习方式和结构、生活方式，换一个星球居住，似乎是完全可能的人类新里程碑，或许在这样的一个时代里，地球的人类只剩下回答如何生产出超光速的飞行机器与分解实体，又迅速重整实体，少数外星人会的，而地球人尚有不会的秘密了。

面对这样的一个可能在三十年左右就全面更新的时代，我们怎么还能够轻易的把自己和五四运动的胡适之，或者启蒙运动的康德、倡导利伯维尔场的凯因斯，乃至制造原子弹的爱因斯坦放在一起呢？他们全是另一个时代的历史记忆而已。

数字档案化后的全人类，将共同可以进到一个既俭朴又复杂，既有秩序有道德又满足欲望，既内在又超越，即复杂又重复，一个绝对不会像“所罗门王感受到没有新鲜事的太阳”的时代。这是一个摆脱尼采“永恒轮回”宿命的时代，不过尼采并不是全然无效，他的强力意志(The Will To Power)以及超人(Superman)理论，还有《道德系谱学》和《超越善恶的彼岸》，对我们依然有效。我们将通过数字档案的学习，而使得每一天、每一年，全身充满着强力意志，数字档案也将可以使每一个人在社会角色扮演上都成为新世纪的超人，每一个人可以在道德系谱上选择角色各安其位，每一个人可以站在善恶的彼岸那一端赞美神，或者与上帝同在，抑或是学庄子逍遥游于宇宙的天河之中。

三、围墙边是春天还是冬雪？数字文化的便利或者摧残？

后现代哲学家布什雅曾写作《晶体的复仇》，并且以一种警示性的方式来提醒世人，数字信息化的发展可能对社会文化所带来的破坏，截至目前为止人类社会似乎大多主要在歌颂数字化的成就，而还没有有效的省思数字文化时代对人类社会所带来的弊端，或者是对人类社会文化所带来的破坏。

首先，由于数字信息所可以承载的极大化影音文本文件，造成人类对束缚的曲调、剧目、诗篇、小说等美感经验失去兴趣，一切的符码都只成为计算机上的byte。在byte之外，很难欣赏到白居易《长恨歌》里的“大珠小珠落玉盘”那种简单而且拟像的描写美感。我们也品味不到文天祥在狱中的那种“惶恐滩头说惶恐，零汀洋里叹零汀”的气概，这些素朴的品味，在数字接口之中，早已烟消云散，因为接口上我们听不到现代诗人的“答答马蹄”声，也看不到希腊悲剧的波澜壮阔，更弄不清楚王国维为什么在“众里寻他千百度”之后投湖自尽。

读名著，或者品味秋天的落叶在脚边的浪漫，那种如诗如画的切身感动，数字接口上是付诸阙如的。也许有一天，虚拟现实能够重新细腻地照料人性的需求，让我们可以简单的感受到双脚踏入沙滩并且聆听海浪拍打沿岸的声音；也许有一天，虚拟现实可以引领我们走进亚马逊森林，去倾听千万种虫鸣鸟叫，甚至是野兽的怒吼。对于数字信息来说，这一天的到来，至少在短期的三十年内并不容易见到。

不过，这样的取代效果尚未出现之际，我们却仍喜滋滋地在享受信息处理和储存的便利性，却也严重地深受其害。工业革命与资本主义的兴起，最大的危害在于环境的破坏与污染，然而，它最大的好处却在于就业率的提升，人口的发展与增加，科学结构的稳定与发展，乃至于社会结构的安定。单是在十九、二十两个世纪中，人类社会在科学、医疗、人口、制度上都有了远远超过以往三千年的成就，除了大萧条的几个时段以外，资本主义与工业革命对人类社会所带来的就业贡献与生活安适程度的创造，确实具有正面的贡献。

然而，数字革命是不是也有一样的效果呢？首先，我们承认数字革命可以减少纸张的使用以及减少树木的砍伐，同时电子制造业的污染程度也的确小于传统制造业所生产的污染总和。然而，数字信息的发展，却迅速而且冷不防地取代掉一批又一批的工作岗位，也取代了一种又一种的人类生活模式。终究要问一个问题，我们所存在的终极追求到底是幸福还是数字？我们所存在的终极追求，到底是工业革命的过程还是福祉安康的家庭？如果把幸福作为最高指标，那我们是不是还要追求无止境的便利性，进而无止境地发展数字接口呢？还是应该思考多一点人性，多一点审美的分享，和多一点幸福的感受呢？

从这里，我们就从数字接口的世界里面得到了两个取向，一个是同一化的取向，另外一个则是差异化的取向。什么是同一化的取向呢？那就是把软件与接口作为一个无限征服的马鞍，或者火炮，在人类的文明史上，能跑多远就跑多远，完全不思考人类心灵的感受，也完全不思考各种软件接口与幸福的关系。于是，软件与接口成为铁血的锦衣卫，而不是孙悟空头上的紧箍咒，那么在软件与接口的铁血命令下，如同武林盟主的必杀令是没有人可以不服从的，一旦软件与接口成为一把利刀而用来逼迫人类双腿屈服，那么人类的灾难如同木马屠城一般，在短暂的欣喜下，迅速的被晶体复仇而全盘剿灭。

那么什么是差异化的使用呢？有太多的人并不需要太多的接口，就可以幸福的活在人间，就好像如果有人拒绝使用金融卡和信用卡，却可以很高兴的使用着现金，并且很愉快地到银行排队提款，又有谁可以否定他的幸福感受呢？这个意思是，我们没有理由因为有了金融卡和信用卡，进而可以运用接口交易，而把愿意用人与人接触的提款方式，或者交易方式，或者是钞票的现场交换方式加以否定。

换言之，我们有什么理由否定一个只会使用E-mail而不愿意使用MSN或者实时通，一个只会使用最简单的word软件，而不会使用任何其他接口的文字工作者。如果已经可以满足他工作的全部需求，又有什么理由可以强迫他一定要参与多功能的视讯接口呢？在差异化的软件与接口使用的文化哲学思考下，我们应该照料到每一个人的独特感受和差别需求，把软件和接口只是作为被动的被选择之对象，而不应该让软件接口具有主动的征服欲望，更不应该具有主动的征服权力。最糟糕的是，如果软件接口开始使得一批又一批的人卷入失业浪潮，并且对总体经济发展也没有明显的帮助，甚至形成更巨大的社会问题，那么人类文明的算盘可能就打错了。

九成九以上的人已经拒绝不了电视、电话、手机、计算机、复印机的使用，它们的到来如同车辆，很难被双脚徒步所取代。不过，我们却见到丹麦首都哥本哈根城里面的人，有十分之一以上的上班族，已经改骑单车上下班，这代表着人类对工业化和信息化的一种自我筛选和自我检讨的需求，也代表着一种差异化的生活耕耘，在2010年的世代里，至少我们已经见到大量的知识人和劳动者，因为数字化的取代效应所形成的失业现象。我们相信如果可能的话，除了少数的不愿工作者以外，人类社会都应该追求更高的就业率，并且使人活得有意义、有尊严，同时感受到幸福。然而，试问在大规模的软件创造后，除了科技新贵跟企业老板和少数的社会主流精英以外，其他百分之八十的中产阶级及中低收入户者，这样的数字文化时代真正令他们感到幸福吗？所以如果数字与软件就是我们新的围墙，那么，软件与接口所带来的果实，究竟是春天的甜美花果还是冬天的冰雪呢？

四、全球化浪潮的文化批判

全球化伴随的是晚期资本主义的文化逻辑，代表着市场的无孔不入、消费至上，并且使得消费文化转身成为上帝的角色，于是使得广告和偶像具有无限的权威。一瞬间，企业家和广告商与偶像代言人，吸收了最巨大的财富，包括货币。货币既代表能量，也代表着一切可使用物质的价格，所以有大量的货币囤积在少数人手上，某种意义上就等同于绝大多数的物质囤积在少数人手上。而全球化恰恰使得世界的万分之一人成为世界的主宰者，而他们最主要是企业家、广告商、偶像明星代言人，并且再加上少数的强权者和掠夺者。

当六十多亿人被六十多万人控制的局面形成后，全球化与晚期资本主义像极了一只无人可挡的巨兽，无限贪婪地吞噬了人间的物质和各种材料以及粮食。人类似乎没有办法挣脱这只自己所制造出来的怪兽，没有办法有效地将囤积多余的货币与物资分享给穷人和弱势者，晚期资本主义的贪婪，是无道德地眼睁睁看着弱势族群活活地饿死，或者是贫穷国家沦落到喝不到干净的饮用水。

我们现在所拥有的物质，有效地分配给地球上的人类，绝对足以使每一个人有充足的衣服可以终身替换而不缺乏。我们所建造的房子也绝对可以提供给地球上的人类完全居住，而不会有人风餐露宿，剩下的问题，就只是饮食的基本物资，以及活动所要使用的能源、电力、交通工具，另外就是开展有价值的交流活动。不过，人类的幸运，就是在全球化的过程中出现了前所未有的巨大网络和软件世界，人类可以无限的生产意义和创造价值。

全球化的商品世界，无孔不入地进入到了我们的卧房和私领域空间之中，这使得所有的品牌和企业家的权力，进入了我们的潜意识世界，并且对我们进行规训和催眠，于是全球化成为一种集体无意识状态的行动逻辑。例如，我们不假思索地热爱7-11、Family Mart，而丢弃传统的杂货店，但在差异的文化哲学角度里，可以看到个性杂货店悄悄地在许多商店街中逐一出现，这正是对全球化的一种反制。又例如，全球化的快餐企业铺天盖地的向所有国家发展麦当劳、肯德基、摩斯汉堡等知名快餐空间，不过同时我们已经开始感受到一些人拒绝购买快餐，而返回都市周围或者在家中田园种植有机蔬菜的浪潮。又例如，世界的几十种化妆品牌和皮件品牌充斥在全球各大百货商场中，然而我们也见到许多令人悠然神往的风景区和保护区里，已经开始贩卖原住民或者当地弱势族群所背的书包或者所制作的背包，乃至于所构成的各种餐饮用具和饰品。如此我们正可以看到反全球化，正是后现代和差异的文化哲学所形构的重要内容。这样的内容同时被兼容并蓄的吸收在网络和软件的世界里。全球化与反全球化，同样的都被接受在网络的软件世界之中，既相斥又兼容。

网络既是一种全球化的现象，又是一种反全球化的工具。例如部落格，既是全球化又是个性差异化的所在。例如每个单一网站，亦复如此。更有趣的是，没有人可以翻看完网络世界的每个角落。然而每一个人又可以通过网络，达到世界的每一个角落。所以这是一个既整体又差异的所在之处。

而不管是部落格或网站，他都活生生地具有个别差异的意识和意志存在，也就是说每一个部落格和网站，都具有尼采所说的酒神精神和强力意志的显现。部落格当然不是属于太阳神的世界，这是一个充满私领域充满着梦境的叙述，也充满了个人的巧思之所在地。所以，网络并没有被集体无意识所征服，网络也没有被消费至上的邪恶魔鬼所控制。在网络世界里，并没有尊奉消费就是上帝，反而他转向了阅读和理解至上的智慧追寻。于是，在全球化和网络交手之下，我们就看到一种集体无意识与个别强力意志的矛盾交流，或者说刁诡地交手。我们把这种状态称为是人类在挣脱贪婪的欲望之魔的过程。

总有一天，网络的成熟足以建构超过亚历山大版图的大帝国，而又同时是小国寡民的安适生活。这个国度提供给每一个小区缺乏物质的交换作用，每个语言区可以以虚拟政府的形态代表各部门的官员，用最完备的理性与感性的汇编语言来论述公共政策。在这样的思维下，偶像和全球化企业的垄断就可能被终止，或者至少减少他们垄断大量物资与货币的行为，从而使每一个世界的网民，都能活得既安适又有意义，并且可以体现每一个差异的人生价值。透过网络，我们竟可以接收到超过一万个频道的电视电影内容，如果每一个内容用一分钟观看和点阅，也得不眠不休的观看八到十天以上。更不用说数以千万计的部落格和数以亿万计的网站，和不断更新的电子报和电子期刊，以及百科全书。

网络当然可以有效的计算全世界所有的每个单项物资的存量与流量，当然也可以有效地计算每一个小区、每一个城市、每一个国家所拥有的物资与消耗流量。那么，每一个城市和每一个国家都应该或已经开始建构这样的巨大运算系统来在国际间互相交流，以构成一个和谐的地球生态环境。毫无疑问，这个交流计算还包括环境与生态和空气质量的运算。人类应该向一个全球化运算和资源自我控制、自我节制的世代进行，而不是停留在全球化的消费和全球化品牌的迷恋的文化状态中。如果上述我们说的计算器制皆已形成，那么人类就已经站在云端，人类就构成了云端文化、云端运算、云端通讯、云端联络网、云端经济网，在这个基础之上人类开始建构不被权力支配的自由与个别差异化价值的发展。至此，全球化与反全球化的争议获得终结，人类乃进入新的纪元。

五、燃烧的地图与数字网络的疏离症

安部公房笔下的《燃烧的地图》描写了疏离症与现代城市的关系，这个意向给了我们在描述数字网络世界的各种疏离状态一个重要的灵感。首先，由于数字网络的出现而造成的各种职业身份的消失，是第一种燃烧的地图。其次，在数字网络世界隐藏身份而与现实人格有巨大差异的参与者，则是第二种定义。第三种则是因为数字网络的存在，而产生了人际疏离症，整日只沉迷数字网络的世界中，在现实世界完全脱序者名之。第四种是由于数字网络的丰富化，而产生了心理状态的扭曲，使参与者在现实与网络之间没有办法找到适切的调整，进而发生了人格疏离现象。第五种是由于数字网络的存在，而失去了现实世界中本有的若干基本人群互动能力，把数字网络作为如同生活辅助器一般，事事必须加以借重，甚至坐在或者住在隔壁的朋友、邻居、同学，都需要透过网络来打招呼、问好的御宅族式的疏离症。

这里我们并不打算从数字网络可以取代多少个社会结构中的身份来加以逐条列举说明，而是要去分析若干从业人员因为数字网络的发明而失去了他在市场上原有的分工身份而造成的角色失位及其疏离感。从20世纪80年代起，由北美和西欧就逐渐传来，许多市场上的角色，因为计算机和网络的发展而逐步甚至大规模取代了旧有的分工角色。若干在市场上原来极为重要的职务，竟然由于软件的发明和网络的到来，一夕之间失去了原有的工作，这种情境如同原本的明清科举取士，在清末一瞬间取消后使得天下儒生不知所措一般。

试想一个人原来一生赖以生存的重要谋生能力，在其大脑中本来具有高度的生产意义，但却因为计算机网络的存在和软件的发明，使其原来重要的扮演谋生能力之专业技术，一瞬间失去了生产力，也失去了市场上任何对价的地位。这对于当事人来说，该是何等沉重的创伤，大多数的当事者，都没有能力在很短的时间里面抛弃被取代的原赖以维生的思想训练和专业技术训练，进而重新自我训练一套市场所需要的新能力，而继续以同等的社会地位而生存。

这类型的文化疏离者，甚至重则自寻短见，略重者抑郁寡欢而终，略轻者长期不得志勉强寻找基本的劳动事物以求糊口，抑或者较阳光性格的当事人，则从事较简易的短期学习课程，而进入市场的中低位阶开启另一段较低层次的社会角色人生。无论是以上哪一种状态，对于当事人来说，都是严重的文化疏离、文化差异所造成的生命伤痕。某种程度上似乎是时代和科学发明抛弃了当事人，或者是遗弃了这些旧有的社会重要角色。当事人只要轻轻地回忆旧有的社会地位之重要性和意义的生产重量，就会在心理层面感到隐痛或者剧痛乃至于陷入不堪回首的局面。

所以这类的燃烧的地图状态，如同纽约的双子星大厦瞬间土崩瓦解令人措手不及，无论是当事人、当事人的家人、或者是现场旁观者，乃至于是透过电视及网络新闻的观看者，都会受到沉重的冲击和震撼。从这里说，人们至少会出现一个明显的感受：人竟然是如此的不堪一击，或者说人所受的知识训练与职业技术能力在市场上竟然是如此的脆弱。

这种脆弱感和瞬间崩解感会使得整个人格缺乏信心，乃至于对社会缺乏安全感，不可信赖，进而进入一种战乱时期的逃难思维。这一连串的心理发展，其实是需要动员国家力量，如同面对二次大战或者是越战的官兵，所需要的战后治疗一般。数字网络及软件所产生的各种社会角色的地图燃烧对于当事人来说，几乎见不到任何以国家力量来对他们加以抚恤或做心理咨商的努力。这些人如同旧地图被无情的燃烧，在时代的巨轮中，似乎没有任何悲悯之情来照料他们。于是，

这种事后的缺乏被照料就更加深了当事者的疏离，也就是数字网络和软件对这类人士的二度伤害。

是否可以在新的社会组织架构中找到一个不逊色于以往的、可对等的社会地位角色和工作来加以投入，并且生产出新时代的意义，这才是这类人士真正的有效心理出口。不过，在过去约三十年的发展中，我们并不容易见到这类型的人士能够在短短的几年之内、或者几个月之内就能转身脱出并且占据另外一个具有尊严的社会地位，更不要说继续生产出具有社会价值的意义内涵。除了长期具有培养第二、第三等预备专长的人士以外，其余者几乎不可能幸免。

第二类型，我们已经很熟悉此类型参与者的特殊现象。举例而言，一个七十多岁的老年人可以用六岁小女孩的身份出现在网络世界，或者一个人可以用数十种身份出现在网络世界，甚至也可以以各种身份自我交互对话。这种心理状态，不得不说是数字时代的一种全新的差异文化现象。毫无疑问的，在现实世界本有的身份与数字网络世界所虚构的身份，但又实在的在数字网络里生产的意义的状态，二者之间具有严重的疏离。处身于现实世界的参与者，事实上是透过网络的虚拟，而将现实的身份加以燃烧。如此投射在网络世界获得的满足，在满足的过程里，现实的地图即使燃烧成为灰烬，似乎也不足为惜。

只是这种恣意的燃烧，常常是一往情深而未必是现实的地图真的可以任意地抛弃，或任意地将其燃烧为灰烬。毕竟在网络数字的世界中，即使各种虚构的身份完成了波澜壮阔的意义作用，然而很可能在市场上并不具有货币或者是物质交换的能力，以及结构角色，充其量这种虚构的满足只是一种游戏和虚张声势，或者是一种瞒天过海的剧目演出而已。

然而却可以见到相当规模的人群以此为乐，在沉溺此种满足和游戏之余，终而在这样的疏离状态逐步侵蚀下，反噬了现实生活的原有安定角色，于是地图终于燃烧了起来，原有可能尚称安定的现实生活角色，也就可能因此而变得脆弱、或者容易自我瓦解、抑或者因为现实与虚构的疏离，而产生了精神层次上的错位和误置现象，乃至于在现实世界的扮演角色中无法精准的拥有原本的进退拿捏。

在本类型的疏离状态中，由于虚构的世界极度容易建构多重身份的人格参与，所以在精神疾病上，也因为这种多重人格的虚构建立，而形成人格分裂症或者是多重人格症。一旦进入这样的状态，就不仅仅是疏离感或者疏离症所可以描述的征兆，而是一种极度需要精神科医师或者心理医师加以治疗的精神疾病了。在多重人格的世界里，甚至会造成各种生活上的障碍，也会造成周边人的各种不安或者是伤害。如此一来，此类型的参与者原本只是出于游戏或者是心灵的满足，然而在疏离的反噬过程中却可能造成更巨大的自我伤害。

第三类型，我们将讨论整日沉溺在数字网络世界的用户。这类型的参与者，早已引起了学界的关注和讨论，人们可以知道此类型的御宅族明显的是因为沉溺在数字网络的屏幕世界中，进而失去了现实的生活感，终而导致完全的脱离了现实世界，严重者甚至连饮食、上洗手间、乃至于睡眠时间都大量的减少。此类型的参与者，已经严重的侵蚀到现实生活中的肉体感官，至于其人际关系当然是极其严重的疏离状态，若要此类型的御宅族重返人间，乃需要一段相当长的时间加以辅导和治疗。

其次的类型，则是因为数字网络层出不穷的内涵，使得其在适应上有强大的困难，新的产品 E-mail、MSN、实时通、skype、视讯等各种软件的学习使用，经常让参与者应接不暇，进而产生一种永远要重新开始的感受，或者总是进入一种昨是今非的状态。那么这种燃烧的地图就可以说成是不断燃烧的地图了。通常此类型的参与者，会产生一种无所适从并且亟欲放弃参与新产品或者急切的想要参与新产品的二元对立心态，于是，数字网络的丰富性也就形成了这类型参与者的压力源，从而造成了忧郁症、焦虑症、躁郁症等不同的精神疾病现象。

最后一类，几乎可以说是 20 世纪 80 年代出生的族群所常见的通病，某种程度上越擅长于输入法、或者越擅长于各种网络的联系，可能正好是造成这类型的参与者越成为疏离状态的关键推手。严格说来，这类型的参与者，并不能说是一种疾病状态，而应该说是一种疏离现象，或者是一种人际交往结构的改变，或者是一些人际交往能力的丧失。在现实的世界中，我们很容易从心理学以及人类学、社会学的分析上去得出人类社会交往所需要的各种能力，以及 EQ 和智慧，进而我们也可以得出为了这些能力和智慧，以及 EQ 所需要获得的训练或者练习有哪些主要的内涵。各种兴起于企管顾问公司或者人际沟通公司、乃至于人力资源训练班都着眼于此，在加强晚期资本主义所需要的人才训练。在这一大类的疏离症者世界中，其实是对于上述的训练班而言更严重的社会人际训练不足者的现象。换言之，可以说第类型的参与者其实是由于人类社会的互动能力上之退化现象的族群，所带来的疏离行为而造成的人际衰退状态。这种衰退状态，从 E 世代的族群开始，极可能会逐次的严重，而侵蚀着人类社会，终于形成一个处处是疏离状态的人类社会。

人类社会不论是面对上述五种燃烧的地图之任一种，都应该有效的加以对峙或者说挽救，而不应该任其自在的燃烧。因为这一切的地图燃烧，都在腐化人类社会的既有建置，也都在腐化社会既有的创造力、生产力以及生命力。面对这种差异性的文化，我们应该提出有效的良方，不过这的确可以看作是人类面对第七波世界文明的革命所产生的一个必然带来的征候与现象，或者我们说这是第七波世界革命的副作用，与需要为这一波革命而解决的问题所在。重要的是，各国政府、各个社会体系不应该轻忽上述的各种状态，而应该看作是一个伦理学与文化哲学上甚至是时代的精神医学上所要面对的问题，并且为之成立专责的机构，同时扩大范围来深入了解并且提出因应之道。

六、没有知识的知识经济时代

这是一个没有知识的知识经济时代，人类所存在的新世纪，表面上无处不是知识，表面上无处不是信息，表面上有无穷的知识可以在网络世界上任君翻阅。其实，人却活在一个不以知识为存在基础世纪。人在这个网络与虚拟现实的时代，把过去学习知识的力量大量的投入在数字游戏、数字商品、数字商店与软件接口的工具学习上。由于人类的大脑记忆功能有限，我们开始发现有一大部分的人，只拥有许多成串却又破碎的技术能力，却缺乏知识的内涵。

这是什么原因形成的呢？请试着假想，在过去的时代里，人们不需要学会复杂的选台器，我们要了解在21世纪的时局中，许多家庭拥有三支以上的遥控器是一点也不稀奇的事情。然而单是一支液晶电视的选台器所可以赋予的功能，就很可能需要花上数个小时以上才能完全熟悉。对于儿童来说，这支液晶电视的选台器就已经是一个生活上必须经常面对的接口。而这个选台器的接口倘若没有办法有效地熟悉和操作，那么对于使用电视或者说享受电视作为生活的娱乐或消遣，就会造成困难。

以此为例，我们在生活中事实上比起20世纪60年代以前的人们要花上太多的时间去学习生活世界中的各种器物使用接口。这包括汽车的驾驶和有关汽车各个零件所可能产生的问题，当然延伸出来的就包括许多道路驾驶技术，以及可能面对的行车状况问题，这些都需要记忆的功能，也都需要花上许多学习的时间。如此一来，我们要拿着放大镜仔细地瞧一瞧生活世界的各种人之赖以维生的存在接口。在这个知识经济的时代里我们必须花时间弄清楚计算机怎么使用，弄清楚打印机卡纸怎么办、碳粉夹用完了怎么换，弄清楚视讯怎么用、Skype怎么操作。当我们要上MSN和实时通我们得把打字给练好，光是中英文打字我们就得花上很长的时间去加以练习。如果以每天三小时计算至少得花上一年时间或更长一些的时间安排，才能够得以得心应手。这还不包括我们去学习各种文书软件或者绘图软件。

再者，网络上所呈现的各种数字游戏，乃至于只是社交圈的 facebook，要熟悉他们都得花上大把大把的时间，在大脑的记忆功能上其实是明显的占据相当多的空间的，而这些占据在以往其实用来放置许多科学与人文知识内涵。《战争与和平》的阅读，可能被电视的选台器的功能的练习时间以及记忆所占据了，《海涅全集》的阅读，可能被打印机的墨粉盒与卡纸问题给取代了，《西洋艺术史》的阅读时间，可能被计算机键盘的输入学习时间给取代了。诸如此类还可以列出如何使用与保护微波炉、咖啡机、饮水机等。生活中有越来越多的知识经济所发明的产品，加入了我们的日常领域，光是熟悉家中数以百计的数字与电子产品，很可能就要花上一个小孩从幼年到十八岁成年的大多数剩余时间，然后他要接着学开车。

人类还要花上许多时间来认识周遭的环境以及人和世界，而我们所处的时代，又是一个不断衍生多重变化，不断面对典范更替的世代。人在目不暇接的时代中。必须在大脑上不断面对新的变迁内容，以重新适应和生活在所处的新的人事物环境里面。以此了解，无怪乎到了 90 年代以后，许多大学教师或者国中高中老师，会明显地发现学生的知识程度严重下降，然而对于现代化的电子和数字产品的认识深度，却又明显比过去世代的学子要强。没有理由怀疑 90 年代以后的学子在大脑的功能上会比不上以往几十年的孩子们，然而生活在 90 年代以后的学子们的支配能力和知识内涵深度，为何远远落后于前代了呢？答案是他们的大脑被更多的技术性学习占据了，而他们所学习的技术正是知识经济的产品。换言之，知识经济的产品反噬了我们的文明，反而使我们文明中的新生代因为知识经济的产品而降低了知识的掌握能力，也降低了知识内涵的深度。

君不见乎，令人诧异的是许多知名的经济学家竟然不会使用提款卡，不会操作 ATM 的接口，乃至于许多知名的学者并不知道信用卡所附带的各种功能如何使用。当然，简单的提款卡与信用卡的接口尚不知如何操作，更别提在线游戏或者各种数字软件、乃至于各种较为复杂的生活世界所使用的机器。这里当然应该首先排除就读于机械系、电机系、资工系、数学系、物理系等相关科系的学子与学者，因为这些人士的知识正好与这些产品的使用一脉相承，完全衔接。这也就使得整个文明进入了一种倾斜的状态，一个重视技术、重视电子与数字器物的时代到来了！整个世代大量的人口和劳动力，朝向几个特别狭窄的向度去发展和互相挤压，然而人类的知识领域却不仅仅只在这几类的器物产品上。

我们要问，关于人类的“存在”知识难道不需要学习吗？人类的身体与灵魂的知识难道不需要学习吗？关于价值观与判断力和各种决策的知识，难道不是一个需要耗费大量时间而该去学习的知识吗？在生活之中如何面对压力、挫折的心灵知识，又该花多少时间去加以学习呢？我们之所以说这个时代是一个没有知识的知识经济时代，正是基于上述的论述而建构的讨论。

那么，关于爱人和被爱的知识，年轻的世代有空闲好好的学习吗？关于逻辑的训练，新生代们有良好的练习了吗？关于组织能力、推理能力这些难道不是重要的知识内容吗？可是，我们的学校、我们的时代，却在急着学习数字内容和虚拟现实的世界图像呢！事事洞明皆智慧，人情练达皆文章，或者说如何培养一种冷眼看缤纷世界，乃至于练就一身如何热心度灰色人生的能力，这些内涵都不是一朝一夕可以培养的，也不是上网快速抓取后就可以获得的。

知识的纵深是需要花上滴水穿石的时间，甚至是铁杵磨成针的耐性逐步加以培养的。然而在这个快餐的数字时代里，由于搜索引擎提供了各种知识的快餐包，或者是各种知识的套餐，使得人们误以为运用速成的手段，就可以等同知识，而忘却了知识背后的深度与张力。

所以，我们要问一个深刻的问题，我们要存在于有深度的知识之中，还是我们要存在于数不尽的信息之中呢？我们知道人必须拥有许多重要的知识，才可以使一个人的一生受用不尽。而这些知识是不可以简单的被网络信息所取代的，这些知识需要在生活中学习、培养。甚至需要留白、遐想，乃至于是缓慢地喝一口茶、坐在湖边静静地看着水面和风所引起的涟漪，品味春天在绿叶上的气息，踏着秋天为落羽松卸下的外衣，凝视冬雪的晶莹剔透……生命中，有如此大量的知识内涵是不可被知识经济的产品所取代的，然而，21世纪的青年学子们却大多进入了一个没有知识的存在状态。

为了因应数字时代来临，台湾行政院乃于2009年5月通过为期5年（2009—2013年）的《数字内容产业发展旗舰计划》：期望透过补助，在政府与产业的合作分工下，有效的发展台湾的数字出版产业。而对大陆官方而言，数字出版更是发展重点中的重点，除了将“国家数字复合出版工程”、“国家知识资源数据出版工程”、“中华字库工程”与“国家数字版权保护工程”列入《“十一五”文化发展规划纲要》外，国家新闻出版总署更于2010年的10月11日颁布了《关于发展电子书产业的意见》，加上甫出台的《十二五规划》，强调“绿能”与环保意识，这预示大陆在未来的五年内，势必会对数字出版的发展，给予更多的关注。

正当两岸如火如荼地展开“数字出版大作战”的同时，却有不少出版人对此表示忧心：台湾猫头鹰出版社社长陈颖青指出：“数字出版时代，台湾以中小型公司为主的出版业者，面临的不再是五倍规模书店通路的宰制，而是一百倍甚或一千倍规模龙头企业的强势入主。”中国出版集团总裁聂震宇更直言：“数字出版：距离成熟还有长路要走。”究竟两岸数字出版产业发展遇到了何种问题？又将面临什么样的挑战？我们期待着。

出版社开展数据库营销的基础——建立读者数据库

杜恩龙 *

摘　要： 数据库营销是一种新的营销形式，也被称为精准营销，尤其是在网络时代成为一种十分有效的营销形式，国外和我国港台地区出版社较早采用这种营销形式，大陆地区出版社在数据库营销方面才刚刚开始。本文旨在于分析建立读者数据库的必要性，以及建设手机读者数据的途径。

关键词： 读者数据库；数据库营销；手机阅读

数据库营销是一种针对性很强的营销方式，也被称为精准营销、一对一营销。是指企业通过收集和积累消费者的大量信息，经过分析、筛选预测消费者的购买行为，并利用这些信息通过电子邮件、短信、电话、信件等方式对客户进行深度挖掘与关系维护的营销方式。它起源于 20 世纪 70 年代的美国直邮广告，盛行于 20 世纪 80 年代后的欧美。在美国，至少有 80% 以上的制造商和零售商已经拥有了自己的营销数据库。美国著名烟草商菲利普·莫里斯公司已经积累了 2.6 亿烟民的顾客数据库。

读者数据库营销是数据库营销的一种，是根据出版社出版图书的种类，利用出版社收集到的读者分类数据逐一打电话或者发信函、传真、电子邮件，告知读者出版社出版的新书，通过诱人的文案，打动读者购买，以期实现图书销售的一种营销方式。读者数据库营销的核心就是建立读者数据库。

目前互联网企业一般都建有自己的客户数据库，当当网有自己巨量的读者数据库。当当网图书生产部总经理谢志宁在 2008 年出版业网站年会上说："目前当当注册用户超过 4 千万"。淘宝网已经积累 1.4 亿顾客信息。他们可以根据读者的个人购书偏好推荐相关图书和产品，效果较好。在茫茫书海中找书是一件十分痛苦的事情，由于出版信息不能有效传达到读者手中，就造成这样一种局面：一方面大量好书积压在出版社的仓库里，另一方面读者苦于买不到自己想要的书。利用读者数据库营销可以有效地改变这种局面。出版社的图书信息可以很快地传达到读者手中，出版社实现了销售，读者的买书需求得到满足，双方均皆大欢喜。

* 杜恩龙，河北大学新闻传播学院编辑出版系教授。

一、建立读者数据库的必要性

建立读者数据库是出版社立社之本，是出版社发展的核心因素，是实现可持续性发展的必要条件。

（一）及时掌握读者需求，加强同读者的交流

出版社的一切工作最终都体现在出版的图书是否适应读者的需要，是否能被读者买走。没有建立有效的来自读者信息的渠道，将无法了解读者的需求，出版的图书就难以被读者认同，造成积压是理所当然的。现在各出版社有很多积压图书。统计显示，2008年全国570多家出版社库存图书码洋500多亿元。这些类似天文数字的库存，主要是由于没有得到准确的读者数据，盲目决策、盲目上马造成的。

现在许多出版社自己出版的书卖给了谁，从编辑到社领导都不十分清楚，没有建立经常地获取读者意见的方法和渠道。国外和我国台湾省的出版单位大多建有自己的读者数据库。台湾著名出版人周浩正先生说："台湾的出版社非常重视读者名单管理，他们经年累月地搜寻有效名单，分门别类，随时加以保养运用，我们名之为'数据库营销'。每家出版社都有秘藏的'金名单'。这类名单少则2万～3万，多则数十万。"

以远流为例，它拥有的名单高达百万以上，通常使用的也有几十万，其中各领域精华名单约在3万～8万之间，全盛期间，一个邮购案可售出15000套以上的出版物，平时也能维持2千～5千套，成果非常惊人。由此看来，读者数据库是出版单位科学决策的根本依据，是出版社的基础建设工程。美国一名侦探小说作者珍妮特·伊万诺维奇的新书《前11名》(Elewen on Top)于2005年6月2日上市，当日只有两家媒体作了报导，而该书6月21日到26日却销售了12.7万册。原来是伊万诺维奇拥有一个忠实读者数据库，她向这些读者发出宣传短信和提醒函。

现在世界很多国家图书俱乐部很发达，图书俱乐部采用的销售方式就是数据库营销。读者俱乐部生存的根本就是他的读者数据库，如果没有读者数据库，读者俱乐部简直寸步难行。所以说，读者数据库可以及时掌握读者需求，加强同读者的交流，发现本社的总体和具体图书定位的偏失，以便修正，避免决策失误。

（二）开辟和扩大直销市场

现在许多人由于工作繁忙，没有时间逛书店，向这些读者发信函、电子邮件或电话征订是他们乐于接受的方式之一。国际和国内许多出版单位都在大力开展直销，直销发展的速度快于书店销售。建立读者数据库，可以发现书店发行网络的盲点，利用直销加以弥补，读者和出版社双方均受益。有些专业性很强的图书

尤其适于直销，这些书在书店往往很难销售，但如掌握相关读者数据库，通过直销并不困难。出版直销使读者既免了在书店中大海捞针似的寻找之苦，出版社的库存和积压问题又得以化解。

（三）有效延长图书的寿命

现在的书店，由于各种因素的影响，经营不景气，图书营业面积在减少，造成图书上架率降低。另一方面图书在架时间缩短，一些常销书可能有几年的在架时间，但一般书的在架时间是1～3个月。新书一旦下架，再想上架简直比登天还难。所以一旦某种图书被下架，就等于被判处了死刑，形成死库存。有些出版社低价处理，有些出版社则化纸浆，损失很大。在读者数据库的基础上开展网络直销，就可以有效避免图书被判死刑的情况，可以把被判死刑的图书改成无罪释放，所有的库存书都可与读者见面，重新焕发活力。这种直销可以实现读者在任何时间购书的目的。只要我们有库存，读者有需要，就可以实现销售，不再受书店上架率和上架时间的限制。

（四）为出版社节省大量广告费用

图书是一种非常个性化的产品，在大众媒体上做广告效果往往并不太好。大量的广告费白白浪费掉。昂贵的电视、报刊广告费摊到一本书里成本就会高得出奇，抬高的定价读者也承受不起。唯一的办法是针对图书的特点，开展对特定读者的宣传，比如出版社要定期编制最新出版的书目、宣传品及部分重点图书的简介，向数据库中的特定读者发送电子邮件。由于目标准确，不浪费宣传品，花费一般很低，却能收到很好的效果。

（五）检测广告效果

现在出版界的广告浪费现象较为普遍，一是对广告发布的媒体缺乏研究，广告发布存在盲目性，有的媒体的受体根本不是出版社的读者，在这些媒体上发布广告简直就是白白扔钱。二是广告发布后不进行跟踪回访，不检测效果，也缺乏监测方法和渠道，使广告错误投放一而再、再而三地发生。有了读者数据库，就可以选择具有代表性的读者，加以回访，询问相关广告的实际效果。这样可以使出版社及时发现广告存在的问题，调整投放时间、投放区域、投放媒体，使广告定位逐步准确，更有针对性，增强效果，减少盲目性，提高投入与产出比。

（六）出版社竞争的秘密武器

这种营销方式具有隐蔽性，因为出版社和读者之间的直接联系不为外界所知，更不为竞争对手所知，所以好的营销手段不容易被模仿、拷贝，可以说读者数据库是出版营销的“秘密武器”。

（七）更好地为读者服务

出版社为读者服务无止境，有了读者数据库，出版社就可以及时获取读者的需求信息，更好地为读者服务。通过分析研究目标读者的消费习惯和消费动态，按照读者最新需求来设计和编辑图书报刊，通过网络开展个性化服务，根据读者意见不断改进我们的书刊和服务，使之最大限度满足读者需要，进而增加读者的满意度。对数据库内的读者要不断给一些奖励，以提高对出版社出版图书的忠诚度、信赖度，使得读者成为出版社的终身读者。这要比开发新读者节省很多成本。

（八）开展预约销售，避免盲目性

台湾远流出版社的崛起，很大程度上得益于詹宏志和周浩正确定的预约销售。他们就是利用报纸广告及客户名单做DM邮购营销。周浩正先生称预约销售为远流的致胜之秘。大陆在80年代也曾广泛采用预订销售，但数据源都是基层新华书店，并不是终极读者，效果并不好。

二、建立读者数据库的途径

收集读者资料的途径多种多样，出版社要根据各自的特点加以探索，摸索出一套适合自己的方式。以下几种途径不是相互孤立的，可结合使用。

（一）同各种专业委员会或行业协会（学会）联系

这些组织一般掌握某一行业的一些关键性人员。如全国美术家协会、中华医学会、中国美术教育协会等。如能拿到它们的会员名单是再好不过的事情。特别是一些全国性委员会，它们的会员覆盖全国，对建立全国性读者数据库很有益处，可以以这些人为基础迅速建立全国读者数据库的骨干。

（二）读者调查——一项最基本的方法

在自己的纸介质媒体上夹带读者调查表，在自己的网页上设置调查表，利用网络收集读者数据，开通800电话等都可以有效收集读者数据。例如，解放日报报业集团创办的都市综合性报纸《新闻晨报》于2004 年11月开通800客服热线，通过服务热线电话，报纸既服务了读者，又掌握了第一手的、真实的读者资料，积累了大量的读者资料。现在已经是上海销量最大的日报和早报。此外，可以通过向书店了解读者信息或向书店派驻代表，要求发行部门做好读者来信来电记录，收集各地读者信息。

（三）向信息公司或邮递公司购买读者数据

国内已经有一些较为成熟的资料服务公司，如亿库公司、微码营销公司等等。亿库公司已经积累了上亿条B2C资料。我们完全可以购买、租赁或者通过合作使用他们的数据。一些国外的出版社建立数据库时常向一些邮递公司购买数据，因为这些邮递公司一般都将自己的服务对象分类，根据客户的爱好邮递广告及商品。据了解，仅广东佛山市邮政局就掌握1000万条企事业单位名址数据库，还掌握10多万条本地企事业单位和城市消费者数据库。

（四）和著名网站合作

比如文学类的出版社可以和起点中文、天涯小区、中文在线、红袖添香、榕树下等网站合作。他们都有几十万甚至上百万的铁杆网络读者的注册数据，可以通过合作开展活动获取他们的数据。

（五）通过专业单位收集

比如美术类的出版社可以到各地美术学院、综合院校的美术学院收集读者资料；医学出版单位可以到各级医院寻找读者数据。英国的里德·爱思唯尔出版集团掌握了大量的各种医生的患者资料，所出版的《细胞》、《医学文摘》、《柳叶刀》等2300种STM（科技和医学）期刊每年发表25万篇文章，全部根据读者数据库实现精准营销。尤其是其高端医学杂志，虽然定价昂贵，但是由于实现精准营销，业绩很好。

（六）通过现成的各种名录

现在无论是现成的书籍还是电子数据库，各种名录十分齐全，出版社完全可以根据自己的需要购买，然后根据需要进一步选择。比如教辅出版社可以利用现成的《全国中小学名录》就可得到全国几十万家小学的地址、电话、校长姓名、邮编等等。

（七）举办活动积累读者资料

上海《新闻晨报》通过举办寻找慈善义工的活动一次就获得150名读者资料。出版社、杂志社都可以通过举办花样繁多的各种活动积累读数据。这既增强出版单位的凝聚力、市场知名度，又积累了珍贵的读者资料。通过这种办法收集的数据往往有效性强，方便使用。

（八）和金融机构合作

金融机构都建有详细的顾客数据库，同他们合作往往可以获得一些理想的顾客数据。1992年，通用汽车公司通过与万事达信用卡公司(Master-Charge)合作，不仅为顾客提供购车折扣，同时通过结账掌握了1200万个持卡人的资料。通用可以向持卡人调查，他们现在开的是什么车，车龄多长，什么时候准备换车，他们喜欢什么样的车型。如有持卡人对某款车感兴趣，他们就会寄去感兴趣的车的资料。通过这种方式通用汽车销量大增。营销成本也大大减少。

读者数据的收集方法很多，只要天天想着读者，就能发现很多好方法，使数据库的数据数量、质量逐步提高。

三、建立读者数据库应注意的几个问题

（一）保证软件的安全性

数据库是出版社的生命线，属于出版社的商业机密，出版社要在人事和制度方面保证数据库的信息不能被泄露，在软件设计方面也要进行设密，防止不法之徒侵入数据库、拷贝数据、盗卖数据。

（二）注意数据的更新

数据新鲜是数据库的生命，过时的数据非但没有意义，而且会干扰我们的工作。现在是信息爆炸的时代，读者的年龄在增长，阅读偏好在逐渐变化，职业、家庭、社会在影响他们的兴趣，对于数据库中相关因素的变化要及时更新，因此保持与数据库中的读者经常性的联系是维护数据的重要手段，只有这样才能掌握读者的资料变化，及时更新。

（三）读者数据库要具有分析、检索功能

现在的数据库软件已经很发达，一般具有分析功能，能够根据数据需求人员的要求进行分析，从数据库中找出合适的人选。当然具有分析功能的数据库要求读者数据要全面。检索功能是必不可少的，根据特别的要求，能够迅速从数据库中调出相关读者的数据，有针对性地作读者调查、信息发布、图书推广等工作。

（四）建立相应机构，配备专门人才

数据库建立是一项十分专业性的工作，需要专门的人才和机构。技术信息部专门负责数据分析和数据库维护；市场营销部是信息使用部门，负责根据数据分解做好市场定位，执行营销措施。数据库技术人才、数据分析人才都是读者数据库营销所必备的，需要专门培养或引进。

国内一些先知先觉的出版社已经建立了自己的读者数据库，已经在数据库营销中获得很好的收益。东北财经大学出版社、中信出版社、机械工业出版社、中国人民大学出版社、外语教学与研究出版社、社科文献出版社等都已经开始建立读者数据库。机械工业出版社的 14 家分社根据出版图书分类的不同全部建有自己的读者数据库，每家数据库读者数量不一，但均在万条以上，多的可达十万条。

综上所述，建立读者数据库是必要的，是出版社的立社之本，也是一项十分艰巨的长期性工作。数据库一旦建设并达到一定规模，就会成为出版社的生命线，出版社据此可以有效开展数据库营销。出版社掌握了自己的终端读者动态信息，就等于掌握了制胜的法宝，就不会再被某些销售渠道劫持。

参考文献

[1] 郑丽芬．出版社数据库营销 [J]．大学出版，2008（1）．

[2] 周浩正．写给编辑人的信 7. http://blog.sina.com.cn/s/blog_5494b25b0100b37g.html

[3] [美] 阿尔伯特·N·格莱科，克拉拉·E·罗德里格斯，罗伯特·M·沃顿着，丁一绣、林成琳译. 21 世纪出版业的文化与贸易 [M]. 北京：中国人民大学出版社，2010：63.

学术出版“乱象”治理与数字出版平台的建设探讨

张曼玲*

摘　要：随着市场经济的不断深化、网络技术的飞速发展和相关高校或科研机构对学术成果的硬性要求，大陆的学术出版也出现了一些新现象和新问题。学术论文或著作内容粗制滥造、抄袭侵权事件时有发生；论文发表收取版面费已成为学术期刊公开的“秘密”；甚至还产生了专门提供论文写作、修改、发表全套服务的机构。学术出版的著作者、出版者等诸方面的“乱象”，严重影响着学术出版自身的未来发展。认真调查这些现象，分析其背后之成因，是我们进行治理的首要任务。同时，结合国外学术出版的情况，特别是学术出版在数字化方面的经验，从传统学术出版与网络出版差异性的比较入手，探讨学术期刊或著作进行网络出版的可行性，并从学术出版网络平台的建设入手，进行具体操作方面的探讨，是解决目前学术出版突出问题的一种有益探索和尝试。

关键词：学术出版；乱象治理；数字出版；平台建设

随着我国科技创新和学术研究事业的快速发展，大陆的学术出版领域，也逐渐暴露出来许多问题。有些人用“乱象”一词来形容目前大陆学术出版领域的现状和问题，其实一点也不为过。因为在学术论文（著作）的创作、发布、出版、传播等系列环节，均可谓“乱象”百出。认真分析这些“乱象”及其背后的成因，结合目前数字出版的实际状况，参考国外学术出版的发展与经验，提出相应的解决之策，则是本文的出发点与目的。

一、学术出版，乱象纷呈

目前的学术出版，主要指涉及学术论文或著作的传统纸质出版形式，因为这是目前大陆学术评价和学术奖励的主要依据。它可包括两个方面：一是以出版社为出版者的学术著作的出版，二是以学术期刊为主要出版者的学术论文的发表和传播。围绕着这两个方面的“乱象”，其实渗透到了学术作品的创作、发布、出版、传播的全程之中，而此过程中参与者主要包括学术作品的创作者、学术性的出版社、学术期刊社。令人称奇的是，随着近几年学术出版的混乱之态越发严重，甚至产生了围绕在以上三个主要参与者周围的服务者们，他们则是目前学术作品

*　张曼玲，中国农业大学人文与发展学院媒体传播系讲师。

的创作、发布、出版、传播全链条中的活跃者。

（一）乱象之一：学术不端现象严重，科学精神失范

虽然众人皆知，学术乃天下公器。但是，近几年，学术创作缺乏规范化、质量下滑，甚至诚信缺失，抄袭侵权事件时有发生。从2002年北大博士生导师王铭铭的剽窃事件，到2010年由广东中山大学中山医学院两位即将毕业的大学生发现的“连环抄袭案”，大陆高校和科研机构频发的学术论文抄袭剽窃丑闻不断冲击着道德底线。“学术批评网”上列举的学术不端事件，已经涉及北大、清华、复旦、南京大学等众多国内顶尖高校，也涉及校长、院长甚至两院院士。* 对人们来说，媒体不断曝光的抄袭门事件，已经不再是个新鲜话题，学术不端现象严重，抄袭剽窃似乎已成为学术界非常不正常的“常态”。连教育部也无奈坦承学术不端已非个别现象。

武汉大学信息管理学院的沈阳副教授2009年研发的“ROST反剽窃系统”软件，去年曾在一些高校引发“地震”，有的毕业班30%的学生因为论文被查出抄袭而不能获得学位。但目前该软件只检测学生未检测过教师，沈阳说，如果将教师抄袭的情况全部揭露出来，“不亚于一场政治运动”。** 这是何等地令我们痛心和不安。

学术不端的实质，则是科学的根本精神和学界道德的失范。对于一个国家来说，科学精神的丧失是非常可悲的结局；对于一个民族来讲，学术道德的失范是一个民族永远的伤痛。试想，在这样的背景下，科技创新、学术强国之梦，又何从谈起呢？

（二）乱象之二：版面费、出版费，学术出版公开的秘密

学术出版难，一直是我们出版界讨论的话题。学术著作的出版，存在的“出书难、买书难、卖书难”之“三难”，在如今似乎有所缓解。特别是“出书难”的问题，在市场经济的杠杆作用下，在出版社正大光明地为出版学术著作“明码标价”的推动下，学术著作“出书难”的问题似乎已经不再成为问题：因为你只要愿意花钱，似乎都可以出版专著。著作本身的质量与学术价值，在一些出版社看来，反倒退居其次了。

与此相应的则是学术期刊出版体系，对于广大科研人员和学术期刊界来说，“版面费”一词早已不是什么新鲜难懂词汇。一些科研项目立项时的经费预算，也堂而皇之地列有“论文发表费”或“版面费”一项，可见“版面费”的普及程度与人们对此的共识度。自从市场经济改革不断展开以来，学术期刊的运营逐步纳入市场，原本就同样面临“出刊难、卖刊难”的学术期刊，真可谓是举步维艰。

* 李蒙：国内学术乱象调查，决策与信息，2010.9

** 李蒙：国内学术乱象调查，决策与信息，2010.9

而此背景下，“版面费”的诞生的确也很容易被人理解。但是，随着形势的不断发展，一些尝到“版面费”甜头的期刊社越来越意识到自己每期不多的版面空间的价值，胃口越来越大，版面费的收取标准不断提高，甚至到了令人瞠目结舌的程度。在经济利益驱使的背景下，学术论文本身的质量同样也沦落到了次要地位。

出版著作要交出版费，发表文章要出版面费，不菲的“两费”早已不是什么秘密，从出版社或期刊社的价目表中，我们体味到的是对学术出版质量的怀疑，是对学术出版未来的担忧。

（三）乱象之三：学术出版代理，产业链条的服务商

在学术创作者和学术出版者为了各自的利益，营造出的刚性的学术出版需求与满足体系的同时，更催生了学术出版代理这一第三方服务角色的诞生。学术出版代理同样可分学术著作出版和学术论文发表两方面。在学术著作出版方面，著作的修改、出版、甚至写作这一内容创作阶段，都可以由专门的代理商来提供服务，唯一的条件就是需要交付一定的费用。还有一些人更直接：著作特别是教材的署名权也可以按照第一作者、第二作者进行明码标价，甚至教材编委会庞大的人员名单也成为了牟利的绝好途径，并按级索价。

在学术论文的发表方面，代人捉刀出售论文谋利、代人发表于不同级别刊物的论文代理机构生意都异常红火。打开任何一个搜索引擎，输入“代写论文”或“论文代理”几个字，上千个不同的论文买卖专业网站、论文代理网站就会立刻映入眼帘。这些代理机构，提供论文的创作、修改、发表的全套服务，涉及各学科专业、适合各行业层次。而且，产品按质论价、服务热情周到，联系方式一应俱全。这些网站都买通一些学术期刊的编辑，保证论文能够发表，从而建立起一条完整的论文黑市利益链。

由此看来，目前学术出版的乱象已经不是个人行为，而是逐步形成了产业链、食物链，有关各方都从这些产业链中牟取不当利益。* 尤其是随着网络技术的发展和网络信息资源的不断丰富，信息的获取、传播与使用变得更加便捷、迅速，一定程度上也增加了“乱象”的复杂性、严重性。而这些“乱象”，已经严重影响到了我国学术创作的质量、学术原创的发展和整个学术界的研究风气、研究环境和未来发展前景。如果严肃的学术创作和出版活动都可以拿金钱去买卖、去置换，并且已经蔚然成风的话，对学术乱象的思考和治理则已经到了刻不容缓的地步了。对这些乱象进行的研究和治理，可以提高到“抢救”“学术精神”的层面，因而显得尤为迫切而必要。

* 李蒙：国内学术乱象调查，决策与信息，2010.9

二、学术“乱象”，原因何在?

学术“乱象”，令人堪忧。在忧思的同时，我们更应该从乱象的根源入手，思考其背后的深层原因。而笔者认为，对学术“乱象”的准确把握和深度剖析，离不开对乱象卷入的主要行为主体的确认和分析，通过分析其背后的心理动机，从根本上把握乱象的渊源，以提供有针对性的解决之策。

（一）“乱象”的主要行为主体

“乱象”体现在学术论文或著作的创作、发表（出版）、传播、使用等环节。从表面来看，涉及人群复杂，层次多样，难以缕清头绪。但我们深知，对现象和行为的分析，可以从对行为主体的分析入手。不管是在传统环境还是网络环境下，学术出版乱象的行为主体大多由两类人群构成：科研人员和出版者（包括出版服务的提供商）。科研人员作为学术论文（著作）的创作者和使用者，多次进入本研究的范围之内。出版者担负着评审、发表和传播学术创作的职能。对这两类人群进行相关研究，按照心理学的“动机——行为”理论，分析其行为动机和利益诉求，是把握乱象形成原因的关键。

1. 科研人员之“乱”

科研人员作为学术作品的创作者和用户，在学术出版领域的参与度很高。作为学术作品的创作者，其进行学术创作的动机不外乎以下两种：一是基于自身的研究兴趣和爱好而进行的主动的学术创作；二是迫于外界的压力和物质、精神方面的激励而进行的被动的学术创作。而目前科研人员学术创作的动机，后者占据绝大多数。

在目前大陆各大高校和科研机构实行绩效考核、量化管理的背景下，每一个大学老师和科研机构的研究人员每年都有发表成果的业绩考核指标，而且采用“生产大队记工分”的量化方式，直接与年终奖、津贴、工资甚至工作本身联系起来。而除了高校教师和学者，各行各业的人晋升职称都需要论文，包括中小学、幼儿园老师、医生、编辑、图书馆员、机关干部，甚至研究生。职称评定一律拿科研成果来量化排名，研究生毕业也要看是否达到学校规定的论文发表数量和级别，论文发表变成了通向某些物质利益和社会地位的必经途径。在这样的论文产出压力和利益驱使下，学术作品的创作和出版的刚性需求非常大，但人们的创作力毕竟是有限的，而迫于压力或者在外在激励机制的诱导下，科研人员选择采取抄袭剽窃的方式来短期低成本地完成“学术创作”，甚至采取第三方寻租的方式来代替自己殚精竭虑尚不讨好的个人创作，似乎也成为理所当然的了。

而作为学术出版产品的用户，科研人员在使用和直接引用他人作品时的版权意识比较淡薄，学术规范需要不断加强。除了全文抄袭涉及学术道德问题之外，大段引用或引用他人作品不加注的现象比较普遍，而科研人员对此问题还缺乏必要的认识，这也是导致学术成果使用混乱的原因所在。所以，对科研人员的学术规范和著作权等的知识普及和培训必不可少。

2. 出版者之“乱”

出版社和期刊社也成为了“乱象”背后的行为主体。如前所述，由于存在一个巨大的需求市场，出版社的出版权和期刊社的发表权就变成了可以牟利的特权。出版社对学术著作出版进行明码标价，期刊社也对版面费有各自不同的收取标准。

以学术期刊出版为例，据统计，我国现有期刊九千多种；而每年期刊的发文量大约有二三百篇。而与之形成鲜明对比的则是需求市场的庞大数据：我国每年有100万高校教师、约100万在校硕士生和博士生、超过30万科学研究人员、500万以上工程技术人员特别是国企工程技术人员、70万农业技术人员、360万以上卫生行业技术人员等有论文发表需求，合计超过1180万人。*超出数倍的需求与满足落差，使得学术期刊的版面稀缺性尤其明显。作为稀缺资源，在市场经济条件下，就会存在利润空间。所以，学术期刊的版面费就成了获取发表权的首要条件，也是期刊社良好经济效益的来源，而不再是原来市场经济初期学术期刊生存压力下的无奈之举了。而且，尤其令人痛心的是，一些学术期刊为了经济利益，置论文质量、学术价值、社会效益于不顾，只要有钱就可以发表文章，其他都是次要的。

因此，对于出版者来说，乱象的动机其实很简单，就是以牟利为目的，名目繁多的出版费、版面费已经从原来生存压力下的被迫之举变成最大化地追求经济效益，充实“小金库”的当务之选。而在这样的背景下，一些与出版社、期刊社编辑有一定关系的第三方代理者恰恰成为了学术出版市场中需求与供给的联系纽带，使得这一乱象进一步升级为具有一定规模的产业链条，并不断地在市场竞争中日趋规范化。这虽然具有一定的讽刺意味，但似乎总令人感到莫名的悲哀。

（二）乱象原因与影响因素分析

确定了“乱象”背后的行为主体，并从行为主体的动机、目的、利益诉求等进行分析后，我们似乎可以确定围绕这两类行为主体的诸多影响因素。

1. 利益驱使

不管是科研人员还是出版者，卷入“乱象”的最终动机都难脱利益的驱使。科研人员为了应付业绩考核、职称评定，为了获取经济收入和社会地位的提升，作“乱”学术界。不少人不再为学术而学术，而是快速炮制粗劣成果，把学术创作作为名利之选。而出版者之“乱”已经脱离了最初阶段的迫于生存压力的无奈，转为最大限度地利用手中的特权中饱私囊的贪婪。物质和经济利益，成为学术创

* 余朝晖：“论文代理”的危害及其应对策略探究，科技与出版，2011.1

作和出版的决定因素。可以说，“乱象”的根源就在于市场经济活动对学术出版的渗透，学术创作与出版的实用化、功利化。

2. 学术环境影响

如果我们把“乱象”的原因归结于某一个科研人员或某个学术期刊，似乎有失公允。其实，我们相信卷入其中的某些科研人员或出版者自身也是身不由己，外在的学术环境和行业环境如此，使他们常发出“人在江湖，身不由己”的感慨。对于科研人员来说，上有高校和科研机构的硬性考核要求，而且与自己的经济收入直接挂钩，在压力下不得不为之。下有学术圈中甚至周围同事的“榜样”在前，如法炮制即可速见效益。首次效仿的初尝甜头使得后来的行为更为大胆，而这种风气的扩散效应十分迅速。学术环境对学术创作的影响至关重要。

不少大专院校、科研院所评价科研成果只认“核心期刊”或SSCI、CSSCI，在其上发表论文，直接与工资、津贴、奖金、职称、待遇、课题挂钩。甚至有高校规定，谁要是在《NATURE》和《SCIENCE》上以第一作者的身份发表论文，奖励 100 万元。* 而这些高校和科研院所也是身不由己，因为上面的主管部门甚至社会也用这些硬性指标来衡量他们，仅根据每年各类或官方或民间的大学排行榜的衡量指标，亦可见一斑。

而学术界的“高产”神话似乎又有些示范和激励作用。西南师范大学原教授陈国生，经常对学生夸口，说每天不写七八千字就不爽。北京某高校一位刑法学教授，每周都要发表一篇论文。某经济学院副院长一年申报的“科研成果”竟多达 1300 万字！一些年龄不大的青年学者也动辄出版专著 10 余部、发表论文数百篇，甚至有逾千篇的。

而著名文学家、教育家钟敬文教授生前曾说，他活到 99 岁，也就写了三五篇像样的论文。** 高产量并不代表着高质量高水平，在这种氛围影响下，毫无创新的低水平重复，带来的则是学术泡沫泛滥成灾。

3. 管理体制缺陷

如果说一种社会陋习或现象不再是典型事例，而成为一种普遍的社会存在和共识，则需要我们去认真审视它外层的管理体制。一般来说，管理体制存在缺陷，才使得某种现象广泛存在。学术出版也是如此。

在学术出版的管理体系中，对于科研人员的失范行为缺乏一定的严格约束和处罚，这种管理的缺失带来的示范效应使得学术不端行为不仅无法得以遏制，反而有愈演愈烈之势。对于历次事发的抄袭事件的主角，相关单位的处理大多是免

* 李蒙：国内学术乱象调查，决策与信息，2010.9

** 李蒙：国内学术乱象调查，决策与信息，2010.9

职，甚至换个岗位继续工作，对当事人及旁观者的警示作用均不大。而虽然著作权法明文规定署名权作为一种身份权具有专属性，禁止转让，但论文代理过程中的买卖论文现象严重，且具有隐蔽性，很难加以管制，相关的法律条文更是空白。

而对于出版者的行为约束方面，也缺乏相关的管理制度。首先，学术期刊的传统学术评价机制虽然早已形成，但尚不完善、评价缺乏透明度。很多学术期刊为了能够提高转载率，进而挤进各种评价体系名录，可谓是煞费苦心。同时，在学术论文的发表环节，学术期刊本身只负责文字稿件的处理，对其所涉及的学术不端行为缺乏监督功能，而一旦出了问题，责任则由作者担负，学术期刊本身似乎并没有担负任何损失和责任。这样一来，学术期刊似乎更理所当然无须承担监督义务，学术出版的监督机制缺失，也是目前学术乱象的原因之一。

三、“乱象”治理的现状

学术出版的混乱状态，在本世纪初已经引起了一些学者的关注和忧虑。目前，此领域的研究主要来自于出版界、图书馆界等领域。针对学术出版创作环节的研究，大多涉及“学术失范”方面的讨论和解读；针对学术出版层面的研究主要来自出版界，集中在对学术期刊的审稿科学性、学术论文的评审标准等方面的探讨；针对学术传播方面的研究主体则主要分布在图书馆界，包括对学术论文和学术期刊的质量控制和评价体系、网络出版模式下学术期刊的内容管理、各学科领域内开放存取的可行性和具体设计等方面。总体来看，目前学者的研究内容在学术出版几个环节中均有所体现，但大多都是在各自的专业背景和领域内进行，呈现出分散性和独立性。而针对现象而推出的治理举措也是基于各自的专业领域而发。

而在学术出版“乱象”治理的实践方面，官方的治理尚存在缺位，目前尚处于民间自发的“打假”阶段。前面提及的武汉大学老师研发的“ROST 反剽窃系统”软件，目前已在全国 20 多所高校院系和 100 多家期刊社使用，可以说给学术界带来了一缕净化之风。但是，道高一尺，魔高一丈，目前，网上已经开始流传反检测的方法和软件，学术不端检测软件的开发还处于初级阶段，尚待在实践中不断得以检验和提升。而网络的发展，本身也是一把双刃剑，它既加剧了学术乱象本身，也提高了学术不端行为的透明性和曝光度。比如，中国政法大学杨玉圣教授多年致力于反对学术不端，他主持的“学术批评网”成为民间反学术不端的重要阵地。* 由于目前学术出版的种种“乱象”，不仅涉及各个学科领域，且造成这一现状的原因比较复杂，影响因素来自方方面面。因此，有关学术出版乱象治理的研究，呼唤一种全局的研究视野，站在一个更宏观和全局的层面，从学术出

* 李蒙：国内学术乱象调查，决策与信息，2010.9.

版乱象的诸多表象入手，深入分析其背后的诸多原因和关键影响因素，才能有针对性地找到解决问题的有效途径。况且，在此过程中，政府层面的介入和法律制度的完善尤其重要，而且迫切。

四、开放存取（OA）的引入与实践

国外在学术规范、原创管理机制、学术出版的社会评价机制、学术出版的网络化、开放存取理论与实践方面的经验，可以为我们解决问题提供一种借鉴和参考。而其中在国外已经得到逐步发展的开放存取（openaccess）作为目前全球学术出版的热点也得到了国内学者的关注和兴趣。

开放存取是国际科技界、学术界、出版界、信息传播界为推动科研成果利用因特网自由传播而发起的运动，得到了全世界越来越多的支持，并且受到了发展中国家的热情瞩目和高度期望。* 它兴起于20世纪90年代末，与传统的基于订阅的学术出版模式相比，开放存取出版模式是一种学术信息共享的自由理念与出版机制。在这种出版模式下，广大科研人员通过因特网可以跨越时空，及时、免费获取有关信息，从而实现学术成果的无障碍传播。** 国内对开放存取（openaccess）的研究始于2004年，我国开放存取的研究主要集中在图书情报领域。在全球范围内，对开放存取运动的开展一直存在着支持和反对两种截然不同的立场。但是，开放存取得到了国际社会的广泛认同和支持已经是不争的事实。

从开放存取中最直接受益的是广大的科研人员和读者，他们能够无障碍地享用开放存取资源。而持反对意见的大多来自于传统的学术出版者，开放存取的出版模式，一定程度上削弱了目前传统出版者的利益和地位，甚至可以完全绕开传统出版者而独自进行，这当然使其难以接受。所以，基于网络环境下的开放存取对传统出版者的冲击，既是学术出版未来发展带来的挑战，也是网络环境下传统出版应该认真思考的课题。

而建立在开放存取基础上的学术出版模式和平台，似乎给目前学术出版乱象的治理带来了一定的思路和启发。虽然我国在开放存取方面尚有较长的路要走，但是从其得到一些思考和探索，也是一种不错的尝试。

五、学术出版数字化探讨——数字出版平台的建设

在当前全球出版面临网络化冲击的大背景下，学术出版领域同样也在所难免。开放存取的有益尝试，似乎又给了我们一些启发，学术出版数字化的探讨已经不

* 何琳刘：国内开放存取研究述评，现代情报，2007.4.

** 王就元等：我国开放存取发展研究综述，宜春学院学报，2008.2.

是什么新课题，国外的很多学术期刊早已经开始尝试数字化，国内虽然也有此共识，但传统学术出版领域尚有许多问题需要解决。

（一）学术论文（著作）乱象治理的思路和关键

对乱象的治理，首先应该是对学术环境的净化。这不仅仅是学术出版层面的问题，还是涉及社会、教育层面的大课题，需要政府层面的高度参与。而相关的管理体制的建设和完善，更是应该及时着手的关键。这既包括对作为创作者和使用者的学术规范、版权意识和学术诚信方面的培训和教育、奖惩措施的出台，也包括从出版者切入，对学术论文（著作）的评审、质量评价和控制严加管理和约束。因为与科研人员这种分散的大众相比，出版者是可控的，同时，从自身的使命和职能来讲，也是必要的。由此也引出了出版平台建设的命题。而且，在网络化背景下，学术出版的数字化本身就是一个需要认真探讨的领域和方向。

（二）学术出版数字平台建设的探讨

学术出版数字平台的建设，是一个综合集成系统的建设。它既包括相关的法律法规的约束、宏观调控和管理手段的运用，也包括学术出版与传播系统中针对各学科领域、各具体环节的各种量化评价体系的建设、学术出版与传播链条中所涉及群体的队伍建设和培训等内容。而网络环境又给出版平台的建设提出了新的挑战和要求，网络出版的特殊性也是必须要考虑的因素。

同时，在平台建设的开始，基于传播学的“使用与满足”理论，对出版平台使用者科研人员和出版者的调研必不可少。调研的目的在于了解他们从各自立场和角度，对未来的出版平台所提供的服务和担负职能的要求和期望。从使用者角度出发的需求调查，是出版平台构建的第一步，也是尤其关键的一步。同时，也是对未来学术出版平台中各方利益诉求和信息满足达到最优化的第一步。

最后，学术出版平台的建设，离不开政府、学界、出版界、教育界的通力合作，只有各方亲历亲为，果断执行，才能有效遏制和改善目前的学术出版乱象，还学术一片晴朗天空，我国的学术创新才真正有希望、有期待。

参考文献

[1] 李蒙．国内学术乱象调查［J］．决策与信息，2010（9）．

[2] 余朝晖．“论文代理”的危害及其应对策略探究［J］．科技与出版，2011（1）．

[3] 何琳刘．国内开放存取研究述评［J］．现代情报，2007（4）

[4] 王就元等．我国开放存取发展研究综述［J］．宜春学院学报，2008（2）

中国教育出版企业的数字化转型研究
——以外语教学与研究出版社为例

卞卓舟*

摘　要：教育出版作为中国出版产业的支柱性力量，其数字化转型程度和趋势对出版业影响日益显现。本文在分析中国教育出版企业的数字化转型背景的前提下，以外研社为案例，研究其数字化转型路径、模式及存在的问题，以期通过对其经验教训的总结，对中国教育出版企业的数字化转型探索产生一定的借鉴意义。

关键词：教育出版；数字化转型；外研社

一、中国教育出版企业的数字化转型背景

（一）政策支持力度明显加大

当前数字出版的发展势头迅猛，而国家在近几年也陆续出台了一系列政策，着重强调了大力发展数字出版产业的重要性，并建立了相关的扶持和保障机制。

2010年8月，新闻出版总署发布公告《关于加快我国数字出版产业发展的若干意见》，提出要形成一批发展思路清晰、内容资源充沛、立足自主创新、出版方式多样、营销模式成熟、市场竞争力强、产品影响广泛的数字出版龙头企业。

2009年国务院发布《文化产业振兴规划》，其中提出，要“加大对文化创意……数字内容和动漫等重点文化产业的扶持力度……积极发展纸质有声读物、电子书、手机报和网络出版物等新兴出版发行业态。加强数字技术、数字内容、网络技术等核心技术的研发，加快关键技术设备改造更新”。

2010年1月4日，新闻出版总署印发《关于进一步推动新闻出版产业发展的指导意见》，更加明确地对电子纸、阅读器的发展表示支持，即提出“发展数字出版等非纸介质战略性新兴出版产业”的任务和“运用高新技术促进产业升级，推进新闻出版产业发展方式转变和结构调整”的措施。

2010年的《国家中长期教育改革与发展规划纲要》中，第五十九条、六十条明确指出，要把教育信息化纳入国家信息化发展整体战略，超前部署教育信息网络。加强网络教学资源体系建设；建立开放灵活的教育资源公共服务平台，促进优质教育资源普及共享。

*　卞卓舟，北京大学新闻与传播学院硕士生，外语教学与研究出版社信息文化主管。

（二）国际教育出版数字化实践对中国的影响日益加大

数字技术在国际教育出版领域的运用已经较为广泛，这给中国教育出版企业带来不小的冲击。麦格劳·希尔在中小学及幼儿园教育领域成立了专门关注这一阶段数字发展的数字创新中心，研究开发通过网络游戏来促进学习；培生开发了多个教学数字化在线产品及平台，如为高校开发的在线远程学习平台 e College，对学生信息进行及时跟踪管理的系统 Power School 等；圣智学习推出了 CengageBrain.com 网站，学生可在这个网站上以 3 折价格租赁教材；麦克米伦启动 Dynamic Books 数字出版平台，允许教授参与修订的教材，降低教材价格。* 据预测，2014 年，美国教用书籍数字版本销售额会攀升至教科书总额的 20%，带来 10 亿美元的市场商机。

（三）教育出版数字化探索力度加大

近年来在中国，“电子书包”、“电子教材”成为了热门话题，许多教育出版社和技术厂商都进行了一些有效尝试。教育出版企业中，高教社从 2002 年开始建了多学科资源库，开发了 4A 的网络教学平台，同时开发了学术期刊在线发布平台，成为新的赢利点 **；人教社率先推出了《英语（新目标）》网络教材——“英语互动 Q 学堂”，于 2010 年推出了人教学习网，以先进的信息化互联网测评手段对学生的学业水平情况进行诊断、制定科学的学习计划并高效地进行综合辅导。*** 技术厂商中，台湾元太科技计划 5 年投资 5 亿美元以扬州为电子纸生产、制造中心，建设相关产业，并宣布与凤凰出版传媒和方正蕃薯网合作，到 2015 年成千亿产业。2010 年 4 月 17 日，扬州经济技术开发区三元桥小学试用电子书包。****

（四）教育出版数字化市场仍处于“混战”的发展初期

由于教育出版面向的读者较为稳定和特殊，其对纸质教材的需求受数字化影响相对较小，仍有大部分教育出版商对市场处于观望态度，投入力度并不大。因此，教育出版数字化探索仍存在很多问题，如技术能力缺乏、市场需求把握不够、数字化出版形式单一、受众认可程度低等等。

---

* 教育出版商的“新数字化行动”，《中国图书商报》，2010 年 3 月 12 日 .

** 迟宝东. 从单一教材建设向教学资源集成的转变,《中国大学教学》, 2009 年 2 月 24 日 .

*** 《人教社英语互动 Q 学堂欲成网络教材标杆》.
http://news.sina.com.cn/o/2009-06-22/062418066394.shtml.

**** 《电子纸巨头元太：扬州投 5 亿美金，与内容商合作》
http://news.mydrivers.com/1/161/161663.htm.

二、外研社数字化转型路径分析

（一）明确定位，提出“做综合发展的教育服务提供商”的转型目标

进入 21 世纪以来，传统出版产业面临着巨大的变化和挑战，外研社提出了新的战略目标，就是“以出版为中心，以教育培训和信息服务为两翼，数字化出版、产学研结合，成为综合发展的教育服务提供商。”

“做综合发展的教育服务提供商”的转型目标的分解阐释是坚持 “以教育出版为中心”的战略，有效地整合出版资源，有效服务于“教”与“学”，充分运用多媒体手段，探索出有效的数字出版模式、若干有很强盈利能力的数字出版项目，为受教育者提供全面的学习解决方案。到“十二五”末，外研社致力于基本实现“在线外研社”和“数字外研社”的构想，数字出版的营业收入达到全社总营收的 40%。*

（二）多点开花，积极探索多种教育出版数字化模式

外研社探索教育出版数字化模式，从内容管理、内容生产、平台和资源库建设、运营和电子商务建设、测评体系等一系列思路入手，多点开花，进行了多个重点项目开发，主要涵盖以下几种：

（1）数字内容管理系统及编辑资源库建设项目：建立图书、期刊、图片、辞典条目、音频库、视频库、试题库等素材资源库。

（2）数字化内容生产平台建设项目：采购或开发包括词典编纂平台、课件制作平台、协同编辑平台、协同翻译平台等在内的内容生产平台。

（3）数字化教学服务平台及教学资源库建设项目：重点建设新标准（基础）英语网、作文评阅与训练系统、大学英语视听教学和自主学习系统等资源性平台。

（4）数字化自主学习平台和学习资源库建设项目：面向国内普通外语学习者的自主学习平台，面向海外市场汉语学习者的国际汉语教学与服务门户、国际汉语暨多语言在线视频学习交流平台等。

（5）学术研究平台及学术资源库建设项目：整合全社资源搭建集信息 / 信息服务、科研博客聚合、文献库、在线科研实用工具、国内外专家科研咨询、科研培训、科研经验交流与互助、在线投稿处理和发表于一体的外研社学术研究平台。

（6）测试评估体系建设项目：建立一套权威、科学的九级标准英语测试评估体系。

（三）制度保障，设立具有针对性的管理模式和激励机制

为了从体制机制上保证数字出版业务的顺利展开，外研社从组织机构、考核机制、财务制度及人力资源制度等四方面提供制度性保障。在组织机构方面，运

* 摘自《外研社十二五时期发展规划》.

用矩阵式管理，设立新业务／数字出版委员会以及技术委员会，统筹协调全社资源，同时组建了以开发独立数字出版产品为主要任务的电子分社；在考核机制方面，重视数字化导向，加大数字出版考核指针的权重，鼓励对自主版权产品的开发；在财务制度方面，以上一年度利润的5%设立数字出版专项基金，用于数字出版业务的投资；在人力资源制度方面，加大对传统出版和数字出版关键岗位人员的培养，实现专业能力与数字出版所需能力的有机结合。

（四）对外开放，积极开展教育出版数字化领域的国际合作

在对外合作和国际化推广业务方面，外研社也进行了数字出版模式的探索。2010年春节期间，由国家汉办／孔子学院总部授权、外研社汉语分社策划制作的汉语教学电视系列节目《空中孔子课堂》将在凤凰卫视欧洲台正式与海外观众见面。* 与电视节目呼应，《空中孔子课堂》专设网站，增加与观众的直接互动，为外研社的国际汉语图书产品以及培训、网络等新业务铺设海外营销高速路，全力打造外研社作为中国内容权威提供者的国际形象。

除了《空中孔子课堂》这样的产品以外，外研社数字化转型的基础工作也离不开与国际伙伴的合作。为了全面实现产业升级，外研社正在建设以产品开发系统为数字化产品开发平台，其中，词典编纂平台、网络互动课程开发平台、手机课件开发平台的国内开发技术还不成熟，外研社正积极与国外技术公司和出版公司洽谈，希望能够通过购买或国际合作开发的方式进行建设。**

（五）直击终端，狠抓数字化产品管道建设

管道和终端是外研社数字化大发展的根本保证。只有紧紧抓住管道，才能确保产品和服务及时到达消费者，而与终端联系的建立。因此，外研社在数字产品的管道建设方面采取以下措施：大力开拓管道，重视线上线下两条线、两张网的部署与配合；大力加强市场队伍建设，充分重视市场代表的力量，增强对市场的洞察力和控制力；认真分析、充分调研，把握管道特点，维护好现有管道，大力开拓新的管道资源；全面搜集终端资料，与尽可能多的学生／科代表、教师、学生处、图书馆、专业院系、科研机构、电教馆、教研员等建立起直接联系，将其导向网络，为充分了解终端需求、提供全方位教育服务打下坚实基础，让管道和终端网络真正成为外研社的优势资源。

* 走进空中孔子课堂，感受中国文化魅力，外研社网站，2010年2月5日. http://www.fltrp.com/newsdetail.cfm?icntno=146722.

** 整理自对外研社数字资源中心主任甄强的邮件采访。

三、外研社数字化转型的理想模式

任何一家成熟的出版企业进行数字化转型，必须有全局规划和对于转型模式的通盘考虑。外研社在数年的摸索过程中，探讨出了一套理论上较为理想的模式，作为行动的指导。这套模式结构如下：

指导思想：做综合发展的教育服务提供商；

转型依托平台：全面的外语学习网站——外研社 2u4u 网；

完整的受众链条：学前—小学—初中—高中—大学—自学考试；

完整的产品线：课堂教学 + 课外教学 + 自学；

贯穿产品线的核心：权威而完整的测评体系。

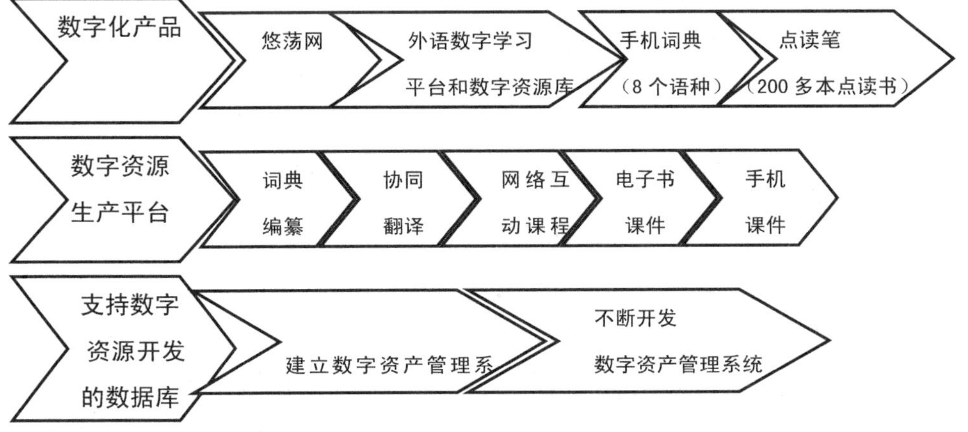

图 1　外研社数字出版业务研发思路

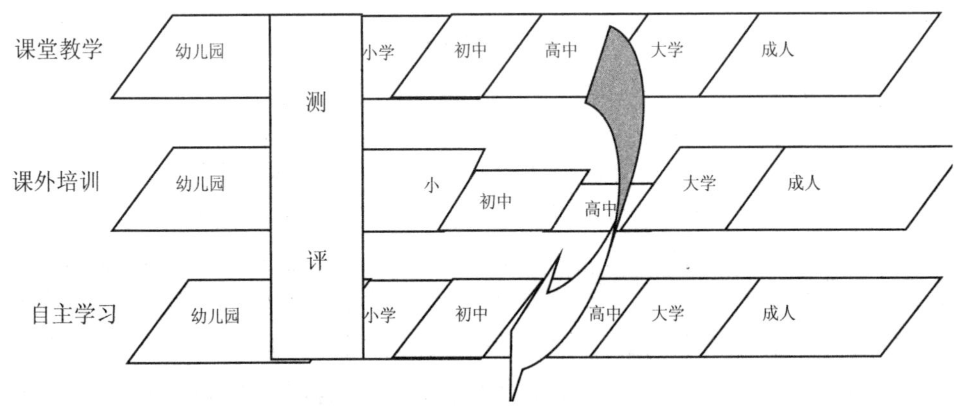

图 2　外研社数字出版产品线

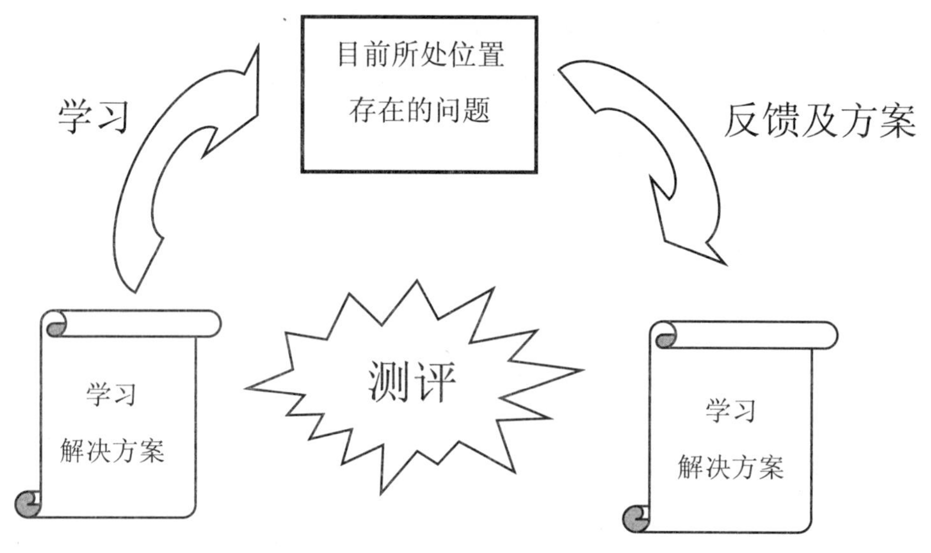

图3　外研社数字出版核心体系——测评

四、外研社数字化转型过程中存在的问题及建议

（一）重复建设、资源浪费严重，应加强企业内部资源整合、信息共享

纵观外研社数字出版业务发展的整体概况，可以发现，目前各分社数字出版业务基本都是“各自为战”——自己策划项目、用自有资源、自己培养或外包技术、自己生产、自己销售，这种“各自为战”的模式造成了分社间严重的资源浪费和重复建设，重点表现在几个方面：项目规划的雷同、资源共享不到位、技术平台的共通和管道建设的互补未能充分发挥。

首先，许多资源库的建设，需要集合各个分社的资源才能完善，如多个分社都需要协同编辑平台和编辑语料库的支持，辞书分社的词典库对于各个分社数字业务的支撑作用也很重要。其次，由于各个分社数字出版业务发展速度不同，一些分社的成果和经验值得推广，然而由于沟通机制不畅通造成了共享不够。如基础分社的试题库，与综英分社网站的试题需求相符；高英分社的统一网站平台可以起到统一全社教材网站的作用。再者，有一些有价值的信息也需要及时沟通，如数字资源中心发展的北外实习基地，能为外研社提供长期的数字出版实习人才，可以在一定程度上解决各分社人才紧缺的问题。

如何通过一套稳定、有效、长期的信息共享、资源整合机制和办法，通过评估、管理来平衡各方需求，解决重复建设问题，是外研社数字出版业务整体发展的最为迫切和关键的问题。

（二）分社数字出版业务发展缺乏机制引导，政策落实不到位

目前外研社有许多数字出版业务开展处于“有资源、有需求”，但是“方向不明”的阶段。数字出版业务应该投入多少？做到多大规模？码洋和利润如何考核？利益如何分配？都是目前困惑的问题。这就需要新的政策引导，并且切实落实新政策。

与传统出版业务相比，数字出版的生产模式、生产流程、管理方式已经产生了大变革，对人才的要求、培养模式也大不同，乃至资金的调度、项目的运营方式也有很大的区别。倘若仍然基于传统体制，采用有限的传统激励手段，很难充分调动各方积极性。

最突出的政策需求表现在：一是数字出版业务与传统业务的码洋任务量的分配问题。数字出版业务尚处于培育期，需要一定时期内的政策倾斜，需要调整任务量和结构。二是鼓励开发自主版权业务。以往的码洋考核政策对自主版权业务没有特殊鼓励，而在数字出版业务中，自主版权问题变得非常关键。三是各分社间的利益分配问题。虽然数字出版业务采取“码洋重复计算”的办法，但是没有具体策略保障，而且容易出现码洋上升、利润下降的现象。四是加强数字出版人才的激励政策。一些在数字出版业务方面动手较早的分社，在业务开展过程中网罗、培养了一批人才。从短期来看，这些分社不缺数字出版人才，不缺懂技术的、做技术的、管理技术的人才。但是从长期来看，如果没有充分的激励机制，一时的热情退去，出版企业很可能“为别人培养了人才”。

（三）数字出版业务规模仍然较小，应加大数字出版业务资金、人力投入

数字出版项目没有小项目，有大目标，有核心价值，就需要大投入。然而，在目前数字出版业务还没有明确的盈利模式的情况下，数字出版项目大多是“小打小闹”，资金和人力投入都无法满足需求。例如，外研社基础分社投入到网络教材建设的总人数不到10人，横跨多个年龄段的试题库建设只投入了两个编辑，而许多技术公司在研发类似产品时，则投入了60人以上的人力。投入差距直接影响了教育出版数字化产品的质量。

（四）市场销售停滞，应充分进行数字出版产品的管道开发和整合

从外研社数字产品的专业性和产品质量考虑，在市场竞争中还是占有一定的优势。然而，要盈利，下游的销售必须跟进，打开管道、维护管道。

目前，外研社数字产品的销售主要存在几个问题：一是数字产品的销售打破了传统市场销售的习惯，传统教材销售模式稳定了，新产品很难进入传统管道。二是缺乏针对新产品销售的激励。以分社推出的教材配套网站为例，一套产品就是上万元的价格，成交数量少但利润高，与传统管道又较为吻合，一度销售形势

见好，但是由于市场人员没有提成奖励，没有销售动力，网站销售又陷入了困境。三是新管道整合利用不够。教育出版的数字化产品急需开拓新管道，如各学校的数字图书馆馆配等。倘若打开这类管道，可以源源不断供应学习资源库、电子教材、学习平台等各种数字产品，形成长期合作关系，前景巨大。

总结来看，以外研社为代表的中国教育出版企业数字化转型之路并不平坦。虽然其在转型目标、项目开展和国际化合作等方面取得了较大突破，但是由于受传统出版流程、体制和发行销售管道制约，还存在很多的问题。但是我们相信，在巨大的市场前景面前，在出版社的不断探索努力下，教育出版会成为中国出版产业数字化转型的突破口。

参考文献

[1] 刘志鹏．走向数字化的高等教育出版社 [J]．中国编辑，2007（1）．

[2] 石岱峰．例谈教育图书出版的数字化转型 [J]．出版发行研究，2011（4）．

[3] 迟宝东．从单一教材建设向教学资源集成的转变 [J]．中国大学教学，2009（2）．

[4] 人教社英语互动 Q 学堂欲成网络教材标杆．

http://news.sina.com.cn/o/2009-06-22/062418066394.shtml.

图书馆与数字出版的融合
——以中国科学院国家科学图书馆为例

杨 琳*

摘 要：基于“大出版”理念，图书馆与数字出版的关联日益增强，在出版产业链中的角色发生了转变——从消费者到出版者，从以往单纯的出版社大客户发展成为出版社的合作者、媒体融合环境下的出版者。伴随着图书馆服务模式的转型发展，中国科学院国家科学图书馆作为中国最大的自然科学、工程科学专业图书馆，以传统采购商、技术提供者、出版主体、内容提供商等多种方式融合到数字出版中来，在基于网络的科学传播体系和学术传播体系中，将发挥日益重要的作用。

关键词：图书馆；数字出版；科学传播；学术传播

图书馆是包括出版传播在内的学术传播体系中的重要组成部分，无论是在传统的印刷出版环境，还是现代的数字出版环境，图书馆都与出版密不可分。在网络环境下，图书馆与数字出版的关联日益增多。数字出版的根本目的是数字信息资源的广泛传播利用，没有利用这个需求的牵引，数字出版产业就失去了发展的动力资源。无论过去、现在还是将来，无论国内还是国外，数字产品的一个重要市场就是各级各类图书馆。数字出版企业生产出来的数字资源，在很大程度上是通过图书馆这个平台才真正转化成一般人可利用的资源，也才真正实现了数字产品的市场价值。**

中国科学院国家科学图书馆是中国大陆地区最大的自然科学、工程科学专业图书馆，于 2006 年 3 月由中国科学院所属的文献情报中心、资源环境科学信息中心、成都文献情报中心和武汉文献情报中心四个机构整合而成。总馆设在北京，下设兰州、成都、武汉三个二级法人分馆，并依托若干研究所（校）建立特色分馆。经过 60 多年的发展，已从传统图书馆发展成为一个以数字化网络化服务为主和以知识化服务为特征的现代化国家科学图书馆。在这一发展过程中，国家科学图书馆与数字出版的融合日益加深，在基于网络的科学传播体系和学术传播体

* 杨琳，中国科学院文献情报中心馆员。

** 李国新．图书馆从数字出版到数字享用重要桥梁．http://tech.sina.com.cn/it/2006-10-17/10251187533.shtml.

系中发挥日益重要的作用。

一、作为传统采购商支撑数字出版

数字资源服务已经成为中国科学院国家科学图书馆构建“国际一流、国内领先”的文献情报服务能力的核心内容，围绕用户需求，不断创新服务模式、深化服务内涵，国家科学图书馆初步建立了以数字资源为主的文献资源联合保障体系，初步建立了基于网络的文献信息联合服务体系，初步实现了基于用户环境的、情景敏感的学科化服务模式和战略情报服务模式。在这一图书馆模式转型的过程中，中国科学院文献情报中心近年来年均购买数字资源的经费将近一个亿，并在逐年增长。截止到 2010 年 11 月底，数字资源体系可获取外文电子期刊 12870 种，中文电子期刊 10434 种，文献利用率持续增加。*

在中国大陆公共图书馆、高校图书馆、科研机构图书馆三大核心系统中，以国家科学图书馆为代表的科研机构图书馆和高等院校图书馆的数字资源采购经费，所占比重已经占到了全部资源采购经费比重的 50% 以上，公共图书馆则一般在 20% 以内，高校图书馆和公共图书馆系统电子资源购买的能力在 2006 年时已达到约 6 ～ 7 个亿。此外，中国高等教育文献保障系统（CALIS）项目，在“九五”、“十五”期间，国家对其投入 3 亿元左右，各高校的配套资金远远高于国家投入。

还有依托各级公共图书馆实施的全国文化信息资源共享工程，“十五”期间中央财政投入 1.4 亿，地方政府累计投入 3 亿多。主要依托各级各类图书馆实施的几个重大的数字资源项目，如 CALIS 项目、文化信息资源共享工程、国家科技图书文献中心建设工程、中国数字图书馆工程、全国党校系统的数字图书馆工程、中国社会科学院数字图书馆工程等，国家还要持续加大投入。** 由此可以推断出，中国大陆图书馆系统年均购买数字出版资源的总额约为 20 亿元以上。可以说，以中国科学院国家科学图书馆为代表的图书馆系统是支撑数字出版可持续发展的重要力量。

二、作为技术提供者融入数字出版

2009 年 3 月 9 日，中国科学院国家科学图书馆与 Springer 科学与商业媒体集团，率先签署数字资源长期保存协议，双方同意由施普林格按照约定方式定期向国家科学图书馆提供其现刊数据库的长期保存数据，并将长期保存数据转载到

* 中国科学院国家科学图书馆 2010 年工作报告，2011.4.19.

** 李国新 . 图书馆从数字出版到数字享用重要桥梁 . http://tech.sina.com.cn/it/2006-10-17/10251187533.shtml.

国家科学图书馆的长期保存系统之中，由国家科学图书馆按照双方共同确认的可信赖的流程和系统进行数字资源长期保存。双方还约定，施普林格将协助国家科学图书馆建立对检索获取服务的合适管理机制。该协议是中国科学院国家科学图书馆与国外出版机构签署的第一个数字资源长期保存协议，也是施普林格签署的第一个由非施普林格媒体集团所在国（德国、荷兰）的国家级图书文献机构对其现刊数据库进行长期保存的正式协议。

此后，为促进国家范围长期保存合作体系的建设，在国家科学图书馆的推动下，2011 年 5 月 17 日，国家科学图书馆、高校图书馆数字资源采购联盟（DRAA）及 Springer 在 CALIS 第九届培训周期间达成合作保存意向，并举办了数字资源长期保存协议签约仪式，将已成熟的国家科学图书馆——Springer长期保存体系扩展至 DRAA 范围。根据该协议，国家科学图书馆将按照三方共同认可的可信赖的工作流程和技术要求对数字资源进行长期保存。当满足服务启动条件时，国家科学图书馆将利用长期保存数据向中国科学院范围、DRAA 范围内的原订购用户提供 Springer 现刊数据库检索与获取服务。本次协议的签署是国家范围数字资源合作长期保存体系建设的一次重大突破，并将进一步促进我国数字资源的稳定保障和服务发展，对中国科技的可持续发展具有深远的意义。*

三、作为传统出版主体发展数字出版

国家科学图书馆总馆下设编辑出版中心，主办《图书情报工作》、《现代图书情报技术》、《中国文献情报（英文版）》、《化学进展》、《中国生物工程杂志》、《科学观察》、《高科技与产业化》、《电子政务》、《中国数学文摘》等 9 种期刊，其中《图书情报工作》、《现代图书情报技术》、《化学进展》、《中国生物工程杂志》是中文核心期刊，《化学进展》同时被美国《科学引文索引》（SCI － E）收录。

兰州分馆设有《地球科学进展》杂志社，由《地球科学进展》、《遥感技术与应用》、《天然气地球科学》和《黄金科学技术》4 个特色学科期刊编辑部组成。这些刊物重点报导本学科前沿领域和相关技术，在国内相关领域已有一定的影响。成都分馆以情报研究为依托，主办《天然产物研究与开发》和《世界科技研究与发展》两种期刊。武汉分馆依托以长江流域资源生态环境和工程技术为重点的文献收藏，主办核心期刊《长江流域资源与环境》。国家科学图书馆发挥科学出版业务和科技期刊发展战略研究的整体优势，逐步形成在科技期刊出版领域的核心

* 国家科学图书馆与 Springer、DRAA 签署数字资源长期保存协议．http://www.las.cas.cn/xwzx/zyxw/201105/t20110519_3137216.html.

竞争力。

上述期刊大多建立了数字出版平台，为社会公众使用数字出版信息资源提供支撑平台。如《图书情报工作》于 2007 年 12 月创办了一份基于网络的纯数字化期刊《图书情报工作》网刊（http://159.226.100.150:8085/lis/netjournal/net.htm），与《图书情报工作》（纸刊）一脉相承但又有所区别。网刊将坚持纸本刊原有的风格，避免受网络大众、通俗文化的侵扰，保证文章的理论深度。同时，它并非仅仅是纸本期刊的电子化，与纸刊相比，它使信息得以更迅速地传播，读者可在第一时间花费极少的费用获得大量的有用信息。另一方面，网刊所刊载的内容将更突出时代性，更关注学科的发展与动态，更注重理论与实践的结合。网刊收录的文章将不拘泥于格式、体例，力求为学术创新提供新的契机。*

四、以新媒体环境下的多元身份推动数字出版

在以网络为代表的新媒体环境下，图书馆的资源构成和服务模式都随之转型，并根据公众的需求不断变革调整。在汇集数字出版资源并提供利用服务的同时，也加强了对资源的深度加工，并以此为基础开辟出新的服务领域，因而具备了内容提供商、出版者、传播管道等多元身份，不断推动数字出版的发展。

如国家科学图书馆下设科学文化传播中心，围绕国家和中国科学院战略发展需求，结合中国2050年科技发展路线图，策划组织了化学材料、云计算、低碳社会、气候变化、能源环境等系列主题科普讲座、科普展览、科学对话等突出科学特色的科学文化传播活动。

系列活动以对馆藏的主题化深入揭示为基础，既为社会公众了解使用相关领域的信息资源提供了有效路径，又通过自主策划、实施、加工形成了视频、图像、音频等新的原创资源，这些资源一方面通过国家科学图书馆网站科学文化传播服务平台（http://culture.las.ac.cn），为社会公众提供公益开放访问或区分权限访问；另一方面通过与数据库出版商的商业模式合作、借助其市场管道为公众用户提供使用服务。此外，还将参与国家级大型文化共享工程的数字资源建设，通过遍布全国的公共文化服务体系、数字电视系统进行传播利用；同时，待建的院士文库等项目都将通过灵活途径与数字出版有机融合。

国家科学图书馆还建有“中国科学院国家科学图书馆机构知识库”(Knowledge Repository of National Science Library，CAS，简称 NSL － IR）。NSL － IR 以发展机构知识能力和知识管理能力为目标，快速实现对本机构知识资产的收集、

* 《图书情报工作》网刊发刊词．
http://159.226.100.150:8085/lis/netjournal/NET/01fkc.pdf.

长期保存、合理传播利用。对于规定要公开发布的作品，NSL－IR要求存缴者按创作共享协议（Creative Commons License， CC）的“署名——非商业性使用——禁止演绎”进行传播授权，鼓励存缴者按CC协议的“署名——非商业性使用　相同方式共享”进行传播授权。

参与机构知识库建设的国家科学图书馆员工、研究生存缴内容包括：（1）正式发表的研究论文。（2）国科图出版物的存缴。国科图出版物指国家科学图书馆主编、主办的正式或非正式出版的学术期刊、专著、会议录或其他出版物（含国科图成员和非国科图成员所产生的知识内容，以及合作产生的知识内容），以及国科图发布正式档、工作报告、年度报告、工作规范等。（3）课题作品的存缴。课题研究作品指已经完成的课题研究报告、课题收集积累的研究数据集等。（4）专著的存缴。专著因涉及的版权问题较为复杂，可只存缴和发布专著的题名信息、前言、后记等内容，如得到出版商的授权，可上传专著全文。（5）其他学术作品的存缴。鼓励存缴人在遵守国家有关法律和规定的前提下，将本人创作的其他形式的学术作品存储到NSL－IR中。如：未经同行评议的论文预印本、会议发言PPT、工作文件、多媒体文件等。* 可以说，机构知识库是国家图书馆建立的基于开放获取理念的数字出版平台。

五、结　语

基于“大出版”理念，即出版的基本要素是选编作品、加工复制和广泛传播，国家科学图书馆的科学文化传播服务已经承载了数字出版的职责。在媒介融合的趋势下，图书馆将融入以手机出版为代表的数字出版及跨媒体出版，“掌上科普”、“移动科普”指日可待。这些公益性科普活动将成为学术传播，尤其是科学传播的重要途径，通过传播科学思想、促进学术交流和学术大众化，推动科学进步，推动图书馆实现职能转变——从文献传递到文化传播。

正如上海图书馆副馆长刘炜所分析的，由于数字化造成的媒体融合，图书馆为什么不能成为出版商或者资源服务商？这种向产业上下游同时挺进的趋势也是存在的，特别是对那些有独特资源或者能够提供深度信息咨询服务的图书馆（如研究型图书馆）或图书馆联盟来说，一方面可以成为知识的出版者和发布者，另一方面也可以依靠新型电子报纸、电子书或手持设备，提供更为专指的内容分发业务。**

当然，在图书馆与数字出版的融合过程中还面临许多问题：版权界定与传播

*　中国科学院国家科学图书馆机构知识库 http://ir.las.ac.cn/.

**　刘炜．未来的图书馆．数字图书馆论坛，2009.9.

范围的问题——如何在保护作者、数字出版商合法利益的同时，将内容传播给更多的社会公众？数据加工的标准问题——如何保证出版商和图书馆在对数据资源的加工处理方面，从元数据到编码及产品格式都采用统一标准？数据资源的建设问题——如何盘活现有资源、汇聚零散资源、挖掘特色资源、构建原创资源？这些问题都需要业界同仁的深入思考和不断努力才能得以有效解决。

参考文献

[1] 肖东发. 用大出版的视角认识新媒体 http://www.edu.cn/renwu_6123/20071106/t20071106_263432.shtml.

[2] 李国新. 图书馆从数字出版到数字享用重要桥梁 http://tech.sina.com.cn/it/2006-10-17/10251187533.shtml.

[3] 国家科学图书馆与 Springer、DRAA 签署数字资源长期保存协议 http://www.las.cas.cn/xwzx/zyxw/201105/t20110519_3137216.html.

[4]《图书情报工作》网刊发刊词 http://159.226.100.150:8085/lis/netjournal/NET/01fkc.pdf.

[5] 中国科学院国家科学图书馆机构知识库 http://ir.las.ac.cn/.

[6]侯丽. 未来的大学图书馆是啥样？“数字出版与图书馆发展学术研讨会”侧记 http://www.nlc.gov.cn/yjfw/2010/0830/article_1963.htm.

[7] 晓孙. 出版商图书馆构筑战略协作新关系 [J]. 出版参考（业内信息版），2009（18）

[8] 刘炜. 未来的图书馆 [J]. 数字图书馆论坛，2009（9）.

[9] 汪雪莲. 试论图书馆在数字出版产业链中的地位和作用 [J]. 图书馆杂志，2005（10）.

电子书包离我们有多远

余　人[*]　谢　宁[**]

摘　要： 电子书包是一种致力于提高教育信息化、提高学生学习兴趣与学习效率的便携式电子终端产品，其优势是资源消耗少，低碳、环保；蕴藏商机大，前景广阔；促进教育、教学改革，提高教育质量和学生整体素质。其存在的问题是潜藏着有可能伤害孩子的某些隐患；有可能造成新的污染；有可能带来一些不可预知的负面效应；价格太贵会影响推广和普及，并造成新的"知沟"。电子书包目前是学校教学的辅助产品，未来有可能成为传统书包的替代产品。发展电子书包要避免的是走两种极端，电子书包大面积走进学生课堂至少要先过硬件关、软件关、培训关、利益分配关。

关键词： 电子书包；数字出版；辅助产品；替代产品；无序竞争

现在的孩子书包越来越重，街头巷尾拉着拉杆书包去上学的孩子随处可见。要是有一种书包，装满了书也很轻很轻，轻到只有一两斤重，孩子们可轻松地随身携带，那该多好！要是有一种学习工具，借助它不用像过去那样"满堂灌"，孩子们可以很轻松地掌握知识要点、完成各种练习与作业，那该多好！

这样的产品现在已经有了，就是"电子书包"！它的特点一是轻，不到2斤重，甚至更轻，才几百克重；二是使用方便、快捷，有点像看动漫一样，孩子们学习起来有兴趣、效率高。三是功能多且耐用，不仅小学生能用，初中生到大学生也能用；不仅孩子能用，老师、家长也能用；不仅短时间能用，长时间可反复使用。四是有"特异功能"，可以根据不同年龄的孩子进行个性化设计，比如小学生使用的电子书包，可以和互联网、手机相配套，孩子到学校后刷一下教室的门卡，家长就知道孩子安全到校了，家长可以借助互联网、手机、iPhone、iPad等通过视频观看孩子如何上课，旁听孩子的课程，甚至还可以安装定位通信设备，确保学生在往返家庭与学校路途中的安全性。比如中学生、大学生用的电子书包，可以通过接口插入各种课件，课后复习老师讲的功课，甚至通过电子设备直接与感兴趣的某位老师的课堂教学相连接，实时视频旁听老师讲课，这样学生可以自学不同老师的不同科目的课程，不一定每次都到课堂上去听课，还可以把一些零碎

*　余人，北京大学新闻传播学院2009级博士研究生。
**　谢宁，北京大学新闻与传播学院2011级硕士研究生。

的时间利用起来进行复习、自学……这就是目前很多人在热议、热盼和憧憬的绚丽梦幻产品——电子书包。

一、什么是电子书包

电子书包目前在业界尚没有明确、固定、权威的定义，不同的人可能会有不同的理解。大致说来，电子书包就是供学生使用的、作用有点类似于书包的电子终端产品，有点像放大了的“商务通”，有点像功能更齐全的手持电子阅读器，有点像放大且简化、灵便一些的iPhone、iPad，有点像较小、较轻的笔记本计算机。可触摸，可手写，可按键；有多个接口，可插入，可输出，可传播；有多种功能，可录音，可记录，可复制，可搜索，可查询，可作分析，可作提示。

比如，可以把学生的课本、词典电子化，然后置入电子书包，学生上课时通过点击或者触摸电子书包的屏幕就能看到课本，或者查阅词典，可翻页、标记、眉批、查询。学生可以借助电子书包来听课、做笔记、做练习、考试（开放式考试）、复习功课、提交作业、与其他同学交流沟通。老师可以借助电子书包来备课、教学、考试，不用总是借助传统的纸质课本、笔记本、黑板、粉笔、试卷等，甚至可以把PPT、投影仪与电子书包结合起来用，不仅使用起来方便，效果好，效率高，而且课后也能更好地与学生和家长沟通。家长可以借助电子书包与老师和学生交流、互动。

总之，电子书包是一种致力于提高教育信息化、提高学生学习兴趣与学习效率的便携式电子终端产品，是一种真正的“数字化书包”。

目前，国内已经在售的以“电子书包”命名的有汉王电子书包、盈动电子书包等产品。实际上这些产品都是一种专为学生而设计的笔记本计算机或电子阅读器，是继早教机、点读机、电子辞典、学习机之后的第五代学生教辅产品，是初级阶段的电子书包，未来的电子书包会有更多变化和变量。

严格地说，电子书包应包括硬件（电子设备）和软件（数字内容）。目前我们提到电子书包时多指硬件，因为内容大多是厂家（设备生产商）预装在设备（机器）里，可供下载、更换的新内容很少。电子书包的发展方向一是功能更齐全、使用更便捷；二是走进课堂，真正成为孩子们随身携带的书包。电子书包的发展，从目前来看，大约可分为三个阶段：

第一阶段：萌芽尝试时期，从1999到2008年，其标志是新加坡、中国等电子书包硬件试点工作开始，表现为以产品为核心的硬件研发与试用。

第二阶段：探索发展时期，从2009年开始的五至十年，标志为中国、美国、

韩国、日本等国家再次掀起推动电子书包发展的浪潮，表现为电子书包产业链各部分逐渐整合、完善，电子书包软件（数字内容）逐步丰富。

第三阶段：完善成熟时期，电子书包形成一定规模，走进课堂，并进一步融合、细化、丰富。标志性事件是电子书包首次实现可持续性地取代传统书包的功能和地位，表现为电子书包产业由“产品”指向型向“服务”指向型转变。这时，与电子书包内容相关联的数字出版市场有望实现供需平衡，最终供大于求，优胜劣汰，形成稳定的供应、筛选、运营机制，为使用者提供精准的数字化教育服务，成为电子书包产业链的核心价值。

目前，全球的电子书包发展处于第二阶段的探索与实践之中，目标是整合资源，创新产品，树立品牌，打通软件（数字内容）、平台（发布管道）、硬件（终端设备）产业链，使产品和服务真正深入人心，为学生所欢迎、喜爱和倚重。第二阶段要持续多久，会有什么变化与变量，什么时候步入第三阶段（进入课堂，替代纸质课本），一切都还是未知数，有待各方的艰辛努力与积极探索。

二、电子书包的利与弊

电子书包目前呈现出如火如荼之势，如果发展得好很有可能成为新的经济增长点，不仅推动电子业、IT 业的发展，而且也促进教育与教学的改革。但其不确定性与可变性也同时存在，如果发展过程中出现失误与波折，很有可能会损失惨重，甚至血本无归。所以在起步阶段、探索阶段就分析其利弊，厘清其条理，综合考虑，整体策划，未雨绸缪，良性发展，这样可以少走弯路，多出成果。

（一）电子书包的优势

1. 资源消耗少，低碳、环保

目前中国在校生 3.2 亿人，每个学生所用的课本和作业本以数千亿计，如果都是用纸来印制，每年要砍伐多少树木，消耗多少资源。如果改用电子书包，就可以节省很多资源，这无疑是非常环保的。最近几年，国家提倡教材循环使用，但收效甚微，原因何在？就因为其可操作性不强。小学生的教材一个学期下来，早已是破损不堪，很难循环使用；中学生、大学生的教材，一是也有破损严重无法循环使用的，二是很多学生不愿意循环使用，他们要将教材作为学习数据自己收藏，以方便随时温习，三是很多低年级学生也不愿意使用高年级学生用过的旧教材。

此外，如果教材循环使用，每学期的教材需求量就会减少，出版商的利润就会大大降低。尽管目前九年义务制教育所用教材是政府统一采购，利润率非常之低，但有印数即意味着有比较稳定、比较可观的利润，没有印数就意味着没有利润，所以教材循环使用是动了出版商的奶酪，出版商没有积极性，本能地或明或暗地加以抵触。如果改用电子书包，很自然就能循环使用，就可以减少很多教材用纸，既节省资源又减少环境污染。

2. 蕴藏商机大，前景广阔

据教育部的统计数据显示，目前中国在校生每年使用的课本和作业本加起来总价值超过1000亿元。这意味着，如果电子书包能取代传统书包，至少有1000亿元的大市场，如果算上延伸的配套产品，市场前景更是巨大无比。* 这巨大的市场如果不用电子书包去占领，别的替代品就会来挤占，国外的电子书包或其他产品也会来抢占，而传统书包目前呈下降趋势，是难以继续占领这个巨大市场的。巨大的潜在商机催生的是无限的想象、创造与创新。我们应顺应时代的需要，抓住机遇，迎难而上，而不是坐失良机。

3. 促进教育、教学改革，提高教育质量

中国教育的弊端早已为人们所诟病，特别是“填鸭式”的教学，强迫孩子死记硬背之类，早已为人们所深恶痛绝。电子书包的出现或许能改变这种现状，或者能促使人们思考如何去改变这种现状。电子书包能让老师创新教学、学生轻松学习、家长快乐助学，这对学校、家庭、孩子无疑是一种解放，也是一种促进，孩子也能更多地释放出灵性与智慧。

电子书包的使用将很大程度上改变甚至完全颠覆过去的教育理念与教育模式。如果说传统的纸质课本、粉笔、黑板代表着工业革命时代产物，电子书包则代表着信息革命时代产物。在全球化时代，高新科技催生着新的教学方式与教育思想，很多新东西应运而生，我们应该用开放的心态迎接挑战，努力创新，而不是亦步亦趋，固步自封。电子书包带给我们的不仅是产品的更新、升级，更多的是理念与思想的变化，甚至行为的改变。电子书包剑指教改，意在提高教学效率，提高教育质量，提升人的综合素质，从发展方向来讲这对民族和社会无疑是一件幸事。

（二）电子书包存在的问题

1. 潜藏着有可能伤害孩子的某些隐患

电子书包属于电子产品的一种，电子产品目前存在着一些尚未被人们所认识与确定的对人体有害的东西。比如看久了，很多人眼睛疲劳不适，用久了可能产生辐射，有害人体健康，或者造成人体免疫力下降。尽管现代医学对此还不能做

* 电子书包市场商机巨大 行业标准化迫在眉睫 http://www.cnetnews.com.cn/2010/0729/1830084.shtml.

出鉴定与确认，但人们在“残酷”的现实中还是能隐约感到担忧。现代生活中“近视眼”越来越多，“不育症”越来越普遍，人们越来越容易变得焦虑、烦躁、偏激、神经质，是否与长期使用电子产品有关？

电子书包会不会对学生的眼睛、身体造成某种程度的伤害或潜在伤害？怎么预防学生过分依赖电子书包，乃至无法自控，陷入电子游戏、网上色情之类的泥淖？这类担忧恐怕不是空穴来风，更不是杞人忧天。因为未来学生一天到晚都要使用电子书包，比人们使用其他电子产品的时间更长、频率更高、依赖性更强，电子书包对学生造成潜在伤害与影响的可能性会更大，所以在电子书包设计方案、创建标准、推广应用之前，做好各种预防，并非坏事。最基本的，生产商对电子书包的屏幕和显示器要进行技术改良与创新，或者加装防护膜、防护罩，使之符合青少年视力以及身体健康要求，并形成一种安全标准。

2. 有可能造成新的污染

如果说传统的造纸、出版会砍伐大量树木，消耗过多资源，造成环境污染与破坏，那么大量使用电子书包同样有可能造成新的污染，即电子污染。大量使用电子书包，将来若干年后遇到的电子垃圾问题，会更为严峻。

我国的在校生如果三分之一的学生使用电子书包，每个学生十年之内只使用一台电子书包，每台电子书包重量仅为500克，那么，十年后我国平均每年仅因电子书包一项产生的电子垃圾就会重达五千吨。这些电子垃圾堆积搁置，会污染水源、土地；倘若销毁，会污染空气；倘若拆卸，或许也会对人体健康产生危害。这些废旧的、淘汰的、损坏的电子书包如何无害处理、有效回收，是我们现在着手开发电子书包产品时就应该事先周密考虑、整体策划的。

3. 有可能带来一些不可预知的负面效应

现在的孩子高频率地使用电子产品，键盘一敲或者手指一触就能解决很多问题，有人称他们为“按键一族”或“拨拉一族”，他们使用电子产品可能会无比熟练，而别的方面则有可能会相当“白痴”，如何避免孩子走极端，网络成瘾或者患上电子书包依赖症，这也是我们事先必须考虑和研究的。

比如有美国专家戏称互联网造就了美国整整一代“傻瓜”，因为有相当多的美国人过分依赖计算机、网络，离开计算机、网络就什么都不会了。那么，如何避免我们的孩子离开电子书包就什么都不会了，这恐怕也是未来的一个重要课题。

比如，孩子长时间使用电子书包最后有可能导致不会写字，不会画画，不会算术，甚至不会说“人话”（只会网络语言），不会思考（只会在电子书包上敲触）。电子书包有可能给孩子带来的诸多负面的东西（有很多现在还没有完全显露出来），我们恐怕也要早作考虑和预防，比如学校在课程设置、教改理念、培养目标等方面，是否需要重新审视与设计？

4. 价格太贵会影响推广和普及，并造成新的“知沟”

电子书包目前的价格肯定是偏贵的，几千元一台的价格对于普通家庭的孩子来说是难以承受的。如果要大面积推广，价格应降到几百元较为合适。价格太贵，就会成为奢侈品，只有少数人问津；价格太便宜，则生产厂家无利润可赚，缺乏推动力。这两者对产业的长远发展都是不利的。

价格太贵，只有富有家庭的孩子才买得起、用得起，贫穷家庭的孩子因为买不起而没法享受这种新产品，这还会造成富有家庭和贫穷家庭的孩子在学习知识、掌握知识方面的沟壑加深，造成新的社会不公、教育不公。

所以，如何既保证质量，又降低成本，既让消费者满意，又让生产厂家赚到钱，是目前需要面对和解决的问题。

四、电子书包的产品定位与路径选择

电子书包是辅助产品还是替代产品？笔者认为，电子书包目前是辅助产品，是辅助教学的一类产品，有如以前推出的早教机、点读机、电子辞典、学习机之类。这意味着生产电子书包是企业自主行为，电子书包的进退、起伏、荣辱由企业自行负责，由市场博弈、消费者自然选择决定其生死存亡、发展方向、发展速度等。

电子书包由于其潜力无限，在不久的将来有可能成为替代产品，也就是说它将来有一天会替代传统书包，走进学校、走进课堂，甚至人手一台。这意味着生产电子书包不仅是企业行为，也将是政府行为，政府要动用行政力量加以引导、规范、推广、普及，使之健康、快速发展，避免无序竞争、恶性发展。

所以，把电子书包定位为替代产品，对电子书包行业的整体发展会非常有利，“志当存高远”，有长远规划自然比零打碎敲要强得多。从新加坡、韩国、美国等国家的探索与实践来看，他们基本上也是把电子书包作为替代产品来看待和对待，由政府出面作规划，朝着走进课堂的目标而努力。

把电子书包定位为替代产品，其发展路径就是：企业 + 政府，分阶段、分步骤发展：第一步各企业充分研发，自由竞争，打造品牌；第二步，政府在众多品牌产品中选择较合适、较有实力的进行试点，同时促使企业提升产品质量和服务质量，在得到较多肯定与认可后再作大面积推广。

当然，政府可以提前介入，先制定产业规划与目标，指引企业发展大方向；再建立和完善行业规范与标准，使不同品牌的产品标准一致，互相兼容，避免资源浪费与恶性竞争。在未来产品非常成熟的情况下，政府可以为学生买单，把现在用来采购九年义务教育纸质教材的费用拿来采购电子书包，这不是不可能的。

电子书包目前要避免的是走两种极端：一是固步自封、裹足不前、坐失良机；二是一窝蜂争上项目、掣肘内耗，无序竞争、恶性循环。

电子书包行业规范和标准的建立与完善，将从行业整体发展的角度为教育出版数字化奠定坚实基础。凤凰电子音像出版社教育产品部主任王左银建议，国内目前从事电子书包研发的相关单位如能形成联合，共同建立电子书包的行业规范和质量标准，将有益于实现政府支持和市场化运作相结合的数字化教学长效运行机制，使电子书包的推广应用能健康地可持续发展。*

电子书包行业标准建设不再是设想，相关部门已经着手开展，如“电子课本与电子书包”标准专题组第一次会议暨启动会2010年11月19日在上海召开。全国信息技术标准化技术委员会电子书标准工作组联合教育部教育信息化技术标准委员会，成立了“电子课本与电子书包”标准专题组，由华东师范大学承担专题组组长单位。

标准专题组致力于与相关部门和企业共同研制电子课本与电子书包标准，制定电子课本与电子书包的行业标准、国家标准并积极推进国际标准化工作（ISO/IECJTC1SC36），推动电子课本与电子书包产业发展和应用，为促进我国教育信息化带动教育现代化作贡献。**

2011年，“电子书包项目”被写进国家教育中长期发展规划纲要和“十二五”教育规划，相信未来完全有可能给教育数字出版界带来更大的惊喜。***

五、电子书包的未来任重而道远

电子书包的优势开始显现，但电子书包要真正走进学校，大面积推广和普及，替代过去的传统书包，介入孩子们的日常生活，尚有很长一段路要走，估计至少要五至十年的时间。电子书包要大面积走进学生课堂至少要先过以下四道关。

（一）硬件关

电子书包究竟要做成什么样子、具备哪些功能才真正适合学生使用，为孩子、家长和老师所欢迎与接受？这是目前众多企业正在积极思考与探索的事情。

相对而言，硬件目前可能是最成熟的，因为已有计算机、手机、手持电子阅

* 教育出版业要积极应对“电子书包”[N/OL]，中国新闻出版报，2010年5月4日，http://www.cbi.gov.cn/wisework/content/88415.html.

** 王杨二．“电子课本与电子书包”标准专题组成立，中国质量报，2010.12.6（4）.

*** 上海教育音像出版社社长夏德元，中国新闻出版网，2011—2—10，http://chinataijiquan.com/Item/1615.aspx.

读器等产品作为基础，电子书包所需要的各种技术已基本具备和成熟，不构成大的障碍。硬件方面接下来要做的是整合资源，把产品做得更人性化、更立体化，功能更多元、更齐全，更贴近孩子，更方便使用。尽管做好、完善电子书包的硬件仍会很艰难，但可以说大方向已基本明朗，“路线图”也十分明确。

（二）软件关

电子书包的软件（数字内容）应包括针对小学、初中、高中、大学不同年龄段学生和不同专业层次（不同科目与不同等级）学生的内容。具体地说，应包括针对老师的备课软件、教学软件，针对学生的学习软件、娱乐软件，针对家长的辅导软件、观摩软件等，每一类中还可细分出许多小类。

其中，最核心的是学生使用的学习软件。学习软件包括数字版的课本、教辅数据、课外阅读数据等。数字课本（数字教材）和普通书籍不同，中小学生的课本（教材）出版、发行是由国家统一管理的，国家未出台相关政策和标准，企业是不敢轻举妄动的。* 所以政府的引导、指导非常重要。

目前数字课本（数字教材）市场几乎是空白。数字课本可以分两步走，第一步是把现有的纸质课本电子化、数字化，这相对比较简单容易。第二步是编写全新的数字课本。这需要由教育部门组织内容专家和技术专家来集体创编，内容自然要适合不同年龄段的学生学习和阅读，知识点的选取与讲解、内容的构架与编排，这些和纸质课本肯定会有很大不同，而展现形式最有可能采用彩色动漫方式，突出互动性、实时性、便捷性、开放性，且能作链接、延伸甚至具备更多的其他功能。这是一个非常庞大的系统工程，更是一个创新工程。

数字教辅数据、工具书等，应与数字课本相配套，同样需要富有动漫效果、互动功能等，能充分吸引和引导学生学习使用，提高孩子的学习兴趣、学习能力与学习效率，要采用数字技术直接生产成数字产品，少走弯路，多出成果。这也是一个非常庞大的工程。

其他数字课外阅读数据，是数字出版企业根据市场需求审时度势，随时跟进的产物，学生可以在互联网、在数字图书馆自由查找搜寻，或经过其他途径获得。这部分内容相对容易一些，而学生要训练和掌握的是如何辨别和选取，即如何在浩如烟海的信息中搜索、搜集、过滤、选择、使用并有能力进行加工、创新。

除了针对学生的学习软件以外，针对老师的教学软件和针对家长的助学软件在不久的将来也会应运而生，并日益增多，甚至会推动和促成教育改革、教学改革的新走向，这类软件也有可能成为新的经济增长点。

---

* 温网博客．“谷园春草” 博客日志 [N/OL]．电子课本，2009-6-4. http://blog.66wz.com/?uid-194449-action-viewspace-itemid-363313.

电子书包的软件可以由小学低年级向高年级，由小学向中学、大学，逐步开发，取得经验后渐次展开，数字教辅数据、课外读物、工具书等也是这样。电子书包的软件还需要解决版权和原创问题。如果数字版权还像目前这么纠结，未来即便有好的电子书包设备也难以置入理想的、高质量的教材、教辅；如果没有源源不断的优秀原创，孩子们的电子书包也会缺乏新鲜、生动的“课外读物”。也就是说，没有好的软件（内容），再好的电子书包（硬件）也只是一个空壳，一个摆设。

（三）培训关

即便电子书包非常成熟，可以推广普及了，也是一个非常庞大的工程。因为学生不是天生就会使用电子书包，它和纸质图书不一样，不是翻开就可以阅读，是要动手操作的，所以学校要培训学生如何正确使用电子书包。培训学生就要先培训老师，培训业务骨，甚至还要培训家长。

培训工作可交由企业来做，因为政府采购哪家企业的电子书包，哪家企业就有责任和义务来培训老师、学生和家长。但企业的终极目标是赢利，和政府、教育部门的目标不一定是完全吻合的。所以政府的主导、引导不可或缺，教育部门的教育理念、教育思想、教学方式方法等的更新更是势在必行。比如，使用电子书包后，学生的形体课（书法、美术、舞蹈、文体等）肯定要加强，不然学生的书写能力、说话能力等有可能会退化，身体方面也有可能更加弱不禁风。从几千年的人类发展历史来看，科技越进步，人的大脑越发达，人的体质则越来越孱弱，这也是用进废退的生物进化的结果。

“电子书包”进学校、进课堂，带来的将是一场翻天覆地的教学革命、教育革命，学校的课程设置、教师结构、教学设备（教室、讲台、黑板等）都需要作相应的大变革，这绝不是一蹴而就的事情，是需要有配套方案的。

（四）利益分配关

电子书包（硬件、软件、推广）在选择项目、研发设计、生产制作、营销推广的过程中，组织者、研发者、设计者、原始作者、创编者、出版商、发行商（包括平台发布商）、管道商、教育部门等众多参与者，其利益的分配错综复杂，如何平衡利益各方，调动各方积极性，避免内耗，强化合作，也非常重要。弄不好会互相掐捏、掣肘、纠结，电子书包的美好未来就有可能化为泡影，可望而不可即。

总而言之，电子书包是一项庞大的配套的系统工程，需要政府支持和引导，各方付出艰辛努力。我们期待着电子书包这款绚丽梦幻产品早日大放光芒，惠及百姓。

参考文献

[1] 乔千．教育用“电子书包”能走多远？[J]．电子出版，2003（10）：25-27.

[2] 李垚，倪荣，陈加洪．理想电子书包：打造沟通新模式 [J]．现代教学．2005（6）．

[3] 宁生奎．“电子书包”应用于基础教育之我见 [J]．信息技术教育，2007（3）．

[4] 张倩影．教育内容提供商与技术商共推“电子书包”[J]．出版参考，2009（14）．

[5] 高志丽．电子书包推广的现状及应对策略 [J]．出版参考，2010（16）：8—9.

[6] 崔斌箴．国外电子书包进校园走势强劲 [J]．出版参考，2010（22）：42.

[7] 王杨二．“电子课本与电子书包”标准专题组成立．中国质量报，2010.12.6，第 4 版．

[8] 周海忠、周璇．“学习手机”的今天与电子书包的明天 [J]．出版参考，2011（1）．

[9] 也平．电子书包试点容易普及难．北京日报，2011.2.23，第 19 版．

[10] 电子书包市场商机巨大行业标准化迫在眉睫 http://www.cnetnews.com.cn/2010/0729/1830084.shtml.

[11] 温网博客．“谷园春草”博客日志 [N/OL]．电子课本，2009-6-4，http://blog.66wz.com/?uid-194449-action-viewspace-itemid-363313.

[12] 杨玉红，张倩雯．“电子书包”，学生欢喜家长忧 [N/OL].新闻晚报（上海），2011.3.31，http://tech.163.com/11/0331/15/70G2H7NA000915BD.html.

电子书阅读行为分析

杨聪仁[*]　沈歆婷[**]　汤明祥[***]

摘　要： 目前，市面上有许多不同的电子书阅读器产品，不同的品牌有着不同的功能及使用接口，市面上所贩卖的电子书阅读器功能日渐强大，但相对的价位也一直无法下降。价格一直会是消费者考虑是否购买的关键。依资策会FIND所统计出的数据显示，不论是上班族群还是学生族群，都因为电子书阅读器的价格太贵而使得使用意愿降低。本文从现有的电子书阅读器产品的对应功能需求，以及目前已完成实验或正在实验中的计划，整理出电子书的应用方向，并尝试提出适用的电子书出版形式与可行的应用架构、加值应用模式以及未来此领域的研究议题。

关键词： 电子书；电子书阅读器；数字学习

一、前　言

因特网的兴起，影响了人们的生活习惯，阅读习惯也有着大幅度的变动，阅读行为从原先的纸本书慢慢地转变到计算机上。近年来，手机、电子书阅读器、iPad等载体越来越多种，让使用者的选择也越来越多。

根据台湾网络信息中心（TWNIC）公布最新“台湾网络使用调查”报告显示，中国台湾地区上网人口突破1580万，民众上网率为68.94%，在亚洲地区仅次于韩国、日本，排名第三。从个人上网率部分来看，12至34岁民众上网比例高于九成，其中以15至19岁者上网比例最高，占了99.45%，55岁以上民众上网比例仅二成二占了22.77%。如今上网人数的增加，使得阅读这个行为渐渐的从纸本转变为计算机或电子书阅读器等电子产物上。

资策会FIND在2010年9月间进行“台湾民众电子书阅读现况与市场商机调查”，台湾民众电子书服务认知度部分，有近六成五民众只有听过电子书，但并没有使用过；约两成五民众完全不知道电子书是什么，仅有将近一成民众大概知道如何使用或清楚其操作方法。而这一成民众中有将近六成在过去一年内使用过免费的电子书服务，一成多民众则使用过付费电子书服务。

* 杨聪仁，南华大学出版与文化事业管理研究所所长。
** 沈歆婷，南华大学出版与文化事业管理研究所研究生。
*** 汤明祥，南华大学出版与文化事业管理研究所研究生。

电子书的概念，最早由全录公司的Alan Kay在1968年提出，在1998年时由美国发行了第一台电子书阅读器（王东泽，2006），亚马逊（Amazon），也在2007年推出了第一代Kindle，在2009年这一年许多国家陆陆续续出产各种不同电子书阅读器。举例来说，Amazon在2009年2月的时候推出Kindle 2，其外观比第一代更薄，电力更为持久。同年五月，Amazon推出了9.7英寸大屏幕的Kindle DX，日本富士通也在2009年推出全球第一款彩色电子书阅读器FLEPia。

最早所谓的电子书仅可下载在计算机上，并利用计算机进行编辑、阅读，而现今所说的电子书则可传至电子书阅读器，目前已有多家所出产的电子书已可直接在电子书阅读器上阅读。举例来说：亚马逊（Amazon）所出产的Kindle以及索尼（Sony）所出产的e-Reader便可以直接在电子书阅读器上进行下载的动作。目前Panasonic已出产了一款外观象书籍一样的电子书阅读器，而enTourage也出产像书可翻开的电子书。实际上，电子纸早在十年前就已量产，却一直到近几年才开始渐渐的因电子书阅读器的发明而盛行。

根据2010年资策会FIND统计指出，上班族群对于电子书阅读器的认知度较于学生族群要来的高，若是以使用意愿度来说，学生族群使用的意愿度则高于上班族群。由此可以看出，学生族群为较具潜力的潜在顾客群。整体上来说，上班族群和学生族群对于电子书阅读器都具有相当程度的认知度，但“电子书阅读器的价格过高”、“电子书内容的费用太贵”，使得愿意使用的人数较少。

目前市面上有许多不同的电子书阅读器产品，不同的品牌有着不同的功能及使用接口。对许多人来讲，或许不清楚自己所想要的究竟是什么样的电子书阅读器。目前市面上所贩卖的电子书阅读器功能日渐强大，但相对的价位也一直无法下降，价格将一直会是消费者考虑是否购买的关键，不论是上班族群还是学生族群，不愿使用的主因均为电子书阅读器的价格太贵。

目前全球对于电子书阅读器这话题都十分的有兴趣，台湾也当然如此。本文将从现有的电子书阅读器产品的对应功能需求，以及目前已完成实验或正在实验中的计划，整理出电子书的可以应用的方向，并尝试提出适用的电子书出版形式与可行的应用架构、加值应用模式，以及未来此领域的研究议题。

二、电子书阅读器

目前各国市面上的电子书产品有许许多多种，从最热门的Kindle到iPad，都有一定的使用量，由于Kindle的出现而带领众多厂商相继推出不同的电子书阅读器，因此，下面将会汇整各个品牌的电子书阅读器。

表 1　电子书阅读器比较表

内容 / 标题	尺寸	控制方式	支持格式	书签功能	色彩	支持多国语言	下载	无线上网	其他
Amazon	8×5.3×0.36 inches	箭头键控制	Kindle(AZW), TXT, Audible, (Audible Enhaced (AA, AAX)), MP3, Unprotected, MOBI, PRCnatively, PDE, HTML, DOC, JPEG, GIF, PNG, BMP through conversion	√	16 灰阶		亚马逊书店提供	√	
Sony e-Reader	6.9×4.8×4 inches	触控式	PDF, word, TXT, EPUB, ACS4, Adobe Digital Editions, Mp3, AAC	√	8 灰阶		有提供电子书平台下载	√	
Bames & Noble Nook	7.7×4.9×0.5 inches	触控式	PDE, Epub, Fictionwise	√	16 灰阶		Bames & Noble 书店提供	√	可跟别的 Nook 用户借书
Green Book	18.8×11.8×0.95 (cm)	箭头键控制	PDF, EPEB, FB2TXT, RTF, HTML, PRC, DOC, JPG, GIF, PNG, BMP, MP3	√	8 灰阶	√	自行寻找电子书下载		
Book 11	122mm×163mm×16mm	触控式	PDF, JPG, BMP, PNG		16 灰阶		有提供电子书平台下载		
汉王 N518	153mm×112mm×12mm	手写+触控式	TXT, HTML, PDF, DOC, JPG, PNG, BMP, GIF	4G（可扩充至 32G）	8 灰阶		有提供电子书平台下载		
Flepia	屏幕 8 寸	触控键控制	XMDF、book		26 万种颜色		√	√	

（一）电子书阅读器 Kindle

亚马逊（Amazon）推出的 Kindle 均为 E-ink，并都是利用箭头键来控制翻页、选择项目；拥有书签功能，方便往后阅读时查询。依照不同规格，又分为可无线上网，提供无线上网的则可链接至亚马逊网络书店购买喜欢的书籍。

（二）电子书阅读器 e-Reader

由 SONY 推出的 e-Reader 结合了 Google，用户可以直接在电子书阅读器上链接至 google 进行下载的动作，还支持美国图书馆借书的机制，使用者可以直接下载至电子书阅读器中，一旦借期到，系统便会自动将书本从电子书阅读器中删除。路透社报道，SONY 将在其 e-bookstore 推出 2000 部日文电子书，并期望在产品推出的首年度内销售 30 万台，目标则是在 2012 年攻下半数的本土市场。在操作面来说，选择的部分是以触控式来操作，可以做卷标、写笔记，阅读内容可以通过 3G 下载。

（三）电子书阅读器 Nook

由美国最大的书店 Barnes & Noble 在结合了 PlasticLogic 的电子书阅读器推出的 Nook 之后，便开始调整实体店面内的陈设，将实体书本的空间缩减，改成咖啡座位，未来客户只要带着电子书阅读器 Nook 到店里面喝咖啡，就可以联机下载最新的书目以及信息，星巴克目前也计划未来在店里提供电子书下载。

Nook 可从书店 Barnes & Noble 下载约 100 多万本电子书，可以将所下载购买的电子书内容借给同样有 Nook 的人看，不过借阅时间为两个星期。在操作面来说，选择的部分是以触控式来操作，可以做卷标、写笔记，阅读内容可以通过 3G 下载，或是利用 USB 从计算机传输至电子书阅读器中。

（四）电子书阅读器 Green Book

Green Book 为台湾第一台自制电子书阅读器，它可以买点数后至网页买书，之后便可以下载至计算机再传至电子书阅读器里阅读。除了到 Green Book 所提供的网站外，也可以自行选择喜欢的文章下载后，利用 USB 传入电子书阅读器中进行阅读。除了可以检索英文关键词外，还可以支持多国语言。

（五）电子书阅读器 Book 11

台湾在 2009 年推出结合电子书交易平台 Book11 平台，它结合了 iRex 电子书阅读器，可以买点数后至网页买书，之后便可以下载至计算机，再利用 USB 传至电子书阅读器里阅读，远传电信结合了诚品书局和三立电视媒体内容业。

其操作功能上，有翻页杆，方便使用者翻页；附有手写笔，可以在文字旁做批注、写笔记，也可以擦去笔记，且具有书签功能。从外观看起来，屏幕的大小更接近一般书籍。

（六）电子书阅读器汉王

汉王科技是第一家将专业电子阅读概念带入中国的企业，是大陆最大的销货商，其供货商包含元太科技等知名企业。汉王推出一款以学生为主要客户的电子书阅读器 D21，最主要是一个英文学习的产品，它不只具备手写识别技术，也可以同步查询以及双语阅读，而后来推出的 D20 虽然省略了手写功能，但可以利用键盘的操作来完成翻译，之后推出的 N518 则是结合了手写功能及触控功能。

汉王拥有汉王无线书城，其运营模式已经在大陆取得了初步成功，用户通过 WIFI 让电子书连接汉王书城，可以下载大量的免费书籍以及少数热门书籍，下载一本也仅需支付很少的费用。此外，汉王无线书城还提供免费报纸期刊下载服务，确保读者可以在第一时间，阅读到当天数十份中央及地方的各类报纸。在报刊领域，包括《京华时报》、《环球时报》等在内的逾 40 家报纸、120 多种期刊已经与汉王签订了战略合作协议，并在不断增加。

（七）电子书阅读器 FLEPia

日本在 2009 年推出全球第一款彩色电子书阅读器，由富士通旗下的 Fujitsu Frontech 及 Fujitsu Laboratories 共同研发，双方早在 2007 年的 4 月就已发表 FLEPia，但当时仅供特定的企业大量选购。

FLEPia 采用 8 英寸屏幕，厚度为 1.25 厘米，重 385 克，可显示 26 万种颜色，分辨率为 768×1014。日本用户可利用 3G 透过富士通的 Frontech Direct 在线商店订购阅读内容，除此之外它还内建蓝牙功能。FLEPia 内建 4GB SD 记忆卡，约可储存 5000 本书，充饱电后可连续运作 40 个小时。富士通强调，FLEPia 在显示同一个页面时是不使用电力的，仅在重现页面时耗电。

FLEPia 采用 WindowsCE 5.0 日文版操作系统，因此用户可透过该装置浏览网络、电子邮件，并支持微软 Office 软件。此外，富士通估计现阶段日本有多家电子书在线商店提供约 2 万本采用 FLEPia 所支持的 XMDF 与 book 等格式的日文电子书。

三、实验计划

在教育场域里，早期所谓的电子书相关实验大多是利用计算机来仿真，而非真实使用电子书阅读器来进行实验。在国外已有学校开始舍弃纸本课本，采用电子书阅读器来上课。在生活上，也已有餐厅开始使用 iPad 来代替传统的菜单。本研究将会针对此方向，将资料进行汇整。

（一）实验计划·中国香港地区

2009年的香港，博智小学一年级已有部分学生不再需要背着沉重的书包，只需带上一个三公分厚的电子书上课。这一款“myID电子书”是由香港应用科技研究院利用两年时间研发的新款电子书，外表轻巧如一部电子词典。上课时学生一边听讲一边对着屏幕回答问题，回到家，学生只要按下按键，老师便会出现在屏幕上，父母看联络簿，也从本子变成从这个屏幕上来看。从2009年9月开始，全香港有约40所小学陆陆续续开始使用电子书阅读器来上课，有更多从小学一年级带去学校上课的书包中，不再是课本而是电子书阅读器。

参与试用的博智小学校长冯立荣表示，在2009年10月让国小一年级学生的国语、英文、数学以及常识课使用myID电子书，购入了约30部电子书。不过他坦言，电子书并非全面取代现有课本，但将有助从幼儿园升上小一的学生，以较活泼的学习形式适应小学生活。

（二）实验计划·美国

在常春藤名校普林斯顿大学的校园中，可以看见坐在树下看书的学生，手中拿的不是纸本书，而是电子书阅读器。上课时，桌上的也不是纸本书，而是电子书阅读器，教材同步传到屏幕上，学生可以在上面做笔记或是进行考试。从2009年9月起，亚利桑那州、维吉尼亚大学达顿商学院等五所大学，也开始使用电子书阅读器。

全美公共图书馆为了吸引数字化用户，并扩大电子书的阅读人口，正扩充储存在计算机伺服主机内的藏书。波士顿公共图书馆信息科技主任柯福德说：“民众对图书馆满架尘封旧书的观念仍根深蒂固，我们一直试图打破这种观念。如果不提供电子书，有些民众根本不会上图书馆。”不过，图书馆的电子书推广受到限制。目前从公共图书馆下载的电子书，无法在热门的亚马逊Kindle电子阅读器，或是苹果手机iPhone上面阅读，仅可在Sony的电子阅读器使用。

在美国，Xplana汇整多份调查与分析之后公布研究报告指出，只要再过4年，数字教材将会变得极为普遍，甚至会给传统教材市场带来冲击。在具体数字方面，目前数字教材的销售量大约只占所有新出版教材销售量的0.5%而已。不过，只要再过5年，数字教材销售量将占所有新出版教材销售量的18%至20%。报告进一步指出，2014年将是关键的一年，届时数字教材的销售量将会达到一个“转折点”，出版将因此转型改变，同时免费、开放的学习平台也会获得更好的发展。

然而，数字教材或教科书也有许多需要持续改善的空间，例如版面编排必须更精美，并且让学生不管在计算机或其他电子产品上都能方便阅读。更重要的是，

出版商所订定的数字教材售价，必须让一般学生都能负担得起，才有助于数字教材的普及化。

（三）实验计划·澳洲

雪梨一家西班牙餐厅以iPad取代纸本印刷的菜单给客人点菜。雪梨瑞吉斯饭店附设的全球世界西班牙餐厅（Global Mundo Tapas），为了采购炙手可热的iPad给客人点餐，经理在iPad上市当天，亲自飞到阿德雷德抢货。搭配专门的点餐应用程序，客人只要在iPad触控屏幕上移动一下手指，就可以看到食物照片和烹调方法，连牛排要几分熟都可以自行选择。点菜后屏幕上会跳出小框框，列出适合佐餐的红白酒，系统还跟仓储联机，如果某项餐点卖完了，计算机会自动从菜单上删除。

该餐厅的经理辛普森说："这是做生意的必要成本，我们希望重新塑造饭店的时髦形象。"午餐顾客魏斯曼托说："光看普通的菜单根本没办法想象餐点的模样，有了照片辅助我会比较愿意点来吃。"

（四）实验计划·中国台湾地区

在数字国家型计划力量推动下，从2000年台北市的学校开始进行实验。目前全台共有12所学校参与电子书包教学实验。参与实验计划的学校，大都是从学校中选择几个班级参与实验计划，当中台北县的康桥中小学是唯一一所私立学校。

康桥中小学从2003年11月推动电子书包计划，选定五年五班参加实验。参与实验的级任导师吴淑敏指出："使用电子书包后，学生最大的改变就是学习意愿的提高。"不少原先学习上没那么积极的学生，因为接触了电子书包，态度有显著的改变，不只作业准时交，迟到的习惯改变，甚至还会提早到校以准备当天上课所需的资料；有些原先就较为积极的学生，则会事先在家就做好资料收集的动作。学生的学习态度转为积极，可以从上课的状况看出，学生上课的参与意愿度有明显的增加，尤其是参与讨论的状态更为明显。"校长张启隆说，若实施成效不错，预定在2004年国中部将全面推动电子书包，国小部也将再增加二到三个班级。

而从2009年8月1日起，预计为期两年的参与学校有台北市的忠义、大湖国小，台北县的建安国小、高雄市的左营国小以及花莲县的长桥国小。

表 2　参与电子书包实验的学校

县　市	学　校
宜兰县	梗枋国小
台北市	南湖小学 三玉小学 万芳小学 西门小学 大湖小学（2009 年加入） 忠义小学（2009 年加入） 大同国小
台北县	建安国小（2009 年加入） 康桥中小学（2003 年加入）
桃园县	杨明小学 大业小学 山脚小学
彰化县	永靖国小
高雄市	左营国小（2009 年加入）
花莲县	长桥国小（2009 年加入）

四、结　论

“数字”这种东西一向是日新月异，随时随地都有新的产品诞生，随时会有新的想法、习惯来取代我们熟悉的想法、习惯。对于电子书阅读器，仍然有许多的面向，电子书阅读器的功能有许多方面。

可以选择的电子书阅读器越来越多，越来越多厂商投入这项产业，可以选择的选项也逐渐增多，有的电子书阅读器有着相当强大的功能，几乎所有功能都涵盖在里面了，有的功能却不多，正好足够一些单纯想阅读的人使用。因此究竟是要将所有功能都放入电子书阅读器中，还是单纯以阅读为出发点，简简单单的功能就好？对于这一点，恐怕是因人而异。

科技一天一天进步，明天会又有什么样的变化，这几乎是无法预测的，因此电子书市场的变化将会如何，厂商除了必须随时注意变化外，更要思考该如何让消费者建立这种阅读习惯，或许电子书并无法完完全全地取代现在的纸本书，但要如何让消费者在做选择时，将这项“选择”列入考虑的选项之一，找到最适当的做法，不论是对于厂商或者是消费者都是最好的结果。

参考文献

[1] 南方朔．阅读习惯和出版形态分析．台湾 1985 年出版年鉴．

[2] 李沿儒，洪朝富，王台平，邱钰雯．智能型电子书刊——适性阅读的电子书雏形 [J]．中华管理学报，第二卷，第一期，19-25.

[3] 李欣频．阅读形式在数字媒介上的运用：以网络书店与电子书为例．建构以华人为对象之中文阅读平台的未来蓝图，信息社会研究（6），2004.1: 313-340.

[4] 赖建荣、黄柏晴．屏幕尺寸对阅读绩效与视觉疲劳之影响．Journal of Ergonomic Study，Vol.7，No.1，73-80.

[5] 高云换．电子杂志及电子书的异业合作模式之研究．南华大学出版与文化事业管理研究所硕士论文．

[6] 阙建堡、廖文宏、李蔡彦、王文彦．以电子书阅读器为基础的校园数字学习辅助方案．Appear in Proceedings of 2010 The International Conference on Computer and Network Technologies in Education（CNTE 2010）．

[7] 蔡佩璇．互动电子故事书之教学设计模式之发展研究．私立淡江大学教育科技学系硕士论文．

[8] 王东泽．电子书市场认知与消费倾向之探讨．国立成功大学高阶管理硕士在职专班硕士论文．

在校大学生手机阅读使用与满足分析
——以上海地区为例*

李　武**

摘　要：通过调查分析，本研究发现在校大学生手机阅读的5个主要动机是（按其重要性排序）：“工具性期望”、“信息性期望”、“替代性期望”、“互动性期望”和“创新性期望”。而且他们对手机阅读所提供的不同服务的满意度认知与他们对手机阅读使用动机的重要性认知基本是吻合的。另外，本研究还发现除了使用动机之外，在校大学生手机阅读满意度的影响因素还包括使用频率、依赖程度、阅读场所、阅读方式和使用手机类型这5个变量。

关键词：手机阅读；受众分析；满足与使用；在校大学生

一、引　言

随着移动增值业务的发展和移动终端功能的提升，手机已经成为继报纸、广播、电视和互联网之后的“第五媒体”。在手机媒体化和网络化的进程中，手机阅读得到了蓬勃发展。根据中国出版科学研究所第七次国民阅读调查，与2008年相比，2009年国民每天平均接触纸质图书和报刊的时间有所下降，而上网和进行手机阅读的时间则在增加。2009年人均手机阅读的时长为6.06分钟。那么目前手机阅读使用者的使用行为呈现哪些特征，主要动机是什么，满足程度如何，影响他们手机阅读满意度的影响因素又有哪些呢，这些都是非常值得深入研究的问题。

传播学一直重视媒介与受众之间的关系研究，并通常基于使用与满足的视角研究这个问题。自20世纪四十年代以来，使用与满足理论经历了所谓的“传统”和“现代”两个发展时期。新媒体的发展和扩散使它又迎来了第二次复兴机会，许多学者以互联网和手机为考察对象进一步验证并发展该理论。本研究以使用与满足为理论基础，同时参考罗森格伦所提出的范式构建研究框架。如图1所示，本研究以上海地区在校大学生为考察对象，重点探讨用户手机阅读的“使用行为”、“使用动机”、“满足程度”和“人口特性”这4个维度，并探索彼此之间的关

* 本文系2009年《图书情报工作》杂志社出版基金项目（项目编号：2009CB036)研究成果之一。

** 李武，上海交通大学媒体与设计学院讲师。

系。其中关于“使用行为”方面的发现已单独撰写成文，本文不做详细介绍。

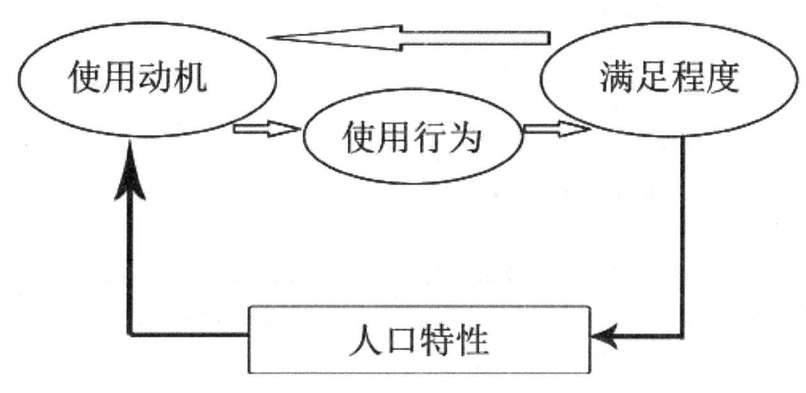

图 1　本研究的研究框架

二、研究方法

本研究采用在线问卷调查法。具体步骤如下所述。

选择样本。本研究的调查总体为上海地区在校全日制大学生，包括本科生和研究生。在抽样方面采取非随机抽样，重点在复旦大学、上海交通大学、华东师范大学、上海大学、上海理工大学和上海对外贸易学院做了宣传工作。这六所大学分别代表上海地区综合性大学和专业性大学，同时也代表了教育部重点大学和地方普通大学。

问卷预测试。第一轮预测试旨在发现问卷内容及其问项表述方面的问题，预测试对象为上海交通大学媒体与设计学院 2009 级文化管理专业 15 位本科生。第二轮预测试则重点考察利用 OQSS 在线版设计的调查问卷在技术方面是否还存在问题，预测试对象为上海交通大学媒体与设计学院 2009 级传播学专业 10 位研究生。两轮预测试共历时 12 天。

在线问卷发放与数据回收。问卷于 2010 年 9 月 5 日正式发布，截止到 9 月 20 日，收到 205 份回馈问卷。由于事先做了技术限定，所有问卷均无缺失值。剔除无效问卷后，最终保留有效问卷 183 份。只要符合下述两条原则之一，即可判定为无效问卷。其一，连续 10 道题目答案相同且来自同一个 IP；其二，在学科题项上填写的内容或文字答非所问或无法识别。

研究样本构成。在性别方面，男性 75 人，占 41%；女性 108 人，占 59%。在年级方面，研究生为 65 人，占 35.5%；本科生为 118 人，占 64.5%，其中包括低年级本科生 57 人和高年级本科生 61 人。在学科方面，来自社科／人文的学生为 118 人，来自理工科的学生为 65 人，两者分别占样本总数的 64.5% 和 35.5%。另外从使用手机类型的角度来看，3G 手机使用者和非 3G 手机使用者的人数分别为 61 人和 122 人，其对应的比例为 33.3% 和 66.7%。

三、资料分析结果

（一）动机与满足量表因子分析

由于在测量使用动机和满足程度这两个变量所设置的问项较多，为了方便后续分析，本研究首先利用因子分析法减少变量维度。以操作动机量表为例，本研究运用主成分分析法提取公共因子，并采用 Varimax 法对初始公共因子进行方差最大正交旋转。经由分析后萃取出的 5 个公共因子矩阵如下：

表 1　经过旋转后的动机量表因子分析结果

实际问项	构面				
	1	2	3	4	5
我希望通过手机阅读打发无聊时间（比如等待或坐公交／地铁的时间）	.897	.192	.135	.276	.093
我希望通过手机阅读利用零碎时间（比如等待或坐公交／地铁的时间）	.835	.230	.192	.373	.099
我希望通过手机阅读获取到通过传统纸质阅读方式不能获取的读物	.199	.875	.161	.110	.175
我希望通过手机免费或低成本地开展阅读活动	.167	.740	.213	.417	.100
我希望通过手机阅读方便地发表和转发评论	.227	.154	.880	.169	.153
我希望通过手机阅读与作者和其他读者产生互动	.081	.236	.844	.225	.244
我希望通过手机阅读及时获取信息	.375	.244	.198	.811	.190
我希望通过手机阅读随时了解新闻动态	.415	.195	.285	.775	.091
我希望通过手机阅读赶上潮流和时髦	.051	.140	.215	.160	.924
我希望通过手机阅读满足自己尝试新事物的欲望	.306	.547	.305	.047	.590

通过观察，本研究将第一公共因子命名为“工具性期望”，具体是指用户希望将手机阅读作为打发无聊时间或利用零碎时间的有效工具。将第二公共因子命名为“替代性期望”，具体是指用户希望手机阅读在某些方面可以替代传统阅读，包括阅读成本的可接受度和阅读内容的可获得性。将第三公共因子命名为“互动

性期望”，具体是指用户希望在阅读过程中能与作者或其他读者进行交流和互动。将第四公共因子命名为“信息性期望”，具体是指用户希望利用手机阅读及时方便地获取新闻动态和信息。最后将第五公共因子命名为“创新性期望”，具体是指用户希望利用手机阅读满足自己尝试新事物的欲望或赶上潮流和时髦。这五个公共因子解释的总体方差量累计高达 89.6%。

随后，以同样的方法对满足量表进行了因子分析。通过因子分析，本研究对满足量表也萃取了五个公共因子，并分别命名为“工具性满足”、“替代性满足”、“互动性满足”、“信息性满足”和“创新性满足”。这五个公共因子解释的总体方差量累计为 87.9%。

同时，本研究还对动机变量和满足量表进行了信度测试。测试结果表明，整份包含 10 个问项的动机量表的 Cronbach α 值达到了 0.909，基于标准化问项的 Cronbach α 值为 0.910。整份包含 10 个问项的满足量表的 Cronbach α 值达到了 0.887，而基于标准化问项的 Cronbach α 值也高达 0.889。这充分说明了本研究的动机量表和满足量表的信度都非常好。

（二）用户使用动机和满足程度分析

在完成因子分析之后，本研究分别考察了在校大学生手机阅读的主要动机和满足程度，所采用的方法为基本的描述统计分析，具体包括两个统计指标：均值和标准偏差。

表 2　动机与满足变数的均值和标准偏差列表

	均值		标准偏差	
	绝对值	降序排序	绝对值	升序排序
动机				
信息性期望	4.1148	2	1.13411	2
工具性期望	4.3224	1	1.10189	1
互动性期望	3.1749	4	1.19156	4
替代性期望	3.6721	3	1.21648	5
创新性期望	3.0164	5	1.15180	3
满足				
信息性满足	4.0847	2	1.08673	2
工具性满足	4.1557	1	1.06470	1
互动性满足	2.9754	5	1.17585	5
替代性满足	3.5055	3	1.15786	4
创新性满足	3.0355	4	1.14479	3

在使用动机方面，统计分析表明，在校大学生手机阅读最为主要的两大动机

是“工具性期望”和“信息性期望”。同时这两个变量的标准偏差最小，说明这两大动机在在校大学生群体中个体差异也最小。而“创新性期望”是五大动机中最弱的一个动机。在满足程度方面，统计分析表明，在校大学生对手机阅读在“工具性”和“信息性”方面所提供的服务最为满意。同样，这两个变量的标准偏差也最小，也充分说明了这两大满足维度在在校大学生群体中个体差异也最小。而在校大学生对手机阅读在“互动性”方面所提供的服务最不满意。

从变量均值排序对比来看，在校大学生手机阅读的使用动机和满足维度大致是一一对应的，其中排名前三位的使用动机和满足维度完全对应，只有后两位的顺序有所出入。接下来，本研究利用相关分析探索这两个变量之间的关系。在操作层面，考虑到所有的动机变量和满足变量都属于连续变量，本研究利用皮尔森相关系数判断两两变量之间的密切程度。

表 3　动机变量与满足变量的相关分析结果

	信息性满足	工具性满足	互动性满足	替代性满足	创新性满足
信息性期望	0.900(**)	0.627(**)	0.434(**)	0.550(**)	0.334(**)
工具性期望	0.696(**)	0.802(**)	0.331(**)	0.520(**)	0.303(**)
互动性期望	0.516(**)	0.365(**)	0.770(**)	0.406(**)	0.502(**)
替代性期望	0.578(**)	0.451(**)	0.400(**)	0.714(**)	0.389(**)
创新性期望	0.489(**)	0.374(**)	0.579(**)	0.456(**)	0.726(**)

** 相关是在 0.01 水平（双尾）上显著的

上述相关分析表明：(1) 所有的动机变量和对应的满足变量的相关强度均高于该动机变量与其他任何满足变量的相关强度。以“信息性期望”为例。该动机变量与“信息性满足”变量之间的相关系数高达 0.900，位居该变量与所有满足变量的相关系数之首。(2) 所有的动机变量除了和对应的满足变量存在显著相关关系之外，与某些其他满意变量也在不同程度上存在显著的相关关系。以“工具性期望”为例。该动机变量不仅与“工具性满足”显著相关，与“信息性满足”和“替代性满足”这两个变数的相关系数也都在 0.5 以上。

（三）用户满意度的影响因素分析

为了更加深入地了解在校大学生手机阅读的使用与满足之间的关系，下面本研究将以使用行为、使用动机及人口变量作为自变量，以用户满意度作为因变量，进行多元回归分析。考虑到解释变量之间存在特定的先后关系，本研究采取阶层回归分析方法。换言之，将人口变量作为第一区组，将使用动机变量作为第二区组，将使用行为变量作为第三区组。另外，为了将所有自变量纳入回归分析，对

其中的 5 个定类变量做了对应的虚拟变量转换工作。

表 4 用户满意度的阶层回归分析结果摘要

		区组一			区组二			区组三		
	模型内的变量	Beta	t	p	Beta	t	p	Beta	t	p
人口变数	性别虚拟	-.011	-.146	.884	-.053	-1.218	.225	-.048	-1.137	.257
	年级	-.012	-.162	.871	-.007	-.169	.866	.018	.422	.674
	学科虚拟	.087	1.124	.263	-.030	-.713	.477	-.056	-1.233	.219
	使用手机类型虚拟	.099	1.319	.189	.080	2.006	.046	.095	2.275	.024
使用动机	信息性期望				.199	3.130	.002	.234	3.476	.001
	工具性期望				.275	4.545	.000	.176	2.608	.010
	互动性期望				.203	3.785	.000	.213	3.895	.000
	替代性期望				.161	2.904	.004	.111	1.950	.053
	创新性期望				.243	4.477	.000	.290	5.203	.000
使用行为	使用频率							.124	2.524	.013
	阅读场所 _ 公共交通							.155	3.154	.002
	阅读方式 _ 通过收取短信 / 彩信的方式阅读							-.171	-2.276	.024
	依赖程度							.206	2.342	.020
模型摘要	R2	.018			.734			788		
	P	.523			.000			.000		
	△R2	.018			.716			.054		
	△P	.523			.000			.005		

备注：模型中使用行为变量共有 18 个（包括虚拟变量）。为了节省版面篇幅，本表只列出对因变量具有显著解释力的使用行为变量。

分析表明，人口变量（第一区组）对用户满意度没有显著的解释力（R2=0.018，p=0.523）。使用动机变量（第二区组）的投入能显著有效地提升模型的解释力（△ R2=0.716，△ p=0.000）。而且，这五个动机变量对用户满意度的解释力都达到显著水平。其中，“工具性期望”变量的贡献程度最大（Beta=0.275），其次分别是“创新性期望”、“互动性期望”、“信息性期望”和“替代性期望”。同时，在投入使用行为动机变量后，第一区组中的“使用手机类型”变量对用户满意度的解释力也具有了统计意义（p<0.05）。

分析进一步表明，使用行为变量（第三区组）的投入对模型的解释力有所提高，但效果非常有限（△ R2=0.054，△ p=0.005）。而这有限的贡献来源于“依赖程度”、“使用频率”、“阅读场所”和“阅读方式”这四个变量。另外，在投入使用行为变量之后，“替代性期望”变量已不足以解释用户满意度（p>0.05），“工具性期望”变量对用户满意度的贡献程度降低（Beta=0.176），而“使用手机类型”、“信息性期望”、“互动性期望”和“创新性期望”这 4 个变量的贡献程度在某种程度上都有所增加。

四、讨 论

在使用动机方面，本研究发现在校大学生手机阅读最为主要的两个动机是“工具性期望”和“信息性期望”。这与刘易斯和巍然等人关于手机使用动机的研究发现基本是吻合的。碎片化是我们当前社会的一个重要特征。时间同样也被碎片化了，即整块的时间往往被割裂了。对于学习和生活在上海和北京这样的大都市的人们，时间的碎片化更为明显，很多时间都被浪费在乘坐公共交通或排队等待上，在校大学生这一群体同样也不例外。作为一种新的媒介，手机媒体是手机本身和网络的结合体。也就是说，手机不仅具备贴身移动性，同时也具备网络可接入性的特性。因此，用户希望借助手机这一媒介特性随时随地利用零碎时间和获取信息，这也就较好地解释了为什么“工具性期望”和“信息性期望”会成为在校大学生手机阅读的两大主要动机。

交互性和创新性是新媒体相对于传统媒体的媒介特征。有研究表明用户使用互联网的主要动机就包括网络媒体所提供的交互功能和创新特质。但是，本研究发现“互动性期望”和“创新性期望”在在校大学生手机阅读的动机中是比较次要的。用户对手机阅读的“互动性期望”较低的可能原因是目前大多数用户手机阅读的阅读时长通常较短（本次调查证实了这点）。因此在短短的几分钟内，用户更多的是希望阅读文本和获取信息本身。另外一个可能的解释是目前大多数学生使用的手机都是非 3G 手机（本次调查也证实了这点），而传统手机对互动功能的支持较差，这也很有可能降低了学生对手机阅读的“互动性期望”。“创新性期望”是所有动机中最弱的一个动机，这或许是因为手机阅读在学生当中已经不再是新鲜的事物。大家都觉得手机阅读是“正常”的行为，因此也就不会太期望利用手机阅读这一行为来满足自己尝试新事物的欲望了。

在满足程度方面，本研究发现在校大学生对手机阅读在“工具性”、“信息性”、“替代性”、“互动性”和“创新性”方面所提供的服务的满意度认知与他们对手机阅读使用动机的重要性认知大致是一一对应的，其中前三项完全吻合。本研究也进一步发现，在校大学生手机阅读的满足程度与其使用动机呈现不同程度的相关关系，且所有的动机变量和对应的满足变量的相关强度均高于该动机变量与其他任何满足变量的相关强度。使用与满足理论告诉我们，人们使用媒介的目的都是为了满足自己的需求，而且使用动机越强，满足程度越高。这也就很好地解释了本研究在满足与使用变量两者关系方面的发现。使用与满足理论最主要的意义在于改变了人们对媒介效果的传统思考方式。但是由于提出时间的缘故，传统的使用与满足理论并未考虑到计算机和手机等新媒体用户的使用与满足情况。从这个角度来看，本研究的这一发现也进一步验证了传统的使用与满足理论在手机阅读领域的适用性和解释力。

在用户满意度影响因素方面，本研究发现在校大学生手机阅读使用动机是影响他们使用满意度的重要因素。除此之外，本研究还发现使用频率、依赖程度、阅读场所、阅读方式和使用手机类型也是影响用户满意度的重要因素。其中，使用频率和依赖程度与用户满意度密切相关，因此我们不难理解它们在影响用户满意度过程中所发挥的重要作用。对于阅读场所变量，本研究发现用户在公共交通上手机阅读越频繁，满意度就越高。正如前面提到的，用户手机阅读的首要动机是“工具性期望”，即利用零碎时间或打发无聊时间。而在公交或地铁等公共交通上开展手机阅读活动无疑是利用碎片化时间的最好方式，这也就较为充分地解释了阅读场所对于用户满意度的重要性了。对于阅读方式变量，在将其转换为虚拟变量时，本研究选择“以直接登录WAP/WWW在线阅读的方式”作为参考类。因此，相对于选择直接登录进行阅读的用户，选择通过收取短信／彩信进行阅读的用户满意度要显著低些（Beta=0-.171, p<0.05）。这种现象的产生或许可以解释为前者大多属于主动阅读型用户，而后者大多属于被动阅读型用户，而通过被动阅读所获取的满意度往往不如通过主动阅读所获取的满意度。对于使用手机类型变量，在将其转换为虚拟变量时，本研究选择以非3G手机使用者作为参考类。因此，相对于非3G手机用户，3G用户对手机阅读的用户满意度要显著高些（Beta=.095, p<0.05）。这种差别在很大程度上可以被归因为3G手机相对于非3G手机的独有优势：即3G更宽的带宽和更高的速率以及更为友好的用户接口。

五、结　论

通过调查分析，本研究获取了关于上海地区在校大学生手机阅读的使用动机、满足程度和用户满意度影响因素等方面的一手数据，后续研究可以基于这些研究发现为手机阅读的推广提出切实可行的建议，这可以说是本研究的现实意义。

本研究在学术层面的贡献则主要体现为通过手机阅读这一用户媒介消费行为再次验证了使用与满足理论在新媒体领域的适用性。当然，在运用传统使用与满足理论时，本研究也充分考虑到了手机媒体区别于传统媒体的特征，包括移动性、工具性和互动性等。这为今后的类似研究提供了有益的参照。

参考文献

[1] 中国新闻出版研究院．第七次全国国民阅读调查．
http: //news.163.com/10/0420/09/64N1QPJS000146BD.html.

[2] 殷晓蓉. 美国传播学受众研究的一个重要转折——关于“使用与满足说”的深层探讨 [J]. 中州学刊，1999（5）

[3] Ruggiero, T.E. Uses and Gratifications Theory in the 21st Century. Mass Communication & Society. 2000(3):3-37.

[4] 李武，谢蓉，金武刚. 上海地区在校大学生手机阅读使用行为分析 [J]. 图书情报工作（录用待发）.

[5] Leung Louis, Wei ran. More than just talk on the move: uses and gratifications of the cellular phone[J]. Journalism and Mass Communication Quarterly. 2000(2):308-320 .

[6] 邓瑜，陶涛. 手机媒体：移动媒体的终极形态 [J]. 中国记者，2006(4): 64-65 .

[7] Kaye,B.K. Uses and gratifications of the World Wide Web: From couch potato to web potato. The New Jersey Journal of Communication. 1998(6):21-40

[8] 匡文博，王权. 手机媒体发展的三大趋势 [J]. 传媒，2010(5): 59-60 .

[9] Wall, M. Blogs of war: weblogs as news[J]. Journalism. 2005(2):53-172 .

[10] McQuail,D. With more handsight: Conceptual problems and some ways forward for media use research[J]. Communications. 2001(4):337-350 .

[11] 肖倩，杨成. 2009 手机媒体：迈入 3G 新时代 [J]. 传媒，2009(12): 30-33 .

[12] 刘冬冬，何人可. 3G 手机用户接口设计探讨 [J]. 包装工程，2007(5): 98-100.

业界人才需求与出版教学改革

任文京*

摘　要：在出版社转企改制和数字出版转型的背景下，业界人才需求发生了很大改变，一方面每年有大量编辑出版学专业学生毕业；另一方面出版单位慨叹优秀人才难觅。人才培养单位与人才需求单位没有很好对接的现象，说明了编辑出版学专业课程设置和教学方法改革的必要性和紧迫感。编辑出版学是应用性很强的学科，教学特色必须突出实践性，根据业界发展需求培养创新型、复合型人才。本文在分析高校出版专业教育现状以及业界对人才需求的基础上，参考欧美大学编辑出版学专业的课程设置，提出了教学改革的相关对策。

关键词：业界需求；人才培养；教学改革

近年来，出版业发生了一系列重大的变化，出版社转企改制，数字出版日新月异，让人感到既面临难得的发展机遇，也遇到了前所未有的压力和挑战。例如：出版社在转企改制后要变成真正的市场主体，但在观念和体制方面又存在诸多困难；大陆每年的出书品种已达到37万种之多，可是精品力作之少又令人汗颜。总结这些年来出版业的得失，也应反思高校编辑出版学专业人才培养的成绩和不足。弘扬主流文化价值观，实施中华文化走出去战略，需要造就宏大的文化人才队伍作支撑。培养什么样的人才，怎样培养人才，正是培养单位面对现实要深刻思考的。本文在分析目前业界人才需求、高校编辑出版学专业教学现状的基础上，提出了教学改革的相关对策。

一、业界人才需求

我们首先应该清楚，高校编辑出版学专业属于应用型学科，是为编辑出版行业培养应用型人才的。诚然，编辑出版专业的学生毕业后不可能全部对口就业，但可以肯定，绝大部分学生毕业后会到出版产业的各个工作岗位上去从事实务工作，从事专业性研究的只是极少数。目前在业界人才需求和高校编辑出版专业人才培养方面，存在着比较突出的矛盾：一方面每年有大量编辑出版学专业的本科生、研究生毕业，另一方面出版单位又慨叹优秀编辑出版人才难以寻觅。人才培

* 任文京，河北大学新闻传播学院教授，河北大学传媒与社会发展研究中心研究员，编辑出版专业博士生导师。

养单位与人才需求单位没有很好对接的现象，说明高校编辑出版学专业课程设置和培养目标应该根据业界需求进行调整，以适应业界发展的最新需求。从 2012 年出版单位招聘岗位需求情况看，除去有些特殊岗位如会计、企业管理、美术编辑等是其他专业培养外，绝大多数岗位是与编辑出版学专业相关的，如策划编辑、专业编辑、营销编辑以及市场营销等等，而这些都是属于实用型的。目前出版社招聘人员，一是补充现在急需的岗位缺员，二是为新兴的出版业务招揽人才，三是为出版社未来发展储备人才。例如，中央编译出版社社长和龑提出，目前中国出版业最短缺的是版权编辑。他认为，未来版权贸易人才会更加重要，因为这是文化大发展、大繁荣的需要，是中华思想文化走出去大形势的必然要求。而目前现状却是，学校培养的毕业生用不上，原因在于学外语的不懂图书出版，学出版的对版权贸易了解不多，外语虽然达到四六级水平，但那是应试教育的结果，依旧听不懂，说不出。和龑认为，目前大学并没有专门培养版权人才的专业，通过大学培养这种人才的方式在现实的出版业中也是行不通、用不上的，我们的高校培养出来的外语和版权贸易人才大多缺乏相应的出版行业知识和意识，所以应该进行在职培养。当然，中央编译出版社的出书特点决定了他们对版权编辑和翻译编辑的急需和期望，因为该社 40 %～50 %的图书是引进版权的书。这有其特殊性，但现在业界急需策划编辑、营销编辑，却是得到多家出版社认同的。

教育科学出版社招聘人才的观念也比较新。社长所广一认为，改制后出版社紧缺创新型、开拓型、实践型、复合型人才。在他看来，科学技术发展日新月异，出版机构亟需将新技术的应用融合到出版行业中，而这需要具有较强实践能力的复合型人才来操刀。复合型人才应具备以下素质：(1). 既有较深厚的专业背景，又有广博的知识面；(2). 具有较宽泛的人脉关系，同时具有识才慧眼；(3). 既有扎实的编辑能力，又有较强的经营意识；(4). 既关注现状，又能预测未来。对编辑出版专业的毕业生来说，这些条件是相当高的。所以，尽管几年来教育科学出版社都将招聘编辑作为重点，但所广一仍旧慨叹优秀的编辑人才难以招聘到。不要以为这些出版社制定的人才招聘标准太高，其实这正是目前和未来业界发展的真实需求。《中共中央关于深化文化体制改革，推动社会主义文化大发展大繁荣若干重大问题的决定》一共讲到九个问题，其中第八个问题专门谈建设宏大的文化人才队伍，为文化大发展大繁荣提供有力的人才支撑。具体细分，涉及四个方面：善于开拓文化新领域的拔尖创新人才、掌握现代传媒技术的专门人才、懂经营善管理的复合型人才、适应文化走出去需要的国际化人才。现在再来看上述两家出版社招聘要求可以看出，他们所需要的人才，正是包含在这四大人才板块之中。据报载，上海到 2015 年出版人才资源总量将达到两万人，增长 50 %，总量年均增长将达到2000人。人才结构也将围绕产业结构的优化升级而调整，以精通业务的领军人才、专业技术人才和高技能人才培养与开发为重点，形成一支高素质、高层次、复合型，能够适应国际国内竞争的一流人才队伍。

北京和上海是有代表性的两个出版高地，出版社众多，人才荟萃，成就突出，是业界发展的风向标。他们的出版人才需求，不仅代表了业界现实的人才需求状况，而且代表了业界未来发展对人才需求的趋向。这就给高校编辑出版专业人才培养提出了新的目标和要求。高校编辑出版学专业的教学大纲、课程设置以及教学理念，都要围绕业界人才需求进行改革和更新，以便能使人才培养和出版界的需求实现更好的对接，真正做到产学研的统一。从某种意义上说，高校培养优秀的编辑出版人才，不仅是出版业发展的一个重要环节，也是“文化强国”战略的重要组成部分。

二、高校编辑出版专业现状

现在我们再来分析高校编辑出版学专业的现状。不可否认，这些年来高校编辑出版专业为业界输送了大批人才，成绩是应该肯定的。但是，随着出版界改革发展的提速和新技术在业界的广泛使用，我们也必须正视，高校编辑出版专业与业界的发展需求仍存在一定的差距。

第一，在课程设置方面，现在开设的以概论类和史类课程为多，突出实践和实务性的课程较少。此处不是否定概论类和史类课程的重要性，只是强调实践类课程对于编辑出版这一应用型学科的重要性。很明显，如果缺乏实践操作能力的培养，那些基础类的课程记得再熟练也无用武之地。此外，有些课程明显大而无当，如“出版社经营与管理”课程，不要说本科生，就是研究生也会有如坠云雾之感，如果任课教师没有出版社管理经历，这样的课程只能是照本宣科。有些课程如果不介入实践，也会流于空泛，如实用校对、工具书使用等课程，只讲教材，学生手中没有书稿，照样收效甚微。有些课程如古籍整理、文献学、版本学，如果学生没有一定的专业知识背景，就会感觉索然无味。学生从高中进入大学编辑出版专业，缺乏古代汉语、古代文学功底，即使是研究生，如果本科不是学习汉语言文学和图书馆学，恐怕也难以消化。实际上，这些课程可以搞成讲座或选修，由学生根据自己的爱好或专业背景进行选择。此外，出版界急需的文化创意、市场营销、数字出版等人才，高校却没有开设或很少开设相应的课程，学生的知识结构和视野受到限制。

第二，使用的教材老化，没有及时反映出版业的最新动态和发展趋势。据了解，现在有些教材用的还是2001年、2002年版本，十多年过去了，这些教材明显陈旧落后，不仅出版社的编辑、发行近几年发生了根本性的变化，期刊编辑也已经不同以往了。如何编写出符合时代特色、反映业界前沿信息的高水平教材，是目前急需解决的问题。与编辑出版学教材相配套的，是业界一些既有实践经验、又有理论素养的专家写的一些书，如杨牧之《论编辑的素养》、聂震宁《我的出版文化观》、吴培华《出版问道十五年》、陈颖青《老猫学出版》等。这些书不是按教材规则编写，但比那些循规蹈矩的教材更容易让学生接受。因为作者依靠实践经验来说话，所举编辑出版的事例生动鲜活，学生读后受益会更大。可惜这些书还没有进入课堂，甚至没有进入教师和学生的视野。

第三，现在的课堂教学，基本上还是教师在前面讲，学生在下面记笔记。空对空，满堂灌，实际操作跟不上。介绍教材上的东西多，实物教学和案例教学少，致使学生对图书生产流程不了解，对图书形态不了解，对策划选题不了解。学校有图书馆和资料室，但缺少书籍类型的样本室。学生不去考察实体书店和印刷厂，不参加图书订货会和国际图书博览会，就不会培养市场意识和国际视野，而这些仅靠课堂的教学是根本无法完成的。聂震宁 2005 年在“编辑出版学教育学科建设研讨会”上发表演讲，建议高校编辑出版学专业增设一门“出版物鉴赏与分析”课程，由教师选择比较典型的出版物，让学生分析讨论，再由老师讲解，从出版物的选题创意、作者情况及选择，内容判断与加工、封面及版式设计以及材料使用情况等方面进行分析，意在使学生较早获得出版工作的切实感受和对出版物的鉴赏能力。* 这是一个非常好的建议。可是七年过去了，许多高校编辑出版专业至今仍没有开设这门课，说明了高校编辑出版学专业对业界呼声的反应不及时。

为了更清楚地了解现在编辑出版学的课程设置，可以将欧美国家高校编辑出版学专业课程拿来做一比较。在英国，高等院校的出版教育定位非常明确，就是培养实用人才。因此，在课程设置上，大多都开设经营管理类、创意产业类和数字出版课程。如出版项目营销、出版创意与内容、创意写作、内容创造与发展、编辑实践与内容创造等课程实用型特征突出。** 练小川在考察美国的出版教育后指出，现代美国出版教育的特点是，出版教育与出版行业紧密结合，课程设置注重职业技能和实际操作，教师大多是由业界资深人士兼任，出版课程没有出版理论和出版历史方面的课程。如佩斯大学出版专业课程有：图书生产与设计、编辑的原则与实践、编辑与改稿、图书营销原则与实践。专业课程甚至将图书出版细分为大众图书出版、学术图书出版、儿童图书出版等，目的是使学生找准方向，

* 参见聂震宁《现代出版产业人才的需求和培养》，《编辑之友》2005 年第 5 期

** 参见张美娟、张婷、徐新《英美出版高等教育现状述评》，《出版发行研究》2011 年第 1 2期

获得一技之长。文章以拉德克里夫学院为例，指出美国出版教育注重学生的动手能力，学生入学伊始便会得到一部书稿，以此为基础，"让学生亲手接触图书出版的全过程，学生从阅稿、评稿一直做到文字编辑加工、校对、印刷提示和编写内容提要。杂志课程也遵循同样的动手为主的原则，学生在学习过程中要亲手制作出一本杂志。"* 欧美一些高校没有设置出版理论和出版史课程，未免有些偏颇。而反观我们的课程设置，基础理论课程多，贴近行业实际不够，动手能力差，以致学生毕业后，仍不能策划选题，不能加工书稿，不能独立编一本书，对图书市场了解很少。取长补短，欧美高校强调出版的实践性以及强化学生动手能力的做法，对我们是有借鉴意义的。

三、相关对策

在分析目前业界需求和高校编辑出版学专业教学现状的基础上，我们试从以下三个方面提出对策。

第一，依据编辑出版专业为应用型学科的特点，在教材选用或编写、课程设置、教学方法等方面进行改革。2012 年 5 月 11 日，新闻出版总署副署长孙寿山在全国出版专业学位研究生教育指导委员会工作会议上指出，在注重和强化专业理论功底的前提下，要致力于培养复合型、应用型专业人才，无论是从培养方案、课程设置上，还是从师资体系、评价标准上，必须紧密与实际应用、与出版的职业需求相结合。** 这虽然是对出版专业硕士而言，但对于三年制的学术型硕士同样适用，因为所谓学术型硕士，其实毕业后从事出版学术研究的微乎其微，大部分还是从事出版实务。出版专业教材必须要适应业界需求。例如现在说到编辑，其实已经不仅仅是指书稿加工，还有策划编辑、营销编辑。策划编辑大都知道，而营销编辑近几年才出现，是一个新的职业岗位，我们的教材和课程设置则很少涉及。营销编辑也称产品经理，虽不负责具体的选题执行，但参与选题策划；不直接承担发行回款，但为渠道销售做全程营销规划。因此，高校编辑出版学专业讲授出版实践的教材必须反映业界最新的成果和动态，关注出版产业出现的新型业态及其对各种新型人才的需求。课程设置不能与业界现实脱节、脱钩，教学改革、教材先行。教材高标准，首先教师的观念要更新。我们期望高校教师与业界的出版家联合编写反映当前和未来出版发展需求的高水平教材。要在课堂教学的基础上，加强与行业的沟通合作，选择适合自己专业特色的出版社或期刊社作为

* 练小川《美国的出版教育——紧扣行业注重实际》，《出版参考》2009. 2 下旬刊

** 参见叶明生《孙寿山：提高高层次出版人才培养水平》，载于 2012 年 5 月 17 日《中国新闻出版报》

实习基地。作为课堂教学的补充，也可以请业界人士开办讲座，就有代表性的出版物与学生座谈，或就当下某种出版文化现象展开讨论，激活学生的思维。讲授编辑出版学课程，一定要避免空对空、满堂灌、呆板教条的授课方法。无论是选题策划，还是编辑加工、市场销售，教师一定要结合有代表性、有说服力的图书讲课，让学生看得见，摸得着，这样感受才能深刻。原苏州大学出版社总编辑、现任清华大学出版社总编辑的吴培华，当年坚持让编辑出版专业的研究生参加“五个一工程”，现在看来仍然有必要。所谓“五个一”，就是研一时初校 100 万字；研三时三校 100 万字；研三时在出版社资深编辑的指导下担任责任编辑，责编一本书；参加一次订货会，感受市场竞争氛围；下一次印刷厂，了解图书印制过程。* 我想在此基础上再增加两个，一是成功策划一个选题，这是综合素质和实践能力最好的体现；二是参加一次北京国际图书博览会，培养学生图书出版的国际视野。

编辑出版学专业的教学，还要突出文化创意理念。图书出版强调创新，创新才能形成品牌，打造精品。不要以为文化创意遥不可及，其实选题策划、图书营销都有创意内容。增强文化创意理念，树立文化责任意识，就会抑制出版界的跟风书、炒作书、垃圾书现象。目前业界需求的文化创意人才，在我们的课程设置中还未充分显现出来。与上述欧美大学开设多门文化创意课程比较，我们明显落伍。美国的文化创意产业发达，不仅助推文化走出去，而且带来丰厚的经济效益。当我们的学者还在为花木兰属于哪个朝代、籍贯在哪里而争论不休的时候，美国文化创意产业已利用中国元素创造了新的花木兰形象，其主题由中国传统文化所推崇的孝道变为女性对自我价值的追求。国宝大熊猫憨态可掬，我们怎么也想不到，在美国文化创意者的包装改造下，熊猫变成了路见不平、拔刀出鞘的美国式英雄。《功夫熊猫 2》在大陆上映 9 天，票房总收入就突破了 3 亿。自上个世纪以来，美国的创意产业非常发达。有研究者指出，到 2007 年，全美大学提供的创意写作学位点已近 800 个，美国的文科改革为全美整体第三产业做出了难以计算的贡献。** 出版也是强调文化创意的产业，大陆虽每年出版图书品种达到37万种，但其中大量的是同质书、垃圾书畅行市场。2011 年 10 月 28 日，在复旦大学出版社成立 30 周年庆典会上，葛剑雄表示，作为复旦大学图书馆馆长，他每次到书店进书选书，都认为起码有 60% ～ 70% 的书是可出可不出的，而作为葛兆光个人的选择标准，90% 的书是可出可不出的 ***，精品图书稀少，正是业界缺乏出版创意的反映。因此，在编辑出版学专业的教学中，要注重对学生出版创意能力的培

* 参见吴培华《编辑出版专业教学的实践环节尤为重要》，《中国出版》2005 年第 12 期

** 参见郑周明《〈功夫熊猫〉给中国动漫业带来什么》，载 2011 年 6 月 16 日《文学报》

*** 参见陈香《出版新命题：做资本附庸，还是驯服资本意志》，载 2011 年 11 月 2 日《中华读书报》

养。例如，选择具有典型创意的图书，组织学生多角度进行分析讨论。姜戎的《狼图腾》、于丹的《于丹〈论语〉心得》、阎崇年的《正说清朝十二帝》，都有代表性，一个是小说，一个是传统文化普及读物，一个是历史通俗读物。要让学生知道，学习编辑出版专业，不能把自己当成一般读者，要以未来出版人的角色对图书进行立体的、多层次的、全过程的分析，看其创意点有哪些，同样的选题，自己怎么做，让学生在校学习期间就着力培养创新意识。

第二，在强调编辑出版学专业课程贴近业界需求的同时，要使学生清楚，在校期间，一定要注意深化自己的专业知识。这里所说的专业知识不是指编辑出版学专业知识，而是指文学、历史、哲学、经济、教育等学科知识。在具体的出版操作过程中，出版知识作为实用型知识，主要是为其他学科服务的。例如现在图书分类有文学类、经济类、历史类、法学类等等，而现在各家出版社招聘编辑也细分，强调专业编辑要有一定的学科背景，如法学图书编辑、经济类图书编辑、政治类图书编辑等；或是按图书类型分类，如古籍图书编辑、儿童图书编辑、文学编辑、科普图书编辑等等。

表1　2013年上半年8家出版社招聘编辑岗位及对应聘者专业背景的要求

<table>
<tr><th colspan="2">出版社</th><th>招聘岗位</th><th>专业背景（硕士）</th></tr>
<tr><td rowspan="2">清华大学出版社</td><td>理工分社</td><td>土建事业部（编辑）</td><td>建筑学、土木工程类</td></tr>
<tr><td>经管与人文社科分社</td><td>经管事业部（编辑）</td><td>管理科学与工程、工商管理</td></tr>
<tr><td colspan="2">当代中国出版社</td><td>人文社科编辑</td><td>文、史、哲、政、经、社</td></tr>
<tr><td colspan="2" rowspan="2">北京航空航天大学出版社</td><td>策划编辑</td><td>理工科背景</td></tr>
<tr><td>文字编辑</td><td>理工科专业</td></tr>
<tr><td colspan="2" rowspan="3">华东师范大学出版社</td><td>英语编辑</td><td>英语</td></tr>
<tr><td>数学编辑</td><td>数学</td></tr>
<tr><td>心理类编辑</td><td>心理学或应用心理学</td></tr>
<tr><td colspan="2">中国纺织出版社</td><td>策划编辑</td><td>工商管理、历史、心理学</td></tr>
<tr><td colspan="2">复旦大学出版社</td><td>人文社科编辑</td><td>文学、历史学、哲学</td></tr>
<tr><td colspan="2" rowspan="2">社科文献出版社</td><td>经济学编辑、社会学编辑</td><td rowspan="2">与此相关的专业背景</td></tr>
<tr><td>法学编辑、政治学编辑</td></tr>
<tr><td colspan="2" rowspan="5">人民出版社</td><td>经济学编辑</td><td>宏观经济学</td></tr>
<tr><td>哲学编辑</td><td>西方现当代哲学</td></tr>
<tr><td>政治学编辑</td><td>中国当代史</td></tr>
<tr><td>历史学编辑</td><td>世界史（美国史）</td></tr>
<tr><td>法律学编辑</td><td>经济法、法理学</td></tr>
</table>

统计结果显示，这么多的编辑岗位，其招聘条件明确要求编辑出版学专业背

景的非常少，用人单位更多的是招聘其他专业背景的学生。这是我们必须正视的现实。有调查报告显示，出版社对专业背景要求与编辑出版学教育学科背景之间存在矛盾，“在出版社编辑用人标准中，专业问题一直是编辑出版专业毕业生在应聘时的‘硬伤’。从出版社的角度来看，人才具备适合出版社出书方向的专业背景要比单纯培养编辑和策划能力的编辑出版专业背景更为重要”。* 聂震宁在2005年就说过：“编辑出版专业是实用型专业，培养的学生只有少量的以后从事编辑出版专业的研究工作，大多数还是要到出版产业的各个岗位上去从事出版实务。这样一来，只懂得编辑学概论、出版史和编辑的一般要求和规律，而进入不了专业书稿内容，这怎么行！现在出版社不大欢迎高校编辑出版专业毕业生，就是这个原因。”**2006年，我在北京参加全国高校出版社会议，教育部所属一家教育出版社负责人对我说，他们招聘编辑，学科背景要求非常明确，生物教材的编辑岗位一定要招生物专业的，数学、化学专业的都不要。因此，我们强调，作为本科生，在学习编辑出版课程的同时，还应选修文、史、哲、政、经、法等其中一二门学科课程，仅靠高中时期学习的文理科知识是远远不够的。作为硕士研究生，除了学习出版专业课程，更重要的是要将本科时期的专业知识，有计划分步骤地进行深化、更新，将学科背景和编辑出版学专业知识结合起来。否则，编辑出版学专业的研究生在业界招聘时，可能抵不过诸如中文、历史、哲学、法学等专业的研究生。这是一个看似简单而又非常重要的问题。孙寿山在2012年5月的讲话中提出，要使出版专业硕士研究生具有深厚的文化底蕴、全面的知识结构、精准的文化选择能力和自觉地创新能力。而要达到这样的标准，一方面是编辑出版专业知识，这是实用型或曰外向型的，一方面是学科背景知识，这是学理型或曰内向型的。因为不论你懂多少编辑道理和出版知识，最终都要落到属于某一学科的选题或书稿上来，学科知识不过硬，选题和书稿肯定成不了精品。聂震宁曾建议培养细分专业人才，学生到一定阶段，要确定文学编辑、艺术编辑、哲学社会科学编辑、古籍编辑、科技编辑，甚至少儿读物编辑、期刊编辑等培养方向。这样做的好处，就是学生能把专业知识与出版知识结合起来，集中一点，指向性更明确，真正做到学以致用。

第三，出版是文化产业，既有文化属性，又有商业属性，但文化属性是第一位的。出版的根本价值在于出好书，积累和传播先进文化。一个出版人，必须要有文化责任意识，讲究文化品位，提升文化境界。目前许多出版社的考核标准，

* 清华大学新闻与传播学院2009级课题组．我国编辑出版专业本科教育的市场契合度研究．现代出版，2012（2）

** 聂震宁．现代出版产业人才的需求和培养［J］．编辑之友，2005（5）

码洋和利润仍被列为首要指标。在资本的价值越来越被看重的时代，出版有变成单纯追求盈利、忽视社会价值的可怕趋势。出版产业发展中文化责任和经济利益的矛盾、文化价值和商业价值的矛盾越来越突出。高校编辑出版专业培养的学生是未来的编辑家、出版家，在教学中，必须把培养学生的文化责任、文化使命贯穿到教学的每一个环节当中，强调坚守出版人的文化品格，不能使学生仅仅学到功利性知识，变成单纯追名逐利的庸俗的文化商人。

从近几年图书出版现象来看，一些编辑和出版人因为缺少文化责任和文化品位，致使玄幻、仙侠、神鬼、盗墓、惊悚、悬疑图书大行其道，远离社会现实，逃避理想信念，缺少人间气息和人性温暖。登上畅销书排行榜的官场文学，淋漓尽致地展示各种权谋和诡计，或教人如何逢迎拍马，或教人如何心狠手辣，成了腐败的教科书，令人忧心忡忡，也给我们高校教师在培养人才标准上敲响了警钟。因为在这些图书背后，是一个个编辑、出版人，正是经过他们的选题策划和编辑加工，这类图书才进入市场并影响读者的。近几年，业界学者一直在关注这个问题。陈昕的《出版与阅读的春天在哪里》，郝振省的《重视对出版文化理性问题的研究》，都是值得一读的好文章。陈昕在文章中谈到了他的担心："跨国大型传媒集团并购出版社的直接后果就是出版的本质被扭曲了，传统出版业奉行的智性价值、审美价值、社会价值丧失了，出版成了单纯赢利的工具，娱乐主义开始主宰出版"，"但是，出版的根本价值在于启蒙大众，追求进步，这一点无论在什么时代、何种情况下都不会也不应该改变"* 颇令人深思。郝振省在文章中提出了出版文化理性核心层的"六性"，即出版从业人员特别是编辑人员，要有文学的感性、艺术的灵性、哲学的悟性、史学的智性、科学的理性、伦理的德性。** 这对于教育学生树立职业理想，培育文化境界，具有很好的启示作用。总之，高校编辑出版专业培养的学生，不仅要有丰厚的专业知识和较强的实践动手能力，还要有高远的精神境界和不懈的文化追求，这样才能成为传承优秀文化的编辑家和出版家。

* 参见陈昕《出版与阅读的春天在哪里》，载于 2011 年 9 月 27 日《中国新闻出版报》

** 参见郝振省《重视对出版文化理性问题的思考》，载 2010 年 2 月 20 日《光明日报》

传统编辑转型为数位编辑职能需求之研究

万荣水* 洪季桢**

摘　要：本研究探讨传统编辑转型为数位编辑职能需求之研究的构面、评估准则、层级架构以及权重体系，进而了解传统编辑转型为数位编辑的关键职能项目有无需进行补强或改善的需求。本研究结合两种研究方法，一个是AHP层级分析法，一个是专家判断法，并以此为基础自编“传统编辑转型为数位编辑的职能需求之研究”相对权重调查问卷。研究后发现：第一层级构面中，依重要性顺序排列为“商品企划面”、“编务管理面”、“行销技能面”、“电脑技能面”、“电子商务面”。传统编辑转型为数位编辑职能需求之关键，可分为两种统计方式来说明。第一种统计方式而言，就21个子构面中，传统编转型为数位编辑职能需求的关键因素最重要的5项排名依序为“研发企划”、“专案管控”、“说故事”、“观察使用者需求”、“内容设计”。第二种统计方式而言，就21个子构面中，最重要的5项排名依序为“脚本发想”、“邀稿及物色作者”、“提供市场商品”、“工作流程管理”、“改编”。

关键词：核心职能；数位出版；AHP层级分析；专家意见调查法

一、绪　论

近几年因网络与科技的发展，造成全世界消费及阅读习惯的改变。对出版而言，首先成就了网络书店的崛起，造成实体书店的凋零，随后出版本质产生微妙变化——电子书的问世，甚至因近期数位影音的蓬勃发展，出版的数位化已变成不可抵挡的趋势。出版品的形式将因新数位资讯媒体的发展而重新定义。网络科技的进步虽让传统出版陷入危机，但相对也带来转机。

追根究底，编辑为出版作业的核心阵地，为了应出版定义的改变，目前急需找出传统编辑人员变身为数位编辑的DNA，才能强化传统出版社转型为数位出版的关键核心竞争力，并作为传统出版社及目前编辑人员转型之参考。

（一）研究背景

台湾数位出版的发展自从2002年5月通过第一期的“加强数位内容产业发展推动方案”以来，属于数位内容产业的八大领域之一的“数位出版与典藏”，

* 南华大学文化创意事业管理学系副教授。
** 南华大学文化创意事业管理学系研究生。

虽然市场规模虽不算大，但根据数位内容产业推动办公室公布的数据，数位出版以每年增加 10% 以上的产值在蓬勃发展中，复合平均成长率为 42%。

根据财团法人资讯工业策进会指出，台湾数位出版与典藏产业产值在 2011 年约为 716 亿元新台币，相较于 2010 年的 493 亿元新台币，成长了 45.2%。其中数位出版产值约为 686 亿元新台币，成长 46.68%，主要成长动力来自于亚马逊 Kindle 低价促销带来的欧美市场大热销，进而带动岛内电子书阅读器相关供应链营收大幅成长，加上电子书用户的持续增加。

周暐达提到，台湾数位出版产业与消费市场，在 2010 年延续着前一两年已涌出的力量持续发展。一些关键词，如行动阅读载具、电子版权、云端服务、EP 同步等，依然有效；消费性电子业者、电信业者加码进入数位出版市场。内容竞合方面，台湾继续在全球与大陆的浪潮交互冲击中，传统出版业者的数位化转型之路开始跨起大步，前方的迷雾似乎消散了不少。

因为 Amazon 在纸本与电子书具体销售数字的翻转，以及 iPad 对出版业者形成的冲击，加上岛内从政府部门到各公协会的持续努力，出版社对于“数位出版”这件事的态度普遍有所改变。过去有少数中大型出版社在组织内部选择数位出版的种子人员，透过小规模与数位发行商的合作来了解市场现况，并多方参与相关的教育训练或论坛，但在组织内部很少有专职且具规模的数位出版部门成立（不论实际的名称为何）。较早起步的城邦出版集团扩编了百人以上团队，有“数位出版部”、“城邦读书花园”、“电子书发展部”等；康轩文教成立了“数位暨品牌发展部”，翰林有“数位部”，尖端出版有“数位暨品牌发展部”，联经出版成立了“数位出版中心”，并设立有执行长；华品文创聚焦于“数位平台资源整合”，预计在电子书版权、经纪与经销发行上深耕经营。当前各家出版集团开始以正规化部队进行数位出版学习与流程改造的同时，数位出版立刻就展现了不断进化的特质，给出版人在专业能力与商业模式上带来了更多的挑战与不得不转型的压力。

数位出版时代的来临，造成传统出版有不得不转型的压力，随之而来的便是亟需要解决如何转型的问题。谢吉松指出，出版制作流程从上一波的“DTP 电脑化”后，目前正朝向“数位化”转变过程，其中有关质量管理、项目管理等观念和数位技术的落差，都可能是造成出版业持续崩溃的原因，如果维持传统制作流程而不作改变，是绝对无法继续存活在出版业的。

本研究针对台湾出版社在出版数位化的趋势下，对于传统编辑在其纸本书的编辑能力基础之下，探讨如何在未来的出版趋势竞争下增加其数位技术的专业职能，以期找出传统编辑转型为数位编辑的关键核心竞争力。

（二）研究问题

王念祖指出，传统出版产业为一单纯同质化的群体，其工作者的背景多以文科为主。在数位出版的时代，产业内容涵括三大构面，其工作者的背景不再限于文科，而泛及理科、工科。范冠宇指出："岛内出版社大多为10人以下小型出版社，即使是大型出版社，懂得数位出版相关技术的人才也不多，且大部分的编辑人员为文编及美编人才，在数位出版所需要的数位内容制造、数位内容管理以及数位内容销售人才上，出版社均有人才不足的障碍，同时出版社缺乏专门的数位出版技术人才建立及维护数位出版平台。人才在任何产业中都是最重要的资产，在未来出版业必需要有数位出版编辑的观念……"

由上述得知，科技的进步虽让传统出版陷入危机，但相对也带来转机。若能尽速找出传统编辑转型为数位编辑的关键DNA，除了可为传统出版社转型为数位出版奠定良好基础之外，对于出版社的编务工作管理或是招募新进编辑人员时，都具有相当的参考功能与价值。

对此，本研究主要探讨传统出版业如何针对出版形态的转变，提升传统编辑人员的职能需求之研究，研究问题如下：

（1）能否经由本研究找出台湾传统编辑与数位编辑职能需求落差：由现有传统编辑的工作职能架接至数位编辑所需的职能项目需求研究。

（2）能否经由本研究清晰建立数位出版编辑职务内容：针对数位出版的编辑职能做盘点，找出核心内容并确立其重要性及培训顺序。

（3）能否经由本研究提供传统出版产业针对现有编辑人力做数位出版培育的方向建议。

二、文献探讨

（一）核心职能的定义与内涵

所谓Competency，中文译名有很多种，本研究通称职能。职能这个名词最早是由1970年初期哈佛大学教授McClelland提出。McClelland教授在其研究中发现，智力不是决定其工作绩效的唯一条件，其中还牵涉到态度、认知、个人特质等。Spencer进一步把能力与工作、职务相连，更提出才能是指一个人所具有的潜在基本特质，这些特质不仅与其工作及所担任职务有关，更可以用来预期、实际反应或影响其行为与绩效表现。Boyatzis对职能的定义为：一个人所具备的某些基本特质，这些基本特质是导致、影响个人能产生更佳、更有效率的工作绩效与成果的某些关键性因素。

1. 核心职能

张承、莫惟指出，主要着重于整个公司需要的职能，通常与组织的愿景、价值观紧密结合。可适用于所有阶层、所有不同领域的员工，也可借此看出组织文化上的差异性。Raymond A.Noe 指出，生涯发展历程的主要要素是指员工欲任一份重新架构的工作，则应先了解本身所需具备的职能。

2. 职能管理

张承、莫惟指出，职能管理一般说来，在做人力资源规划时必须以职能为导向。从职能的冰山理论可知，本研究欲探讨的核心职能聚焦在冰山水平面以上的“技能”与“知识”两个层面，主要是针对外显的特质为导向，也就是针对容易了解与评估的层面。至于冰山水平面以下的关于“动机”、“特质”、“自我概念”三个层面，则不在本研究范围里面。

（二）传统编辑与数位编辑编务工作探讨

1. 数位编辑

据康泰纳仕时尚网刊登美国版总编辑 Chris Anderson 指出，从纸本进化到数位，编辑工作流程的调整是一大考验。不仅 Android 与 iOS 都需支持，而且要在原本实体书的图文内容上，增添声音与影像等多媒体的元素，从企划阶段起就必须协同设计与摄影，讨论多媒体的整合与社群媒体的应用等议题。然而核心编辑团队的规模不变，重要的是该如何有计划且更有效率地使用技术与分配资源。构想新题材时，一开始就该以数位出版为主体思考，成本的确多少会增加，但最终利益也会随之提升。

2. 传统编辑

陈香微提到 11 项工作重点：（1）选定出版题材；（2）确定作者进行邀稿；（3）向作者建议组稿的办法时得能更好的向读者传递信息；（4）对书稿中的事实性进行求证；（5）润稿并改正错字、语法及标点符号；（6）标明标题层次；（7）注意稿件内容有无违反出版社的立场或相关法令；（8）帮忙挑选或洽借照片等，并确定所使用的对象无违反著作权法；（9）协助设计版型，并设法节省排版和印刷的费用；（10）校对，并在生产的每个阶段都能注意检查品质；（11）批准最后清样并付印。

传统出版的工作流程可归纳为：编修文稿→校对文稿→落实文稿→排版档（N校次）→可供印刷的排版档终稿。

数位编辑的工作流程严格讲起来跟传统编辑有两个不同：

第一个是元素的不同。数位编辑偏重在商品企划阶段，就已经策划好数位出版品要呈现什么样的成品面貌在读者面前，包括需不需要有声音与影像的元素，但核心的编辑团队是不变的。

第二个不同是载具的不同。传统编辑工作经过三个校次后，须经过印刷厂印刷、装订出书，而数位编辑工作则不用经过印刷、装订即可出版，也就是传统编辑出版的载具是纸本书，数位编辑出版的载具可能是阅读器、电脑、手机等。

（三）数位出版编辑的核心职能、内涵与传统编辑转型的障碍

1. 数位出版编辑的核心职能、内涵

陈颖青指出，编辑最需要学习的能力，恐怕就是如何从纸书时代的“线性接口”（你的阅读动线是线性的，一页一页翻过去的，不会有旁枝分岔，制作过程的排版也一样是线性的），转变成程序或网页的“互动接口”了。时报数位传播吕宗禧表示，强大数据处理能力最为数位出版人才所具备，其他如说故事的能力、网络工具使用能力以及文字、声音、影像多媒体素材整合的能力，皆相当重要。

2. 传统编辑转型的障碍

《图书出版产业调查报告（2010）》指出：传统出版以纸书的制作标准培养出来的编辑，目前的技术仍显不足承担数位出版工作。传统出版社的编辑多半是人文科系的学生，但目前懂得数位出版技术者，却多半是科技背景的理工科人才，数位科技带来了各种媒体融合的便利性及知识传输的快捷性，跨界不是反常而是必要，培养不同领域的基本知识，也成为学科教育工作者必须再费心思索科技整合学科于信息汇流时代的重要性。

因此，传统编辑必须能够适应跨多种平台的工作流程，并且针对不同的需求，提供适当的界面、内容，让消费者主动来找你。

（四）研究架构提出

本研究的核心在探讨传统编辑转型为数位编辑职能需求，并藉此找出传统编辑转型为数位编辑的成功关键因素，了解传统编辑如何加强数位编务的职能项目，最终成功协助传统出版社转型或提升数位出版的营运契机。

从传统出版编辑转型为数位出版编辑涉及的职能范畴，可归纳为五项，即编务管理、行销技能、电子商务、电脑技能、产品企划，这些构成整个研究的分析架构。

三、研究设计与执行

（一）问卷的设计

本研究操作的模式，主要是针对数位编辑的工作内容，探讨交叉比对传统编辑工作内容后，再以专家访谈的方式咨询专家意见，为第一阶段的职能项目奠基，并为制作问卷的职能构面提供依据。主要执行方法以层级分析法（Analytical

Hierarchy Process，AHP）作为判断的准据，由专家访谈的意见在力求客观并寻求一致性的原则下，制定出各层级的项目，找出传统编辑转型为数位编辑的关键职能项目。

（二）研究变数

本研究原设定采三个层级来探讨传统编辑转型为数位编辑职能需求的变数，惟在专访谈及问卷填写初始皆有专家反映层级繁多太冗长无法填写，但专家们认为第二及三层级皆颇为重要，故调整成为分次填写，以第一构面为主体，发展出两种第二层级的统计方式。

第一种统计方式，本研究的第一层级因素有五大构面，如下图示。第一种第二个层面的 21 个变数，如下图示。第二种第二层面的 21 个变数，如下图示。

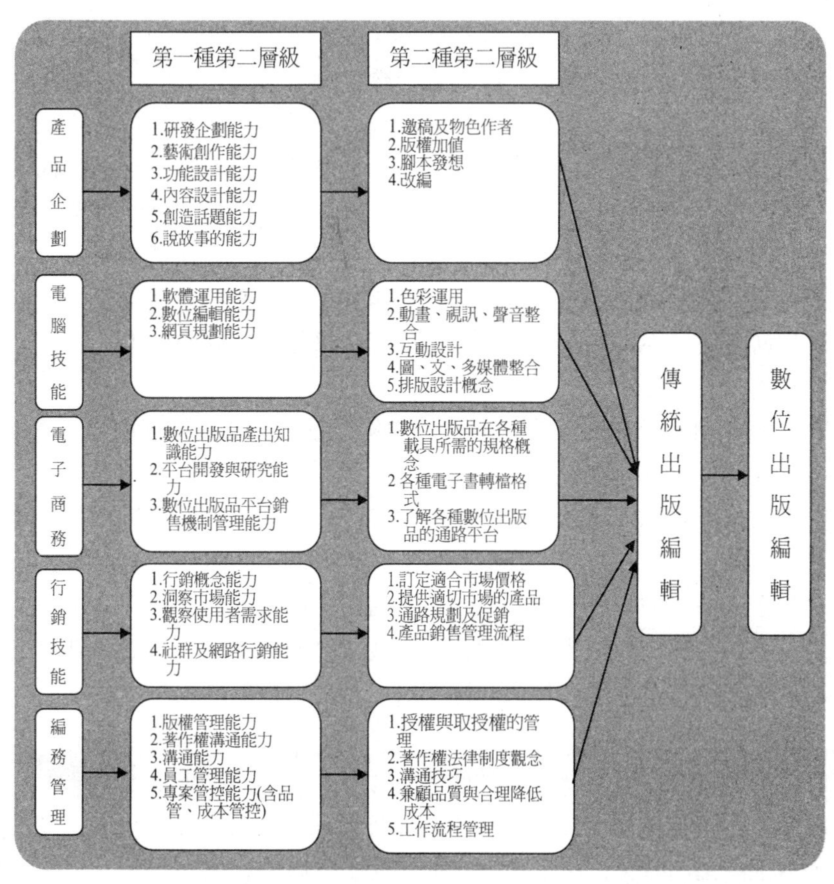

图 1　传统编辑转型为数位编辑构面图

（三）专家遴选

因每家出版社对职务上的称呼有所不同，故将专家划分为三种并规范属性如下：

“中高阶主管”包含：总经理、出版总监、总编辑、副总编辑、资深主编、高级专员、经理 8 种。“主编”包含：主编、副理、组长、副主编 4 种。“编辑”包含：编辑、专员 2 种。第一阶段专家访谈共 6 位，第二阶段问卷调查共 24 位。

四、研究发现

（一）层级分析法问卷内容分析

本研究层级分析法问卷，针对业界专家设定条件发放层级分析法问卷，总共发放 30 份，实际回收有效问卷 30 份。将回收问卷所得之数据采用 EXCEL 软件进行结果分析，所有问卷皆经过一致性指标（C. I. ）与一致性比率（C. R. ）之检定，详细之筛检原则为：一致性指标：0. 1。一致性比率：0. 1。

相对权重计算结果：权重值可分为整体权重值与分层权重值两者。整体权重值指的是在上一层级对更上一层级的考虑下，同阶层的相对偏好程度，代表在总目标的整体考虑下之优先向量值。因此必须是下一层级的所有准则或方案的优先权重值之和才会等于 1。而分层权重值乃指在下一层级中各项方案在上一层级标准下的相对重要性，所显著者为各方案在各项评选准则下的偏好程度，为标准考虑下之优先向量值。因此，在同一准则下的分层权重值之和必为 1。

第一种统计方式：

1. 传统编辑转型为数位编辑的职能需求构面各指标之重要程度分析

涵盖五个构面，其重要性经过两两相比之后，结果如下：由图 2 可知，在传统编辑转型数位编辑职能需求的第一层级构面中，依重要性顺序排列为“商品企划面”、“编务管理面”、“行销技能面”、“电脑技能面”、“电子商务面”。其中“商品企划面”的权重值最高，显示填写问卷的专家对于“商品企划面”相当重视，可见传统编辑转型为数位编辑职能需求之研究上，“商品企划面”是重要因素，对于传统编辑成功转型为数位编辑扮演关键性的角色。

排序第二为“编务管理面”，编务工作细节的掌控关乎到一个商品企划执行成功与否的重要关键，也是一个商品产出的背后推手，其权重值也颇高。

第三为“行销技能面”，与前一项“编务管理面”的落差颇显着，这个构面着重于如何把产出的数位出版品在多元的交易平台成功售出。

第四为“电脑技能面”，与前一项“行销技能面”的差距不大，这个构面着重于数位素材的电脑基本操作技能，如软件运用能力、图文整合等的基本操作。

第五为“电子商务面”，这个构面着重于销售平台的认知与研究及产品的产出知识，相对而言电子商务面是第一层级五个构面中权重值最低的，其重要度就降低了，原因是电子商务面对于其他构面来说只是一种观念性的了解，主要技术操控者为销售平台，出版社对其技术的掌控性较低，因此相对其他因素来说，对于数位编辑的职能需求影响力较低。

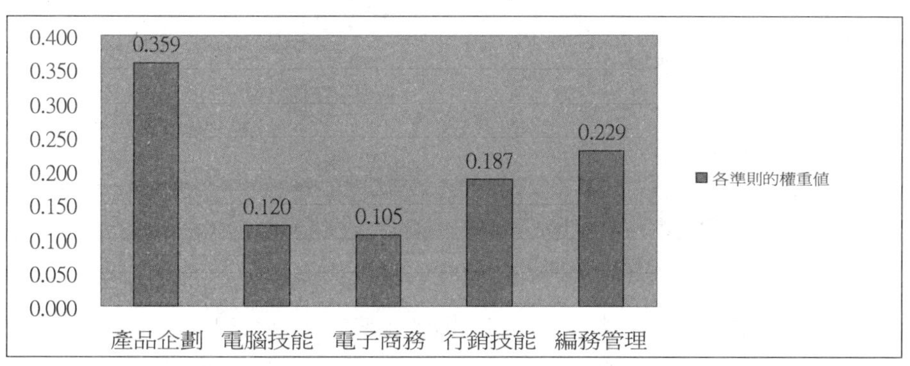

图 2　传统编辑转型为数位编辑职能需求权重值长条图

图 2 的职能构面检测量表的 λ 为 5.005，C.I. 为 0.001，C.R. 为 0.001（C.I. < 0.1；C.R. < 0.1 表示 A.H.P 量表适用，符合 Saaty 所提出必须小于 0.1 的准则）。

2. 影响“商品企划面”各指标之重要程度分析

商品企划面涵盖六个构面，其重要性经过两两相比后，结果如下：由图 3 可知，在商品企划面的子构面中，依重要性顺序排列为“研发企划”、“说故事”、“内容设计”、“创造话题”、“功能设计”、“艺术创作”。

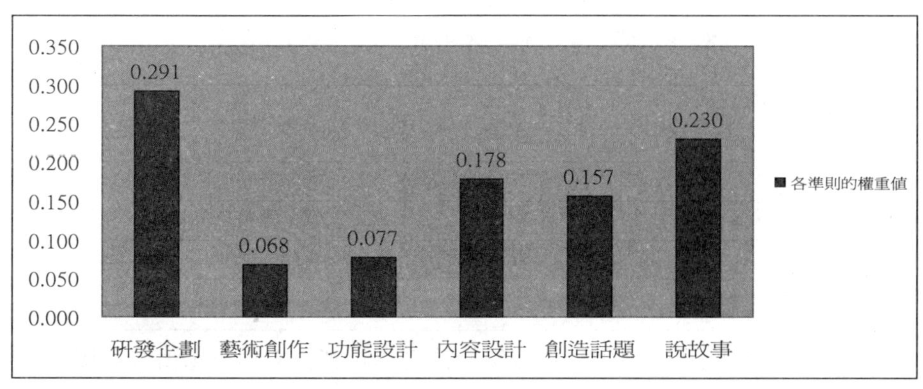

图 3　传统编辑转型为数位编辑职能需求商品企划面权重值长条图

图 3 的职能构面检测量表的 λ 为 6.034，C.I. 为 0.007，C.R. 为 0.005（C.I. < 0.1；C.R. < 0.1 表示 A.H.P 量表适用，符合 Saaty 所提出必须小于 0.1 的准则）。

3. 影响“编务管理面”各指标之重要性程度分析

编务管理面涵盖五个构面，其重要性经过两两相比后，结果如下：由图 4 可知，在编务管理面的子构面中，依重要性顺序排列为“专案管控”、“沟通”、“著作权沟通”、“员工管理”、“版权管理”。

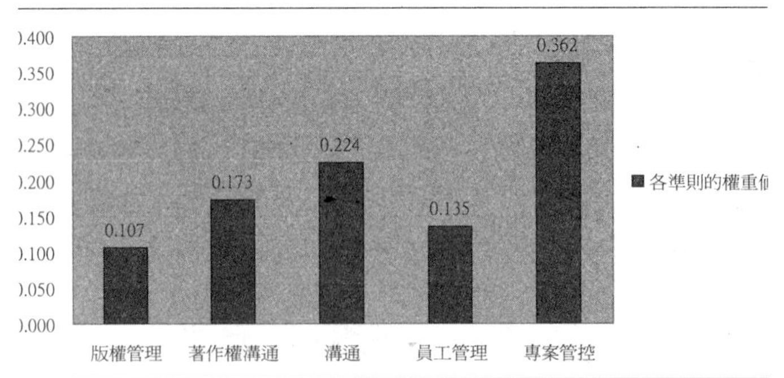

图 4　传统编辑转型为数位编辑职能需求编务管理面权重值长条图

图 4 的职能构面检测量表的 λ 为 5.028，C.I. 为 0.007，C.R. 为 0.006（C.I. < 0.1；C.R. < 0.1 表示 A.H.P 量表适用，符合 Saaty 所提出必须小于 0.1 的准则）。

4. 影响“行销技能面”各指标之重要性程度分析

行销技能面涵盖四个构面，其重要性经过两两相比后，结果如下：由图 5 可知，在行销技能面的子构面中，依重要性顺序排列为“观察用户需求”、“社群及网络行销”、“洞察市场”、“行销概念”。

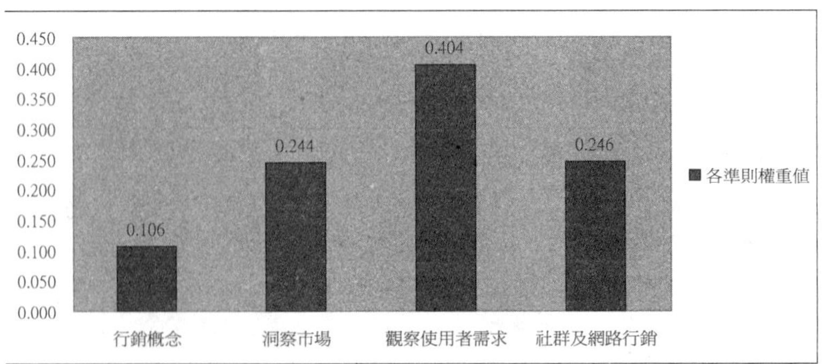

图 5　传统编辑转型为数位编辑职能需求行销技能面权重值长条图

图 5 的职能构面检测量表的 λ 为 4.023，C.I. 为 0.008，C.R. 为 0.009（C.I. < 0.1；C.R. < 0.1 表示 A.H.P 量表适用，符合 Saaty 所提出必须小于 0.1 的准则）。

5. 影响“电脑技能面”各指标之重要性程度分析

电脑技能面涵盖三个构面，其重要性经过两两相比后，结果如下：由图 6 可知，在电脑技能面的子构面中，依重要性顺序排列为“软件运用”、“数位编辑”、“网页规划”。

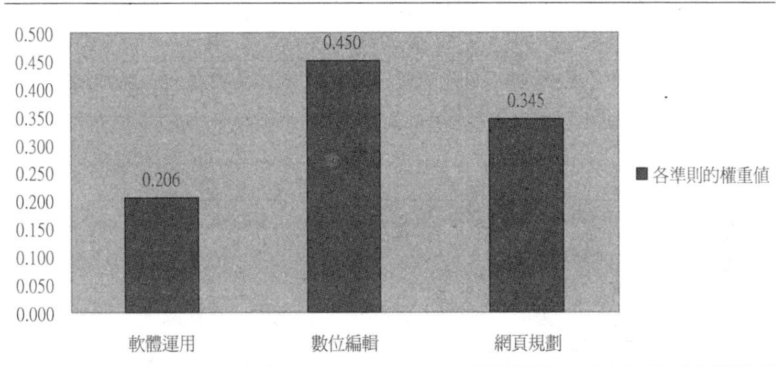

图 6　传统编辑转型为数位编辑职能需求电脑技能面权重值长条图

图 6 的职能构面检测量表的 λ 为 3.010，C.I. 为 0.005，C.R. 为 0.008（C.I. < 0.1；C.R. < 0.1 表示 A.H.P 量表适用，符合 Saaty 所提出必须小于 0.1 的准则）。

6. 影响“电子商务面”各指标之重要性程度分析

电子商务面涵盖三个构面，其重要性经过两两相比后，结果如下：图 7 可知，在电子商务面的子构面中，依重要性顺序排列为“数位产出知识”、“数位销售机制管理”、“平台开发与研究”。

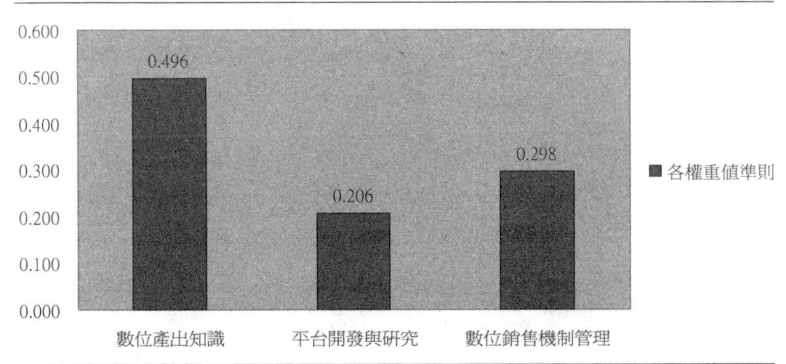

图 7　传统编辑转型为数位编辑职能需求电子商务面权重值长条图

图 7 的职能构面检测量表的 λ 为 3.001，C.I. 为 0.000，C.R. 为 0.001（C.I. < 0.1；C.R. < 0.1 表示 A.H.P 量表适用，符合 Saaty 所提出必须小于 0.1 的准则）。

7. 就所有要素而言的重要程度分析

就 21 个要素的依重要度排名在回答问卷的专家看来，如下所叙述：由图 8 可知，全部专家认为，传统编辑转型为数位编辑的职能项目最重要的 10 项排名依序为“研发企划”、“专案管控”、“说故事”、“观察使用者需求”、“内容设计”、“创造话题”、“数位编辑”、“数位产出知识”、“沟通”、“社群及网络行销”。

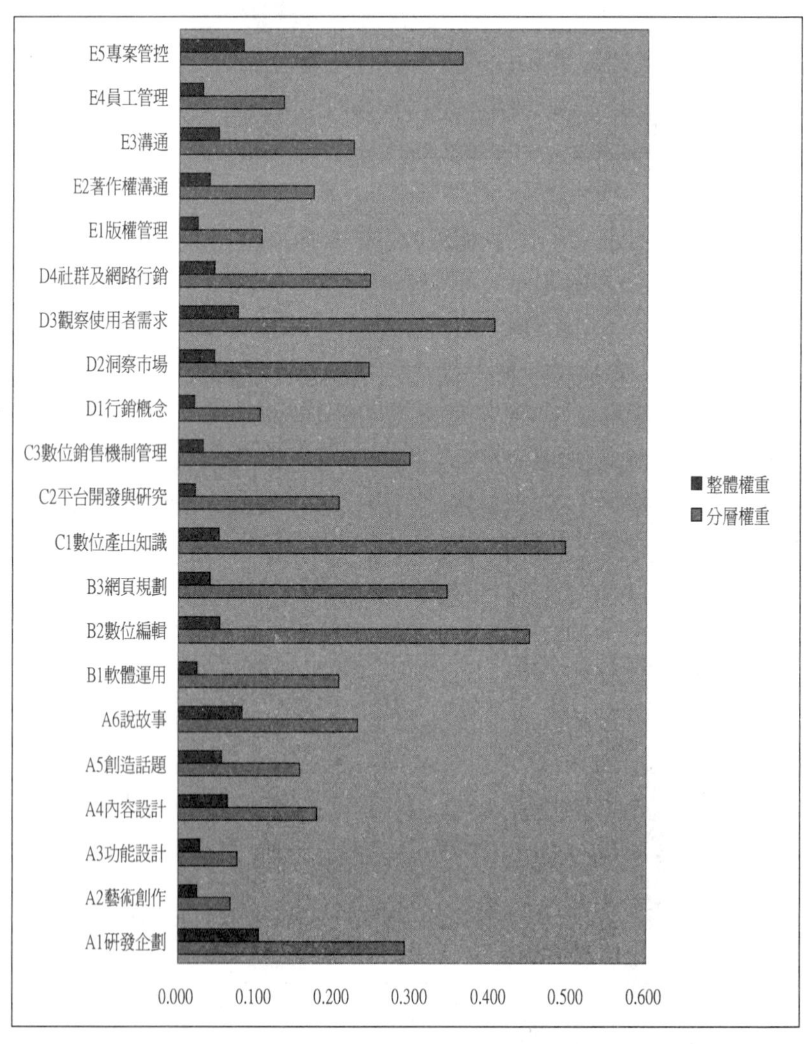

图 8　全部专家认为传统编辑转型为数位编辑职能需求项目整体权重长条图排序

第二种统计方式：

第一个构面与上述第一种统计方式相同，故不再赘言，直接由第二构面论述起。

1. 影响“商品企划面”各指标之重要程度分析

商品企划面涵盖四个构面，其重要性经过两两相比后，结果如下：由图 9 可知，在商品企划面的子构面中，依重要性顺序排列为“脚本发想”、“邀稿及物色作者”、“改编”、“版权加值”。

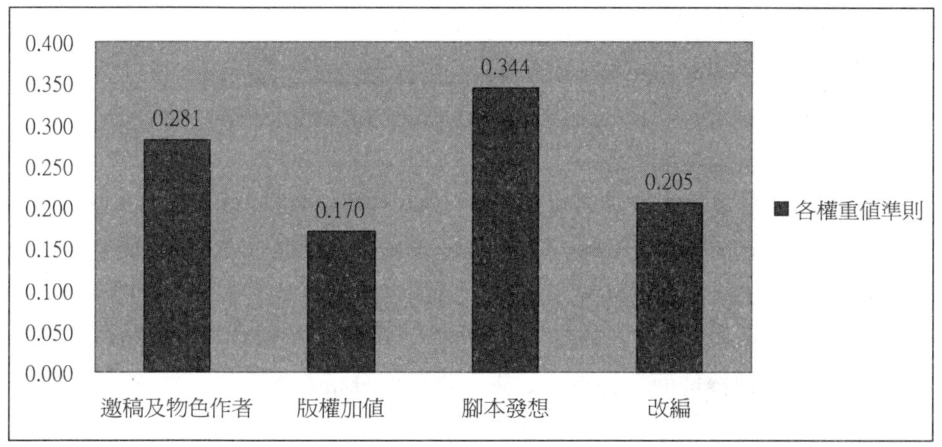

图 9 传统编辑转型为数位编辑职能需求商品企划面权重值长条图

图 9 的职能构面检测量表的 λ 为 4.006，C.I. 为 0.002，C.R. 为 0.002（C.I. < 0.1；C.R. < 0.1 表示 A.H.P 量表适用，符合 Saaty 所提出必须小于 0.1 的准则）。

2. 影响“编务管理面”各指标之重要性程度分析

编务管理面涵盖五个构面，其重要性经过两两相比后，结果如下：由图 10 可知，在编务管理面的子构面中，依重要性顺序排列为“工作流程管理”、“兼顾品质与合理降低成本”、“沟通技巧”、“著作权法律制度观念”、“授权与取授权的管理”。

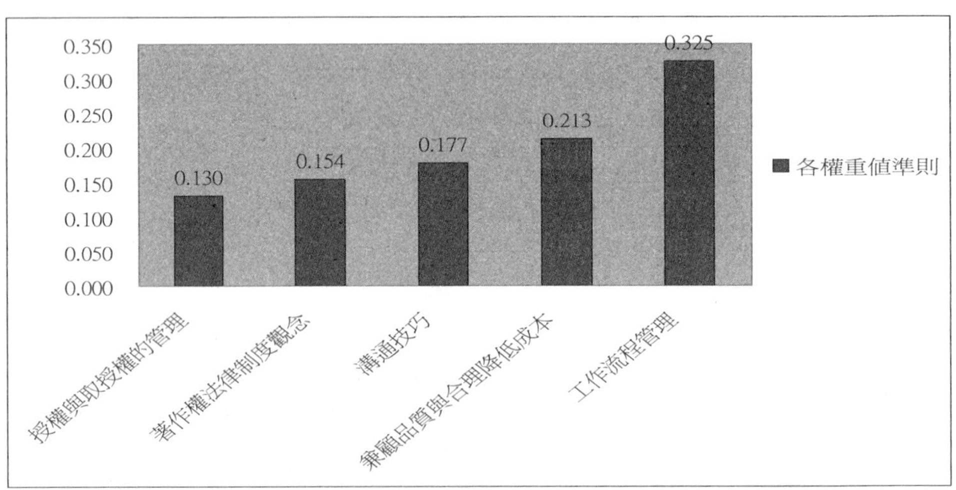

图 10　传统编辑转型为数位编辑职能需求编务管理面权重值长条图

图 10 的职能构面检测量表的 λ 为 5.010，C.I. 为 0.002，C.R. 为 0.002（C.I. < 0.1；C.R. < 0.1 表示 A.H.P 量表适用，符合 Saaty 所提出必须小于 0.1 的准则）。

3. 影响“行销技能面”各指标之重要性程度分析

行销技能面涵盖四个构面，其重要性经过两两相比后，结果如下：由图 11 可知，在行销技能面的子构面中，依重要性顺序排列为“订定市场价格”、“提供市场产品”、“通路规格与促销”、“产品销售管理流程”。

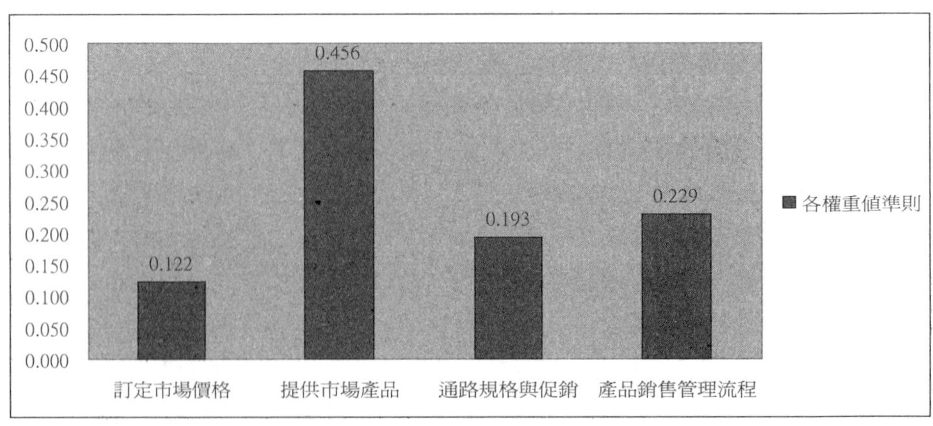

图 11　传统编辑转型为数位编辑职能需求行销技能面权重值长条图

图 11 的职能构面检测量表的 λ 为 4.009，C.I. 为 0.003，C.R. 为 0.003（C.I. <

0.1；C.R. < 0.1 表示 A.H.P 量表适用，符合 Saaty 所提出必须小于 0.1 的准则）。

4. 影响“电脑技能面”各指标之重要性程度分析

电脑技能面涵盖五个构面，其重要性经过两两相比后，结果如下：由图 12 可知，在电脑技能面的子构面中，依重要性顺序排列为“图文多媒体整合”、“互动设计”、“排版设计概念”、“动画视讯声音整合”、“色彩运用”。

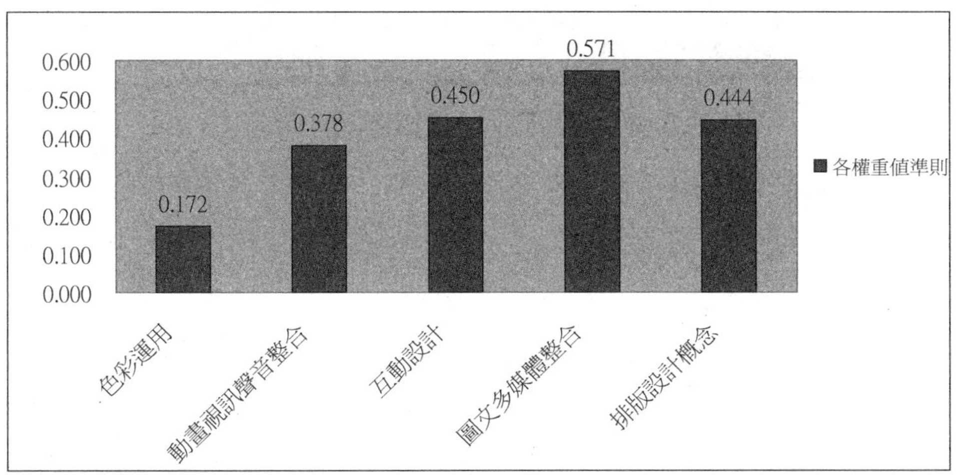

图 12 传统编辑转型为数位编辑职能需求电脑技能面权重值长条图

图 12 的职能构面检测量表的 λ 为 5.020，C.I. 为 0.005，C.R. 为 0.004（C.I. < 0.1；C.R. < 0.1 表示 A.H.P 量表适用，符合 Saaty 所提出必须小于 0.1 的准则）。

5. 影响“电子商务面”各指标之重要性程度分析

电子商务面涵盖三个构面，其重要性经过两两相比后，结果如下：由图 13 可知，在电子商务面的子构面中，依重要性顺序排列为“规格概念”、“通路平台”、“转档格式”。

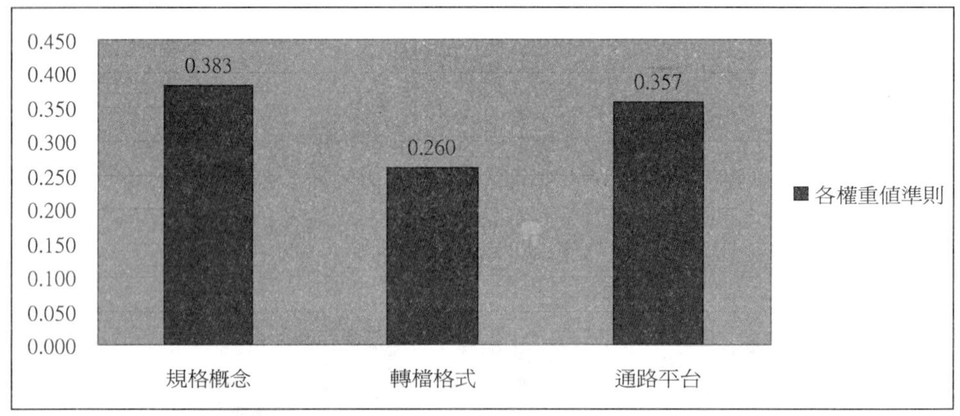

图 13　传统编辑转型为数位编辑职能需求电子商务面权重值长条图

图 13 的职能构面检测量表的 λ 为 3.002，C.I. 为 0.001，C.R. 为 0.001（C.I. < 0.1；C.R. < 0.1 表示 A.H.P 量表适用，符合 Saaty 所提出必须小于 0.1 的准则）。

6. 就所有要素而言的重要程度分析

就 21 个要素而言依重要度排名在回答问卷的专家看来，如下所叙述：由图 14 可知，全部专家认为，传统编辑转型为数位编辑的职能项目最重要的 10 项排名依序为“脚本发想”、“邀稿及物色作者”、“提供市场商品”、“工作流程管理”、“改编”、“图文多媒体整合”、“版权加值”、“互动设计”、“排版设计概念”、“兼顾品质与合理降低成本”。

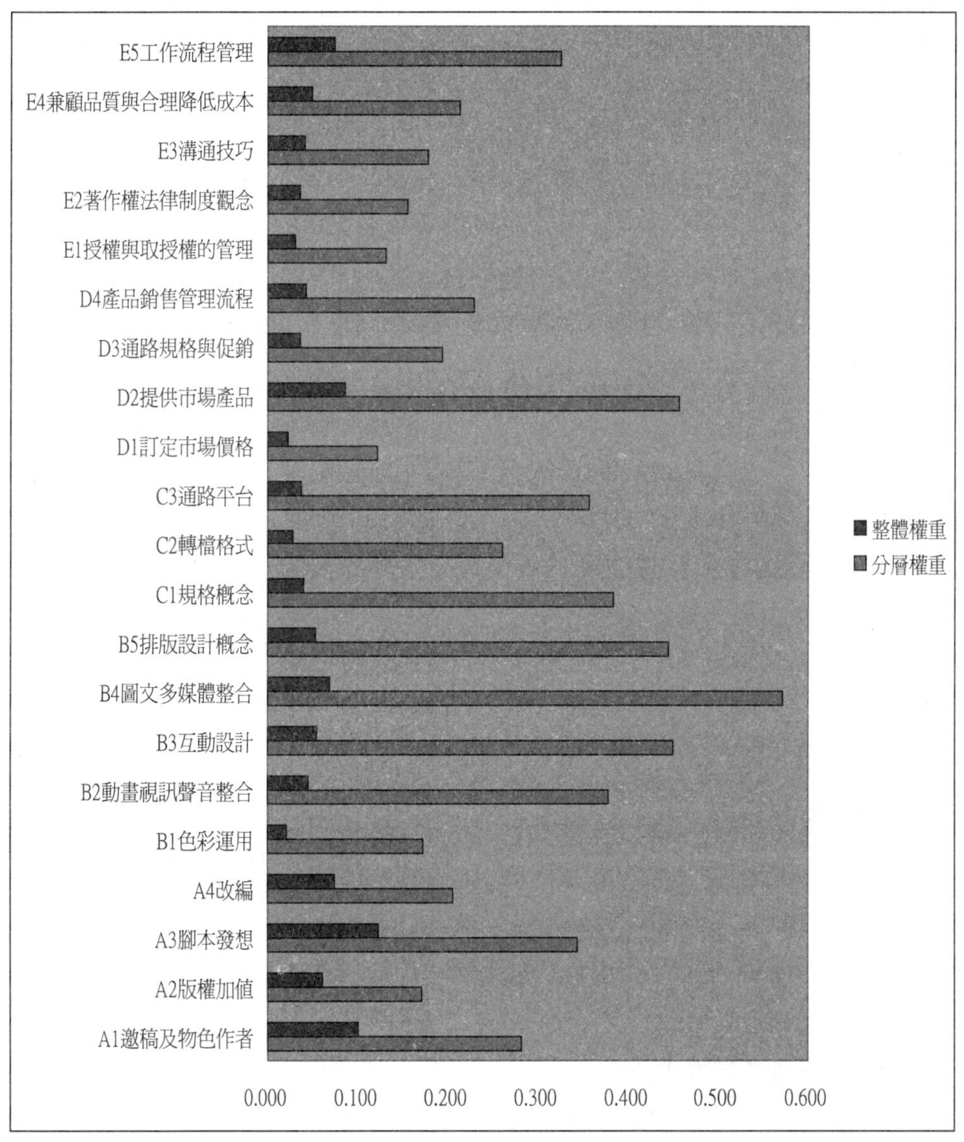

图 14　全部专家认为传统编辑转型为数位编辑职能需求项目整体权重长条图排序

（二）研究发现与讨论

本研究综合全部专家所做的问卷，将各问卷分析完后取得各类专家前 10 位之排名，再将全部专家的前 10 位的排名相互比对，第一种统计方式取得共同点有4项。换言之，在这三类专家问卷分组、集合分析出来的问卷，有4个关键因素在各个前10名中是相同的，即“研发企划”、“说故事”、“观察用户需求”、“数位编辑”。前二者源自第一层级的“产品企划面”，第三者源自第一层级的“行销技能面”，第四者源自于第一层级的“电脑技能面”。

第二种统计方式取得共同点有6项，换言之，在这三类专家问卷分组、集合分析出来的问卷，有6个关键因素在各个前10名中是相同的，即“脚本发想”、“邀稿及物色作者”、“改编”、“提供市场产品”、“图文多媒体整合”、“工作流程管理”。前三者源自第一层级的“产品企划面”，第四者源自第二层级的“电脑技能面”，第五者源自于第一层级的“行销技能”，第六者源自于第一层级“编务管理面”。

（三）各类专家看法之差异性讨论

二种统计方式，在各类专家的前10位之排名中，编辑专家较重视行销技能面及编务管理面，显然与另二类专家的看法有显著差别。

编辑专家以自身实际操作的工作经验，较侧重如何把产品编辑好，再把产出的成品销售出去，因此在行销及编务管理面与其他二类专家的看法不同，呈现的结果也出现显着差异。

五、结论与建议

（一）研究结论

研究成果呈现，第一种统计方式得出有4个关键因素在各个前10位中是相同的，这个比例可谓平均分布，显示三类专家的意见出现大致一致的结构。第二种统计方式得出有6个关键因素在各个前10位中是相同的，这个比例可谓相当高，显示三类专家的意见出现相当大的一致性。关于传统编辑转型为数位编辑职能需求之研究分析：

1. 就第一种统计方式分析

全部专家认为就21个子构面，传统编辑转型为数位编辑职能需求之研究最重要的5项排名，依序为“研发企划”、“专案管控”、“说故事”、“观察使用者需求”、“内容设计”。

（1）研发企划：基于与现有市场做区隔或做补强的前提提出产品新构想、概念设计、产品设计规格制作计划等一连串规划能力。

（2）专案管控：按照商品企划面的预想内容、概念及规划实际的细节制作，并能同时掌握品质、时程、成本等流程的掌控能力。

（3）说故事：用一个吸引人的故事串连吸引作者、读者与销售通路对该产

品产生兴趣，并让制作团队了解该产品特色全力投入制作，这就是说故事的功能。

（4）观察使用者需求：掌握需求趋势及习惯，除了能在商品企划时精准提出针对消费需求所规划的商品，更能依不同产品不同客群推出不同的行销方式，吸引购买力。

（5）内容设计：针对内容的规划设计出符合、方便用户使用的操作界面及功能，激发消费动机。

这5项子构面的第1、3、5项属于产品企划面，也就是为数位产品预先规划发想产出形态，为产品创造加值的元素，是产品具备竞争优势的核心能力，奠定让从中获得盈利的机会。第2项专案管控能力属于编务管理面，也就是让商品能按照预先规划的企划方向顺利执行产品制作。第4项观察使用者需求能力，属于行销技能面，也就是针对产品特性、锁定客群并寻找适合的通路展开相对应的销售方式，创造最大利润价值。

2. 就第二种统计方式分析

全部专家认为就21个子构面，传统编辑转型为数位编辑职能需求之研究最重要的5项排名依序为“脚本发想”、“邀稿及物色作者”、“提供市场品”、“工作流程管理”、“改编”。

（1）脚本发想：除了为内容设定主题与内容撰写大纲之外，亦要为了引发与读者的互动性与共鸣，而铺陈有针对性故事桥段来激发读者的阅读动机。

（2）邀稿及物色作者：为设定好的产品内容及方向精准寻找适切的写作对象，并能成功的签下版权合约。

（3）提供市场产品：一个好的行销手法能够在精准掌握市场产品讯息及消费者需求后，推出相对应的产品在通路上创造销售利润的极大化。

（4）工作流程管理：属于出版品实际制作执行的操作阶段。主要针对出版计划工作流程中的人员、时间及细节工作安排做有效的掌控与执行，以顺利按时程、品质及规划完成出版。

（5）改编：以出版品为蓝本延伸多元性的产品形态并授权成功，也就是创造延伸授权的概念，如改编为电视剧、电影、动画绘本等。

这5项子构面的第1、2、5项属于产品企划面，也就是为数位产品预先规划发想产出形态，为产品创造加值元素的工作细节执行内容，也是商品企划面的实质核心内容。第3项提供适切市场的商品属于行销技能面，也就是针对各种潜在客群观察其消费行为喜好，并针对各种客群的喜好，提供相对应的产品以提高其销售率创造产品营收。第4项工作流程管理属于编务管理面，也就是针对每一个项目或产品，按照商品企划内容设定一个工作流程规范，以利在兼顾品质、制程时效、合理成本限制下顺利推出成品。

本研究旨在找出“关键”的转型职能项目，让出版社能在现有资源及现有编辑人力编制下，以最少的成本投入，发挥关键且最大效益，并全面强化商品企划、电脑技能、电子商务、行销技能、.编务管理面的实务，以达传统出版在数位出版洪流袭击下，能站在传统出版资源下漂亮转身，融入数位汇流的出版新世纪。本研究取得的研究成果以一般性的立场来评估传统编辑转型为数位编辑职能需求之研究，除了找出关键职能项目之外，出版社也应注意职能项目的各个执行环节，以达到长期获利且稳健发展。

（二）研究建议

本研究是针对台湾地区的出版社作实际调查与研究得出来的结论，台湾的出版社大部分属于中小型规模，出书企划与通路管理条件、运作与大陆落差大。本希冀此研究也能纳入大陆出版社来进行调查，惟条件不足无法操作甚是可惜。后续研究建议从两个方面继续努力，以增加我们对这一问题的认识。

(1). 针对不同出版社属性或继续深入探讨相对应的转型职能项目，加深研究的直接性与深度。

(2). 针对不同科系毕业的员工进行职能项目交叉比对，作特定职能项目的强化，以利后续的编辑教育训练及新进编辑的招募作业。

参考文献

[1] 王念祖．以数位金字塔观点探讨两岸数位出版产业发展 [D]. 台湾南华大学，2011.

[2] 范冠宇．图书出版数位化的障碍因素研究 [D]. 台湾世新大学，2006.

[3] 陈香微．出版品的编辑角色探讨 [J]. 出版界，2004 (72)

[4] 张承，莫惟．人力资源管理便利贴 [M]. 台北：鼎茂图书，2008.

论数字时代出版产业的通才培养原则

蔡玉沛*

摘　要：数字化时代的技术特征和运作基础是社会的数字化平台，既往的一切信息、资源、物流、人员等基础性元素都将在这个平台上得到重新梳理、编排乃至整合，进入新的社会管理体系。在这样的趋势下，以复制技术和复制介质为特征的出版产业的形式围墙基本已经倒塌，传统出版的盈利模式越来越多地被新技术产业觊觎、侵扰和取代，总体上开始步入了长尾阶段。出版产业再次退守到以使命地位和人才筋骨为依托的实质围墙，并按照“服务、新颖、深刻”的标准在全社会数字化平台上结合时代特点构建和生长出新的形式围墙——新的盈利模式为社会所接受。新时代的出版产业定位会直接决定出版人才的培养问题，出版的知识管理职能和软实力使者地位要求出版人才的责任感和全局观，出版的应用学科性质又决定了出版人才培养的综合性和通才度。要“将”不要“匠”，过往“大家”参与出版繁荣的历史告诉我们，人才的成才程度是决定出版产业兴衰的关键，要培养符合出版本质使命和新时代特征的出版人才，而不仅仅是出版人员。按照成人才和达通才的高度来开展出版人才培养，是确保出版产业兴旺的不倒长城。

关键词：数字出版；出版产业定位；出版人才培养

人才培养是一个泛化的课题，各个领域似乎都面临人才匮乏的问题，这不仅告急着产业危机，更拷问着多年来的教育设置，同时，也强烈地要求着人才培养工程的专门化研究早日提上日程。在数字化时代背景下，出版人才的培养有着特殊的规定性和实在的紧迫性，对于这个问题的研究，需要从社会转型到产业变迁，人文规律到国家参与，方向定位到课程设置等诸多角度考察，才能比较精准地满足出版人才所暗含的内涵和外延。

一、社会技术平台是时代自变量因子

人类社会中，社会运作的基础是全体社会成员共同参与社会的一体化机制，社会的一体化程度表征着社会的关联度和成熟度，成熟而紧密的社会需要一个高级的社会技术平台来承载社会成员的社会意义和自我实现。所谓社会技术平台是

*　蔡玉沛，北京大学新闻与传播学院博士研究生。

指社会的一体化程度所要求的信息沟通水平和物资调转能力，是社会行为发生的技术性基础，不同阶段的核心技术变革表征着不同承载力的社会技术平台。

（一）人类社会的一体化程度与社会技术平台之间的因变关系

人类社会的元初时期即肢体文明阶段*，社会的技术水平停留在结绳记事和钻木取火上，劳动产品是一般等价物，社会经济关系停留在物物交换，社会的主流价值观局限在温饱和生存上，这个时代的社会技术平台基本上是刻画交流和工具打磨，社会关系在此技术水准上展开，表现出社会分工粗糙时期相应的政治、经济、人文等不同的社会形态和道德体系筑基。

人类进入到机械文明时代，社会的技术水平发展到印刷传播和机械移物阶段，工作效能大大提高，剩余产品和闲暇时光增多，社会分工细化，劳动时间成为一般等价物，社会经济转变为货币经济，社会的主流价值观发展到富裕和进取上，社会分层严重，精神追求显现，以技术进步和艺术美感为核心的社会关系得以充分展开，社会形态得到进一步的丰富和完善，科学体系诞生，这一时期的社会技术平台是印刷水准和机械程度，社会资源在这一平台上得到梳理和开发。

人类进入波控技术时代，科学体系进一步完善，声光电成为了新的社会技术平台，远距离传输以及立体传输成为可能，人们对历史可以留下更多的音容笑貌，人们对机械工具的控制也可以到达地球的外层空间了。机械的自动化程度越高，人类精神文明的碰撞就会越多，人类的精神成果也就会越丰富。这一时期社会经济演变到金融经济时代，劳动质量和劳动性质成为一般等价物，精神追求地位被确立，崇尚科学、追求艺术和发展思想进一步被确立为社会主流价值观，社会关系发展越来越充分，个性化要求突出和丰富，政治、经济、文化等社会形态得到相应巩固和完善，经济规律体系脱颖而出。

人类现在正进入数字化技术和生命科学时代，这个时代要求一切都要进入到数码化和逻辑化的网格当中，真实、合理、可控和健康是社会主流价值观。智能电网技术**的运用就是一个将电能数字化的例证。一切声光电、矿藏、河流以及文化、艺术、健康等研究对象和社会现象都要进入到数字化的信息流中以备人类进一步考察和管理，人类交往模式将发生重大改变，交往性质逐步与交往目的相

---

* 肢体文明指的是人类仅仅运用自己的肢体作为面对自然的工具，是人的蒙昧时期，是相对于后续的“工具是人的肢体的延伸”而言的。

** 智能电网（smart power grids），就是电网的智能化，也被称为“电网 2.0”，它是建立在集成的、高速双向通信网络的基础上，通过先进的传感和测量技术、先进的设备技术、先进的控制方法以及先进的决策支持系统技术的应用，实现电网的可靠、安全、经济、高效、环境友好和使用安全的目标，其主要特征包括自愈、激励和抵御攻击，以提供满足 21 世纪用户需求的电能质量、容许各种不同发电形式的接入、启动电力市场以及资产的优化高效运行。

趋向，数字化技术天然的理性特征和技术优势更多地要求真实和直接，这将逐步摧毁、压缩原有社会技术平台上所习惯了的真实成本与虚假报价之间的差价，同时社会面具的简化也将释放出巨大个性发展的空间，使得个性化意义的彰显越来越充分，个人的充分发展学说变得越来越紧缺和突出，文化大发展将成为这一时代的主要任务，观念和思路成为一般等价物，文化产业异军突起。

伴随着生命科学的进步，人类将进入下一个社会技术平台——思维文明时期，那是一个文化的顶峰和政治真正开始大步前进的时代。

（二）社会技术平台的演进与变迁

通过对人类社会历史进程的梳理，不难发现以下几点：

（1）社会技术平台承载社会运作，社会技术平台的升级会带来社会形态的升级，社会形态的升级会伴有产业形态的变化，社会技术平台是考察社会变迁和产业转型时必须关注的重要自变量因子；

（2）社会技术平台的承载力是社会技术平台所能允许和承受的社会行为的广度和深度，其呈不断放大趋势，原始时期的社会技术平台无法支撑和衍生复杂的社会形态，社会技术平台承载力的不同导致平台变动时所产生的社会形态变动的剧烈程度不同。数字化时代的社会承载力极大，不仅会催生很多社会形态萌芽，也会淘汰很多不合时宜的社会规则，其带来的社会以及产业形态变化的剧烈程度、深度以及广度都是前所未有的；

（3）社会技术平台变迁的主线是生存以促进科学，科学以促进经济，经济以促进文化，文化以促进政治，政治以促进自由；

（4）在前述社会技术平台不断演进的过程中，从咿呀会意、结绳记事、刻画制版、声波传递、激光照排到数字编程等，传播技术始终是社会技术平台的主角，传播是社会属性的必然要求和具体体现，传播是世界连结的纽带，传播是社会的生命力。

二、出版产业定位和盈利模式的新变化

人类历史演进到今天，出版已经演进到了传播的高度，成为了一种制式传播。可以说，在规范了的传播领域，出版已经与传播一道上升为一个社会、一个国家竞争力的主要构件之一。从这个意义上来说，机械文明时代产生的出版产业不应该再与波控时代的广播电视产业以及数字化时代的数字传播进行分开归类和截然管理了。从出版的角度看，“版”出现了划时代的丰富和变化，声光电数皆可为“版”，故而有人将之统称为内容产业，也不失为一种新的思考和尝试。出版一词居于内容产业的源头，历史久远，假如能走出纸质载体的自我局限和自我误区，

依然可以以“大出版”的面貌来涵盖和表征内容产业，所以，肩负社会表现力和维系力的出版产业应该坚持制式管理的优势，与时俱进，以更大的胸襟和气魄得到新的整合和充实，才能饱满和健康，也才能真正发挥出其“软实力使者”的应有之力。

数字化时代出版产业的固有盈利模式受到冲击，为寻求正解，我们有必要对出版产业的盈利模式*进行一下简要梳理。从本质意义上说，产业的盈利模式是一种被全社会认可的“产业优势差”保护下的生存空间和盈利方式。产业优势差由产业被需要程度和专业技术优势程度构成。产业的被需要程度是指产业的发展属性和存在意义，专业技术优势程度是指产业技术的不可或缺性和不可替代性，二者共同构成此产业存在的充分性和必要性。若将此优势差比附为产业围墙，则产业的被需要程度为实质围墙，专业技术优势程度为形式围墙。

本文按照这个比附模式考察了出版产业的围墙在新时代背景下的构成状况和坚固程度。首先，出版产业的实质围墙是出版作为知识服务和信息管理意义上的社会行为的当然性和必要性，这是出版产业盈利模式的基础，至今依然没有过时，且被更高级地要求着；其次，出版的形式围墙主要由复制成本和复制技术两部分构成，这两部分在漫漫历史长河中的发展规律一直是复制成本越来越低，而复制技术越来越高，这样，越来越明显的专业技术优势导致产业盈利模式越来越坚固，传播介质的低复制成本也使得产业发展速度大幅提升，出版产业形势一片大好，出版商的地位也随之提高，定价主动权较多地掌握在出版商手中，于是，出版的传统盈利模式就这样建立和固定了下来。

但是，在一切看似稳定不变的世界里，数字化时代的社会技术平台改变了，几乎是釜底抽薪式的改变了原有模式的存在条件。出版产业的形式围墙的主干是专业技术优势程度，也就是复制技术与社会一般技术水准之间的差距。在数字化时代，社会技术平台大有超越出版产业专业技术优势之势，由于社会个体配备了终端设备，出版介质发生了重大变化，导致复制成本进一步降低，出版商复制技术的一般优势差变小，致使出版产业的固有形式围墙受到强烈冲击，岌岌可危。

面对这样的时代局面，出版人一方面应该坚持“大出版”的产业整合格局，另一方面应该坚持辩证审视，稳住阵脚，虚心改进。首先，出版产业的本质围墙还依然坚固，没有发生重大改变，且有被更高要求的时代趋势，这就决定了出版产业的存在意义和指出了出版产业的前进方向——更高水准地做好知识管理和信

* 盈利模式是在给定业务系统中各价值链所有权和价值链结构已确定的前提下，企业利益相关者在利益分配格局中的企业利益表现，也是社会认可的专业技术优势存在的空间和运行方式。

息服务工作；其次，不能沉醉和留恋于过去曾经甜蜜但不高级的固有盈利模式中，因为那是社会技术平台承载力不高时代的机会性窃喜，不可误解为长久欢愉，本质意义上形式围墙不应该离本质围墙过远，要敢于承认并改正出版产业不正常的高利差；再次，要学会在数字化海洋中游泳，掌握数字化时代出版业态的基本规律和社会允许空间，如影随形般地跟随数字化时代的盈利模式特点构建出版产业的新型盈利模式。分析清楚了产业的社会定位和盈利模式，出版产业所需要的人才方向和培养原则也就有了定盘星。

三、对出版人才培养原则的思考

从产业性质看，传播和出版属于社会化程度极高的服务行业，传播效度是重要的依据指标。排除专业工具的技术优势因素以外，传播效度对出版人员的个人素养要求很高，个人的心理素质、社会阅历、知识累积、逻辑关联、洞察力以及身体素质等都严重地影响着出版人的品级和出版物的层次。综观我国出版发展史，从张元济、王云五到沈昌文，出版大家们都是个人综合素质极高、具有敏锐的社会洞察力和高度社会责任心的将才，而非匠人。

从学科角度看，出版学科在真正找到自己的基础学科之前总体上属于应用学科范畴，应用学科的共同特点是通才性，应用学科要对上游学科的总体情况有所把握，还要对相关学科进行关联统筹，更要对衍生学科做好对接准备。所以，出版学科对人才培养的通才度原则是必不可少的，如果简单地以为教授了“编、印、发”和“勘、校、审”就可以大体完成出版人才的培养工作，那就大错特错了。

从以上两个角度并结合数字化时代社会技术平台的转换背景来看，成才是出版人才培养应该坚持的第一要务，因为只有真正的人才才能完成出版产业的社会存在意义，成就其赖以存在的实质围墙，只有人才才会向社会提供高水平的、针对性强的服务，一般的出版人员和匠人不仅难以适应新时代的产业发展要求，而且还会降低出版产业的品级和档次，使得出版流于普通一般工种，降低国家和社会的软实力水平。复制成本和复制技术等指标都可以出现变化，而出版人才的服务质量和服务品级是出版产业的“社会卖点”，这一出版产业的实质围墙是任何时代都无法替代的出版产业的钢铁长城。

当前，出版领域的主要问题是选题泛滥，质量不高，服务不强，系统性和统筹性差，与社会深层规律结合不够导致精品佳作不多，这一切都与技术手段和专业技能不足没有多少关系，现在的作品美工、装帧、排版、发行等技术水准都不可谓不高级，但缺少能够洞悉社会知识结构需要、参与作者前进方向规划的“导演型”编辑人才。所以，出版人才培养所指的成才教育应该主要是指“专通结合，以通为主”的通才教育，通才教育注重素质，专才教育强调技能，数字化时代的时代成果是文化的大繁荣和大发展，文化产业的大规模兴起是数字化时代的标志性事件，没有超强的文化驾驭能力和敏锐的社会洞察力的编辑是很难胜任以“文化就是生产力”为特征的数字时代的出版任务的，更难以助推国家软实力达到应有高度。培养出版人才“进而能专，退而做通”的通才素养和综合能力刻不容缓。

四、出版人才培养的操作建议

北京大学肖东发教授主张的“大出版时代”已经来临，出版产业“内促凝聚，外塑形象”，“管理知识，服务智慧”，“教化社会，沟通世界”的重大使命不允许出版产业自堕为普通商业和混同于世俗生活，更何况出版产业在软实力语境下已经上升为提高国家软实力的核心力量，这些重大课题和严肃使命需要出版产业人才培养慎之又慎、严之又严，并最终落实到“成人才，达通才”上。

一般来说，通才教育具有三大特点，一是强调知识的广博和贯通，二是注重技能训练和能力培养，三是贯彻多元文化的学习。* 出版产业的通才教育包括教学方向的把握和教学内容的设计两部分，二者相辅相成。

（一）坚持“开放、宽厚、严训”的教学方向

教学方向是指教学的形式和手段，培养成才应该坚持“开放、宽厚、严训”的教学方向。

人才形成的高难性和通才培养的复杂性决定了培养人才不应该仅仅局限于经院范畴，在经院招生的基础上，要面向全社会广泛遴选、吸纳比较具有达标潜质的准人才并未大家提供参与“大出版时代”的出版实务和规律研习的机会，无论是证书制、学位制还是考评制，都要不拘一格，严格把关，铺好一条人才的“进门之路”。

教学方向的宽厚，指的是为学员创造一个通才所需要的成才环境和人文氛围，使得学员的知识面宽厚，思维广，基础深厚，课程设置应该使学员充分懂得国家责任、社会心理、文化义务、知识规律以及历史传承，应该使学识宽厚成为学员的素养、习惯以及人生信条。

教学中的严训是指多实践，多反馈，多提高，要多多熟悉出版实务流程，养成学员创新和发展的目的思维和价值标准，同时鼓励学员多多与社会各方面的通达之士和深刻之人接触、交流，以便学员获得灵感，开阔眼界，提高能力，高标准一定会关联出高质量。

* 王竞．美国大学通才教育课程的设计与管理理念：构建知识的“超级市场”，中国教育报，2005.10.27(6)

（二）坚持“服务、新颖、深刻”的内容选取原则

教学内容是教学的目的和标准，培养成才应该坚持“服务、新颖、深刻”的内容选取原则。

服务思想的养成和灌输是极其重要的，杜绝览视视角所应摒除的高傲，代之以服务的严肃和躬耕的朴实，在这样的意识背景下学习更多的服务细节，会心领神会，刻骨铭心，事半功倍。

要坚持创新思维的培养，要善于培养学生捕捉空穴的能力，找到社会和知识新的架构点，多多开展已有知识体系之逻辑关系的历史回放和未来知识关联的逻辑梳理，锻炼学员的知识关联和逻辑创新能力。

深刻性是出版人才培养必须具备的品级，也是未来出版实务的立足点，哲学思辨和信仰尊重是必须涉及的基本功课，深刻是对意义的审问和对人格的崇尚，学员的深刻性直接决定着未来出版产业的生命线和持久力。

总之，“大出版时代”必须要求出版地位升级和产业模式更新，随之而来的就是出版人才培养的破格提升。软实力背景下“大出版”已经是国家战略重点，因此，作为打造人才和通才意义上的出版人才培养工程，必须紧紧围绕“全局观”和“精品意识”这一核心理念，夯实出版产业的通才基础，更好地为各行各业的专才发挥做好战略参谋和技术服务工作。同时，出版人才培养这一重大课题不是出版产业一家之力能完成的，必须上升到国家行为层面，只有得到国家层面意义上专项政策的充分认可和专项基金的大力支持，才能统筹好这一复杂的系统工程。有了这样的定位和支持，出版人才培养工程就一定会不负厚望，砥定乾坤，利在千秋。

中国大陆数字出版教育发展探析

从　挺*

摘　要：本文从本科与研究生两个层次对中国大陆数字出版教育进行介绍，指出其在教育理念、教学与实践、师资队伍建设方面存在的问题，建议从宏观层面上加强对数字出版教育的管理与协调，中观层面上形成数字出版的专业特色与方向，微观层面上强化师资队伍建设与课程体系改革。

关键词：数字出版；专业教育；发展思路

一、发展背景

人才是数字出版产业发展的根本保障，国内外出版界都对此予以高度重视。2010年，中国新闻出版总署在《关于加快我国数字出版产业发展的若干意见》中提出，“要不断完善数字出版人才培养体系，加大数字出版人才培养力度，特别是传统出版单位中数字出版高级管理人才、高级营销人才、高级策划人才及数字出版编辑人才的培养，加快解决数字出版产业高层次、复合型人才短缺的问题。”2011年，总署又在《新闻出版业“十二五”时期人才发展规划》中对数字出版人才培养目标进一步做出明确，“着力培养数字出版与传播、动漫游戏等方面的急需紧缺专门人才。到2015年，通过高校培养与在职培训相结合的方式，引进、培养、培训战略性新型出版产业人才18万人。其中，数字出版与传播人才8万人，动漫游戏出版专门人才10万人。”由此可见，数字出版人才培养已被提升到国家战略高度。

截止到2008年，全国100多所高校开设了有关数字出版的专业方向或相关课程。近40所高校在传播学、印刷工程、编辑出版学、计算机等专业目录下开设了电子出版、数字传媒、数字印刷、数字媒体艺术、新媒体、软件工程（新媒体）等数字出版教育专业方向，形成了一定的教育规模**。2012年2月14日，《教育部关于公布2011年度高等学校本科专业设置备案或审批结果的通知》中，公布了2012年高等学校专业设置备案或审批结果，武汉大学申报新增的“数字出版”本科专业获得批准，这也意味着我国数字出版高等教育迈向了新的发展阶段。

---

*　从挺，武汉大学信息管理学院数字出版方向博士生。

**　孙寿山．抓住机遇　凝聚力量　构建数字出版发展新格局．http://www.chuban.cc/rdjj/08sznh/zxbd/200810/t20081019_40224.html

由于目前我国高校直接以“数字出版”命名的专业为数不多，因此，这里所讨论的数字出版教育指编辑出版学专业中与数字出版相关的教育。鉴于我国数字出版高等教育已囊括本科、硕士与博士多个层次，且不同层次在课程设置与教学方式上存在较大差异，以下即从本科与研究生层次对我国数字出版高等教育进行梳理。

二、本科教育

1998年，“编辑出版学”专业被正式列入高校本科专业招生目录，在目录中对编辑出版学专业的培养目标是这样说明的：“具备系统的编辑出版学理论知识与技能、宽广的文化与科学知识，能在书刊出版、新闻宣传和文化教育部门从事编辑、出版、发行业务与管理工作及教学与科研的编辑出版学高级专门人才”。由于该目录出台于1998年，而我国数字出版产业的快速发展基本起步于21世纪以后，尤其是2006年以后，所以在培养目标层面我们无法更多地了解国家对于数字出版人才培养的明确信息。但随着电子媒介的普及和互联网的发展，高校层面的培养目标已逐步显示出对培养数字出版能力的重视。如上海理工大学的编辑出版专业就强调“通过编辑出版学基本理论知识的教学及专业技能实训，培养学生适应现代出版产业发展需要，具备系统的编辑出版发行理论知识和技能、宽广的文化与科学知识、扎实的语言文字能力以及编辑出版发行新技术应用能力，能在书报刊出版、新闻传播、音像及电子与网络出版、文化教育等企事业单位，从事传播内容策划、文字编辑、技术编辑、成本核算、出版物营销策划、市场营销运作、出版物市场开拓以及出版发行经营管理等工作。”*

当然，数字出版发展对于编辑出版学本科教学的影响更多地体现在课程设置层面。通过对大多数开办编辑出版学专业的学校的相关课程进行查询，我们发现除了极个别学校以外，几乎所有学校都已开设数字出版相关课程，如数字出版技术、网络编辑、书业电子商务等。以下选取了武汉大学、南京大学、北京印刷学院、北京大学、四川大学、浙江传媒学院这几所院校的编辑出版学专业本科层次中涉及数字技术的课程，以说明目前国内数字出版本科课程设置的大体情况（如表1所示）。

* 上海理工大学出版印刷与艺术设计学院——新媒体与出版传播系 .http://ccad.usst.edu.cn/show.php?contentid=560

表 1　国内部分院校数字出版相关课程（本科层次）*

学校	所属学院	数字出版相关课程
武汉大学	信息管理学院	数字出版导论、出版发行现代技术、书业编校软件应用、电子出版物设计与制作、信息检索、数据库原理与应用、网站设计与开发、管理信息系统
南京大学	信息管理学院	信息分析、Internet 实用技术、信息传播技术、数据库原理与应用、数字出版技术
北京印刷学院	新闻出版学院	多媒体信息采集与处理、网络出版技术、计算机排版系统
北京大学	新闻与传播学院	信息检索与利用、电子出版技术、网络采编实务、视频编辑、新媒体营销传播研究
浙江传媒学院	新闻与传播学院	现代出版技术、网络出版实务、编校软件应用、非线性编辑
四川大学	文学与新闻学院	书籍装帧与电脑排版、多媒体与电子出版业

从以上表格可以看出，在国内编辑出版本科教学中，数字出版课程中既包含较为宏观的概论性课程，如数字出版导论等，也含有具体技能训练方面的课程，如编校软件应用、视频编辑、书籍装帧与电脑排版等，反映出数字出版本科教学的基本目标，即培养适应现代出版业发展的应用型人才。但是进一步观察各校培养方案，我们发现其中与数字出版相关的课程数量仍然有限。仅以北京大学编辑出版专业为例，其目前开设数字出版相关课程学分数为 12 个学分 **，排除全校公共课和大类平台课，仅占院级必修和选修总课程的 16.7%。由此可见，目前国内数字出版课程在整个编辑出版教学中仍居于相对次要的位置。

三、研究生教育

由于到目前为止，编辑出版专业尚没有进入国务院颁布的《授予博士、硕士学位和培养研究生专业目录》中，因此与本科层次的教育不同，大部分高校都是利用各自一级学科的优势，自行设置与编辑出版相关的研究生专业，并在此基础

*　如非特别说明，本表数据来源于各学院网站

**　北京大学新闻与传播学院．http://sjc.pku.edu.cn/PlanBenEdit.aspx

上招收数字出版方向研究生。据不完全统计，中国大陆地区已有30多所高校在传播学、图书情报学、管理学等硕士学位点下设立数字出版方向，培养硕士研究生*，5所高校在传播学、图书情报等学位点下开展数字出版方面博士研究生的培养，其中武汉大学、北京大学、南京大学等高校已经连续10届培养该方向的硕士和博士研究生。2011年，首批出版硕士专业学位授权点已经开展招生，为研究生层次的数字出版人才培养提供了强大动力。在培养目标上，以武汉大学出版发行专业研究生培养方案为例，在其下设的12个研究方向中，有3个直接与数字出版相关，分别是网络与电子出版、书业电子商务与书业信息化建设，另在期刊产业研究方向中也涉及数字化与期刊产业问题的研究。

课程设置方面，大部分学校都开设数字出版课程。笔者选取武汉大学、南京大学、北京印刷学院、北京大学、河南大学这5所院校该专业的硕士课程，着重了解数字出版相关课程设置情况（如表2所示）。

表2　国内部分院校数字出版相关课程（研究生层次）**

学校	数字出版相关课程
武汉大学	数字出版研究、数字资产管理、计算机网络理论与技术、数据库技术与应用、信息系统工程
南京大学	新型传媒研究、数字出版研究、多媒体信息处理与检索、现代出版技术、数字出版技术、网页设计与出版网站管理
北京印刷学院	电子出版研究、多媒体技术、计算机网络、信息资源管理、网络传播、印刷工艺学、多媒体节目策划
北京大学	数字出版研究
河南大学	多媒体传播技术研究、新媒体出版

整体来看，这些学校的数字出版课程数量仍然较少，其中北京大学与河南大学仅涉及一两门课程，如果考虑到研究生课程中选修课比例较高的事实，学生真正投入到以上课程学习的比例就更低，说明数字出版相关课程在研究生层次的出版教育中的地位仍有待加强。相比本科教育，研究生层次的数字出版教育更注重研究能力的培养，多数课程都是以“研究”命名，要求学生在掌握一定技术的基础上，对数字出版产业有更深刻的认识。

* 孙寿山．抓住机遇 凝聚力量 构建数字出版发展新格局．http://www.chuban.cc/rdjj/08sznh/zxbd/200810/t20081019_40224.html

** 北京大学新闻与传播学院．http://sjc.pku.edu.cn/PlanBenEdit.aspx

当然，由于研究生阶段的教育一般采取导师负责制，课程学习并非教育的全部内容，尤其对博士研究生而言，更多要求研究生独立从事或参与导师的数字出版课题与项目研究，根据李新祥对近几年国家社科基金项目中出版类研究的统计，* 在高校申请的社科项目中与数字出版相关的项目数量呈上升态势，如电子出版物的收集、利用及市场开发研究（1999），网络出版理论和实践研究（2000），手机媒体及其管理研究（2005），基于数字出版的科学信息交流系统机制创新研究（2006），数字版权管理与新媒体产业发展的关系研究（2008），中国网络版权侵权研究（2010），基于互联网的一体化出版模式研究（2010）等等。这些项目的实施一般都需要研究生参与并进行大量的实际调研，撰写案例和研究报告，以及进行相关的技术开发等，这成为数字出版方向研究生专业教育的重要环节之一。

四、存在问题

由于我国数字出版教育尚处于起步阶段，不可避免存在这样或那样的问题。综合借鉴与分析国内学者的相关研究成果，我们认为主要存在以下几方面问题：

首先是数字出版的教学理念相对落后。数字出版产业的发展包括了传统出版与新兴媒体产业两种驱动力，因此在数字出版的教学上必然需要融合两种不同的思维，以形成独特的教学理念。目前来看，我国的数字出版教育仍是以纸质载体和印刷出版流程相关理论为主导，嫁接一部分数字技术内容，并未建立起符合数字出版人才培养需求的教学理念和体系。大部分开设数字出版方向的高校基本没有改变原有的专业培养方案，只是补充了一些数字技术类课程，而且还是由原来出版专业的教师教授这些课程，这也无怪乎很多出版学界与业界人士认为目前的数字出版教育无非是“新瓶装旧酒”。

其次，数字出版理论教学与实践脱节。正如中国出版科学研究院院长郝振省在《2010中国数字出版产业年度报告》中所言，“我们的数字出版人才严重匮乏，我们对数字出版的准备严重不足，我们的出版教育与出版产业严重脱节。”** 数字出版教育与产业脱节已是不争的事实。相比于国外数字出版教育中理论教学与实践教学1:1的配比，国内数字出版专业教育中课堂学习比例过高，而进入实验室上机练习，进入企业实战训练，接受来自业界人士指导的机会较少。从对国内数字出版相关课程调查情况来看，尽管目前像网站设计、数字出版物制作、网络

* 李新祥．出版学核心：基于学科范式的范畴、方法和体系研究．中国书籍出版社．2010：62-71

** 2010中国数字出版产业年度报告发布 http://news.xinhuanet.com/newmedia/2010-07/22/c_12360171.html

信息编辑等实际操作课程已逐步进入出版专业课程之中，但整体比例依然偏低。而在开设的技术类课程中，技术与实践缺乏紧密的联系，容易造成“两张皮”的现象，无法为学生提供可迁移的技术学习能力。

再次，师资队伍严重缺乏。我国高校有600多个编辑出版类专业教学点，在校生10万多人，覆盖专科、本、硕、博多个教育层次，每年毕业近3万人*。出版专业本身的师资力量就存在不足，而数字出版方向的教师队伍更显匮乏，其中拥有数字出版从业经验，同时接受过博士层次教育的教师人才十分稀缺，这也造成目前数字出版人才培养需求与培养能力供给之间的巨大缺口，是阻碍数字出版产业进一步发展的主要瓶颈。

五、发展思路

针对数字出版教育中存在的诸多问题，国内许多学者提出相应的发展思路，包括树立大编辑、大媒体的数字出版教育理念，组建精良的数字出版教师队伍，强化数字出版专业课程，开放数字出版实践基地等等。通过对各方观点的梳理和分析，我们认为要解决上述问题，需要从不同层面上予以突破。

（一）在宏观层面上，加强对数字出版教育的管理与协调

2012年，武汉大学申报“数字出版”本科专业获批，标志着我国数字出版教育事业迈入了新的发展阶段。随着该领域办学机构不断增多，办学规模不断扩大，相关主体之间缺乏有效沟通与协调的问题逐渐暴露出来。目前，针对出版专业学位研究生教育，国务院学位委员会已设置出版专业学位指导委员会，推进出版专业学位的研究工作，推动出版专业学位教育教学改革，促进国内外合作交流。但是仅仅依靠出版专业学位指导委员会，尚无法达到优化全国办学资源的要求，亟须建立全国性的（数字）出版教育组织机构，对全国数字出版教育机构进行统一规划与协调。

该机构最好由新闻出版总署科技与数字出版司和人事教育司主导建立，然后由各省市新闻出版局人教处、国内大型出版企业人力资源部与各办学单位负责人共同参与。通过设立该机构，建立相应的规章制度，对目前不断扩张的办学主体进行合理的规范和监督，杜绝盲目办学；定期举办企业与办学机构之间的交流会，提升企业在数字出版人才培养过程中的参与程度，探索校企合作培养模式，进一步保障该学科的健康发展；赋予数字出版商业培训以合理的身份地位，逐步解决目前单纯依靠政府资源提供培训的不足，最终实现政府、企业、高校与民间培训机构之间的良性互动。

* 贺永祥．论出版人才培养的教学困境与实践途径 [J]．当代教育论坛，2010(3):9-10.

（二）在中观层面上，形成数字出版的专业特色与方向

由于历史发展与学科归属等原因，我国数字出版教育在不同高校分属不同学科院系，包括新闻与传播学院、信息管理学院、艺术与人文学院等等，这本身对于培养复合型的数字出版人才并非坏事，可目前有不少学校盲目设立数字出版方向，而没有立足自身优势，打造独具特色的数字出版教育。这方面英国出版学教育的经验值得我们借鉴。近几年，英国部分院校允许学生根据自己的兴趣和背景选择不同的研究项目，在完成规定的课程和论文后即可获得该具体领域的出版学硕士学位*。充分利用不同院校的学科背景，为数字出版专业教育引入不同的学习视角，将有助于我国数字出版人才培养事业的健康发展。

另一方面，培养目标要强调继承与创新并重。首先要保持原有的传统出版教学的优势，尊重原有的学科基础，培养有出版专业特色的优秀人才。同时，又要大胆创新，跳出传统出版的某些思维束缚。正如优酷网副总裁魏明在中国首届新媒体教育高峰论坛上所说："没有新媒体，只有新思维。所谓的新媒体的'新'字主要是具有创造性的思维，能够与时俱进。"只有将传统出版教学中对文化基础与专业知识的重视，与新媒体教学中强调的创造性与批判性思维相结合，才能培养出适应未来数字出版产业发展的高端人才。

综合以上论述，所谓数字出版的专业特色与方向，主要包含两层意思：一是注重结合专业所在院校的学科优势，形成差异化的人才培养模式；二是注重传统出版与数字出版的有效结合，实现两者优势互补，从整体上把握数字出版专业的办学方向。

（三）在微观层面上，强化师资队伍建设与课程体系改革

在微观层面，我们认为应当着重解决以下问题。

一是强化数字出版师资队伍。高素质的师资队伍建设是构建数字出版人才培养模式、进行教学改革、提高数字出版教学质量的重要保障。《新闻出版业"十二五"时期人才发展规划》中明确指出，"支持实践经验丰富、具有一定理论水平的产业人才到高校担任兼职教师。支持产学研联合开发教学、培训教材。支持有条件的新闻出版单位设立实习实训基地。进一步发挥高等院校新闻出版人才培养基地的作用，支持人才培养基地举办新闻与传播及出版专业硕士、在职研修班、专题研讨会、专业培训班。"

鉴于目前我国数字出版师资队伍面临严重匮乏的问题，参考相关学者的建议，

* 李新祥．出版学核心：基于学科范式的范畴、方法和体系研究 [M]．中国书籍出版社．2010：62-71

我们认为可以考虑采取“走出去与引进来——两条腿走路”的办法*。一方面，在国内具备师资优势的院校率先开办师资进修班或培训班，或利用国家已建设的数字出版基地，组织全国该专业教师进行数字出版专业知识与技能的培训，以尽快解决我国出版教育师资队伍知识结构不合理的问题；另一方面，针对目前很多高校引进师资门槛高的问题，部分高校应本着实事求是的开放态度，灵活调整相关专业的用人机制，将数字出版企业的实践专家引入课堂，解决当前数字出版教师队伍实践经历匮乏的问题。

二是结合办学单位的培养目标，优化技术类课程教学。针对即将开设的数字出版专业，武汉大学信息管理学院副院长方卿教授表示，一方面，传统出版的重要课程还会部分保留；另一方面，作为新生的出版业态，数字出版在技术和流程上与传统出版相比又有很多不同，技术应用教学比重较高，IT、数字传播等课程将较多。因此，在一段时期内，提高数字技术类课程的比重仍然是必须的，有条件的单位应当尽可能增设数字出版实验室，配置教学必须的硬件与软件设备。但无论如何，技术教学始终要服务于出版专业的本质定位，以把握技术背后的思想原理为教学核心。只有遵循这一基本原则，数字出版专业才能在鲜明的学科定位下最大限度地培养复合型人才。比如对于数字权利管理系统的教学，其主要目的在于让学生了解系统的核心架构与功能模块，熟悉系统的运作流程，并通过实际观察了解该系统在数字出版版权保护中的重要作用。至于独立开发数字权利管理系统，并不适合纳入到编辑出版学专业的教学范围中。

三是促进理论与实践教学相结合，推动教学方式改革。关于数字出版教育的理论与实践教学之间的关系，国内外学界与业界一直存在较多争论。随着2011年出版硕士专业学位授权点在全国14所高校开设，以学术研究为导向的学术型教育和以专业实践为导向的专业型教育得以区分，这为我国培养不同类型的高层次数字出版人才提供了有力保障。出版专业应用性的学科定位，决定了该专业培养的大部分学生应以实践工作为主要目标，少部分学生走上学术研究道路。但这绝不等于说前者就完全以实践训练为专业学习方式，后者就完全专注于理论研修。事实上，在欧美发达国家的图书出版教育中，理论学习的重要性从来没有被忽视，如德国埃朗根大学图书专业就强调，坚实的学术研究帮助学生提高了分析问题、解决问题和独立思考的能力，而这是当前处于更为复杂环境的出版企业迫切需要的人才素质**。

* 朱晓军．数字出版人才培养的策略 [J]．教育探索．2008 (8): 83-84.

** Buchwissenschaft Erlangen. http://www.buchwiss.uni-erlangen.de/english-version.shtml

正如管理学大师克莱顿·M·克里斯坦森在著名的《困境与出路》一书中写道："尽管绝大多数管理者认为自己不属于理论驱动型的，实际上他们却是狼吞虎咽的理论消费者。问题在于，管理者很少意识到他们正在使用理论——而且他们经常使用错误的理论处理他们所处的境况。"理论学习的重要性可见一斑。然而与英美出版专业高等教育中强调新媒体思维与可迁移的学习能力不同，我国出版教育更多采取的是知识性乃至常识性的名词灌输，并套之以"理论学习"之名。这在实践训练明显不足的情况下，学生不仅缺乏对业界的感性认识，而且由于贮存大脑中的理论知识普遍不具备可迁移性，导致其在不断变化的行业环境中难以找到合适的定位。美国印第安那大学的传播学者莫里斯和奥根曾表示："如果大众传播研究仍旧完全不理会潜势的因特网的研究，他们的传播理论将会变成无用的东西。"*** 鉴于上述情况，我们认为，数字出版专业需要积极借鉴国外某些教学方式，除了基本概念和技术常识的讲授之外，更多宜采取案例教学、专题讨论、项目策划等方式，强调学习过程中的问题意识，努力从当下数字出版实践出发，积极思考现象背后的内在规律，通过扎实的理论学习，最终服务于实践。

参考文献

[1] 朱晓军．数字出版人才培养的策略 [J]．教育探索，2008（8）：83-84

[2] 李建伟．中国编辑出版学本科教育现状研究 [J]．编辑之友， 2009（1）：78-80

[3] 张志强、潘文年．改革开放以来的出版研究生教育：成就、问题与对策 [J]．编辑之友，2008（6）：112-117

[4] 严晨．从我国数字出版人才需求看数字媒体教育导向 [J]．科技与出版，2011(7):91-92

[5] 陈丽菲中国大学数字出版教育范围与课程之研究 [J]．上海师范大学学报，2011（6）：96-102

[6] 张志强． 英美国家的出版学学科归属对我国的启示 [J]．中国出版，2009（16）：7-11

[7] 李武．英国出版学研究生教育的特征分析——一项基于深度访谈的实证研究 [J]．国际新闻界，2009（1）：58-62

*** 中国网络新闻传播教育的现状及趋势． http://www.eguilin.org/zhuanti/Print.asp?ArticleID=6165

论出版教育与人才培养的三个层面

杨金花*

摘 要：论文提出高校应从以下三个层面着手，培养符合业界需求的出版人才：一是出版知识和职业技能教育，二是出版规律和方法教育，三是出版人文情怀和理想教育。这就需要在教学中从人类文明传承、民族发展、社会责任、个人荣誉等方面培养教育学生，使其成为一个具有出版人文情怀和出版理想的精明文化出版人。

关键词：职业技能；出版规律；出版情怀

出版业本质上是文化服务产业，其核心竞争力在于智力资本。随着信息技术、网络技术的发展，出版社转企改制的深化和数字出版浪潮的冲击，图书出版业正处于转型期和产业升级的过程中，业界对高素质出版人才的需求空前迫切。作为培养出版人才的高等教育机构，各高校相关的教学科研院所应该责无旁贷地担负起这一职责。从近年各高校制订的培养方案和开设的课程看，基本都意识到并正在逐步贴近社会的这种需求。但从实际效果看，目前培养出的毕业生与用人单位的需求之间还存在着一定错位和差距，对此，学界和业界多有讨论。笔者认为，之所以存在这样的错位和差距，是因为高校在出版教学中，对下面将要论述到的三个层面的教育认识还不够深入，抑或在实际教学中对这三个层面的教育贯彻执行还不够到位。

一、出版知识和职业技能教育

目前，随着市场竞争的加剧，很多出版单位放弃了以前师傅带徒弟式的逐渐了解和参与出版过程的员工培养方式，招聘时强调相关工作经历或实习经验，无形中把业务培训的任务上移到了学校。为了让学生入职后尽快进入出版角色，各高校相应地开设了各种实务教程，使学生在初入职场时能有个踏实地的落脚点。

这类实务课程，不同于社会上办的短期业务培训或岗前培训班，要有自身的特色和特点：首先，应适应业界需求。在开设的实务课程中，除了要讲清楚以往课程设置中的基本行业标准、规范以及相关岗位的要求、流程，使学生对出版过程有一个整体的了解和把握外，还要尽量增加出版流程中一些具体知识点的详细

* 杨金花，河北大学新闻传播学院编辑出版系教授。

介绍。介绍中尤其要注意这些知识点的可操作性。以书稿加工中的引文抽查和核实为例：

首先，要给学生讲清引文的作用：能凝练有力地说明或论证正文的观点，使文章呈现多样性的表达方式，读者阅读起来不枯燥，否则影响论证和表达效果。第二，判断引文出现的必要性：结合文章上下文的文意和整体结构，根据引文的作用，整体判断引文出现的必要性，如果有必要才进入下一个程序。第三，引文核查的方法：抽查法。第四，抽查策略：(1).顺序抽查法：前、中、后按顺序选择一定比例的引文进行抽查；(2).通读抽查法：抽查通读中那些语感或意思表达有疑问的引文；(3).矛盾抽查法：抽查那些作者、书名、文章名、卷次、页码、内容等前后矛盾的引文。第五，具体途径：按照作者提供的信息（作者、书名、文章名、版本、卷次、页码等）能否找到引文，找到后再按原文逐字逐句地核对。学习过这样可操作性比较强的出版知识，学生在初入职场面对一部书稿时，就不会有无从下手之感。

其次，实务课程讲解中，除了讲清楚如何做以外，还要说明为什么这样做。例如，在讲授图书内文版式设计一节时，在强调全书一致性和服从整体结构层次的原则下，除了从阅读心理学的角度告诉学生何种字体、字号、行间距、字间距适合内文排版外，还要告诉学生之所以如此安排内文版式，主要不是适应和满足美编的设计理念，也不是单纯追求外表的新颖和好看，而是为书稿内容和读者着想。因为内文设计最主要和终极的目的是把书稿内容完整、清晰地传达出去，让读者读到大量的文字时不感觉疲劳，“得意忘字”，沉浸在书的内容，即内文版式设计的原则和规定主要是为了方便阅读，而不是单纯地追求美观。经过这样的讲解，学生才有可能在实际工作中创造性地使用和利用各种出版手段，而不是消极地适应和模仿。

再次，需要强调开设实务课程目的是培养出版人才，而不是纯技术人才或技术工人。在教学实践中，我们发现不止学生对实际出版的过程感到神秘和好奇，即使是教师，也经常因不了解具体的过程而焦虑。因而往往容易把过多的精力放到物化形式明显的排版制作等出版流程。作为编辑出版学专业的学生，了解一些计算机常用应用软件和排版常识，以便与相关人员沟通，避免人为排版差错，提高工作效率，这是必要的。需要强调的是，编辑出版人员的工作职责是根据书稿的内容和读者目标，对技术人员和排版工人提出具体要求，使其按照要求提供技术支持和排出符合编辑要求的版式。即使在数字出版环境下，这一核心职责依然保持不变，编辑出版人才是根据书稿内容和用户体验，创造性的提出具体媒介形式和版式要求的人，技术人员的职责是提供技术支持，从而制造出符合用户需求

的数字产品。编辑不能本末倒置地去过度研究和适用技术。

经过这样的编辑实务学习，我们培养的学生才有可能毕业后直接上手加工书稿，才能凸显与其他学科背景毕业生的不同和优势。

二、出版规律和方法教育

随着出版社会化程度的提高和专业分工的发展，文字技术加工、排版制作、校对、装帧设计等传统出版工作，越来越多地由社会上的专业公司承担起来。出版企业能够把更多的精力放在选题策划、运营管理、营销推广等核心业务上，这也就对出版人才的培养提出了更高的要求，要求学生对出版主要业务掌握更娴熟、更深入。同时，新信息、新知识及新的行业需求层出不穷，也要求我们除了教授给学生基本的谋生知识和手段以外，还要培养其具有良好的素质和自我成长能力。即通过教授给学生一些解决问题的基本理论和方法，使其能在以后的实践中结合所学知识和方法，自己发现问题、解决问题，不断充实提高。

出版教学不同于其他学科的教学，有其特殊性。首先，出版行业是一个需要多学科背景知识支持，不断在实践中体会、总结、修正、发展的行业。相应地，出版教育既是一个交叉性、综合性很强的学科，又是一个实践性很强的学科。出版理论和方法往往是以规则的形式呈现，即在出版工作中应该做什么、不应该做什么，而不像其他学科那样有那么多的概念、学说、定律或模式。这就需要教师在教学中讲解这些规则的时候，除了讲清楚这些规则本身包含的具体要求外，还要根据出版自身的特点，结合相关学科的原理，解释清楚为何要如此，而不是把规则当成教条，简单地让学生记住。

以读者研究为例，我们强调一方面要满足读者的需求，另一方面还要引领读者需求。教学中，除了从传播学的角度讲授可以在出版的哪些领域和环节满足读者需求，哪些领域和环节需要引领读者需求外，还可以结合相关市场经济理论和消费心理学的研究成果进行讲解。比如，我们可以结合出版内容的文化特性，从供给学派与凯恩斯学派争论的“供给创造需求还是需求决定供给”入手，来解释和运用这条规则：即在图书出版过程中努力提高文化创意含量，在符合和满足读者基本需求和消费习惯的前提下，引领读者，最大限度地唤起他们的文化消费欲望。华中师范大学范军教授在2011年宁波举办的“大学出版论坛”的演讲中，说“大学必须经常给社会提供一些东西，这些东西并不一定都是社会所想要的，而往往是社会所需要的，这才叫‘引领’。大学要服务社会，但需要保持某种距离，要有‘张力’”。同样，做出版，我们也要教育学生，不能一味地迎合读者，还要引领读者，引领社会文化风尚。只有这样，从不同角度切入，打开思路，使学生不但知其然，而且知其所以然，才能深刻领会这条规则的含义，才有可能在今后的实践中活学活用。

其次，出版理论和出版教学的方法还要结合相对具体的出版领域，这是由出版的内容特点决定的。出版内容丰富多样，涉及各个学科和领域，几乎人类所有的文明成果，在出版物中都有反映。各个出版企业会根据自身的特点，规定不同的出版范围，体现不同的出版特色。相应的，我们的教学中除了要讲授通用的出版规律和方法外，还要有意识地结合具体出版领域，教给学生一些规则和标准。如在文学出版领域中，小说的出版是一大类别。如何判断一部小说能否达到出版要求，除了教给学生一般书稿的判断标准外，还要结合具体案例和实践经验，从文学的独特性出发，从文本内容、形式的创新以及读者心理、接受美学的角度，教给学生一些较为可行的判别标准，使学生在实际出版工作中确实可行地有所依凭。

再次，出版教学强调案例教学的重要性，使学生能直观地了解出版知识和出版实践，从而达到举一反三的学习效果。案例教学法不同于教学中的举例说明，它要求所使用的案例真实且具有典型性，它最大的魅力是其答案的开放性，就像真正的编辑出版工作那样，没有标准答案，是一个不断寻找和发现、判断和抉择的动态过程。这种教学方法能够有效锻炼和提高学生发现问题、解决问题的能力。不过在毕业生信息反馈中，我们了解到，学生有时感觉这种方法在实践中“不实用”。究其原因，他们觉得这些案例在实际工作中，往往缺乏合适的配套条件。他们认为那些案例之所以成功，是操作者本身是领导或得到领导额外支持，但现实中往往没有那么多“有利条件”。

表面看，这些理由有一定的道理，但实际并没有抓住问题的实质，同时也反映出了我们在教学中存在的一些问题。案例教学法中，我们往往把过多的精力放在了介绍做什么和怎么做等具体经验的层面，而不注意提炼和提升案例背后的规则和方法，更是经常忽略对规则和方法背后原理的分析。因此，学生只看到了热闹，没有学到门道。例如我们以台湾城邦集团创办的电脑杂志 PC Home 为例讲授读者定位时，如果能结合大众传播模式中的信息沟模式进行讲解，学生就不会简单地只把它的成功创办归因于詹宏志本人领导者的地位和不可企及的个人能力。

三、出版人文情怀和理想教育

总体来说，出版行业是一个知易行难的行业。一方面，它的一些规则、原理都是不难理解的常识，一听就懂。另一方面，出版活动本身是一个把有价值的内容通过一定的手段转化为商业价值的行为，涉及多个学科和领域，很多工作不是一个具有单一专业背景知识的人就能胜任的。因此，接触到真正的出版工作后，一些学生当初的出版兴趣会逐渐减退甚至消失，把出版当成一种消极的谋生手段；随着竞争的加剧和实际出版困难的增加，有可能抛开社会、文化责任，陷入盲目追求利润的陷阱。因此，在出版观念教育中，我们首先要解决的就是“靠出版赚钱”还是“出版好书同时赚钱”的问题，目的和出发点不同，结果就会不同。

在出版实践中，我们在判断选题价值时，时时要考虑它的经济前景，这是出版人员必备的素质，无可厚非，因为出版社只有生存下去，才可能出版更多的好书。但出版活动不同于一般的经济活动，它是一个以内容为主的文化产业，它的第一要义是保证好的和有价值的内容的出版，这是每个出版人时刻都不能忘记的。因此，这就需要我们在教学中从人类文明传承、民族发展、社会责任、个人荣誉等方面培养教育学生，使其成为一个具有出版人文情怀和出版理想的精明的文化出版人。

在教学中，尤其是编辑出版史的教学中，我们要有意识地贯穿和强调出版活动不单纯是商业行为，从人类历史的发展看，其在人类文明成果的选择、优化、传承、累积方面具有不可替代的作用；强调其无论在过去，现在，还是将来，都为中华民族的文化传承，对世界文化多样性和丰富性做出了特殊贡献；强调尽管出版在当前国民生产总值中所贡献的比例还很小，但由其带来的阅读却关乎整个社会风尚、人文环境的优劣以及中华民族的未来。

邹韬奋先生说：“无论何种事业，能干的还要愿干，否则难有责任心；愿干的还要能干，否则难有效率。”在实际的出版活动中，个人的荣誉感、成就感往往是编辑出版人员更切身的体会，是激发其工作热情的重要手段。因此，在授课中，我们可以结合具体的案例，讲解编辑在出版一本好书的过程中从选题策划、作者落实、审读判断、加工制作、营销宣传、读者互动等方面所发挥的独特作用，激发其荣誉感和成就感。如以作者发现和维系为例，在教学中，我们除了讲授一些发现和维系作者的方法和技巧外，还可以进一步结合书稿判断进行讲解，因为很多时候，与作者打交道往往是通过一部部书稿的判断进行的。这又涉及我们判断书稿的标准、原则，以及所选择的立场。

在书稿判断中，首先，编辑出版人员要站在读者和社会的立场，公正客观地判断一部书稿的文化价值和市场前景；其次，要结合本社的战略定位和出版范围，考虑能否出版；再次，从出版社和作者各自利益最大化的愿望出发，调动一切能动用的人力、物力进行运作。经过这样判断和运作的图书，不仅仅是出版企业实现商业目的的手段，还是编辑与作者、编辑与读者精神交流的桥梁，它的成功给编辑出版人员带来的成就感和荣誉感，会比纯粹利润的增长带来的愉悦更长久，也会使编辑出版人员的精神世界更丰富和隽永。而且这样有理有据、从浅入深有层次地讲解，也更容易感染和激励在校学生，使其立志将来也要成为这样的出版人。

随着社会的发展，尽管出版环境千变万化，出版技术和手段层出不穷，但只要我们有意识地把这三个层面的教育从始至终贯穿在教学中，我们培养出的人才就会最大限度地满足用人单位的需求，从而培养出更多符合社会需要的出版人才。

参考文献

[1] 洪九来．美国出版专业研究生教育的特色及启示 [J]．现代出版，2011（3）

[2] 罗紫初．论数字时代出版人才能力之培养 [J]．出版科学，2009（1）

[3] 张增顺．从高等教育出版社的发展谈出版专业的人才培养 [J]．出版科学，2009（1）

[4] 肖东发．出版人才的需求和出版教育改革 [J]．科技与出版，2007（4）

[5] 于友先．现代出版教育与现代出版人才培养 [J]．出版参考，2003（Z3）

我国高校网络编辑人才培养策略探析

王　宏*

摘　要：本文分析了高校网络编辑的课程设置多为理论性内容，缺少实践环节；教学内容主要集中于内容编辑、互动组织、网页实现、网络媒体策划等业务性内容，而忽略了政治素养与职业道德素养的培养；教学目标只针对当前的岗位需求进行培养与教学，缺乏以行业发展为目的的全方位人才培养模式等现状。高校对于网络编辑人才培养的策略应该是多样化、开放式的，具体表现为理论与实践并重，通过参观、考察、建立实习基地以及邀请资深网络编辑来校讲座或举办沙龙交流的形式增加实践环节；政治与业务兼长，即加大对学生政治能力及职业道德的培养与引导。全方位立体式人才培养，不仅要增加与网络编辑相关的数字环境书业法律知识、数字版权及版权贸易知识等教学内容，而且要用发展的眼光以引入手机等新兴媒体内容编辑的能力培养为重点。

关键词：网络编辑；人才培养；出版；策略

目前，中国的出版业正处在一个全新的发展空间，出版业体制改革使得出版机构成为真正的市场主体，信息数字化技术催生并推动着数字出版产业的快速发展，以互联网及移动媒体为核心的网络传播环境也孕育出前所未有的新型出版模式。在中国出版业日新月异的变化中，出版人才无疑引领着行业前进的方向，决定着行业发展的速度，发挥着中流砥柱的作用。新闻出版总署孙寿山副署长在2012年7月参加首届韬奋出版人才论坛启动仪式时说，人才是实现社会主义文化大发展大繁荣的关键，高素质人才、领军人才、高技能人才是建设出版强国的中坚力量。

一、网络编辑人才的内涵及需求分析

早在2005年，网络编辑便作为一种职业被编入《中华人民共和国职业分类大典》。此后，网络编辑队伍迅速扩大和成熟，随着网络的普及与发展，网络编辑行业受到更为广泛的关注和重视。据新京报2011年7月4日报道，曾有业内专家预测，未来3到5年内，中国新媒体人才和媒体融合人才的缺口在60万到80万人之多。其中就包括对网络编辑人才的需求。据估计，我国网络编辑从业

*　王宏，河北大学新闻传播学院编辑出版系讲师。

人员多达600多万人，未来10年内，对网络编辑的需求仍将呈上升趋势。*

（一）网络编辑人才内涵

通过对网络编辑职业需求分析可知，网络编辑人员在具体实践中，不仅要像传统编辑一样进行信息采集、文字加工，还要撰写稿件，根据需要编配图片、视频、动画，发布信息，制作网络专题，设计网站界面，组织网上调查，进行论坛管理，策划频道及栏目，甚至构建网站。此外还要善于网络营销，开展线上线下活动，不断应用网络产品如微博、搜索引擎、互动社区等工具进行网站推广，从而增加网站的点击率，提高网站的页面流量。随着以移动媒体为代表的“第五媒体”的发展与成熟，网络编辑的工作对象也日益向多元化发展。

由此可见，网络编辑应该是利用相关专业知识及计算机和网络等现代信息技术，从事互联网站或移动站点内容建设的人员。网络编辑人员对海量信息进行采集、分类、编辑，整合或创新性地制作成各种形式的网络产品，通过有线或无线网络实时向世界范围的网民进行发布，并且从网民那里接收反馈信息，产生互动。同时，运用各种网络工具对网络产品进行营销和推广，为用户提供服务，并满足其个性化需求。

网络编辑人才即是这样一类人，他们不仅是信息的“搬运工”，更是网站内容的缔造者和网络文化的开风气者；不仅具备网络技术优势，更是信息时代“内容为王”的力行者；不仅拥有相关专业知识，更是网络编辑专业知识与技能的兼长着；他们不仅在信息网络传播过程中举足轻重、不可或缺，更应该受到全社会的认可与重视。

（二）网络编辑需求分析

综合比较新浪、搜狐、网易等几大网站的网络编辑招聘启事，对网络编辑的能力要求主要有以下几个：本科及以上学历、四级以上英语水平、计算机及网络技术并且能独立设计网页；相关专业知识、工作经验、文字表达能力、承受压力的能力以及团队精神。他们的网络编辑具体的工作内容是：采集相关信息并进行分类和加工；对稿件内容进行编辑、审核和监控；撰写相关稿件；制作网页；组织网上调查及论坛管理；策划专题、栏目及频道。

当然，网络编辑还有职位与岗位之分。就职位而言，有普通编辑、高级编辑、资深编辑、主编、内容总监/副总监、总编/副总编、内容副总裁等之分，不同的职位对编辑的能力要求与特长有不同。普通编辑主要负责信息的采集、编写与发布，高级编辑要对内容进行原创、策划专题并对稿件进行管理与更新，因此这二者能力上都侧重于文字加工与文字表达；资深编辑要擅长重大选题的策划和执

* 张国平．网络编辑专业课程建设现状与思考[J]．出版发行研究，2011（2）：48.

行并带领团队协作，主编负责栏目整体内容及网页的设计与规划，可见这二者能力上更侧重于内容策划与创新；内容总监参与规划网站的发展方向，管理并培养优秀的编辑团队，总编根据网站发展的总体方向策划、建设所负责的栏目，内容副总裁则需要对国内外互联网行业动态追踪与趋势研究，因而这三者要具备较强的管理和协调能力。可见，职位层次越高，综合创新与科研管理能力就要越强。就岗位而言，有新闻编辑、资讯编辑、社区编辑、互动编辑、产品营销编辑等。不同的岗位也决定了编辑不同的能力特点。如对新闻的敏感性、信息综合处理能力、人际交往中的号召力、社交公关意识、市场营销才能等等。

此外，不同类型的网站也对网络编辑有特殊的能力要求，一般的企业网站都要求网络编辑的能力更为全面一些，既能够进行内容的制作、加工、发布与维护，又能够进行专题、栏目与频道的策划，还要能够运用相关软件制作网页；而门户网站因其部门的专业则要求网络编辑具备较强的专项能力和团队合作能力。

二、高校网络编辑人才培养中存在的误区和不足

（一）简单的“网络＋编辑”式人才培养

就学校教育来说，目前很多高职高专学校已经开设网络编辑相关专业或课程，如河北软件职业技术学院、北大方正软件技术学院等，其借助本校计算机及网络教育教学优势培养网络编辑人才。在本科院校中，中州大学开设了三年制网络编辑专业，河北大学、北京印刷学院等院校依托编辑出版学专业开设了网络编辑、多媒体信息采集与处理、网络出版技术等相关课程，在网络编辑人才培养中倾向于信息处理与编辑制作。

但是，很多高校在设定网络编辑人才培养的方式和目标时，简单地认为网络编辑人才即“网络＋编辑”人才，在课程设置和教学内容安排上没有真正地将计算机及网络课程或内容与编辑出版相关课程融合成一个有机的整体，结果导致文理两层皮，学生四不像。如果高校网络编辑人才培养不走出这个误区，便无法培养出符合网络编辑岗位需求、推动网络传播发展的真正人才。

（二）课程设置重理论轻实践

从高校网络编辑的课程设置来看，多为理论性内容，缺少实践环节。以中州大学为例，其开设的主要课程有“传播学”、“新闻采访”、“新闻写作”、“文字与图片编辑”、“摄影与摄像”、“计算机应用基础”、“网页构建”、“图片数码处理”、“网络动画”、“网络多媒体处理”、“应用写作”、“大学语文”等。这些课程大部分是以理论教学的形式在教室里完成的，老师讲的是书本上的章节，学生学到的是课堂中的知识。河北大学在2010年修订编辑出版学教学计划之前，

仅开设了“网络编辑”理论课程，教师在授课时仅能通过制作课件让学生相对直观地理解和学习，学生也只能通过记忆和个人理解来掌握课堂中的内容。一旦真正走上网络编辑的岗位，还是要经历一个痛苦的接受期。

此外，即便是设置了实践环节，缺乏有从业经验的实践教师进行传帮带式的指导，学生实践的意义大打折扣；虚拟的信息发布平台缺乏实战性，无法真正地进行网络产品的推广与互动；走马观花似的参观考察，反而更导致学生对网络编辑实务雾里看花。这些都使得实践环节聊胜于无。

（三）教学内容重业务轻素质

从具体教学内容来看，主要集中于内容编辑、互动组织、网页实现、网络媒体策划等业务性内容，而忽略了政治素质与职业道德的培养。

目前就学科发展来看，网络编辑并没有形成一套相对完备的理论，即并未形成“网络编辑学”，很多理论支撑都来自于编辑学的相关内容，但是网络编辑相较传统编辑在技术手段、处理对象及工作环境等方面已经有了全新的发展，传统编辑的理论已不适用于网络编辑。而网络编辑课程的教学用书也多为高职高专教材，其以技术技能、工作流程等内容为主，缺乏理论的探讨与规律的总结。以河北大学编辑出版专业网络编辑课程的教学为例，教材采用的是北京大学出版社2010年出版的，由范生万、张磊主编的《网络信息采集与编辑》一书，该书属于全国高等院校电子商务系列实用规划教材，内容包括网络编辑基础、网络编辑基本技术、网络编辑应用三大部分，大量的内容集中于多媒体基本技术、网页制作与发布、信息发布技术、网络内容编辑、网络专题策划与制作、网络时评等方面，对于网络编辑的素质和职业道德培养的内容均一带而过。

从职业特点来看，网络编辑扮演的是网络文化传播中“把关人”的角色，而从编辑基本理论可知，包括业务素质在内，编辑的政治素质、文化素质、心理素质以及职业道德等共同决定了其把关质量的优劣。而目前网络文化中呈现的种种问题也可表明，有些问题完全是由于网络编辑自身素质不高、职业道德意识不强，盲目追求点击率而造成的。因此，网络编辑素质教育至关重要，单纯强调业务学习无法培养出符合行业需求的人才。

（四）培养目标重眼前轻长远

从专业培养目标来看，只针对当前的岗位需求进行培养与教学，缺乏以行业发展为目的的全方位人才培养模式。

目前高校网络编辑专业的培养目标，基本上都是符合当前大部分网站的招聘条件的，比如能熟练运用网络；新闻敏感度高，能够准确把握当前各领域热点及焦点；文字功底扎实；熟练运用Excel、Photoshop等软件；良好的沟通和应变能力等。可以说，招聘单位的用人需求即是高校的教学目标。如中州大学网络编辑专业培养目标即为“本专业培养具有传播学和计算机网络等知识，具备良好的信息采编和网络运用等能力的高级应用型人才”*；正大软件职业技术学院“网站内容编辑”课程的教学大纲中“课程的目标”一栏中也仅是搜集整理信息、修改创作文章、栏目专题策划、评论写作等等**。

但是，高校是为社会输送行业人才的基地，人才是能够推动行业发展和进步的优秀从业人员。换言之，高校培养出来的人才要能够引领行业的发展和进步，那么高校教育首先就要能够预测和前瞻行业发展的前景，并以此为目标培养行业急需的人才。网络传播技术以突飞猛进的速度发展着，“第四媒体”方兴未艾，“第五媒体”已粉墨登场；网络信息传播产品日新月异，论坛博客人声鼎沸，社区微博已粉丝云集。如果高校仍以眼前行业需求为专业培养目标，那么三到四年后输送的人才必定已经“过时”。

三、高校网络编辑人才培养的可行性策略

国家职业标准中网络编辑职业等级分为网络编辑员、助理网络编辑师、网络编辑师和高级网络编辑师。如果说高职高专是一种职业教育，那么其培养的即是“网络编辑员”，本科院校因其是素质教育，所以其培养的是具有创新意识、不断自我完善的、高素质、强能力的“助理网络编辑师”，甚至是“网络编辑师”。要实现这个目标，高校对网络编辑人才的培养就必须采取多样化、开放式的策略。

（一）理论与实践并重

在高校网络编辑人才的培养方式上，理论课程的开设是必不可少的。通过理论课程的学习，学生能够更容易理解网络编辑工作原理、更准确地抓住网络编辑工作规律、更轻松地完成网络编辑实践环节、更迅速的进入网络编辑工作环境。

同时，高校还应该加快对实践环节缺失或不足的弥补。实践并不完全是要实现对技术技能的掌握，而是“在于对网络文化的深刻了解和认知、对网络对象的理解和网络阅读习惯的分析适应”***。

首先，培养或引进有实践经验的教师。派遣本校专业教师利用至少一年的时间到大型网站去体会网络编辑工作特点、学习网络编辑实用业务；邀请或引进大型网站的高级编辑、资深编辑做本校的专兼职实践课教师。从教师队伍上保障学生实践环节的开设与运行。

* 中州大学文化与传播学院．http://www.zhzhu.edu.cn/Glxxs/Public/WbGlxxReads.aspx?id=33b2f430-02da-4f8b-9eca-5c0e3faf16c6&yxsh=31

** 百度文库，http://wenku.baidu.com/view/911cbfa4f524ccbff1218402.html

*** 穆广菊．试论复合型网络编辑人才的培养[J]．中国编辑，2010(4):85

其次，建立参观、考察制度。参观考察不可流于形式，在组织学生到相关网站参访、学习之前，要向学生充分介绍目的地的情况及特点，说明参访的目的，要求学生事先做好具体的准备，并在参访后与学生一起进行详细总结和讨论。同时，参访的具体程序要形成制度，坚持下来。

第三，建立健全网络编辑相关实验室。建立网络编辑实训室，搭建网络编辑信息发布的虚拟平台，作为学生信息采编、发布、建站、策划栏目及频道的日常的实训基地；建立多媒体技术实验中心，完善和提高学生计算机及网络软件的操作技能。

第四，建设实习基地。选择一些不同类型的有代表性的网站，与其建立良好的基地关系，学校定期定量的派出学生到相关岗位上进行实际操作。一方面学生在实习期间可以接受前沿的业务训练，另一方面，网站也可利用高校的人才优势打造自己的品牌。同时，实习基地的建设还增加了学生的就业渠道。事实上，本校或本学院的网站也可以成为学生的实习基地。

第五，邀请资深网络编辑来校讲座或举办专业沙龙。不定期地邀请一线网络编辑、网站内容总监等开设网络编辑实务、网络文化传播、网站内容管理等方面的经验性讲座；定期举办网络编辑沙龙，让同学们和业界从业人员能够无界限地交流。

（二）素质与业务兼长

在通过理论讲授与实践操作等手段提高业务素质的同时，加大对学生各项素质及职业道德的培养与引导。

2008 年 8 月 20 日中国站长站发布一篇名为《众门户错字连篇，网络媒体从业人员待规范》的文章，其中罗列了搜狐、新浪、网易等大型网站的各类错误的统计数据，而错误多见于“一些冷僻字处理、标点符号使用、错字、别字、漏字、成语、地名及排版性错误，折行、多加或少加标点、图文混乱、页面少字、人名简称性及重复发新闻等。”* 而这恰恰是网络编辑最基本的文字功底。

而 2009 年 2 月 25 日搜狐 IT 频道也有文章提到“网络编辑需求下降”，“主编／副主编／编辑部主任等级别的职位却不断攀升”**，说明三年前网络编辑行业就已经提出了对网络编辑从业人员高素质的要求。

网络编辑工作需要综合素质较强、具有高尚职业道德的人才。高校优秀的教学资源和多学科优势为提高网络编辑综合素质和职业道德提供了不可多得的教学

* 中国站长站．众门户错字连篇 网络媒体从业人员待规范．http://www.chinaz.com/news/2008/0820/35696.shtml

** 搜狐 IT．网络编辑需求下降 从业者如何突破发展瓶颈．http://it.sohu.com/20090225/n262461892.shtml

环境。

首先，提高学生政治素质，加强对网络相关法律法规的学习。

其次，鼓励学生辅修或选修其他学科和专业的课程，如中文、法律、经济计算机等专业，扩大知识面，开阔思维空间。河北大学编辑出版专业就开设有社会学、经济学、文艺学、政治学等多门选修课程。巩固学生的基础知识，尤其是扎实其文字功底。加强学生心理素质，提高其抗压能力，培养学生公关活动能力，增强其团队意识。

第三，加强学生职业道德建设，通过各种案例促进学生对网络编辑职业特点的认识，增强其职业的历史使命感和社会责任感。

（三）全方位、立体式人才培养

利用学校专业优势和学科背景特长，不仅要增加与网络编辑相关的数字环境书业法律知识、数字版权及版权贸易知识等教学内容，而且要以发展的眼光引入手机等新兴媒体内容编辑的能力培养。

目前，各高校的网络编辑相关课程都是依托相关院系开设的，如河北大学的编辑出版专业、中州大学的文化与传播学院、北京印刷学院的编辑出版系等。各高校各有其学科优势及专业特长，有的是文科专业，有的需要理科背景，有的贴近人文知识，有的侧重技术能力，因此网络编辑的培养也应因地制宜、全方位培养。以河北大学为例，其编辑出版专业就开设有书业法律基础、版权与版权贸易、出版营销等出版专业主干课程，因此在网络编辑人才培养方面更侧重传统出版与数字出版相融合，为网络出版、网络版贸提供人才。而河北软件职业技术学院则长于计算机及网络技术技能方面的培养，偏向于网站建设、网页制作的人才输出。

此外，随着网络传播技术的不断创新，新型的网络传播媒介也在不断出现。在第30次“中国互联网络发展状况统计报告”发布之后，有媒体报道“中国网民实现互联网接入的方式呈现出全新格局，在2012年上半年，通过手机接入互联网的网民数量达到3.88亿，相比之下台式电脑为3.80亿，手机成为了我国网民的第一大上网终端。”* 此外，除了信息发布的传统模式外，网络营销也已应运而生，电子商务网站激增；垂直网站层出不穷，各类招聘网站、社交网站专业化日益提升。如此种种，都提出了培养网络编辑人才要采用立体式、先入式模式和思路，使高校输出的网络编辑能够在短时间内适应并开拓网络编辑业务，而不是滞后和阻碍网络出版产业的发展。

* 和讯科技．报告称中国网民数达5.38亿 手机网民3.88亿．http://tech.hexun.com/2012-07-19/143756738.html

改革时期的数字出版人才培养战略

姚小菲*

摘　要： 出版界面临着信息化与数字化的巨大变革，传统的出版人才已经不能满足当前出版界现状的要求，因此，必须依据当前的实际需求，培养新型的、适应当前出版业发展的出版人才。本文从出版界当前的变化出发，分析了出版教育在数字人才培养方案中的缺陷和不足，同时提出了新的人才培养目标与具体的解决方案。

关键词： 出版人才；数字出版；信息化

近年来，出版界面临着前所未有的巨大变革，这些变革将对当前的出版人才培养产生巨大的压力。为了适应出版新时代的到来，为出版业的进一步发展补充新鲜的血液，必须将出版人才的培养放在重中之重的位置。当前的出版人才必须能够适应出版界的变化，冲破传统观念，夯实专业知识，勇于创新，为出版业的发展与自身理想的实现打好坚实的基础。

一、人才培养的紧迫性

（一）传统图书市场的没落

近几年出现的数字出版技术、电子出版技术、网络出版技术等都在很大程度上冲击着传统出版的市场与领域，图书市场备受冷落，独立书店纷纷倒闭。新型的阅读方式越来越为人们所接受，并逐渐融入人们的生活。2008年，亚马逊电子书销售额为3.8亿美元，2009年为9.6亿美元，2010年约16亿美元，预计2012年将达到37亿美元。** 由此可以看到，当前，人们更习惯在网络上购买图书或直接阅读电子书，在实体书店购买纸质图书的读者越来越少。

（二）信息技术对出版业的巨大冲击

随着计算机技术、网络技术的不断发展，网络已经在各方面深深地影响着人们的生活。根据中国互联网信息中心的统计，截至2011年12月底，中国网民数量突破5亿，达到5.13亿，全年新增网民5580万。互联网普及率较上年底提升

* 姚小菲，南京大学信息管理学院出版科学系2011级研究生。

** 徐维东，陈达凯．传统出版人的“数字认知”角色转换［J］.2010(5):27-29.

4 个百分点，达到 38.3%。* 因此，出版的界限已经突破了原本的范围与限制，而逐渐向新的网络领域进行蔓延。

（三）数字出版人才存在巨大缺口

网络时代铺天盖地而来，却没有为出版业带来充足的相关技术人才。在当前的出版机构人员组成中，技术人才的数量比例非常少，传统的编辑人才仍是出版社的主要人员，远远不能满足出版社对于数字人才的需求，更无法跟上时代的潮流，迎接数字时代的冲击。在高校相关出版专业设置相对滞后，人才培养不能满足市场和行业需求的情形下，从事数字出版工作的人才主要来自于出版与传播行业或网站的网络编辑，这些人员大都具有计算机专业背景，却缺少出版方面的专业知识，因此许多数字出版产品质量良莠不齐，造成了出版物质量的下降。

二、人才培养中存在的问题

从以上观点我们可以发现，出版业正面临着信息技术上的一次重大“换血”，这必然导致传统出版人才培养方案在当前无法适应新时代的变革，传统的出版教育也无法在当前的数字时代获得优势，当前的出版教育主要存在以下问题：

（一）传统出版理论与数字出版技术培养的脱节

出版学是一门兼具理论性与实践性的学科，从理论层面来讲，中外出版史、文献学、目录学、出版文化学等都是出版领域的重要课程，这些学科能够在理论层面上增强学生对出版业的理解，同时积累一定的文化与知识底蕴。从实践层面来讲，编辑出版学专业的学生最终都将成为出版业的从业人员，应当具备出版从业人员的实践能力。例如使用专业的排版与设计软件，了解出版物制作流程，熟悉出版物营销的步骤等，这些都需要编辑出版学专业的学生熟练地知晓和掌握。而当前在国内，很少有学校能够在这两方面给予学生综合的指导与培训。

在一些开设编辑出版学专业的院校，往往注重培养学生的实践操作能力，而在理论知识的输出上做的却远远不够。实力较强的综合院校中的编辑出版学专业，通常注重学生理论与学术层面的提高，而忽视了学生实践能力的锻炼。这两种模式都存在缺陷，无法全面地培养学生的综合能力，从而导致学生在就业和工作中出现问题，更无法适应当前出版业的数字化重大变革。

（二）忽视市场观察能力与选题能力的锻炼

数字人才的匮乏并不代表编辑出版学专业的学生都要变成“数字机器”，具备敏锐的市场头脑与观察力也至关重要。这种能力的获取和理论知识的学习与实践操作的提升又有所不同，它主要体现在对图书市场的把握与理解上。市场上都

* 中国互联网络信息中心：《第 29 次中国互联网络发展情况报告》

有什么书，哪些书能够有好的销售成绩，畅销书的发展趋向在哪里，如何依据出版社自身的优势来抢占畅销书市场，图书上市后如何与其他图书展开竞争等，这些都是市场观察力的重要体现。只有有了这样的市场洞察力，才有可能发现市场空白点，开发好的选题，从而抢占市场，赢得读者的支持与青睐。

而在当前的人才培养中，很少有学校和老师能够注意到这种能力的训练，致使学生在正式参加工作之后还是对市场一无所知，不能依据市场来调整发展策略，无法掌握最新的市场动态，更无法适应新的变化，选题策划还是在办公室内"一拍脑袋"产生的，最终只能被市场淘汰。

三、出版人才培养的目标

针对当前出版界的变化，出版人才培养的目标也需根据这些变化进行相应调整，由于数字出版涉及面较广，是多媒体技术、网络技术、计算机技术、数字技术、信息技术、电子技术、通信技术、艺术设计、新闻学、传播学、编辑出版学等的综合体，对数字产品和服务的调研策划、开发制作、营销推广、销售服务等都提出了新的要求。因此，出版专业应当以其为目标，培养具有较强综合能力的数字出版人才。

（一）在观念上适应当前的数字信息时代

数字出版人才应当能够把握当前的发展方向与趋势，将单一的纸质发展模式发展成为融合出版内容与信息技术的非纸质发展模式，同时将数字出版的因素融入编辑、复制、发行的出版要素当中。

首先，在编辑方面，他们可以充分利用网络资源与专业的分析软件对市场与读者进行充分、详细、精确的市场调研，根据调研结果研究适应市场的选题，研究出版物的适当形式。在数字出版时代，出版物不仅以纸质形式出现，而是有多种载体的变化，例如在阅读器、手机平台、网络上都可以进行阅读的电子书。他们要在编辑阶段就要做好市场调研，将出版物以最适当的形式进行出版。

第二，在复制阶段，数字时代的出版省去了在印刷厂的印刷步骤，因此可以快速、大量地进行复制与传播。传统时代的复制与发行是严格分开的，因为传统的纸质出版物只有在图书印刷成册后才能进入流通市场进行销售。而与数字技术相融合的出版业，就形成了复制阶段与发行阶段同时进行的情况。由于无需纸质的印刷活动，出版物在编辑完成之后就可以直接上传至网络或手机等阅读平台，供消费者进行点击与阅读。这就要求当前的出版人才能够具有网络时代的营销能力，即通过网络或移动平台将产品进行推介。网络营销也以其成本低、传播速度快、成效显著等特点为广大企业所认可。

（二）在技术上提供必要的技术支撑

在出版的信息化与数字化时代，出版早已不再局限于在纸介质上表现内容，因此能够在当前数字时代积极进行出版转型，具有较强的信息搜索能力、信息处理与分析能力、媒体运营与管理能力的人才最受出版社的欢迎。据 2011 年在“前程无忧网”中关于编辑的招聘启事的调查数据显示，当前出版社要求同时拥有出版专业知识和数字媒体技术应用知识的岗位比例高达 54.65%。*

由此我们看到，技术人才向来是出版业内匮乏的重要人才，通常出版社的从业人员都更善于文字、编辑、管理等工作，而真正的技术人才是很少的。因为在传统的出版形态中，对于出版技术的要求并不高，通常只要求从业人员有较强的文字阅读与处理能力即可。随着数字出版技术、网络出版技术、电子出版技术的逐渐推进，出版社越来越需要这样的人才来为出版业的发展提供巨大的技术支持与帮助，只有有了这样的支持与帮助，才有可能成功完成出版业的数字转型。当前，出版人才应当了解并熟练应用的技术包括互联网运营、电子商务、微博等网络社区的营销、信息的搜索与管理、移动通信技术、有线电视发展动态、数据库的使用、个性化阅读、多媒体出版物的制作与推广等。

四、出版人才培养的具体策略

（一）编辑出版学专业的教师必须加强数字时代出版转型的相关研究工作，为培养新的出版人才打好基础。

首先，对于新型出版人才的培养，教师需要制定与当前数字出版时代相符合的出版人才目标，不仅应提升学生的理论素养，更应注重学生的实践能力，培养复合型与应用型的出版专业人才，训练他们适应当前数字时代到来的特点与变化；其次，教师也需提升自己对当前数字信息时代的认识，提升自己的理论水平与对出版业的认知，从而达到教学相长的目的。

（二）编辑出版学专业的学生必须在学校期间提升适应数字时代的素质与能力。

首先，了解当前数字出版的相关知识与技能。例如，数字出版原理、数字出版技术、数字资产管理、媒体策划与创意等知识，都应当有所涉猎。第二，提升自我的动手能力，在校期间寻找更多的实践机会，投入到真正的出版过程中，将理论充分运用与实践，在实际的工作环境中体验数字的发展进程与发展过程中的困难。

---

* 徐维东，许琼英．上海复合型数字出版人才培养策略刍论 [J]. 2011(12):117-120.

（三）出版业从业人员要加强相关数字技术的培训，并在工作中积极实践与运用。

出版业从业人员是当前出版界的中坚力量。首先，要转变传统观念，认识到当前出版业面临的巨大变化与冲击。只有出版从业人员真正转变了观念，认识到当前信息化与数字化为出版业带来的巨大变化，才能适应这些变化，并提出相应对策，加强数字化技术在当前工作中的运用，同时，加强内部交流，开展相关数字出版工作的会议与讨论等，都是适应当前出版界变化而采取的必要措施。

综上所述，为适应当前出版界的变革，面对出版业的巨大压力，必须改变当前的出版人才培养计划，从教师、学生、从业人员三方面入手，最终培养出了解并适应当前数字时代的变化，熟悉数字出版各项技术与业务范围，能够综合运用多种媒体与平台进行出版物的编辑、复制与发行的优秀出版人才。

参考文献

[1] 肖东发．出版人才的需求和出版教育改革 [J]．科技与出版，2007(4)：51-53.

[2] 孟庆春，王占波．出版人才评估中应把握的几个关系 [J]．学术交流，2005(4)：188-190.

[3] 严全胜．出版人才职业化及其培养机制探析 [J]．求实，2004(10)：60-62.

谈出版专业硕士人文关怀理念的培养

姜 曼*

摘 要：本文以人文关怀理念为切入点，从大文化、大媒体和大编辑的视角阐释人文关怀理念的重要性以及编辑出版人员人文关怀理念的表现（文化责任的坚守和文化视野的拓展），并结合出版专业硕士培养方式，探讨在注重实践能力培养的过程中贯穿人文理念培养的措施，使出版专业硕士确立“为往圣继绝学，为万世开太平”的职业理想，“为天下立心，为生民立命”的现实追求，这样才能切实担当起“功在当代，利在千秋”的光荣使命。

关键词：人文关怀；文化责任；文化视野；出版专业硕士

随着我国社会经济的发展，出版产业化进程的加快，出版单位对高层次出版人才的需求不断增加，培养应用型的出版专业硕士已经成为当务之急。为了解决出版单位对出版专门人才迫切需求的现状，提高出版人才培养质量，2010 年 1 月，国务院学位委员会批准设置出版专业硕士学位，设立北京大学、南京大学、武汉大学、北京印刷学院等 14 个学位授予点，并于 2011 年首次开始招生。出版专业学位的设置使我国编辑出版教育进入一个崭新的阶段，由以学术型为主导的培养模式向以专业型为主导的培养模式转变，这一转变更加适应出版学学科特点的需要，为我国出版单位培养应用型专业人才。

然而，作为精神产品的生产者，编辑出版人员在具有较强实践能力的同时，更不能忽视文化理想、出版理念、社会责任。因此，笔者认为，在编辑出版教育，尤其是对出版专业硕士的教育、教学过程中，导师不仅要教授学生掌握编辑出版业务知识和技能，更要培养学生具有人文关怀理念。

一、永恒的信仰——人文关怀

“人文”泛指人类社会的各种文化现象。人文关怀是强调以人为主体，尊重人的价值，关心人的利益的思想观念。笔者认为，编辑出版人员主张以人为本，重视人的价值，尊重人的权力，维护人的尊严，关怀人的现实生活，追求自由、平等、民主的思想和行为是其人文关怀理念的外化和具体化表现。

文化的传承与发展，是人类和历史赋予编辑出版人员的重大使命。这要求编

* 姜曼，北京印刷学院 2012 级出版专业硕士研究生。

辑出版人员要有强烈的人文关怀理念，使她成为自己思想意识的重要组成部分，成为自己永恒的信仰。2011年6月，著名出版人董秀玉老师为北京印刷学院编辑出版学专业学生做讲座时曾说过，“做文化，没有一点理想主义，没有一点人文关怀是不行的。人文关怀主体是对人的关怀，进而是家、国、天下。有这样的情怀，又愿在具体的出版行为上去实践出版理想和热情的出版者，才能真正出好人文书。这样的出版工作才真正会对社会发展有利，对教育事业有利，对老百姓的身心健康有利，对民族和国家进步有利。”

二、人文关怀理念的体现和深化

社会的进步，使得不断更新的技术手段推动了媒介的发展，博客、微博、手机新闻等相继出现。与过去相比，出版有了广泛的自由。然而，在市场经济条件下，出版业还是内容产业。它既是文化内容的组织者，又是文化内容创造者和文化市场消费者之间不可或缺的纽带。《华尔街日报》营运副总裁潘瑟艾罗曾说过：“内容是最重要的，我们首先应该做出最棒的内容，至于读者的阅读形式，我们不应该苛求，因为互联网，我们需要做得更多。”

文化与出版有着天然的渊源，文化是出版的内容，出版是文化的载体。因此，编辑出版人员在创造内容的时候，人文关怀理念是必不可缺的。笔者认为，编辑出版人员的人文关怀理念主要体现在文化责任坚守和文化视野拓展两个方面。

（一）文化责任的坚守

古人云：职之所在，责有攸归。笔者认为，编辑出版人员的文化责任是以社会的审美情趣、价值观念、道德意识和行为准则等为标准，选择、传承、发展既符合历史趋势，又贴近实际、贴近生活、贴近群众的文化，引领文化潮流。

冯骥才先生曾说过，“我们是讲责任的一代。当看到我们的社会和社会文化出现不和谐时，就会毫无疑问地守望我们的文化”。目前，受“文化快餐”、“浅阅读”的影响，一些编辑为求得经济利益和快速成名而忽视出版物内容的科学性和可读性，降低文化选择标准，盲目、跟风出版，使出版物缺乏文化价值。面对这种情况，编辑出版人员要本着对历史、对人类文化负责的精神，做好整个社会文化构建过程中的把关人，处理好精英文化与大众文化、传统文化与外来文化、文化追求与商业利益的关系，切实担负起坚守文化责任的使命。然而，坚守文化责任对编辑出版人员来说不是一句空话，是融化在包括选题策划、编辑加工、宣传推广、市场营销等等在内的血液。

（二）文化视野的拓展

文化视野指人们从社会历史文化的角度考察、分析和总结现实中的各类问题所涉及的认知范围。笔者认为，编辑出版人员的文化视野是其对精神产品进行选择、加工时的出发点和角度。

文化是民族精神和时代精神的结晶，是民族凝聚力的根基。目前它正以多种载体、多种形态在多个层面影响社会生活和国家民族的前程。作为身肩缔构文化使命的编辑出版人员，我们的文化视野在文化传播领域显得尤为重要，广阔的文化视野决定着我们职业生涯的高度。因此，编辑出版人员要拓宽文化视野，结合当前形势从政治、经济、社会等方面高层次、宽领域、多角度地认识、理解、运用古今中外的文化，坚持创新，包容多样，努力做到“古为今用，洋为中用”。

三、出版专业硕士人文关怀理念的培养途径

内容产业是内容为王，可说到底还是创造内容的人才为王。出版专业硕士教育旨在培养高层次、复合型、应用型出版专业人才。与过去的学术型硕士教育相比，最大的区别在于出版专业硕士教育更加注重培养学生的实践能力。这是满足编辑出版领域人才培养诉求的最有效的方式。然而，目前人们对出版专业硕士的培养目标和培养方式理解还不够到位，认为培养学生的实践能力就是在进行单纯的技术教育。笔者认为，出版专业硕士的培养并不是单纯的技术教育，而是在注重实践能力培养的过程中贯穿人文理念的培养，也就是说把实践能力的培养与人文关怀理念培养相结合。因为理念作为一种思维力量，体现了人的主观意识和创新思维。把实践能力的培养和人文关怀理念的培养结合起来，有利于出版专业硕士在正确、科学、先进的理念指导下，坚守文化责任，拓展文化视野，从而更好地为今后的编辑出版工作服务。

根据调查了解到，目前我国高校对出版专业硕士的培养途径主要有，依靠课堂资源，建立基础实践平台；借助校内和社会资源，搭建综合实践平台；联合业内精英，打造高端实践平台等。笔者认为，可在上述培养途径中，贯穿人文关怀理念的培养。

（一）依靠课堂资源，在理论教学与实践指导中培养人文关怀理念

提倡教师把理论教育与实践指导相结合，在课堂理论教学中，强调人文关怀理念的重要性；在实践指导中，积极引导学生理解人文关怀理念的精髓。例如，教师在讲授“出版人”这章内容时，可列举著名出版人邹韬奋的事迹，讲述邹韬奋前辈对人文关怀理念是如何理解和实践的，这既教授了有关出版人的理论知识，又以具体、形象的案例让学生体会到文化责任的分量。又如，在模拟选题论证会上，教师积极引导学生，让学生相互交流各自选题的意图、切入角度、表现方式、预计的社会效益与经济效益等，同时教师结合自身的工作经验，给予一定的点评，

这既培养了学生的专业技能，又以互动的方式拓宽了学生的文化视野。

（二）借助校内和社会资源，在实习工作中培养人文关怀理念

学校可根据出版专业硕士的学习阶段、专长、职业规划等情况，安排其在校内出版社、学报、学刊以及学校和国内外知名的出版社、发行公司、电子出版单位联合建立的高端实习基地进行观摩学习、短期见习、中长期实习、轮岗实习。实习期间，出版专业硕士在编辑出版工作的“第一线”理解体会人文关怀理念的精髓，并将其运用到具体的工作中去。例如，出版专业硕士在责任编辑的指导下，进行审稿工作，此时要求出版专业硕士真正实践“坚守文化责任，拓展文化视野”的人文关怀理念，崇尚科学，包容多样，根据出版社的特点和社会的实际需要，对稿件做出正确的取舍判断。这不仅实现了“在做出版中学出版”的教学思想，丰富了出版专业硕士的实战经验，提升了他们的业务水平，而且成功的将人文关怀理念注入到他们的头脑中。

（三）联合业内精英，在潜移默化的影响中培养人文关怀理念

出版专业硕士实行的是校内和校外双导师的指导模式。校内导师主要是高校在职的教授、副教授，学识渊博，具有丰富的教学和实践经验，负责指导学生的中长期学习规划，课程选择，具体领域的前沿学习，毕业设计的选题、制作等；校外导师主要是国内外出版业界的精英人士，长期从事出版工作，对出版理论与出版事业发展起到过较大促进作用，负责具体指导学生的实习工作、毕业设计的选题、制作等。校内导师与校外导师在长期的编辑出版工作中，对人文关怀理念有了自己独特的理解和践行方式。他们在对出版专业硕士进行专业指导时，所表现出的独到见解和践行方式无形中也对学生产生了影响，潜移默化中培养了学生的人文关怀理念。

四、结　论

在信息化、数字化大潮的冲击下，在社会经济、科技高速发展，出版业改革与发展初见成效的新形势下，对未来的编辑出版工作者——出版专业硕士的教育显得任重而道远。诚然，理论素养的形成和实践能力的锻炼是出版专业硕士教育的两大基本任务。但是，出版专业硕士教育远不仅如此，人文关怀理念的培养也是必不可缺的。

人文关怀是审思人生，也是对心灵和生活的关怀。作为编辑出版工作人员，文化责任的坚守和文化视野的拓展是对人文关怀理念最好的诠释。因此，在对出版专业硕士进行理论教育和实践指导的过程中要贯穿人文关怀理念的培养，尤其是加强对责任坚守和视野拓展能力的培养。

综上所述，在大文化、大媒体、大编辑时代，编辑出版人员肩负着传播、传承文化，建设社会主义和谐文化的重任。因此，出版专业硕士作为未来的编辑出版人员，在掌握出版业务知识和技能的同时，更应该培养自己的人文关怀理念，坚持真理，秉笔直书，尊重差异，包容多样，树立“为往圣继绝学，为万世开太平”的职业理想，“为天下立心，为生民立命”的现实追求，这样才能切实担当起“功在当代，利在千秋”的光荣使命。

参考文献

[1] 潘瑟艾罗．因为互联网我们需要做得更多 [N]．第一财经日报．2006. 3. 28, (C8)

[2] 桂晓风．编辑要树立“大文化、大媒体、大编辑”理念 [J]．中国出版，2010, (13)

[3] 姬建敏．数字化时代编辑出版学关注的新问题——全国编辑出版学研究分会暨数字化时代出版学高层人才培养国际研讨会综述 [J]．河南大学学报（社会科学版），2011, (3)

[4]聂震宁．培育出版的精神 [A].邵益文．人民教育出版社 [C].人民教育出版社，2007: 294—302.

[5] 滕跃民．编辑出版人才培养的新模式 [J]．编辑学刊，2006, (5)

[6] 王华生．论编辑选择的人文关怀 [J]．中国编辑，2007, (6)

出版高等教育人才培养的问与思
——基于北京印刷学院首批出版专业硕士的调查

王上嘉*　李雪峰**

摘　要：本文基于对北京印刷学院首批出版专业硕士的调查，从出版专业硕士的角度出发，结合该专业学生一年级的学习经历，总结出版专业硕士教育教学第一线的经验和感受，分析出版专业硕士教育的现状及问题，探讨出版专业硕士是否应该优先录取非专业学生，以及出版专业硕士的课程应该如何设置等问题。

关键词：出版专业硕士；课程设置；人才培养

2010年，国务院学位委员会公布了全国硕士专业学位授权审核结果，共有14所高校获得首批出版硕士专业学位授权点。2011年9月，国内首批出版专业硕士经过考试合格后顺利入学。作为第一批招收出版专业硕士的院校，2012年7月，北京印刷学院的16名2011级出版专业硕士已经完成了为期一年的专业知识学习，将进入专业实习和学位论文写作阶段。

目前关于出版专业硕士的讨论和争议有很多，作为切身参与到实际教学培养中的16名学生，他们的看法可能更加实际，更能从学生需求的角度出发总结出教学第一线的得与失。本文希望通过这16名同学一年来学习的经验和心得，从经历者的角度分析出版专业硕士教育的相关问题。

一、出版专业硕士的教学问题

尽管出版硕士培养已经形成了较为具体的理念，但是我国将出版专业纳入专业学位培养尚属首次，所以在实际的教学中仍存在一些问题。

（一）本科专业以新闻、传播等文科居多，学生的出版专业基础薄弱

编辑作为“杂家”，往往要求学习者具有多学科的广博知识，因此学界和业界都提倡具有其他专业背景的学生跨专业攻读出版专业硕士。在北京印刷学院的首批出版专业硕士中，本科期间学习编辑出版学专业的仅有2人，占全班人数的12.5%，印刷与包装专业学生同样为2人，其他绝大部分同学本科所学专业为新闻、传播、广告等相关专业，此外还有少数同学来自旅游、林业管理等专业。与理工科相比，这些专业其实并不能算作完全意义上的其他专业背景，所以“不同学科背景”在实际情况中并不显著。

*　王上嘉，北京印刷学院2011级出版专业硕士研究生。
**　李雪峰，北京印刷学院2011级出版专业硕士研究生。

（二）课程内容与本科编辑出版学重复较多

在北京印刷学院第一届出版专业硕士16名同学中，有2人本科所学专业为编辑出版学专业。由于轻车熟路，无论是在专业课程的学习，还是在平常的各类专业讨论中，他们所表现出来的专业优势都很明显。相比之下，本科学习其他专业的同学则显得较为吃力。然而，一年的课程学习也显现一个问题。据本科学习编辑出版学专业的同学反映，现在所学课程中，有些内容与本科课程中的内容几乎一致，尽管课程名称增加了“研究”等字眼，但换汤不换药，有较多的内容重复现象，甚至由于课时减少、导师工作繁忙，实际教学中还不如本科课程系统、完善，蜻蜓点水现象也比较明显。

（三）本科非编辑出版学专业学生的专业学习比较困难

新入学时，本科非编辑出版学专业学生的所有编辑出版学专业知识都来自准备考研时自学的基本教材，其专业知识是比较欠缺且不成体系的。出版专业硕士只安排了一年的在校理论学习，让学生在这么短的时间内完成本科四年的专业知识学习，实属不易。以《数字出版物创编》举例，学生需要在8周32个学时里，完成4个专业软件的学习任务，这实在是有人为理想化的“速成”因素，而实际效果却大打折扣，学生反映课程是学了，但掌握的知识比较少，离实际应用也差得很远。

（四）师资不足影响专业硕士课程设置

北京印刷学院的本科编辑出版学专业有着很好的师资配置，但出版专业硕士强调专业实践，需要任课教师有更加丰富的行业实践经验和专业知识来指导研究生，所以作为编辑出版学发展较好的学校也出现了师资不足、师资不理想的情况。

譬如第一届出版专业硕士在第二学期共开设了5门专业课，这与培养方案中计划的10门专业课存在较大的差距。据了解，部分课程停开的原因一方面是选课学生少无法开课，另一方面就是师资不足，一时还开不出相关课程。

（五）缺少带专业硕士的好导师，学生不能将理论与实践相结合

北京印刷学院出版专业硕士和学术硕士的导师名单基本重叠，即目前带传播学（出版学）学术研究生的导师们，也可以带出版专业硕士。大部分导师积累了多年带学术硕士的经验，但这不意味着就可以很好地指导与行业实际工作更为紧密的出版专业硕士，惯性的教学思路和教育方法一时无法完全转变，就不能很好地采用实践性更强的教学方式来培养应用型的出版专业研究生。

按照“双师型”的专业硕士培养要求，学校公布的业界专家型导师，也有相当比例的导师来自于其他高校、研究单位，使学生们产生了专家型导师东拼西凑、背离规定的感觉。校内导师由于其工作环境与出版业脱节，自身又缺乏实践经验，

不够了解社会对高级出版专业人才的需求，导致一些专业硕士学生在导师的带领下，与学术硕士相类似，还在从事理论性较强的课题研究，未能将出版理论与行业实践相结合。

二、出版专业硕士是否应优先录取非本专业学生

出版专业硕士是否应该优先录取非编辑出版学专业的学生，针对这一问题，业界专家学者存在很大分歧。由于出发点不同，论战双方各自理由充分，似乎都很有道理。作为正在求学的出版专业硕士“局内人”，笔者对北京印刷学院首批出版专业硕士学生就此问题做了一个小型调查，通过一系列的整理和汇总，得出了基层学生的真实看法。

（一）反对者认为术业有专攻，本专业学生能迅速地上手实践

本科所学专业为编辑出版学专业的学生，由于轻车熟路，他们能迅速地掌握新的专业知识，专业素养较高，对于行业也比较了解，可以迅速地进入行业实习。

从另一角度来看，所谓“术业有专攻”，多年的编辑出版学专业学习会在潜移默化之中培养人的专业素养。既然拥有不同背景学科的学生可以学习编辑出版知识，那么本科学习编辑出版学专业的学生也能拓宽自己的其他专业知识。

如果说具有不同学科背景的学生进入出版行业是“先广后精”，那么拥有编辑出版专业知识背景的学生，在巩固提高所学专业知识的同时，并不断拓宽知识面，便是“先精后广”，可能更有利于专业特长的发挥。因此，在这部分人看来，对拥有其他学科背景的学生优先录取是有失公允的。

（二）赞成者认为非出版专业背景有利于就业，毕业后更受业界欢迎

仅从人数来看，赞成优先招收非编辑出版学专业学生的呼声更高。他们认为，出版行业是“实践重于理论”的行业，出版是“做出来”的，而非“学出来”的。

南京大学出版科学研究所所长张志强如是说：“出版硕士专业学位设置的一个根本原因，是改变目前出版专业学生不受业界欢迎的局面。”从这句话中不难体会到，出版专业学生在求职时会遇到很多困难。因为学校所教课程与出版行业实际相差甚远，专业知识即便再丰富，也很难为出版单位带来现实的效益。因此，仅仅有出版专业教育背景的学生在进入行业后，很容易遭到出版单位的抛弃。

另一方面，许多出版单位在选择人才时持有“出版无学”的观点，认为出版专业的学生没有其他专业背景，在做出版时遇到相关的专业问题就难以很好地解决，然而拥有其他专业背景的学生进入出版业后，可以边做边学。所以在选择新员工时，有其他专业背景的学生更容易获得一席之地，因此国家有理由鼓励其他专业的学生报考出版专业硕士。

（三）生源的学科背景不是问题的症结所在，应兼顾出版专业和非出版专业

如前文所述，在北京印刷学院第一届出版专业硕士中，除了2人为编辑出版学专业学生外，其余14人都是其他专业的学生。单从数量上来看，国家鼓励非出版专业学生报考出版专业硕士的成效似乎很明显。但从根源上看，就业问题却仍未解决。因为虽然大部分学生本科所学专业并非编辑出版学，然而却也多为新闻、广告、英语、中文等相关的文科专业，比编辑出版学本科生求职就业更困难。

事实上，随着时代发展，如今的编辑出版工作者，已由单一的书稿内容加工者转变为出版项目的市场运作者；已由单纯的书稿内容把关者转变为多媒体互动的知识内容提供者。因此，无论拥有什么样的学科背景，单一的知识构架都已不再能够满足社会发展对人才的需求。优先招收具有不同学科背景的学生本无可厚非，但无论这场论战将会持续多久，如何进行出版专业人才的培养，才是问题的症结所在。

目前出版专业硕士教育存在的问题，根源并不是生源问题。问题的根本是，如何兼顾编辑出版学专业和非编辑出版学专业学生，让二者既可以同时感觉学到了新知识，也不至于差距过大，这本身就是一个难度很大的课题，需要导师、硕士研究生、教育管理者认真地研究。

三、出版专业硕士应如何设置课程

据国家相关文件，出版硕士专业学位的培养目标是：培养适应现代出版业发展需要的高层次、复合型、应用型出版专门人才。

如此的培养目标需要怎样的课程设置来支撑，是很多人关注的重点。由于出版专业硕士的学科背景不同，学生之间也明显呈现出两种不同的观点。

（一）要为其他专业的专业硕士提供补修编辑出版基础课程的平台

非编辑出版学专业的学生认为，硕士研究生教育和教学应建立在一定高度上，要高于本科教学内容。但是，由于所招收的出版专业硕士有许多跨专业学生，他们过去并未全面地学习过与编辑出版相关的基础课程，如出版学、编辑学等。而学校在研究生开学伊始，便直接教授实务性课程，此种教学模式缺乏编辑出版基础理论课程的支撑，使得许多跨专业学生摸不着头脑，修完实务性课程后，感觉自己虽可以上手，却总是“心里没底”。所以，学校应开设一系列的编辑出版基础课程作为选修课，供学生自行选择学习，以“恶补”之前专业知识的缺失。这样的课程设置优势在于，既可以为跨专业学生提供学习基础理论的机会，也可以节省本科时已经掌握这些知识学生的时间。并且由于是基础性课程，学校不必单

独安排教师，可以让出版专业硕士学生与本科生一同上课，取得相应学分即可。

（二）应建立实践教学和行业实习的新教学平台

本科阶段修学了编辑出版学专业的学生认为，课程设置应更加注重与行业的联系，要更多地培养学生的实际操作能力。学校在课程设置方面，多数课程还停留在理论知识的传授上，对于实践教学的运用程度远远不够。

出版专业硕士不代表不学理论，但实践和理论的比重关系，是需要认真思考的。我们需要坚持理论与实践相结合的理念，特别是对于编辑出版类应用性极强的专业，仅仅凭借课堂上的理论传授而不接触实际操作，是永远无法真正理解出版这一行业的，毕业后也是很难适应业务工作的。

北京印刷学院在第一届出版专业硕士的课程设置上存在不少困难，部分专业课程因为选报学生人数过少而被迫取消。因此大多数学生在第二学期仅有4门专业课程可上，也就是说这部分学生在理论学习期间总共学了不到10门专业课，这样的课程和课时设置，能培养出合格的出版人才吗？

按照惯例，出版专业硕士第一年要把所有的课程修完，第二年的时间就是去参加专业实习。这就存在一个问题，其他专业背景的学生在上课的时候不能抓住重点，不知道真正到了出版单位会有什么问题；而真正到了实习的时候，有些问题不能解决的时候，又无法回到课堂上听老师解惑。学习的时候抓不住重点，只能蒙头瞎听，碰到实际问题时又不能得到理论指导，干着急，这就是学生所面临的一个大问题。

所以，出版专业硕士的课程设置和教学改革很有必要，需要相关单位和人员高度重视，认真研究。譬如，第一学期可以先上四周课，让学生先了解出版行业的大概流程，然后学校安排统一实习。之后再回到学校课堂，解决在实践中遇到的实际问题。最后再到出版单位参加全流程实习，边实习边进行毕业设计或写毕业论文，将理论与实践密切结合，使课堂学习与行业实践完全对接，这样才能培养出社会需要的出版人才。

以上分析论述说明，目前我国的出版专业硕士教育刚刚起步，还存在着很多问题，真正把出版专业硕士教育做大做强还有很长的路要走。我们要清醒地认识到出版专业硕士教育存在的问题，须用一个理智、客观的心态来看待出版专业硕士的发展现状和未来前景，通过学校、教师、学生的共同努力，才能把我国的出版专业硕士的教育搞好，为国家培养出更多的应用型高层次人才。

参考文献

[1] 李文邦．我国编辑出版专业研究生课程设置现状及对策研究 [J]．湖南师范大学教育科学学报，2008（5）

[2] 黄先蓉．关于我国出版学研究生教育的几个问题 [J]．出版发行研究，2007（1）

[3] 阎晓宏．促进出版学学科建设 加快出版业人才培养 [J]．编辑之友，2010（11）

[4] 邱晨辉．部分专业硕士“换汤不换药”[N]．中国青年报，2011-12-13.

着力加强学生的学科背景与教学的实践环节
——给高校编辑出版学专业教育的建议

周海忠*

摘　要：文章分析指出当前编辑出版学专业毕业生不能顺利就业的几个原因，在此基础上提出：编辑出版学专业应培养和激发学生的职业兴趣，顺应编辑职业要求重构课程体系，课程设置要突出教学的实践环节，根据出版行业发展调整课程内容与教学方式，建立激励性的评价体系。

关键词：学科背景；实践教学；编辑出版；专业教育

近年来，随着社会与经济的快速发展，我国的出版业也得到了迅猛的发展，并正在奋力走向世界，华文出版在提高中国国际影响力方面正发挥着越来越显著的作用。为培养符合现代出版业需求的专业人才，全国不少高校与出版研究机构开设了编辑出版学专业。但比较尴尬的是，出版社与期刊社在招聘时，这些专业毕业的正规军们却时常处于劣势，敌不过那些有其他学科背景、对出版却只能算得上是略知一二的门外汉！

正规军何以敌不过门外汉？其实原因很简单，“现代出版的发展需要我们培养既有出版理论素养，又具有实务操作经验，既懂出版规律又具有创新意识与能力的出版人。”** 反观当前的编辑出版学专业教育，存在着不少引人担忧的问题，而这些问题恰恰就是导致正规军敌不过门外汉的深层次原因。

一、编辑出版学专业教育存在的问题

（一）课程设置中实践环节薄弱

目前编辑出版学专业课程涉及的内容非常广泛，有写作、逻辑、文学常识、自然科学概论、编辑学、出版发行通论、知识产权通论、编辑实务、工具书使用、书刊营销、校对、书籍装帧、创意与策划、社会心理学、编辑伦理学、出版社会学、世界文化史通论、应用汉语学、古代汉语专题研究、文学鉴赏学、公共关系学、广告学、现代管理学、市场学等。应该说，学习了这么多课程的毕业生不能

* 周海忠，南京师范大学出版社副社长、副总编。

** 吴培华．编辑出版专业的实践环节尤为重要 [M]．中国编辑学会第十届学术年会论文，2008.

不说是一个出版通才，那么经过这样系统培训成就的正规军敌不过门外汉的原因在哪里呢？综观这些课程，再走进这些课程的教学过程，你会发现这些课程多偏重于理论，课程教学过程的实践性严重不足。

图书的编辑出版是一个涉及选题策划、科学论证、写作组织、编辑加工、装帧印刷、宣传销售等诸多环节的系统，每一个环节都需要亲历躬行。而现在的编辑出版课，为数不少的“先生”还是喜欢在学堂里“之乎者也”。

造成这种现象的一个重要原因是，绝大部分高校或研究机构的编辑出版学专业开设的时间不长，不少还临时挂靠在诸如汉语言文学、新闻传播等专业上。实践资源稀缺，课程缺乏规划，跟不上时代发展需要，故开设的课程烙上了很深的学科挂靠痕迹，学生听课也感觉不到有多浓的编辑出版味儿，总像是在听“先生”讲他当年的流水记事，不着现实边际。

（二）课程设置中基础学科欠缺

图书的编辑出版往往带有一定的学科特征，它要求参与或负责人具有较强的学科背景，因此期刊社、出版行的老总们既希望从业者是个对出版的各个环节都熟悉的通才，也希望（某种程度上更希望）其有某学科方面的专长。但现在的编辑出版学本科专业设置的课程大多属于“通”的范畴，虽然也开设自然科学通论这样一些选修课，但对于往往需要学科基础的图书编辑出版工作来说，这些课程的学习对实际工作需要还是不够的，因此设置的课程中应该包括一些基于学科层面的物理、化学、生物等课程的基础课。

实际情况是，不少编辑出版学专业所在的学校就有出版社，学校内部的其他专业课程，学生也可以互选，但由于课程安排以及毕业未作要求等这样那样的原因，使得本可以加强学生专业背景的非常好的机会也悄然而逝。

（三）课程设置不能与时俱进

出版的内容在丰富，出版的形式更是在发生翻天覆地的变化，这对从事出版工作的人才素质结构也发生变化。当前，出版世界性交流正在加强，科技发展的因素在出版发展的进程中正施加越来越显著的影响，从事编辑出版工作除了所需要的一般编辑出版素养外，还需要具有广阔的视野，有较强的信息搜集能力，对社会有敏锐的洞察力，对国内与国际政策的了解，并具有善于学习的习惯与能力。

但是我们的课程教学，着力点还在编辑出版的一般知识上，对信息搜集的能力、发现的意识与方法、学习的能力等方面还着力不够。这些意识与能力往往多靠个人的努力与天赋形成，最终具有较为鲜明的个体特征。在课程设置与教学中，应该拓展思路，注重引导与训练，使得学生能够形成与时俱进的意识与能力，而在我们的实际课程设置中，这些因素却涉及不够。

（四）教师缺乏出版实践经验

目前，不少学校的编辑出版学专业因师资等方面原因，采取挂靠其他专业形式设置，因此不少课程便由挂靠专业对编辑出版有点感觉的教师任教，甚至有学校的编辑出版学专业教师从没有搞过出版，对编辑也没有什么感性认识和实际工作经历。

以这样的师资如何传道？学生又如何受业？自己都搞不清楚的问题又如何为学生解惑？从某种意义上说，缺少富有实际工作经验的师资是导致课程实践未能落到实处的重要原因。当然，大部分高校编辑出版专业师资的业务水平还是比较高的，但从出版社招聘的情况看，在实践经验方面还需要大力加强。

二、提高编辑出版学专业学生能力的途径

（一）开展多种活动，培养和激发学生的职业兴趣

兴趣是最好的老师，是从事某项活动的最深层次的动力。因此，编辑出版教育首先要把学生培养成一个有编辑出版职业兴趣的人。选择编辑出版学专业是学生热爱编辑出版的直接表现，但这时他们对该专业的了解并不深入，主要停留在对“编辑出版要做出（甚至是写出）供人们阅读的书籍，是一个高尚的职业”这样的一个朦胧的认识上。因此，这时是对这些对编辑出版认识尚属于“白板”的学生进行专业兴趣教育的最佳时期。此阶段要让学生对编辑出版学专业是什么，学了以后能干什么、一个优秀的编辑出版人才必须具备哪些素质、编辑出版学专业的发展现状与趋势有所认识。然后在后续学习过程中，向学生提供或鼓励他们参加相应社团、做板报、应聘校报编辑记者、参观出版社和期刊社、模拟选题策划等，让他们体验到从事编辑出版工作的成功、艰苦与快乐，进一步培养他们对专业本身的更深层次兴趣，并加深认识。

（二）顺应编辑职业要求，重构现代编辑课程体系

编辑出版学专业的教学计划与课程设置，已经有了不少见仁见智的提议，如2+2学制，即前两年在系科进行公共课程与专业基础课程学习，后两年进行编辑出版方面的相关课程学习。笔者认为，对本科教学计划与学制的任何方案，都应源自对社会对编辑出版人才的要求。当前编辑出版学专业的毕业生缺的不是编辑出版专业方面的理论知识，而是学科基础和实践能力。2+2学制基本能够解决毕业生学科基础薄弱的问题，但不利于实践活动的连贯安排，而且要求学校对专业的管理要灵活高效、教学设施与师资配套，但这就会带来管理成本大幅上升、某些专业师资短缺或过剩等连带问题。这里我们提出一个基于目前学制基础上的加强编辑出版专业学生学科基础的微调方案。其要点是：

(1).专业基础课程中的“编辑实务”与“校对”合并，“出版发行通论”与“书刊营销”合并。因为，从编辑和校对工作并不能截然分开，实际运作中不少出版社现在已经“编、校”合一；发行与销售是两个不同的词，但两者的任务甚为相近。

(2).毕业学分中4～6学分须为选修系科基础学科课程取得。该要求旨鼓励学生根据自己的兴趣和学科基础，选择2～3门其他专业基础课程，加强自己的学科基础。偏好理科的可以选择无机化学、普通物理等，偏好文科的可以选择历史、地理等。

(3).基础学科选修时段由学生在二三年级自主安排。一年级主要进行公共课学习，四年级大多要进行毕业论文设计及准备就业，二三年级两个学年可以供学生根据课程编排情况安排自己的选修课程。

按照上面的方法，无须改变目前的学制，而且也可以为实践活动的连贯安排预留时间。

（三）从编辑务实性要求出发，加强课程教学的实践性

加强课程教学的实践性，任课教师首先要具有实践的意识。针对目前部分编辑出版学专业从教者相对缺少编辑出版实际工作经历，高校可以与期刊社、出版社联姻，派相关教师到这些单位任职锻炼，并聘请在编辑出版方面经验丰富且具有一定理论水平的出版人兼职授课，这样可以在一定程度上增强从教者对出版领域动态的直接了解，获得第一手信息，多积累一些案例素材，改变课堂教学脱离实际或者相对滞后的情况，增强教学内容的真实性与生动性，提高教学效果。校、院、系应该将此纳入课程建设规划工作来，并从制度上对教师的实践充电行为进行鼓励，或者作为一项日常工作来抓。

应该说绝大部分开设编辑出版学专业的学校还是比较重视该专业实践的，课程设置中一般都有一门实习或见习课，为期几周至数月不等。但问题在于，毕业前的这几周或几个月的实习期里，由于经验的缺乏和图书流程的复杂，学生是很难有机会参与编辑出版的全过程，很多时候也就是打打杂或校对一点简单的稿子而已。如果赶上找工作或者考研，这样的实践恐怕还要再打个折扣。对此，吴培华先生提出的针对研究生实践的“五个一工程”* 可以为本科生的实习提供借鉴。特别是对象拥有出版社与杂志社的高校编辑出版学专业，完全可以与出版社期刊社合作，让学生从二年级或三年级起分期分批地到社、刊进行见习与实习，以便在编辑工作的实际流程环节中学和用，实现理论和实践的同步提升，做一个知“书”

* “五个一工程”就是要求学生在研一时必须参与出版社的初校工作，完成100万字工作量；研二时在通过一校工作基础上参加三校工作，完成三校100万字；研三时担任责任编辑，责编一本书。此外，在三年中必须参加一次订货会，感受市场竞争的氛围；下一次印刷厂，观察图书印制流程。

（编辑知识）达“理”（掌握规律）之人。当然，院、系也应该建议并鼓励学生自己从低年级起就多寻求一些实践机会。

（四）针对出版业发展变化，及时调整课程内容与教学方式

从造纸术、雕版印刷、活字印刷，到先进的机器印刷与照排技术，再到当前快速发展的数字出版技术，可以说科学技术的进步为出版业的发展起到了非常现在的推动作用，使得出版物的载体形式与传播方式都发生了很大变化。* 而这些变化需要出版从业者能够按照行业发展的要求完善素质结构。

作为出版人才的培养机构，高校开设编辑出版学专业，本身就应该根据出版业发展的变化，及时调整课程的内容与教学方式，使得学生所学的内容与出版也发展的要求一致。关于课程内容，应该充分反映出版业发展变化要求，提供切合出版业发展实际的内容体系。课程内容的实现过程，需要教师考虑课程内容、学生的学习特点和现实教学条件，采取学生乐于接受的具有可操作性的教学方式。反观我们当前课程内容设置及教学方式，和高校许多其他专业一样，课程的内容和教学方式已经滞后于科技发展日新月异中出版业发展要求，亟须进行调整。

（五）以实践和创新能力为考核要素，建立激励性评价体系

新形势下的出版行业需要从业者既要具备基本的编辑素养，更要具有较强的实践能力和创新能力。而目前大学里开设的编辑出版学专业对学生学业等级的评定，基本还是通过一份试卷对编辑出版的知识性内容进行考核作为评判依据，结果在这个评价标准下出师的高徒们在真枪实弹时就两腿发软。因此，评价学生的学业，应该将实践能力和创新能力作为考核的要素，纳入考核的指标体系，并占据一定的权重。实践能力和创新能力的考核可以通过以下途径：

（1）调查与访谈的次数及调查所得到的结论和建议的价值与可行性大小；

（2）完成一定的编辑或校对工作量，并达到合格要求；

（3）参与或完成具有一定前瞻性与可行性的选题模拟策划或选题策划；

（4）参与图书营销，对从中所获的经验进行总结；

（5）到资讯类或者门户网站实习，了解学习信息搜集方法，学习专题策划。

* 邬书林副署长在第六届海峡两岸图书交易会上的致辞讲话。

编辑出版学专业大学生考研意向调研及分析
——以北京印刷学院编辑出版学专业为调查对象

王彦祥* 禹　蕊**

摘　要：本文采用调查统计、分析归纳等方法，对编辑出版学专业大学生考研意向的共性和特性进行了分析和研究。调研表明，专业认知，学习状况、性别和年级高低等因素，都会影响本专业学生的考研意向；考研动机与报考学校类型、报考专业类别有直接关联，而选择本科学所的编辑出版学专业，并集中报考出版专业硕士学位，成为目前本专业学生的考研主流趋势。

关键词：编辑出版学专业；考研意向；本科教育；研究生教育

本文研究的核心是编辑出版学专业大学生考研意向问题，主要以北京印刷学院该专业在校大学生为调查对象，希望通过调研和分析能够知晓：（1）编辑出版学专业大一新生、大三潜在考研学生和大四已考研学生对报考研究生的认知情况；（2）该考研群体的专业思想对考研意向的影响；（3）该考研群体选择考研的学校类型、专业方向的实际情况及其原因所在；（4）该考研群体的考研初衷与实际考研情况的验证对比情况。

此次调查问卷设计由两部分构成。第一部分是被调查者的基本情况，包括性别、籍贯、所在专业方向和对所学专业认知度和满意度，旨在了解被调查者的基本情况，分析这些因素对学生选择考研意向的影响。第二部分是调查学生考研的原因，选择考研学校的类型，报考的专业方向、报考专业方向时放弃本科所学专业的原因，以及第二年是否继续考研和是否更改专业方向等问题。通过这些设问，希望对编辑出版学专业大学生的考研意向有一个整体了解，并对调查数据进行分析，得出相应结论。

一、考研意向的调查描述

（一）调查对象设定

在本次调查中，笔者将研究对象确定为北京印刷学院编辑出版学专业大一

*　王彦祥，北京印刷学院新闻出版学院副教授、研究生导师，北京出版产业与文化研究基地／跨媒体出版北京市重点实验室专职副主任。

**　禹蕊，北京印刷学院新闻出版学院编辑出版学专业 2007 级毕业生。

（2010级）、大三（2008级）和大四（2007级）在读大学生。

大一新生刚刚接触编辑出版学专业，对自己所学专业知之不多，通过《出版专业教育》课程学习，完成“大学四年学习规划”作业，会对自己四年的学习和今后是否考研有一个较为明确的规划。大三学生一般对自己所学专业已经有了比较充分的了解，通过老师和学长的介绍，已经有了考研想法和计划，成为即将考研的主力。大四学生已对自己的目标定位非常明确，对考研报考学校和专业方向牢记于心，成为了实施考研的主体。

（二）调查方式与对象分布

为了较全面地掌握北京印刷学院编辑出版学专业学生的考研意向数据，笔者于2011年4月至5月期间，采用发放回收问卷和访谈等方式，对目标对象的大一、大三、大四学生进行了调查分析。为了验证学生考研意向，一年半后的2012年9月份，对原大三、原大四学生考研的报名情况和实际录取结果进行了跟踪调研，取得了第一手资料。

其中，大一学生是通过查阅全体学生的“大学四年学业规划”作业，整理出考研的相关数据并作统计分析。对大三同学则全体发放问卷93份，收回有效问卷53份，再经过统计汇总获得考研相关数据。大四学生则是通过采访已经考研的同学，提问调研问题并作记录，经整理后得出具体考研数据。

（三）调查对象基本情况

在所调查的348名学生中，包括大四已经考研和大一、大三打算考研的学生，总人数为111人，占本专业全体在校生总人数的31.9 %。其中大一有39人，占考研总人数的35%；大三为53人，占考研总人数的48%；而大四已经考研的同学有19人，只占考研总人数的17%。这些数据基本反映了北京印刷学院本专业学生的考研意向实际状况。

二、大一新生考研意向分析

（一）大一考研学生基本情况

通过阅读和整理大一新生提交的“大学四年学业规划”作业，可知大一新生确定考研的学生比例为25.2%。潜在的考研同学则处于一个观望的态度，依据自身的学习等状况大三时会再做决定，这部分学生占大一学生总量的3.7%。71.1%的大一同学则选择不考研。

在选择考研的大一同学中，女生达到36人，男生只有3人。换算成百分比是，女生计划考研比例达到92%，男生只有8%。

（二）大一新生准备考研情况分析

从图 1 可以看出，大一新生选择考研的原因，最主要因素是希望提高自身竞争优势，以利于今后求职就业，这部分学生占到学生总数的 56.4%。其次，43.6% 的同学选择考研是因为喜欢编辑出版学专业，希望通过考取研究生来提升专业知识结构和层次。还有 10.3% 的同学不喜欢此专业，希望四年后通过考研重新选择自己心仪的专业。

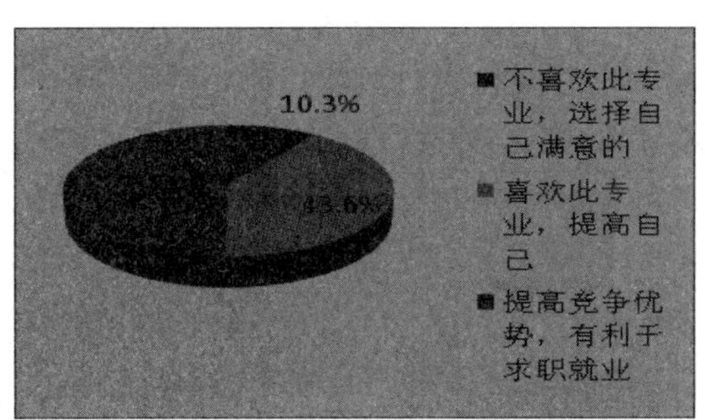

图 1　大一新生选择考研理由

低年级学生的专业思想状况也会影响学生对自己前景的看法，从而间接影响他们的考研意向。调研后得知，大一新生对自己的专业都是基本满意和比较感兴趣的。如图 2 所示，在选择考研专业方向时，69.2% 的学生还是选择了自己所学的编辑出版学专业，还有 12.8% 的同学选择了与本专业相关的新闻传播类专业，另有 10.3% 的同学选择自己感兴趣的其他专业，像法学、教育学和经济类等一些热门专业。这也能够分析出，有相当数量的大一新生对自己所学专业尚处于一种模糊状态，对专业未来的发展还不够清楚。在报考学校方面，大一新生更偏向于报考外校，学校类型则偏重于国内一流大学和其他重点大学。

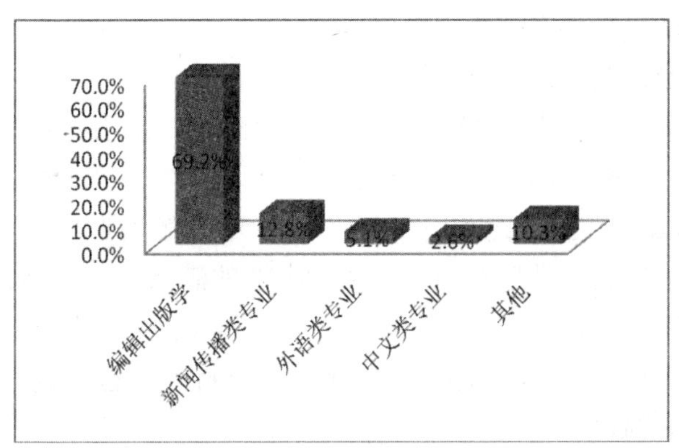

图 2　大一新生选择的考研专业方向

三、大三学生考研意向分析

（一）大三考研学生的基本情况

本次调查的大三学生是北京印刷学院2008级编辑出版学专业全体同学，总人数为93人。通过调查得知，有53人选择考研，占总数的57%，即超过一半的学生选择了考研。其中，男生6名确定考研，占总数的11%；有47名女生选择考研，占学生总数的89%。女生考研比例远远高于男生，这可能与男生就业前景相对较好有关。

在选择考研的学生中，有接近一半的同学家庭所在地是北京市城区，占总数的49%；家庭所在地是北京市郊区的占到26%，家庭所在地是外省市区的占到25%，与北京市郊区学生考研的比例基本持平。这从一个侧面反映出，北京市城区的学生家庭条件虽然比较优越，但比较注重自身的高层次学历发展，导致考研比例几近总数的一半。

进一步调查得知，在选择考研的大三学生中，有92.5%的同学是高考后直接进入北京印刷学院编辑出版学专业的学生，而通过专升本和转专业进入本专业的学生选择考研人数各占3.75%。这说明选择考研的绝大多数学生是高考第一志愿进入本专业的，其专业基础和专业忠诚度都比较理想。

北京印刷学院对2008级编辑出版学专业学生设立了技术编辑和出版发行两个专业方向，调查后得知属于技术编辑方向的考研学生占到73.6%，而出版发行方向的学生只有26.4%选择考研。这有可能是出版发行专业方向的学生自我感觉今后从事发行工作不需要研究生学历学位，且发行工作的求职就业机会更多一些，因此对于本科毕业后直接投入专业工作更加期待。另一方面，修读出版发行专业方向的男生居多，就业前景相对更好，也导致这一专业方向的意向考研人数和比例比技术编辑专业方向低了近两倍。

（二）大三学生准备考研情况分析

1. 专业思想状况与考研动因分析

大三学生已经不存在过于单纯、冲动的思想问题，通过两年的基础课程和专业理论课程学习，再加上大三已经开始专业方向课程的学习，他们对所学专业已有相当程度的了解，因而对自己的未来也有了较为明确的规划。

统计结果显示，大三学生对于自己所学专业的满意程度很高。其中，15.1%的同学选择“很满意”，79.2%的同学选择“基本满意”，另有5.7%的同学选择了“不满意”。值得欣慰的是，对自己所学专业持满意态度的，占到大三学生的绝大多数，即95%以上。

有意向考研的53名同学中，认为促使自己考研的直接动因是“本科专业没有竞争优势，考研有利于求职就业”的比例占到64.2%。这一高比率数值反映出，本专业学生希望通过考研来提升自己，以利于更好地从事专业工作的强烈愿望。认为促使自己考研动因是“喜欢所学专业，提高自己的知识结构和层次”的学生比例为32.1%，这部分学生希望通过考研来挖掘自身潜能，以证明自己的实力，更好地实现自我价值。

选择其他考研动因的还有：“家长督促、外界压力”（占24.5%）、“躲避社会压力、继续校园生活”（占20.8%）、“希望深造成才”（占15.1%）等。这组调研数据说明，影响学生考研与否的因素还有另外三个，即个人、家庭和社会，其中社会因素是促使大三学生选择考研的首要动因。由此可见，大三大学生都非常关心自己将来的就业问题，特别是在当前就业形势比较严峻的情况下，他们对于考研的目的性变得越来越实际。

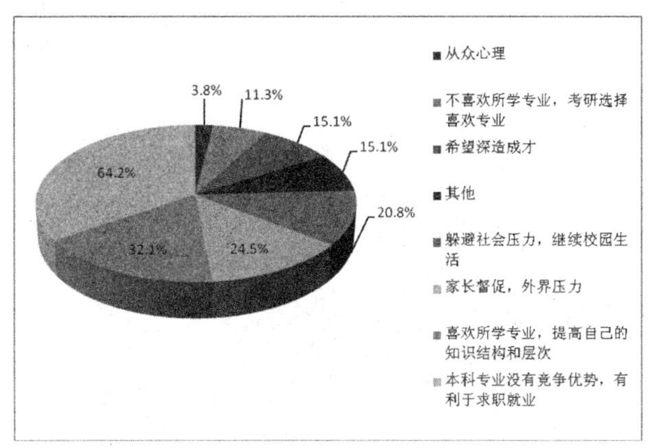

图3 大三学生考研动因与比率关系

2. 选择考研学校分析

在考研报考学校方面，调查结果是大三学生更偏向于报考外校。有69.8%的同学选择考研时报考外校，30.2%的同学选择报考本校，二者之间形成了2:1的比例关系。

在选择考研报考学校类型方面，有26%的同学选择国内一流大学，36%的同学选择重点部属大学，其余38%的同学则选择北京印刷学院这样的北京市属普通大学。由此可以看出，大三考研学生希望报考和入读更高级别的大学，争取在研究生阶段有更好的学习和锻炼；而三分之一多的同学选择报考市属普通大学，说明这部分学生比较务实和客观。与大一学生相比，大三学生结合自身因素更加理智地选择报考学校类型，而接近三分之二的大三学生选择报考外校和高级别大学，对于北京印刷学院这样的市属普通大学来说，需要进一步了解学生的考研动向，并分析研究考研的指导策略，以争取较多的生源。

3. 选择报考专业及原因分析

经数据统计得知，有 43.4%的同学还是偏向于自己本科所学的编辑出版学专业，另有 26.4%的同学选择了编辑出版学之外的新闻传播类相近专业，还有 11.3% 的同学选择了更宽泛的中文类专业。

在调查大三学生报考硕士研究生专业方向的动因时，选择“延续本科所学专业”的比最高，占到 41.5%。其次还有“一直喜欢此专业”（占 35.8%）、“有发展前途”（占 26.4%）、“好就业”（占 17%）等因素位列前几位。籍此可以认为，大三学生在确定报考专业时能够比较多地考虑自身现状，如本科所学专业、个人兴趣和学习能力等。这也表明，大三学生在选择考研专业方向时相对理智、客观地评价自己所学专业，并合理地确定考研专业方向。

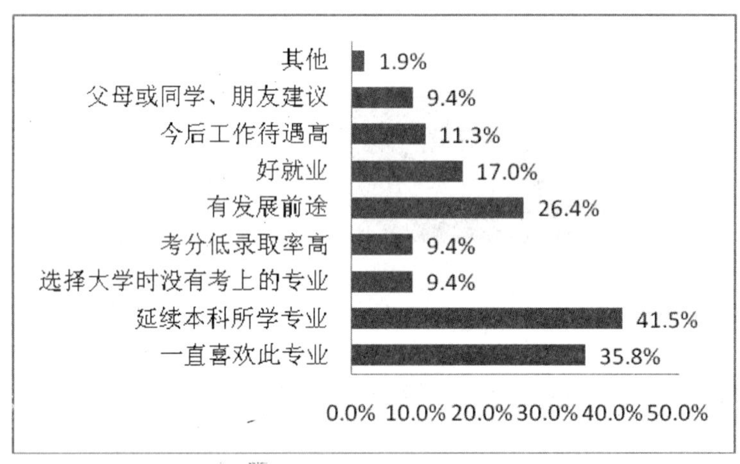

图 4　大三学生确定考研专业方向的因素

进一步调研准备考研时放弃本科专业的同学，理由排在前几位的是，48% 的同学选择要去追求自己考大学时心仪的但没有考上的专业，30% 的同学认为本专业不值得继续攻读研究生。另有 18% 的同学选择其他原因，如想在本科专业学习的基础上，寻找自己有兴趣的其他专业或成为复合型人才，以增加竞争优势。12% 的同学则认为本专业就业状况不理想，所以转投其他专业。放弃本科专业的同学可能他们高考填报的第一志愿并非现在所学的编辑出版学专业，或者是在学习过程中发现本专业所学与其自身的期望不一致，从而导致考研时放弃编辑出版学专业，而去追求其他专业。

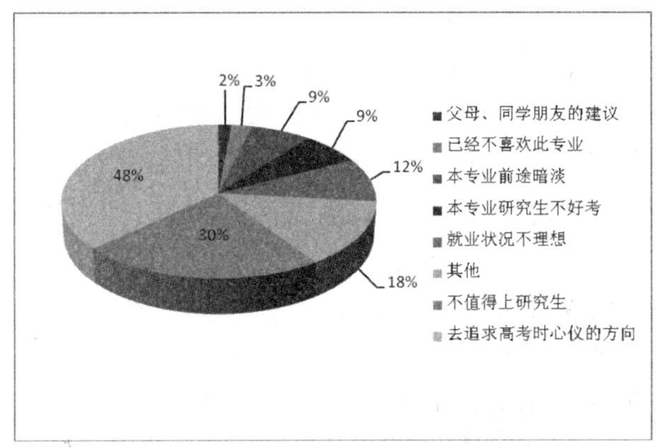

图 5 大三学生考研放弃编辑出版学专业的原因

（三）大三学生是否第二年继续考研的调查分析

在被问及如果第一年考研没考上，第二年是否继续复习应考时，大三学生有53%的同学选择现在“不好说”，40%的同学选择“否”，只有7%的同学选择“是”。问及第二年考研时是否更改专业方向时，有51%的同学确定“不更改专业方向”，47%的同学选择“说不清楚”，只有2%的同学选择要“更改方向”。这说明大三学生对于自己所报考的研究生专业方向还是比较肯定的，通过一年的复习已经有了一定积累，如果再变换专业方向容易造成资源、时间、精力甚至金钱方面的浪费。

对于第二年考研想更改专业方向的学生，其所更改的专业方向比较分散。其中，19%的同学选择“其他”，这主要是指历史、语言、法律等专业方向，看来这些同学主要是依据自己的兴趣爱好来选择专业。另外，有15%的同学选择新闻传播类相关专业方向，还有15%的同学选择近年来的一些热门专业，说明大三学生第二年考研也是瞄准了与本科相近的专业方向，或者是社会认可度高且就业相对容易的专业。

四、大四学生考研意向分析

（一）大四考研学生的基本情况

本次调查的北京印刷学院编辑出版学专业大四学生共有120人，其中有19人参加了应届硕士研究生考试，占到学生总数的16%，其考研比率是被调查的三个年级中最低的。进入大四后，很多同学都参加了相关的实习和培训，并且都对自己的未来发展有了一个明确的定位，而且大四学生存在着较大的就业压力，致使硕士研究生报考率并不是很高。

在选择考研的大四学生中，男生占到26%，女生占到74%，这与大一和大三的考研性别比例基本相同，均是女生比例远远高于男生。北京印刷学院2007级编辑出版学专业设置了数字出版和出版发行两个本科专业方向，统计汇总后得知，数字出版方向学生的考研比例为36.8%，出版发行方向学生的考研比例为63.2%。

（二）大四学生实际考研情况分析

1. 考研动因分析

在选择考研动因方面，有57.9%的同学选择“喜欢自己所学专业，想进一步提高自己”；52.6%的同学选择“通过考研提高竞争优势，有利于求职就业”；31.6%的同学选择“躲避社会压力，暂时不想接触社会，想继续过校园生活”；还有26.3%的同学选择“不喜欢本科所学专业，希望考研时选择自己满意的其他专业”。

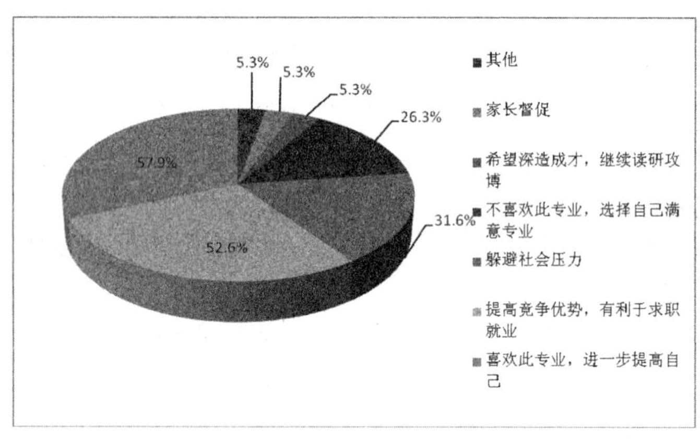

图6　大四学生选择考研的动因

从这些统计数据可知，大四学生在实习就业与考研的双重压力之下，很多同学除了希望通过考研提高自己的专业竞争力以外，还有一定比例的同学面对社会现实开始变得实际起来，想通过考研和攻读硕士研究生来逃避社会压力，继续过校园生活，这一倾向应该引起教育管理者的密切注意。

2. 选择考研学校及类型分析

在选择考研报考的学校及类型方面，有68.4%的同学选择报考外校，另有31.6%的同学选择报考本校，二者的比例关系是2:1，与大三学生的调研结果相近。在选择考研学校类型方面，有26%的同学选择国内一流大学，42%的同学选择重

点部属大学，32%的同学选择市属普通大学。调查还发现，大四学生最关注的是报考学校的师资力量和学术水平，大多希望在硕士研究生学习阶段得到较好的学业指导和专业发展。

3. 选择报考专业及原因分析

通过调查数据得知，有47.4%的同学选择本科所学的编辑出版学专业，31.6%的同学选择新闻传播类相近专业，还有21.6%的同学选择了其他专业，主要是教育学或经济学专业。

随着年级的升高和阅历的丰富，大四学生所接触到的专业知识和考研知识都有所提高，对自己所学专业也有了更深入的认识。实际报考硕士研究生时，大四学生选择考研方向的因素主要集中于"喜欢此专业（占78.9%）"、"考研有发展前途，好就业（占63.2%）"、"延续本科所学专业继续深造（占52.6%）"这几点上。由此可以说，大四学生考研的动机已经比较端正，也能够较为理性地看待考研专业方向问题。

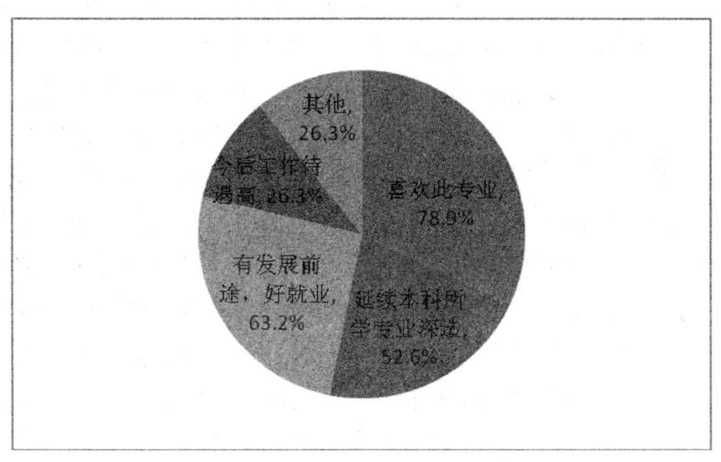

图7　大四学生选择考研专业方向的原因和比例

五、两届学生考研情况的验证分析

为了科学而客观地了解编辑出版学专业学生的考研意向，验证其实际考研结果，笔者在完成三个年级的考研意向调查及统计分析后，将此项工作暂停了一年多时间，目的就是为了获得北京印刷学院2007级和2008级本专业学生的实际考研数据和考研结果，以验证当时的调研数据。

（一）原大四学生考研实际情况验证分析

2011年九月初，原大四学生即2007级学生的考研结果统计出来，其基本数据正如本文第四部分所揭示的，有 19 名同学参加了应届研究生考试，占到 2007 级毕业生总人数的 16%。其中男生 5 名，占 26%，女生 14 名，占 74%。在报考学校及类型方面，有 31.6%的同学选择报考本校，另有 68.4%的同学选择报考外校，二者的比例关系是 1:2。有 47.4% 的同学报考了本科所学的编辑出版学专业，31.6% 的同学报考新闻传播类相近专业，还有 21.6% 的同学选择了其他专业。

原大四学生的考研结果如下：共有 4 人考取了应届硕士研究生，考研录取率达到 21.1%，未考上的同学是否第二年续考已无法统计。考研成功的 4 名同学中，男女生各 2 人，男女生比例是平分秋色。考上本校即北京印刷学院的是 1 名男生，考取其他学校的 3 名学生是 1 男 2 女，二者的实际比例关系是 1:3，略逊于考研意向数据。考上本科所学编辑出版学专业的学生是 3 名，考取非编辑出版学专业的学生为 1 名。

原大四学生实际的考研结果与调研时的考研意向相比对，整体吻合度较好，但各有得失。考研报名人数是年级学生总人数的 16%，实际考研录取率为 21.1%，二者的比例关系基本吻合。考研报名时的男女生比例大致是 1:3，实际考研录取的男女生比例是 1:1，说明 2007 级男生的考研表现明显好于女生。报考本校与报考外校的比例关系是 1:2，实际结果是考取本校与考取外校的比例关系是 1:3，生源实际的流失情况比预计的多出 50%。而在选择报考本科所学专业与报考其他专业问题上，意向比例是各占一半，实际考取结果的比例则是 3:1，这一数据表现明显要好很多。

（二）原大三学生的考研实际情况验证分析

2012 年九月初，原大三学生即 2008 级学生的考研结果也新鲜出炉，其基本数据是：有 26 名同学参加了应届硕士研究生考试，占到 2008 级毕业生总数 93 人的 27%。其中，男生 1 名，占 3.85%，女生 25 名，占 96.15%，男女生的考研报考比例严重失调，达到了罕见的 1:25。在选择考研报考的学校及类型方面，有 57.7% 的同学选择报考本校，另有 42.3% 的同学选择报考外校，二者的比例关系竟然扭转过来，接近 1.5:1 的比例。有 20 名同学（占 76.9%）报考了本科所学的编辑出版学专业，占到压倒性多数；另有 1 人（3.9%）报考新闻传播类相近专业，5 人（占 19.2%）选择了教育学、哲学等其他专业。

原大三学生的考研结果如下：共有 12 人考取了应届硕士研究生，考研录取率达到 46.2%。考研成功的 12 名同学是清一色的女生，男生则为 0，这说明 2008 级女生学习和考研表现很优秀，考研效果也很好。考上本校即北京印刷学院的学生有 6 名，考取其他学校的学生也是 6 名，这一比例关系恰好是 1:1。考上本科所学专业学生为 11 名，且几乎全部是国家新设立的出版专业硕士，考取非编辑出版学专业的只有1名女生，这一现象值得进行深入分析。

原大三学生实际的考研结果与调研时的考研意向数据相比对，以及与2007级的实际考研数据进行横向比较，其整体情况均大大好于预期。其中，原大三学生考研报名人数与年级学生总数之比是27%，实际考研录取率为46.2%，这不仅远远好于上一年度的考研结果（是2007级21.1%录取率的一倍多），而且创造了北京印刷学院编辑出版学专业考研成功率的新高。2008级学生考研报名时的男女生比例严重失调，达到1:25，实际考研录取结果则是有过之而无不及，是0:12。报考本校与报考外校的比例关系接近1.5:1，实际结果正好是1:1，较之上一年度也有很大改观，生源的实际流失情况明显改观。在选择报考本科所学的编辑出版学专业与报考其他专业问题上，2008级从起点上就有了根本性变化，二者的报考比例关系3:1，是2007级的3倍，而实际考取结果的比例关系则是11:1，仅从数据上看就有了历史性突破，且这些学生几乎考取的都是出版专业硕士，既发挥了本科所学专业特色，也符合北京印刷学院的学生特点，很值得鼓励。

六、调研与数据验证后的总结

通过上述调查分析与数据验证，我们可以得到以下几方面结论：

(1). 北京印刷学院编辑出版学专业各年级学生不仅具有较高的成就动机和抱负水平，而且有着开拓进取，敢于竞争，进而实现自我价值的拼搏意识，他们希望通过考取研究生来完善自己的知识结构，提高自己的专业水平。各年级学生选择报考研究生不仅着眼于自身素质的提高，同时与社会发展的人才需求总体上具有统一性。特别是目前就业形势较为严峻的情况下，本专业学生对于考研的目的性相对来说变得越来越现实。在选择报考研究生专业方向上，他们能够比较冷静客观地做出自己的考研抉择，大多数学生还是会选择与本科学习相关的专业；而报考自己学校的出版学研究生点的学生越来越多，且考取比例也在逐年地大幅度提高。这一结论是值得欣慰的，也提醒我们要再接再厉，将本专业学生的考研工作进一步做到位。

(2). 编辑出版学专业学生在不同的年级阶段存在着截然不同的考研意向，且考研意向和考研人数会随着年级的增长而降低。数据分析后可知，本专业学生的实际考研率并不太高，低年级学生的考研积极性相对而言要高一些。大一和大三同学的考研意向比例，明显高于大四学生的真正考研比例，这说明大一学生和大三学生对于考取研究生有较大的热情，而大四学生的考研热情明显下降，可能是面临就业与考研的双重选择时，务实地求职就业成为了首选目标。另外，女生选择考研的比例大大高于男生，大致在3:1左右。这可能是因为本专业学生在入校时就存在着性别失衡现象，女生占到70%以上；还有就是本专业男生在就业方面占有明显优势而主动放弃了考研。因此，教育管理者应针对本专业学生在不同学习阶段特点和性别差异，进行有针对性的考研动员和学业辅导。

(3). 一些学生因为对其他专业感兴趣，或者是社会地位、家长压力或个人发展前途等原因，而报考非编辑出版学专业硕士研究生，这一选择比例在三个年级中均占有很大比例，这种现象应引起学校管理者和研究生导师们认真思考。本科教育阶段不仅要教授专业知识，更要将编辑出版学的人文精神传授给学生，这样才能培养出专业思想稳定的合格人才。同时，帮助学生形成积极的职业价值观也很重要，要适时帮助本科生客观分析各个专业的特点，结合学生自身优势，冷静客观地选择研究生专业方向。对于高考时钟情于编辑出版学专业并直接考入本专业的同学，因其对专业始终充满兴趣，专业忠诚度更为理想，在选择考研专业方向时，他们中的大多数会直接报考编辑出版类专业方向，而很少更换专业方向。因此，可以通过这部分同学，来提升本专业学生对编辑出版学专业的忠诚度并影响其他同学，进而扩展到报考研究生时选择编辑出版类专业方向。

(4). 研究生教育是后学历教育，是否报考硕士研究生是本科生根据个人情况的自由选择，无对错之分。编辑出版学专业学生的考研动机比较端正，能较为理性地看待考研和读研，期望通过攻读硕士研究生，在特定的专业领域有深入的研究和发展，并希望找到理想的工作，以实现自我价值。但也需要纠正那些本身没有学习研究兴趣，单纯为了给自己求职就业增加砝码而选择考研学生的错误想法。调查还显示，在本科阶段编辑出版学专业思想教育尚有欠缺，部分优秀学生欲通过考研等途径离开本科所学专业。在学生决定是否考研过程中，如果教育教学管理部门和专业教师加强引导，帮助本科生制定适合的职业生涯规划，鼓励有发展潜力的学生进入编辑出版类硕士研究生行列，继续学业深造，那么对学生、对学校、对编辑出版学专业发展来说都是非常有益的。

(5). 本次调查也对编辑出版类专业研究生教育提出了一些期望。倘若开办编辑出版类研究生教育的高校想要吸引优秀的本科生报考并攻读本专业学位，就必须努力提高编辑出版类专业研究生的培养质量，找到更利于学生今后专业发展的课程学习新途径新方法，拉开硕士研究生教育与本科生教育的层次，让本科生看到攻读编辑出版类研究生所带来的实际变化和广阔的未来发展空间。2008级本科生绝大多数报考和攻读了2011年新设立的出版专业硕士学位，且在数量与质量上均取得了较大突破，这从某种意义上来说达到了教育者和受教育者之间的对应和契合。这是我们所期待的，也是此次编辑出版学专业大学生考研意向调研与分析的目的之一。

参考文献

[1] 王彦祥，朱宇．编辑出版学研究进展：2009 年度报告 [M]. 北京：中国书籍出版社，2010.
[2] 王刘纯．中国编辑出版学专业教育检视与分析 [J]. 中国编辑研究，2003（2）
[3] 陈莹，蔡立彬，赵宏霞，李迎．对我校本科生考研意向的调查与分析 [J]. 广东工业大学学报（社会科学版），2003（3）
[4] 薛深．普通高校应届毕业生考研动机调查分析 [J]. 教育与职业，2004（3）
[5] 张永．师范类本科生考研意向调查分析 [J]. 华南师范大学学报（社会科学版），2002（2）

Web2.0时代亟需新型出版人才

岳春颖*

摘　要：在Web2.0时代，互联网更加体现出它的社会性和社交网络性，互联网的这种特性正深刻地影响着整个出版业的发展。我国的出版业已经形成传统出版与数字出版二分天下的局面。传统出版时期，出版活动主要由编辑来完成；从Web1.0时期到Web2.0的时代，需要新型出版人才才能适应数字出版的变革，推动数字出版的发展。

关键词：Web2.0；数字出版；出版人才

引发全球关注的互联网革命起始于20世纪90年代。自那时起，人类社会的方方面面都受到了互联网的影响。科学技术的进步推动人类社会进入数字化时代。在这一背景下，出版业的发展也深深受到技术革命的影响。出版技术的发展使得出版业告别传统出版**一统天下的局面。数字出版***的到来促使出版业产生具有深远意义的变革。到目前为止，这一变革还只是初露端倪。

随着互联网的深入发展，中国出版业的数字革命也在不断地推进。自上世纪90年代开始，中国互联网的发展大概经历了三个阶段：门户网站阶段、搜索引擎阶段、Web2.0阶段。中国出版业在不断推进的互联网变革中，也发生着深刻的变革。

数字出版的发展除了依赖出版观念的更新，出版流程的再造，信息技术的应用之外，更需要数字出版人才的支撑，新的出版环境亟需新型出版人才推动行业的发展，否则行业将难以获得长久、持续的发展。业内专家表示，在未来三至五年内，中国数字媒体人才的缺口将达60万人之多，其中数字出版高级管理人才、高级营销人才、高级策划人才及数字出版编辑人才等尤其缺乏。如何为中国数字出版培养高素质、跨学科的复合型人才，已成为我国出版教育迫切需要研究和解决的新课题。

---

*　岳春颖，北京大学传播与文化研究所助理研究员。

**　即纸质图书的出版。

***　中国新闻出版研究院院长郝振省对“数字出版”的定义：用数字化（二进制）的技术手段从事的出版活动。这里有两点需要指出，一是二进制技术，二是出版活动，而非出版介质。只要是记录在介质上的内容是数字化的，并记录的方式是数字化的，这种出版活动就是数字出版。

因此，在Web2.0时代，什么样的新型人才能够顺应网络发展的变革，推动数字出版的发展，是目前出版学界和业界人士关注的焦点，也是本文尝试回答的问题。

一、数字出版的特点

国家新闻出版总署在《关于加快我国数字出版产业发展的若干意见》中对什么是数字出版做出了明确的界定："数字出版是利用数字技术进行内容编辑加工，并通过网络传播数字内容产品的一种新型出版方式，其主要特征为内容生产数字化、管理过程数字化、产品形态数字化和传播渠道网络化。"可以看出，数字出版是出版业和数字技术、网络技术的结合，带来了全新的产业格局：传统内容出版商——数字内容制作商——信息生产商——信息提供商——信息服务商——信息运营商——终端制造商——读者。而传统出版业自身的角色、身份和功能也发生了根本的改变：图书提供商——数字内容提供商——数字内容服务商；纸质单一形态出版——多媒体形态出版；单一渠道传播——多渠道立体传播，从而催生了新的出版产业链、新的业态和新的形态。

与传统产业链相比，数字出版产业链最大的特征是产业链上的每个环节都与新技术密切相关，宏观如多媒体技术、互联网技术、移动互联网技术、电子纸技术等；微观有出版物内容制作技术、版权保护技术、分销网站的发行技术、图书馆的管理技术、复制的即时印刷技术、阅读的显示技术等。由此产生了数字出版的流程：内容采集编辑——数据加工制作——内容资源管理——内容服务——内容发布——读者。它不仅改变了编辑出版工作，也改变了发布形态，纸媒不再作为唯一的发布形态，网络营销、电子发行成为常态，内容出版正在向内容服务转化，出版将从销售产品转向销售服务，数据和内容的运营将成为未来的盈利模式。所以，数字出版有以下几个显著的特点：

（1）技术性。它必须以计算机技术、网络技术为支撑，实现双向或多向的跨媒体交融，缺少这方面知识和技能的编辑人员难以开展数字化的编辑出版活动，难以应对跨媒体的编辑出版工作。

（2）文化性。出版的精神就是传承文化，因此数字出版物要注重内容，体现出一定的文化追求。

（3）商业性。即数字出版最终要能够为出版商带来商业利益。

在Web1.0时代，也就是门户网站和搜索引擎时期，门户网站和搜索引擎都是针对互联网上的海量信息进行分类。随着互联网对整个社会影响的不断深入，出版活动也受到了互联网的影响。目前，我国的出版业因是否采用数字技术而分为传统出版与数字出版。在数字出版的环境下，出版从业人员除了应该具有传统出版的编辑所具有的素质之外，还需要具备应对互联发展的一些能力。

以 facebook 为代表的 Web2.0 时期，则是以社交网站为主，其对互联网的解构则是把方向转到了信息生产者和使用者这一方。2004年，“社会化媒体”一词出现在美国。Antony Mayfield 在他的著作《什么是社会化媒体》的电子书里最先提出这一新术语。Antony Mayfield 将社会化媒体定义为：一种给予用户极大参与空间的新型在线媒体。它的最大功能是赋予每个人创造并传播内容的能力。社会化媒体具有的特征：参与、公开、交流、对话、社区化、连通性，它的常见形式有博客、维基、播客、论坛、社交网络和内容社区等等。无论目前互联网发展到什么程度，应该说，互联网的社会性，或者我们说互联网的 Web2.0 阶段代表了未来互联网的发展方向，蕴含着互联网的革命性。

中国经历了以博客、开心网和人人网为代表的社交网站火热时期。目前，在中国炙手可热的社交网络是微博。2009年 8 月，中国最大的门户网站新浪网推出“新浪微博”，成为门户网站中第一家提供微博服务的网站。自此，微博正式进入中文上网主流人群的视野。

Web2.0时期的社会化媒体基本仿照了现实社会的行为逻辑，赋予互联网以社会性和社交网络的特征。与门户网站和搜索引擎阶段不同，社会化媒体试图为每个人创立一个自我网络生存空间，具备自我描述、安全和表达能力的平台，每个人可以引进自己现存的社会关系或建立新的社会关系。同时，社会化媒体平台提供信息广播、互动、状态和行为跟踪等功能，向第三方网络服务开放，也向其他网站开放，使用户可以方便享受任何网络服务，也可以在互联网上自由往来。

二、数字出版对出版人才的新要求

在 Web1.0时代，面临着互联网海量信息的特点，出版从业人员应该具备文字信息处理的数字化与信息传播的网络化能力。因为图书出版从内容上看，多媒体的有效整合成为必然趋势。

从功能上看，目前的出版业已由传统图书的单一传播方式向电子图书的双向互动传播转变；从手段上看，图书的数字化信息处理技术与网络平台的结合，不仅使出版业告别了铅与火，而且连纸质出版都变得不那么重要了。

所有这些变化对出版从业人员的能力提出了许多新的要求和挑战。数字时代的出版人员，除了要扎实掌握编辑业务基础知识外，还要具有在各种新型媒体出版中具体运用这些知识的能力。能够依据不同媒体特性开发运作内容资源，对多媒体形态进行组合，实现多媒体的有效融合，甚至还包括对数字内容的二次或多次跨媒体开发的能力，具备领先一步的创新思维，设计出新颖的内容表达形式，实现数字化内容的有效增值。数字出版人才不仅仅是上面几种知识和能力的简单相加，而是在此基础上的有机融合，是真正意义上的复合型人才。

Web2.0时期的社会化媒体是对用户群的解构，由真实的个人和真实的社会关系组成的信息网络自动承担了网络信息的选择、过滤、传播和互动任务，使得信息与用户之间的相互匹配过程更精准，更高效。如果说Web2.0代表的是互联网的未来，那么在这种互联网的信息环境下，中国出版业需要什么样的人才，才能够推动中国数字出版业的发展呢？

（一）跨学科的知识结构

一般认为，一个合理的知识结构要具备：

（1）融会贯通的基础知识体系，包括哲学、数学等相关学科的基础知识；

（2）学有所长的专业知识体系，即从事某种具体的职业岗位所需的专业知识构成总量与结合方式；

（3）得心应手的工具知识体系。

具体到数字出版人才来说，他们至少应该具备以下几方面的知识：

（1）人文社科和自然科学基础知识；

（2）编辑出版学专业基础知识；

（3）计算机技术知识；

（4）新媒体技术知识。

（二）科学与人文融合的能力素质

罗紫初教授在《论数字时代出版人才能力之培养》一文中指出，数字时代来临，编辑出版人才必须具有以下三方面的能力：(1).编辑业务能力，包括资源开发能力、资源质量把关能力、资源有效转化能力、信息检索能力、计算机操作能力和多媒体转换能力；(2).全方位的市场营销能力，包括市场预测能力、产品包装设计能力、宣传促销能力等；(3).较强的社交公关能力*。

总体来说，应用复合型人才，要求既具有一定的学科背景，又熟悉出版业务，具备扎实的编辑出版学专业知识，同时还懂得计算机和新媒体技术；管理复合型人才，要求既熟悉出版知识和现代出版技术，又善于经营和管理；应用研究复合型人才，要求将具体的应用实践上升到理论，为行业提供前瞻性的理论指导，这也是行业发展所必须的。

（三）具有创新潜力的复合型人才

数字出版人才培养根本目的在于培养厚基础、宽口径、高素质、强适应的出

* 罗紫初．论数字时代出版人才能力之培养．出版科学，2009（1）

版人才。

1. 树立“大编辑、大文化、大媒体”的教育理念

数字时代的编辑不仅要有为人类文化服务和奉献的激情和自觉性，还要有宽广的文化视野和深厚的文化底蕴，同时还要熟练运用纸媒、网络、手机、手持阅读器、视频等多媒体技术进行文化传播，努力实现内容传播最大化，提高文化的传播力和社会影响力，参与世界出版的竞争。因此，高校应在教育理念上树立与数字出版时代相适应的大出版教育理念，推动编辑出版学专业课程设置和培养模式的改革，为数字出版跨学科人才培养营造氛围。

大编辑：编辑是文化的生产者和传承者，肩负着社会责任和文化担当，同时要熟练运用纸媒、网络、手机、手持阅读器、视频等多媒体技术进行文化传播。数字出版在经历了内容为王——渠道为王——终端为王后又回到内容为王，更凸显了大编辑理念的重要。

大文化：编辑不仅要有为人类文化服务和奉献的激情、精神和自觉性，还要有宽广的文化视野和深厚的文化底蕴。

大媒体：编辑要积极利用多媒体，努力实现内容传播最大化，提高文化的传播力和社会影响力，参与世界出版的竞争。

2. 推动数字出版人才的跨学科教育

数字出版是一个多学科交叉的领域，这也决定了数字出版专业教育的跨学科性质，因此，要以本专业为点，其他相关专业为面，点面结合，多面开花。进行跨学科的本科专业教育，这是培养数字出版人才的最佳选择。由于我国高等教育专业设置有一定的要求，目前除北京印刷学院本科设立了数字出版专业外，其他院校均没有设置相关本科专业，因此，具备条件的院校应该积极筹划设置数字出版专业以利于进行跨学科教育，培养复合型、高素质的数字出版人才。

数字时代要求出版人才既要懂编辑业务，又要懂技术，还要懂经营管理，这就要求编辑出版学专业与其他专业实施不同程度的联手，跨院系跨专业联合培养编辑人才。编辑出版学专业所在院系可以与其他院系如商学院、管理学院、信息工程学院、艺术学院等联络，以跨院系跨专业联合培养的方式培养编辑出版人才，进行诸如“编辑出版+信息管理与信息系统”、“编辑出版+数字媒体技术”、“编辑出版+数字媒体艺术”、“编辑出版+市场营销+数字媒体技术”等方面的教育，由合作的院系、专业共同协商制定跨学科教育方案，统筹协调相关课程设置。

3. 建立“1+N”的新人才培养模式

“1”即传媒与文学的基本素养，不管出版的媒介发生何种改变，出版业的最终归宿仍是文化的传播与传承。因此，传媒与文学的素养始终是数字出版视角

下人才培养的支撑点。文学、传播学相关课程的设置要放在突出位置。同时，此类课程又要与社会的流行热点，特别是数字出版的新动态紧密结合，如开展对网络文学的有关研究、解析数字出版环境下大众阅读方式的变化。

“N”的范围较广，包括一定的计算机技术、管理学知识、营销学知识，甚至还要求通过辅修第二专业掌握如法律、金融、建筑等某一专门学科。在课程设置上，尤其要重点培养学生的计算机能力和出版实践能力。数字出版专业的培养目标是要为出版业输送一批既有扎实的出版理论知识又有出版实务经验，特别是掌握一定数字技术、深谙出版发行营销之道的复合型专门人才。

4. 构建“产学研”一体的全媒体应用平台

随着传统媒介和新媒介的并驾齐驱，全媒体这个概念正在引领当今出版行业的潮流与走向。要尽可能地能够发挥产学研一体化的优势，为全媒体应用平台的构建提出设想与解决办法。出版社、新媒体公司可与高校的数字出版专业建立长期的合作关系，设立几个固定的学生见习基地，吸收这方面的潜在资源。依托高校的教育优势，以学生为中心、数字出版教育为核心，同时进行数字出版方面的科学研究，并以市场为导向，将研究成果和教学成果应用于数字出版产业。

由于数字出版行业的特殊性，仅靠高校难以完成人才培养重任，必须走“产学研”一体化道路，在充分利用校内教学和实践资源的基础上，发挥国家数字出版基地、网游动漫基地和数字出版企业的优势，将高校数字出版人才实训纳入国家新媒体产业基地建设中，并把这项工作列入对新媒体产业基地的奖励和考核体系，和高校一起联合培养数字出版人才。高校可通过双导师制度，引导学生参与企业和社会的科研与创新活动，通过加强实践创新教育，培养数字出版产业需要的复合型人才。

三、结　语

数字出版产业已经成为出版产业新的经济增长点，它不仅深刻改变了传统出版业的生产、传播和消费方式，还催生了新的文化生产、信息传播和阅读消费方式。

数字技术与网络技术给传统出版业提出挑战的同时，也带来了新的发展机遇，我们要更新观念，及时跟踪研究新技术发展趋势，积极探索新技术与内容有机结合的商业模式，抓住新技术革命这一历史机遇，趋利避害，与时俱进，立足数字出版环境，做好复合型编辑人才的培养工作。随着现代科学技术的发展，数字出版业的发展给编辑主体提出了更高要求，编辑必须提升自身素质，从各方面加强能力，才能更好地胜任数字出版工作。

台湾数位出版产业现况与人才培育之研究

赵家民*　黄昱凯**　吴佩芸***

摘　要： 近年来，随着电子书产业的逐渐成熟，出版产业对于数位出版人才的需求也逐渐成长，数位内容产业为新世纪明星产业，具有发展知识经济与数位经济双重指标意义，而人才培育则是驱动内容产业正向发展的根本条件。本文首先探讨台湾数位出版产业的现况与特征，并进行数位出版人才需求的缺口分析，最后根据研究结果研拟相关的策略，供出版产业参考之依据。

关键词： 数位出版；人才培育；缺口分析

一、前　言

电子书兴起，改变了读者的阅读方式，纸本书不再是唯一的选择。根据研究机构 In-Stat 预估，全球电子书阅读器市场的销售额，从 2008 年开始至 2013 年，将成长至 90 亿美元，年复合成长率将高达 94.5%，远高于手机产业初期 61%的成长率。而最新美国消费电子协会的调查资料中也显示，电子书阅读器首度进入美国成年人前 10 大最希望收到的消费电子礼物名单内。随着科技创新，新的供应链创造了参与者新的竞合模式，各参与者的商业模式也随之创新，相较于过去的纸本书市场出版商拥有较大的议价能力之情况，在新的竞合模式中，掌握客源的网络平台通路商对于上游的出版商之议价能力大幅提升。电子书的供应链由上而下可分为：作者、出版社、DRM 业者、网路通路平台、电信业者、硬体载具制造商。

在智能型手机与平板电脑市场迅速成长之下，在苹果平台的 App Store 已有 300，000 套应用程式上架；Google 的 Android Market 也有 130，000 套的服务量，是全球前两大应用程式商店。据统计，2010 年的全球 App 下载量达 110 亿次，顾客实体消费额由 2009 年 40 亿美元（约 1，172.8 亿元新台币）提升至 2010 年的 70 亿美元（约 2，052.4 亿元新台币）。全球 App 市场成长曲线将持续提升，预估至 2015 年将达 350 亿美元收益（约 1.26 兆元新台币），亦即 2010 年的 5 倍。由此得知，数位内容产业的发展前景将不可限量。根据台湾经济部工业局的定义，

*　赵家民，南华大学旅游管理学系助理教授。
**　黄昱凯，南华大学出版与文化事业管理研究所助理教授。
***　吴佩芸，南华大学出版与文化事业管理研究硕士班研究生。

数位内容产业范畴包含 8 个次领域，由 5 大核心产业与 3 大关联产业组成。核心产业分别是数位游戏、电脑动画、数位影音、数位出版与典藏、数位学习 5 个领域，关联产业则包含行动应用服务、网络服务及内容软体 3 个领域。为推动台湾数位内容产业蓬勃发展，台湾行政院于 2009 年 5 月公布六大新兴产业，其中的一项计划“创意台湾（Creative Taiwan）——文化创意产业行动方案”，预计于 2013 年达成关联产业 * 目标，包含产值达 7，800 亿元新台币、促成产业投资额达 1，000 亿元新台币、国际合作金额达 140 亿元新台币、促成产业创新产品数量达 200 件，带动衍生产值达 100 亿元新台币、培育 5 家年营收 30 亿元新台币之国际级企业，开发国际级产品达 10 件、培训产业专业人才达 8，000 人次等，并透过（1）软硬整合，带动产业规模成长；（2）多元创作，鼓励文创产业投资；（3）国际拓销，促进两岸产业交流；（4）学研整合，扩大产业人培能量等 4 大发展策略来完成其目标。图 1 说明台湾数位内容产业范畴。

图 1　台湾数位内容产业范畴

资料来源：经济部数位内容产业推动办公室（2011/4）

* 关联产业是指行动应用服务、内容软体（含影音工具 / 软体、嵌入式软体、系统整合服务、其他软体）、网路服务等三类的数位内容产业。

在传统的图书出版流程中，当书籍经过选题策划、编写、审稿、原稿加工整理、版面设计、文字排版及插图加工、校对、修正、完稿后，后续的作业仍需要造纸、印刷等相关行业的协助，而这些传统的出版流程势必会在未来这股数位内容的革命中产生剧烈的变化。数位内容产业可说是未来的明星产业，该产业具有发展知识经济与数位经济等双重指标之意义，而人才培育是驱动内容产业发展的最根本条件。本文首先探讨台湾数位出版产业的现况与特征，并进行数位出版人才需求的缺口分析，最后根据研究结果研拟相关的策略，供出版产业参考之依据。

二、台湾数位出版产业现况

台湾数位出版产业链以硬体服务商、软体商与内容业者等三种类型为主。硬体服务商是指以电子墨水、电子纸模块技术与关键零元件等优势，扮演国外电子书阅读器的重要供应链角色，如振曜、华硕与台达电等。

以台达电的电子纸为例，该公司的系列产品垂直整合了纸材与实体装置，实行领先全球的快速反应液态粉状显示器（Quick Response Liquid Powder Display，QR-LPD），提供多种尺寸的电子纸阅读装置，同步搭配云端资讯解决方案以及QR-LPD客制化开发套件，作为数位出版内容载具的硬体完备性相当充足。台达电的电子书阅读器共有4.1寸、8.寸、13.1寸、21寸以及客制化尺寸等多款产品，除最小面板的4.1吋装置受限于大小之外，各机台皆支持3G、WiFi与蓝牙等无线通讯科技，也支援了SD记忆卡与iPad不提供的Flash功能。而振曜公司的电子书阅读器GreenBook，自2010年展开与电子书籍整合商易读网（EZRead）的软硬合作后，在台湾的电子纸阅读市场也有相当高的市场占有率。

至于软体服务商则居间扮演平台角色，提供电子书内容交易、传递与阅读器等服务，如联合线上、中华电信与宏基等。如中华电信的Hami书城服务即与多家出版社合作，提供智能型手机用户下载及阅览。远传电信也建置电子书城“e书网”，来增加额外营收来源。目前台湾推出阅读器的业者有远流出版与View Sonic合作的金庸机、联合线上数位阅读网与ASUS合作的Eee Note、绿林书城的Green Book及BOOK11的iRex等。

数位出版可以说是App市场中相当被注目的区块，摩达网公司（Mag V）以内容整合各项系统平台的服务模式，提供会员从杂志到图书的数位阅读产品和服务。特别是在iPad出现于市场后更趋明显，该公司的业务成长可以说是数位出版产业在APP上的代表。另外，联合线上也针对App开发不少商品，包括整合性新闻平台App“联合报Plus”，以及采取创新互动应用模式的几米绘本电子书App。前者透过流量创造广告模式，后者则采免费与付费双轨并行，市场成绩与使用者反应皆属理想。

城邦在App业务部分也利用其所拥有体系内的程式设计师资源，成立4个独立营运的App单位，包括幼教绘本类、旅游类、纸本书转换通路类、分众社群类等不同范畴。其中分众社群部分拥有“自在粉领族”与“运动五分钟”等产品，纸本转换的重要代表则是与北市龙山寺合作的“好好拜拜”App，透过元件化拆解为智能型装置的App，美女外拍图集App也是同样的类型。此外，城邦同时亦有2项完整的电子书阅读独立营运平台，分别是纸本书数位化平台（随身e册）与完全原创的平台（Popo原创）。这些平台是与合作伙伴凌网科技策略合作所共同建构的，借以辅导其集团本身的40至50家出版社。此外，城邦集团也在App服务上准备投入创新作法，以其4个部门的App经营为基础，并与其他2间同属台湾地区持有最多版权的三立电视与康轩展开合作计划，目的是为了使内容可同时拥有转换为App或数位书籍等选择。

在内容经营方面，内容商可分为既有出版业者与整合制作服务商等两种。以城邦出版集团为例，该公司是台湾出版集团进入数位出版产业的典型代表，目前城邦出版集团扩编有百人以上的数位出版团队，包括“数位出版部”、“城邦读书花园”、“电子书发展部”等。

除了城邦出版集团外，其他如联经出版亦成立了“数位出版中心”，而以教科书为主的康轩则是成立了“数位暨品牌发展部”。同样是教科书领域的翰林则有“数位部”，至于台湾最重要的漫画出版社之一的尖端出版，则成立“数位暨品牌发展部”，其他出版社如华品文创成立“数位平台资源整合”。这些例子都说明，台湾已经有许多出版社关注并投入相当资源在数位出版业务上，除了将业务重点放在电子书版权、经纪与经销发行外，也希望在电子书阅读器结合台湾科技业者尝试进行制造，以争取市场机会，如远流出版社所推出的金庸机便是其中的代表。

目前Apple与Google等两大平板电脑作业系统所提供的APP应用软体平台，可以说是图书出版产业日后最重要的数位出版平台之一。为了协助台湾的内容商及软体商皆能切进App供应链，台湾经济部工业局于2011年8月正式宣布，与工研院的App合作，期许内容服务开发动能获得帮助，并促使台湾成为华文App创作中心。以下说明台湾有关单位在不同领域中，推动台湾数位出版产业的相关政策。

自2007年起，为奖励优良数位出版创作及对数位出版有特殊贡献者，台湾有关单位共设置9项数位出版奖及评审团特别奖，其中除“评审团特别奖”颁发奖杯外，余均颁发奖座及奖金20万元新台币。2011年奖项计有198件作品报名角逐，于2011年10月26日办理颁奖典礼，由明日工作室获得评审团特别奖，《另阿公的大脚丫》（长晋数位）、《台湾郊山地图（北部篇）》（晨星出版）、《On the Go台湾走透透》iPad版（财团法人台北市基督教救世传播协会）、《小蜥蜴的回忆》（未来书城）、《天下杂志iPad版电子杂志》（天下杂志）、《HyRead台湾全文资料库》（凌网科技）、《行动绿生活 台湾不碳气》（天下杂志）、《bella依依 App》（远传电信）、《漫画之星COMIC STAR》（城邦文化—尖端出版）等9件作品获奖。

台湾行政院新闻局自2004年起，开始办理补助发行数位出版品计划，透过每年征选5至8件依据中华民国法律设立的新闻纸、杂志、图书出版事业者的优秀企划案，达到有效提升数位出版品的水平与加强出版事业的竞争力。又为加速数位出版体系之形成和提高业者参与意愿，自2010年起提高补助金，并视个别企划案补助50～100万元新台币不等的金额。

台湾新闻局在2011年7月7日公布“2011年补助发行数位出版品”8件获补助企划案：《破周报》数位出版整合阅读平台计划（独立媒体有限公司）、Connect People，Connect Reading：社交网路电子书开发计划（联合线上）、台湾生态与艺术的真情对话－ART ONLINE“蓝蝶”诗集数位出版计划（书虫股份）、“Interactive Picture Book互动游戏绘本”国际数位出版计划（格林文化）、“八面威风—家将传奇”多媒体影音互动电子书发行计划（三立电视）、上班族数位英语教室—biz互动英语行动学习版发行计划（希伯仑）、《好好拜拜－龙山寺的幸福巡礼》iPhone App 多国语言版（城邦文化），以及泼墨数位出版暨营销实务运作专案（泼墨数位出版）等，每件企划案分别获得50万元新台币补助金。

为了推动台湾电子书产业的发展，台湾经济部工业局将完成五个云端电子书应用服务示范案，这些计划包括：

（1）凌网与明基、宜诚资讯等厂商跨业合作，以台中图书馆为核心，开发“数位化图书馆导入电子书营运平台”，建置云端书库串联全台5都17县市公共图书馆电子书图书资源，推动全城市应用阅读服务。

（2）英业达、台湾小学馆、迈世通科技等厂商跨业整合建置高雄市大都会K12教育场域服务试炼，推动“国小校园电子书应用服务暨营运推广”。

（3）浩鑫科技推动“台北市电子书包试行”，促成大规模K12教育场域试炼，后续将接轨教育白皮书扩大实行。

（4）华硕开发“慈济电子书城”，建立新创社群互动应用，透过广大慈济志工进行本地服务试炼，后续将经由华硕全球营销通路与慈济慈善行动社群网路，复制输出中国大陆并拓展至欧盟市场。

（5）旺旺中时推动旺财书城云端平台创新应用，全方位整合完成一站式创新服务流程设计，预计将带动订阅人次超过 1 万人，加速提升国内数位阅听人口。

此外，为鼓励合法发行杂志、图书之事业及个人从事发行优良数位出版品，活络数位出版市场及鼓励个人数位出版创作。台湾行政院新闻局出版事业处特别成立数个奖项来鼓励传统出版社从事数位出版的行为，相关奖项分别是：

①数位出版奖

“最佳电子书奖”：最佳人文艺术类电子书奖、最佳科学类电子书奖、最佳语文学习类电子书奖、最佳动漫及绘本类电子书奖。

“最佳电子期刊奖”、“最佳电子资料库奖”、“最佳加值服务奖”、“最佳公益数位媒体奖”、“年度数位出版创新奖”。

②评审团特别奖等，给予得奖者奖金及奖牌以资奖励。

三、数位出版的特征

发展数位出版应该以传统出版核心为主还是数位新潮流为主？以互动设计制作切入，向数位新潮流靠拢是唯一的选择吗？人才面对的挑战和思维又是什么？要回答这些问题，首先我们先要探讨数位出版的特征为何？数位出版与传统出版有哪些异同？

图 3 说明目前不同类型的电子阅读器种类，由图 3 可以知道目前常见的数位内容电子阅读器有平板电脑、智能型手机，以及以电子纸为屏幕的电子阅读器等三种。其中，以电子纸为屏幕的电子阅读器目前只有单色商品量产，彩色电子纸张仍未进入量产阶段。数位阅读的第一个特征便是目前的电子阅读器的种类多元，且多半具有多元的功能，数位阅读仅是其中的一项基本功能。

图 4 则是说明以文字为主的数位内容，其阅读接口的相关功能，如发音、画线、批注、书签、线上即刻查询资料等，这些也是数位阅读的特征之一。与以往的纸本阅读相比较，数位阅读更具有能让读者主导阅读情境的趋势。图 5 与图 6 则是以杂志当作范例，当一则具有图文并茂的报导，其直排与横排的视觉效果。图 7 与图 8 则是两则电子内容的互动体验范例。

图 3 不同类型的电子阅读器

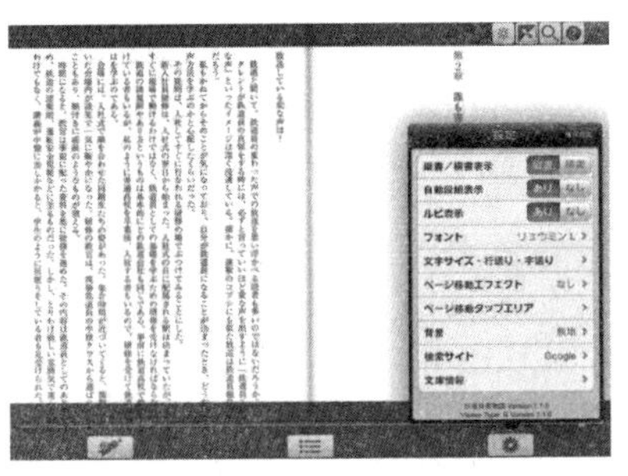

图 4 电子阅读器的阅读接口

图 5 电子内容的排版（横式）

图 6 电子内容的排版（直式）

图 7 几米的电子绘本

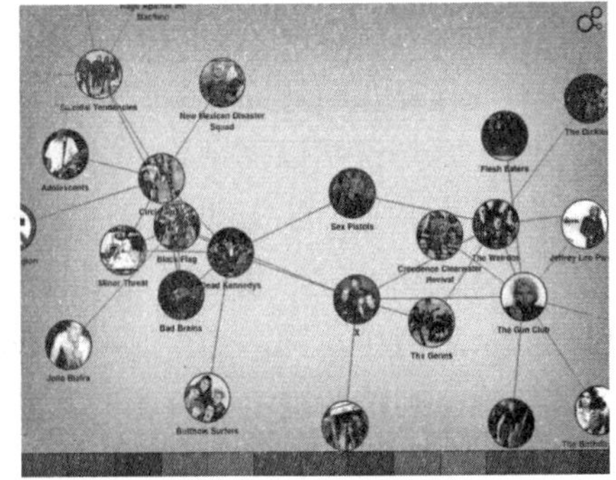

图 8 电子内容的互动体验

图 7 为几米的电子绘本（iPad版本），当绘本转换成电子版本后，不但可以加入影音等视觉效果，也加入了与读者互动的阅读体验。图 8 的电子内容也是另一种类型的互动体验，读者可以藉由这些互动体验享受不一样的阅读情境，而

这些都是纸本阅读所无法提供的功能。

进一步探讨有关几米电子书绘本的相关资讯技术，其包含了实时互动、多媒体影音嵌入、超级链接阅读、外部资讯连结等。要完成这些作业的工作人员，与传统出版流程相较，可发现电子绘本与纸本绘本多了“监制”、“美术”、“制作协调”、“数位监制”、“数位设计”、“程式开发”等职称的人来完成其电子绘本的制作。另一种类型的数位内容，便是以付费软体的方式来呈现，以猫头鹰出版社所出版的“自然系图鉴 Online”为例，就是以学习与教育的需求出发，给读者提供一个全新的数位阅读体验，通过该数位内容的阅读接口，带领读者经由其检索系统，查询自己所见到的鸟类，了解其名称、产地与习性等。

图 9 “自然系图鉴 Online”阅读接口

最近，EPUB 可以说是以文字为主的电子内容，最具有开放性的版本，其最新的版本是 Epub 3.0。Epub 3.0 为 IDPF 在 2011 年所发布的，接替 Epub 2.0 的开放电子书标准，两个版本的主要差异为 3.0 版新增支持 HTML5、CSS3、音讯和视讯以及中文的直式书写、旁注文字（ex: 注音符号），另外可以将档案内容中的文字及预录声音文件同步或由软体合成语音朗读内容。Epub 3.0 支持由右至左、由上而下的书写方式，对应到了中、日文等部分传统亚洲文字格式，让 Epub 3.0 得以迎合中、日文读者的阅读习惯。

上述有关数位出版内容的供应链各厂商的收益模式，台湾数位出版联盟建议：电子书定价为纸书 6 ～ 8 折拆账比例，内容供货商 / 内容平台，出版社与作者拆账则为 20%~30%。除了这些收益类型外，App 市场近来亦逐渐开发出第 2 收入模式，那就是广告模式。苹果公司自 iOS 3 作业系统开始导入所谓的 App 额外消费 / 置入消费（In － App － Purchase）模式，使得 App 开发者注意到此种新营收来源。

根据国际市调机构 IDC 对于产业的评估，App 市场总体收益将由直接付费下载使用为主的现行 App 商业模式，逐步转换至 In － App － Purchase 或嵌于 App 内容的广告获利（In － App － Advertising）。In － App － Purchase 运用类型十分广泛，包括电子书、电子杂志、游戏、影音与文书编辑等 App3 皆能采用，其对 App 市场的意涵是：即使是免费 App，仍然可以在上市之后，透过延伸性的功能服务，向智能装置用户收取费用，有助于软体开发商于拆账阶段的获利。

对于台湾厂商而言，亦为切入 App 平台的理想商业模式。由于 App 市场尚属新兴产业范畴，因此在内容版权相关管理机制还未成熟，中国大陆就发生数起未获授权的作品被不肖人士转制成 APP 软体，在 APP 平台上付费下载，造成作者的权益损失。台湾作家九把刀也指出，其 56 部作品竟未经授权许可便被放上 APP 平台上销售，这些情况都说明目前 APP 平台对于数位出版的版权保护，仍有许多改进的空间。

四、数位出版人才需求缺口分析

出版产业因数位科技的创新，数位出版产业对人才因环境快速变化之培训需求增加，尤需创新、技术与程式等类人才，均需快速提升人才职能，以快速跟上环境之变化，才能在激烈竞争中胜出。

台湾行政院科技顾问组为配合挑战 2008 国发计划，于“行政院科技人才培训与运用方案”选定半导体、影像显示、通讯、数位内容、资讯服务及生技等六大产业，进行三年滚动式科技人才供需调查，以了解国内研发与工程人才供需情形。调查研究显示，台湾预估六大重点产业未来三年科技人才新增需求将达 10 万 7 千人。因职务特性、经验、跨领域等需求条件差异，六大产业未来三年仍须努力媒合的职缺约有 3 万 4 千人。此外，据台湾行政院科技顾问组所进行的一项有关数位内容产业专业人才供需调查结果显示，目前台湾在数位出版的职务需求以“创作人”、“撰稿人”、“营销专员”等三类的需求量最高，“专案经理”则是最重要且最急迫需要的人才。

由上述的分析可以知道，数位科技的进步不但改变了内容制作业者对人才需求的类型，从产学长远的发展来看，学校教育课程也有必要因应这个趋势做调整。对于数位人才选择首要考虑，在思维和特质上，企划人员最好能具备多元、多样的视觉、图像化阅读习惯及媒体经验，制作设计必须对网页、Flash 制作具备相当能力。具备这样类型能力的人才，才能有效的将原本的文字资讯包装成具数位阅读价值内容的数位内容。

产业用人最主要来源来自学校，为提升学校师资及学生实务，应鼓励持续推动学研整合，结合数位内容学院专业人才培养经验及学校相关设备资源，弭平产学落差，扩大培训能量满足人才需求。学者魏裕昌指出，早期出版跟文科概念相近，出版人才多是文科出身；当网路兴起，有“资讯传播”这类系所，让传播与资讯结合的更紧密，课程规划也跟着数位内容产制、传播方式和网路科技发展在走。但学生毕业后能否符合数位出版产业需求？魏裕昌认为科技、传播人才不难培育，其中最大关键却是在数位出版的核心——内容制作。“编辑人才”是很难得的，或许中文系学生对科技仍不熟悉，但若有更多中文系学生到资讯传播系修课，资传系培育出来的人才将更符合业者需求。

由于原创人才是数位出版的核心，台湾数位内容产业发展需有源源不绝之原创支撑，需强化原创人才之育成，提升台湾原创能量。建议培训课程强化叙事能力、跨领域 / 平台创意整合，以多元创新方式培训高附加价值、原创及跨领域之平台人才，带动内容创新及跨领域应用。现阶段台湾数位内容产业人才供需，普遍仍存在产学落差，学界仍缺乏具实务性师资，造成产业人才供给不敷产业实际需求。业者反应现代学生缺乏职场伦理、抗压性差、态度及沟通能力不佳等问题，需从根本教育解决，培养学生软性能力。

表 1 与表 2 分别说明台湾各大学开设数位出版相关课程，以及政府与民间团体开设数位内容相关课程资讯一览。应鼓励持续办理数位内容产业人才培育相关措施，办理在职提升、养成培训等课程，办理前瞻趋势 / 技术引进研讨会，协助企业掌握最新趋势与技术，培育新兴内容产业人才，以满足产业需求，并推动重点领域国内外新兴技术应用发展或创新内容服务之优良示范案例，以培育产业中高阶人才。

表 1　台湾各大学开设数位出版相关课程整理一览

学校	系所名称	相关课程
南华大学	出版与文化事业管理研究所	数位出版相关课程
台北艺术大学	图文传播所	电子出版与媒体整合
政治大学	传播学院硕士在职专班	数位内容产制理论
台湾艺术大学	科技艺术研究所	交互式多媒体设计、交互式数位艺术
台北教育大学	教育传播与科技研究所	数位内容设计、交互式多媒体设计与制作、数位媒体脚本创作研究与分析
政治大学公企中心	出版实务研习	数位出版相关实务课程
师范大学	图文传播研究所	电子出版技术与管理、数位影像制作
文化大学	资讯传播研究所	数位出版
世新大学	图文传播暨数位出版学系	数位印刷与电子出版
中正大学	电讯传播所	数位内容产制理论

表 2　台湾政府与民间团体开设数位内容相关课程资讯一览

单位	相关课程	网址
资策会	数位教育研究所	http://w3.iiiedu.org.tw/
经济部工业局	数位内容学院	http://www.dci.org.tw/
普生数位科技	出版人才培训中心	http://www.m-plus.com.tw/
巨匠电脑	多媒体课程	http://www.pcschool.tv/index.aspx

数位出版与传统出版具有下列几个不一样的特征，分别是“游戏性的阅读”、“社群阅读”、“共享资料的连结”、“虚实整合的阅读体验”、“多媒体影音嵌入技术”、“分享、共同创作”以及“互动性阅读接口”等特征。而数位出版产业的职务需求，其核心专业技能则包含有扮演数位出版舵手的角色（数位出版制作人）、针对数位出版特征进行内容企划及作业流程调整的角色（数位出版内容企划）、数位出版品销售推手（数位出版营销）、编辑与美术设计电子书的生产者（电子书制作），以及整合文字影音影片等多媒体素材的设计者（多媒体设计）。

根据 2011 年数位内容产业人才需求调查，需求前三的高职务依序为研发工程师、网页设计师、美术设计师。这样分析的结果也显示，目前台湾数位出版业者在供需方面包含了四个主要的缺口，分别是“原创能力缺口”、“出版流程改造缺口”、“IT 技术缺口”以及“阅读体验设计缺口”。面对这些缺口，政府、产业与学界都有责任来降低这些数位出版的人才供给缺口。如台湾政府为了协助内容商及软体商皆能切进 App 供应链，委托工业局透过工研院之 App 平台技术，支持台湾的数位出版厂商，期许台湾的内容服务开发动能获得帮助，并促使台湾成为华文 App 创作中心。同时，提出台湾相关业者应兼具软硬整合与营销实力，并以每年产制出 2 万款 App，以及达千人以上的 App 开发者为目标。

目前已就该项远程政策订定三大策略来达成目标，包括 App 大型竞赛活动的人才选拔、App 123 创作平台与服务团队的建构，与校园 App 种子教员的培训等措施，这些都是政府具体缩短数位出版产业人才缺口的具体表现。

五、结论与建议

数位内容是创意的产业，创意则是 21 世纪经济发展的核心竞争力，其中人才更为产业之根本资源。未来台湾数位内容产业发展需有源源不绝之原创支撑，需强化原创人才之育成，提升台湾原创能量。此外，数位内容产业近年因新媒体出现、新技术发展及新载具更迭而产生剧烈变化，带动内容创新应用，人才培育应朝向具备数位科技及设计美学之 π 型人才及具备跨平台和跨业整合及创新营运模式之管理人才发展。

随着两岸经贸关系逐步正常化，华文市场也渐渐成形，两岸和亚洲华人所形成的新的大华语市场，对于台湾来说是一个难得的新契机。台湾对于华文社会流行掌握度高，台湾现有传统出版业者 19，560 家，每年有 4 万 5 千本出版品，长期累积了丰富的华文文化与内容典藏素材，为数位出版与电子书产业发展奠定良好之根基。在数位化潮流趋势下，人才面临不断的挑战和转型已是必然。虽然说人才是数位出版成功的重要关键，但发展数位出版的人才是出版人才还是数位人才？也就是说数位出版人才除了专业技能、热爱熟悉网络新媒体、新科技外，还必须具备创造阅读的能力（在不同载具上的阅读形式）、想像力和能沟通的跨界能力。因为思维是人才最大的挑战，出版的核心价值决定人才类型。

由于岛内数位出版产业发展尚缺乏共同性的电子书销售排行汇整平台，也就是说销售端的通报机制并未健全，而相对概念延伸出的电子书共同编辑流通平台，亦是非常重要的产业发展关键。台湾数位出版产业逐渐成熟，由代工转向重视原创开发，故人才需求亦由初阶技术人才转向中高阶专业整合性人才，然而台湾大学院校相关系所多以技术课程为主，缺乏完整知识体系的培育模式，导致目前教育供给人才无法因应产业发展所需之专业整合能力。因此，政府除应在此部分落实于共通标准的政策宣达外，仍须专注在产学相结合的大方向上，藉由长期稳健的教育与师资系统、校内外团队合作经验及社会欣赏文化的涵养程度等策略，为台湾的数位出版产业领域人才培育，提供一个良好的环境。

数位内容产业特性，需具备数位科技及设计美学之 π 型人才，数位汇流带动新兴服务模式，需要具备跨平台及跨业整合之人才及创新营运模式之管理人才。面对数位出版产业的人口供给缺口，本文建议传统的编辑人才，需要尽快熟悉新载具的操作，以及新数位技术的学习能力，藉由在职训练了解数位多媒体的制作流程外，并应该学习如何与 IT 人员进行良好的沟通，以便让一个具有创意与商业价值的数位内容，藉由数位内容的制造流程做好数位出版的工作。

参考文献

[1] 潘怡臻．数位出版从业人员专业能力之研究 [D]．台湾世新大学，2009.

[2] 王扬智，徐明珠．台湾数位出版产业及大学数位出版课程之研究 [J]．教育学术汇刊，2007.

[3] 张承，莫惟．人力资源管理便利贴 [M]．台北：鼎茂图书，2008.

提升专业期刊对出版教育的促进作用
——基于大陆地区编辑出版学专业期刊状况调研与特色分析

赵　翾*　王彦祥**

摘　要：目前大陆地区正常出刊的编辑出版学专业期刊有 19 种。本文首先对这些专业期刊的各个方面进行数据调研和统计，然后从出版周期、出版地域、主办单位、栏目设置、办刊特色等方面，重点展开分析和归纳，得出了编辑出版学专业期刊在出版周期规律、出版地域分布、主办单位信息、栏目设置状况等方面的共性与个性，以及在办刊特色上的差异，并全面评价了各个专业期刊的学术声誉，得出位列前五名的专业期刊排序表。最后，归纳了编辑出版学专业期刊的出版状况，提出明确专业定位，加强期刊特色化建设；缩短出版周期，加快信息传播速度；打造特色栏目，形成期刊刊文强势等几点建议。

关键词：编辑出版；专业期刊；特色栏目；学术声誉；期刊出版

一、编辑出版学专业期刊概貌

编辑出版学专业期刊为研究出版业发展，促进学术交流，进行出版人才培养提供了一个必要的信息平台。近年来，大陆地区的编辑出版学专业期刊的数量和编辑队伍却呈逐渐萎缩之势，正常出刊的专业期刊开始减少，个别专业期刊已经停刊或者正面临着停刊。本文对此类期刊进行多方面检索后，最终确定了 19 个对象期刊，其涵盖目前大陆地区正常出刊的所有编辑出版学专业期刊，具体情况如表 1 所示。

表 1　大陆地区编辑出版学专业期刊信息表

刊　名	创刊年份	出版周期	出版地	主办单位
《编辑学报》	1989 年	双月刊	北京市	中国科学技术期刊编辑学会
《编辑学刊》	1984 年	双月刊	上海市	上海市编辑学会 上海世纪出版集团
《编辑之友》	1985 年	月刊	太原市	山西出版传媒集团有限责任公司

*　赵翾，北京印刷学院 2012 级出版专业硕士研究生。

**　王彦祥，北京印刷学院新闻出版学院副教授、研究生导师，北京出版产业与文化研究基地／跨媒体出版北京市重点实验室专职副主任。

刊　名	创刊年份	出版周期	出版地	主办单位
《出版参考》	1988 年	旬刊	北京市	中国版协国际合作出版工作委员会
				中国新闻出版研究院
《出版发行研究》	1988 年	月刊	北京市	中国新闻出版研究院
《出版广角》	1995 年	月刊	南宁市	广西出版杂志社
《出版科学》	1986 年	双月刊	武汉市	湖北省编辑学会
				武汉大学
《出版人》	2004 年	半月刊	长沙市	中南出版传媒集团股份有限公司
《出版史料》	1982 年	季刊	北京市	开明出版社
《出版视野》	2003 年	双月刊	重庆市	重庆市出版工作者协会
《辞书研究》	1979 年	双月刊	上海市	上海世纪出版股份有限公司
				上海辞书出版社
《科技与出版》	1982 年	月刊	北京市	清华大学出版社有限公司
《现代出版》	1994 年	双月刊	北京市	中国传媒大学出版社
				中国大学出版社协会
				中国传媒大学编辑出版研究中心
《新疆新闻出版》	2003 年	双月刊	乌鲁木齐	新疆维吾尔自治区书报刊发行中心
《中国版权》	2002 年	双月刊	北京市	中国版权协会
				中国版权保护中心
《中国编辑》	2003 年	双月刊	北京市	中国编辑学会
				高等教育出版社
《中国出版》	1978 年	半月刊	北京市	新闻出版报社
《中国科技期刊研究》	1990 年	双月刊	北京市	中国科学院自然科学期刊编辑研究会
				中国科学院文献情报中心
《中国图书评论》	1987 年	月刊	北京市	中国图书评论学会

注：期刊按刊名的汉语拼音顺序排列。

因《读书》、《书城》、《书屋》同为阅读类期刊，它们以关注和研究读书活动为主体内容，刊载的文章多是书里书外的人与事，已不属于纯粹的编辑出版学专业研究期刊，故不对其进行统计和分析。

二、编辑出版学专业期刊出版状况

（一）出版周期

本次调查的19种专业期刊中，双月刊10种，约占总数的52.63%；月刊5种，约占总数的26.31%；半月刊2种，约占总数的10.53%；季刊和旬刊各1种，约占总数的各5.26%。

《出版参考》虽为旬刊，但其上旬刊与下旬刊为连续期刊，故只能将其视为半月刊。《出版人》虽为半月刊，但2011年共出刊15期，依照实际出刊情况，将《出版人》归为月刊更为合适。

《中文核心期刊要目总览》（2011）所列出的12种“G23出版事业类”核心期刊中，双月刊和月刊的出版周期所占比例超过90%，这说明编辑出版学专业期刊与大陆地区其他专业期刊大致相同，均以双月刊和月刊作为出版周期，符合绝大多数专业期刊的出版规律。

另一方面，一半以上的编辑出版学专业期刊（双月刊）的出版周期较长，而如此长的出版周期，必然导致一些刊物无法做到与时俱进，在刊载具体内容上成为了“后卫队”而不是“先锋连”，即以总结经验得失为主，出版行业发展的战略研究、前瞻性探讨却很少。这些期刊虽密切关注出版行业的新动态，但无奈出版周期长，无法及时为读者提供有效信息和有益的建议。

（二）地域分布

19种专业期刊中，有11种期刊集中在北京出刊，2种期刊在上海出刊，其余各刊分布在大陆地区的其他省市自治区出刊。从中国六大行政区域来考察，除东北地区外，编辑出版学专业期刊在其他行政区域均有分布，尤以华北地区最多，达到12种，超过了总量的63%。其他地区的分布情况是，华东地区2种，中南地区3种，西南地区和西北地区各1种。12种“G23出版事业类”核心期刊中，《编辑学报》、《出版发行研究》、《科技与出版》、《现代出版》、《中国编辑》、《中国出版》、《中国科技期刊研究》、《中国图书评论》共8种均在北京出版。由此可见，北京无论在专业期刊的出版数量，还是在专业期刊的出版质量上，都远远高于其他省市自治区。

上海的专业期刊出版数量为2种，略优于其他省市自治区。其他专业期刊的出版地则均位于省会城市，这也在一定程度上反映出，省会城市作为一个省的政治经济文化中心，也自然成为各省市区出版事业和出版研究的中心地区。

（三）主办单位

19种专业期刊的主办单位共有26家。以中央和地方来划分，其中14家归属中央，12家归属地方。两类主办单位分布比较均衡，其主办期刊的数量也基

本相等。

从地域来看，26家主办单位主要分布在北京和上海两地。首都北京是大陆地区的政治文化中心，同时也是全国出版业最发达的城市，为大陆地区编辑出版领域提供了丰富的研究素材，因此全国性的出版研究组织多集中于北京。

根据各主办单位的共有属性，26家主办单位可大致划分为社会团体、出版集团、出版科研机构、出版社、高校和各省市自治区新闻出版部门六大类，各类主办单位数量及所占比例情况如图1所示。统计分析后可以看出，目前专业协会或学会等社会团体所主办的编辑出版学专业期刊占主导地位，其次是出版社主办的期刊。

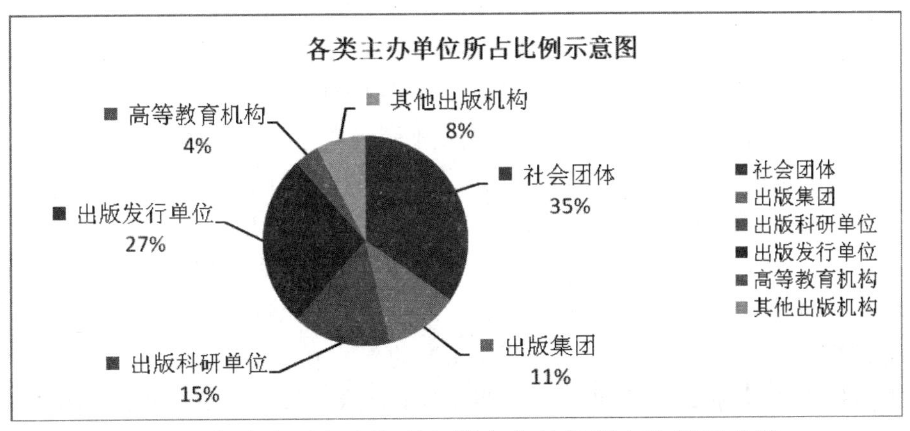

图1 大陆地区专业期刊各类主办单位所占比例示意图

三、期刊栏目设置分析

（一）栏目数量

通过收集19种编辑出版学专业期刊的2011年各刊目录，并对各期刊目录进行归纳整理，得出了2011年专业期刊栏目设置的基本数据。因篇幅有限，在此不一一列出。统计后的结果是，2011年19种专业期刊共设栏目332个，平均每种期刊的年度栏目数量为17个，每期栏目设置为11个。其中，《新疆新闻出版》的年度栏目数和平均每期栏目数均为最大，而《中国图书评论》虽然年度栏目数不是最少，但平均每期栏目数却是最少的。

具体来看，在19种专业期刊中，2011年度栏目数在7～35之间。栏目数最多的是《新疆新闻出版》，共有35个栏目；栏目最少的是《出版参考》，稳定在7个栏目。2011年各专业期刊的每期栏目平均数在5～20之间，其中《新疆新闻出版》每期的栏目数最多，达到16～20个栏目；《出版参考》虽不是每期栏目数最少的期刊，但却是栏目最稳定的期刊，年度栏目数和每期栏目数都是7个。

（二）栏目频率

为便于统计对比，我们以栏目在全年出现的次数占统计总刊期的百分比为依据，划定出现频率为1%～33.3%的为低频栏目，出现频率为33.4%～66.7%的为中频栏目，出现频率为66.8%～100%的为高频栏目，并在此基础上计算本专业期刊高、中、低频栏目的比例关系。

统计后可知，大陆地区编辑出版学专业期刊在栏目类型上以高频栏目居多，约占43.90%，其次是低频栏目，约占33.72%，中频栏目最少，仅占22.38%。具体到各专业期刊，《出版参考》、《出版广角》和《科技与出版》的高频栏目出现频率分别为100%、88.89%和75%，位居高频栏目数量前三甲。《辞书研究》则以68.75%的低频栏目出现率，位居低频栏目榜首。

在19种编辑出版学专业期刊中，侧重不同研究方向的专业期刊，其高、中、低频栏目的出现频率也不尽相同。例如，侧重研究编辑工作的《编辑学报》、《编辑学刊》《编辑之友》和《中国编辑》，高频栏目的出现频率分别为58.82%、33.33%、41.76%和56.25%。其中，《编辑学报》的高频栏目出现频率最高，《编辑学刊》的高频栏目出现频率最低。在此基础上，联系这4种专业期刊的中、低频栏目的出现频率可以看出，《编辑学报》的高、中、低频栏目出现频率呈阶梯状下降趋势；《编辑学刊》的中频栏目出现频率高于高、低频栏目的出现频率，高、中、低频栏目的出现频率整体呈波峰状；《编辑之友》的高、中、低频栏目的出现频率处于均衡状态，《中国编辑》高频栏目的出现频率高于中、低频栏目的出现频率，高、中、低频栏目的出现频率整体呈波谷状。

侧重研究出版发行工作的《出版发行研究》和《出版广角》，其高频栏目的出现频率分别为54.55%和88.89%。联系这两种专业期刊的中、低频栏目出现频率，这一研究方向的专业期刊基本做到了以一般栏目烘托重点栏目，在满足栏目设置参差性原则的基础上，也满足了读者的审美心理。

（三）栏目重复情况

19种专业期刊中目前存在着一定的栏目设置重复情况。考虑到中、低频栏目多为期刊的非常设栏目，不能充分反映期刊的内容重点，因此，此方面的统计分析仅选取高频栏目作为统计样本。经统计，有14个方面的栏目存在着重复问题，图书评论、编辑工作、数字出版、专业理论、出版工作等位居前列。

其中，图书评论方面的栏目重复次数最高，达到8次，这在一定程度上反映出当前图书宣传、评论领域的相关研究在编辑出版学研究中占据着较大比重，发文量也比较大。其次，编辑工作和数字出版方面的栏目重复次数都是 7 次，这些研究方向是近年来编辑出版学研究领域的重点，也在数据上得到了充分体现。整体而言，目前此类专业期刊的栏目设置的确存在一定程度的重复，但每种期刊仍有自己的栏目特色，并未形成众刊一面的局面。

变换一种思路来分析，专业期刊的栏目设置相互重复，也正说明这些栏目是本类期刊讨论或关注的重点问题、热点问题，甚至是难点问题、前沿问题。为此，我们应该辩证地看待编辑出版学专业期刊的栏目重复现象，从中洞察专业期刊的关注点和专业研究发展趋势。基于此，我们测算并得出了目前编辑出版学专业期刊的 10 大重点栏目，详情见表 2 所示。

表 2　2011 年大陆地区编辑出版学专业期刊的 10 大重点栏目

重点栏目分类	重点栏目名称
出版工作理论	学术理论
出版组织和管理	改革探索
编辑工作	编辑工作
发行工作	出版物营销
图书宣传、评价	图书评论
各类型出版物编辑出版	数字出版
	出版工作
	期刊研究
出版工作者	人物
世界各国出版事业·中国	出版文化

四、编辑出版学专业期刊的学术声誉测评

（一）专业期刊论文刊发情况统计

专业期刊的学术声誉在很大程度上是由所发表的专业论文质量所决定的，也就是说，专业期刊发表论文的专业质量，决定了刊物自身的学术水平处于哪一个层次，及其影响范围。基于上述观点，我们对编辑出版专业期刊 2010 年和 2011 年所刊载的、2500字以上的学术论文进行统计，以期从一个侧面揭示专业期刊的学术声誉现状。通过相关的数据统计，2010 年 18 种专业期刊（未能对《中国版权》进行统计）共发表符合要求的论文总数是 3151 篇，2011年 19 种专业期刊共发表符合要求的论文总数是 3513 篇。综合两年的数据，2010年～2011 年各期刊刊载有效论文数量的综合排名见表 3。

表3 2010年～2011年大陆地区各专业期刊刊载有效论文综合排序表

排名	刊名	有效论文数量	排名	刊名	有效论文数量
1	《中国出版》	982	11	《编辑学刊》	232
2	《编辑之友》	981	12	《新疆新闻出版》	229
3	《科技与出版》	580	13	《中国图书评论》	149
4	《出版发行研究》	565	14	《现代出版》	147
5	《中国科技期刊研究》	505	15	《中国版权》	81
6	《编辑学报》	464	16	《辞书研究》	131
7	《出版广角》	385	17	《出版史料》	105
8	《出版科学》	292	18	《出版视野》	79
9	《出版参考》	278	19	《出版人》	40
10	《中国编辑》	269			

从表3可以看出，2010年发表符合要求论文总数排在前三位的专业期刊是《编辑之友》、《中国出版》和《出版发行研究》；2011年发表符合要求论文总数排在前三位的专业期刊是《中国出版》、《编辑之友》和《科技与出版》。这说明以上几种期刊在刊载专业论文的数量和规范性方面走在了编辑出版类期刊的前列，其在编辑出版专业研究领域有着很高的认可度。

（二）专业期刊总被引频次和影响因子统计

通过查询《2010年版中国期刊引证报告（扩刊版）》和《2011年版中国期刊引证报告（扩刊版）》，可以直接获得编辑出版类期刊最新的2009和2010年总被引频次和影响因子权威数据。对相关数据进行排序后得知，2009年和2010年总被引频次排在前三位的专业期刊都是《编辑学报》、《中国科技期刊研究》和《编辑之友》，相较于其他期刊，这说明此三种期刊所反映出的学术水平是高高在上的。

通过对影响因子的数据查询可知，本类专业期刊2009年影响因子排在前三位的期刊是《编辑学报》、《中国科技期刊研究》和《出版科学》，2010年影响因子排在前三位的期刊是《编辑学报》、《中国科技期刊研究》和《科技与出版》。《编辑学报》和《中国科技期刊研究》连续两年都进入了影响因子数据排名的前三位，相较于其他期刊，说明《编辑学报》和《中国科技期刊研究》的专业影响力很大，学术水平也相对较高。

（三）专业期刊被摘率分析

为进一步测评编辑出版学期刊的学术声誉，我们对19种专业期刊在大陆地区权威文摘类期刊《人大复印报刊资料·出版业》和权威索引类期刊《全国报刊索引》中的被摘引情况进行了统计与分析。

经过统计，2010年《人大复印报刊资料·出版业》共摘登了183篇编辑出版学专业论文，有14种专业期刊刊载的论文被《人大复印报刊资料·出版业》全文摘登。2011年《人大复印报刊资料·出版业》共摘登了162篇编辑出版学专业论文，有15种专业期刊刊载的论文被《人大复印报刊资料·出版业》全文摘登。在此基础上，我们对2010年和2011年专业期刊刊载论文在《人大复印报刊资料·出版业》中的被摘率进行了分期刊的统计汇总，得到表4和表5。

表4　2010年《人大复印报刊资料·出版业》专业论文被摘率排序表

排序	刊　名	被摘篇数	被摘率（%）	排序	刊　名	被摘篇数	被摘率（%）
1	《出版发行研究》	31	16.94%	8	《出版参考》	4	2.19%
2	《中国出版》	30	16.39%	9	《出版人》	3	1.64%
3	《编辑之友》	19	10.38%	10	《中国版权》	3	1.64%
4	《出版广角》	14	7.65%	11	《中国编辑》	2	1.09%
5	《中国科技期刊研究》	14	7.65%	12	《编辑学报》	1	0.55%
6	《出版科学》	9	4.92%	13	《编辑学刊》	1	0.55%
7	《科技与出版》	6	3.28%	14	《中国图书评论》	1	0.55%

表5　2011年《人大复印报刊资料·出版业》专业论文被摘率排序表

排序	刊　名	被摘篇数	被摘率（%）	排序	刊　名	被摘篇数	被摘率（%）
1	《中国出版》	22	19.82%	9	《编辑学刊》	5	4.50%
2	《出版发行研究》	18	16.22%	10	《科技与出版》	5	4.50%
3	《编辑之友》	12	10.81%	11	《中国版权》	4	3.60%
4	《出版科学》	11	9.91%	12	《编辑学报》	3	2.70%
5	《出版广角》	9	8.11%	13	《出版参考》	2	1.80%
6	《现代出版》	6	5.41%	14	《出版人》	1	0.90%
7	《中国编辑》	6	5.41%	15	《中国图书评论》	1	0.90%
8	《中国科技期刊研究》	6	5.41%				

从表4和表5可以看出，《出版发行研究》、《中国出版》和《编辑之友》位列2010年全文文摘被摘率排行榜的前三名；《中国出版》、《出版发行研究》和《编辑之友》位列2011年全文文摘被摘率排行榜的前三名。以上三种期刊连续两年都进入了《人大复印报刊资料·出版业》被摘率排行榜的前三位，相较于

其他专业期刊，其刊载论文被摘登的篇数多，被摘比率也名列前茅，这从一个侧面表明，此三种专业期刊在编辑出版研究领域的认可度较高，学术声誉也较好。

（四）专业期刊被引率分析

作为大陆地区最权威的索引类期刊《全国报刊索引》，其2010年的“G23 出版事业”类共列出2591篇论文索引条目，19种编辑出版学专业期刊中有10种期刊发表的1715篇论文被收入此部分，共计1715条，约占索引条目总数的66.19%。2011年，《全国报刊索引》“G23 出版事业”类共列出2311篇论文索引条目，19种编辑出版学专业期刊中有9种期刊发表的1418篇论文被收入此部分，共计1418条，约占此索引条目总数的61.36%。各专业期刊在《全国报刊索引》中的具体被引率数据与比例关系详见以下二表。

表6　2010年《全国报刊索引》中专业论文被引率排序表

排序	刊　名	被引数量	被引率（%）	排序	刊　名	被引数量	被引率（%）
1	《编辑之友》	384	14.82%	6	《中国科技期刊研究》	200	7.72%
2	《中国出版》	329	12.70%	7	《编辑学刊》	88	3.40%
3	《科技与出版》	238	9.19%	8	《中国图书评论》	43	1.66%
4	《出版发行研究》	225	8.68%	9	《辞书研究》	4	0.15%
5	《编辑学报》	202	7.80%	10	《中国版权》	2	0.08%

表7　2011年《全国报刊索引》中专业论文被引率排序表

排序	刊　名	被引数量	被引率（%）	排序	刊　名	被引数量	被引率（%）
1	《编辑之友》	319	13.80%	6	《编辑学刊》	95	4.11%
2	《中国出版》	310	13.41%	7	《科技与出版》	37	1.60%
3	《出版发行研究》	221	9.56%	8	《中国图书评论》	19	0.82%
4	《中国科技期刊研究》	211	9.13%	9	《中国版权》	3	0.13%
5	《编辑学报》	204	8.83%				

《编辑之友》、《中国出版》和《科技与出版》在2010年《全国报刊索引》中分列19种专业期刊被引率的前三名。同样，2011年的《编辑之友》《中国出版》和《出版发行研究》在《全国报刊索引》中分列19种专业期刊被引率的前三甲。《编辑之友》和《中国出版》连续两年都进入了《全国报刊索引》被引率排行榜的前三位，相较于其他专业期刊，其发表论文被《全国报刊索引》索引的数量最多，被引率最高，说明这两种期刊所刊发的论文具有权威性和典型性。

此外，我们对2010年和2011年专业期刊所发表论文在《人大复印报刊资料·出版业》文后索引中的被引率情况也进行了统计。其中，2010年《人大复印报刊资料·出版业》的文后索引部分共列出1754条论文索引条目，有14种专业期刊登载的论文进入此部分索引，共计1217条，占全部索引条目总数的69.38%。2011年《人大复印报刊资料·出版业》的文后索引部分共列出1131条论文索引条目，有16种专业期刊登载的论文进入此部分索引，共计806条，占全部索引条目总数的71.26%。通过这些统计数据可知，《中国出版》、《编辑之友》和《出版发行研究》的2010年被引率位列专业期刊的前三位；2011年被引率排在前三名的是《中国出版》、《出版参考》和《编辑之友》。《中国出版》和《编辑之友》连续两年都进入了《人大复印报刊资料·出版业》文后索引部分的被引率排行榜前三位，这与《全国报刊索引》的被引率排名基本吻合。

（五）专业期刊的学术声誉评定

评价一本专业期刊的学术声誉，要综合考虑该期刊发表论文的情况、期刊总被引频次和影响因子、期刊论文被摘率和被引率等各方面因素。2009年从专业期刊的影响因子和总被引频次两个方面考量，《编辑学报》位居两项指标的榜首。2010年从专业期刊的载文状况、影响因子和总被引频次以及被《人大复印报刊资料·出版业》、《全国报刊索引》的被摘引情况五个方面考虑，《出版发行研究》各项指标都比较靠前。2011年从专业期刊的载文量和被《人大复印报刊资料·出版业》、《全国报刊索引》的被摘引情况三个方面考虑，《中国出版》和《编辑之友》各项指标均排在前列。但是，我们不能单凭某一方面数据来判定各专业期刊的学术声誉状况，不能以偏概全，要全面综合考虑各方面的因素，才能得出客观全面的期刊学术声誉评价结果。

我们对2010年～2011年专业期刊刊载有效论文情况，以及2009年～2010年专业期刊总被引频次、影响因子数据进行综合统计，得出了各个专业期刊的排名情况。然后，依照这一排序结果将专业期刊的学术声誉评定范围缩小至位列前茅的《编辑学报》、《编辑之友》、《出版发行研究》、《出版科学》、《科技与出版》、《中国出版》和《中国科技期刊研究》这7种专业期刊上。

其后，我们对2010年和2011年各专业期刊在《人大复印报刊资料·出版业》正文文摘中的被摘率、在《全国报刊索引》和《人大复印报刊资料·出版业》文后索引中的被引率情况进行二次综合统计，得到了各专业期刊的三项指标综合排序结果。其中，《编辑之友》、《出版发行研究》、《科技与出版》、《中国出版》和《中国科技期刊研究》这5种期刊位居前列，成为编辑出版学专业期刊学术声誉评价的备选期刊。

根据文献计量学原理，影响因子的大小与刊载论文数量有关，而总被引频次可以在一定程度上弥补由于刊载论文数量过大而导致影响因子过低的问题，因而对专业期刊的学术声誉进行综合评定最先需要对专业期刊的论文刊载数量、影响因子大小和总被引频次进行统计和排序。综合这三方面因素可以得出，《编辑之友》两年共刊载有效论文 981 篇，刊载有效论文的数量较多，因而影响因子数值较低，但两年总被引频次高达 4846 次，故从这三方面的因素来看，《编辑之友》的学术声誉状况位列全部编辑出版学专业期刊的第一名。以此类推，《出版发行研究》、《中国出版》、《中国科技期刊研究》、《科技与出版》的学术声誉状况，分别位列专业期刊的第二至第五位。

最后，我们根据专业期刊在大陆地区权威文摘类期刊《人大复印报刊资料·出版业》和权威索引类期刊《全国报刊索引》中的被摘率和被引率进行统计测算，进一步修正了位列前五位的专业期刊排名次序，得出了最后的编辑出版学期刊学术声誉前五名的最终排序结果，详见表 8 所示。

表 8　大陆地区编辑出版类期刊学术声誉前五位排序表

排序	刊　名	刊载有效论文数	总被引频次	影响因子	《出版业》正文文摘的被摘率	《出版业》文后索引的被引率	《全国报刊索引》的被引率
1	《编辑之友》	981	4846	0.3105	12.45%	8.49%	13.79%
2	《中国出版》	982	903	0.259	20.88%	12.73%	13.40%
3	《出版发行研究》	565	1112	0.3375	19.68%	7.69%	9.50%
4	《中国科技期刊研究》	505	3124	0.8445	8.03%	3.01%	9.15%
5	《科技与出版》	580	897	0.3725	4.42%	6.37%	1.60%

五、专业期刊调研与分析后的思考和总结

通过对编辑出版学专业期刊的出版状况进行调研与分析，我们充分认识到大陆地区编辑出版学专业期刊对于出版行业发展、出版科学研究、编辑出版学学科建设等方面都有着举足轻重的作用，也得出了以下四点体会。

第一，专业期刊出版周期与专业研究、行业发展的关系。为了促进专业期刊的发展，每本专业期刊在创办之初，对于期刊办刊宗旨、读者对象、市场定位都有明确的目标，在实现这个目标的过程中，不仅需要对专业期刊所刊载的论文主

题进行选择，还需要依靠专业期刊的出版周期来辅助实现。出版周期在一定程度上反映了专业期刊的信息传播速度，决定了专业期刊能否对行业新动态和研究新进展做出反应后及时传达给读者。因此，每一种专业期刊不仅需要根据自身定位打造期刊的办刊特色，还需要依据自身条件确定出版周期，力争周期越短越好，以便给予读者及时有效的信息指导。

第二，地区专业研究氛围与期刊地域分布的关系。专业期刊的发展水平与其出版地的专业发展状况存在着辩证关系，出版地的专业发展状况、专业研究水平等，决定了当地专业期刊的发展规模和水平。而专业期刊的发展水平也在一定程度上反映了期刊出版地的专业发展状况和研究水平。通过分析编辑出版学专业期刊的出版状况，我们不仅需要认识到当前此类专业期刊的发展状况，还应透过期刊的发展状况，看到各地区出版专业发展状况的差异性，从而对症下药，努力促进出版专业的大发展大繁荣，同时兼顾专业研究的地域均衡性和地区间的协调性。

第三，期刊栏目设置与专业期刊出版特色的关系。专业期刊创办初期，需要通过宏观层次的策划来确定期刊的性质、宗旨、内容定位、读者对象、风格特点等，然后再通过栏目设计等中观层次的策划，使专业期刊的宗旨任务等具体化、栏目化。在统计分析编辑出版学专业期刊的过程中不难发现，有些栏目设置存在重复现象，这一方面说明出版行业对某些现象、某些话题的大力关注、集体观照，另一方面也需要谨防跟风研究、人云亦云等现象的形成。要实现专业期刊的科学定位，打造期刊的办刊特色，树立期刊品牌，就要在栏目设置上多下工夫。不是每一个出版行业热点都需要设置栏目来给予长期关注，而是需要从自身期刊的定位出发，来寻找和确定自己的期刊特色栏目，进而形成专业期刊的出版特色。

第四，专业期刊声誉评价标准与期刊学术声誉测评的关系。对于专业期刊的评价，不能只是针对某一项评价指标的讨论，而要综合考虑能够影响其学术声誉的方方面面因素，并对其进行全面的统计分析和认定。通过统计数据再细致分析每一个要素，进而得出专业期刊的学术水平程度以及专业声望认知程度。另一方面，这些专业期刊评介指标和统计数据是动态浮动的，而非一成不变的。专业期刊要保持其较高的学术声誉，就必须不断关注行业发展，追踪专业研究热点和重点，求访和刊登优秀的专业论文，这样才能在激烈的期刊竞争中立于不败之地。

通过统计和分析编辑出版学专业期刊，我们发现此类专业期刊的出版状况也存在着一些问题。譬如，出版周期过长，双月刊普遍存在，甚至还有季刊，使信息传播的“先锋连”变成了“后卫队”。为此，就如何促进编辑出版学专业期刊的发展，最后提出以下三点建议：

(1). 明确专业定位，加强期刊特色化建设。编辑出版工作与研究是一个庞大的系统工程，涉及的环节很多。每本专业期刊不可能对每个环节都关注到，这就要求专业期刊在明确刊物专业定位的情况下，打造自己独特的办刊特色，形成自身发展的绝对优势。

(2). 缩短出版周期，加快信息传播速度。缩短期刊出版周期，能够将最新的研究成果或行业信息及时地传递给读者，有利于编辑出版学专业期刊做好出版行业的“传声器”和“晴雨表”，也利于专业期刊吸引更多的读者。期刊的编辑出版单位应从机制体制上进行改革，提高工作效率，引进先进的编辑加工技术，以快、准、灵的出版效率，缩短出版周期，以赢得作者和读者，推动编辑出版学专业期刊的大发展大繁荣。

(3). 打造特色栏目，形成期刊的刊文强势。特色是期刊的生命，栏目是期刊的窗口；特色栏目可以在塑造期刊整体形象的基础上强化期刊的个性，并体现期刊的办刊宗旨和特色。特色栏目一旦形成，专业论文作者和读者、业界管理者和学术研究单位就会另眼看待、高度关注，甚至出现“马太效应”。为此，编辑出版学专业期刊要打开眼界，向其他专业领域的优秀期刊学习，尽快形成自己的特色栏目，成为优秀论文的制造园地和读者关注的焦点。

参考文献

[1] 董晓倩，王金凤．浅析编辑出版学专业期刊的现状 [J]. 新闻世界，2011 (2)

[2] 蒋振邦．出版业专业期刊现状及出路初探 [J]. 固原师专学报，1997 (5)

[3] 杨兆弘．关于科技期刊学术声誉的思考 [J]. 中国科技期刊研究，2005 (16)

[4] 张建美．浅谈如何提高科技期刊的学术声誉 [J]. 科技情报开发与经济，2005 (13)

[5] 曾建勋．2010 年版中国期刊引证报告（扩刊版）[M]. 北京：科学技术文献出版社，2010 年 10 月

基于专业网站招聘信息的图书编辑人才市场需求研究
——以百道网人才频道为例

王　伟*

摘　要：本文基于出版专业网站“百道网”2012年1月~7月人才频道上的编辑职位招聘信息，进行了汇总整理，并采用案例研究、数据定量分析等方法，对出版业的编辑人才需求情况进行了分析研究，揭示了出版业编辑人才市场需求的概况，总结出行业内图书编辑招聘的一般性特点，并对高校编辑人才培养模式的改进提出建议。

关键词：编辑出版；人才需求；招聘网站；百道网

百道网是我国图书出版产业的权威门户网站，其精选各类书业信息，汇合产业内外智力资源，借助技术优势构建了一个高效的书业信息服务平台。“百道网人才频道”作为百道网新兴的业务板块，一经推出便引起了业界的广泛关注，全国各大出版社和几千家出版企业纷纷在这里发布最新的编辑出版人才招聘信息，广招行业英才。发展至今，百道网人才频道已经成为了出版业内最具权威的图书编辑专业网络招聘渠道，其发布的招聘信息具有很高的行业影响力，能够反映出我国书业市场的编辑人才需求概况。本文特选取2012年1月～7月发布的111条编辑职位的招聘信息进行专项汇总、整理，并进行分项数据分析，希望以此案例研究，反映我国图书出版行业最新的编辑人才需求走向，为高校编辑人才培养体系的改进和广大图书编辑岗位求职者们的应聘提供一定的参考。

一、招聘机构类型及工作地分析

表1　编辑招聘的机构分析表

机构类型	出版集团和出版社	一般文化出版公司	专业网站	专业学会	总计
机构数量（家）	18	12	1	1	32
机构数占比	56.24%	37.50%	3.13%	3.13%	100%
提供职位数	78	31	1	1	111
职位数占比	70.27%	27.93%	0.90%	0.90%	100%

* 赵家民，南华大学旅游管理学系助理教授。

表1是依据2012年1月～7月百道网人才频道的编辑职位招聘信息所作的用人单位的机构类型分析表。共有18家出版集团和出版社发布了78个编辑相关岗位的招聘信息，机构总数占到总体的56.24%，提供的职位总数更占到总体的70.27%。由此可见，当前百道网编辑人才招聘的需求大户是较大型的出版集团或出版社，它们掌握着我国图书编辑人才市场需求取向的发言权。其次，以民营企业为主的12家文化出版公司也是其编辑人才招聘的重要力量，它们共提供了31个职位，占到总体职位的27.93%。此外，还有中国图书评论学会和百道网分别发布了1个编辑职位的招聘信息。

表2　编辑招聘的工作地分析表

工作地点	北京	上海	杭州	石家庄	武汉	桂林	合计
数量统计	92	14	2	1	1	1	111
占比情况	82.88%	12.61%	1.81%	0.90%	0.90%	0.90%	100%

从表2中可知，2012年1月～7月百道网上招聘编辑的单位中共有92家在北京，占到总体的82.88%；其次有14家工作地在上海，占总体的12.61%；其余5家单位的工作地则分别在杭州、石家庄、武汉和桂林。北京是首都和文化中心，我国全部500多家出版社中就有200余家聚集于北京地区，其他地区的出版社或文化出版公司有很多也在北京设立了办事处或下属子公司。北京早就以其雄厚的文化实力，成为了我国图书编辑人才分布最为集中的地区。上海作为我国经济中心，其文化实力也很雄厚，加上其开放的环境和得天独厚的地理区位，它也成为了多家图书出版单位的办公所在地。全国其他地方图书出版单位则主要集中于大城市，所以除了北京和上海，其他招聘单位的工作地主要是各大省会城市或直辖市。

二、出版物载体类型和编辑岗位类型分析

表3　编辑招聘的出版物载体类型分析表

出版类型	图书	期刊	网站	综合	合计
数量统计	98	5	2	6	111
占比情况	88.29%	4.51%	0.19%	5.41%	100%

表 3 是对百道网人才频道 2012 年 1 月～ 7 月编辑招聘信息所作的出版物载体类型分析表。从表中可以看出，百道网上出版单位招聘编辑所面向的出版物载体类型主要是图书，共有 98 个职位信息，占到总体的 88.29%，而期刊、网站和未作具体限定的综合性编辑职位总计只有 13 个，仅占总体的 11.71%。通过进一步分析可以推断，百道网作为我国权威的出版产业门户网站，其服务对象是以各地出版社为主的图书出版相关企业，因此对百道网人才频道的招聘信息进行汇总分析，确实能够反映出我国图书编辑人才市场的总体需求情况。

另外，由于我国图书和期刊的出版关系紧密，全国所有出版社中三分之二都有社办期刊，所以部分出版单位也会在百道网人才频道发布少量期刊编辑的招聘信息，部分单位还会发布一些和图书编辑相关的网站编辑需求信息。

表 4 招聘的编辑类型分析表

编辑类型	数量统计	占比情况
策划编辑	62	45.93%
文字编辑	38	28.15%
编辑部主任	13	9.63%
生活励志编辑	5	3.70%
社科编辑	4	2.96%
英语编辑	4	2.96%
营销编辑	3	2.22%
少儿编辑	3	2.22%
科技编辑	2	1.48%
教材教辅编辑	1	0.74%
合计	135	100%

对招聘单位的编辑岗位类型要求进行比较分析，可以得出出版业各类型编辑职位的总体需求情况。表 4 是对百道网人才频道数据分析后得出的各类型编辑需求分析表。其中，策划编辑需求量最大，共有 62 个相关职位信息，占总体的 45.93%。其次需求量较大的是文字编辑，共 38 个职位，占比达 28.15%。策划编辑和文字编辑职位数加起来，大概占总职位数的 70%。同时，很多用人单位在招聘时，往往要求编辑既能做策划编辑又能做文字编辑。可以说，策划能力和文字能力是图书编辑招聘时考察的两大能力，而相对来说出版单位最看重的还是编辑

的策划能力。再次，编辑部主任级别的人才招聘也是出版单位招聘的重点，其招聘职位数总计为 13 个，占比 9.63%。另外，出版单位招聘的还有生活励志、社科、英语、营销、少儿、科技、教材教辅等具体类型的图书编辑，当然出版单位往往也会对这些编辑职位的策划和文字能力做出相应要求。

三、专业、学历及工作经验要求分析

表 5　编辑招聘的专业要求分析表

文理分科	具体专业	出现次数	占比	合计
文科	中文	20	9.17%	60.55%
	外语	17	7.80%	
	管理学	17	7.80%	
	经济学	15	6.88%	
	历史学	12	5.50%	
	新闻出版学	12	5.50%	
	教育学	9	4.13%	
	哲学	8	3.67%	
	心理学	6	2.75%	
	其他文科专业	16	7.34%	
理科	电子通信	13	5.96%	39.45%
	计算机	8	3.67%	
	医学	8	3.67%	
	数学	6	2.75%	
	电气工程	5	2.29%	
	机械	5	2.29%	
	食品类	4	1.83%	
	其他理科专业	37	16.97%	
总计		218	100%	100%

出版业是文化创意产业的重要组成部分，它需要各类专业背景的人才充实到编辑队伍中。表 5 中图书出版单位招聘的文科专业背景的编辑数占总体的 60.55%，其中中文、外语（英语、德语、法语、日语）、管理学、经济学、历史学相关专业的编辑需求量较大，新闻出版学专业的编辑需求量只占到总体的 5.50%，其他需求较多的专业还有教育学、哲学、心理学等等。理科专业背景的编辑招聘量占到总体的 39.45%，其中需求较多的有电子通信、计算机、医学、数学、电气工程、机械、食品相关专业，另外物理、化学、自动化、土木工程等其他理科专业也有一定的需求。除此之外，不少单位会在岗位要求中提到有学科交叉专业背景者优先录取。

表 6　编辑招聘的学历要求分析表

学历要求	博士及以上	硕士及以上	本科及以上	专科及以上	不限	合计
数量统计	1	41	50	4	15	111
占比情况	0.90%	36.94%	45.05%	3.60%	13.51%	100%

出版单位作为精神文化产品生产的企业，其对编辑人才学历的要求也相对比较高。从表6中可见，出版单位招聘的编辑人员，基本都要求拥有本科及以上学历，占总体的82.89%，其中要求应聘者有硕士学历及以上的职位数占到37.84%。进一步分析发现，出版集团或出版社相对更看重编辑的学历水平，单位新进编辑至少要求达到本科文化水平，少数出版单位还要求应聘编辑必须毕业于985或211高校。以民营企业为主的文化出版公司对求职者的学历要求相对较低，部分单位甚至不限学历，而是更看重编辑的实际业务能力，一些单位明确说明能力突出者学历、年龄要求可适当放宽。

表 7　编辑招聘的工作经验要求分析表

年限要求	5年及以上	4年及以上	3年及以上	2年及以上	1年及以上	有经验者优先	不限	合计
数量统计	14	1	20	32	11	7	26	111
占比情况	12.61%	0.90%	18.02%	28.83%	9.91%	6.31%	23.42%	100%

图书出版是一项实践性很强的工作，所以出版单位在招聘编辑时十分注重编辑的相关从业经验。表7中可见，图书编辑招聘单位普遍对编辑职位有工作经验方面的要求，要求有1年以上工作经验和有经验者优先的出版单位占到总体的76.58%，不限工作经验的单位只有23.42%。此外，除了优先录取有传统图书出版单位工作经验或曾经策划过优秀图书选题的求职者外，一些出版单位还会优先考虑具有科研院所、高校教学、数字出版工作经验的求职者。

四、其他方面的分析

除了以上几个方面，百道网人才招聘频道2012年1月～7月的用人单位的编辑职位招聘还透露出以下信息：

在年龄要求方面，出版行业一般不排斥岁数稍大的求职者。本次百道网人才频道32家发布编辑招聘信息的出版单位中，大部分对求职者没有具体年龄限制，做出限制的单位一般要求应聘者在35周岁以下即可，对于编辑部主任级别的岗位其年龄限制还会放宽到40周岁，甚至45周岁以下。在编辑职位的薪酬方面，大部分单位都采取和求职者面议的方式，一部分明确说明的单位分别给出了3000元～29999元不等的月工资，还有单位为编辑开出10万～20万标准的年薪。在求职者的性别方面，出版单位未做具体限制，只有一家用人企业声明了“男士优先”的录用条件。

在编辑出版专业资格证书方面，不少出版单位要求应聘者取得编辑出版中级资格证书，或者是优先录取中级证书获得者。在编辑职称方面，大部分单位未作要求，但对编辑部主任级别的职位，往往要求取得中级职称三年以上，甚至要求具有副编审及以上职称。在户口方面，出版单位基本未做强制要求，只有一家单位要求求职者拥有北京户口。另外，除了“优秀的选题策划能力、熟练的文字处理能力、敏锐的市场分析能力、一定的管理能力和熟练使用办公软件”等职业能力要求之外，用人单位往往还有“热爱出版、积极主动、踏实勤奋、认真负责、富有创新精神和团队合作意识”等等之类的内在素质要求。

五、对高校编辑人才培养的一点建议

经过多年发展，我国高校编辑出版人才培养已经取得了丰硕的成果，但编辑出版专业毕业生受到出版单位冷落也是业界一个不争的事实。表7显示，大部分出版单位对编辑岗位求职者都有2年及以上行业工作经验的要求，部分重要岗位甚至要求5年以上工作经验。而高校编辑出版专业的实际情况却是，本专业的本科生和学术型硕士往往为应届生，行业经验十分欠缺。另外从表5可知，行业招聘编辑的学科背景要求非常多元化，新闻出版专业的编辑需求量只占到图书编辑总体需求量的5.50%。

针对以上问题，高校较为稳妥的应对措施是压缩编辑出版专业本科和学术型硕士的办学规模，进一步加大对专业型硕士、博士的培养力度，积极从各大出版单位中招收“编辑型”学生。首先，行业内大量从业人员有专业深造的强烈愿望，这保证了高校办学的生源。其次，行业内编辑人员本身就有丰富的工作经验，并且其深造毕业后还可选择回到原单位，保证了学生的就业率。再次，出版单位的编辑人员本身就是通过市场筛选进入到出版行业的各学科背景人才，这满足了图书出版对编辑本身专业的多样化需求。

当然，在积极培养专业型硕士、博士的同时，原有编辑出版本科和学术型硕士的办学也不能偏废。在对这些学生的人才培养上可以考虑采取中文、信息管理、新闻、计算机、历史、外语等多个院系联合办学的模式，以一个院系课程为主，其他院系课程为辅，从而培养出“一专多能”的编辑人才。对于出版单位需要的冷门专业编辑，高校可以采取和用人单位签约的定向培养模式，让学生入学一开始便学习特定专业的知识，毕业后直接进入相关单位工作。

参考文献

[1] 朱庆华．信息分析——基础、方法及应用 [M]．北京：科学出版社，2004.

[2] 李文鑫，黄进．跨学科人才培养的理论研究 [M]．武汉：武汉大学出版社，2004.

[3] 黄先蓉，罗紫初．数字出版与出版教育 [M]．北京：高等教育出版社，2009.

[4] 庄艺真，陈炎铭．出版人才培养问题及对策研究 [J]．科技与出版，2010 (01)

[5] 李文邦．我国编辑出版专业研究生教育综述 [J]．出版与印刷，2008(02)

[6] 文冀．出版业人才需求近期新变化 [N]．中国图书商报，2008. 03. 11.

[7] 裘贤． 出版业人才需求为何如此强劲．新华网读书频道，2011. 09. 26

大陆数字出版赢利模式高被引论文分析

王念祖 *　　洪林伯 **

摘　要：本文以“数字出版”与“赢利模式”为关键词，搜索CNKI数据库的“信息科技”和“经济与管理科学”两个学科领域，将所得被引频次排列最前的26篇论文作为数据源，分别对其“出版机构”、“作者属性”与“发表年份”进行外部分析；再利用“编码”对论文进行内容分析，以取得高被引论文论述之关键要素。论文目的在藉由对高被引论文的内外部分析，检视大陆产、官、学、研对数字出版赢利模式的研究现况与未来发展的突破点。

关键词：数字出版；赢利模式；高被引论文；编码

一、研究背景与问题意识

（一）研究背景

科学研究的目的在于人群的服务，无论是自然科学、社会科学抑或是人文科学，其最主要的工作有二：即为人类提出前沿的看法引导人类向前迈进，以及探讨人类目前所遇到的问题，并且提出可能的解决方案。因此，每当人类在现实世界遭遇困难时，求助于科学是十分常见的事。而随着科学研究学科化之后，“论文”乃是科学研究成果产出中十分重要的形式，据此，不但得以表现出科学研究内在的质量和水平，更可以清楚明晰地指出人类世界当前遭遇的问题并提出建议和解决方案。

根据科学计量学理论和方法，论文的质量和水平可以从论文被引用情况来考察——优秀的科研论文被引用频次往往相对较高，而且被引用周期也会比较长，我们将其称之为“高影响力论文”。换句话说，被引频次相对而言是一个既具体又客观的定量评价标准，显示某期刊论文被使用和受研究者（读者）重视的程度——就某篇论文而言，被引用的次数越多，说明该论文受人关注的程度越高，它对本学科及其相关领域的影响也就越大，其学术影响力越大，在一定程度上体现了论文的学术质量和学术价值；其能解决人类世界问题的能力可能也越高。

近年来，以高影响力论文作为科研水平评价标准是国际上普遍采用的方法。

*　王念祖，北京大学信息管理系2011级博士研究生。
**　洪林伯，南华大学出版与文化事业管理研究所助理教授。

如徐剑利用 CSSCI 的发文数和被引数，设计了一个对作者的学术力量化指标，找出了当前大陆新闻与传播学研究的核心作者群；肖燕雄运用大陆另一范围更大的数据库（CNKI），对大陆新闻传播学论文的引文情况做出了综合分析；段京肃则利用 CSSCI，对大陆新闻传播学的学术期刊影响力进行了分析。在大陆的体育新闻学领域，邓静与邓备从 CNKI 的关键词途径入手，对大陆体育新闻研究的 50 篇高被引用论文进行分析，通过对目前体育新闻研究的主题、刊物、年代分布以及作者的分析，为今后进一步的研究提供起点。

在图书馆学与情报学研究领域，周晓英等以 CNKI 数据库的图书馆学和情报学两类论文中被引频次排列最前的各 100 篇论文，作为本学科的高影响力论文，分析高被引论文的写作特点，并于数据中验证和发现图书馆学和情报学的学科差异方面有独特之处。

贺德方利用科学计量学方法，以包括高被引论文、热点论文、发表在世界三大名刊上的论文，以及发表在各学科顶尖期刊上的论文在内的高影响力论文作为事实资料，以 G7 国家和韩国、印度、俄罗斯等国家作为主要比较对象，对高影响力论文数量进行了国际比较研究。张利华与董光璧则以科学引文数据库（SCI）对大陆和亚洲地区“高影响力论文”作者颁发“经典引文奖”做分析，对评价大陆地区的科学研究水平提供了重要的依据。张静则分别从宏观与微观两个层面，探讨引文、引文分析对学术论文的评价作用，并指出这些评价作用的局限性。

透过引证，一方面反映了该学科文献的发展基础，另一方面又通过标准量化的科学文献规范，为后来研究者的研究提供创新扩散的传播便利，同时让更多人理解学者对人类世界某一现实问题的思考与解决方式。

（二）问题意识与研究目的

大陆自 2009 年数字出版总产值首度超越传统纸质出版后，对数字出版的关注便与日俱增，数字出版也名正言顺地成为朝阳产业。然而，此“明日”距离“今日”到底有多遥远？出版产业的真实面貌是否真与新闻出版总署所公布的调查数据相符？今天学界对数字出版的研究讨论，是否能有效解决现实世界所发生的问题，皆有待厘清。据此，本文希望透过对大陆数字出版赢利模式高被引论文的内外部分析，对上述问题做初步的探析，除归纳整理出大陆产、官、学、研对数字出版产业赢利模式的研究现况外，更希冀能提出建设性的建议。

二、数据采集、研究架构与方法

（一）资料撷取

中国学术期刊网络出版总库（以下简称 CNKI）是目前世界上最大的连续动态更新的中国期刊全文数据库，本文即以 CNKI 数据库为数据源，选择“信息科技”和“经济与管理科学”两个学科领域，以“数字出版”与“赢利模式”为关键词，检索近 10 年（2002 — 2011）的相关论文，检索结果按照被引频次递减排序，剔除通告通知等产生的非学术文献和不相关文献，共得到论文计 122 篇（检索时间 2012 年 3 月 31 日）。继而将其中有被引超过 3 次的论文共 26 篇，作为产、官、学、研对数字出版产业赢利模式讨论的高被引论文，对其进行内容分析。

表 1　信息科技和经济与管理科学 26 篇高被引论文

编号	作　者	题　目	论文出处	时　间	被引次数
1	张　立	我国数字出版产业的发展趋势及对策分析	出版发行研究	200810.10	19
2	吴江文	2009 年数字出版研究综述	中国出版	2010.03.23	11
3	王鹏涛	基于流程再造视角的数字出版产业链创新研究	科技与出版	2009.04.08	11
4	何格夫	数字出版赢利模式探究	科技与出版	2008.07.08	10
5	曹胜利 谭学余	专业出版社数字出版的赢利模式与路径选择	科技与出版	2010.04.08	9
6	陈　洁	出版社数字内容管理平台的构架与实施	科技与出版	2009.01.08	9
7	李红强	数字出版商业模式探析	编辑之友	2009.03.20	9
8	陈　洁	数字出版赢利模式研究报告	求索	2009.07.31	9
9	李广宇	2009 年数字出版发展状况及主要特点分析	出版参考	2010.03.05	7
10	熊玉涛	简谈数字出版的赢利模式及发展	出版发行研究	2010.06.15	7
11	梁上启	“泛在计算时代”数字出版盈利模式研究	编辑之友	2009.03.20	7
12	乔　丽	传统出版社数字出版赢利模式探析	科技与出版	2009.09.08	7
13	周百义	中小出版社数字出版的困境与对策	出版科学	2007.09.15	7
14	金更达 袁亚春 傅　强	高水平大学出版社数字出版定位研究——兼论数字出版内涵	大学出版	2008.10.25	7

15	吴信训 吴小坤	我国数字出版产业链的冲刺关键——构建数字出版公共（交易）平台的构想	新闻记者	2010.08.05	6
16	方 卿 许 洁	数字出版赢利模式设计的五要素——以高等教育出版社为例	出版发行研究	2009.11.15	6
17	韦金良	我国数字出版的现状及思考	中国新闻出版报	2010.01.20	6
18	闫 翔 冷 熠	专业出版社数字出版赢利模式探讨	出版科学	2009.07.15	5
19	熊玉涛	数字出版的商业属性与赢利模式	科技与出版	2010.06.08	4
20	张晋升 杜 蕾	数字出版产业链融合的价值和路径	中国出版	2010.08.23	4
21	王 勤	从本质上谈数字出版	出版参考	2009.10.05	4
22	闫伟华	网络文学发展的赢利模式及增长空间——以盛大文学为例	中国出版	2010.12.23	3
23	鲍立衔	浅析我国数字出版的主要问题及对策	中国出版	2010.07.2	3
24	邱晨奕	美国数字出版的赢利之道	上海信息化	2009.07.15	3
25	李瑞华	数字化视野下大众出版商业模式浅议	出版发行研究	2009.11.15	3
26	张文豪	数字出版赢利呼唤产业链的专业化分工	出版发行研究	2009.11.15	3

（二）研究架构

本研究共分为三个步骤，第一步骤为高被引论文搜集，第二步骤分别以“描述性统计”与“编码”对高被引论文进行外部与内容分析，第三步归纳整理上述分析结果、进行探讨并提出相关建议。本研究所拟定的研究架构如下图：

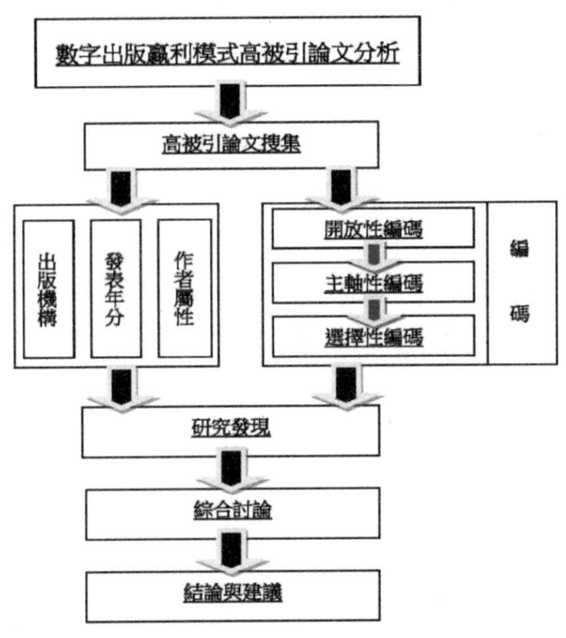

图 1 研究架构图

（三）研究方法

研究先针对数字出版赢利模式高被引论文之出版机构、作者属性与发表年份，进行外部分析；再对数字出版赢利模式高被引论文进行内部分析。在分析过程中采用 Atlas.ti 5.2 软件协助研究者对高被引论文内容进行“编码”；按照“开放编码”（open coding）、“主轴编码”（axial coding）与“选择编码”（selective coding）次序，对文献内容进行密集的检测，并对现象加以命名及范畴化（categorize）；再将范畴及次范畴做连结，并选择一核心范畴（core category），以作为表征高被引文献内对数字出版赢利模式论述的关键元素，归纳整理出数字出版赢利模式高被引论文内容论证值得借鉴与不足之处，并提出相关建议。

三、研究分析

（一）数字出版赢利模式高被引论文外部分析

本研究所采集的数字出版赢利模式高被引论文的被引情况为：总被引次数为 179 次，平均被引为 6.88 次，最高被引资料为 19 次，最低被引次数为 3 次。以下分别就“出版机构”、“作者属性”与“发表年份”，对高被引论文进行外部

分析。

1. 关于机构分布

数字出版产业赢利模式探讨的26篇高被引论文中，扣除未知机构的3篇论文，论文作者来自于20个机构（不含其他）。被引两次以上的机构仅有3个，分别是武汉大学信息管理学院（引用2次），浙江大学人文学院（引用2次），五邑大学学报编辑部（引用2次），其中浙江大学人文学院的被引论文都集中在陈洁身上。

从刊载刊物观之，所收集的26篇高被引论文中，属于CSSCI核心期刊的共有20篇，占所有高被引论文中的76.9%；非核心期刊共有6篇，占高被引论文中的23.1%。刊登在核心期刊的刊物中，前三名为：《科技与出版》有6篇，占比为23.1%；《出版发行研究》有5篇，占比为19.2%；《中国出版》有4篇，占比为15.4%，三者占了核心期刊中的六成以上。在非核心其刊中，占比最高的则是属于新闻性质的《出版参考》，有2篇。

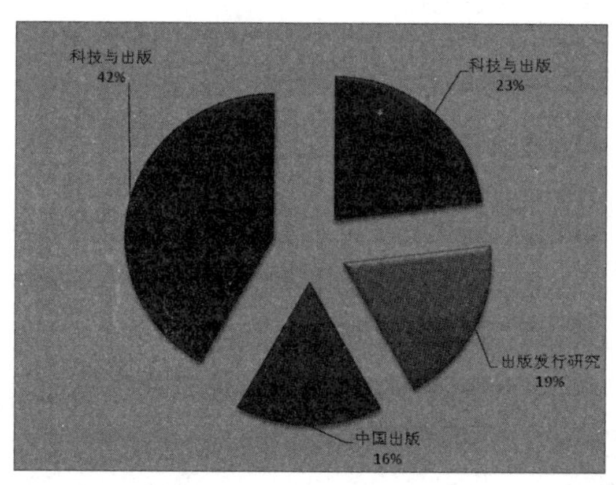

图2　刊物在核心期刊中的占比

从20篇核心期刊主题观之，占比最多的是采宏观视角对数字出版产业赢利模式进行综论的文章，共有5篇，占比为25%。其次为从产业链视角进行研究的论文，共有4篇，占比为20%。第三为简论、浅析性质的论文，共有3篇，占比为15%。个案研究与以专业出版社为主题的研究则各有2篇，占比为10%。6篇非核心论文中，则以一般综述性文章为主，共有6篇，占比为50%。

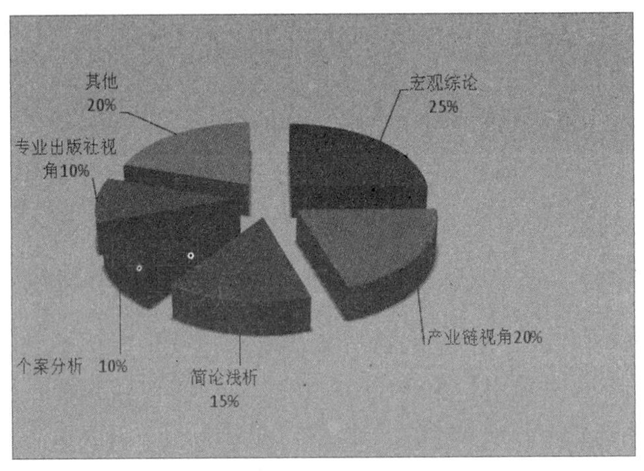

图 3 论文主题在核心期刊中占比

2. 关于作者属性与被引频次

从作者属性观之，若我们用产、官、学、研与其他来做分类，可以发现其中占比最高的为产业界的 14 篇，占所有高被引论文的 53.8%，被引总次数为 84 次，平均被引次数为 6 次。次高的为学术界的 8 篇，占所有高被引论文的 30.8%，被引总次数为 60 次，平均被引次数为 7.5 次。研究单位为 1 篇，占所有高被引论文的 3.9%，总次数与平均被引用次数皆为 19 次。

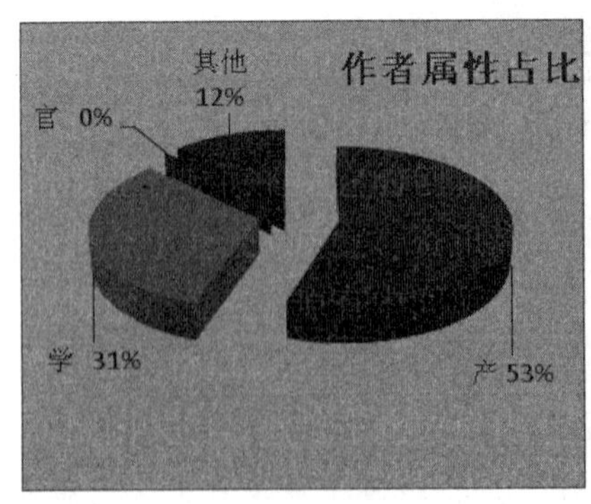

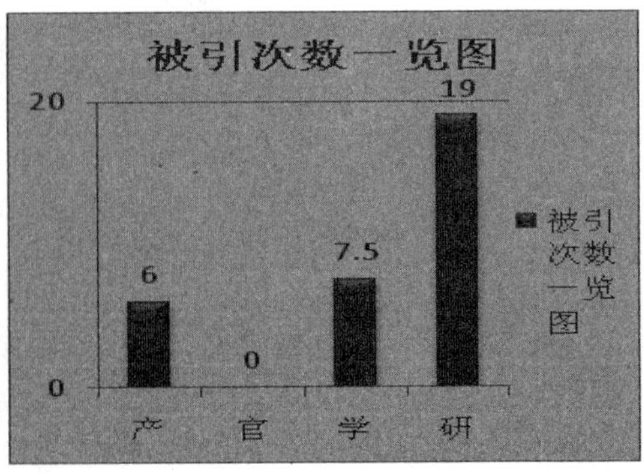

图 4 作者属性在高被引论文中占比与平均被引次数

3. 关于年代分布

本研究检索了从 2002 年到 2011 年近十年的相关论文，在 2007 年之前，所收集的高被引论文皆为 0，2007 年为 1 篇，2008 年为 3 篇，2009 年达到最高峰，共得 12 篇，2010 年略为下滑，共得 10 篇，2011 年则为 0 篇。

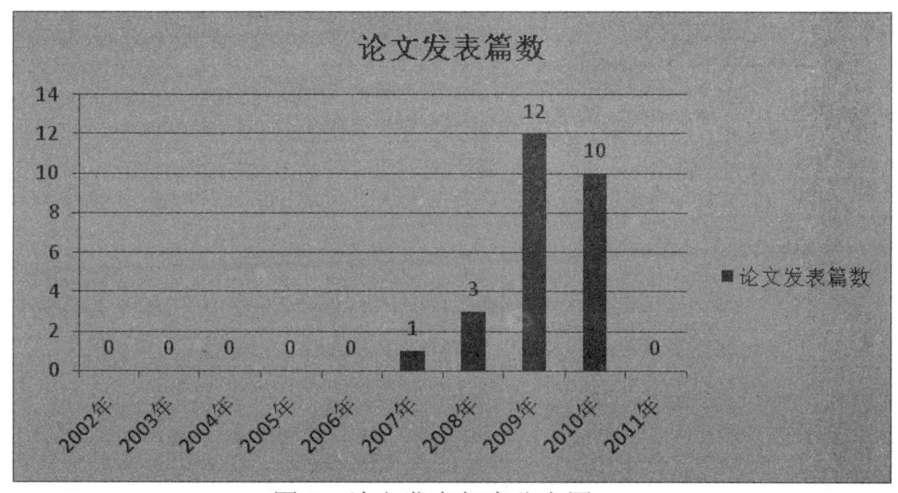

图 5 论文发表年度分布图

（二）数字出版赢利模式高被引论文内容分析

本研究利用“Atlas. ti 5.2”软件，协助研究者对 26 篇高被引论文内容进行“编码”，以归纳整理出组成数字出版赢利模式高被引论文的关键元素。

1. 开放性编码

开放性编码主要是将资讯分解、检视、比较、概念化类别化（Categorizing）的过程。于本研究中，开放性编码是藉由仔细检验搜集所得的 26 篇高被引论文，并针对所研究议题相关的部分命名或加以分类的分析工作，最后共得出与研究主题相关的编码共 831 个，详见下表。

表 2 数字出版赢利模式高被引论文开放性编码范例

编号	群组类别	编号	群组类别	编号	群组类别
1	数字出版长足发展	21	内容为王	41	大众出版
2	上网阅读率逐年提升	22	运用手机广告	42	赢利模式
3	传统出版社必须建立自己的发展战略	23	定价	43	长尾理论
4	应该借助集团力量	24	通信厂商积极进入	44	传统出版社专业分工不明显

5	传统出版社必须机极参与数字化	25	培训、探索数字出版人培养模式	45	产品选择的空间余地够大
6	传统出版社必须建立新的流程	26	数字出版需要海量信息，这正是传统出版缺乏的	46	建立品牌
7	纸媒阅读率逐年下降	27	中小型出版社仍持观望态度	47	定制出版
8	传统出版市场萎缩	28	不良广告	48	整合营销传播
9	上网阅读率逐年增加	29	技术性问题	49	广告精准投放
10	找出核心竞争力	30	诚信问题	50	具有能在海量产品中迅速找到目标产品的机制
11	不数字化必死亡	31	手机私人性	51	流通渠道足够大
12	互联网技术革命开创了数字出版时代	32	费用太高	52	产业链理论
13	政府对数字出版高度重视	33	手机出版障碍	53	上游冷中游热
14	纸本书库存大量增加	34	内容缺乏创新性	54	政府支持
15	传统出版社缺少资金技术设备与人才	35	汉王模式	55	手机出版
16	IT 大厂在数字出版积极投入	36	高教社模式	56	按需出版
17	传统出版社恐惧数字化	37	盛大文学模式	57	版权问题
18	内容多元化	38	专业出版	76	数字出版产值大于传统出版
19	出版社必须抢占内容资源的制高点	39	教育出版	77	内容多元化

2. 主轴性编码

主轴式编码是藉由演绎与归纳，采取如同开放式译码过程不断比较的方法，将近似的编码链接在一起的复杂过程。在此阶段中，将上阶段的 831 个码，依照其性质，归纳成 49 个主要类别，如下表所示：

表 3　数字出版赢利模式高被引论文主要类别表

编号	群组类别	编号	群组类别	编号	群组类别
1	大众出版	18	数字出版的定义	35	数字出版赢利模式未建立
2	数字出版内容平台	19	出版业并非真正意义上的商业	36	传统出版产业数字化困境

3	数字出版发展前景	20	相关理论应用	37	传统出版社数字化前提
4	成功案例	21	盛大模式	38	专业出版最利于数字出版发展
5	传统出版分类	22	消费者特性	39	国外数字出版发展快
6	数字出版特色	23	数字出版赢利模式类型	40	传统出版社态度消极
7	产业链的重要性	24	网络文学	41	传统出版的出路
8	内容为王	25	按需印刷	42	数字出版现状
9	国家政策	26	赢利模式	43	单纯依靠出售纸质图书的数字版权，并非迈向数字出版.
10	解决传统出版数字化对策	27	收入方式	44	欠缺数字出版人才
11	出版融合	28	产业链模式	45	教育出版数字化优势
12	传统出版产业困境	29	建立制度	46	产业链
13	电子图书产值	30	租赁 / 借阅模式	47	传统出版与数字出版差异
14	掌上书屋	31	数字化有利于出版产业	48	互联网出版
15	终端阅读器	32	产业链不完整	49	传统出版特色
16	数字出版成功前提	33	制约我国数字出版的主要问题		
17	数字出版产值飙高	34	大陆数字出版产业链特性		

在第二阶段的主轴式编码中，再将此 49 个主要类别分别归属到 8 个群组类别（Category Family），其分别为“传统出版产业困境”、“数字出版是明日朝阳产业”、“传统出版与数字出版的差异”、“传统出版的转型障碍”、“传统出版在数字化时代的优势”、“数字出版遭遇的问题”、“解决对策”与“出版产业的未来”。以下就这 8 个群组类别说明如下：

（1）传统出版产业困境：以纸质书在今天所遭遇的问题为考虑，如读者阅读习惯改变、纸本书库存率、面临数字出版的挑战等。

（2）明日朝阳产业：以今天数字出版发展荣景为考虑，如网民人数增加、数字出版产值增加速度迅猛等。

（3）传统出版与数字出版的差异：以传统出版在编辑出版流程、产业链结构与产业本质等方面与数字出版的差异处为考虑。

（4）传统出版的转型障碍：以纸质书出版在转型成电子书出版过程中，传统出版社面临的问题为考虑，如传统出版社定位不明确、缺乏资金人才与版权保护不易等。

（5）传统出版在数字化时代的优势：以纸质书出版社在数字时代所拥有不可取代性为考虑，如内容、掌握读者消费特性等。

（6）数字出版遭遇的问题：以数字出版产业实际面临的问题为考虑，如赢利模式未能建立、产业链发展不够成熟与文件格式未能统一等。

（7）解决对策：以专家学者提出了什么因应方案或运用了哪些相关理论为考虑，如建构数字内容出版交易平台、长尾理论与产业链模型等。

（8）出版业明日发展：以数字化时代，出版业可能的发展方向或侧重点为考虑，如出版融合、手机出版与按需印刷等。

3. 选择性编码

选择性编码的主要工作，在于择取核心类别，将其有系统的与其他类别予以连结，并“验证”其间的关系，再将概年化尚未发展全备的类别补充整齐的过程。然后将主轴式编码阶段所归纳出的8个类别与26篇高被引论文内容相互印证后，发现“数字出版是明日的朝阳”，除了直指今日数字出版的发展荣景外，在意义概念上也囊括了“出版业的未来”，因此将“出版业的未来”此一类别并入“数字出版是明日的朝阳”类别中。其余类别群组经再次检视后，无进一步调整，故维持原类别归属方式。

完成选择式编码后，“传统出版产业困境”、“数字出版是明日朝阳产业”、“传统出版与数字出版的差异”、“传统出版的转型障碍”、“传统出版在数字化时代的优势”、“数字出版遭遇的问题”、“解决对策”等7个类别，为数字出版赢利模式高被引论文内容中重要的关键因素。

四、研究发现

（一）外部分析发现

1. 缺乏市场信息，极度仰赖研究单位的研究成果

从上述的统计资料，可以发现26篇论文中扣除作者单位未知的3篇论文，其余23篇论文来自20个机构，可见关于数字出版赢利模式的相关探讨，呈现出十分发散的情况。若与大陆研究资源集中性相对照，大陆高水平高校与研究中心明显未能充分发挥研究能力。而从作者身份属性观之，26篇高被引论文中，来自产业界的共有14篇，远大于来自学术界的8篇。这也证实了大陆高水平高校针对数字出版赢利模式的研究方面，仍有待加强。

何以此一主题的研究会以产业界人士为主？这应该导因于市场一手信息的取得难易——高校是研究单位，不是事业单位，并不面向市场，所以论文产出便低于产业界人士。也因为市场信息取得困难，所以更仰赖有能力全面掌握信息的国

家研究单位，这一点我们可以从国家研究单位的论文被引次数为19次，远远高于产业界、学术界的论文被引频次这一现象中得到说明。

从论文平均被引次数看，可以得知国家研究单位研究成果的重要性，然而从发表论文篇数观之，2002年～2011年这十年数字出版赢利模式的26篇高被引论文中，国家研究单位仅产出1篇，这说明政府全面鼓励传统出版产业向数字出版产业转型时，所付出的努力还有很大的进步空间。

2. 高被引论文发表以产业界为主，但影响力却以学术界为大

从上述统计数据，可以发现从论文发表的篇数而言，学术界的8篇远低于产业界的14篇。但从论文被引频次而言，学术界发表论文的被引频次为7.5次，却高于产业界的6次——高被引论文的发表虽以产业界为主，但论文的影响力却以学术界为大。这说明产业界虽然比学术界较容易取得市场一手信息，但学术界对于信息的解读能力较强。这从26篇高被引论文中以产业链理论、长尾理论等视角切入者多以学术界专家为主，个案分析则以产业界人士为主这一现象中可得到说明。

3. 集中于综论形式，未能针对真正问题

一般来说，目前的数字出版产业可以分成专业出版、教育出版、大众出版，而在传统出版转型成数字出版的过程中，目前问题最大的为“大众出版”。从上述数据观之，可以发现大多数论文的论证物件都属于综论型论文，部分涉及个案研究或成功案例的论文，都是针对“专业出版”与“教育出版”，真正面临最大挑战的“大众出版”，却仅有1篇，并且属于“浅论”性质。

次就论文主题来看，无论是核心期刊还是非核心期刊，属于“浅论”、“简论”等初探性质的论文皆有很高的占比，这说明对于数字出版赢利模式的研究领域，亟有待深入研究。

（二）内容分析发现

1. 跟着政府主旋律起舞，过度放大了数字出版的成功

从上述“传统出版产业困境”、“数字出版是明日朝阳产业”两个关键元素观之，上述高被引论文在很大程度上，有意无意放大了数字出版的成功——大多数的论述皆引用《数字出版年度报告》。说明从2006年开始，数字出版产业的年产值以每年超过50%的速度逐年飙高，在2009年更首次超过传统出版产业的总产值，或者以网民人数每年递增、网上阅读率居高不下，而纸本阅读率却逐年下降，传统出版产业书籍的库存量也不断增加。以此论证数字出版产业是明日的朝阳产业，并且能够打破今天传统出版产业的困境。

然而，这样的论证方式基本上是奠基在一连串不清晰的概念之上的。首先，传统出版产业存在着纸本阅读率下降、库存率居高不下的困境；每年数字出版产业产值快速增长也是事实。但这只是就出版产值而论，而不是从数字出版产业总体的盈利来看——数字出版产业产出－数字出版产业投入＝数字出版产业盈利。仅从产值看不出数字出版产业是否成功。

其次，从数字出版产业的内涵来看，它包含了原本传统的书报刊、动画动漫、视听影音等，其产值超过传统出版产值，本来就是应该的。

第三，若仔细检视2009年数字出版产值首次超过传统出版产业总产值的这一年，我们将会发现，2009年的数字出版总产值为799亿，但其中电子图书仅有1.9亿，仅占数字出版总产值的0.24%。因此，用这样的方式论证将数字出版产业为朝阳产业，不啻放大了数字出版产业的成功。

2. 将数字出版当作纸质书出版的延伸，忽略了电子书不是书

从上述“传统出版与数字出版的差异”这个关键元素观之，上述高被引论文主要从技术的角度、发行方式的不同来论述两者的差异。但这样的模拟方式，即便说明传统出版与数字出版有多大的差异，但本质上还是将数字出版当作纸质出版的延伸，忽略了电子书其实不是书。

电子书到底是不是书？从形式的角度来说，“书”的形式其实一直在变——从龟甲一片一片叠起来、竹简串成册、到“纸”发明出来做成卷轴，最后演变到了纸张书。换句话说，书的形式是不断演变的，不变的是书的功用，或者说书能够提供服务。据此，我们可以说，电子书的兴起其背后真正的用意在于提供了更有效率与迅速的服务，也正是在这个地方，电子书取代了纸本书。

可是从现今大陆数字出版发展的情况观之，还是将数字出版视为是纸本书的延伸。仍是将电子书视为是一种本质的“书”——而这样的看法，一方面忽略了书的本质其实是一种能够满足社群需求的信息，其所提供的是一种服务，而不是本质化了的“书”。另一方面，正因为这样的发展，说穿了只能说是纸本书的数字化，谈不上是数字出版，因此也将面临着数字内容提供商与阅听大众需求之间的落差——数字内容提供商拥有的是“内容”，但消费者需要的是“服务”；但服务收不到钱，内容才收得到钱。

3. 视“海量”为内容为王的重要体现，忽略“选题”为传统出版的真正优势

从上述“传统出版的转型障碍”、“传统出版在数字化时代的优势”两个关键元素观之，高被引论文多认为：传统出版社缺乏资金、过于保守消极、缺乏人才、不了解数字化本质等因素，是造成传统出版的转型障碍主要障碍，并以CNKI、万方资料等“专业出版商”为例，说明“内容为王”——正是因为掌握海量内容，造就了这些专业出版商的成功。而随着技术日渐普及，技术门槛将会逐渐降低，传统出版社应该知道自己现在掌握内容资源，具有优势，积极数字化。而这样的论证方式，根本忽略了传统出版的真正优势，将“书”等同于“数据库”。

就成本结构来看，传统出版转型成数字出版最大的优点，便是降低了书籍的印刷、发行与库存成本，而这三者之中又以印刷成本为最大。照理来说，传统出版社又不是印刷厂，只要有出版，无论是纸质书还是电子书，都需要出版社进行编辑。数字化时代，传统出版社还可以大大节省印刷成本，为何面对数字出版转型，总是要采取消极保守态度呢？原因就在于，出版的优势在于“打的准”，而不在“打得多”——出版产业所以划归于“服务业”而非“制造业”，原因就在于出版社的编辑，是市场（消费者）与作者（生产者）之间的桥梁。换句话说，编辑最大的作用便是将市场信息传达给作者，协助作者创造出有自身特色且又符合市场需求的作品，而这种能力的最佳体现便是“选题”。

而就今天大陆传统出版社的普遍情况观之，一方面，因为专业分工的极致化，导致编辑的选题能力弱化，出版产业于是变成了制造业——如同工人一般，仅仅从事文稿落版的工作。当传统出版产业与市场脱节，这样的产业岌岌可危便是显而易见的——反正只是制造，那便没有不可取代性，作者便可以绕过传统出版社直接跟发行商或书店接触。这才是传统出版产业真正的困境所在，只是在数字出版时代，作者出书与发布作品的门槛变低，使得传统出版的困境更加突出而已。

另一方面，既然打不准，无法切中市场需要，只能退而求其次，追求打得多，将“海量”视为是“内容为王”的主要表现方式，期望透过海量资源，增加内容被消费者选中的机率。在这样的思维下，“海质”的重要性遂被忽略。而在“海量”思维模式下的“书”，已不是“书”而是“数据库”。

4. 为“成功模式”牵引，忽略背后的成本转嫁与可借鉴性

从上述“数字出版遭遇的问题”、“解决对策”两个关键元素观之，高被引论文不管是引介国外成功案例，或者是大陆的个案研究，皆着重在“专业出版”、“教育出版”与划归大众出版的“网络文学”，认为专业出版的赢利模式已渐趋成熟、教育出版“e－Learning”极具数字化潜力、盛大文学的资本运作模式也表现出亮眼的成绩，最后以这些成功案例作为解决传统出版向数字出版转型的问题对策。但这样的论证，基本上可以说是一种模糊的“结果论”的阐述，未能深究这些成功案例背后的成本转嫁，同时也忽略了“大众出版”与“专业出版”以及“教育出版”本质上的差异。

首先，就“专业出版”来说，国外的成功案例其实与大陆情况并不相同。最大的不同即是“版权成本”的有无——事实上大陆的专业出版社是将生产成本中很重要的版权成本，转嫁在作者身上——大陆目前很多人有评职称的压力，但僧多粥少——期刊论文版面有限但需评职称或要发表论文才能毕业的硕博士生太多，导致发表期刊除了要缴交版面费外，还得任出版社宰割，予取予求。另外，专业出版社的这些数据库，是卖给学校图书馆而非个人，所以等于是国家买单，并不是从消费者赚取利润，等于是国家变相的养这些“专业出版”，创造出美丽的数字出版荣景。

次就教育出版而言，早些年大陆因为重视“应试”教育，加上国家政策的保护，所以教材教辅类出版物，一直是传统出版产业很重要的利润来源——教材教辅类每年的码洋占传统出版总值的70%以上。换句话说，教育出版不但受到国家保护，且先天就不是面向市场的出版产业，其在传统出版产业中所面临的问题远比大众出版小的多，就算其成功进行数字化转型，这样的案例也是教育出版的成功，并不能有效解决“大众出版”的问题。

最后就网络文学而言，其实盛大文学在2011年无线收入急剧增长，得益于其与中国移动、中国联通、中国电信合作，为移动运营商提供丰富的手机阅读内容。而这些手机内容基本上是消费者以包月的方式付费下载。而消费者所以愿意包月下载，主要是因为盛大文学的海量内容与便宜的价格。盛大文学如何能够低价的提供海量内容，主要是因为大陆有数以千万计的“网络作者”，其作品有被下载，才能获得稿酬，且每次的稿酬是非常微薄的。这样的模式所以能够赢利，主要是因为网络文学作者们必须先无偿的付出，以赚取被下载的机会。另一方面也因为，拥有这些内容资源，可以版权交易或者是利用庞大流量吸引广告的挹注。然而，就大众出版而言，因为取得内容所需付出的成本高，所以其赢利模式是“打得准”，亦即出版市场需要的书，而不是出版了很多书，让市场来选择。

五、结　论

无疑的，数字出版是未来的趋势，然而由于仍处于发展阶段，所以并不稳定，且极仰赖国家的支持。

研究者与学者专家具备优秀的主题解读与问题洞察力，如果能够更贴近产业界，取得更多一手市场信息，必定能替产业界能够提出更多有效的解决方案，以建立成熟的数字出版赢利模式。与此同时，国家在制高点上，除了运用政策工具，在基础建设方面协助数字出版发展外，更应该汇整既有的资源，增加研究力度，提供产业界更全面的协助。

最后，传统出版在今天面临困境是不争的事实，然而数字出版能否成为解决出版困境的万灵丹，却仍需打上一个问号。因此，我们在关注传统出版数字化转型障碍、如何建立数字出版成功赢利模式的同时，更应追本溯源，仔细探究传统出版本身的问题。

参考文献

[1] 萧燕雄．期刊论文引文中的中国新闻传播学 [J]. 当代传播，2006.

[2] 邓静，邓备．体育新闻研究的高影响力论文分析—基于 CNKI 关键词途径 [J]. 四川教育学院学报，2011.

[3] 周晓英，董伟，朱小梅，隋鑫．图书馆情报学高影响力论文特征及所反映的学科差距分析 [J]. 中国图书馆学报

[4] 段京肃，白云，新闻学与传播学学术期刊影响力研究报告（2000-2004）——基于 CSSCI 的分析 [J]. 现代传播，2006.

[5] 徐剑．中国新闻与传播学科核心作者群的现状与分析——基于 CSSCI（1998-2003）的研究 [J]. 中国传播学评论，2005.

[6] 张立华，董光璧．中国大陆学者"高影响力论文"分析 [J]. 中国基础科学，2001.

[7] 贺德方．中国高影响力论文产出状况的国际比较研究 [J]. 中国软科学，2011.

实体书店童书营销人员的素质要求及培养建议

——基于实体书店阅读服务理念的提出

孙小超*

摘　要：受儿童阅读倾向及阅读需求等影响，实体儿童书店及实体书店童书区有着较大发展前景。实体书店童书营销中尤其要关注童书购买决策者构成、童书配备选择方法、童书信息传递手段及儿童阅读体验需求。要求童书营销人员首先要把握家长及儿童的特定购买需求及影响因素，综合考虑适时适量配备童书，而且要运用多种手段实现童书信息的有效传递、并通过多种方式提升儿童愉悦体验。这种高素质复合型人才，应由高校编辑出版专业负责培养，但考察我国高校编辑出版专业的课程设置，新型童书营销人员的培养是难以实现的。建议在编辑出版专业中增加发行方向必修课程数量，同时开设与儿童图书出版发行有关的选修课程，并且以岗前培训及以老带新等方式作为童书营销人才培养的补充方式。

关键词：实体书店；儿童图书；营销人员；人才培养

我国少年儿童基数大，随着家庭收入的增加、课业减负及各种儿童阅读推广活动的开展，儿童图书销售金额逐年上升。虽然受电子阅读方式及网上书店低价政策等影响，实体书店总体上遭遇到了发展寒流，可实体儿童书店及实体书店儿童区仍有稳步发展之势。究其原因，在于儿童更倾向于选择纸质图书，购买行为也往往基于体验阅读。因此，实体儿童书店及实体书店儿童区有较大的成长空间，急需率先改变思路，通过阅读服务的升级来增加客流并提升顾客黏度。传统书店对于读者的服务主要是围绕图书销售而进行的，阅读服务的升级体现为对读者阅读体验的关注以及对读者阅读行为的指导。基于以上认识，本文针对阅读服务理念指导下实体书店儿童图书营销过程中的几个关注点，分析实体书店童书营销人员的素质要求，并提出培养建议。

一、实体书店童书营销中的几个关注点

（一）童书购买决策者构成

儿童图书销售中一个重要特点是购买决策者和目标读者常常是相分离的。低幼读物由家长包购，年龄稍大的孩子虽有一定的自主权，但读物选择往往还要经

*　孙小超，河北大学新闻传播学院副教授。

过家长把关。当然家长主观上会依儿童发展需求来购买童书，这是毫无疑问的，但儿童图书营销面对的却往往是儿童家长。另外，童书购买决策极易受到老师、朋友及各种推荐书目的影响。

（二）童书配备选择方法

网络书店不受空间的限制，对图书的配备可以尽量求全，如京东号称图书库存 110 万种。实体书店童书受展示空间限制，必须对图书品种进行谨慎选择，这本身就是阅读服务的第一道关口，选择依据主要是儿童图书阅读需求。另外，儿童书店规模、受众年龄定位、图书类别定位、书店所在地消费水平等因素都对图书的备货类型及备货数量等提出了特殊要求。

（三）童书信息传递手段

书店童书配备情况要以各种方式传递给读者，要讲求信息传递的时效性、针对性和顾客接受的愉悦度。图书分类陈列是传统的信息传递方式。营销人员与顾客一对一的交流更能提高信息传递的效率。信息传递还可利用店内海报或辅以信息化手段实现。

（四）儿童阅读体验需求

实体书店通过提供各种感知参与型的体验式活动，或通过店面氛围的营造，能够让儿童得到精彩纷呈的体验感受，这种好感留存的时长及形成的口碑效应会提高儿童及家长消费的忠诚度，进而提升客流量。

二、实体书店对童书营销人员的要求

（一）把握儿童及家长的特定购买需求及影响因素

儿童的心智发展与年龄有很大关系，不同年龄段的儿童，认知程度、审美水平、理解能力具有很大差异。因此，儿童图书的目标读者应按年龄进行分层。国内现在有专门研究分级阅读的机构，如南方分级阅读研究中心、接力分级阅读研究所，并产生了以分级阅读书目为主的一些研究成果。童书营销人员要了解这些儿童阅读研究的新动态，并对管辖区内图书的年龄适应性有一定把握。阶段性的区分仍是粗略的，即使同样年龄阶段，儿童的性别、性格、兴趣等均会影响儿童的阅读倾向，这些具体情况就需要销售人员做好读者档案，包括读者的阅读历史、阅读倾向及基于此的阅读能力测评。信息化手段的利用可降低这项工作的难度。

家长的购买心理和购买能力也是推荐图书品种的重要参考因素。对家长而言，选择图书往往从功用角度考虑，实用性、可典藏性读物往往更受家长欢迎，如各种儿童百科。近年来，随着家庭收入的增加，低幼家长对幼儿启蒙及幼儿阅读兴趣培养也较为重视，很多引进版精美绘本即使价格不菲也有不错的销量。家长的购买心理、购买能力可通过一对一的交流来分析，另外通过购买记录来判断更能提高其准确性。

儿童读物是学校教育的延伸，学校老师总是会依学校教育的教学目标、教学任务、教学内容来推荐课外图书。因此，图书营销人员一定要了解国家当前的教育教学情况，尤其要关注国家教育理念、教学内容方面的新变革。儿童阅读也容易受到朋友影响，尤其小学生独立思维品质尚未形成，阅读往往呈现“一窝蜂”状态。除此以外，新闻出版总署、各级政府、图书馆、社会团体、出版社、书店推出的各种书单及家长之间的互相推荐，也会不同程度地影响到童书的购买选择。

（二）为少年儿童适时适量选配童书

配备童书时首要考虑的是少年儿童及家长的需求，如儿童对不同类别的读物喜好不同，根据图书类别依次为动漫、童话、科幻侦探、历史、文学、科普、传记、艺术、军事、体育、教辅。排名前三位的类别所占百分比分别为：动漫 64.2%、童话 60.5%、科幻 46.6%。创新型的图书品种，往往经过推介才可能被大众所接受，要注意抢占市场先机。比如绘本是一种用图画讲述故事，可附以文字或根本就没有文字的图书样式，从国外引进是近十年的事儿，相对而言更适合不识字或识字不多的低幼阅读，现在已为大众接受并作为低幼读物中的重要类别加以陈列。

因为各个阶段儿童适读的图书类型风格有差异，因此书店配备的图书种类及数量必须因书店读者定位及店面大小而异。北京城中有多个绘本馆，专门经营儿童绘本，如北京蒲蒲兰绘本馆，馆内配备图书约 2000 种，以低幼为读者对象，力求汇集儿童绘本精品，每月新书只有三本左右。至于大型儿童主题书店，就要以图书数量多、类别丰富、适应多种人群取胜，如北京儿童阅读体验大世界配备图书六万种，可称儿童书店之“航母”。另外，图书配备也要考虑书店所在地的消费水平，如高价位的绘本馆一般都是开设在大城市的。

图书的配备需要了解相关出版社及文化公司的出书特点并与之取得联系，即使是专业儿童出版社，出版特色也大有差异。如接力出版社的特色是引进版系列小说、童趣出版社的特色是动漫书。如今许多民营文化公司也成为了特定领域儿童图书策划的佼佼者，如以出版绘本闻名的蒲蒲兰绘本馆、南京信宜、启发文化。另外，现在出版社分工的限制逐渐被放开，全国 581 家出版社有 520 多家都参与了儿童图书出版，这为儿童图书的配备提供了难度。

童书配备还涉及一个时间问题，儿童图书的销售具有很强的阶段性，寒暑假、六一节及儿童图书推广的特定阶段，是童书销售的黄金期。童书配备都要赶在黄金期之前着手，否则容易缺货断货陷入被动。据悉，新华书店一般在 5 月就开始为暑期备货。

另外，童书配备还需要及时了解校园阅读风潮、老师推荐的书单及各种推荐书目，便于及时添货补货。新华书店校园店的开设无疑加强了店校联系，备货容易做到有的放矢。

（三）多种手段实现童书信息的有效传递

传递童书信息的最为基本的手段是图书陈列，我国书店的图书陈列传统上依据的是《中国图书馆分类法》，此分类法是以图书内容所属的学科性质为依据的。如将儿童读物分为少儿科普、儿童文学等类别。而书店的图书陈列是想更大限度为读者提供购买信息，因此不必拘泥于此种分类。“产品分类”理论为图书分类陈列提供了更多参考，如亚马逊“图书”下的一级类目为“中文图书”、“教材教辅考试”、“进口图书”，并不依据图书所属学科的特点进行分类，而且分类角度也并不一致。儿童图书分类陈列可结合读者年龄、读者特定需求、图书形式特点等来进行。网络书店的图书类别分类和产品分类结合较好。其实各书店都有一定独创空间，如按适读年龄来陈列图书符合阶段阅读理论，应加以提倡，而且在市场上已经取得一定成效。总之童书分类只要是符合图书作为文化产品的特性，又有益于图书信息传递，就都是可以尝试的。网络书店由于不受空间的限制，所以更适合图书的灵活组配、多重列类，实体书店如空间允许也可借鉴。

我国图书的同质化在儿童市场上同样不能避免，可替代性图书的存在，再加上儿童认知阶段、喜好兴趣的不同，家长和儿童要在有限时间内从书海中选出满意的图书仍然是一件难事。所以营销人员的导购服务显得尤为重要。这属于一对一的信息传递服务，要求传递的内容包括要买什么书、在哪里、选择理由，营销人员还要一并还要解答顾客所有与图书选购相关的疑问。所以要求童书营销人员应该是对儿童读物有着很大阅读量，并具有一定见解的人。这种服务的质量，关乎顾客对书店的体验感受及评价。

图书的信息传递还可通过店内的书讯、书单及各种书目实现，不过，研究发现实体书店此种信息传递方法的效果并不是很好。而设计新颖、图文并茂、手工制作的导读通讯、导读卡片等则深得孩子们喜爱。这还需要童书营销人员具有艺术气质和美术功底。童书信息传递还可通过书店网站、博客、微博，或通过给读者发邮件、短信等形式实现，这些信息传递方式一定程度上起着将书店和顾客连接在一起的纽带作用，不可忽视。要保证信息发布的及时性，最好还能做到趣味性。

另外，童书信息传递中要有选择地突出重点图书。重点图书的确定、信息传递方式的选择及组合搭配都是对童书营销人员能力的考验。

（四）多种方式提升儿童愉悦体验

为了提高儿童的阅读体验乐趣，低幼图书已经在视觉、触觉甚至嗅觉方面做了尝试。如绘本书、立体书为幼儿带来了视觉盛宴，又如未来出版社的洞洞书、趣翻翻书为儿童带来了触觉体验，甚至国外还有一些童书能唱歌或散发某种气味。这些童书的现场阅读，本身就能带给儿童愉悦体验。另外，选择孩子感兴趣的主题，依此展开的各种儿童活动，如讲故事、表演儿童剧等等，都会给孩子们留下难以忘怀的印象。北京儿童阅读体验大世界甚至还包括了阅读方法传授、阅读习惯养成、创意思考力的培养等多个阅读体验环节。

体验的感受还往往与细节有关，如店员的笑容、店员的着装、交流时的亲切及对儿童表示出的尊重等等，都是体验的构成要素。儿童书店要注重环境氛围的营造，明快的色调搭配、具有创意的图画手工，诗意童趣的推荐导语，儿童玩具的配备、甚至食品的诱惑都是体验的构成部分。个性书签、相关海报等纪念品的发放或售卖还可以延续这种体验。

所以，儿童书店需建立一支体验营销队伍，根据门店特色，设计专属的体验营销计划，并把体验营销的观念传递给所有员工，落实到阅读服务的各个细节上。

三、童书营销人员的培养建议

童书营销人员实质上是以儿童为服务对象的书店发行人员，要求掌握图书发行及书店管理的相关理论，又对儿童图书市场及儿童阅读需求有准确把握。这种高要求复合型的人才是业界的稀缺资源，应由高校编辑出版学专业负责培养。但考察国内编辑出版学专业课程设置，新型童书营销人员的培养是难以依托这个专业实现的，原因如下：

第一，总体而言，目前国内编辑出版学专业在培养目标及课程设置方面呈现出重出版、轻发行的特点。根据湘潭大学刘灿姣副教授对武汉大学、南京大学、四川大学等 13 所院校编辑出版学专业所做的调查，学院普遍设置的基础课程、应用课程各有 12 种，其中只有应用课程中有 4 门发行营销类课程，分别是出版经营管理、图书营销学、出版发行学基础、出版发行现代技术，约占所有基础课程和应用课程的 17%。而这 4 门课程中也只有前两种属于各高校编辑出版学专业较为普遍开设的课程。

第二，现今编辑出版学专业的课程设置大致趋同，鲜有特色，13 所学校中未见从读者对象角度考虑而开设的课程，更没有出现有关童书出版发行类课程。为此，对于童书营销人员的培养，现提出以下建议：

（一）加大发行方向必修课程数量

重出版轻发行这种教育状况与出版发行行业的用人实际很不相符。首先，从从业人员数量角度来看，全国编辑出版从业人员为 200 余万，其中发行从业人员为 70 余万，占到总人数的 1/3。其次，从出版单位与发行单位的数量来看，发行单位是出版单位的数十倍，况且发行单位基本转制为企业，在用人机制上较出版单位更为灵活，随着出版业的高速发展，吸纳人才的能力会更强。第三，随着我国出版单位从生产型向经营型转变，出版社内部编辑与发行人员配比也将会逐渐与国际发达国家或地区趋同。据悉，我国传统出版单位在编辑与发行人员配比上，一般为 3：1，甚至有 5：1 的比例存在，而在新加坡，编辑与发行人员的比例是 1：2，中国台湾为 1：4。据说某些发达国家甚至达到 1：5 左右。

而且，出版业的兴旺最终决定于发行的效率，因此发行类课程决不能忽视。根据对国外 18 所办有出版学的高校调查，发现他们普遍开设了市场类、营销类课程，如美国纽约大学出版研究中心图书出版课程中有“图书市场营销”、“图书宣传”、“促销和公共关系”以及“电子出版物网上营销和网上服务”等课程。

因此，高校编辑出版学专业教育应向发行营销人才的培养方面倾斜，要和业界用人实际情况结合起来，被业界承认，也是获得自身发展之本。课程设置上，除开设图书营销学、出版经营管理课程外，还应开设图书市场调查与预测、出版物发行实务、体验营销学、出版物流组织与管理、图书会展实务等课程。

（二）开设与儿童图书出版发行有关的选修课

儿童阅读习惯一旦形成就会具有延续性，对出版业的可持续发展、对书香社会的构建都有着重要意义。所以高校可在编辑出版学专业中开设儿童图书出版发行模块，或开设与童书出版发行相关的选修课程。针对童书发行销售人员的培养，可开设儿童发展心理学、儿童教育学、儿童读物欣赏、儿童图书市场现状、美术基础等课程。模块课和选修课的设置应注重实践性，模拟教学、过程教学是不错的选择。

（三）以岗前培训及以老带新等方式作为童书营销人才培养的补充方式

为了扩大学生就业适应面，国家提倡宽口径的人才培养方式。因此编辑出版学专业学习的内容也比较宽泛，另外受学年限制，即使编辑出版专业加大儿童图书出版发行课程的总量，使毕业生做到对童书发行环节的知识技能全面掌握也是难以实现的。因此有 60% 以上的出版发行企业都会对员工进行岗前培训，或安排老带新式的实习。分级阅读理论、儿童图书的陈列摆放、国家各级教育体制目标、儿童活动策划等知识技能完全可以通过这两种方式来学习。另外，对童书营销人员的童书阅读量应做出规定并建立相关考核机制。最好将精读泛读相结合，保证童书营销人员对管辖区域的童书有深入的了解。

参考文献

[1] 杨柳．对少年儿童阅读调查及测评工作的研究与测评 [J]．图书馆工作与研究，2011（3）．

[2] 潦寒，周百义．一个理想主义者的困惑 [J]．天下豫商，2008（6）．

[3] 孟庆春．本科编辑出版专业课程设置再议 [J]．出版发行研究，2008（2）．

论坛致辞

欢迎词

程曼丽*

尊敬的各位嘉宾、海峡两岸出版界的专家学者、同胞们、朋友们：

大家上午好！

在这秋风送爽的初秋时节，由北京大学新闻与传播学院现代出版研究所、河北大学新闻传播学院、台湾南华大学出版与文化事业管理研究所和台湾世新大学图文传播暨数位出版学系四校共同主办的“第六届海峡两岸华文出版论坛”，又一次在美丽的未名湖畔隆重开幕了！新朋老友齐相会，共同探讨华文出版的发展，这是一件多么令人欢欣鼓舞的事情。首先，请允许我代表北京大学新闻与传播学院对“第六届海峡两岸华文出版论坛”的隆重召开表示衷心的祝贺！对与我院通力合作的三个院所的师生表示热烈的欢迎！对百忙之中拨冗与会的各位兄弟院校领导和做主题演讲的嘉宾，以及两岸出版界同仁的到来表示诚挚的谢意！

4月14日，青海玉树发生7.1级特大地震，8月8日，甘肃舟曲发生特大山洪泥石流，造成重大人员伤亡和财产损失。在重大灾难面前，中华儿女从来没有屈服，海峡两岸同胞团结更加紧密。“多难兴邦”，中华民族的坚忍顽强，敢于拼搏，勇于创新，让我们的民族战胜了无数的艰难险阻，越过无数的急流险滩，创造了众多的辉煌与灿烂。相信华文出版在困难中、磨砺中、激流中会更加发展壮大，更加硕果累累！

本届论坛的主题是“华文出版与原创力”。华文出版要走向世界、影响世界，“拿来”自然是必不可少，但“原创”更是不可或缺。原创力是一个民族的整体创新能力，也是一个民族的核心竞争力。有过硬、超强的原创力，我们的出版大业才能巍然屹立于世界出版之林，我们的出版大业才能更好地传承和传播我们优秀的民族文化。我相信并期待着这次论坛上各位专家学者、各位老师同学能为华文出版的进一步发展与繁荣，提出更多真知灼见与远见卓识。

从2005年开始，“海峡两岸华文出版论坛”已经举办了五届，今年是第六届。在此期间，论坛无论是研讨会的规模、参加单位和人员数量、论文发表篇数、活动的内容以及研讨问题的深度，都取得了明显的进步。每一届议题都紧扣海峡两岸出版产业界的现实问题和学术界的研究热点。纵观历届论坛主题，从第一届“华文出版的机遇与挑战”、第二届“华文出版的经营与管理”、第三届“华文出版走向世界”、第四届“华文出版与软实力”、第五届“华文出版应对金融危机”，

* 程曼丽，北京大学新闻与传播学院副院长、教授。

到本届的“华文出版与原创力”，各议题之间相互承接，不断深入。

结合全球华文出版日益壮大的背景，论坛对两岸出版产业的发展协作，以及学术交流起到了积极的推动作用。从论坛规模来看，最初只有北大和南华两所学校参与，第三届加入了河北大学，本届论坛又有台湾世新大学加入主办。近三届论坛以及本届论坛的与会人数及发表论文数量，都较前两届有大幅增长，我们分成三个分会场研讨甚至晚上加班交流就是明证。我们的论坛还总有一项保留节目，就是开幕式后，聘请中国编辑学会会长桂晓风、中国出版集团公司总裁聂震宁、中国出版科学研究所所长郝振省、北京印刷学院副院长乔东亮等一批业界专家到会，围绕论坛中心议题发表精彩的主题演讲。除主办方外，中国编辑学会、中国出版科学研究所、中国科学院文献情报中心、清华大学、中国人民大学、南京大学、河南大学、北京印刷学院、中国农业大学、辽宁师范大学等兄弟院校，以及出版业界同仁们的加盟，使得论坛熠熠生辉、锦上添花。在中国出版科学研究所及中国书籍出版社的大力支持下，我们酝酿已久、准备数年的论坛成果结集出版的计划也终于如愿以偿，这就是呈现在大家面前以《华文出版与软实力》为题沉甸甸的论文集。在此，我对三位主编和70多位作者表示祝贺，对郝所长和李建红、余人两位责编表示感谢！

这次论坛在河北大学白贵院长的精心策划下，其内容将会更加丰富多彩。经与有关老师和专家商议，初拟明年第七届论坛的主题是“华文出版与数字化”，后年第八届论坛的主题是“华文出版与人才培养”，大家还可对此提出修改建议并及早做好准备。相信并祝愿在大家的共同努力下，我们的“海峡两岸华文出版论坛”越办越红火，越办越兴旺。

最后，预祝此次论坛圆满成功，预祝海峡两岸在出版交流与合作的道路上越走越近、越走脚步越坚实、越走道路越宽阔！祝愿与会的两岸出版界各位宾朋和四校师生在北京和保定开心愉快，并祝大家万事如意、身体健康！

祝 词

王禄旺 *

2005年"北京国际图书博览会"召开前夕，北京大学现代出版研究所和台湾南华大学出版事业管理研究所于9月3日在北京联合主办了"华文出版的机遇与挑战"研讨会，开启了两岸有关出版的校际学术合作新篇章。随后陆续加入的有台湾致远管理学院和河北大学新闻与传播学院，大家就华文出版的现状与趋势、新媒体新文化给华文出版带来的影响，以及华文出版与专业教育等问题，进行了热烈的交流和研究，并共同探讨了发展华文出版的积极对策，成果丰硕。今年是本活动举办的第六届，过去负责主办本活动的北京大学、南华大学及河北大学三校，前几个月曾先后热情地邀请本校参与，共同为华文出版尽一份心力，身为炎黄后裔焉有不与之理？

本届论坛主题为"华文出版与原创力"，探讨如何提升华文出版的原创能力，进而提升出版产业的竞争力，迈向国际市场，传播中华文化。西方多位趋势专家预估"二十一世纪世界重心将由欧洲转向亚洲"，对出版产业而言，华文阅读人口约占全球人口总数的四分之一，华文出版市场的确将是21世纪亚洲甚至全球的焦点。华文是世界上位居第三的主要出版语言，但要与英、法、德、西四大语种平起平坐，恐还需要两岸出版业的共同努力。华文图书要走进国际市场，两岸除了在传统及数字的出版功能方面加强合作外，更应充分发挥出版创意。创意是内容产业的灵魂，优质且有原创力的内容才是图书出版以及内容产业的发展核心。

Guilford的智力结构理论提出，创造力或创意至少包含流畅性（fluency）、变通性（flexibility）、原创性（originality）等三个因素。流畅性是指心思灵活畅通，能够在短时间之内，对某一事物联想产生许多不同的概念。例如，精装书的功能，凡是能够想出愈多者，其流畅性愈佳。变通性是指思考变化多端，能随机应变，不墨守成规，能举一反三，触类旁通。例如，没有刀子如何使用汤匙来削柳橙皮。原创性是指思想新奇独特、超越凡人，对问题能想出独特的解决方法，对事物处理能提出独特的见解。发挥创意的重要条件是独立思考与行动的能力，没有了自己独创的观点，就没有了原创性。

早在2007年7月，新闻出版总署副署长邬书林先生即在北京举办的首届"三个一百"原创出版工程经验交流会上，曾大力推动原创出版服务创新型国家建设。

---

* 王禄旺，台湾世新大学图文传播暨数位出版学系主任、教授。

他所提出的三点意见是：第一，提高认识，增强做好原创出版工作的紧迫感和使命感；第二，积极发挥出版的导向功能，推动形成“多写原创书、多出原创书、多读原创书”的社会氛围；第三，认真总结工作经验，把原创出版工作提高到新的水平。我想，这几点必能为本次研讨会激荡出更多的延伸与发想。

在2010年“北京国际图书博览会”开幕前夕，海峡两岸之出版相关大学系所，能六度共同举办研讨会是有相当意义的，透过这次研讨会大家能够欢聚在一起，结合彼此新的创意思维，共同探讨华文出版的发展新途径，相信此次活动也一定能如既往般表现亮丽。

在此，谨感谢前述三校的邀请，也预祝本次研讨会顺利成功！

致　辞

肖东发*

尊敬的各位嘉宾、海峡两岸出版界的专家学者、同胞们、朋友们：

经过多方艰苦的努力，东道主精心的筹备，第七届海峡两岸华文出版论坛在宝岛台湾的高雄澄清会馆顺利召开了。作为主办方之一的我们，确实感到十分喜悦。我谨代表北京大学新闻与传播学院现代出版研究所对南华大学表示衷心的感谢！对以白贵院长为首的河北大学新闻传播学院师生致以诚挚的问候！对多次出席两岸论坛并给予我们大力支持和指导的南京大学张志强教授、北京印刷学院王彦祥副教授，以及兄弟院校代表，还有特意赶来给我们做主题演讲的陈恩泉理事长、应台发组长，表示热烈欢迎和真诚的感谢！

首先向大家汇报的是我们在这一年里又完成了几个课题，推出了几部著作。年初，北京大学现代出版研究所与文化产业研究院联合召开了“新年出版论坛”，连续两年我都邀请黄昱凯老师出席会议并作对话嘉宾。5月8日，我们与中国新闻出版研究院联合主办了“2011年数位出版与文化产业国际研讨会”，邀请了加拿大西蒙·弗雷泽大学传播学院教授、加拿大出版研究中心主任罗兰德·劳瑞默博士，还有中文在线董事长童之磊先生等嘉宾分别作了主题演讲。他们都介绍了很好的经验，童之磊先生的全媒体出版、盈利模式、中小学数位图书馆、“阅读中国”计划等，都很值得总结推广。

2011年5月28日，北京大学新闻与传播学院迎来了十周年院庆，我们这个团队赶出了52.7万字的《新同学在北大》，本书写的是自1918年北京大学新闻学研究会成立以来的90年院史。与此同时还出版了《出版创新与中国文化软实力》一书，这是国家社科基金重大课题的一个子课题阶段性成果。另一项国家社科基金重要课题《中国出版通史》共九卷400万字，由我执笔的首卷及其延伸项目《中国出版图史》也都在近期问世。这些成果就是我们带来的礼物，送给你们，希望得到批评指正。

这次论坛的主题是“华文出版与数位化”，我们研究所有三位研究生重点研究方向是“电子书与电子书包”，还有两位研究的题目是“数位出版产业和价值链”，我们中间还有一位多产的网络文学写手——刘青。几位已毕业的博士和硕士在中国科学院文献情报中心、外语教学与研究出版社、上海交通大学、中国农业大学

* 肖东发，北京大学新闻与传播学院教授、现代出版研究所所长。

等单位工作，也都有新的研究收获，他们将在论坛上汇报自己的研究心得。

2010年被称为“数位出版井喷之年”和“电子书元年”。这是媒体用语，也确实反映了近两年数位出版超过前十几年的突飞猛进的发展。2009年9月，国务院颁布《文化产业振兴规划》，确定的8项重点任务中，至少有5项与数位出版直接相关。2010年，新闻出版总署就发展数位出版产业，出台了专门的指导意见及一系列标准，提出到“十二五”末也就是2015年，我国数位出版总产值力争达到新闻出版产业总产值的25%，即7300亿元人民币，整体规模居于世界领先水平。在全国形成8～10家各具特色、年产值超百亿元的国家数位出版基地或国家数位出版产业园区，形成20家左右年主营业务收入超过10亿元的、具有国际竞争力的数位出版骨干企业。

互联网技术为出版业带来的是对生产方式、产品形态、接受形态的改变，进而使得思维方式和行为方式产生了巨大变革。数位出版不只是传统出版的数位化、电子化，不断涌现的新技术，给出版业带来的更是整体性、结构性的改变，更是理念的改变。

资讯技术的发展，把社会带进“地球是平的”时代，也给中国出版业带来了一个融入世界文化，引领出版潮流的新机会。出版及文化产业的发展，除了要创造经济价值，更应当在发展文化产业中保持中华文化的核心价值观，重塑中华文化的精神谱系。我衷心希望第七届华文出版论坛能够推动海峡两岸新的出版思想、出版技术、出版教育理念和经验的交流，共同为推动华文数位出版和中国文化产业的发展建言献策，做出新的贡献。

欢迎词

杨聪仁 *

各位亲爱的嘉宾，大家好：

北京大学、河北大学与南华大学共同举办的两岸华文出版学术研讨会已进入第七个年头，前六届论坛皆在北京大学与河北大学进行学术交流与讨论。南华大学师生有三届由万教授带队参加，有三届则由我带队与会。

2010年在狼牙山的闭幕式中，与会的师生齐声期许2011年能在台湾举办第七届的两岸华文出版学术研讨会。这个期许我们听到了，这个使命我们也担了。华南大学出版所为了达成这个期许与使命，全所上下尽最大的心力促成本次的第七届两岸华文出版学术研讨会在高雄举行。各位朋友，这里是台湾高雄，今年我们又见面了！

高雄是台湾第二大城市，是台湾政治光谱另一端的代表城市，是展现台湾另一种人文风貌的城市。高雄与南华大学的渊源来自于南华大学创办人星云大师，星云大师创办的佛光山就在高雄大树。八月的高雄有着让人敬畏的艳阳与万里无云的蓝蓝海天，即使在略带潮湿的海风吹拂下，仍觉得暑气逼人。今年大会在澄清湖畔的澄清会馆举行，在清澈湖水的光影交错下，着实退去些许的炎热氛围，增添几分人文山水意境。在此我仅代表主办单位南华大学出版所欢迎各位嘉宾的莅临指导！

今年研讨会的主题是“数位出版”，中国大陆的用词是“数字出版”。数位出版从个人电脑问世即随之存在，然而，数位出版真正受到大家关注并蜂拥投入，则是从Amazon在2008年推出Kindle才正式开始。Kindle电子书不仅颠覆了传统出版的阅读模式，更让传统以纸质为主要载体的出版业者吃惊的是它的创新营运模式。电子载体不仅变成了传送内容的媒介，更是整合了金流、广宣、资讯流与售后客服通路。电子载体巧妙地搭起内容消费者的桥梁，免去了原有中间所有参与者的角色与功能，这也造就了原有中间者生存的空间与价值。

今年7月美国第二大实体连锁书店Borders宣布倒闭关门，就是在此数位化阅读与数位出版趋势下未能即时应变而被淘汰的验证者。而随着显示科学技术的进步与阅读行为的转变，数位出版的发展方向与主轴仍然时时刻刻在转变中，只有“变”才是不变的真理是形容目前数位出版整体产业发展现状最恰当不过的贴

* 杨聪仁，南华大学出版与文化事业管理研究所所长。

切字眼。

相对于以英语为主要语言的数位出版发展现状，以中文为主要语言的华文数位出版似乎尚未能寻找出一个可行的产业发展模式。华文的数位出版发展轨迹诚如北京印刷学院副院长乔东亮先生多年来观察的心得指出，数位出版一开始是以有资通讯科技为主的“技术中心”——重构“编印发”环节技术导入与应用；历经重拾传统出版产业核心的“内容中心”——传统出版业核心业务的咨询资源掌握与应用；一直发展到目前迎合个性化的内容需求为导向的“读者中心”——经营符合读者需求的内容服务产业。

他的观察说明华文数位出版不仅是产业的发展核心业务转移、产业营业模式转变，更是适应市场需求变化的经营管理理念的转换。以两岸合作的契机来看：第一，台湾具备有资通讯科学技术的领先地位与电子硬体制造的竞争能力；其次，台湾的出版产业在多年来的产业发展困境中，已锻炼出对市场与消费者敏感度以及迎合个性化市场需求的内容开发经验与能力；而大陆则有广大的华文内容需求市场，而且是一个正在转变中的广大市场。华文的数位出版当然需要两岸的产业界与学术界的共同努力与合作，才能发展出适合东方与华文特性的数位出版产业，也只有如此才能与欧美以大企业集团为主导的数位出版产业互相抗衡，进而并驾齐驱主导属于我们的华文数位出版产业。

此次研讨会的举行特别感谢国科会与教育部的经费辅助，以及南华大学大家长陈淼胜校长的大力支持，也要感谢本所万荣水教授尽心尽力的筹划以及以上全体师生全心全力的投入与协助，更要感谢北京大学、河北大学、南京大学、武汉大学、北京印刷学院等师生排除万难远道而来共襄盛举的情谊。各位与会嘉宾的莅临指导，更让大会增添光彩。

最后，敬祝大会成功顺利，各位嘉宾身体健康、事事如意！

致　辞

白　贵*

尊敬的各位领导、各位嘉宾、各位师生：

刚才听到几位同仁演讲，我有很多的感触，所以想说三句话。

第一句是感谢。因为我是海峡两岸华文出版论坛的全程参与者，对此我印象非常深刻。这个论坛是由北京大学肖东发教授、台湾南华大学万荣水教授发起的，我觉得首先感谢的是这两位奠基者，他们做了一件功德无量的事情！这个论坛从第一届到现在的第八届，海峡两岸越来越多的学者，包括我们业界的一些精英人士不断地参与，使我们这个平台越来越大，所以首先感谢他们。

其次，是感谢我们海峡两岸众多的参与者。很多学者每次论坛必定参加，而且积极提交论文，贡献他们的智慧，让大家分享他们的思想、观点。令我印象深刻的是这个论坛还培养了专业人才。我记得去年从台湾回来之后，我们学院的一位教授跟我说他的收获非常大，他学到了很多东西，回来之后几个月的时间内他连续发表了 4 篇论文，其中 2 篇是在级别很高的专业刊物上发表的。另外，有很多学生参加这个论坛，他们也有很大的收获。现在有很多参加过本论坛的毕业生已经步入出版界，在不同的出版社做编辑，所以我想这也是我们的成果。

第二句话我想说的是期待。我期待这个论坛能够成为海峡两岸出版学界的一个重要的舞台，发挥越来越重要的作用。现在海峡两岸的合作方方面面都在开展，但是出版传播作为中国文化建设的一个重要方面，其活动却是有限的。我想两岸学界之间最重要的活动应该是我们这项活动，所以我们有责任将这个平台建设得越来越好，让它在未来的中国文化建设的征途中，在中华文化走向世界的过程中发挥应有的作用。

第三句话是一个良好的祝愿。此次会议在南京大学召开，南大做了大量的工作。特别是出版专硕秘书处设在南京大学，张志强教授在筹备过程中做了大量工作，尤其是论证材料写得非常好，南京大学作为全国的一所重点大学，在中国出版学的建设中已经发挥出很重要的作用。南京大学是加入我们这一平台的新成员，我希望今后有越来越多的两岸高校加入我们的队伍，使我们的平台能为社会做出更多的贡献！

谢谢大家！

---

* 白贵，河北大学新闻传播学院院长、教授。

致 辞

肖东发*

尊敬的各位领导、嘉宾、同胞们、朋友们：

这已经是第八个夏季我们海峡两岸的师生相聚在一起共议华文出版大计了。去年的宝岛之行至今难忘，南华大学安排周密、接待热情、内容丰富，使我们大陆五校的师生满载而归。

今年我们又来到了十朝古都金陵来举办这次盛会，可喜可贺！在此，我谨代表北京大学新闻与传播学院、北京大学现代出版研究所，对第八届海峡两岸华文出版论坛的召开表示衷心的祝贺！对于与我们通力合作的台湾南华大学出版与文化事业管理研究所、河北大学新闻传播学院、北京印刷学院新闻出版学院的师生表示热烈的欢迎！更对前来做主题演讲的两位领导和东道主南京大学表示诚挚的谢意！

本届论坛的主题的是“华文出版与人才培养”，这是产、学、研各界普遍关注的热门话题，更是我们出版高等院校永远的话题。出版产业不断的发展创新，促进了专业水平的不断提高，也急需复合型人才。教育与产业的良性互动，决定了我们应该在新的形势下不断提升出版专业教育水平，促进出版学学科的发展。

2009 年，国务院学位办、人事部、教育部增设了出版专业硕士学位授权点，把出版学从新闻传播学、图书情报学之下分离出来，与前两个学科并列，这是一个很大的进步。南京大学就是出版专业学位学科建设指导委员会秘书处所在地，每年都要在这里举行会议、发布简报、沟通信息，指导全国的出版专业硕士研究生教育。我们正在努力从国务院学位办的学科目录里把出版学与新闻学、传播学并列为一级学科，这是一个奋斗目标，占领学科发展的制高点，是大出版、大传播发展的需要，是提高国家软实力，加强国家文化产业建设发展的长远战略需要。

28 年前，我国编辑出版学教育在胡乔木同志的建议下拉开序幕。1985年，首先在北京大学、南开大学和复旦大学建立了编辑出版学专业。随后的 20 多年间，坚持办学的高校由几所发展到十几所、上百所，教学层次也由大学本科到硕士到博士不断提高，教学体系也由不完备到逐渐完备。据张志强、王彦祥、李建伟等教授的统计，他们都搞这个课题研究，到 2010 年有据可查的全国开办编辑出版发行专业或方向的院校已经达到 210 多家，研究生办学点有 47 家，博士点有 8 家。

* 肖东发，北京大学新闻与传播学院教授、现代出版研究所所长。

仅以个人为例，早在40年前到北京大学图书馆系学习，1979年考上了刘国钧先生的中国书史专业，1982年写出中国出版史的硕士论文，1988年开设了出版管理课程并编写教材，1990年招收以年鉴为研究方向的编辑出版学硕士生，1998年列选为博士生导师，以图书学、出版管理为方向招收博士研究生。当时是在图书馆一级学科下办学，现在编辑出版学正在走向学科独立，可以说自己是亲眼看到了编辑出版学在中国的诞生、发展、成长与壮大。

孟子说“得天下英才而教育之”这是三乐也，我觉得能够与出类拔萃的英才在一起，确实能够学到很多东西。我们北京大学现代出版研究所从2005年至今，召开了近百次的学术沙龙，这些在我们网站上大家都可以看得到。昨天，河北大学任文京老师谈到，他对这些纪要不但每期必看，还将精彩的段落打印出来，这对我们也是一个很大的鼓舞与鞭策。

我们高兴地看到，两岸的合作正在向广度与深度发展，我们的论坛已经结出了硕果，两岸师生互邀访问、交流学习。再举一例，南华大学的多位毕业生已经考上了北京大学、武汉大学等内地高校的博士，像王璿、万丽慧等已经获得博士学位，在北京大学已经毕业了，这是非常令人高兴的事情，也是值得祝贺的。

我们的论坛是两岸学术交流的一个缩影，为海峡两岸出版产、学、研的进一步合作发挥了不小的作用。一年一度的海峡两岸华文出版论坛将继续延续下去，也将对两岸的新闻出版事业和文化建设发挥更大作用。

在此，我预祝第八届海峡两岸华文出版论坛圆满成功！预祝各位代表在南京收获多多，开心愉快！预祝海峡两岸师生在出版与文化事业中能够做出更大的贡献！

谢谢大家！

主题演讲

第六届海峡两岸华文出版论坛　主题演讲——

打造原创实力，提升华文出版

郝振省*

各位同仁、各位朋友：

大家好！

非常高兴和大家一起探讨“华文出版与原创力”这个很有价值的话题，我的题目叫做“打造原创实力，提升华文出版”。我想给各位从三个方面来汇报这个问题。第一是提出“原创力”问题的背景，就像我们在提出一个问题的时候总要先问为什么？这个问题有什么价值？它的价值在什么地方？第二我想回答“原创力”现在面临的一些挑战，第三我想回答我们怎么来提高原创力。我想通过这三个问题谈谈自己的想法。

第一个问题就是提出“原创力”问题的背景，我认为起码有四点。第一点是从我们出版业本身的使命和责任来讲，我们有这样一个说法，不管出版社体制上怎样转型，也不论这样的转型如何加速，最终这个行业是以传承文明、积累文化为天职、为使命的。从这个角度来讲，华文出版追求原创是自然而然的事情，是从源头上来讲无可争议的事情。最后就是以内容取胜，而内容是以原创取胜，原创则是以品位、内涵和感染力取胜。

第二点我想说，改革开放以来从大陆到台湾原创力的探讨。改革开放以来在原创问题上，我们做了坚持不懈的努力。我们在这方面硕果不少，成就有目共睹。从我们的意识形态角度讲，一些重要的理论著作，重要的经典著作，我们出版了不少。特别是从自然科学领域讲，包括最近我们给予很大礼遇的《中国植物志》，在国际上引起了轰动。在文学创作上，我们的 系列作品都具有传世价值，比如唐浩明先生的《曾国藩》，熊召政先生的《张居正》，王树增先生的《解放战争》、《朝鲜战争》、《长征》，都可以说是传世精品。还有我们最早的，由英年早逝的路遥所作《平凡的世界》，这些作品在大陆同行内都堪称精品。

实际上如果我们换一个角度，我们这个行业在国民心目中与它现在的产业分量来比较，和它在世界上华文出版的责任来比较，我们的“原创力”还是一个很大的软肋。我们的署长也在电视台上讲，联合国两年一次的“一百种影响世界的

* 郝振省，中国出版科学研究所所长。

出版物”中没有中国的份儿。另外，我们有时候不知不觉宣传的是类似于《哈利·波特》这样的畅销书，这样的情况一方面是引进的骄傲，另一方面对于我们的原创力来说，是一种尴尬的事情。从这个角度而言，我们“原创力”这块软肋太明显了。

第三点我想说，数字化趋势使得原创问题更加突出。今天我不想讲“数字化”，讲“数字化”也是为了陪衬和服务于“原创力”。数字化浪潮刚开始来的时候，我们感觉传统出版遇到了前所未有的挑战和颠覆，我们甚至对传统出版的未来表示严重的担忧，实际上今天我们看得越来越明显了，我们的传统出版完全可以“稳坐钓鱼台，任凭风浪起”。不管是kindle、汉王、ipad、iphone都跟着我来吧，没有我的内容，没有我的原创，I' m sorry，对不起。最近我们跟着新闻出版总署做论证，到卫星直播基地去看我们的卫星，它现在的功能强大极了，但是它原来设计的一些功能根本用不了。进入到出版领域，最大的困难不是技术问题，而是没有内容。现在拿着最先进的卫星直播技术，拿着小篮子，到传统出版社一家一户地讨原创的内容，结果是讨不到。而原创单位也舍不得给，他们保护好自己精华的东西，只给一些边角料，大而无当的东西。所以，现在我们这个行业，不管技术如何发展，如果没有原创的内容，就像一辆空车跑在高速公路上。我们说，数字化转型使得原创的问题显得更为迫切、更为突出。

第四点我想说，我们大陆中央的政治家们，他们讲文化产业的发展，公共服务体系的构造，体制改革的推进，但是最后要讲经济生产问题，讲内容性、艺术性、观赏性，讲我们现在对经济的评价体系，这说明原创问题越来越尖锐地摆在我们面前。这是我与同志们交流的第一个问题。

下面我想说，我们的原创力问题遇到了四个矛盾，或者说四种挑战。

第一个挑战是什么呢？就是现在市场和出版节奏的挑战。我的看法是，在市场经济条件下，要求出版社不断推出新书、新的作品，以彰显自己的功能，来服务于大众。就是说我们的市场经济要求出版社三天一本书，五天一本书，三五个月都显得长了，三五年一本就没法生存了，必须多出书快出书，加快节奏，这是市场要求。可是从另一方面来说，假如我们想要出原创的好书是什么情况呢？要求慢节奏，要求有足够的时间、足够的空间，就像葡萄酒的原汁要发酵到足够的生产周期以后才能拿出来。像这样三天一本五天一本，怎么能够受得了？这是一个挑战，就是从我们出版的本质来讲，要想出好东西那得靠磨，得坐冷板凳，得磨剑，可是市场节奏要求出版社不断出新书。

第二个挑战是什么？是资本对于个性的挑战。现在我们以搞产业为主，我们现在讲求资本运作，兼并重组，这并没有错，国际大集团都走这个路。但实际上问题出在哪里了呢？就是我们的资本讲规模效应，讲究大的场景效应。可我们出版物的选题策划要求有充分的个性化特色，这是一个矛盾。没有个性化的东西谁看呢？可克隆化的东西有多大生命力？所以我说这是第二个挑战。

第三个挑战就是数字化对质量的挑战。现在的数字化说它是好事也没错，同时它也是场灾难，一定要辩证地看这个问题。本来出版的编辑、印制、发行等，都需要非常严格的环节，但是在数字化条件下门槛就撤掉了，人们随时可以写作，可以随意出版。在这种情况下，三俗的问题——低俗、庸俗、恶俗的问题全出来了。然后它还具有很强大的储存容量，这种情况下我们一定要看到数字化对我们原创能力的破坏，对我们原创能力的挑战。本来我就只有这么三张纸，我想把我的思想表达清楚，斟字酌句啊，我得仔细加工啊，可是在数字化情况下，我的垃圾、我的泡沫通通都可以进去，这是第三个挑战。

第四个挑战则是我们出版对原创的挑战。由于我们出版的情况，我们也反逼到作者的层面，也逼着作者来进行泡沫化创作，进行三俗化创作。所以，现在我们做图书的非常困难，为什么呢？一天想看很多东西，网上的也不敢舍弃，报纸也不敢舍弃，刊物也想揣在兜里面，书也想买，最后是难以招架，弄得筋疲力尽，最后是看了不少，但脑子里乱七八糟。我原来提出来，能不能“短下来、薄下来、精起来”。我们也有出版社，出书的时候编辑告诉我，“所长，这个书太薄了吧！怎么也得多少页吧！”什么意思呢？我必须给它加水，我必须给它加点泡沫，让它站起来。而且这种看法不是个别现象，所以我说我们的“原创力”面临四个挑战，这是我今天讲的第二个问题。

第三个大问题，是我们如何打造原创力？这里我提四个对策，或者说四点建议。

第一个对策，我们能不能打造一个比较良好的社会文化生态问题？为什么要打造？就是因为我们在这个评价体系上有很大的问题。比如对人的评价，你要评职称，你必须发表几篇作品，一年得多少篇，发表在什么刊物上……还有对文章的评价，不是看你这个文章有没有创新的见解，有没有一些独到的思路，而是先看你的方向对不对，你的话和中央通知和讲话能不能吻合。不知道大家有没有注意到？最近我们的总书记讲到文化发展的时候，他是把方向问题放到第四位的，第一，体制；第二，公共服务；第三，产业发展；第四才讲到产品的方向问题。为什么呢？因为他也注意到这个问题了。

现在我们评价说，全国上万家刊物，两千家报纸，我们的刊物按理来说应该是创新的源地，原创的载体。可实际上是什么情况呢？我们在更多的时候变成了一个对着时间表重复出现的东西。在这种情况下，我们的好多学者，那些有原创责任的同志，久而久之就失去了创新精神。我们的专家学者不像发达国家，总统有困难的时候找专家出主意，我们的专家学者首先考虑的不是自己有没有创见，而是先看能不能对得上领导的口味，因此我们的原创问题受到了极大的遏止。

我有一天看到某个同志评职称的文章，叫做《论编辑的著作权》。我一看题目就很感兴趣，但是他的职称被枪毙掉了。事后我找到这位同志，我说你把这篇文章写好，我帮你来发表。我们这个民族是非常有创造力的民族，就是我们的生态有点儿问题，对人的评价、对文章的评价无形中作茧自缚，这是第一个问题。

第二个对策，我们这个行业在培养人才的时候，要去除功利化，注重他们原创的特质。我们现在的人才培养，有好多像科举的地方，有好多没改好的体制问题，但是最严重的问题还是功利化。你必须知道你当副主编要把握好什么政策，你必须知道你是总编室主任，你得三审完了之后才能怎么样，这样虽然也没有错，但是我们的人才培养首先要着眼于原创力的培养，而不是一开始就循规蹈矩，请示完了再定题目。所以我们每年 27 万，甚至 30 万的出版物，在世界上得到认可的却很少。我认为我们这个行业的人才培养应该去功利化，加大对原创特质能力的培养，甚至提倡我们的编辑学者化，记者专家化。反过来说，要请专家当记者，请学者当编辑，商务印书馆曾经就是这么做的。这是第二个对策，这个路子我觉得要加强。

第三个对策，我们的出版社和出版企业面临很多挑战，但是也有苦衷，你说让一个出版社十年磨一剑，三年五年不拿出一本书，大家都知道是不可能。所以，我提倡出版社建设两只队伍，一支队伍就专门出版碎片化的、娱乐性的、寿命比较短的，但也是比较健康的东西，就是去开拓出版物市场。但同时也要有自己的精品出版物投入，可能十年磨一剑，可能十几年磨一剑，要实行两个系统。我们在培养人才时，编辑也有偏科的问题，自然科学的编辑不爱看文学小说，搞人文的编辑一听到“科学”两字就头疼，这就属于偏科，理想化的应该是交叉性的。

第四个对策，在这个行业工作和就业的朋友们和同仁们，应当立下志气，志当存高远。我们要当思想家、艺术家、学问家，我们有这个能力。当编辑的时候，只要在一个领域里耕耘，就肯定会取得收获，大家都要有这个目标。当初我讲：“学，当有深度；思，得有偏度。”偏度是什么意思呢？就是不要面面俱到，编辑在一个领域内应该有厚度。因为我们这个民族，我们的华文出版，应该说与原创有天然的、良好的合作界面。

肖东发教授给我出这个题目来讲，因为我们和台湾的同行，我们和南华大学、世新大学，都是非常友好的朋友，所以我按照肖教授的要求在这里说一点儿自己的想法与大家共勉，通过我们的努力，应该使我们的华文出版更有感染力、辐射力、穿透力、软实力，使我们的出版业繁荣和发展得更有生命力。

谢谢大家！

第六届海峡两岸华文出版论坛　主题演讲——

关于华文出版原创力的另类思考

李人凡*

刚才中国出版集团聂震宁总裁提到，我们出版界没有批判精神，书评就是唱赞歌，我很赞同这个观点。我在出版界是号称棱角比较多的，批评比较多的，所以领导一直不喜欢我。我从来没有当过先进，他们选我当总编辑，后面就有人讲，像你这样的人都能当总编辑，体现了我们很大度。于是，我一拍屁股就不当了，我挂靴而去。好像是恩赐了我这个总编辑似的，其实是我的学识和人格没有达到总编辑的水平。

我认为，出版需要有一种批判精神，知识分子天生应该有批判精神，在座的都是我们出版界的精英、未来的栋梁，如果你们现在都是犬徒，那我们出版就没有希望了，还谈什么原创力。在这里，我想和大家讲以下几个问题：

第一个问题是华文出版原创力的萎缩。

无论是台湾还是大陆，我们的华文出版原创力都在萎缩，在下滑，甚至在淡解，以致会退出世界舞台。刚才郝振省所长提到，在联合国两年一次的“一百种影响世界的出版物”评选中，并没有中国的出版物。中国拥有几千年的历史文明，十几亿的人口，加之台湾还是亚洲四小龙之一，却没有一本书被世界认可，你丢人吗？那么多的人吃什么饭啊？干什么工作啊？这个问题值得我们思考。一个《阿凡达》席卷全球的票房，一个个坐飞机跨洋越海过去看，我们中国从业者多少人啊，怎么就创造不出来啊？所以得认真思考。

我这个人常常进行另类思考，第一个想和大家说的是我们的原创力萎缩。每年出书近 30 万种，有多少原创力啊？我们搞不到出版白皮书，没有办法统计出哪个是原创力的书，也没有这个数字，即使有数字我也会怀疑那个数字。

我对原创力的判断很简单，读者愿意看的，留得住的，能激起读者思考的，能够给读者带来思想震撼力的，能影响一代读者的，特别是能够为时代立言，为大众立魂，为民族立根，为中华立传的出版物，都是具有原创力的。但是这样的力作非常少，可谓是凤毛麟角。花国家那么多钱，砍掉那么多的森林，整个出版原创力在萎缩，你说不是我们丢人吗？所以，我觉得这个论坛的主题非常精彩，

---

* 李人凡，广西教育出版社原总编辑。

这个主题抓住了我的心。因为最近有几个刊物请我开专栏，我说我就谈一个问题：开发出版的智慧，开发出版的原创力。

什么叫做原创力？我不搞书斋式、学院派那种观点，我有我自己的思考。原创力就是在原本的意义上，在原有的基础上，在最初的源头上面，发现的新问题，提出的新的疑问，给出的新见解，增加的新智慧，扩展的新时空。如此一来，你才拥有原创力的品格。如果都不敢提问题，或者你提的问题不能激起别人思考的兴趣，就没有谈原创力的条件，都念教科书上的定义算什么玩意呢？这也是书斋教育最为失败的地方。

第二个问题是华文出版原创力萎缩的原因。

第一，出版的智慧来源枯竭，原创力供应量不足，质量尤其不高。我们出版社的内容出版，不是我们自己的内容，是人类的、全民的、精英的、学者们内容的枯竭。二十世纪八十年代末，我来北京大学找陈平原先生组稿，他就跟我说：你们出版社今天来找我，下半年就要我交稿，学术生产力赶不上出版生产力，出版生产力赶不上读者的消费力，这个是我们的悲哀。后来我一直都牢记他的这个见解：学术生产力赶不上出版生产力。我认为，目前我们华文出版原创力的萎缩主要表现在：学术思想贫困化，学术研究功利化，学术风气浮躁化，学术成果苍白化。

第二，出版的智慧生产扭曲。出版生产是内容生产，是智慧生产，但却用码洋第一，盈利第一，唯市场马首是瞻的标准进行衡量，这是我们出版界的悲哀！我最近买了那个号称一下子发行了100万的《独唱团》来看，简直是垃圾，但是它卖得好，就有人为它喝彩，这是我们出版的耻辱啊，我们的出版智慧怎么如此扭曲呢？我当总编辑的时候比较潇洒，至少我不需要考虑市场，不需要考虑码洋，我就考虑我的学问，所以我可以20年跟踪一个学者，打造一门学科，我可以到省政府那里利用少数民族出版社的优势，申请100万补元贴给那个学者。现在总编辑哪有这个气魄啊，看到一个选题就必须要想这个选题挣不挣钱，能达到多少码洋。

现在的出版界主要存在以下五种扭曲：一是用人标准的扭曲。老实听话、能为出版社挣钱、能为出版社树碑立传的人，也就是能干的人比较受欢迎。二是评价标准扭曲。用利润做硬指标来衡量一个出版社的社长、总编，而不是以这个出版社当年出了多少有影响力的书、不是用原创力的书作为硬指标。三是指导思路扭曲。我调查了浙江、天津、广东、广西、河南等地的出版集团后发现，那些出版集团的构成相当独立，不懂出版，也不爱出版，他们来出版社玩一回，下面那些社长老总们也整个被你矮化了。一些出版集团热衷于经济效益好的房地产、商业贸易等方面，却很少谈及重大选题、原创力，甚至有一些出版集团都不谈出版主业，不谈学术出版，更是忽略了出版社的原创力。四是奖励机制扭曲。用盈利指标来衡量编辑，你盈利我就提成奖励你，你赔钱我就扣你的奖金，甚至给你基本工资还扣上一点儿。这样以来，编辑为了生存就不敢搞那种赔钱的书，进而导致其对那种赔钱却具有原创力的图书望而却步。五是编辑思想被扭曲。能赚钱的选题就上，不赚钱的选题就不上，要赔钱的选题根本不让上，编辑都逼到了市场上面，所以出现了很多出版社和民营书商合作做教辅，使得整个出版社变成了加工部。

由于不鼓励原创，导致平常编辑们也不学习，也不去参加学术会议。我觉得在座的各位还在参加高层论坛，这些学习机会是很幸运的，等你到了出版社，没有这个机会了，你就被剥夺了，要你做文字匠、加工匠，你要给出版社去编挣钱的书。所以你要抓住现在的机会，要活在当下，谁说不要活在当下，没有当下怎么有明天呢？

很多出版集团平常不讲原创，也不抓原创，他们脑子里面又没有原创，等到要订规划、要评选奖项的时候，才想起来还有原创力这种东西。我最近接到七八个出版社的老朋友纷纷打电话给我，直言不讳就是要原创性的好东西，我说平常你干什么去了，你这个时候才来找我，我又不是原创力的机器人，等到要报规划，要评奖了才着急。

造成这种现象的一个很重要原因就是出版集团领导只考虑任期目标，而不考虑长远目标。社长、总编辑的任期一般为五年，五年以后的目标他们无权考虑，也不愿意考虑，所以他们现在只热衷于房地产，热衷于做生意挣钱，这跟行政干部的套路是一样的，是非常可悲的。文化要靠积累，不是今天要做精品明天就能做出来的，两代人都未必做得出一个精品。用短期目标、任期目标来考察一个出版社，简直是天大的笑话。

在这种思想状态下，现在整个出版界的风气非常浑浊，平常不学习、少学习、懒学习，不研究整个学术的走向和世界的潮流，导致许多出版人缺少大视野，没有大胸襟，缺乏大气度，其必然是没有什么大作为。

你打开刊物来看，有多少社长、总编现在能写出一些高屋建瓴的论文？甚至连书评他们都不写，也不去审稿。我最近在审几个中国社会科学院博士和博士后的论文，每本 30 万字左右。每一本论文我都看三遍，然后写 3000 字的审读报告。试问，今天中国出版界的老总们，还有谁会如此审读稿件并写下几千字的审读意见呢？我说我要让你的导师汗颜，你的标点不对，文句不通，引用不正确。后来我问到其中一个人，他也是博导，也是评审委员，平时很忙就请他的在读博士替他看稿子，给他写出内容提要，到时候他就拿那个内容提要去念，还念得结结巴巴，甚至在会上打瞌睡，在那里流口水。我写审读报告一个是给出版社的社长总编看，另一个可以拿出来发表，做编辑出版学专业的教材，可结果是搞得我的白内障加速度的发展，但这是值得的。

第三个问题是整个社会的智慧氛围、阅读场气氛在消减。

浅阅读、伪阅读大行其道，方便面、速冻饺、瓶装水加上文化方面的快餐化，破坏了整个出版文化。你是瓶装水，就没有水库，更谈不上出现长江黄河啊。出版大环境的缺失，出版人自觉精神的缺失，必然导致出版原创力很难得到发展。

最近，我参加了中国文学人类学的一个学术年会，他们的会议主题很有魅力——“表达中国”。留洋回来的几位叽里咕噜讲话，还掺杂着外语，大舌头，表达不清，又怎么去表达中国呢？总结会议叫我发言，我说“表达中国”气魄很大，可谁给你的这个权利呀？表达中国，必须深入中国，了解中国，然后阐释中国，把中国当作一个对象，然后中国又把你当对象，互为对象化，这样才拥有表达权。而你们师洋不化，我审你们的博士论文，一篇论文里面引用了外国的一个人类学者的论文内容六次，甚至同一句话出现过四五次。不懂中国的东西，没有自己的话语，你就无法代表中国与世界对话。这么多年，我们有几本书能拿到世界上跟人家对话？我总是说学术会议的主题要老实一点，谦虚一点，要了解中国，深入中国，才能拥抱中国。

谈出版的原创力，必须要有一个社会氛围，有众多的求知大众，积极的社会评价，得力的激励措施和强大的民族原创力冲动。现在有冲动吗？只有具备了这些条件，才有我们的华文出版原创力。在人类学、社会学、文学方面，台湾都优于大陆地区，但是我们对台湾的了解却非常少，更没有深入。台湾有个普普通通的人写了一本《台湾这些年》，虽然其内容不多，但是对我们来讲却很新鲜。我们大陆人去那边干什么，去日月潭照张相就回来，根本对台湾没有深入了解，不精问人家那边的文化，不认真去沟通。所以，我就想打造一本台湾文化读本，让我们大陆人来更加深入地了解台湾。

谈原创力要脚踏实地，要学习，像我一样，四点钟就起床，读到角膜增生，你就有办法了。不读书，不思考，没有疑问，你就搞不成原创。

谢谢大家！

第七届海峡两岸华文出版论坛　主题演讲——

两岸出版交流与合作出版的观察

陈恩泉 *

两岸出版业的交流合作早在1988年就已展开。多年来，两岸出版界互办的书展、期刊展逐渐增多，联谊会、研讨会也定期举行，双方还开展版权贸易和出版物的进出口业务，近年也开始了各项出版合作。两岸出版交流与合作虽有不足之处，但也取得了不小成绩。简而言之，可以从以下两方面进行总结：从“焦点议题”看两岸出版交流——畅通无阻；从“现实面”看两岸出版交流——有待努力。

一、两岸出版交流焦点议题

（一）破冰之旅

1988年10月，汪道涵先生在上海举办的“海峡两岸图书展览”会上致词：两岸同胞，同宗同文，出版界应携起手来，推动两岸出版交流，加强合作。陈恩泉发出倡议：两岸出版界应深入思考，并成立民间交流窗口，为两岸文化交流搭建桥梁。

（二）达成共识

1993年，“两岸出版合作研讨会”在台北举行。经过与会者的交流讨论，本次研讨会达成了五点共识：

（1）两岸定期举办出版学术交流研讨会；

（2）两岸定期举办图书展览；

（3）促进出版学术交流，双方定期进行人员互访；

* 陈恩泉，台湾图书出版事业协会理事长。

（4）为促进两岸出版信息交流，双方将相互提供相关出版品，交换稿件；

（5）为增进两岸出版合作，双方提供印刷技术之协助，并加强出版印刷交流。

（三）签署纪要

1994年在北京举行了“大陆、台湾、香港出版座谈会”。中国出版工作者协会、台湾图书出版事业协会、香港出版总会等三个协会代表达成共识，签署纪要，同意先以召开“联谊会议”的方式，为正式成立“华文出版联谊会”暖身。2003年澳门出版协会加入成为正式会员。2009年会议开始使用“两岸四地华文出版年会”的名称，继续开展民间出版学术交流活动。

（四）活动依据

依据“两岸出版合作研讨会”共识与“大陆、台湾、香港出版座谈会”纪要精神，近年来开展了诸多两岸出版交流与合作活动。如：

（1）每年定期参加大陆“北京图书订货会”、“全国图书交易博览会”、“北京国际图书博览会”、“海峡两岸图书交易会”；

（2）每年定期在台湾举办“大陆图书展览会”、“海峡两岸图书交易会”、“金门书展（台、澎、金、马巡回展）”；

（3）每年轮流在大陆、台湾、香港、澳门举办“两岸四地华文出版年会”；

（4）每两年轮流在大陆、台湾举办“两岸杰出青年出版专业人才研讨会”。

（五）交流巅峰

两岸出版业的交流合作早在1988年就已展开，2008年是海峡两岸出版交流20周年，两岸出版业的交流合作更是达到了一个高潮，在大陆和台湾成功举办了“纪念海峡两岸出版交流20周年系列活动”。

1. 展 览

海峡两岸出版交流20周年成果——图片展，于2008年4月在郑州举行，展览以图片形式，记录了“首届华文出版联谊会”等海峡两岸出版交流与合作的重要历史瞬间。

第四届海峡两岸图书交易会，于2008年9月19日至28日在台湾台北市举办；与第四届海峡两岸图书交易会同时召开的，还有第九届大陆图书展览，大陆323家出版社携10万多种图书，直接与台湾读者见面。

2. 会　议

纪念海峡两岸出版交流20周年座谈会，于2008年4月8日和27日分别在在北京市和河南郑州市举行；

第十三届华文出版联谊会议（该会议于2009年正式更名为华文出版年会）、台北出版论坛顺利召开；

2008年9月，主题为“阅读与财富”的第二届两岸大学生演讲比赛，在台湾世新大学举行。

（六）合作出版

2010年两岸出版业界开展合作出书，记述文化渊源，此为两岸首次出版合作的成功案例。

名为“作家笔下的海峡二十七城”的丛书共27册，是海峡文艺出版社、台湾图书出版事业协会、福建闽台图书有限公司等单位，履行首届海峡论坛期间共同签署合作协议的成果。其中，7册由台湾图书出版事业协会按照海峡文艺出版社拟定的编写体例组织编写。

丛书以文化为纽带，通过“探寻历史遗存”、“拜访古代先贤”、“感悟绿色山水”、“品味地方风情”4个板块，反映各地浓厚的历史文化风貌和摇曳多姿的风情，凸显大陆20个城市及台湾7个重要城市等海峡两岸27个城市之间的源远流长的文化联络。合作模式被认为具有创新性和开创性。大陆新闻出版总署署长柳斌杰为丛书题词：“万篇文章连两岸，千年书卷通海峡”。台湾知名人士连战、吴伯雄、江丙坤、王金平、宋楚瑜、蒋孝严、黄敏惠、胡志强等也为丛书题词。

二、两岸出版交流的现实面

（一）台湾图书出版业之现状

总体来看，台湾出版业现状如下：

（1）台湾图书出版业累计登记家数为12927家，人数10人以下公司超过8成，百人以上出版单位只占2%；

（2）每年出版4本图书以上的出版单位仅1000多家，每月皆有出书的出版社约300到400家；

（3）每年图书出版业（不含行销通路业及数位出版）产值约新台币400亿元，加上行销通路业则近新台币600亿元。各出版社营业额以500万元及以下为最多，约占4成；

（4）台湾每年出书约4万种，翻译书籍约占45%、大陆书籍约占30%、原创图书约占25%，进口书籍占7成以上；

（5）出版社的出版路线以文学类最多，其次为宗教类；

（6）台湾出版业在内容精致度、市场运作、物流配送等环节有一定水平；

（7）2010年台湾数位出版与典藏产值（含公共服务）约为新台币493亿元。较2009年成长74.2%，数位出版产业在电子书热潮的带动下呈现增长态势。

（二）大陆图书出版业之概况

与台湾有所不同，大陆图书出版产业概况如下：

（1）2009年大陆共计出版图书301719种；

（2）2009年大陆共有出版社580家，其中中央级出版社221家，地方出版社359家；

（3）大陆在传统图书业848亿人民币的产值中，教育出版的比重超过65%；

（4）大陆对图书出版业存在严格的准入限制；

（5）大陆经国家新闻出版管理部门审批成立的出版社才能获得一定量的书号；

（6）大陆的全国新华书店系统销售额占全国图书销售量的 60% 以上；

（7）大陆出版业中通路业者具有强势的价格谈判能力，形成图书业通路霸权；

（8）2009 年大陆数位出版产值近人民币 800 亿元（最新报告指出产值已突破 1000 亿元），较 2008 年提升 50%；

（9）一般传统出版业产值为人民币 1402 亿元，较 2008 年提升 7%；

（10）数位出版成长优于一般出版，占整体出版业近 40%，且比重逐年上升。

（三）台湾出版业进入大陆市场的经验

海峡两岸以华文出版共同市场为纽带实现经济合作机制化，对于两地来说，具有独特的优势和互补性。然而在如何进驻大陆市场的问题上，台湾出版业应给予更多考虑。

（1）两岸版权贸易较为成熟，然而在双向的版权买卖中，仍以台湾购买大陆版权居多。

（2）台湾出版社仍然无法直接在大陆出版销售。一方面，多数台湾出版公司，包括远流、时报、大块、聊经、天下、信谊、城邦等大型出版企业，均曾尝试进入大陆市场，但多半陷入亏损。

另一方面，也有成功的案例，如康轩、信谊等业者主打教育市场，取得了较为可喜的成绩。康轩与江苏教育出版社合资成立南京凤凰康轩文化咨询有限公司。台湾图书出版事业协会与福建外文书店合资成立闽台图书有限公司，这些业者都找到了适合自身发展的路径，而诚品的投资案尚待观察。

（3）为求生存走非正规路线。台湾出版业者委托授权大陆当地出版商出版，以大陆出版社名义，提供书号，印行简体字版。在大陆成立文化公司或文化工作室，找写手从事简体图书撰写，避开外资属性，买书号出版发行。

（四）台湾出版业进入大陆市场面临的问题

近些年来，台湾出版业不断试图进入广阔的大陆市场以寻求发展，然而，台湾出版业进入大陆市场却面临着一系列严峻问题。

1. 经营构面问题

（1）盗版猖獗：消费者缺乏智财权的观念，盗版防不胜防；

（2）政府支持力度不对等：大陆出版业有政府领军带头支持，透过国家和政府垄断的集团性质，资金资源充沛，台湾则是以个别企业布局大陆，双方的立足点不对等；

（3）出版管理体系复杂：大陆新闻出版的管理单位众多，如新闻出版总署、国台办等皆设有相关管理单位，台湾业者厘清对应的窗口耗时费力，增加运营成本；

（4）交易诚信不足，账款难回收：大陆图书市场缺乏明确的游戏规则，国营通路有保障，但账款回收的周期太长。民营通路的账期虽然较短，却缺乏交易诚信。

2. 行业限制问题

（1）书号未开放登记：大陆的书号（ISBN）尚未对台资开放，台资若想与大陆出版社进行法规所允许的“合作出版”，出书成本必然增加；

（2）与大陆企业相比，台湾出版业者进入门槛更为严苛：大陆当地出版物批发企业只需要200万元人民币注册，没有经营期限规定；台资的注册至少3000万元人民币，经营期限不超过30年；大陆当地出版物零售企业则没有注册资金、经营限制；台资的注册资金至少500万元人民币，经营期限也是不超过30年；

（3）书籍审查严格：台湾出版业者须先报送图书目录至大陆进出口单位审查，审查完后呈报主管单位，之后或须送往省级新闻出版局或中央新闻出版总署，过程时间约一至两个月，冗长过程延误商机。

（五）落实交流机制与建立交流平台的必要性

1. 成立“两岸版权交易”平台

为避免浪费资源和消耗发展空间，两岸可通过成立“两岸版权交易”平台的方式来解决。平台的功能有如下几个方面：

（1）两岸四地版权立法及执行存在的差异，加以整合；

（2）共同购买国外版权，组织编辑、翻译、印刷分工，同步发行正、简体字版本图书；

（3）合作成立“反盗版基金”，遏止盗版行为；

（4）开拓华文出版数字化的合作项目。

2. 成立“台湾出版商会”服务平台

通过成立这一平台，可以为有意愿在大陆投资的出版同业服务，协助台资出版业与当地政府部门联系，维护企业和投资者的合法权益，反映出版与投资者的意见和要求，促进出版业发展和当地经济繁荣。两岸双方可以通过以下的具体措施来建立台湾出版商会服务平台：

第一，为当地政府有关部门与台资出版业建立沟通平台；

第二，向政府和有关部门反应台资出版业在生产、经营中遇到的困难和问题，以及投资者、管理者的意见、建议和要求，积极帮助解决；

第三，为会员提供出版法规、经济资讯、投资和贸易活动等方面的服务和帮助；

第四，根据国家和政府的法律、法令、法规，维护会员的合法权益；

第五，举行涉外出版法规、政府报告座谈会，邀请政府有关部门为会员提供咨询服务，组织会员开展联谊交流活动，促进投资环境改善和出版业发展。

3. 成立“大中华出版共同体”平台

结合两岸四地出版业界，一起参加亚太出版商联合会（APPA）的文化交流活动。

亚太出版商联合会的章程所揭示的宗旨：主要是为了推展与开发亚太地区的出版事业，促进与会团体的相互合作，积极从事出版交流，并就出版、编辑、印刷、装订、制版等项目，提供培训学习与技术研发的机会。

同时为维护著作权不受侵害，赋予出版品法定权利，鼓励自由出版与销售，并尽可能对关税减少设限等问题达成共识，共同信守。

希望两岸四地出版界朋友合作开拓出版视野，促成“大中华出版共同体”的实现。

第八届海峡两岸华文出版论坛　主题演讲——

出版的“阅”时代

陈海燕*

各位上午好！

我今天不是正式演讲，是就一个特别的话题发表一些个人的想法。

在一次全国图书博览会关于阅读的论坛上，著名作家张贤亮说了一番话。他说：“我认为，未来的文学不是写出来的，而是制作出来的。”我发现，几乎全场所有的人都没有听懂，但是我认为我听懂了。从此我把张贤亮视为知音，尽管我们没有机会直接去切磋。考虑到张贤亮早已涉足电影制作业，所以我们可以推知他这番言论的意义。这也就涉及我今天发言的主旨，即我们已经走进了“阅时代”。向来以“读”为根基的传统出版，不得不面对令人目眩的、新技术所造就的这样一个新时代。

第一点，“读图时代”其实就是“阅时代”。

电视机的发明深刻地改变了人们的生活方式，视频技术继而使人们的交流方式和信息传播形式也发生了改变，彩印技术精致化更是起到了推波助澜的作用。人们越来越乐于接受图像和影像，越来越懒于接受密密麻麻的文字符号。动画片在强烈地诱惑着一茬又一茬的儿童，放下手中的文字读物。在全球商务活动所必备的商务文案中，取代文字的示意图被大量地采用。一个商业咨询机构，一个管理咨询机构，如果不会用图形、图像来表述内容，可能就不会有生意。我们最近请普华永道作为咨询单位，他们提出的文案应用了大量的示意图。如果一个咨询机构只会用文字来表达，将被视为落伍的、素质低下的，那它就会失去客户。

不管出版人是否愿意，事实上全世界的出版物中，文字越来越少，章节越来越短，插图越来越多。而且，过去插图只起辅助、美化、点缀的作用，而现在一部分图书中，大量的图片成为直接表达内容的重要手段。不仅如此，图文书、图小说、绘图、绘本这一形式的出版物方兴未艾，而且成为较容易赢得读者和较容易取得利润的图书类别。有人将这一社会现象称为“读图时代”——似乎是从日本引进的一个提法。有趣的是，汉语中“阅读”一词，是“阅”先于“读”，没有人愿意说“读阅”，我们总是习惯于说“阅读”。“阅”与“读”原本就是不

* 陈海燕，凤凰出版传媒集团董事长。

同的概念，功能是不同的。

“阅”就是用眼睛看，也就是通过视觉器官接收并且处理光信号。“读”就是将文字符号解码，从而理解其意义。读固然必先阅，也就是把文字符号首先作为光信号来射入视觉器官；读还伴随着语音解码，而阅和语音没有关系，读才真正和传统出版的本质相关。显然，图像和影像是不能读的，读只能专用于与语音相关的文字符号。所以，“读图时代”应该改称为“阅时代”。许多文化人，尤其是出版人，身怀忧虑，认为“阅图”的大行其道，将剥夺人们读文的联想空间，并且伤害抽象思维的发展空间。而我却认为，“阅时代”是不可逆转的文明进步。

第二点，字符出版的逻辑面临挑战。

什么是出版？我认为是人类智慧的规模复制，它的原理是通过物质材料，主要表达文字符号，并通过字符来表达语言，再通过语言，表达思想和情感。而接受者则在大脑中将抽象的字符解码，把它变成语音符号，再通过语言中介，还原为智慧和情感。这就是一个读的过程。我将这一出版机制表述为字符出版。几年以来，在多次重大的复制技术变革中都不曾有所改变。然而，当代技术包括信息技术、影像技术、精致印刷技术等等，却将字符出版这个不可撼动的神话打破了。

早期人类局限于用声音面对确定的对象做及时沟通，这是有局限性的。克服这个局限的办法是把大脑中的影像笨拙地描画到崖壁上，这就成为了原始绘画。这种原始绘画可以对不确定对象做错时沟通，然而学习和运用这种技能都太过困难，传播效率也太低。于是人们就将图形简化为符号，文字就这样产生了。虽然图画变成字符，大脑增加了符号解码的过程，但毕竟这种方法易学易用，传播效率大为提高。这就是说，人类原本是想直接用影像来交流的，因为技术条件不支持才另辟蹊径，聪明的人类才想到了一个办法，发明了简洁的符号。

最早的象形文字还是图形，就是简练的图形，后来越来越简化，成为抽象符号。特别是直接用这个符号来代表语音，创造出拼音和文字，那就更加简练了。一开始，由于书写材料成本高，人们就把信息压缩到尽可能少的符号当中去，就比如简练的文言文。在简牍时代，材料非常笨重，就是纸张发明之后，纸张也还不是便宜的东西，也还是成本比较高的材料。我们可以看到在中华古籍中，表达的内容非常浓缩，缺点是不精确。比如，“汉王大怒”、“汉王怒”——只用一个“怒”字来表达不同程度的心情不愉快、不高兴。诸如，寂寞、惆怅、孤独、忧伤等等情绪，在古诗中只用一个“愁”字来表达。后来书写材料变得越来越便宜，越来越轻便，大可以直接再现口语，于是书面文字越来越多。

阅读实际上是读，读书成了一件并不轻松的事情。现代技术终于解决了图像和影像精确再现的问题，进而解决了语音和影像“一过性”的缺陷。广播发明之后，虽然有很多优势，但是有“一过性”的缺陷，电视同样有“一过性”的缺陷。但是这些问题现在都解决了，都可以复播，都可以重现，这就使以“阅”的方式传播和接收信息成为可能。“阅图”之所以比“读文”受欢迎，就是因为“阅图”跟“读文”相比更加轻松。之所以更加轻松，就是因为大脑不需要额外解码。

第三点，“阅”是人类天性使然。

视觉器官天生就是用来感知影像的。小小的眼球几乎要用大脑皮层超过三分之一的区域来处理信息。图像和影像所包含的信息量远大于文字，这是每一个使用电脑的人都知道的，所以接收图像和影像时大脑皮层兴奋的面积要大于接收文字。在更多神经元参与的情况下，接受就更快，接受效率就更高，所以“阅”将使人更加聪明，而不是趋于弱智。因为有一些人会认为，进入“读图时代”将会使人愚蠢——光是看图，看影像看电视，人会变得不那么聪明，这是一个极大的误解。

“阅”将使人更加聪明，“阅”是人类的天性，而“读”是后天习得的技能。人作为一个生命体，生命体接收光信号这样的能力，已经进化了至少五亿年。而人类发育视觉系统，具备接收影像系统信息这样的能力，至少进化了300万年。而“读”的能力，人类只运用了几千年，作为一个个体只学习了几十年，而一个儿童只学习了几年时间。所以，图比文更吸引任何眼球，哪怕是一个出版人，拿到一本读物，眼球也会被其中的图所吸引，这就毫不奇怪了，也因此，儿童更喜欢图就是天经地义了。

不管人们是否愿意，天性总是在条件适宜时，就不可阻挡地迸发而成为潮流，因为天性就是规律。不管人们是否愿意，只要阅的效率更高，阅就会成为趋势。因为进化总是选择高效率路线的，人也一样。早在10万年前，人类的大脑就已经进化得跟现代人类相差无几了。我们这个大脑，在10万年前就已经准备好了。脑科学的研究已经证明，大脑的信息容量约等于50亿本书。也就是大脑这么发达，有这么多的神经元，有这么复杂的树突相互连接，它所存储的信息应该可以达到50亿本书。大脑还是有待开发，大脑的存储空间还是大量闲置着的，这是有定论的。

人的生命是如此的短暂，不可能去读50亿本书，那为什么需要这么庞大，继而如此耗能的大脑呢？人因为大脑很庞大，特别耗能，需要摄取大量精致的食物，大量的动物蛋白，就是食用素食质植物那也是植物当中的精华——食物的种子——孕育生命的部分，因为这是大脑的需要，需要大量的能量。如果人一生不能读或者不用读这么多的书，为什么需要这样大的大脑？我认为是因为书里包含影像信息，处理和存储影像信息是需要这样的，即使在睡眠中，大脑也在充分利用时间整理着影像信息，于是人们就做梦。也就是说，“阅”是人类的天性，“读”不是天性，是后天形成的一种机能。

第四点，关于“阅”与“读”的优劣之辨。

第一个问题，关于记忆。“阅”显然更容易记忆，科学的记忆法就是利用图形。心理学家们做过实验，随机抽取的数字要让人在短时间内记忆，一般人做不到，但经过训练的人就可以做到，其秘诀就在于把每一个符号形象化，比如一个2就想像成天鹅，一个9就想像成拖着尾巴的猫。把每一个符号同特定的图像相连接，要进行训练，这样他看到一些随机抽取的数据就能很快地被记忆，因为他已经提前跟图像联系起来了。任何国家除了用文字来标识文明外，还要有国旗、国徽，为什么？因为图像更容易记忆。企业要有自己的Logo、商品要有商标，也是这个道理。我们写文章要有深度，写文章要做比喻，为什么要做比喻？就是为了在脑中形成影像。我们说话经常要有丰富的表情，并且要打手势，为什么？就是为了要在接收者脑中形成影像。因为有了影像，有了图形就使人记忆深刻。

第二个问题点，关于联想。字符的确定是衔接性的，在解码中信息可能有损失，可能会走形，接收者可能会添加自己的东西，这就是联想。但是这个联想也只是调用了接收者大脑中的既存信息，并没有增加新的信息。接收的信息可能走形，比如我脑中有一匹马，我想表达，于是我写一个马字。而接收者拿到这个字，他首先要解码变成语音符号ma，然后在脑中还原成影像，他脑中出现了马，但是他脑中的那匹马一定是他过去曾经见到过的那匹马，而不是我想要告诉他的，他未曾见到过的那匹马，它们一定是不同的。也就是说，信息已经走形了。

图像具有优点，具有确定性，如果说是一幅马的图片，那么接收者认知的就是同一匹马。那是不是会伤害人的想象力和联想能力呢？读图以后为什么就不能联想了呢？看了图仍然可以联想。

第三个问题，关于抽象思维。因为有质疑者认为，读图的习惯或者阅的习惯会伤害到抽象思维，抽象思维的基础其实是形象，思维的基础就是形象思维，表达抽象的思想并不是非文字不可，是可以用其他方式的，也就是说文字是可以替代的。因为文字除了语言信息之外，并没有其他的信息，因此，用数码三维影像技术加上语言配音完全可以替代文字。

我曾经写过一篇论文，其中有一个观点现在被我自己否定。我曾经认为文字出版物同广播、电视相比较，可以承载、传播大质量的信息。比如说相对论、量子力学这样深邃的思想，这样高深的理论只适宜运用文字表达。我现在认识到这个观点是错误的。相对论所描绘的时空观，理论物理学家在探索的湿度空间，封闭空间，马鞍形空间 liang 当然可以用文字，用公式来表达，但为什么不能用影像来表达呢？这也是完全可以的，而且可以表达得更好。如果用影像手段加上配音，用现代数码影像技术的立体影像来表达，那不是更好吗？而且可能会表达得更加精确。

比如遗传学表达 DNA 双螺旋结构，有多少文字表达得清楚？多少人看得懂？但是用一个三维动画来表达就非常直观，能够精确表达。还有量子理论里面关于微观力学的原理，完全可以用影像来表达，影像加上语言应该比文字传播更有效果，表达抽象思维，文字是可以被替代的。

第四，关于文学。

我对“阅时代”的确认有一个过程。几年来，我一直在探索这个问题，但是不断地碰见质疑者，但这些质疑者反而给我提供了论据。到目前为止，我没有遇见很强有力的质疑。比如有人问我，曹雪芹写的《红楼梦》被人改编成电影，看电影版的《红楼梦》好还是读《红楼梦》的原著好？

我发现这里边有一个问题，那个小说是曹雪芹写的，而电影不是曹雪芹拍的。如果曹雪芹是个电影大师，他用电影来反映《红楼梦》，那么文字将会苍白无力。那就完全可以只看电影版的《红楼梦》，不读文字版的《红楼梦》。如果说曹雪芹会拍电影，他所能提供的信息量就更大，他脑中林黛玉的形象，那就会是曹雪芹设想中的原型。而用文字描绘出来的《红楼梦》，林黛玉在每个感受者脑中都是不一样的，一定不是曹雪芹脑中的那个林黛玉，每个人脑中的林黛玉都不是曹雪芹脑中想要表达的那个林黛玉。而且，红楼梦中的很多场景需要用很多文字来加以描述。而影像一目了然，大观园里的这些风光，这些主人公的打扮衣着，都可以用影像非常精确地，很直观地表达，所以我们看到有很多人不断地将小说改编成很好的电影，但是很少有人将电影改编成很好的小说。

如果一部成功的电影变成文字版那一定是苍白无力的，而且是多余的，但是小说变成电影、电视剧却不是多余的。这样我们就理解了我在开篇的时候引用的张贤亮的那段话——“未来的文学不是写出来的而是制作出来的”。当然这一点我不确定，我只是想说“阅”可以表达情感，可以传递情感，可以表达、传递深刻的情感——“阅”不伤害文学。

第五，关于信息量。

语言有一定的缺陷，语言是线性的，因而文字也是线性的。文字就是表达语言的，因为语言是线性的，文字必然也是线性的。也就是说，意义必须一个接一个地顺序表达。而大脑的思维空间是影像，影像是立体的。

英语当中有一个谚语说“一图胜千言”。国外有一个专家写了一篇文章，说一图胜500万字，而不是胜一千字，一幅图所包含的信息要超过500万字。我想他是经过科学的统计和研究的。我可以举一个例子，康熙出巡是皇家大典，有庞大的仪仗，场面非常隆大，宫廷有详细的文字记录。但这还不够，还有宫廷画师画的巨幅长卷。这幅长卷是文字可以取代的吗？当时没有电视，如果有电视，康熙皇帝一定会把它拍下来，因为图像是无法取代的，它的信息量太大了。仪仗中每个官员的衣着、人员的方列、马队的方列以及周围的山川，甚至每一片森林，多少文字能表达？500万字都不足以精确表达。所以要画一幅康熙出巡的长卷。所以我信服这位专家的这个断言，一图胜于500万字，这个是有科学根据的。正因为如此，在演讲开始之前我们要集体合影——图像、影像是文字不能代替的。

第六，关于“阅”的缺憾。

现在人们可以对“阅”提出很多缺点，跟读相比有很多缺点。我想“阅”的缺点还会不断地被技术的创新所克服，这一点我们是应该确信的。但是它一定是还会有缺点的，克服不了的缺点。我们要知道有缺点不影响进化，进化都是要付出代价的，没有十全十美的。

人类进化到现在失去了很多东西，比如说现代人类的嗅觉功能大为退化，跟古人相比我们的嗅觉已经很不灵了。古人类每一个都是马拉松选手，都有很强的奔跑能力，但是现在人类奔跑的能力已经很差了。人类已经退化了很多东西，进化就是要付出代价的，一定会丧失某些东西，而赢得更高效率的东西。比如说软笔书法，毛笔多么美妙，它不仅可以传达信息，作为交流的手段，而且它可以作为审美的对象，它是一种艺术。但是它不可阻挡地被硬笔书法取代，因为硬笔书法效率高。尽管讲起来还是比较遗憾，书法艺术成为少数人把玩的东西，多数人不会去享受。

最后一部分——结论。

我简单说几点，可能是惊人之语，我建议大家细细思量，不要用情感，不能依据情感来做判断，要依据理性，做理性的判断。

第一点，文字不是交流所必需的。我今天可以写一篇论文，来表达我的思想，我也完全可以不用文字，直接口头表达，为什么交流必须要用文字呢？所以，文字不是必需的，不管文化人多么不情愿，事实就是如此，这就是真理。现在，写家书的人越来越少——因为打电话效率更高，所以写信的人越来越少。不用文字，直接用语音，因为技术条件支持了。在手机没有普及之前，很多时候我们不得不用文字，不得不用文字来进行表达。而技术条件支持了，它效率更高，人们自然而然会选择高效率的工具，会选择手机，会打电话。甚至现在的年轻人都懒于编发短信，因为可以从图片库里方便地调取很多生动形象，反映不同情绪的图形，直接点出一些图形，直接发送出去，都不用文字了。

我们一定要注意，未来不是由我们现在的已经形成习惯的人决定的，未来是由青少年决定的。青少年们的行为方式，他们的趋向决定未来，不管当今我们是多么的不情愿。

第二点，文字不是出版所必需的。什么叫出版？出版就是规模复制，为什么一定要用文字呢？比如，音像出版就不需要文字。传达思想和情感，可以是文字作品，也可以是音像作品。音像作品大规模复制，也叫出版，叫音像出版，它几乎可以不需要文字。还有图画出版，图画出版业可以几乎不需要文字。所以可以断言，文字不是出版所必需的。

第三点，文字是部分出版形态所必需的。这一点必须肯定，我们有很多的出版物是要依赖文字的，甚至一些重要的出版门类是离不开文字的，甚至主要依赖文字。要肯定文字对于部分出版形态的基础意义。

第四点，文字是人类文明发展长期所必需的。我不能断言永远，虽然我相信500年后跟现在一定大不相同，但是至少我们现在看不到文字消亡的迹象。人类文明传播还非常需要文字，看不到文字消亡的这个迹象。因此，我断言，尽管我们走进了“阅时代”，文字仍然是人类文明长期所必需的。

第五点，文字的重要性呈下降趋势。这也是不容否定的事实，我相信500年后，文字一定不如今天这么重要，一定会被大量地取代，被其他的传播手段所取代。那么对于出版人来说，做这些结论有什么意义呢？首先，我们要非常重视图文书的研发，这不仅是个重要的门类，因为它反映了趋势，反映了“阅时代”的大趋势。第二，我们的编辑要学会用图来表达，我们传统出版的编辑们善于用文字表达，不习惯用图来表达，而只把图作为美化和点缀。图在出版物中越来越成为内容表达的重要组成部分，编辑要学会用图说话，能用图表达的就不用文字表达，这也是我现在在凤凰集团所倡导的一个出版理念。简单地说就是四个字，对出版人，适应阅时代的大趋势就是——减字增图。

我讲完了，谢谢大家。

第八届海峡两岸华文出版论坛　主题演讲——

多重转型下的中国出版业人才问题

聂震宁*

大家上午好！

很荣幸，我能够参与到这样一个出版理论研究和出版教学都比较高端、前沿的活动中来。

与此次大会主题比较契合，韬奋基金会是以高端人才培养和表彰为主要宗旨、主要任务的基金会，是国家新闻出版业唯一的公益性基金会，所以对人才问题十分重视，将其看作我们基金会的主要业务。著名的韬奋出版奖和长江韬奋新闻奖，就是由韬奋基金会、中国出版协会和记者协会联合主办的。

我们今年还特别创立了一个人才论坛，叫做“韬奋出版人才论坛”，将于今年 11 月 5 日在北京举行。鉴于此，现在我的工作比较多地集中在出版理论、出版教育以及出版人才培养的研究上。

在这里我向大家介绍韬奋基金会，是希望大家能够参与到我们首届韬奋出版论坛中来。届时，《中国新闻出版报》将举行一个征文活动，征文的相关信息已经在报纸上发布了，大家可以登陆该报网站和韬奋基金会网站查看。此次征文评选出的优秀论文，不仅会颁发证书和奖金，还可能入选韬奋基金会举办的韬奋出版人才首届高层论坛。

现在，我们正与南京大学的全国出版硕士教职委、秘书处合作，希望在全国设立韬奋奖学金。欢迎同学们积极参与，争取成为奖学金获得者。而且奖学金的数额不菲，具体情况落实后会向高校公布。

这些是我的开场语。

今天我的演讲内容就是本着给大会定一个基调来的。前几天我在南京大学研究生暑期学校已经讲了一课，那天我讲的是“多重形象的中国出版业发展趋势”，这次我接着往前走一步，现在讲“中国出版业人才问题”。

一、出版业五大转型

我简单复述一下上次讲座的内容。讲座中我讲了出版业自身的转型，具体说

---

*　聂震宁，韬奋基金会理事长、中国出版集团公司原总裁。

了五个方面的转型。第一个是产业化、体制的转型。在中国大陆实行社会主义市场经济体制的背景下，面临着国际文化交流和交锋的大环境，中国大陆出版业实行了体制化的转型，采取了产业化的发展模式。

第二个转型是战略转型，主要标志是以集团化建设和多元化发展的转型。事实上大陆的市场经济、行政经济的基础或者说是局限，促使若干大的出版集团形成，各大集团都各自为营，专注于各自集团的发展。那么集团化的发展必然带来了战略上的转型，因为集团化的发展和出版社的发展目标指向有一致之处，也有不一致性。出版社的目标就是以出版出版物，用出版物销售来获取自己社会效应和经济效应，出版集团当然希望他所投资的出版单位做这些事情，同时他也要不断地培养、培育自己的新业态、新业务，进行资本交易、资本扩张，于是带来了集团化的发展和多元化的诉求，以及资本发展的内在冲突，就是这种战略转型。

第三个是数字化转型。现在我们面临的数字化转型已经是开了弓的箭，没有回头路可以走。现在几乎所有人都离不开数字化，当然也有一些特立独行的作家，比如贾平凹，他写东西不用电脑也不上网，还会有一些像苏东坡坚持抄书却不赞成雕版印刷的作者，他不赞成大规模的复制文化传播行为，认为抄书是文人最应该做的事情。当然，这些只是少数，现在包括我在内的绝大多数文化人，都已经被数字化和网络化了，那么出版业的数字化和网络化问题也是已经没有办法再走回来了。

第四个是阅读文化的转型。阅读文化的转型事实上包括刚才海燕董事长所说的读图时代、读图方式、读图出版物的出版，因为我们的数字化能力提高了，所以读图时代这种形成有它的技术支持。当然阅读不仅是读图时代的问题，事实上还有大量的阅读方式的问题，包括文字阅读当中的碎片化问题、信息化问题以及浅层次等问题，这些问题为出版业转型带来了非常明显的影响。

第五个转型是从更为宏观的角度来看的，这就是整个中国大陆正在进行的社会转型，即向经济社会、向市场经济这样的转型，包括整个社会若干问题的转型。

二、五大转型带来的人才问题

在这五个转型的背景下，人才问题显得越来越重要。关于产业化转型，以及体制转型给出版业带来的人才问题，是现在大家普遍关心也重点研究的问题。由于体制产业化转型，就必然带来市场化问题，市场化问题就必然带来供需关系的调整，于是出版物就明显受到了市场的影响，整个出版人才队伍也需要重新整合。

举一个例子，人民文学出版社有一位外国文学博士，1999 年从北京大学毕业后到人民文学出版社面试。她带着极为虔诚的态度来与我面见，那时我刚刚担任社长，觉得她很专业，也很勤恳，并且很年轻，会有很好的发展，又师出名门，于是我接收了她。最近她约我吃饭，说是想离开人民文学出版社到高校去当老师。我问她原先为什么不找个大学，她说当时出版社条件特别好，很希望在出版社有所作为，等等。总之我的感慨就是，13 年过去了，出版业内怀着文化理想、怀着专业目标进入出版业的专业人士，现在想的是要离开这个地方。后来我想，因为我当时担任人民文学出版社社长，我的目标就是把人民文学出版社改造成为既有专业水平，又有文化传统，又有市场运作能力的出版机构。如果她要怪要埋怨的话，这个埋怨是我的责任。

那时我要求人民文学出版社出每一种书都要说出这本书的专业理由，然后接着说市场需求是什么。当说到市场需求问题时，总是让编辑非常痛苦。因为中国大陆市场很大，我们的掌控能力又很差，根本不会知道这本专业书会有一千人需要还是五千人需要。冷不防关于存在主义的哲学书能够变成畅销书，也想不到乔伊斯的《尤利西斯》这样的书能卖 5 万册，这是一个不可思议的数量。这些都是很难读得懂的书，但在大陆却可以突然变得很火，但也有些书一出来就死了，所以我们的人民文学出版社就提出一定要有市场需求和判断。

但是研究市场这个问题，对我们的编辑来说压力特别大，他们本来学的可能是文学专业、哲学专业、经济学专业，要让他们对市场做出全面调查是很难的。出版机构里面又很难有这样的职能部门帮助我们完成调查，所以对我们出版业，尤其是中国大陆出版业，面对庞大的、杂乱的，而且没有很好掌控能力的庞大市场，出版业的编辑们需要面临的难题是十分大的。我和杨（聪仁）先生说，这份困难甚至超过在台湾做书。我和香港的同行交流比较多，在香港做一本建筑类图书，首先要分析全香港建筑类专业人士有多少，在校学生有多少，老师有多少，同类书有多少种，预计大概会有多少人买这本书，它可以做出一个调查，因为它针对的只是一个城市，人口基数不是特别大。台湾要比香港大，但也能够做一个相应的调查，当然如果有意愿，也可以将香港和澳门连带起来，对繁体字市场做一个调查。转眼观察大陆，我们面对的是一个庞大的市场，而且一定意义上说秩序并不是很好的市场，对它进行分析和调查难度是非常大的。所以出版业人才问题，在这个时候就面临着重新安排，重新组织，重新培养，或者说是再培养、再学习的问题。

出版产业化带来的第一个问题，也是最大的冲击就是编辑问题。但是如何解决这个问题一直摆在我们面前。作为国有出版社，各个出版社的社长、总编辑如何对待自己所从事的这样一份事业，如果仅仅是当作一个经济组织去运营的话，那么这个活儿真是不好干，这样是留不住编辑的，新招入的编辑可能是更浅层次的编辑，别的活儿都干不了，只能干这个活儿。

前面致辞的时候，杨（聪仁）所长说，台湾人说想挣钱，就去搞出版；香港人说要谁倒霉，就让他去做出版。可见，每个地方的出版环境是不一样的。有一次，李锡东他们组织的台湾同业公会到北京来学习培训，请我去讲课，我特别中肯地讲了一句话："如果大家已经做了很长时间的出版，我对大家表示敬意，如果大家还没有做出版，我建议大家考虑好了再做出版。"

因为出版是不赚钱的，很辛苦，赚钱很不容易，但是一点不赚也是不可能的，你要维持再生产，维持延续的发展，就必须有盈利，但这个活儿赚钱太难了。一位老先生跟我说，你讲的太好了，我就是后悔搞了 20 多年的出版，这个职业辛辛苦苦挣点儿钱很不容易啊！出版社的社长、总编辑一定要对这个问题有一个正确的认识，我们在做一份文化事业，我们在传播有价值的文化内容，我们要做有益于世道人心的精神产品。但是我们还要挣钱，挣了钱才能维持再生产，才能给员工一些体面的生活，可我们又不是一个纯粹的经济组织。

现在人才问题已经很严峻地摆在我们面前，首先就是编辑人才的流失问题。我在人民文学出版社任职期间的员工，现在已经走掉了七八个，包括从江苏调过去的王干，最近也离开人民文学出版社去了《小说选刊》，最近竞聘了副总编辑，好像成功了。他起先是调过去做编辑部主任，算是平调过去的，但他也愿意过去，因为在出版社压力太大，对他来说每个人走都可能有很多微妙的事情，也许跟领导的感情和同事的感情发生了问题，或者对环境已经感到疲惫，或者由于其他的事情。走的人里面编辑占有很大一部分，所以我的意思就是，产业化带给我们对人才的新需求，给我们的组织带来新调整、再组织、再培养的任务。此外，从出版社里走的不只是编辑，还有其他人才，包括营销人才，市场调查、市场推广人才等。

要解决这个问题，出版社内部以及集团要有充分认识。我在中国出版集团做总裁，对下面的利润一直保持客观的、冷静的态度，既希望他们发展，带来资本上的增值，又希望它们能保持社会效益，创造良好的口碑。当然，这是非常不容易的，特别是对做大众图书见长的出版社更是不容易的。在产业化转型过程中，我们被市场的逻辑控制得太厉害了，出版社要有比较好的应对措施。

我觉得，现在缺少的不是编辑，而是编辑人才。现在缺少的是对市场有把握能力的人才，以及配套的机构和人才培养模式。在这方面，专业硕士的培养以及相关人才的培养，对于出版社人才市场的研究应该是一个有益尝试。我们对市场的调查基本上停留在对开卷公司的依赖上，对于市场的调查是非常粗放的。我们不能停留在开卷数据上，因为它有缺陷。有些网店的数据又是虚假的数据，它是为了宣传某一本书，把它的数据尽量抬升，你没法到它的POS收银机上调查，因为它是网络销售，它也不给你生成图表和数据。可以说，对市场情况的调查、对市场的把握、对市场推广能力的掌控，是产业化、市场化面临的一个非常重要的问题。

再一个问题跟后面讲的阅读文化、阅读方式转变有很大的关系，就是我们对市场的推广能力非常有限，且过于简单。1999年，我在人民文学出版社上任的时候，要求每出一本书，至少要在媒体上发表两篇以上的书评，现在连这个也没有能做到，很多出版社我想都没有做到，对于自己出版的图书只能放在那里，没有很好的推广办法。以后市场化继续往前推进时，一定要有这样的人才进行专门跟进，好的图书就要有好的推广方式。阅读推广、图书销售推广依然是这个行业严重短缺的人才，在这方面民营书业做的比我们要好。

大陆图书市场的发展相当程度上依赖于中小出版社和民营书业。我举个民营书业的例子，时代华语出版公司居然兼容了300多人，每年出版600种图书，当然都是买书号完成的。600种图书一本就是2万块钱的书号费，然后销售六个亿，像这样的销售规模在国有出版社中属于中大型出版社的销售规模，那么像时代华语这样的民营书业不只它一家，还有很多家。这样的文化公司实际上在为我们的出版社做书，图书市场的繁荣跟他们有极大的关系。他们有两个能力特别强，一个是对市场的调查能力，再一个就是他们的推广能力。从选题开始一直到图书销售都有一个策划部门在推动，这个部门自己掌控自己的图书。图书推广人才明显的在民营书业比较集中，在国有出版社中明显比较短缺，国有出版社尽管在完成产业化转型和市场化转型，但是我们的团队并没真正的转型。

还有编辑人才的专业化工作。现在这种临时性非专业化的做法在国有出版社里非常明显，编辑人才要延伸出来做一些其他的事情，营销人才要做一些策划的工作，实习研究生在做一些事情，新进来一两个人也在做一些事情，整个工作就没有很明确的分工。而在民营书业里，一个人就在这里起家，从这里立社，建立自己的公司，所以产业化、市场化转型过程中，民营书业的人才安排对于我们具有很大的启发意义。我曾经写过一篇文章说，在出版物生产经营上面，要向中小出版社转型。

由于出版集团化之后，权利都集中到了集团上来，下面中小出版社从它的权利意识到它的任务，再到它的义务和它的运转机制，都受到了极大的影响。中小出版社对出版资源和人才的准备都明显滞后，所以在这个时候要加强中小出版社的建设，否则我们的出版物会越来越多，但是编辑人员的能力越来越差，市场的营销能力也越来越差。当然，凡事总有悖论，在强调市场化产业化的同时，就立刻带来另一个问题，这就是出版社非专业化的问题，出版的非专业化也是在市场的转型过程中遇到的一个问题。我前面说到的那个文学博士，选择离开文学出版的最高机构，就可以看出专业出版的非专业化问题正在出现。非专业化程度越来越高，那么所谓的万能编辑、万金油编辑，仅仅是局限在校对编辑这一狭小的领域，那种帮助型的编辑，提升水平的编辑会越来越少。

随着市场化的进程，编辑在多大程度上愿意在内容上给作者帮助，成为了新的问题。不愿意在一个作者的书稿上花费太多的功夫，这也是产业化、市场化带来的事物的另一面。能够像当年秦兆阳帮助王蒙一样，修改《组织部新来年轻人》短篇小说这样的事情，基本上已成为历史。当时秦兆阳投入自己的所有智慧和认识，来帮助王蒙深化主题，把作品提炼得更加纯粹，这样的编辑现在已经非常非常得少了。就像当年我在人民文学出版社出版的一部短篇小说《长乐》一样，编辑对我也有很多的帮助。

《长乐》写的是一座老城，说它就像一个人一样，有很多封闭的心态、很多扭曲的传统文化，已经借此传递出的一些负面的消息。原稿我是这样处理的，第一段描述这座城有这么一句话“城市是由很多人组成的，因此有时候它就像一个人”。那位人民文学出版社的老编辑，现在已经去世了，当他读完我的稿件后，替我作了一些修改，从头到尾都帮我梳理了一下。在这一句上他帮我改成——“我觉得，它也是一个人。”

这就是编辑，现在我们的编辑可能很难去做这样一种具体的帮助作者修改的事情。因为，今天要发展，急着抢市场。领导说，这本书三天把它编出来，五天印出来，哪一天抢哪一个节点，还要进行营销推广。就好像上中央电视台的“新闻联播”，不上“新闻联播”就上“晚间新闻”，不上“晚间新闻”就上“午间新闻”，总而言之，想办法在电视上在什么地方能够露一下。于是，所有的事情都已经进入一个营销环节，这样的编辑，专业化程度是很难提升的，专业化的深度很难升华，这是产业化和市场化必然会带来的劳动成本和劳动投入的变化。

如果我们是因为文化和经济两个步调来做出版的话，步入文化专业化的任务还是应该推广出去，要高度重视起来。如果大陆的出版业要保持比较好的文化贡献力，专业出版工作以及专业编辑问题是值得我们高度重视的。

我们通常把出版分为三大类：教育出版、专业出版、大众出版。专业出版有持续改进的特点，意即科学的发现、研究，理论的探讨，总是在持续的改进，需要不断做一些新的改进。这就需要有编辑愿意持续跟进，一起来进行持续的改进。可是我们很多编辑不甘于做这些，总是希望能够做惊人之语，做天下奇谈，然后吸引无数人的眼球，这就使专业出版出现了很多问题。大众出版是需要原创的，需要不断的创新，但是现在的大众出版大量拼凑，这是为什么呢？因为作者不愿意投入太多的精力，编辑不愿意投入太多的脑力，于是我们的产业化市场带来了非专业化问题。在这个问题上，需要特别强调专业编辑的问题，大众出版里面有很多偏专业的出版，比如文学出版是大众出版的一个门面，但文学理论就要专业出版人才的介入，其他还有很多类似的小门类。出版的产业化市场化，带来了一个人才问题，这就是特别需要有更好的产业观察师、产业分析师、市场观察师、市场分析师。

我们现在没有书评制度，这和其他出版大国还存在差距。比如说在美国，某本书如果能上《纽约时报》书评，那就证明出版社对这本书的投入非常大，其营销效果也是十分明显的。因为整个读书界对上《纽约时报》书评的图书的重视程度非常高。但是国内缺少独立的书评制度，我们也不太相信我们的书评。

我们的出版机制里面，也存在一个人才问题，这就涉及北京户口问题。眼下我们出版单位还能够得到不少北京户口指标，于是吸引了一部分人前来就业。拿中国出版集团举例，每次来报名应聘的都有3万多人，他们绝大多数都抱着这样的想法，进来两三年后赔偿几万块钱走人。如我前面所说，出版人才要有一种文化情怀，要有专业抱负。

第二个问题就是集团化建设带来新的人才需求。集团化建设的推进，加速了企业管理者研究人才需求，带来了资本经营的人才需求，也带来了出版相关多元化发展的人才需求。当下是一个文化多元消费的时代，与之匹配，集团化也需要多元化的发展。只要你做集团化，就必然带来了多元化。

出版业要把主业多元发展，这是我一直高举的旗帜，也是比较早就提出的概念。但是只要我在人民文学出版社，我再多元化发展，也肯定是以书为主。在出版集团里面就有了不一样的可能性。出版集团中，一个下属的出版社在做选题，它不需要报告集团一个一个地进行研究，下面出版单位要推广图书，也不需要与集团讨论如何来推广，但集团会主动地帮助下属出版社做一些宣传推广。这是体制存在的一种方式，但这不是它的主要方式。出版集团要做什么？集团要做战略发展，要做资产经营，要做最后的管理者。出版集团上市融资后，有了资金可以不做房地产，但做文化地产是可以的，只要做个项目就可以。于是集团化建设就必然带来一个问题，出版集团缺少企业管理人才，缺少懂资本经营的人才，缺少多元化发展的人才，缺少对新业态能够操盘的人才。对于集团层面来说，还需要开展一定程度上的战略理论研究人才。

在中国出版集团内，我们有战略部署、经营计划、出版管理，主要推广我们的重点图书。集团管理的这样一种转型，当然存在一些问题，但也带来了整个行业的兴奋点，让出版业在进行资本交易和经营上的兴奋点更加浓厚，更加强烈，这为我们的出版业提高了人才吸引度。同时，这也提高了出版业对人才的需求水平，更多元能力的出版人才成为行业里最大的需求。

我在出版集团就提出来要培育一些新的机构。例如，拿出几百万来，投给个体编辑，让一个编辑独自去挑头，做一些文化工作，给予一定资金，像民营企业那样去做事情。有一本书叫《黄金时代》，讲的是美国书业。美国书业的黄金时代已经过去，现在已经衰落。美国大资本基本上都在搞集团化，小出版社已经没有多大的发展空间，衰弱的原因就是出资人跟总编辑的关系已经不协调，出资人希望尽快产生效率，而总编辑总是有很多自己专业上的追求，所以集团化的问题会极大地影响中小出版社的专业发展。这个问题现在还不明显，但是随着社会转型的深入，这些矛盾可能会被激化，这里面就会影响到出版主业人才的稳定。

第三个是关于数字转型的问题。说到数字化转型，我们更多的是在用外来转型人才，他们在数字化机构中做中国的数字转型。在美国数字化机构也是外来转型的，外来的机构做数字出版，然后出版社再慢慢接受。美国的数字化比例大概达到了40%。在大陆，传统出版社从数字出版中受益连10%都不到，有些出版社整体卖出，一般是2亿元卖给中国移动。整体卖出后，出版社自己的分成其实有限，因为还得付给作家很大一部分。中国台湾地区的出版社，以城邦集团为例，他们认为台湾在五年内将呈现50%是数字出版的状态。

数字出版是一种趋势，这是没有问题的。伴随着这种变化，业界需要既了解编辑知识，又懂得数字技术的人才。而这种人才，现在还存在很大缺口。一般都认为，数字出版人才就是数字技术人才，但技术人才还是相当多的。我指的是既懂数字出版作为编辑出版的操作规范，同时懂出版技术，并拥有实际操作经验的人。现在只是将出版内容简单上传网络，这样的数字传播还是一个起点式的阶段，今后的数字出版要求编辑要有一个内容选择的能力，同时又具备数字产品经营能力，能使产品在多次传播中产生品牌影响力。

拥有数字多媒体开发和应用技术的数字技术人才，必将是数字出版人才市场上的宠儿，而核心需求则是数字编辑人才。数字编辑人才包括数字策划编辑、网络编辑、文字编辑等。数字策划编辑应当具有选题策划、出版运作、营销策略、品牌推广等多方面能力，要具有规划多种出版平台的能力。网络编辑不是简单的“复制+粘贴”，还要懂得网络语言，比如PS、DW、HTML，也包括视频音频处理能力，还要熟悉基于网络的版面。内容资讯的实时发布决定了网络编辑是名副其实的“把关人”，他要具备良好的新闻素养和专业素养。目前，如何做好网站的导向与管理问题，成为网络编辑和行政部门共同的难题。

数字出版在技术形态、知识结构、出版形态、出版流程、出版模式、市场营销等多方面都不同于传统出版。传统出版社的现行体制、管理机制、激励机制、资本、人才的支持结构等方面，很难适应新的数字出版要求。目前又没有培养复合型人才的专门机构，数字出版人才只能在数字出版实践中去培养。可想而知，数字出版人才匮乏问题不是一朝一夕能够解决的。在一个产业的人才队伍还没有健全壮大起来之前，我们不能轻言这个产业已经是一个成熟的产业。也许，这正是传统出版业与数字出版最大的距离所在。

第四个就是阅读方式的转型。我们的出版集团发展得再有规模，也需要有推广的人才，要有对阅读推广和组织的机构，通过这样的办法让出版业在社会生活中被推崇，被大家所关注，同时保持良好的市场效益。阅读是变化的，是有层次的，读图是一个读法，数字书是一种新方式，网络书又该如何去读，纸质书还有多少阅读空间，内容上还有多少推动因素，等等。这些年我一直在想，我在出版集团就阅读问题发表自己的意见，指出这是培育市场的问题，需要一批专业人才来从事这项工作。

上述这四个转型，如果都在强调人才问题的话，我觉得还有一个很重要的方面需要强调，那就是需要我们的高等院校加大对人才培养和科研方面的力度。这方面，大陆高等院校的新闻出版专业教育确实有了一个比较大的发展，在理论研究和学术研究方面也有比较明显的贡献，成为这一领域的主力军。但是整个人才队伍建设还需要高校教育在人才培养中加强针对性，要有针对性地做人才培养，通过这样的科研和教学推动，对人才建设做补充和推动。这既希望我们高等院校新闻出版专业人的努力，也需要行业人士提供一些支持和帮助。

总而言之，持续不断地更新人才队伍，提高人才素质，中国的出版业才会有大的提高。在数字化转型过程中，在阅读文化的转型过程中，编辑的地位可能会慢慢地边缘化。在市场化过程中，人才更加留不住，这些都是需要我们去改进、去努力、去提高的地方。

综述撷英

“第六届海峡两岸华文出版论坛”综述

金强 余人

2010年8月23日至24日，由北京大学新闻与传播学院现代出版研究所、河北大学新闻传播学院、南华大学出版与文化事业管理研究所和台湾世新大学图文传播暨数位出版学系四家单位联合主办的“第六届海峡两岸华文出版论坛”，分别在北京大学英杰交流中心和保定狼牙山风景区（河北大学分会场）召开。

本次论坛参会人数近百人，会议共收到论文52篇。来自北京大学、南华大学、世新大学、河北大学、北京印刷学院、中国人民大学、中国农业大学、中国传媒大学、中国矿业大学、南京大学、辽宁大学、辽宁师范大学、北京邮电大学、北京理工大学等14所高校的师生参加了论坛活动，《中国新闻出版报》、《中国出版》等相关出版专业期刊和媒体对本次论坛进行了报道，保定电视台也派出记者对狼牙山分会场活动进行了跟踪采访。

本次论坛的主题为“华文出版与原创力”。北京大学新闻与传播学院副院长程曼丽教授、河北大学新闻传播学院院长白贵教授、台湾南华大学出版与文化事业管理研究所所长杨聪仁教授、台湾世新大学图文传播暨数位出版学系主任王禄旺教授在开幕式上致辞。中国出版集团公司聂震宁总裁，中国出版科学研究所郝振省所长，北京印刷学院乔东亮副院长，广西教育出版社原总编辑李人凡等4位嘉宾发表了主题演讲。

开幕式首先由北京大学新闻与传播学院现代出版研究所所长肖东发教授主持，北京大学新闻与传播学院副院长程曼丽教授致辞。程曼丽教授代表北京大学对各校师生来到未名湖畔，共同探讨“华文出版与原创力”这一重要议题表示了热烈欢迎。她回顾了自2005年以来的六届论坛主题和研究成果，肯定了本论坛对两岸出版产业的发展协作以及学术交流所起到的积极作用。最后，她对论坛提出了衷心期望，预祝海峡两岸在出版交流与合作的道路上越走越近、越走脚步越坚实、越走道路越宽阔！

台湾南华大学出版与文化事业管理研究所所长杨聪仁教授在致辞中说道，截至2010年，两岸华文出版论坛已举办了六届。从呱呱坠地算起，第六个年头就已经要上小学了，可见两岸华文出版学术界的深厚情谊，经得起时间的考验与历经过程的磨炼。他认为，华文出版的原创力量在商业竞争、市场导向、经济效益与文化传承的多方角力下，少了点真善美的生命本能及其原始的驱动力量。华文出版必须要毅然扛起撼动人心的人文使命，去发掘生命中最初始、最朴实的原创力量根源。

河北大学新闻传播学院院长白贵教授发表了祝词。他指出，原创力问题是决定华文出版未来的大问题，本届论坛的主题吸引了许多出版同行的关注，相信一定会就相关议题提升思考水平、贡献真知灼见。2010年有台湾世新大学加入到主办方行列，这使得海峡两岸华文出版论坛的力量进一步壮大。白贵院长对论坛后半程，即在河北易县国家级风景区、爱国主义教育基地狼牙山举行的下半场会议进行了通知和预告，并表示河北分会场的会议一定会为论坛增添别样的魅力。

台湾世新大学图文传播暨数位出版学系主任王禄旺教授发表致辞。他表示非常高兴能够接受北京大学、南华大学及河北大学三校的邀请，共同参与主办本届论坛，共同为华文出版尽一份心力。他认为，华文图书要走进国际市场，两岸除了在传统及数字的出版功能方面加强合作外，更应充分发挥出版创意。他指出，在2010年“北京国际图书博览会”开幕前夕，海峡两岸几所大学的出版相关系所能六度共同举办论坛，结合彼此新的创意思维，共同探讨华文出版的发展新途径，是有相当意义的。

论坛致辞环节结束后，与会全体代表合影留念，然后进入主题演讲阶段。

聂震宁先生在演讲开场时就指出，大陆出版逐渐进入规模扩张进程，“华文出版与原创力”主题的提出正当其时。他进一步指出，出版原创力面临市场主义和技术主义两大干扰，必须得到市场保护，加强市场监管；同时也需要行业引导，用真正有力的出版评论和批评帮助作家进步，推动出版原创力的发展。他认为，一个根本性的解决途径是创造健康的文化生态、出版生态，需要社会舆论的支持，也需要充分发挥出版积累和创新的功能，大力开发有创意的出版物和革命性的原创出版产品。

郝振省先生为“华文出版与原创力”这一问题理出了一个清晰的脉络，提出了“为什么要提原创力？原创力面临什么样的挑战？如何提高出版原创力？”三个问题。然后，他也为华文出版提升原创力提出了四点建议：一是要打造良好的社会文化生态；二是行业培养人才时要去工具化；三是出版企业要打造“两支部队”；四是出版从业者必须“志当存高远”，“学当有深度、思当有偏度、编当有厚度”。

乔东亮先生指出，原创力如果从渊源来看，应该是一种“真境界”，是一种精神追求，并提出“原创力都具有鲜明的时代特征”。他认为，华文出版原创力面临着认识层面、发展方向层面和教育培养层面的困惑，只有对原创力有着孜孜不倦的追求，面向未来谋求发展，同时注重培养有创新能力的出版企业和出版人，才有可能达到一种出版的“真境界”。

李人凡先生将自己的演讲称之为“关于原创力的一点另类思考”，批判性地提出一个问题：目前出版界每年出书30余万种，究竟有多少是具有原创力的经典？他认为，当前社会原创力正在急剧萎缩，这主要源于智慧生产力枯竭、智慧生产扭曲、智慧氛围污染这三大因素。现在的出版界存在五种扭曲，即用人标准扭曲、评价标准扭曲、指导思路扭曲、奖励制度扭曲、编辑思想扭曲。他进而指出，浅阅读、伪阅读大行其时，文化的快餐化败坏了大众的智慧生长力，污染了出版智慧的环境，也杀伤了原创力的源头。从某种意义上说，现在的社会存在一种去智化、愚乐化、犬儒化倾向。因此，只有众多的求智者，有积极的社会评价和需求，有得力的激励措施，形成强大的民族原创力发展机制，我们才可以有信心地说，华文出版的原创力有希望。

当日下午，在北京大学进行了三个分论坛的论文演讲，各位论文作者发表了自己的见解。傍晚时分，参加论坛的代表们乘车前往狼牙山风景区，参加由河北大学组织的相关文化观光活动。次日上午，全体与会代表参观了狼牙山五壮士纪念馆，并领略了雄浑秀丽的狼牙山自然风光。

中午之后，三个分论坛继续进行，发言和探讨模式与北京大学分论坛一致。在此过程中，与会代表积极发言，就“原创力提升”这一议题展开了热烈讨论，评论嘉宾亦做出了精彩的点评，整场会议在友好活跃的氛围中顺利有序进行。

第一分论坛中，台湾世新大学图文传播暨数位出版学系系主任王禄旺教授的论文《台湾警察阅读警署刊物之动机、满意度及行为之研究》，以基层警员阅读《警光杂志》的动机、行为与阅读后之满意度为研究变项，将全台各县市政府警察局分为北、中、南、东及离岛等五区，以各县市政府警察局所属派出所、交通队、警备队及侦察队第一线面对民众，执行警员任务之官警为对象，发放问卷实施调查。共计回收问卷1328份，经分析发现基层警员阅读《警光杂志》的人口统计变数与阅读动机、阅读行为与阅读满意度有显著差异。

与此同时，第二分论坛也进行了精彩的演说，《探讨结缘佛书出版单位之经营模式——以N佛教出版社及佛陀教育基金会为例》，由万荣水副教授和其研究生林丽珍共同完成，论文指出免费流通的结缘佛书是传播佛法，接引大众学佛的其中一个重要管道。结缘佛书能够不惜工本，大量印制，这与“印经功德”的信念脱离不了关系。该研究还探讨了结缘佛书出版单位的两种营运体制，经分析比较之后从三个构面，即资源整合、为顾客或大众创造价值、创造利润或获得捐款与资源，归纳了N佛教出版社及佛陀教育基金会的经营模式之环状结构。

第三会论坛上，北京大学蔡玉沛博士在其论文《出版全球化的主动布局与强化国家软实力提升》中指出，全球化是地利所趋，天时所迫，大利所导。在全球化背景下，国家的角色发生了定向与定位上的转变，一方面全球化削弱了国家的私有欲念，另一方面，全球化强化和赞扬了国家的公有责任。软实力是国家综合国力的重要组成部分，文化产业及其产品对软实力的提升有重要影响，尤其在当今时代在信息技术高速发展，文化的传播力已经成为国家文化软实力的决定性因素，出版业对一国软实力的提升举足轻重。主动部署出版全球化，制定相关措施，重视经济和文化两个资本的运作，布局网络化出版……一系列措施的实施必将拉动我国软实力的提升，稳固我国的大国地位，使我国在世界事务和公共利益中拥有越来越多的话语权、公信力和可靠度。

此外，河北大学新闻传播学院编辑出版系金强老师的论文《从畅销书排行榜看出版创新的原动力——以卓越·亚马逊图书频道畅销书排行榜为例》，以“创新原动力”为核心，通过大量的原始数据录入整理和分析，从微观放大到中观，对该榜单中较能体现“创新力”的23类图书进行了前百位的创新因子评价，运用大量数据图表来反映“原生状态”下的创新力构建。文中最后提出了更高层面的思考，即华文出版在全世界图书影响力不占优势的情势下，更加理性客观地看待已有榜单的可提升空间并用一种快捷有效的途径在榜单中寻找创新因子。

河北大学新闻传播学院编辑出版系田建平教授认为，原创力指初始意义上的创新力量。就某种意义上讲，原创力的缺失是指中国大陆对海外华文出版市场了解与认识的不足，而这又是一个不容忽视的问题。虽然这一问题已无法回避世界范围内整个华文出版的现实环境，但是无论就大陆出版占有世界华文出版之比重而言，还是原创力问题之显著性而言，大陆出版均构成研究的主要对象。因此，华文出版之原创力主要针对大陆出版而言，既具有相对意义，又具有比较意义。大陆出版原创力相对孱弱，从而严重阻碍了其国际化进程。数量的膨胀与原创反差显著、低层次重复出版、出版同质化、出版泡沫、原创质量缺失，以及原创之“伪”等，均是大陆出版原创力缺失之主要表现。大陆华文出版原创力的建设，应从理念、改革、制度、机制、质量、学习与借鉴及科学精神诸方面予以加强。

台湾南华大学助理教授洪林伯与其研究生刘雅如的《台湾数位出版平台服务创新关键成功因素——以台湾为例》一文指出，自2007年Amazon成功推出Kindle电子书阅读器，结合阅读器软硬体、内容、销售平台、数位版权管理与传输的功能后，在市场占有极大的优势。这种模式以线上交易平台的创新整合服务，得到了消费者的肯定，并能不断扩大企业规模与服务的内涵。而台湾本身就具有数位出版与媒体科技发展的基础，藉由此种创新模式的整合，可为台湾图书出版产业带来崭新的经营契机，使得出版文化事业得以永续发展。该文还探讨了台湾数位出版平台服务创新的关键成功要素，采用了质性研究方法，透过文献探讨以及对产、官、学界专家进行深度访谈，依据研究程序，整理出台湾数位出版平台服务创新的主要考虑构面与评估准则。

出版原创力这一议题使与会代表充满力量，也振奋了学术精神。学者们一致认为研讨此话题具有重要的现实意义与深远的历史意义。同时，各会场的探讨不仅促进了海峡两岸的学术交流，而且加深了两岸华文出版界学者之间的友谊，使得两岸的学术风气和论文撰写能够在一个核心议题的指引下发生有效沟通，这一模式也为将华文出版影响力推向国际做出了表率。

闭幕仪式在狼牙山风景区第二会议室召开，会议由河北大学新闻传播学院院长白贵教授主持。白院长首先感谢各位与会嘉宾光临狼牙山景区，并对会议的成功举办表示祝贺，也对会议学术交流取得的成果表示了肯定。白院长认为，针对华文出版原创力的议题，必然能促进华文出版的健康可持续发展，无论业界与学界都能从中吸取好的建议。白院长承诺河北大学将不遗余力地支持开展海峡两岸华文出版论坛的各项工作。辽宁师范大学贾玉文教授和北京印刷学院王彦祥副教授作为会议代表，表达了参加此次研讨会的收获和期望，尤其是期望这个论坛能够在台湾成功举办。

接下来，北京大学新闻与传播学院现代出版研究所所长肖东发教授致闭幕词，肖教授首先感谢河北大学的热情招待，对会议组织人员的辛勤工作表示肯定和感谢。接着，肖教授点评了论坛两天来的成果，他认为此次论坛无论发表论文的数量与质量，都较前几届有大幅度的提高，这说明华文出版论坛的规模与影响力在迅速壮大，它已经成为海峡两岸出版学界的常规性盛会，其出产的各类成果必然有益于促进华文出版的发展。肖教授承诺，会议发表的论文经过整理将结集成书，作为此次论坛结出的另一硕果。

台湾南华大学出版与文化事业管理研究所万荣水教授在闭幕式上也做了发言。万教授首先对会议主办方北京大学、河北大学的热情款待表示感谢，对连续六届海峡两岸华文出版论坛的成功举办表示欣慰，并表示明年会议如能在台湾举办，台湾学界一定进行周密安排，让华文出版论坛的良好传统圆满持续下去。

此次论坛的成功举办是海峡两岸出版学界的又一次融洽沟通，论坛的成功举办离不开北京大学、河北大学、南华大学、世新大学会议组织者的周密策划和辛勤工作，也离不开各位老师和同学的通力配合与任劳任怨，论坛所取得的成果将对业界改革和学界提升起到良好的推动作用。

8 月 24 日下午三点半，第六届海峡两岸华文出版论坛在狼牙山风景区圆满闭幕。

“第七届海峡两岸华文出版论坛”综述

杨　琳　卞卓舟

2011年8月14日至20日，由北京大学现代出版研究所、南华大学出版与文化事业管理研究、河北大学新闻传播学院两岸三校共同主办的第七届华文出版趋势研究学术研讨会（第七届海峡两岸华文出版论坛）及交流活动在台湾高雄举行。论坛以“华文出版与数字化”为主题，来自北京大学、河北大学、南华大学、北京印刷学院、南京大学、武汉大学、上海交通大学、中国科学院、中国农业大学、台湾图书出版事业协会、台湾工业技术研究院等单位的百余位业界及研究生代表参加研讨及相关交流活动。

2011年8月14日，在高雄的南华大学澄清会馆，本届论坛开幕式隆重举行。南华大学校长陈淼胜、北京大学现代出版研究所所长肖东发、南华大学出版与文化事业管理研究所所长杨聪仁、河北大学新闻传播学院院长白贵等主办方领导在开幕式上分别致辞。肖东发教授指出，数字网络技术的发展，把社会带进“地球是平的”时代，也给中国出版业带来了一个融入世界文化、引领出版潮流的新机会。出版及文化产业的发展，除了要创造经济价值，更应当在发展文化产业中保持中华文化的核心价值观，重塑中华文化的精神谱系。华文出版论坛将推动海峡两岸新的出版思想、出版技术、出版教育理念和经验的交流，共同为推动华文数字出版和中国文化产业的发展建言献策，做出新的贡献。

论坛致辞结束后，与会代表合影留念。然后，台湾图书出版事业协会理事长陈恩泉、台湾工业技术研究院显示中心组长应台发分别作了题为《两岸出版交流与合作出版的观察》、《软件电子纸的发展与应用》的主题演讲。陈恩泉理事长在报告中系统梳理了1988年“海峡两岸图书展览”至今的两岸出版合作交流历史，重点分析了台湾出版业融入大陆市场所面临的经营构面、行业限制等问题，并积极呼吁落实建立两岸出版交流机制和交流平台，包括“两岸版权交易平台”、“台湾出版商会大陆服务平台”、“大中华出版共同体平台”等。

应台发组长的演讲则以“这是一个极富想像力的时代”为开端，带领与会代表体验了一次数字出版技术的创新之旅。应台发组长指出，研发软件电子纸的目的在于构建基于物联网概念的智能生活系统，替代并加值目前纸张的应用，进而创造新的应用情境与服务。软件电子纸具备反射式识别环境，可弯曲折叠，可复印及重复使用，轻、薄、软且具备防水性等特点，在e-publishing、e-Tag/Poster、e-Scene、e-Entertainment等数字出版、数字广告、数字娱乐领域有广泛应用前景，将为人类文化生活开创 a day made of display 的创意未来。

开幕式之后，与会代表在 3 个分会场展开分主题交流，发表出版文化及新闻传播相关论文 26 篇，探讨如何应对数字出版对传统出版的影响，出版业在经营管理上的变革，以及新环境下出版价值体系的重塑等热点问题。

经过十多年的发展，中国的数字出版从无到有，取得了长足的发展。在传统出版的各个领域，都出现了数字化转型的明显趋势。新兴数字媒体的出现，丰富了出版的内涵，扩展着出版的外延。现代信息技术通过新型载体的不断开发，主导着出版业的发展方向和格局。如此迅猛的发展态势，让数字出版在国内备受学界和业界关注，针对数字出版产业的现状及发展趋势的研究，更是成为专业研究中的重中之重。

蔡玉沛在《论数字化时代的出版围墙》一文中，说明了什么是构成出版业得以生存的围墙，指出围墙的高低决定着出版业与其他商业行为基础区隔的明暗，已经逐步成为出版业赖以自卫的保护层，并维持着社会所默许和容忍着的出版盈利模式。在新的时代水平上，出版的发展点不是被数字化扼杀，恰恰相反，数字化是出版复兴的崭新生长点，出版的发展模式就存在于对出版本质的真诚把握与对数字化真谛的精准探求的完美结合当中。

田建平的《华文出版数字化主题词之意义》一文，紧扣此次论坛主旨，指出华文出版之数字化只是出版技术方式上的发展，并不是华文出版意义的屏蔽。相反，正好可以充分理解并利用数字技术，使华文出版以新媒介形态完成媒介与出版意义——华文出版意义一体化的新出版形态。

张新华的《数字出版产业运作基本特点探析》一文，探讨了数字出版产业运作特点，指出从形成条件、生产对象、经营方式等维度看，数字出版产业运作特点主要表现在五个方面：以信息和知识为生产对象、以创意为核心资源、以获得受众注意力为赢利途径、具有双边市场特性、以版权保护和管理为运行基础。

张志强在《中国大陆数字出版的现状及其思考——以电子书产业为例》提到，大陆目前介入电子书行业的单位较多，既有出版社等内容提供商、网络运营商，也有信息平台服务商和终端阅读器制造商，产业链较为混乱，同时在版权、价格、内容质量监管、电子书格式等方面存在着问题。建议在高度重视电子书产业对出版业影响的同时，加大政府部门的引导，重视市场导向作用，以推动电子书产业的发展。

与会论文中，类似论文还有黄俊的《大陆地区电子书产业发展现状及趋势浅析》，王伟的《超越与回归——试析我国数字出版产业发展模式的瓶颈与突围之路》，张曼玲的《学术出版“乱象”治理与数字出版平台的建设探讨》等。

在数字出版高速发展的同时，有这样一群行业观察者，客观冷静地分析着问题，他们为行业把脉，同时提出合理的发展建议。传统出版艳羡数字出版猛增的产值，数字出版却因“安全系数”不高，屡现险情。金强在《数字出版时代的纷扰与隐忧——基于对内容、技术、道德、行为的思考》中指出，与前几次出版技术的革新不同，数字出版的革新几乎不含有宗教诉求，因此其道德和法律约束尤为关键。技术的鼎故革新，在各出版企业间形成了越来越多的“效仿”和“浪费”，最终的价值指向和实际效果堪忧。作者强调，展会和研讨会应该充分重视隐患的存在，并发挥更强有力的提示和纠错功能。数字时代最难能可贵的是对信仰的确认和对知识的敬畏。

洪林伯、王念祖、赵惠端的《以扎根理论探讨两岸数字出版产业发展》指出，为了应对数字出版这场“巨变”，两岸政府不约而同地推出了相关的产业政策，欲协助数字出版产业的发展。论文以“治理理论”为基础，以“扎根理论”为研究方法，针对两岸政府与数字出版产业的三大构面（数字出版、电子书、数字出版发行）进行分析，除归纳出两岸的数字出版产业未来面临“成本”、“华文到全球市场”以及“数字阅读习惯”三大挑战外，并分别从思维与实际建设的角度提出相关建议。

数字出版的发展，人们的阅读习惯、阅读偏好、阅读环境等都会发生一定的改变，对这一问题的研究有利于出版方更加准确地把握市场，更好地服务于读者。与会论文中有相当比例选择从这个角度切入，探讨数字出版对人们阅读生活的改变。

杨聪仁、沈歆婷、汤明祥在《电子书阅读行为分析》一文中，从现有的电子书阅读器产品的对应功能需求，以及目前已完成实验或正在实验中的计划，整理出电子书的应用方向，并尝试提出适用的电子书出版形式与可行的应用架构、加值应用模式以及未来此领域的研究议题。

建立读者数据库是出版社立社之本，是出版社发展的核心因素，是实现可持续性发展的必要条件。杜恩龙的《出版社开展数据库营销的基础——建立读者数据库》一文，重点分析了建立读者数据库的必要性，以及搭建手机读者数据的途径。作者指出，数据库一旦建设并达到一定规模，就成为出版社的生命线，出版社据此可以有效开展数据库营销。掌握了自己的终端读者动态信息，我们就等于掌握了制胜的法宝。不会再被某些销售管道劫持。

黄昱凯、吕锦凤、陈偲筑的《电子杂志促销方案对消费者选择行为的影响》，旨在探讨当消费者拥有一台心目中理想的平板计算机时，对于传统的纸本杂志与新兴数字阅读之电子杂志的选择行为，除了以科技接受模式为基础探讨读者对于电子杂志的接受态度外，并发展纸本杂志与电子杂志等两个选择方案的二项罗吉特选择模式。作者分别藉由线性结构方程模式以及罗吉特模式，分析使用平板计算机阅读电子杂志之科技接受度，以及消费者对于电子杂志促销方案的选择行为，并进一步根据研究结果提出了电子杂志的营销策略作为杂志业者、有意涉足数字出版者的参考，以及后续研究方向之建议。

此外，李武的《在校大学生手机阅读使用与满足分析——以上海地区为例》，以及王逸鸣的《数字化阅读对大学生的影响》，都以大学生为特定对象进行调查和研究，视角独特，结果值得参考借鉴。

参会论文中，有一定数量的论文是站在一个比较高的层面，从宏观角度来探讨出版数字化过程中会遇到的一些问题以及应对措施。但更多的是研究者们试图从小角度出发，脚踏实地地以具体案例为切入点进行研究。例如以下论文：

万荣水、张至中、林丽珍的《二手书交易平台经营的关键成功因素之研究——以A公司实行的模式为例》，探讨了建构二手书交易平台经营的关键成功因素的构面、评估准则，层级架构以及权重体系，进而有助于平台经营者了解目前二手书店交易平台经营的关键成功因素有无需进行补强与改善。研究结合两种研究方法，一个是AHP层级分析法，一个是专家判断法，并以此为基础自编“二手书交易平台经营的关键成功因素”相对权重调查问卷，作为资讯收集的工具。根据业界和学界22位专家填答问卷的结果，以AHP层级分析法进行资讯处理分析，得出6条重要结论。

陶丹在《媒介融合时代的中国出版企业的产业升级》中提出，在媒介融合时代，中国出版企业面临着如何进行产业升级的问题。文章通过出版企业成功实现产业升级的个案，得出几个对我国出版行业升级有益的启示。

从挺的《传统期刊出版商新媒体发展探析——国家地理与中国国家地理期刊网站运营模式比较研究》，则选取美国的《国家地理》与《中国国家地理》两家知名地理刊物作为对象，从内容组织、服务功能与赢利方式等三方面，对两者的网站运营模式进行系统的比较分析。通过分析，揭示大陆传统出版商在新媒体转型升级中存在的问题和不足，并为其今后发展创新提供可资参考之建议。

卞卓舟的《中国教育出版企业的数字化转型研究——以外语教学与研究出版社为例》，在分析中国教育出版企业的数字化转型背景前提下，以外语教学与研究出版社为案例，研究其数字化转型路径、模式及存在的问题。以期通过对其经验教训的总结，对中国教育出版企业的数字化转型探索产生一定的借鉴意义。

同类论文还有王运灵的《大陆全媒体出版的前景探析——以中文在线为例》，杨琳的《图书馆与数字出版的融合——以中国科学院国家科学图书馆为例》。

除上述论文外，参会论文中还有很多论文都具有一定的学术价值的。它们或密切关注当下出版行业最热点的问题，或勇于挑战较新的研究领域，或提出实际可行的指导意见，丰富了此次研讨会的内容，让讨论范围更多元、更深入。例如以下论文：

电子书包在最近几年发展迅猛，余人、谢宁的《电子书包离我们有多远》一文指出，电子书包的优势很多，但现在存在的问题是：潜藏着有可能伤害孩子的某些隐患，有可能造成新的污染，有可能带来一些不可预知的负面效应，价格太贵会影响推广和普及，并造成新的“知沟”。作者提出，电子书包目前要避免走两种极端，一是固步自封、裹足不前、坐失良机；二是一窝蜂争上项目、掣肘内耗，无序竞争、恶性循环。电子书包要大面积走进学生课堂，至少要先过硬件关、软件关、培训关、利益分配关。电子书包是一项庞大的配套系统工程，需要政府支持和引导，各方付出艰辛努力才能沿着正确轨道顺利发展。

类似论文还有，王宏的《中国古籍数字化出版之我见》，岳春颖的《我国手机出版新动态研究》，万丽慧的《数字时代著作权交易策略》，刘青的《数字出版与网络文学——文学的梦想与互联网的沃土》等。

从整体上分析，26篇会议论文质量都很好，从不同角度出发讨论了我国出版业在数字出版过程中遇到的问题，有高屋建瓴的理论力作，也有鞭辟入里的实践所得，为行业发展提供了一定的理论支持。但我们也能发现，这些论文中比较类文献居多，即多数文献是从传统出版出发看数字出版，而后提出对数字出版业发展方向的理论性思考，在实用性研究上存在一定的缺位。现阶段，两岸数字出版产业有着快速发展的趋势，但大多是在借鉴国外以及行业内经验运营，没有形成行业内对数字出版业统一的认识与定位，可能会导致资源的浪费。

此次论坛研究成果使与会者深刻认识到，中国大陆有巨大的市场优势，深厚的文化底蕴，不断壮大的人才资源，年均华文图书出版约占世界华文图书出版总量的四分之三，而台湾出版业对出版品产销创意及市场操作的实践经验丰富，产业的机能完备，出版品丰富精致多元，产业条件成熟，因此目前两岸各具优势但也极需交流合作，共同努力为两岸数字出版的未来发展奠定基础，引领华文出版走向国际。

论坛的研讨活动结束后，结合论坛主题，台湾主办单位南华大学精心安排与会代表赴台湾汉珍数位图书股份有限公司、丽文文化事业机构、台湾图书馆、诚品书店、康轩文教集团、台北故宫博物院、淡水历史文化园区等机构参观交流，进一步加深了大陆专家学者对台湾出版文化传播事业及台湾文化的认识。

汉珍数位图书股份有限公司作为荣获台湾“最佳电子资料库奖”、“最佳电子书奖”、“数位出版金鼎奖”等奖项的数字出版文化传播机构，其独具特色的“台湾百年写真资料库”、“台湾善书大全资料库”等自主研发产品，凸显了数字出版时代“Content is the King”的发展准则。丽文文化事业机构以经销学术图书为主，兼顾学习用品等多元营销，建立起台湾最大的校园书坊连锁机构，并建立服务网络——校园共和国Campus Republic，为全台湾大学生提供多元化的图书服务与娱乐信息。台湾图书馆依托丰富的馆藏资源及呈缴本制度，建立“数位出版品平台系统”，深化了图书馆与数字出版的关联，延伸了图书馆在文化传播体系的地位和作用。

诚品书店建立了以书为核心的混合商业模式，在书店中不仅出售图书和音响出版物，也展卖文具、服饰、家居家具甚至创意用品，据了解其营运范围更是广大，图书出版、画廊经营、艺术展览、文化培训、餐饮酒店甚至是开发经营、专业物流等诸多领域都有涉猎。诚品书店可以说将书文化做到从无形到有形、又从有形到无形，已经成为台湾市民生活的必然组成，令人叹为观止。

康轩文教集团在电子书领域的探索可谓超前，直面康轩集团研发的电子白板及配套的内容资源，让人不禁感慨未来教育的无限灵活发展空间，同时康轩领航人对于电子图书未来发展的切实建议——要从有用的学科开始，要更多面向自主学习能力强的大学生，要加紧能耗低、运行久的载体设备的研发等。

台北故宫博物院馆藏展品之精美无需赘述，令人佩服的是工作人员将有限文化资源的无限文化内涵，进行了精益求精的深入挖掘。在毛公鼎展位附近的墙壁上，台北故宫用一款独具匠心的软件为参观游客展示出中国文字的演变历史，既充满历史的古朴厚重，又显示出现代科技的互动沟通……

此次论坛活动及其台湾文化之行，可以说每一次交流，每一处参观，都展现出台湾文化独具魅力的品格，也让与会者对于挖掘两岸丰富的文化资源，发展两岸出版及文化传播事业，充满了无限憧憬。

“第八届海峡两岸华文出版论坛”综述

王上嘉　岳春颖

2012年8月22日～23日，“第八届海峡两岸华文出版论坛”在南京大学召开。北京大学、南华大学、河北大学、北京印刷学院、武汉大学和南京大学的专家学者，以及青年学子共计90余人，相聚钟灵毓秀、古韵犹存的古都南京，以“数字出版与人才培养”为主题，进行了深入的探讨和交流。

开幕式由南京大学信息管理学院院长孙建军教授主持，南京大学党委书记江莹代表论坛承办方致欢迎词。南华大学出版与文化事业管理研究所杨聪仁所长、北京大学新闻与传播学院现代出版研究所肖东发所长、河北大学新闻传播学院白贵院长，作为论坛发起单位和主办单位依次致辞，回顾了华文出版论坛的创建背景与历程，一路走来所取得的成果，产生的影响，以及今后华文出版论坛的发展方向。

在大会主题演讲部分，凤凰出版传媒集团董事长陈海燕先生做了题为“出版的‘阅’时代”的演讲。他指出，中国出版业已随着数字出版技术的发展而产生了翻天覆地的变化，随着电子阅读器的多样化，以及彩印技术的精致化，人们越来越乐于接受图像和影像，越来越懒于接受密密麻麻的文字符号。我们已经进入读图时代，已经处于出版的“阅”时代，文字不是交流的必需，也不是出版的必需，显而易见的是，全世界的出版物中文字越来越少，章节越来越短，插图越来越多，图文书大行其道。

韬奋基金会理事长、中国出版集团原总裁聂震宁先生做了题为“多重转型下的中国出版业人才问题”的演讲。他指出，中国出版业正处在“多重转型”时期，这些转型包括：产业化的体制转型时期、集团化与多元文化的战略转型时期、出版技术的网络化与数字化转型时期，阅读文化的转型时期。处于多重转型的出版业需要我们的高等院校加大对人才培养和科研方面的力度，需要高校教育在人才培养中加强针对性，通过科研和教学推动，对人才建设做补充和推动。持续不断地更新人才队伍，提高人才素质，中国的出版业才会有大的提高。

此次大会总主题为“数字出版与人才培养”，参会论文围绕这一主题展开了充分论述，对出版人才的培养提出了自己的想法。有的学者从出版的技术环境或者国际环境出发，对出版人才培养进行阐述；有的学者从专业教育的角度出发，对目前出版人才的培养提出建议；还有的学者从出版市场人才需求的视角，对出版人才缺失提出解决方案。大会组委会还将论文分为“数字人才培养”、“出版专业硕士及本科生培养”、“与出版教育有关的实务对象探讨”、“业界需求与人才培养”和“综述和理论探讨”等五个主题方向，分组进行讨论。

出版业面临着信息化与数字化的巨大变革，传统的出版人才已经不能满足当前出版业现状的要求，因此，必须依据当前的实际需求，培养新型的、适应当前出版业数字化发展的出版人才。针对这一问题，很多与会者都撰文进行了重点探讨。

蔡玉沛在《论数字时代出版产业的通才培养原则》一文中指出，新时代的出版产业定位会直接决定出版人才的培养问题，出版的知识管理职能和软实力使者地位，要求出版人才具有责任感和全局观，出版的应用学科性质又决定了出版人才培养的综合性和通才度。要“将”不要“匠”，过往“大家”参与出版繁荣的历史告诉我们，人才的成才程度是出版产业兴衰的关键，要培养符合出版本质使命和新时代特征的出版人才，而不仅仅是出版人员；要按照成人才和达通才的高度来开展出版人才培养，确保出版产业兴旺的长城不倒。

姚小菲的《改革时期的数字出版人才培养战略》一文，从出版界当前的变化出发，分析了出版教育在数字人才培养方案中的缺陷和不足，同时提出了新的人才培养目标与具体的解决方案。岳春颖的《Web2.0时代亟需新型出版人才》提出，要立足数字出版环境，做好复合型编辑人才的培养工作。从挺的《中国大陆数字出版教育发展探析》一文，则从本科与研究生两个层次，对中国大陆数字出版教育进行分析，指出其存在的问题，建议从宏观层面上加强对数字出版教育的管理与协调，中观层面上形成数字出版的专业特色与方向，微观层面上强化师资队伍建设与课程体系改革。

高校是培养编辑出版人才的主要阵地，肩负着向编辑出版领域输送高质量专业人才的重要任务。然而我国对编辑出版专业学生培养过程中，普遍存在理论与实践脱离、教育与现实脱节等现象，严重影响了华文出版产业的发展步伐。如何更好地发挥高校在人才培养方面的作用，成为与会很多学者共同关心的话题。此次参会论文中，有几篇论文视角独特，立论扎实，结论可信，对出版教育有很好的指导和借鉴意义。

例如，王彦祥、禹蕊的《编辑出版学专业大学生考研意向调研及分析——以北京印刷学院编辑出版学专业学生为调查对象》一文，对北京印刷学院编辑出版学专业大学生考研意向的共性和特性进行了分析和研究，得出的结论有：在选择考研学校方面，学生更倾向于外校和重点部属大学，选择考研专业方向偏重于自己本科所学专业，希望能继续深造；意向考研的学生总体上能够用理性指导行动，正确处理考研与专业学习等方面的关系；部分学生报考研究生专业方向时偏离本科所学专业，会造成本专业优秀学生的流失，需引起高校管理部门和专业教师的关注。

金强的《对大陆编辑出版学专业本科毕业论文操作的几点观察和思考——以河北大学为例》指出，很多因素制约着编辑出版学专业本科毕业论文撰写水平和质量的提升，并提出若干解决方案。吴淑丽的《数字化时代华文编辑出版人才UIG协同培养模式研究》一文，着眼于编辑出版数字化对专业人才的需求，深入分析当前华文编辑出版人才的培养现状，通过系统概括高校、企业和政府在专业人才培养中应该发挥的作用，构建了数字化时代华文编辑出版人才的UIG协同培养模式。周海忠的《着力加强学生的学科背景与教学的实践环节——给高校编辑出版专业教育的建议》，分析了当前编辑出版专业毕业生不能顺利就业的几个原因，在此基础上提出：编辑出版专业教育应培养和激发学生的职业兴趣，顺应编辑职业要求重构课程体系，课程设置要突出教学的实践环节，根据出版行业发展调整课程内容与教学方式，建立激励性的评价体系。

随着网络信息传播技术的发展与普及，网络编辑行业受到广泛关注和重视。但是，由于缺少相关知识与技能的专业培训，网络编辑人员正逐渐被边缘化。王宏的《我国高校网络编辑人才培养策略探析》认为，高校对于网络编辑人才培养的策略应该是多样化的、开放式的。

2010年，国务院学位委员会公布了全国硕士专业学位授权审核结果，共有14所高校获得了首批出版硕士专业学位授权点。2011年9月，国内首批出版专业硕士顺利入学，针对出版专业硕士培养研究，也变得更加具有针对性和实际意义。

姜曼的《谈出版专业硕士人文关怀理念的培养》一文，以人文关怀理念为切入点，从大文化、大媒体和大编辑的视角，阐释人文关怀理念的重要性以及编辑出版人员人文关怀理念的表现（文化责任的坚守与文化视野的拓展），并结合出版专业硕士培养实际，提出了在注重实践能力培养的过程中贯穿人文理念培养的措施。

王上嘉、李雪峰的《出版专业硕士人才培养的问与思——基于对北京印刷学院首批出版专业硕士的考察》一文，通过对北京印刷学院首批出版专业硕士的调查，分析出版专业硕士教育的现状及问题，探讨出版专业硕士是否应该优先录取非专业学生，以及出版专业硕士的课程应该如何设置等问题。贾晓婷的《武汉大学、佩斯大学出版专业硕士研究生课程设置的差异及启示》，将武汉大学和佩斯大学分别作为中国和美国出版专业硕士研究生教育的代表进行比较分析，这对国内出版专业硕士研究生课程设置具有一定的参考价值。

市场环境决定行业的产业形态，进而产生对特定人才的需求，也影响着人才培养策略。无论是从竞争环境还是数字出版的趋势来看，都对出版人才培养提出了新的要求。研究市场对出版人才的需求，有利于我们更加准确地培养有用、好用、能用的出版人才。

出版业正发生着深刻变革，人才需求日益多元化。余人、郑豪杰在《出版业人才需求变化与人才培养路径》一文中指出，出版业人才培养的路径一是高校培养，二是企业培养；高校培养要注重夯实学生的“两专多能”，培养复合型人才；企业培养要注重常规化、制度化，通过大胆、合理使用人才，来留住人才、培养人才。任文京的《业界人才需求与出版教学改革》一文，在分析高校出版专业教育现状以及业界对人才需求的基础上，参考欧美大学编辑出版专业的课程设置，提出了几点具体的教学改革的相关对策。

甄巍然在《编辑出版人员的公关认知模式与公关意识培养》一文中提出，在公共关系学视阈中，编辑出版人员要形成对出版主体、出版客体和出版过程“三元模式”的认知。孙小超的《实体书店童书营销人员的素质要求及培养建议——基于实体书店阅读服务理念的提出》，建议在编辑出版专业中增加发行方向必修课程数量，同时开设与儿童图书出版发行有关的选修课程，并且以岗前培训及老带新等方式，作为儿童营销人才培养的补充方式。

近年来关于编辑教育类的文章，谈编辑入职教育的很少，即使有些文章中谈及这一问题，也是放在职后教育中加以论述的，而且没有明确提出“编辑入职教育”这一概念。杜恩龙的《关于编辑入职教育的几点看法》，则从编辑入职教育的重要性、入职教育的现状、实施、原则，入职教育与编辑资格证考试的关系几个方面进行探讨，对现有编辑入职教育提出了自己的见解，如加强制度化管理，推广师徒制，对入职教育内容进行规范，集中培训、临时性讲座与辅导员制的日常实践学习相结合等。刘燕飞的《编辑出版专业短期培训组织方式分析》指出，编辑出版专业短期培训是学历教育必不可少的补充，站在培训组织者的角度，可以尝试增加短期培训内容、形式，还应着手提高短期培训的效果。

大陆学者对国外出版教育的研究取得了一些成绩，此次参会论文中，有部分论文以综述形式对国外出版教育情况进行了介绍。肖超、张志强的《近年来大陆学者对国外出版教育研究评述》，在文献调研的基础上，对近年来大陆学者的国外出版教育研究现状进行了综述，阐述了近年来国外出版教育研究的不足，并对今后国外出版教育研究的发展趋势进行了总结。方日金的《全球视野下的出版人才培养策略综述》，对国外及中国台湾地区的出版人才培养特色进行梳理和归纳，指出这些地区出版教育在教育理念、教育体系、教学模式等方面，对大陆地区的出版教育有借鉴意义。出版人自办教育机构、证书—文凭—学位层级式制度、双元制教育模式，都是卓有成效的具体实践，足资参考。

但我们看到，针对国外出版教育研究还存在不足，表现在运用比较研究和案例研究方法对国外出版教育进行研究的文献仍然较少，研究论文主要以论述为主，缺少相关数据和案例的支撑，在对教育学、社会学等相关学科理论的应用上也显不够。

在出版教育的理论研究方面，田建平的《华文出版人才培养的观念及其意义》一文，首先理清“华文”一词的义项，并指出数字出版只是出版史上一种新的出版形态，数字出版观念的构造不应脱离出版史（自然包括出版观念史）。华文出版人才培养（或教育）应当明确将技术置于合适的位置，以文化内容为其主要价值与意义。杨金花的《论出版教育与人才培养的三个层面》提出，高校在实际教学中，对三个层面教育的贯彻执行还不够到位，三个层面分别为：出版知识和职业技能教育，出版规律和出版方法教育，出版人文情怀教育。周璇的《浅谈编辑专业成长的“最近发展区”》指出，培养者和被培养者都应关注什么路径是编辑发展的有效路径。

此次参会的台湾代表大多围绕大会主题，结合台湾地区实际，运用多种方法对数字出版与人才培养等问题进行了广泛的研究。

万荣水、洪季桢的《传统编辑转型为数字编辑职能需求之研究》一文，结合AHP层级分析法和专家判断法，并以此为基础自编“传统编辑转型为数字编辑的职能需求之研究”相对权重调查问卷，探讨了传统编辑转型为数字编辑的关键职能项目有无增强和改善的需求。

杨聪仁、万荣水、洪季桢等人的《走向数字出版人才的选用和培养：核心职能论的分析》提出了数字出版人才职能与知能的分析，以供寻觅或培养人才的参考。黄昱凯、熊楚君的《运用敏感度模式探讨微型出版社数字出版人才培育问题》一文指出，微型出版社可以说是台湾出版产业最重要的出版社型态之一，其重点是探讨在电子书产业变革中，哪些因素会影响到微型出版社在数字出版人才方面的培养。赵家民、黄昱凯、吴佩芸的《台湾数字出版产业现况与人才培育之研究》一文，探讨了台湾数字出版产业的现况与特征，并进行数字出版人才需求的缺口分析，最后根据研究结果提出相关策略供业界参考。

黄昱凯、范维翔、林淑美、张劲梅等合作完成的《应用层级架构分析法探讨数字出版人力资本构面》，运用多准则决策（MCDM），建构了一个有效的产学合作之数字人才培育绩效评估模式，首先藉由相关文献探讨及专家焦点团体访谈，汇整出产学合作绩效评估之初步指标；其次建构层级分析架构与发展专家问卷，分析出各评估准则之权重。

台湾学者和研究生的论文大多采用实证研究的方法，用数据说明问题。例如洪林伯与王念祖的论文《大陆数字出版盈利模式高被引论文分析》，采用的研究方法严谨，结论令人信服。该论文以“数字出版”与“赢利模式”为关键字，搜索CNKI数据库的“信息科技”和“经济与管理科学”两个学科领域，将被引频次排列最前的26篇论文作为资料来源，分别对其“出版机构”、“作者属性”与“发表年份”进行外部分析，再利用“编码”对论文进行内容分析，以取得高被引论文的论述关键要素。

再如，杨聪仁、汤明祥、陈岳廷的《大学生的数字阅读动机与数字阅读策略相关研究》，采用量化的调查分析，以在学且有数字阅读经验的大学生为主要抽样对象，并以自行设计的问卷作为研究工具，调查分析了大学生的数字阅读动机与数字阅读策略。杨聪仁、施玉涵的《台湾中小学云端科技应用与持续使用——以再兴中小学云端教学系统为例》，探讨云端学习使用者使用后的持续度，运用科技接受模型为理论基础，来衡量使用云端学习的学生对于云端学习的持续使用的意图。

8月23日，论坛承办方南京大学安排与会人员参访了南京康轩文教图书有限公司（以下简称“南京康轩”），以及列为世界文化遗产的金陵刻经处。

台湾康轩文教集团成立于1988年，作为台湾第一家专业出版中小学教科书的企业，他们兴学办校，开办杂志，努力实现着“给孩子一个美丽的未来”的使命宣言，为台湾教科书民营化揭开了序幕。历经20多年的发展，已成为台湾中小学教科书出版业中的领导品牌。作为康轩文教集团在大陆的全资子公司，南京康轩一直秉承“共生、共荣、共享”的经营理念，致力于大陆地区幼儿教育、幼儿培训、中职高职教育及教育相关产业的发展和研究。与会人员与南京康轩工作人员进行了座谈，并实地参观了康轩公司的图书仓储物流中心。

与康轩的现代化出版相对应，金陵刻经处的历史同样让参观者受益匪浅。这两处参观地点，一今一古，今昔对比，让与会代表对图书出版历史的领悟更深一层，对图书出版的未来更加憧憬。金陵刻经处目前完整保存了我国历史悠久的雕版印刷技术，包括木刻雕版、水墨印刷、线装函套等传统工艺，是世界范围内的汉文木刻版佛经的出版中心，也是收藏木刻佛教经像版的文物中心。与会人员认真参观了整个藏书处，并认真观看了刻板、印刷和装订的制作工艺。

一天的参观访问，使与会代表收获颇丰。虽然互联网给人们的生活和学习带来了前所未有的便利，但是，现实生活中的种种体验是互联网的虚拟生活所替代不了的。百闻不如一见，亲身走进图书出版的第一线，亲身去观察古代雕版图书的制作，这对从事编辑出版专业学习与研究的与会者都大有裨益。一今一古的对比，也给每一位参访者留下了非常深刻的印象。穿行于现代与古典之间，感受着现代与传统带给我们的变化与积淀，这也是目前华文出版所面临的现状，它将激励着学者们和学子们不断地继续学习和研究，开创华文出版新的未来。

论文索引

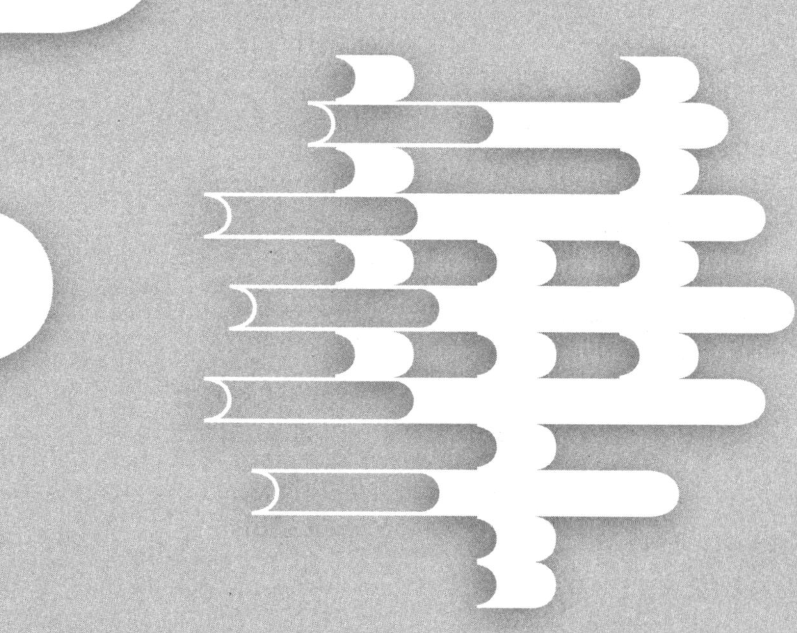

第六届海峡两岸华文出版论坛 论文索引

题目	作者	单位
主动布局出版全球化 全力提升国家软实力	蔡玉沛	北京大学
张悟本事件呼唤出版伦理	商鸿业	北京大学
汉王科技如何打造全球的电纸书 NO.1	雷碧秀	北京大学
张静庐先生的创新型出版家素养刍议——读《在出版界二十年》有感	杨 虎	北京大学
作家经纪人对作家原创力的影响	万丽慧	北京大学
提升中国少儿出版的原创力与传播力	余 人	北京大学
福音出版在中国——中国大陆基督教图书出版营销初探	祝 帅	北京大学
网络环境中的华文出版原创力提升——运用协同作业平台分析	雷碧秀	北京大学
	覃崇耀	世新大学
淘宝网书店现状探究	王一涵	北京大学
欧美国家出版产业原创力的特点及对华文出版的启示	金怀春	北京大学
商务印书馆的复合出版对传统出版社的启示	丁希如	北京大学
日本的出版流通体制创新	诸葛蔚东	北京大学出版社
电子书教育场域原创应用	杨聪仁	南华大学
	沈歆婷	南华大学
杂志创新经营模式之可行性研究	万荣水	南华大学
	王 捷	南华大学
台湾地区佛教印经事业发展历程之研究(1949-2008)	万荣水	南华大学
	释自正	南华大学
	赖秋如	南华大学

探讨结缘佛书出版单位之经营模式——以 N 佛教出版社及佛陀教育基金会为例	万荣水	南华大学
	林丽珍	南华大学
创新服务营销开拓华文网络书店新蓝海	黄昱凯	南华大学
	黄凤金	南华大学
台湾地区电子杂志现况与发展初探	黄昱凯	南华大学
	吕锦凤	南华大学
影响读者选择电子阅读形式因素之分析——以台湾地区为例	黄仲辅	金石堂书店
	何盈慧	金石堂书店
	黄昱凯	南华大学
	孙淑芬	南华大学
文学杂志阅读者阅读动机、阅读行为与满意程度之研究	洪林伯	南华大学
	蔡雅芳	南华大学
	简钰书	南华大学
校园连锁书局消费者满意度因子分析	洪林伯	南华大学
	许庭饴	南华大学
数字出版政策标的与执行的互动评估——以台湾为例	洪林伯	南华大学
	王念祖	南华大学
台湾数字出版平台服务创新关键成功因素	洪林伯	南华大学
	刘雅如	南华大学
论华文出版原创力	田建平	河北大学
从知识产权出版社看我国出版企业的产业升级	陶　丹	河北大学
关于加快提高儿童绘本原创力的几点思考	孙小超	河北大学
从畅销书排行榜看出版创新的原动力——以卓越·亚马逊图书频道畅销书2010年5至6月排行榜为例	金　强	河北大学
博客出版——华文出版原创力的触发点	李　杰	河北大学
网络原创文学出版策略分析	赵　岩	河北大学

从我国版权输出谈华文出版的原创力	焦俏红	河北大学
从新加坡2010华文畅销书探究华文出版原创力	李　倩	河北大学
	刘　欧	河北大学
华文出版走向世界的版权贸易思考	薛　华	河北大学
	杨　乐	河北大学
朱德庸漫画原创力分析与启示	张海旺	河北大学
网络原创文学出版模式与问题分析	尚亚鹏	河北大学
台湾警察阅读警署刊物之动机、满意度及行为之研究	王禄旺	世新大学
	毛家华	世新大学
出版产业与读者的竞合关系：以Creative Commons 为基础	刘耀仁	世新大学
高阶数字摄影－影像 RAW 文件成像流程最适化之研究	沈孝隆	世新大学
	孙沛立	国立台湾科技大学
	蒋载荣	世新大学
360° 全景摄影对现代数字化摄影的影响	余信贤	世新大学
图书社群网站使用行为因素探讨——以御宅族行为理论为基础	余秀纯	世新大学
	刘耀仁	世新大学
大陆地区出版教育研究的原创力分析——以 2009 年度发表成果为分析对象	王彦祥	北京印刷学院
从原创力看我国少儿出版的“走出去”	孙梦莹	北京印刷学院
数字化背景下的传统出版社原创力研究	张　茂	北京印刷学院
多重背景下出版社核心竞争力定位与构建途径分析	马跃华	北京印刷学院
艺术经济视角下的私营艺术组织管理模式的更新	李国良	巴黎第八大学
社交网络媒体阅听人使用行为与网站体验	何慧仪	中国文化大学
试析华文高端科普出版的出版流程原创力——以中国科学院“科学与社会”系列年度报告为例	杨　琳	中国科学院文献情报中心

从译介到原创 ——20 世纪 80 年代我国几套重要思想性丛书出版轨迹的探析	张文彦	中国出版科学研究所
	李建红	中国书籍出版社 / 武汉大学
3G 手机：手机出版的繁荣之时	岳春颖	辽宁大学
出版原创力的类型化解析	贾玉文	辽宁师范大学
文学图书的腰封研究	张曼玲	中国农业大学
	汤林莉	中国农业大学
北京地区高校大学生网络阅读的实证研究	张曼玲	中国农业大学
	薛　菲	中国农业大学
大陆儿童绘本出版与原创力研究	张曼玲	中国农业大学
数字阅读与出版 2.0 ——对第七次中国国民阅读调查的思考	徐升国	中国出版科学研究所 / 国民阅读研究与促进中心
制度创新视角下的中国出版原创力提升研究	潘　炜	中国传媒大学 / 接力出版社
对中国华文出版界增强海外竞争力的几点思考	张　国	中国矿业大学
转化学习 V.S 狗仔文化 ——菁英、记者与阅听大众的转化学习论述	张天雄	国立高雄师范大学

第七届海峡两岸华文出版论坛 论文索引

题目	作者	单位
超越与回归 ——试析我国数字出版产业发展模式的瓶颈与突围之路	王　伟	北京大学
数字化阅读对大学生的影响	王逸鸣	北京大学
浅析两岸新闻出版传媒合作近期进程	王　璇	北京大学
电子书包离我们有多远	余　人	北京大学
	谢　宁	北京大学
我国手机出版新动态研究	岳春颖	北京大学
数字时代著作权交易策略	万丽慧	北京大学
论数字化时代的出版围墙	蔡玉沛	北京大学
数字出版与华文出版内容的整合	衣彩天	北京大学
国外数字出版模式对我国传统出版社数字出版发展的启示	黄英俊	北京大学
数字出版与网络文学 ——文学的梦想与互联网的沃土	刘　青	北京大学
电子书阅读行为分析	杨聪仁	南华大学
	沈歆婷	南华大学
	汤明祥	南华大学
二手书交易平台经营的关键成功因素之研究——以A公司实行的模式为例	万荣水	南华大学
	张至中	南华大学
	林丽珍	南华大学
以扎根理论探讨两岸数字出版产业发展	洪林伯	南华大学
	王念祖	南华大学
	赵惠端	南华大学
电子杂志促销方案对消费者选择行为的影响	黄昱凯	南华大学
	吕锦凤	嘉义县立朴子国中
	陈侣筑	南华大学

台湾艺术品数字平台经营模式	宋建宏	南华大学
媒介融合时代的中国出版企业的产业升级	陶　丹	河北大学
中国古籍数字化出版之我见	王　宏	河北大学
华文出版数字化主题词之意义	田建平	河北大学
中小出版社如何应对数字出版	任文京	河北大学
出版社开展数据库营销的基础——建立读者数据库	杜恩龙	河北大学
数字出版时代的纷扰与隐忧——基于对内容、技术、道德、行为的思考	金　强	河北大学
大陆全媒体出版的前景探析——以中文在线为例	王运灵	河北大学
大陆数字出版盈利模式探究	尚亚鹏	河北大学
数字出版时代“读者中心”论	乔东亮	北京印刷学院
数字出版产业运作基本特点探析	张新华	北京印刷学院
中国大陆数字出版的现状及其思考——以电子书产业为例	张志强	南京大学
传统期刊出版商新媒体发展探析——国家地理与中国国家地理期刊网站运营模式比较研究	丛　挺	武汉大学
大陆地区电子书产业发展现状及趋势浅析	黄　俊	武汉大学
中国大陆数字出版产业链研究	曾　李	武汉大学
数字时代的知识生产与出版信息反省批判	欧崇敬	环球科技大学全球趋势与创意产业研究中心
中国教育出版企业的数字化转型研究——以外语教学与研究出版社为例	卞卓舟	外语教学与研究出版社

学术出版“乱象”治理与数字出版平台的建设探讨	张曼玲	中国农业大学
图书馆与数字出版的融合——以中国科学院国家科学图书馆为例	杨　琳	中国科学院文献情报中心
在校大学生手机阅读使用与满足分析——以上海地区为例	李　武	上海交通大学

第八届海峡两岸华文出版论坛　论文索引

题　目	作　者	单　位
web2.0 时代亟需新型出版人才	岳春颖	北京大学
出版业人才需求变化与人才培养路径	余　人	北京大学
	郑豪杰	教育科学出版社
论数字时代出版产业的通才培养原则	蔡玉沛	北京大学
全球视野下的出版人才培养策略综述	方日金	北京大学
传统编辑转型为数位编辑职能需求之研究	万荣水	南华大学
	洪季桢	南华大学
公共图书馆志工人口变项、相关经验与教育需求之差异性研究 ——以高雄市立图书馆为例	万荣水	南华大学
	洪慈芬	南华大学
走向数位出版人才的选用和培养：核心职能论的分析	杨聪仁	南华大学
	万荣水	南华大学
	洪季桢	南华大学
大学生的数位阅读动机与数位阅读策略相关研究	杨聪仁	南华大学
	汤明祥	南华大学
	陈岳廷	南华大学
绘本形式对学童读者人际互动影响	杨聪仁	南华大学
	段富敏	南华大学
台湾中小学云端科技应用与持续使用 ——以再兴中小学云端教学系统为例	杨聪仁	南华大学
	施玉涵	南华大学
大陆数字出版赢利模式高被引论文分析	王念祖	南华大学
	洪林伯	北京大学
地方文化馆的经营策略 ——以高雄市电影馆为例	洪林伯	南华大学
	林煜翔	南华大学
电子花车表演艺术人力资源管理之探讨 ——以台湾嘉义为例	赵家民	南华大学
	韩增爱	南华大学

论文	作者	单位
台湾数位出版产业现况与人才培育之研究	赵家民	南华大学
	黄昱凯	南华大学
	吴佩芸	南华大学
应用层级架构分析法探讨数位出版人力资本构面	黄昱凯	南华大学
	范维翔	南华大学
	林淑美	中国科技大学
	张劲梅	南华大学
应用敏感度模式探讨微型出版社数位出版人才培育问题	黄昱凯	南华大学
	熊楚君	南华大学
台湾文创手工业职训满意度之研究——运用 TPB 与 TAM 观点	范惟翔	南华大学
	许格嘉	南华大学
业界人才需求与出版教学改革	任文京	河北大学
大陆出版企业的跨越式发展	陶　丹	河北大学
华文出版人才培养的观念及其意义	田建平	河北大学
关于编辑入职教育的几点看法	杜恩龙	河北大学
论出版教育与人才培养的三个层面	杨金花	河北大学
编辑出版专业短期培训组织方式分析	刘燕飞	河北大学
实体书店童书营销人员的素质要求及培养建议 ——基于实体书店阅读服务理念的提出	孙小超	河北大学
对大陆编辑出版学专业本科毕业论文的几点观察和思考——以河北大学为例	金　强	河北大学
我国高校网络编辑人才培养策略探析	王　宏	河北大学
编辑出版人员的公关认知模式与公关意识培养	甄巍然	河北大学
数字化时代华文编辑出版人才 UIG 协同培养模式研究	吴淑丽	河北大学
武汉大学、佩斯大学出版专业硕士研究生课程设置的差异及启示	贾晓婷	河北大学

编辑出版学专业大学生考研意向调研及分析——以北京印刷学院编辑出版学专业为研究对象	王彦祥	北京印刷学院
	禹　蕊	北京印刷学院
培养国际化出版人才，加快华文出版“走出去”步伐	陈　程	北京印刷学院
谈出版专业硕士人文关怀理念的培养	姜　曼	北京印刷学院
华文出版的突破应立足于综合出版人才的培养	钱　聪	北京印刷学院
出版专业硕士人才培养的问与思——基于对印刷学院首批出版专业硕士的考察	王上嘉	北京印刷学院
	李雪峰	北京印刷学院
提升专业期刊对出版教育的促进作用——基于大陆地区编辑出版学专业期刊状况调研与特色分析	赵　翾	北京印刷学院
	王彦祥	北京印刷学院
近年来大陆学者对国外出版教育研究评述	肖　超	南京大学
	张志强	南京大学
基于专业网站招聘信息的图书编辑人才市场需求研究——以百道网人才频道为例	王　伟	南京大学
转企改制后中国新闻出版人从业生态现状	陆高峰	南京大学
从《传家》一书浅探华文出版的要义	白曦郁	南京大学
数字化出版浪潮下的传统出版社发展困境及思路浅析	曹　斌	南京大学
数字化浪潮下民营书店的经营之道——以南京先锋书店为例	蒋婉洁	南京大学
中小学教材出版市场及体制变迁初探（1862 — 1949）	孔　融	南京大学
我国科技期刊信息增值服务路径研究	冯　玲	南京大学
少儿期刊 B2B 营销模式浅析	田　俊	南京大学

我国实体书店存在的问题及对策研究	吴周吉	南京大学
小说借力影视剧进行推广常见模式的分析与评价	占　晖	南京大学
改革时期的数字出版人才培养战略	姚小菲	南京大学
论文化体制改革视角下民族出版业的发展	张　志	南京大学
试论中国民营出版企业在网络小说实体出版领域的探索	周　敏	南京大学
浅谈编辑专业成长的“最近发展区”	周　璇	南京大学
浅析 IOS 系统下的中文图书阅读 APP ——以云中书城、当当读书、豆瓣阅读为例	张可欣	南京大学
着力加强学生的学科背景与教学的实践环节 ——给高校编辑出版专业教育的建议	周海忠	南京师范大学出版社
中国大陆数字出版教育发展探析	从　挺	武汉大学

后　记

这一本论文集即将付梓，凭我多年做教师和搞出版的经历，益发感到团队力量的伟大，集体合作的快慰，学生们的朝气蓬勃。

说到团队，参加历届海峡两岸华文出版论坛的各友校师生，自然而然就形成了一个大的专业团队。2012年8月，当我在南京大学举办的第八届论坛闭幕式上提出编辑出版第二辑论文集时，这种大团队合作就拉开了帷幕。

首先，围绕论坛形成的大团队，精诚合作、相互支持，为本论文集的顺利出版创造了的良好的环境。各友校师生联系频繁、互通信息，胸怀大局、开诚布公，为论文集和论坛筹备贡献着聪明才智。2013年5月底在北京印刷学院召开的第一次筹备会上，北京大学、河北大学、南华大学、北京印刷学院的师生共聚一堂，制订论文集的编纂规划，讨论新一届论坛的筹备细节，使主编者颇为感动。而后，于2013年6月中旬在河北大学召开的第二次筹备会，几校师生为论文集的收录原则、编排体例、排版格式等畅所欲言、各抒己见，使论文集的编纂速度大为加快。

其次，汇集前三届论坛的优秀论文和相关资料，进行筛选和收录，有赖于各友校师生的无私支持。各位不仅迅速提供，及时补充，甚至当几年前演讲嘉宾没有留下演讲文档，或者根本没有电子文件情况下，南华的万荣水先生再次联系演讲嘉宾，索要文档；河大的金强老师则找出自己的录音、录像资料，供我们还原成文字。而撰写三届论坛综述时，贡献最多的是论坛创始人、北京大学肖东发教授，肖老师把积累几年的相关文件和盘托出，供我们参考使用……凡此种种，使本论文集的素材收集和文字编辑很是顺利，也体现了大团队的合作精神，精益求精的学术真谛。

再者，论文集的内容安排、体例结构等，也是各友校师生集思广益、不断完善后的结晶。起初，主编者将论文集拟收录的论文依照作者所在学校排列，也没有编写三届论坛综述的打算。创办论坛的前辈白贵院长、肖东发教授、万荣水先生，以及参与编辑论文集的若干编委，对论文的编排顺序、整体结构等提出了许多的合理建议，使主编者受益匪浅。在不断吸收各方意见建议后，我们确定了先宏观后微观、先理论后实践的论文排列原则；还从学术规范角度，形成了论文集的五大部类，即研究论文、主题演讲、论坛致辞、综述撷英、论文索引。

谈及合作，在论文集的编辑过程中体现得亦是淋漓尽致。为了论文集的出版，我们形成了一个由几校教师组成的编委会，各位委员尽职尽责，贡献智慧自不必说。当需要素材资料时，各友校师生不计代价，积极行动，或回溯检索，或查漏补缺，或重新撰写，每每都是高效及时地把所需材料提供给主编者。以上这些合作，大家几乎却从未谋面，但不能不说这是网络时代的一种新式的精诚合作，也正契合了第九届论坛“华文出版，文创融合”的主题。

论文集的编辑出版头绪众多，仅凭主编者的个人之力是难以承担的，好在有各友校师生的大力配合支持，才能克服重重困难。在编辑论文集期间，各友校的论坛主要负责人频繁进行邮件联络，几乎天天都会在网上交换意见。当需要大家讨论确定诸如封面、版式、LOGO设计方案，以及决定论文取舍、补充图片资料等，都是快速处理，及时完成。最后阶段的定稿阶段，我们在西山凤凰岭组织了一个工作周，金强老师放弃周末休息，不远百里前来，且出力很多，值得表扬。而大家决定论文集的“序”请万荣水先生撰写时，不过两日万先生就高效完成，令我们这些晚辈钦佩不已。

想到那些朝气蓬勃的研究生们，总是让我感动和自豪。为了编好论文集，10余名研究生组成一个“小团队”，而且各取所长、分工细密、团结互助，按照所学专业知识，将任务细化到每个人。从2013年5月初开始，我们的研究生团队就行动起来，先是确定论文集各单元的收录范围及论文收录标准，然后收齐三届论坛的所有论文，筛选并编制出拟收录论文目录。经学术顾问和编委会把关，研究生团队进入论文编辑加工、图片遴选、封面和版式设计等第二阶段。这时已是期末，大家克服学业繁重、时间紧迫等困难，利用课余时间顺利完成了各项任务。期间，研究生们还前往保定、邢台，参加了第二次筹备会活动，并与北大、河大的研究生进行交流互动，不仅解决了论文集编辑加工中遇到的诸多问题，还增长了见识，开阔了视野。

西山凤凰岭的工作周，也算是论文集编辑的第三阶段。10余名研究生不分白天黑夜，集中处理文字编校和彩页设计问题，就连吃饭时间都成了讨论问题、解决疑难、安排新任务的“特殊时间”。特别是赶上他们要参加城区的研讨会活动，回到工作地点已是夕阳西下，大家拿出青年人的朝气和勇气，不顾劳累大干通宵，几乎每个房间的灯都一直亮到东方破晓。这也使导师对每位学生的认识进一步加深，对学生的努力和付出增添了新的感动和自豪。

可以说，本论文集从选题策划、编辑加工，到版式装帧设计、图片处理、排版制作，北京印刷学院的研究生们贡献最多。这期间他们付出了汗水，有笑声也有眼泪，但他们也锻炼了专业能力，为海峡两岸华文出版贡献了力量。我们会记住和感谢：赵翾、姜曼、王若玢、屈新颖、侯玉欣、杨梦玫、阿丽娅、贺玉秋、周葛、王上嘉、李雪峰、赵士渊，以及他们的二师兄吴凤鸣。就像金强老师离开西山时留下的短信所云："研究生们谦虚务实，各项工作有条不紊且乐趣不断，令人羡慕的团队，令人难忘的合作共事"。

别无他，是为后记。

王彦祥

2013 年 7 月 22 日于斜阳居